住居集合論｜I

その1——地中海地域の領域論的考察
その2——中南米地域の領域論的考察

東京大学 生産技術研究所 原研究室

鹿島出版会

編集者のノート

集落はまだ生きている．生き続けている．しかし幸福なかたちで生き残っているわけではけっしてない．歪められ，汚染され，都市に生きる人びとと同じ悩み，いやいっそう深刻な矛盾をさえ，程度の差こそあれ，生きているのだ．近代化のおかげで，である．この事実にもう眼をつぶることは許されない．

しかし，なぜ建築家の眼がふたたび集落へと向かうのだろうか．近代を超えるための実践原理が探求されねばならないときに，古い集落へと眼が回帰してゆくのは，なぜだろうかと問わざるをえない．現代の都市のなかへ集落をもちこもうという意図があるとすれば，浪漫的反動ではないかという疑問を提出したくなる．これまでの集落研究において明確でないのは，研究のほんとうの意味（目的）である．たんなる形態の研究，たんなる歴史的な研究をこえた実践的な意図がなければ，その研究は集落の段階に限定され，実証主義のレベルで立ち往生してしまうことになる．われわれの願いは，集落のかなた，可能なる都市への実践を遠望し，集落のこちら，あたらしい人間（関係）の生誕を夢みつつ，究極のところ，可能なる人間世界の再構造化（変換の論理）と対応（感応）する空間の再構造化の論理を獲得してゆくことにあるだろう．

集落を研究するのは，集落をつくるために行われるのではない．もちろん集落には近代都市とちがった良さが確かにある．しかしそういえば近代都市にも集落にまさるさまざまな良さがあるのだ．問題はそんなところにはなく，近代都市のもつ根本的な矛盾を克服した，もうひとつの都市（世界都市連動体）への展望を開示する論理（行動の論理）なのではないか．

現代の都市は支配の中心点と破壊を続ける周辺とからなるカオスとして，その構造はなかなか捕捉しがたいけれど，集落はそれに較べれば全体が視やすく，したがって構造の把握が容易なのではないか，ということがある．そこにあるいは集落研究が〈構造〉の研究のために選ばれる理由の一端があることはまちがいない．しかし，誤解しないで欲しいとおもうのは，〈構造〉は集落をたんなる対象として視ているわけではけっしてなく，そこに生きている主体としてつき合うのであり，しかもそれがモデルとして構成され作用しうるものだとすれば，そのモデルはわれわれ自身の身体性に育まれているものに相違ないという考えを前提としてもっていることである．これは仮説にちがいないが，しかし，このような〈構造〉のモデルが可能なときに，集落は，たんなる集落であることを超えて，住居集合論の次元に移行して，そこで活性化しうるものとなり，〈構造〉の〈再構造化〉としての構造変換の論理として，やがて実践の場で有効に働くことも期待しうるのである．

問題はいろいろあろうが，あたらしい研究にむかってのひとつの契機に本書が役立つことを期待している．

平良敬一

本書は，小社発行『住居集合論 その1 地中海地域の領域論的考察』（SD別冊no.4／1973年）および『住居集合論 その2 中南米地域の領域論的考察』（SD別冊no.6／1974年）を復刻・合本したものです．そのためページ数が通っていないことをお断りいたします．

目次

『住居集合論』再版によせて　原 広司 5

対談：『住居集合論』をふりかえって 399
　原 広司×藤井 明　聞き手：今井公太郎＋太田浩史＋槻橋 修＋橋本憲一郎

旅の記憶［I］藤井 明 416

その1｜地中海地域の領域論的考察 6

閉じた領域 9
領域論試論 17
カラー写真 37
　ガルダイヤ／ベニ・イスゲン／ムザップの谷／タザン／トウトイフリ／オウエド・リール／セリメ／ペトレス
行程地図／集落構造図 45
集落リスト 49
集落各論 52
　グリグニー／ミルマンド／アビニヨン／カルカッソン／ロックフォード／エルネ／バルセロナ／タラゴーナ／アルカラ／ペトレス／クエバス・デル・アルマンソーラ／ソルバス／カラオラ／ガディックス／サン・ローケ／テトアン／ラバト・サーレ／マラケッシュ／フェズ／ベルチド／ビル・エル・マチ／タザントウト／イフリ／トーリール／シディ・ベナダ／ベリアンヌ／ムザップ／ガルダイヤ／エル・アトフ／オウエド・リール／ガフサ／サン・ジミニヤーノ／スペルロンガ／プロシダ／アルベロベロ／コルフ／メテオラ／アンフィサ／アリアルトス／クレタ／サントリーニ／ミコノス／シロス／ティノス／サラヨーン／セリメ1／セリメ2／ユルギュップ
資料解説 184
　1. マグレブ3国の地理概要／2. グレブ3国の現状概略／3. ベルベル人について／4. マグレブの歴史年表および附図についての註記
後記 192

その2｜中南米地域の領域論的考察 198

なめらかな地形図 9
土着と変容 21
閾論 27
カラー写真 33
　マリーラ／アイトエ・ビアッセ／サン・ホルヘ／ペテン／ガタソ・チコ／フンカル／オクコヘ／オコーニャ
ゾーニング論 41
住居アイソメ図／行程地図／集落構造図 49
集落リスト 55
集落各論 58
　メヒカルティタン／ツァカルティパン／マリーラ／オクスカコ／タラビタス／ラファエル・ペレス／ナベンチャウク／アイトエ・ビアッセ／ボロクア／サン・クリストバル／サン・ホルヘ／チマルテナンゴ／テラ・ブランカ／ペテン／サンタ・フェ／サン・ニコラス／コパン／サン・ホセ／テグシガルパ／サバナグランデ／モコロン／ビスライ／アラカタカ／プエルト・バルディビア／バルディビア／バルボサ／グァティカ／プビト／サン・アンドレス／フンカル／ガタソ・チコ／サン・アントニオ／セロ・ウスロン／アウカリャマ／プエブロ・サルバドール／アグア・サンタ／オクコヘ／ビラ・ブランカ／オコーニャ／アルティ・プラーノ／タヤタヤ／サマン・アツァンガロ／トラニバタ
資料解説 176
　地理／歴史／遺跡／参考文献
後記 202

『住居集合論』再版によせて
原 広司

　私たちは，1970年代に5回にわたる世界の集落調査を行った．　調査はおおむね2年に1度のペースで，その報告は合わせて5冊の『SD別冊 住居集合論』にまとめられた．　調査の準備と実施，記録の整理と出版，この繰り返しで10年が過ぎ，前半の調査についてみれば，既に30年も以前の出来事となった．

　ここに，当時の報告をまとめて再版していただけるようになったのは，ひとえに鹿島出版会のご厚意によるもので，あらためて感謝申し上げる次第である．　と言うのも，私たちの調査は，もちろん建築学研究のひとつの活動ではあったものの，当初から鹿島出版会によって支えられていた面があったからである．　特に，当時のSD誌の活動的なメンバーであった平良敬一，長谷川愛子，植田實といった諸氏は，報告の出版によって，全面的に調査の遂行を支援してくださった．　『住居集合論』の継続的な出版なくしては，私たちの調査も続かなかったのではないかと思える．　また，調査資料にしても社会で共有できるかたちでは，ここに再版される資料しかないといえる．

　5冊の『住居集合論』は，その後の私の集落についての著書や発言，あるいは参加メンバーによる同様な行為の源となっている資料である．　そして，これらの資料は，調査を行った私たちに属するものではなく，もともとすべての人々によって共有されるべき性格を持っている．　なぜなら，調査の対象が世界の集落であり，それらは，限りなく敬意と賞賛を払うべき名も知れぬ人々によって築かれたからである．

この30年の間に，地球環境の持続の観点からの建築観も生まれてきた．　その視野からすれば，世界の集落はまた異なった光を放っているにちがいない．

住居集合論　その1
地中海地域の領域論的考察
SD別冊no.4／1973年

住居集合論

その1——地中海地域の領域論的考察

東京大学生産技術研究所・原研究室

TO図——TO図はキリスト教的世界像を投影した地図である．中心にイエルサレムが置かれ，世界はアジア，アフリカ，ヨーロッパの3ゾーンに分割される．地図の描き方しとては，東が上．全体を円形にまとめる（O）水平の分割線は，ドン（タイナス）河，黒海，カスピ海，アゾフ海，ナイル河の系統である（Tの横線）垂直の分割線は地中海（Tの縦線），陸地の外輪は海でオケアノスの伝統を継いでいる．意味づけられた場所の位置関係を描いた地図の系譜の頂点である．本書表紙のウエブストフェル図（1235年頃）192頁カットのヘレホード図（1290年頃）等は，代表的作品である．裏表紙はもっとも典型的なTO図で，14世紀ベニスで描かれたものである．TO図は，アリストテレス的空間像をよく継承し，場所・領域等の概念を説明する．この地図の形態は，やがて新たに興ってくるポルトラン図にとってかわられる．地図の変化もルネッサンスの文化情況と重なる．TO図はいつも私たちの考察の核的指標でありつづけた．

調査スタッフ

*原広司
*上原惇彦
*芦川智
*山本理顕
*入之内瑛
*若月幸敏
*秋山恒夫
*藤井明
*山崎隆造
　北川若菜
　小川朝明
　森山靖紘
　中上英俊
　細川博美

＊印は編集参加者

目次

閉じた領域 —————————————————— 9

領域論試論 —————————————————— 17
カラー写真——ガルダイヤ　ベニ・イスゲン　ムザップの谷　タザン
　　　　　　トウトイフリ　オウエド・リール　セリメ　ペトレス

集落各論
行程地図　集落構造図 ————————————————— 45
集落リスト ———————————————————— 49
グリグニー——52　ミルマンド——54　アビニヨン——56　カルカッソン——58　ロックフォート——60　エルネ——62　バルセロナ——63　タラゴーナ——64　アルカラ——65　ペトレス——66　クエバス・デル・アルム——70　ソルバス——74　カラオラ——76　ガディックス——78　サン・ローケ——82　テトアン——84　ラバト・サーレ——86　マラケッシュ——90　フェズ——92　ベルチド——94　ビル・エル・マチ——95　タザントウト——96　イフリ——100　トーリール——104　シディ・ベナダ——106　ベリアンヌ——108　ムザップ——112　ガルダイヤ——124　エル・アトフ——130　オウエド・リール——132　ガフサ——136　サン・ジミニヤーノ——138　スペルロンガ——140　プロシダ——142　アルベロベロ——146　コルフ——150　メテオラ——152　アンフィサ——154　アリアルトス——155　クレタ——156　サントリーニ——158　ミコノス——163　シロス——166　ティノス——170　サラヨーン——174　セリメ1——176　セリメ2——178　ユルギュップ——180

資料解説
1 マグレブ3国の地理概要 ——————————————— 184
2 マグレブ3国の現状概略 ——————————————— 185
3 ベルベル人について ———————————————— 186
4 マグレブの歴史年表および附図についての註記 ——————— 187

後記 ———————————————————————— 192

DWELLING GROUP

1——DOMAIN THEORY; A CASE STUDY OF THE VILLAGES IN THE MEDITERRANEAN AREA

Hiroshi Hara
Atsuhiko Uehara
Satoru Ashikawa
Michiaki Yamamoto
Akira Irinouchi
Yukitoshi Wakatsuki
Tsuneo Akiyama
Akira Fujii
Ryûzô Yamazaki

Wakana Kitagawa
Tomoaki Ogawa
Yasuhiro Moriyama
Hidetoshi Nakagami
Hiromi Hosokawa

CONTENTS

CLOSED DOMAIN ●9
by Hiroshi Hara

We are not making research into the village community as an object of the historical research. Village community is the form of the gregarious dwellings parallel to contemporary cities and the apartment area being built at present. We can say that even now the apartment area, just like the village community in ancient ages, is planned first on paper. There is no guarantee that the patterns of group dwellings found all over the world are better than the patterns of the old village community. On the contrary, recently doubts have arisen as to whether the old village community are easier to live in even now, despite the new planning. However, it is socially impossible to bring the old village community patterns into the contemporary city at present. This is because the social organization is different.

Research of the village community is taken place often from a mistaken point of view. It is taken from the side of the superficial design, and the attitude that will try to bring in the design methods of the village community into contemporary group dwellings does not arrive at the essence of architecture. When we see the village community, as an answer to their social organization, and as an example of an environment which expresses spatially the order of the social group we will only then see the meaning of this research. The fundamental point of a criticism of the present situation of contemporary group dwelling and cities, which are planned with an unclear responsive relationship with the social order, is found in the old towns and villages. Contemporary planning theory is built on the basis of an imagined "free individual". However man is fundamentally a social being, and lives in groups. One factor in the stagnation of modern architecture is the situation in which there is no method of planning a dwelling environment from the viewpoint of the group. Therefore research into the village community must become a critical study in order to make the architectural methods or urban planning move away from the individual to the group point of view to reconstruct modern architecture.

Because of this we are placing more interest in the point of clarifying what it is that determines the physical pattern of the village community. Our conclusion is that the determining factor of the form of the village community is not found in the bodily activity of the individual, nor in the climatic situation, but we think rather that it is found in the ways of disposing the contradictions that arise from mutual intercourse between one group and another. When a group has mutual intercourse with another, the inside order of the group is protected, while various kinds of information from the outside are introduced. At that time the group must control outside intervention in some way. When the information is brought in without limit the group is ruined. This control system brings forth a social management-control pattern, and it is physically spatialized. These are the form of the village community and its configuration. We have deduced this way of thinking from the analysis of the forms of the village community. What divides up the village community into a number of patterns is the difference in pattern of intercourse between groups and especially family groups, or in other words it depends upon the differences in social management-control relationships. The village community does not take its form naturally, but with an extremely detailed amount of planning. This expresses clearly the management-control relationships. The differences in qualities in dwelling plans, road mechanisms, and public square etc., are not built up arbitrarily according to nature, but they are made corresponded closely each other, and as a whole they build up the 'configuration' of the total village community. Behind this configuration is a management relationship which controls intercourse.

Because we live in a functionalized city environment, we cannot conceive of a self-sufficient dwelling. However, in Morroco was brought forth the image of the grouping of dwellings which prepares various conditions for family group life as the primordial pattern of group dwelling. There are practically no public establishments in this dwelling group that is made up of this kind of dwelling. Public space comes forth from the process of destruction of the patterns of self-sufficient dwelling. The growth of public space always accompanies management-control relationships, because public space in one form or another must be managed. The method of management decides even the pattern of public space.

The order possessed by the group shows forth the situation of an established way of action common to the people who belong there. This can not be grasped through the action categories of eating, sleeping, entertainment, but only from the action methodology of prohibition, permission and toleration. The making of a dwelling environment from nature aims at the establishment of rules for action methodology which will regulate action. In other words, it determines the method of mutual intercourse between man and man, family and family. This regulation is shown forth in ramparts, fences, walls, public squares, courtyards, roads, etc. In this way the action methodology system constructs an closed domain—village community.

This principle applies to all kinds of village communities. The patterns of the various forms are the phenomenon which follows this principle. For the present we have represented this principle under the concept 'threshold'. The 'threshold' is the smallest power input that will dismantle the group. We call the spatialization of the threshold what makes possible the spatial defense against going beyond this cost. The spatialization of the threshold does not merely appear as a partial domain for external intercourse, but in the totality of the organization of the village community. The natural conditions become the ground of the spatialization of the threshold. And the artificial equipment as to spatializing the threshold is an extension of nature.

Taken from this point of view, the dwelling is not merely an element that belongs within the total village community, but also it possesses a determining force in the organization of the totality. So if we look at the dwelling plan typically, we can say that there is a close relationship, which is able to predict the organization of the village community in its totality. The dwelling plan is not built without any relationship to the 'configuration' of the group. The relationships between family and family determine the village's totality.

The village community forms a closed domain through the existence of the threshold, and makes a discontinuous, unified situation with the neighboring village communities. Nature is seen as discontinuous, and as a help in forming the closed domain. Natural space is not understood as homogeneous and continuous. This sort of thinking is subsumed under the concept 'place (topos)'. With this new kind of interpretation spoken of above, the phenomena of the public square, road, border, courtyard, scale, height, decoration, ritual, and scene can be explained. This magazine has not shown the process of analyzing a village community. Rather it has stopped at introducing villages about the Mediterranean area, and has published this above-mentioned theory as a 'theory of domain'. This study must be proceeded parellel to what kind of planning theory should be built.

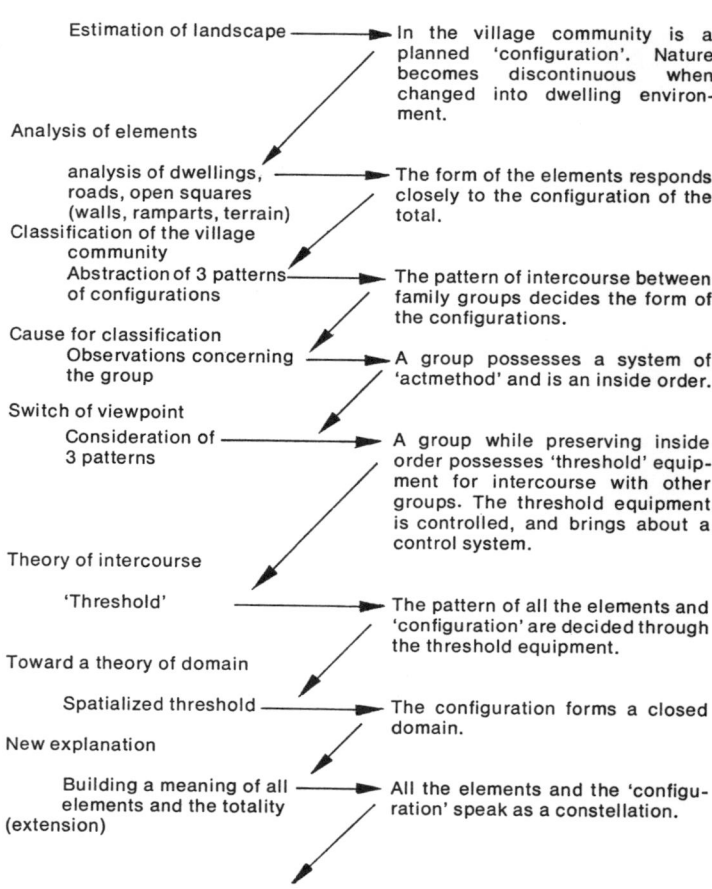

PRELIMINARY ESSAY IN DOMAIN THEORY ●17
by Michiaki Yamamoto, Akira Irinouchi, Yukitoshi Wakatsuki

VILLAGES: ●45
Grigny Milmand Avignon Carcassonne Roqufort Elne
Barcelona Tarragona Alcala Petres Cuevas del Alm. Sorbas
Calahorra Guadix San. Roque Tetouan Rabat-Salé Marrakech
Fes Berrechid Bir-er-mâti Tazentoute Ifri Taourirt Sidi-
Benadda Berriane M'zab Ghardaia Elateuf Qued-Rhir Gafsa
S. Gimignano Sperlonga Procida Alberobello Corfu Meteora
Amfissa Aliartos Crete Santorini Mykonos Syros Tinos
Sarayönü Selime 1 Selime 2 Ürgüp

DATA history and geography   ●184

閉じた領域

1

　私たちが，ジブラルタル海峡を要としたヨーロッパ地中海沿岸とマグレブと呼ばれるアフリカ北部の両翼を旅して，いくつかの集落を訪れてまわったのは72年の春である．　この旅の動機を概括すればふたつある．　第一に，西欧の文化にたいして多少なりとも知識をもとうとする望みである．　第二に，集団と建築とのかかわりを考察するための〈思考室〉として研究室を旅先に移行しようとする望みである．　わたくしたちは，旅行を理科の観察室のように考えていたのだった．

　まず，第一の動機についてであるが，私たちの西欧文化についての知識の偏向はようやく最近になって明らかになってきた．それはふたつの点において指摘される．　ひとつは，わたくしたちが建築的に知っているヨーロッパとはいわば〈頂点の系譜〉であること．　次に，アラビア文化がヨーロッパに与えている影響の軽視である．　いうまでもなくわたしたちは，ほんのわずかの期間と領域を旅するだけで，これらの欠陥を補うというだいそれた考えをもってはいない．　むしろこの補正については自分たちの無能力を承知している．　しかし結果からすれば，私たちは多くの知識を得ることができた．　私たちは建築活動を包摂する現代の文化そのものに疑惑の眼をそそいでいる．　いまの時点では，どのような建築都市ひろくいえば環境をつくりだすかを問うまえに，いまある環境の状態をまねいた原因を見定める作業が重要である．　私たちは西欧の文化をトレースすることに専念した．その結果私たちは，自からの生活を西欧のスクリーンを透して見ることになってしまっている．　しかしそのスクリーンがどのようなスクリーンなのかがいま問い直されている．　私たちは幸か不幸かヨーロッパを旅し，アラビアを旅して日本に帰ってくる経路をとらなくてはならない．　私たちのふるさとは，さらにいくつかの経路のむこうにある．

　第二の動機は，すなわち私たちの研究テーマにかかわっている．　建築を個人に対応づけるのではなく，集団・社会に対応づける思考のかけはしを探るには，近代の建築的思考方法では限界がある．　まず私たちは自分たちの眼の視角を変える必要を痛感する．　現状にあって，建築物によるフィジカルな批判的提起は難しい．　それより言語的表示を変えてゆく作業に可能性がみられる．　私たちは，様々な討論や検討を展開したが，きわめて不確かな手がかりしか得られなかった．　討論を重ねてゆくに従って不活性がうっ積していった．　旅行を発想してから準備もなくて，2ヵ月ほどで私たちはとびだしていったのである．　旅が準備期間なのだ．

2

　それでも私たちは，断片的ながらいくつかの条項をよりどころにして出かけた．　それは，地図についての学習，ブルーノの読み合せからヨーロッパの歴史の学習，つまり近代からルネッサンス・ギリシャ思想の学習，集団についての討論等のなかから生れてきた見解であるといってよい．

（イ）　集落は起源のうえでは自然発生的であるかもしれないが，極めて強い計画性に支えられている．　集落の空間構成は，当時の人々によって意識的に，あるいは不可避的に意識させられた一定の概念にもとづいている．

（ロ）　〈場所に力がある〉という思想は，計画性の原動力となっている．　このアリストテレス的な考え方は，不可避的な共同性をとらえるうえで参考になる．

（ハ）　様々な形態の〈共有する〉ことを探りあてれば，集落の空間のいわゆる構造を，いいかえれば全体性をとらえることができる．

（ニ）　社会における支配的な関係は物象化されている．　それは現代の都市空間や農村空間の状態と支配的な社会関係との対応をみれば明らかである．

（ホ）　集落に歴史をみるのではない．　現存する住居集合の形態をみる以外の視点を私たちはもてない．　また私

たちの眼は〈通過する〉者の眼である．

（イ）は，人々が不可避的に時代あるいは地域における空間理解の共同性と計画性をもっていることを述べており，それ故にこの仮定は観察が客観的な記述に転化できる可能性を与えている．また集落や中世都市のもつ自治的な領域という浪漫的把握にたいする否定的見解がすでにあった．（ロ）は技術・生産・風土を万能の軸にして，空間のなりたちを説明する方法にたいして，場所のもつ意味性，あるいは意味の表出手段としての場所といった思考方法を対比的に附加してゆく．いまの自然と集落の対応関係を〈場所〉なる概念から遠望してゆく方法をのべている．（ハ）は観察課題としての共有性を述べている．何が共有されているかを探そうとする〈眼〉をもって，観察の視座とする．（ニ）は，この〈眼〉がみる対象の価値と保証する仮説．これは観察──考察の主張の全プロセスにおいて仮説でありつづける．この仮説を私たちが有力な仮説に仕上げることが重要である．（ホ）は，〈眼〉の限界と保証とを述べている．

これらの事項は，全て仮定であって，実際には出発前の段階では，その内容もかなり抽象的に把握されていたにすぎなかった．しかし，旅行後もこうした事項を私たちはいまも捨てないでもっている．要約すれば，〈集落の構造はどうなっているのか〉という問いを述べたと思う．しかし，この段階では〈構造〉なる全体性を表現する語の意味が自分たちでもはっきりつかめないでいた．

3

旅行はパリからスペイン半ばまで14人，以後イタリアにもどるまで13人，ギリシャの諸島までが6人，トルコが2人という員数であった．パリからチュニジアまで車2台を足とし，以後も陸地では車を使った．

旅程・経路がはじめに決められ，それがジブラルタルを要にしたヨーロッパとアフリカの地中海沿岸のラインである．その場にのぞんで集落を発見するのを楽しみにしていたから，あらかじめ訪れる地点を決めていたわけではない．ただ，スペインの横穴住居，ベルベル人集落，ギリシャの諸島を訪れる予定であった．私たちは，アフリカに入って夢中になり大幅に旅程を変更してアトラスを2度も越えてしまった．持って行った道具は簡単な巻尺と測高器（角度）とカメラ程度であって，本格的なフィールドをすることが目的ではなく，体験してそこで思考し，なんの目的で集落を見に行ったかは考察をする帰国後の期間で明らかになってゆくと考えていた．

私たちが集落でどのような行動をとったかは，私たちの記述を決定的に性格づける．〈集落の構造はどうなっているのか〉の問題にたいして，構造なる全体的概念が不明である限り，有効な方法をもちえない．ただ（2）の（イ）から（ホ）までは指標としてあるにすぎない．フランスで試行錯誤の体験をして，つくりあげた観察の方法は，次の通りである．

（イ）滞留時間は一定しないが，1ヵ所における観察時間は数時間．（人数が少なくなった段階では長い）

（ロ）各人が分散して集落内を遊歩してから，短時間で集落の性格づけの討論をした後，各人の調査，記録分担をきめて役割を果す．

（ハ）調査事項は，住民との話しあい（規模，歴史等）．場所によって広場，道の測定と記録．住宅内の観察と平面の測定．資料（写真，本，パンフレット等）の収集．写真撮影．

（ニ）全体的展望がきく場所への移動．討論．

私たちは，あらゆる場所で好意的に迎えられた．どこでも決って，集落の子供たちが私たちのまわりを埋め，そのなかから11才～14才位の聡明な少年が2, 3人現われ，言葉の不自由な私たちの意図をたちどころに理解して，家の中でも，広場でも一諸になって測定し，懸命に説明しようとしてくれた．

私たちの限界の第一は滞留時間である．〈住む〉，〈とどまる〉行為と〈通過する〉行為とは決定的に対立するものである．この対立は，集落の観察によって知ったのではなく，現在の生活を通して認識している事柄である．私たちは，〈通過する〉のであれば，数時間でも数日でもさして変らないことを知った．私たちの考察の限界は，〈通過する〉ところにあって．それを出るものではない．それは，近代の観察と論理展開の欠陥をそのまま繰り返しているとしか思えない．しかし，私たちは一方で生活している場所をもっている．私たちの論理展開は，〈通過する〉行為と，〈生活する〉行為とが重なり合うところを問うところにしか活路はない．

4

なぜ，その集落を訪れ，他の集落を訪れなかったかを論理的に説明するのは困難である．むしろ，偶然にその集落にたちよったと言った方が明快であると思われる．私たちには多くの見落しがあり，観察の対象のもつ特性を十分に論じることはできない．もう，私たちが，住む領域としての集落について，地域による差異を語るとしたら，対象の選択の不確かさは不安の原因となろう．しかし，私たちの展望は，差異性ではなく，同一性にむかっている．つまり，集団的に住む領域について言及するなら，どのよ

うな条件のもとでも，このような事項は言えるのだ，といった事項を探している．それは，もちろん多様性を否定するものではない．現象としての多様性は，あらゆる現象にたいしてあてはまる．しかし，それらの現象が則る原理的な事項が，漠然と〈構造〉とよんでいる全体性の記述に他ならない．おおざっぱな時空間の枠内での原理は，〈通過する〉者の眼にとっては，その限界をわきまえたうえで記述可能であろうとする構図が私たちのささえである．それはとりもなおさず，空間にたいする認識の仕方の共有性，空間概念なるものの所在の仮定によって基礎づけられている．つまり，ある集落における現象は，他の集落における現象と，原理に即して語る限り，同一であろうと推測する仮定がある．その原理は，いくつかの類型を指示するものの，原理に即しての類型であって，もし原理が自然条件の具体性から抽象され，社会化された内容をもつならば，差異性はその限界のうちで捨象されるであろう．それ故集落の偶然的選択は，論のうえでの致命性とはならない．たとえば，〈場所に力がある〉という命題は，具体的場所についてではなく，一般化された〈場所〉でしかない．そうした把握はとりもなおさず，近代の把握であって，私たちがめざす変革の論理はこのままでは不在である．従って，私たちの論理はそのまま創る論理にはなりえず，これを創る論理に転位するためには，他の手続きを必要とする．

5

そうはいうものの私たちは集落を選んだ．道すじに次々に集落はあらわれたが，私たちはそのなかから魅力ある集落を選んだ．あそこに行こうか，こっちへ行こうかと迷ったりしたし，訪れてみてすぐ立ち去ってしまうときもあった．また，スペインのソルバスやアルジェリアのベリアンヌに出会ったときは，集落の劇的な出現のためにおよそ選ぶといった言葉とはほど遠い驚きと感動に車から降りたのだった．私たちが予備知識なしに道すがら立ち寄っていった集落の性格とはどんなものだったろうか．

今から思えば，経路にそって出現する一連の集落にはいわば流れがあって，その流れのなかで選択があった．フランスからスペインへ，これはなんといってもひとつの傾向をもった集落群であり，この流れのなかでは，集落は住居と公共的施設（城，教会や広場や塔）とが2種の構成要素として認められ，これが地形とあいまって〈配列〉をつくりだしている．〈配列〉がはっきりと表現されている集落を私たちは選んでいった．〈配列〉は，私たちがすでに知識としてもっていたヨーロッパの集落のイメージのなかにもあったであろうが，それよりも数日間の体験から学習された眼によって見定められた．特に公共的施設は，学習を重ねてゆくにしたがって，この言葉のもっている語感とはちがったものとして私たちには見えてくるようになる．この変化についてはまた後に触れることにしよう．こうした学習した眼があるが故に，出会う集落の流れのもっている性格を無視できない．この種の研究は，旅行紀風であることを避けえないのかもしれない．

ジブラルタルを渡って，アフリカに入るとヨーロッパにおいて学習された眼が選んだ魅力ある典型といった探索の余裕はもはやなくなる．あの地域においては，どれもが同じ集落に見えたといった方が正直だ．アフリカ北部の集落についての知識不足もあろうが，集落群には本質的に同一性があると思われる．住居形式と全体のパターンとはおそるべき符合をみせる．むしろ調査しやすそうな集落をえらぶということになる．展望がきくとか，あまり大きくない規模といった条件が選択の基準になる．

集落を選びだしてゆく作業は，私たちの側の制約条件と集落の性質と流れによってまちまちであるが，総括的に次の事項がなんらかのかたちで訪問するかしないかの判断要素になっている．

（イ）住居形式と〈突出した〉施設

（ロ）地形

（ハ）（イ）と（ロ）による〈配列〉の明快さ．

〈突出した施設〉とは，住居の並列性を破るなんらかの施設であり，それが城であったり，教会であったり，広場であったりする．（イ）（ロ）（ハ）が，自然のなかで人が住む風景をつくっている．私たちがあの村へ行こうと決めるのは，まずは風景によって決めるのであって，私たちの考察は従って，風景からはじまってゆく．その風景のなかからよみとった〈配列〉を確めに内部に入ってゆく．だから〈配列〉の決定因が何であるかを見定めることに，〈構造〉いいかえれば全体性の探求の手がかりがある．

6

見る行為が主であったが，スケールのうえからおよそ3段階の画面があったように思われる．第一の画面は，展望の画面であって，集落のまとまり全体を見る．鳥かん的に見たり，遠望したりするのがそれであって，地図，航空写真等の資料はこうした画面からの観察をたすける．第二の画面は，場面的画面であって，集落の内部でみる人々の行為を視野がとらえる．家や道のでき方が連続的に画面のなかに入ってくる．第3の画面は注視の画面であって，対象を点としてとらえる．家の飾りや道具類にはらわれる注意がそれである．

私たちはこの3つのスケールを連合して，集落の全体的性格を規定している要件を読みとろうとした．測定した対象は，第

二の画面で見えているものが多い．私たちはまず，第一の画面が集落のおおよその組みたてをとらえ，第二の画面でそれが正しいかどうかをたしかめ，あるいは修正し，第三の画面で様々な意味をさぐってゆき，そこからまた逆に画面をたどり，それまでに訪れた集落と比較対照しつつ全体的な把握を試みていった．それが先に述べた経験的な観察の方法である．私たちの頼りは，時間ではなくて眼の数であるから，3つの画面のひとつでも欠落すると集落の把握が困難になる．

こうした画面を重ねるわけであるが，そのなかで理解できないものがあったかどうかがかなり重要であろう．実際は少くとも機能的には，私たちにとって，意味がわからなかったものはなかったのだ．この事実はかなりきわどい．私たちが意識しないで見すごしたり，自分勝手の解釈のまま通りすごしている事象はかなり多いはずだ．私たちの推測と全く反した事柄もある．その多くは制度に関連している．たとえば，土地や財産の所有形式については意外なこともあった．しかし，人間の身体的な活動にかかわることからは，わずかな確めをしてみればほとんどが理解できた．大胆に言ってしまえば，身体的活動がフィジカルな施設に写像されている限り，人間という共通事項からほとんどが理解される．ベルベル人住居やクエバス横穴住居には，便所がないということはすぐわかり，裏山や屋根である丘が便所になっていることも容易にわかる．風呂も体裁は全くととのっていないが場所だけははっきりしている．これらの身体的な空間は要素としてはっきりしているが，それらが住宅や住居集合の在り方を全体的に決定している決定因であるとは思えない．決定因を探るためには，3つの画面の重ね合せによらねばならないというのもそのためである．しかし私たちは風景的な第一画面から入り，最終的には第一画面にかえってくる．第二の画面，第三の画面を軸として考察をたてることは可能であろう．しかし，〈通過する〉眼にとってはそれは至難の業である．

7

さて，私たちが視角を仮設的におこしたときの〈共有する〉であるが，現場に足を踏みこんでいささかとまどいを感じた．
私たちは，仮設的な(2)の(ホ)を自分たちの眼にあてはめているむきが強かったが，実は当の集落も現代の集落であって，中世のそれではないことを現場で強く意識することになった．

(イ) 〈共有する〉をものにたいする共同所有という意に解する限り，現在の生活環境としての集落では高度に私有化がすすんでいる．

(ロ) 〈共有する〉をものにたいする共同使用という意に解せば，具体的には多くの事柄をあげることができる．

(ハ) 集落の形式がつくられた時点，あるいはそれが保存されている現在において，空間の構成法を地域的に人々が〈共有する〉．いいかえれば，生活のパターンをフィジカルに形成する手続き，手法は共有されている．

要約すれば，〈意識的〉に共有されていることになる．

私たちはいくつかの驚きを体験した．オアシスのやしの木の1本1本は個人所有である．私たちにしてみれば，オアシスこそ共同体のシンボルであってほしい．しかし良く考えてみれば，生産の有力な手段であるやしの木が共同所有されている筈がない．ベルベル人クサール（集落）のカスバの前庭も厳密に区分所有されているし，ベルチドのなんでもない空地も実は私有境界がはっきりしている．これらも考えれば当然である．それらの在り方を漠然とみる限りでは，共同所有の表現以外ではない．共同に使用するという点では，それらの土地も厳密な使用区分はないようであったし，所有形式をたしかめなかったが共同使用されているものはいくらでもある．

私たちが終極的には，生活化された自然環境を考察する意図をもっているせいか，〈共有する〉は，生活のしかた，環境のつくり方を規定している意識の共有にむけられた．それは，地域における住居形式の同一性，〈突出した〉施設の在り方の同一性，さらには配列の同一性によってはっきりしてきた．

8

これらの同一性，つまり地域内での生活環境の同一性を説明する場合に，風土をあてることがこれまで最も説得力のある論理であった．風土が生みだす生産方式，それが形成する社会体系，その空間化としての生活化された自然環境という図式は誤りとはいえない．ただ，自然が生活環境にかえられる作業が，生産技術によって説明されていたのは十全でない．たとえば，土で家をつくるといっても外形は技術的に定まるかもしれないが，平面計画は幾通りも可能である．平面のつくられ方は，技術によっては説明不能であり，建築はあるいは生活化された自然環境の本質は生活の仕方にかかわっている筈である．平面のつくられかたは，また風土的に解釈されてもいる．たとえば，日照，通風等の自然条件との対応関係である．ところが，それらも寝室と厨房の位置を決定するものではないし，あるひとつの住居形式を決定するものでもない．住居集合の形式の成立を十分に説明するには，風土から生活化された環境にいたるまでの説明経路に，重要な項目が欠落している．風土から生産方式が導かれるまでは正しいだろう．また生産方式から社会組織が決るまでも正しい

だろう．この社会の在り方を，持続するために自然は生活化されるという経路が説明不十分である．もちろんそれ以前に，個体としての人間の生活行為がある．これは分節されて部屋という場所を生みだす．それらが編成されるときに，社会化される．この社会化の過程が説明されていない．集落における住居形式あるいはその集合形式は，現在オフィスビルが，ミースのコピーとして定式化され，管理・経済等の側面から十分に社会化された形式として語ることができると同様に，明快に説明可能でなくてはならない．

　この社会化される経過が，〈配置〉の決定因であろうし，集落の〈構造〉をあらわにするであろう．そしてまた，それが〈共有する〉意識を規定し，空間概念として抽象化されるにちがいない．

9

私たちは，風土という言葉を，より具体的に〈場所に力がある〉と表現していた．いくつかの集落を訪れてゆくに従って自然が集落の在り方，いいかえればその〈配列〉に大きな力となっていることに気づいた．

　(イ) 地形は，〈配列〉を誘起する．あるいは〈配列〉が地形に表出の場を借りる．
　(ロ) 地形的な高低差，頂点・稜線・くぼみ等の特異点，断崖等の不連続線等が，具体的に〈配列〉と対応する．
　(ハ) 自然は集落の生成によって非連続化する．つまり自然が生活化されることによって，自然のエッジ（縁）があらわになる．このエッジは集落の境界として機能する．
　(ニ) 平坦な場所においては，地形的な突出部あるいは境界を人工的につくる補完作業を行う．ただし住居の平坦さ以外を必要としない社会体制ではその限りでない．
　(ホ) 総括的にいえば，場所のもつ諸力は，生産，防衛等の機能的なゾーニングを決定すると同時に，社会的に優位にたつものの位置を指定する．

(イ)は，自然あるいは場所は，第一義的には地形を意味していることを説明している．生産そのものを説明するとすれば，風土はまず湿潤であるとか，温暖とかが第一義的になる．しかし，集落の空間構成という点からすると，風土より地形がリアルに浮上する．風土は生産に対応し，地形は社会的秩序に対応しているといえないこともない．

(ロ)は，地形と〈配列〉との具体説明である，高低差，頂点等，優位なるものの表出と対応している．

(ハ)は，自然は生活がない場合には，連続点であるとも非連続点であるとも規定しにくい．しかし集落のような生活化された領域があらわれると，自然の潜在的な非連続性があらわれてくる．
(ニ)は，平坦な場所における集落のつくられ方を説明する．さらに附加すれば，地形の表現力の不足を人工的に強調する作業も数多くみられた．

　こうして，私たちは境界，〈閉じた領域〉といったイメージを自然と住居集合との対応の仕方を観察しながら見出していった．

10

自然について触れるためには，先に述べた旅の経過がもっている体験の流れをもう一度考察の枠内に組みこんでおかねばならない．ジブラルタルは，歴史的にもたいへんな文化的な特異的，非連続点である．この点を北から南へ，あるいは南から北へ文化が歴史的にゆききした．私たちの体験の〈流れ〉のなかでは，そして事実が示すように，恐るべき断点であった．スペインからモロッコに入ってそこで出会う住居形式のちがいと集落形式のちがいを，風土が十分に説明するだろうか．風土的な断層はジブラルタルではなく明らかにアトラスである．アトラスを越えたとたんに想像を越えた幻想的自然の出現をみたのである．

　風土の断層がアトラスであり，文化の非連続点がジブラルタルであるというこのずれは一体何を物語るのだろうか．このずれを説明するのは私たちが漠然というところの社会である筈だ．広義の自然は，風土的なるものを背景にした民族の社会に滲透している．いいかえれば社会の形態を媒介にして語られる自然がある．ジブラルタルより南で見た集落は，ヨーロッパとはちがった社会なのだ．

　私たちは社会学的にこの差異を語ろうとは思わない．それは歴史的に語れないと同様に私たちの能力を超えたものだ．私たちはフィジカルな環境構成の差異点を明らかにし，その差異の原因を〈社会〉に委譲しようとする．これまで，風土や機能に委譲していたと同様に，類型を〈社会〉に委譲する．これは十分ではないが不当ではない．なぜなら，建築は社会なるものの関係性が写されていることは誰もが否定できないし，ベルベル人のロの字型プランとヨーロッパのホワイエ型プランとのちがいを風土や建築技術や機能でもっておそらく誰もが説明できないだろうと思うからである．

　功を焦らずに，というのは委譲する段階でやめておいた方が適当なのかもしれないという心情をおして私たちなりに〈社会〉の意味を問うてゆくと，支配なる概念が抽出される．私たちがヨーロッパからアフリカに移動してゆく過程で最も意識された語

が，支配なのである．　自然条件（特に地形）と集落形態について語るときも，支配のイメージなくしてはほとんど語れないといってよい．　それはヨーロッパの中心型（やがて私たちがペトレス型とよぶようになった集落の類型）についてだけでもいえたのであるが，アラブ＋ベルベル人のメディナ（旧都市）の住居の孤立性は，家族内およびその集合の支配形態をイメージすることなく説明できない．　と同時に，その支配形態が空間化している場合は，支配形態の明確な表示と，さらに具体的に使われ方のうえでコミュニケーションの管理としての支配というイメージが生れてくる．　それは，城壁や口の字型プランの住居の壁が，外部からのコミットにたいして防衛機能を果しているのもさることながら，その壁でかこまれた内部の秩序維持のために大きな役割を果していることからくる．　出入口が1ヵ所しかない高い壁を前にみると，そのなかへの通信はどうしたらよいかとまどう．　このとまどいこそ，カフカが〈城〉で示した支配と伝達の強い結びつきを暗示する．　支配と制御のメカニズムなしの伝達・交流はありえないと，私たちは思うのだった．　とすれば，集落は伝達・交流の形式を確立するためにフィジカルに組みたてられているのではないだろうか．

11

ヨーロッパ文明の洗礼をうけた現代都市に住んでいると，機能分化とそれに対応したフィジカルな施設の分散的配置からなる集合形式がそのまま集団生活の表出であると思いこんでいるふしがある．　私たちがベルチドでみた集落はこうした先入観を簡単に破ってしまった．　このプランは口の字の壁がまずあって，その壁に必要な部屋を附着させる形式の住居であるが，おそらく牧畜民族である彼らの壁のなかには，生産から遊びにいたるあらゆる部分がもりこまれて自立している．　これこそ〈閉じた領域〉の原形に思えた．　したがって壁の外にはただあきがあるだけで道も広場も共同施設もなにもない．　ただ墓地が離れてひとつあるだけである．　それでも彼らは共同して住んでいる．

この自給自足の住居形態を住居の起点とみてはいけないだろうか．　農耕民族でも，田畑をかこいこんでいるとすれば種々の地域でこうした自給自足体制の形式をみることができる．　ただ一般には日本を含めて農耕民族の場合は，住居がさほど閉鎖的でない．　遊牧民の攻撃にさらされない場所では高度の閉鎖性はない．　やがて私たちはチュニジアで比較的閉鎖性の高い農耕民族の自足的住居形式をみることになったが．

ベルチドの住居集合は，単純な加算性のうえにたっており，それだけにメカニカルな平坦さがある．　家族の集合の秩序を維持する空間的な，あるいは意味的な〈突出した〉ものはなにもない．

ベルチドを見た私たちの眼には，いまや新たな意味で，ヨーロッパの共同性のシンボルとしての教会や広場や城や道などが，支配のイメージなくしては語れなくなってきた．　共同体のシンボルはいまや強力な支配の装置と思えてくる．　もちろん，自足的な外形をしているベルチドの集落が，支配の論理から解放されているとは思えない．　しかし，私たちには知識が不足しているが，おそらくヨーロッパの集落の支配とは全く異った形態の支配の仕方がベルチドにはあるにちがいない．　歴史書によく見出されるベルベル人の他者にたいして無関心な性格も，私たちはこうした住居形式を思えば納得できる．

また一方でベルチドや，どのメディナでも出会う閉鎖的なプランの住居が，アラブが生みだした空間の非連続的把握の具体的な表出としてくみとることができるのである．　（このアラブ的空間概念は，後にライプニッツに伝わってゆく）　私たちはマグレブでは，クサール内のカスバが住居に転用されているもの以外，連続形の共同住宅を見ないのである．　それはヨーロッパの教会広場から流れ出る道をむかい入れる住居が表出するのとは，全く異った空間概念に基礎づけられている．　それらの空間概念は，歴史の深い曲折を経て社会化されているのではないだろうか．

12

住居とそれらの集合形式とを道や広場を媒介にして無意識的に対応づけてゆくうちに，この両者には緊密な関係があることがわかってきた．　いまや，少くともヨーロッパとマグレブとの住居プランのちがいは判然としているし，住居プランを見れば，その全体的配列がどのようであるかを，図示することができる！

それらの類型を概略すれば次の通りである．

(イ) 口の字型住居プラン——加算的集合，道は路地で迷路的．　外部からはモスク等が塔によって存在が示されるが，内部では目立った広場などは用意されていない．集落外との交渉の場は市場的広場．

(ロ) ホワイエ型住居プラン——核心的集合，道は秩序があり広場に通じており，広場は最も飾られて外部との交渉の場となる．　優位なるものは視覚的に判然としている．

(ハ) （住居プランだけと限定できないが，玄関まわりのプランを附加した場合）
広場流出型プラン——クラスター的集合，クラスターごとに独立して加算的．　広場間を道がつなぐ．　広

場には各戸の生活がはみだし，飾られない．シンボリックな共同の施設なし．

私たちがここで主張するのは，住居プランと全体の組みたて，すなわち配列との対応であり，部分と全体との，個と総体との関連性である．もし，先のベルチドを起点として，部分の自足性が先行するもとだとすれば，**部分の在り方は，全体の在り方を規定する力をもっている**，という関係がありそうである．また逆に，風景的画面を先行させ，配列を先行させれば，全体の在り方は，部分の在り方を規定するといえる．

このとき住居（部分あるいは個）に内在する力が，結合因としてとらえられねばならないし，全体の場の規定力が部分間の結合因を説明する筈である．この説明が社会的関係に委譲されるとして探しもとめる原因なのである．この原因とは，ものの在り方を規定する拘束力のようなもの，かつてライプニッツがデカルトの現象的説明を批判して非連続が連続的に変質する論理を探していたときに必要とした実在的な力である．

しかも私たちの類型化は，後になって知ったのだが，ある集団間の交流の形式にもとづいて分類されていた．住居に納まる家族集団間の，あるいは集落におさまるコミュニティ間の交流形式がとらえられていた．

13

住居，道，広場等を相互に関連づけ，全体的な配列を考察する基礎となるこの3つの類型は，自然が誘起する境界と閉鎖性の概念とあいまって，全体を規定する原因を探してゆくうえでの手がかりとなった．

住居集合が類型化されるためには，住居間を結合する力の存在と，力のはたらきが異なっていることが条件である．

ある集団は，その集団の内的な秩序を維持しようとする．と同時に，なんらかのかたちで他の集団と交流する．外部との交流が集団維持のためにも必要な場合もある．内的秩序を維持しながら外部と交流する空間的装置が，集団には必要なのである．この装置の組みたて方が，〈配列〉である．そして強固な〈配列〉をもったとき，そこには〈閉じた領域〉が出現してくる．空間的装置は，いわば制御の装置であって，内的秩序が乱されないだけの外部の介入を許すであろう．この空間的装置の性格と管理の仕組みのちがいが，配列の類型づけの原因となっている．集落は外部交流と内部秩序の維持の仕組みを〈共有する〉．ここにあらわれる仕組みの関係を，私たちは支配とよんでいた．ものに支配関係が投影されているこの状態を，集落の計画性とよんでいた．

functionalな概念	領域論的な概念
（仮想された）自由なる個人	集団のなかで行動する人間（社会化された人間）
行　為	行為の仕方（モード）
抽象化された，均質な，連続的空間	非連続的場所・領域
効率性・快適性	意味・場面
多様性・フレキシビリティ	支配・管理（自己管理，自己所有をふくめて）
地域内element or partの計画	領域全体の計画

Petres型　　Cuevas型　　Medina型

集落

住居間の交流の関係
Ⓐ⊗Ⓑ　　Ⓐ　　Ⓐ　Ⓑ

住居形態

家族間の矛盾の処理　中央の規律に従う　1家族的に融合　交流関係なし
Constellationの3タイプ

風景の検討 （要素の解析）	集落には計画的な〈配列〉がある．自然が住環境化されるとき非連続化する．
住居・道・広場の分析 （壁・城壁・地形） （集落の類型化）	各要素の形態は全体の〈配列〉と緊密に対応している．
〈配列〉の3つのパターンの抽出 （類型化の原因）	家族集団間の交流の形式が配列の形態を決定している．
集団についての考察 （観点の転位）	ある集団はある〈行為の仕方〉の大系をもち内部的な秩序とする．
3つのパターンの検討 （交流の論理）	ある集団は，内部秩序を保持しつつ，他の集団と交流するための〈閾〉的装置をもち〈閾〉的装置は管理され，支配体制を生む．
〈閾〉 （領域論へ）	諸要素および〈配列〉の形態は，〈閾〉的装置の形態によって決められる．
空間化された〈閾〉 （新らしい説明）	〈配列〉は閉じた領域をつくる．
諸要素と全体性の意味づけ (extention)	諸要素と〈配列〉は，constellationとして語られる．

観察と推論の過程

〈配列〉は，領域内外に，交流の形式を恒常的に教えている．交流の形式は，具体的に行為の仕方を指定し，決定権の所在を明らかにする．それらを慣習化することが，内部維持のためになる．それが，意味と集団への帰属意識を規定している．

私たちは，壁や孔や自然のエッジや高低差や特異点などを見ながら，さらには広さや装飾を見ながら，実は仮説の段階で述べた社会の主要な関係すなわち外部交流と内部秩序維持の仕組みいいかえれば支配関係を見たのではないだろうか．

私たちが原理とよんでいた結合の原因は，この組みたて方の必然性にある．ある集団が他の集団と干渉しあうときに，その集団がもつ技術の総体の限界のなかで組みたて方の具体的表現が決る．しかし，組みたて方は一義的に論理化されていて，これが私たちが追いもとめている構造なのである．構造は〈閾〉なる概念を借りて説明され，最終的には〈閾〉がものの在り方を規定し，ものの結合因となる様子が記述される．また，行為の体系化を遠望して機能主義が成立したとすれば，上記の観点による行為の仕方の体系化を遠望して，建築の思想の萌芽を思ったりする．

14

このような観察と見通しから，私たちの論理的な活動がはじまった．

第一に，私たちが自然の非連続的なあらわれ，城壁，口の字型プランおける周壁等フィジカルに面した〈境界〉がある．第二に，〈境界〉は内部の〈閉じた領域〉を想定する．第三に，〈閉じた領域〉には実際は完全に閉じているわけではなく，非連続的でありながら外部と交流する空間的装置をもっている．第四に，交流する装置は，内部の秩序を維持するだけの交流量を通過させる〈閾〉的機構をもっている．第五に，こうした〈閾〉が〈閾〉として機能するためになんらかの形で管理されている．管理と支配とはほぼ同義である．第六に内部交流の場しかもたない領域は，外部交流の装置を他の領域内の装置で代用している．この場合，後者の領域は前者の領域を支配する．第七に，部分内の〈閾〉的装置とそれを包括する全体領域内の〈閾〉的装置とは緊密な対応関係にある．この対応関係が〈配列〉を決定する．第八に，〈閾〉的装置が場所・建築・自然等の意味性を誘起する．

このように私たちは，〈構造〉なるものをとらえていった．非連続的構造，〈閉じられた領域〉，結合の原因としての〈閾〉等の一連のとらえ方は，これまでに述べてきた仮説にのっとり，近代建築がとってきた建築的考察と対立する．すなわち，㈠部分の配列と全体の配列を別個に論じることはできない．㈡身体的活動を機能化することによって，建築あるいは生活化された環境の形成を論じることはできない．行為を〈行為の仕方〉といいかえねばならない．㈢自然は社会化されている．㈣建築を社会構造ときり離して論じることはできない．㈤〈共有する〉あるいは〈自然発生的〉なという表現は，限定して使用されねばならない．㈥構造とは，全体のあり方を示すが，フィジカルなものの組みたてをさすのではなく，全体像についての同一性あるいは本質を記述するモデルである．

これらの論の組みたてが，旅行によってすべてなされたわけではない．むしろ，旅行を契機にまとめられたと言うべきであろう．

さらに，私たちはこれらの論が，ここで終結したとは全く考えていない．検証や論理の展開に不十分な点が多い．しかし，論の方向それはまさに集落の把握の研究ではなく，いかに私たちは設計するかという最大の問題にむけての方向の曙光を得たとはいえそうである．こうした段階における私たちの論は〈領域論試論〉として本書に記載してある．

15

本書の組みたては，総論と各論からできている．各論は，総論の記述の基礎になるようにつくられているので，いわゆる一般的な説明は省いてある．私たちの主張は，〈領域論試論〉にまとめてあり，各集落の報告はこの論を媒介にして結合したつもりである．論の性質上，いわゆる各論的説明が不十分であるかもしれない．資料部分については，一般には知られていないマグレブ地域にたいする知識を，他の研究書を翻訳し，まとめたものである．総論のリストは，種々の形式で記述可能である．より分析的な構えで現在も書きなおされている．各論は，各自が分担してまとめ，〈領域論試論〉や本文は，研究室での討論をまとめたものである．作業は山本，入之内，若月が中心的にすすめ，この3人が山本を軸として〈試論〉を書いている．直接的な動機はともあれ私たちは，古い集落を研究しようとしたわけでもないし，私たちの旅の経過が覆う地域の特性を研究しようとしているものでもない．人間が集って住む環境について学習をしているにすぎない．旅の経過は，学習の場としてかなり良かったのではないかと思っている．私たちは，また学習の場を旅先に移動しようと思っている．〈ヘラクレスの柱〉を想い，ムザップで感動しながらも，現にとどまって〈住む〉場所を見つめているつもりではいる．そうした意味から，私たちの研究は，集落論ではなく，住居集合論なのである．

——原広司

領域論試論

1　領域への出発

一冊の写真集を前にして，われわれの方針はまだ一致しなかった．そこには不思議な，しかしわれわれにはすでに見なれた光景が写し出されていた．頂きのミナレットを中心にして，丘の四方にひとつの有機体のように群棲する白い住居，そしてそれがかつてコルビュジエによって熱っぽく語られた，あのガルダイヤ（Ghardaia）であることも知っていた．しかしここからガルダイアまでは，アトラスを越え，なおサハラ砂漠を何時間も走り続けなければならない．それにもしそのガルダイヤが，単にコルビュジエの手法の原形としてのみ価値のある場所だとしたら，あのアルハンブラも，バレンシアもすっぽかして，ひたすら歴史的時間から見放されてしまった集落だけを追い求めてきたわれわれには，それほど興味のある対象とはなり得ない．しかし，コルビュジエでもなく，ガルダイヤでもなく，ただ砂漠を一目見ようというそれだけの理由がわれわれにアトラス越えを決断させた．

ベリアンヌ

一直線にどこまでも延びるアスファルトの道，透きとおった炎のようにゆらゆらとたちのぼる陽炎，砂漠は無限に続く単調な平面だった．何の境界も特異点もない，ただ均質なだけの平面は，確かにわれわれの日常的な体験からはほど遠いものだった．われわれの体験してきた自然は，その断層や裂目，あるいは高さや低さを示すことで，常に人間の生活の気配を感じさせるものであった．われわれが自然あるいは地形の持つさまざまな表情を手掛かりにして，その生活をつくりあげてきたのだとしたら，降雨量が少ないとか陽射しが強いとかいう以前に，ただ単調で均質な平面は，それだけで人間の生活からほど遠い印象を与えるに十分だった．

そして，ガルダイヤはその砂漠が裂けた所にあった．「ムザッブの谷」と呼ばれている砂漠の裂目の中に点在する五つの丘の一つひとつが都市になっているのである．そのひとつがガルダイヤである．

すでに夕暮れに包まれて，ミナレットから流れるコーランの声を聞きながら，遙かに眺めるその丘の姿は，写真からは想像もできない，なにやら秘密めいた幻想性を包み込んでいた．明らかにわれわれを拒んで，まったく異質な彼ら独自の世界をつくりだしている．頂きの塔を中心にして丘全体にひろがる住居の群れは，丘の底辺でそこから先へは広がることを止めて，はっきりと境界をかたちづくっていた．それは目に見える境界であると同時に，われわれを中へは入れない，つまり意識としての遮蔽物でもある．塔や住居の配列そしてそれらがつくりだす境界は，丘と一体になってわれわれの前にその全体像を見せていた．それはわれわれの持つ世界と彼らの世界との差異そのものだった．いわば

ガルダイヤのモスクの塔

彼らの世界観が見えている．そして，それは決して丘の全貌によってのみ確かめられるのではなく，強い陽射しの中で濃い影を落とし，網目のように集落全体を編んでいる細い道も，その道に固く表情を閉ざしている住居も，道の端にそっと置かれているモスクも，そしてどのような小さな部分をとりあげてみても，すべては彼らの持つ世界の表現であり，それらはそのものであるとともに，その意味を同時に伝えるメディアでもあった．

われわれの有する境界は，単に風や光や熱や音を遮るための物理的な遮蔽物でしかなくなりつつある．そしてそのようなもので構成され規定される領域は，数字や量に置き換えられ，その意味を内包しない，均質な空間でしかない．われわれはすでにサインや言語や文字を頼りにしなくては，その領域の意味さえわからなくなってしまった．それはまさにあの砂漠のイメージに一致する．砂漠が無限に広がるかのように，われわれの持つ領域は，均質にそしてどこまでも広がってゆく．

われわれは砂漠に住んでいる．いくつもの集落を訪れ，そして興奮するたびに，何度も何度もわれわれはそう思わざるを得なかった．もはやわれわれは彼らの住む，そして豊かな意味を内包し表出するあの〈オアシス〉へ，再び帰ることはないのだろうか．

ベリアンヌの道

2 観察

a 前提

私たちの考察は具体的に現象するものの観察から始められる．しかし考察が具体的現象の観察によって裏づけられる場合であっても，観察が無前提に行なわれるわけでは決してない．というより，むしろその前提こそが観察の方法を決定し，したがってすでにわれわれの姿勢を，そして考察の限界をも明らかにするものでなくてはならないはずなのである．

もし集落の構造あるいは全体性やその意味と呼ばれるものがわれわれの目指すものであるとするなら，それらは空間あるいはかたちのレベルに表出されているはずだという期待がわれわれにはあった．それは期待であると同時に，前提でもあった．つまり重要なのは，現在的になおかつ具体的に目に見えているかたちであり空間であり，またそのあり方にほかならない．時間的に溯るその歴史的時間性や起源，あるいは空間的広がりをたどることによってもたらされる伝播の源などを仮定する必要はまったくないし，われわれの目に映らない自然条件を考慮する必要もない．むしろそれらは意識的に排除されてゆかねばならないのである．具体的に現象しているものを何ものかの進化の結果とし，その起源あるいは原形と進化の間に一定の方向性を予定する方法，あるいは自然の反映と見ることによって，自然的な条件との因果関係を探り，その因果関係こそがそこに現象するものの本質であるという認識は，われわれの問題とは何ら関係しない．しかしそれが歴史的起源や進化，あるいは自然的諸条件との因果関係ではないとしても，それだけでわれわれが歴史や自然から解放されて，さまざまな現象を考察できることを意味するものではない．ただその歴史や自然は，空間的・時間的に局限された，個別的・具体的集落あるいは社会集団の諸現象の内にすでに内包されたかぎりでの歴史であり自然である．それはわれわれの側の概念の内ですでに方向づけられた歴史や自然ではなく，彼ら独自の歴史であり，彼らの解釈する自然である．

ロックフォート

セリメ

つまりさまざまな集落をアノニマスと呼び，自然発生的としてでしか認識できないとしたら，それをつくりだした人々の意志や意図は顧みられることなく，われわれのすでに方向づけられた概念に頼って，その自然発生の原因や結果あるいはその過程を考察せざるを得ない．ここに，考察の枠組みはわれわれの側にのみあって，彼らの側には存在しないものとなる．われわれが空間的・時間的に局限された，個別的・具体的集落に限定するのは，そこに彼らの意志や意図，そして彼らの独自の秩序体系によってつくられる彼ら独自の世界を認めようとするからにほかならない．必ずしもそこでは，歴史や自然そしてその他の概念が，それぞれの位相において体系化されているとは思われないが，それらは分離されないまま，あらゆる現象の内に貫徹し，彼らのつくりだすかたちや空間の内に表出されているはずなのである．かたちや空間は，そこに住む人々に固有の世界観そのものである．まして，われわれによって方向づけられ規定された進化の概念や機能の概念などによって切断されてしまうものでは決してないはずなのである．

実際にさまざまな集落を訪れる前に，本来なら当然用意すべきであろう予備的な知識を，われわれはほとんど持ちあわせてはいなかった．したがって，土地の人に聞き，あるいは車窓からわれわれの求めるものを発見する以外に方法はなかった．しかし，少くともフランスやスペインにおいては，人々に聞くまでもなく，さまざまな集落は例外なくその位置を誇示するがごとく現象するものであった．

ペトレス

  scene 1——Petres　なだらかにうねる緑を切って，ペトレスの集落はその中にポッカリと小島のごとく浮かび，オレンジ畑が明確な領域を決めていた．教会とその塔はスカイラインから抜き出て嶺を形成し，集落をその翼中にかかえ込み，全体としてまとまりを持ったひとつに見せて，われわれと対峙していた．こうした全体的風景がいつもわれわれを強く引きつけ，これに出会うたびに車を止めてわれわれは集落の中に入っていったのである．（若月）

実際，集落は彼らの自然とともにあった．その場所に固有の自然環境が彼らの住み方そして集落のあり方を決定しているという意味ではない．むしろ集落たちは自然に依拠し，依拠することによって，逆に自然をわが物とし，ひとつの静的な風景として完結しようとしていた．城や教会がより高い場所にあるとき，その高さがすでに城や教会そのものであるように，集落の背後の巨大な岩や聳える山，あるいはその下に流れる河や海は，まさに集落と一体となって集落の全体像をつくりだしていた．つまり自然環境はあるがままの自然環境なのではなくて，すでに彼らによって解釈され評価された自然や環境なのである．静的な風景はそこに住む人の自然や環境に対する解釈の結果である．

われわれの考察は，たとえそれが印象的であったとしても，この静的な風景からはじめられねばならない．ここには，自然も歴史も文化もすべてを内包した彼らの世界だけが存在している．

b 3つのタイプ

もしヨーロッパにおいてわれわれが通過してきたさまざまな集落の全体的印象を語ろうとすると，そこにはまったくその性質を異にするふたつの集落タイプが存在したということが，その印象の中心部分ではないかと思う．ひとつは，中世的な面影をいまだに残して，すでにわれわれのうちに農業共同体として定式化されている集落である．必ず教会や城のような中心的施設を有し，風景のすべては，丘や谷や崖そして住居の配列をも含め

て，この中心への指向[*1]と，そして，周縁，つまり境界の明瞭さによって特徴づけられる集落である．　ひとことで言えば，すべては特殊な行事をするための舞台のようでもあり，そしてすべてが何か飾り立てられたような印象を与える集落である．　中心の教会や城は当然のこととしても，その前の広場には樹木や花が植えられ，あるいはタイルで彩られた基壇やベンチが設けられる．　そしてこの飾られたような広場を中心にして，道は四方に延び，住居の配列をつくりだしている．　道に面して隙間なく軒を並べる住居の壁は白く塗られ，その壁には鉢植の花が吊るされている．　住居の窓や入口の縁には，鮮やかな色が塗られ，あるいは美しいモザイク模様のタイルが埋め込まれている．　飾られた教会や広場につながる飾られた道は，そのまま住居の中へも入り込み，ホワイエ的な飾られた部屋につながっていた．　人々は気軽にこのホワイエ的な部屋へ入り込み，そこに置かれた椅子に腰を下ろして世間話をしている．　この部屋を強引にわれわれの日常的な言語にあてはめれば，客間あるいは居間と呼ぶことができるかもしれない．　その奥には，台所や食堂，そして便所や風呂が続いている．　ここはもはや飾られてはいない．　私たちの経験では，ホワイエ的な部屋までは喜んで迎え入れてくれても，そこから先へはなかなかわれわれを案内しようとはしない．　おそらく寝室があるのだろう，二階へ上がろうとしたわれわれは厳しい口調で拒絶されてしまった．

　住居の裏側には広々としたオリーブやオレンジの畑が広がっている．　そのオレンジの畑は，同時に集落の境界でもある．　境界は住居の配列や畑によってつくり出されるだけではなく，ときには自然の崖であったり，あるいは城壁が集落を囲い込むこともある．

　　scene 2────Sorbas　忽然と眼前に現出した崖上に一直線に並ぶソルバスの住居群は，自然の断層による集落の境界を強調しているかのように，そのエッジぎりぎりまで建てられており，この集落の一断面はわれわれにそれで全体を見たと思わせるに充分であった．　そして40mにも及ぶ崖によって周辺から切断されたソルバスの街は，不連続な自然のなかの節として特異点を形成していた．　橋を渡って集落内へ入ると，ストリートに沿うプラスター塗りの白壁に金属の輪をさしてこれに植木鉢が飾られ，教会帰りの少女達の活々とした華やかさとともに町全体を小ぎれいに見せていた．（若月）

教会や広場が住居から離れ，あるいはあまりに高い位置にある場合は，集落の境界のすぐ内側に別の小さな広場がつくられる．　そこには，いかにも便宜的といった感じの小さな教会が建てられている．　そこは，市の立つ場所であり，日常的な通商の場所となる．しかし日曜日の礼拝などはこの教会ですますことができても，結婚式やクリスマスそのほかさまざまな特別の行事が行なわれるとき，人々は着飾って中心の教会へ向かうことになる．

　このように中心と境界，そして住居の配列が明解であり飾られたような印象を与える集落を，その典型であるペトレス（Petres）という村の名をとってここではペトレス型と名づけておく．

　このペトレス型と全く対照的に際立った中心性も境界もなく，ペトレス型の印象が飾られたところにあるとすれば，むしろ日常の生活がそのまま露出しているような印象を与えるのがクエバス（Cuevas）に住む人々の集落であろう．　彼らは，まるで人々の目を逃れるように，ひっそりと自然のつくる窪みの中に生活している．

　　scene 3────Cuevas del Almanzola　谷の上の街から，最初にこの集落を遠望したとき，谷間

*1────中心的な施設が必ずしも集落の物理的中心にあることだけを意味するものではない．　集落からはずれた場所にあっても，むしろそれはより高い位置にあることで中心性を表出している．　高さと中心性とは互に他を補完するように働いている．

ソルバスの広場

ソルバスの崖

に群居する猿人の集落を見ているように錯覚してしまった．　少なからず人間の集落という範疇から程遠い観を示している．　わずか20〜30 m程の地形差が，これ程までに異なった2つの風景として存在させている例は数少ない．　ここでの地形の断層は物理的な地形の〈ずれ〉に留まらず，日常生活を含めた全ての生活行為の差異として形相化され，谷に住む住民と谷の上の住民との決定的な境界として位置しているように観察される．（入之内）

　クエバスとは，スペイン語で横穴式の住居形式を示し，一般の住居カーサ（Casa）とははっきりと区別されている．　カーサとクエバスとが共棲することはない．

　なだらかに起伏する丘の窪みは，彼らの道であり，小さな広場でもある．　この小さな広場に面して五〜六戸のクエバスが掘り込まれ，広場を中心としたひとつのクラスターが形成されている．　そして日常生活のかなりの部分がこの広場に露出しているのである．　そこは子供の遊び場であり，道具置場であり，洗濯場であり，仕事場でもある．台所もこの広場につくられている．　クエバス・デル・アルマンソーラ（Cuevas der Alm.）という村の例では，台所は他の部屋のように掘り込まれるのではなく，穴の外に石で積まれ，それも各クエバスがそれぞれ台所を所有しているわけではなく，ただひとつの台所が，広場を中心として構成されるクラスターの全員によって使用されていた．　この広場は彼らにとっては単なる外部ではなく，生活の内に入り込み，生活のための重要な場所として意識されている．　つまり彼らの生活にとっては内部の空間と同じなのである．　われわれにとって印象的なのは，小さな広場を中心として営まれる彼らの生活であり，クラスターを構成する彼らの住居のあり方である．

クエバス・デル・アルマンソーラの広場

　広場に面する彼らの住居には，ペトレス型に見られたような飾られたホワイエ的な部屋があるわけではない．　そこにはただ生活の臭いの充満した部屋が並んでいる．

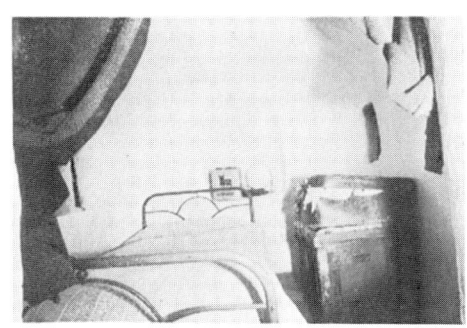

クエバス・デル・アルマンソーラの住居内部

　このクエバスによって構成される集落の形式を仮にクエバス型と名づけておくと，そこにはペトレス型との明らかな対比を見ることができる．　一方は，中心的な施設を持ち，その中心に向かう指向性によって明確な配列と境界を生み出し，一方は，中心を持たず，ただ広場を中心とした数戸によって構成されるクラスターが目立つだけで，集落全体は，決して明確な配置や境界を持っているわけではない．　クエバス型の集落は，クラスターの単位は明瞭でも逆に集落全体の配列はむしろランダムに見える．

　しかし，ペトレス型とクエバス型との対比は，単にわれわれが通過してきた南ヨーロッパの印象を語るときの分類であり，それが地中海あるいはその他のさまざまな集落すべてにあてはまる分類であるわけではもちろんない．　特に北アフリカの印象は南ヨーロッパの印象とは，ほとんど対象的といっていいほど異なるものであった．

　われわれにとって北アフリカ一帯，つまりマグレブと呼ばれる地域の印象は，モロッコのテトアン，ラバト，あるいはマラケッシュ，フェズなどのメディナを訪れることで，すでに決定的であった．　メディナはもはや集落と呼ぶより都市と呼ぶ方がふさわしい．喧噪と雑踏，そして観光客，大きな荷物をくくりつけられたロバを追う男の声，ここではわれわれも決して，ヨーロッパで経験したような，異質な侵入者として扱われることはない．　ここではすべての人が他人であり，他人同士の経済的な流通においてのみその接触が成立している．　市場の喧噪はそのまわりの路地にも入り込み，香料や，ハッカの茶を売る店，そして観光客相手のおみやげ屋が並んでいる．　ところどころの小さな広場が，布やジュラバと呼ばれる民族衣裳を織る店に専有され，路地や小さな広場は錯綜して迷路をつくりだす．

　おみやげ屋の店頭の絵はがきにある風景を見て，われわれは一瞬共同洗濯場と錯覚し

*2——"メディナ"とは，イスラム圏に見られる都市形態のひとつを指し，日本では一般的にカスバと呼ばれている．　カスバはかつて都市が自立して外敵からの侵略を防ぐ重要な拠点であったときその守りの要でもあり，ちょうどヨーロッパの城塞都市における城の位置に相当する．　メディナは，カスバと城壁によって守られるところの，カスバ以外の場所を指す．

テトアン

た．　しかしガイドに案内されたそこは，牛と羊の死骸，切り取られた内臓や首が乱舞し，悪臭の中で裸の男たちが働く鞣皮工場であった．　実際このメディナには，共同の施設などありはしない．　モスクでさえ共同でつくられるものでもなければ人々の接触を触発するものにもなり得ない．　モスクは錯綜する路地に面して，驚くほどその表情を隠してひっそりと佇んでいる．　メディナを遙かに眺めると，確かにミナレットがいくつも建ち並んでメディナの印象を決定するものとなってはいる．　しかしその内部では，その前に広場があるわけでもなく，中を覗かない限りそれとわからないまま通り過ぎてしまうことするある．　そして定められた時間にモスクに集まり何もない壁に向かって深々と頭を垂れる．　彼らはそこにいくら多くの人々が集まっていようと，ただ一人で神に対峙しているようにさえ見える．　それは近所の人びとと誘い合い，家族ともども日曜ごとに着飾って教会に集まるあの華やかな風景とはまったく対照的でもある．

フェズ

scene 4──Medina　航空写真に見るメディナの住居群は，細胞分裂し，限りなく増殖していく生物体のそれを思わせる．　画一的な矩形プランを持つ住居は，中央に細胞核である中庭を有し，壁を共有して連続され，そのなかに明確な中心は見出せない．　一見乱雑に見える住居の配列にも，わずかなずれを見せながら，各所に一定の流れが識別できる．　そしてこれは細胞間隙を流れるストリートの形態と奇妙な一致を示し，干上がった田んぼの地割れのようなストリートの構造が住居に反転して浮き出てくる．　事実メディナ内のストリートは方々で狭い袋小路を作り，また少しづつずれながら交差し，分岐している．　ストリートに面しては，無表情な住居の壁面がたち並び，窓を通してのストリートとまたは隣家とのコミュニケーションはまずない．外に向けては無装飾な住居の壁面も，中庭に面してはタイルで飾られる．

　中庭は生活の道具類が散在することなくきれいに片付けられて清潔さを保ち，外部の喧噪を断切って静かな内部世界を築き上げている．　ひとつの部屋から他の部屋へ行く場合，必ず中庭を経なければならないという住居の構造は，中庭を家族にとっての全生活を統御し，決定づける場とさせている．　このため，特に親しい人以外は中庭へは通さず，入口通路部分で応接されると聞くが，入口部から中庭を見通せないように，通路は一度折曲がっている．　　（若月）

ここにはあのペトレス型のホワイエ的な部屋も，クエバス型の共同生活のための広場もない．　住居はその入口を固く閉ざして，あらゆる人との接触を拒絶しているようにさえ見える．　きわめて閉鎖的な住居の構えなのである．　そのためだろうか，道は住居と住居の間の隙間をやっと見つけて細々とメディナ全体を覆っている．　その道も市場から離れるに従って人通りもなく，ただ単に人の歩くだけの路地に変わってゆく．　閑散として高い壁に囲まれた路地は，ペトレス型やクエバス型のように，決して人と人との接触を触発しはしない．　むしろ接触しないことを前提として彼らの〈道〉は成立しているようにすら見える．　ところが住居の内部は，それとは対照的にきわめて開放的にできている．必ず中庭を持ち，その中庭を囲んでつくられる彼らの住居は，外に対しては完璧に閉ざされたものではあっても，その内部ではあらゆる部屋は，この中庭に向かって実に開放的なのである．

　そして外に向かって閉鎖的な住居の群れは，ペトレスのように明確な配置や中心を持つわけでもなく，またクエバスのようなクラスターを形成するわけでもなく，ただ勝手気ままに，メディナ全体をびっしりと埋め尽くしているように見える．　住居の群れは，かつての城壁の外へも侵蝕して，何度城壁をつくりなおしても，その外へ外へと無限にスプロールしてゆくようにも見える．

もしこのような住居の集合の仕方を指してメディナ型と名づけるとしたら，われわれはいまそのそれぞれ異なる住居の集まり方の違いを，ペトレス型，クエバス型，メディナ型として，ただの印象によるものだとしても，とりあえず三つのタイプに分類したことになる．

　われわれが通過してきたさまざまな集落の全体的印象を語るために，便宜的に分類さ

	中心的施設	広　場	住居の配列	道に対する住居形式	集落の境界
ペトレス型	有	中心的施設の前にあって飾られている	中心への指向	開かれている*	明確に境界を持つ
クエバス型	無	生活的広場	クラスター	開かれている*	不明確
メディナ型	無	流通のための広場	各住居は個別的	閉ざされている	不明確

図1——＊ペトレス型とクエバス型の開かれ方は同一ではない．ペトレス型は道を住居の内へ引き込むように開いているのに対して，クエバス型は逆に，道に向かってさまざまな生活機能が漏出していくように開かれている．

れた三つの集落のタイプは，住居形式の違いであり，広場や中心的施設の違い，あるいは道や境界のあり方の違いとして観察され，記述されてきた．　そしてその原因を，文化，風土，宗教の違いとして考察することもできるし，あるいはメディナ型が都市的であり経済流通を核として成立するものであるとするなら，クエバス型は生活の共同を核とした集落であり，それに対してペトレス型はいかにも政治的，権威的色彩の強い集落だと言うこともできる*3．　しかしそれら類型の原因や，類型から演繹されるものをいかに説明し尽したとしても，それだけでわれわれの分類のレベルが明らかにされるとは思われない．なぜわれわれはそこに現象するものだけを分類の手掛かりとして抽出したのか．　そして三つのタイプとは，はたして本質的な差異なのか，それとも，文字通り現象においてのみの差異なのか．

　解答への手がかりは，すでに現象するそのもの自体が指し示している．　われわれの前に現象するものは，ただ単に機能を示すだけではなく，同時にその〈意味〉を明らかにするものでもあった．　われわれの遭遇した集落における道や住居や中心的施設，あるいは広場といったものは，ただ単に歩くための場所，住むための場所等を指示しているだけなのではなく，そのあり方がすでに〈全体〉の中で特定の〈意味〉を有しているのである．

　つまりわれわれは現象するものの〈意味〉を見ようとしているのである．　教会やかつての領主の館をともに中心的施設と呼び，城壁や住居の配列のとぎれる場所あるいは農地を境界と呼ぶとき，われわれはすでに〈意味〉に関わる言語を使用している．　われわれには〈意味〉とは何かという問いに答える能力はないとしても，そこに現象しているものが何を〈意味〉しているのかは，当然明らかにしておかなければならないはずである．それはおそらく現象するものをどう認識するのか，そしてわれわれの使用する言語の抽象度の考察に関わっている．

＊3——3つのタイプの中にわれわれの観察したすべての集落を包含させることは決して不可能なことではない．　例えばアルベロベロ（各論 P146 参照）はペトレス型の典型だし，放浪するジプシーのテント村（各論 P155参照），あるいはギリシャの島々のいくつかはクエバス型の雰囲気を持ち，その他多くの都市は，メディナ型の一面を持ってはいる．　しかし，すべての集落をこの3つのタイプの中に包含せしめるには，ペトレス型とクエバス型の中間，三者を同時に含みその中間でもあるというようなあいまいさと強引さを必要とする．

3　考察

a 行為

観察によって抽出された言語（道，住居，広場，中心的施設，境界等）を，ひとつのあるいは数種の〈行為〉に対応する空間もしくはものの名称として了解することもおそらくは

可能なことだと思われる．そしてむしろ一般的にはそう解釈すると思う．しかしその〈行為〉という概念そのものをわれわれは疑う．

時間的・空間的に連続している人間の動き，動作を断片的行為に分割することによって，はじめて行為の概念は成立可能になる．しかし，また行為それ自体は連続しているがゆえに無限に分断，分割することが可能な性質の概念でもある．そのような無限性を持つ〈行為〉を有限のレベルに引きもどすためには，ひとつの手続きが必要であった．それが「目的の配分であり，意図の分類」であった．[*4] 目的と意図を手がかりとして，連続している行為は，それぞれ断片的な行為に配分され，分類される．そしてその行為は，その行為の意味を支えている状況から切り離されて一種の普遍性を獲得していったのである．

*4——『建築芸術へ』ル・コルビュジエ　宮崎謙三訳

たとえば，眠るという行為や食べるという行為は，一方は単に神経生理学の問題としてその脳波や生物電気の特性において，一方は，食物が口から食道を通過して胃に到る経過として，あらゆる個体や民族や文化の特性を，そしてその行為の〈意味〉を支えている状況を超えて，同一の断片的行為としてその普遍性を獲得する．そして分類された断片的行為に対応して，〈機能的〉に空間が設定されていく．機能という言葉はしばしば，分類された行為とその行為に対応する空間との関わり合いを示すと同時に，分類の手掛かりとしての目的，意図そのものを指し示す言葉としても使用されてきた．そして，行為と空間との関係は，基本的に次のような認識が前提となっている．つまり，分類された断片的行為に対応して，断片的な単位空間（プライマリーな空間）が存在する．当然，単位空間は意味を内包しない機能的単位空間となる．そして，人間のあらゆる行為が断片的行為の組合わせとして記述できるように，あらゆる空間は単位空間の組合わせとして，記述することが可能になるわけである．[*5] 単位空間の組み合わせによって記述される空間は決して，特定の人間，特定の集団に対してのみ成立する空間ではない．あらゆる人間，あるゆる集団に対応する空間であることがあらかじめ保証されているのである．[*6]

*5——コルビュジエのいう〈標準〉とはまさにこのような空間を指し示している．

*6——インターナショナル・アーキテクチャーの基盤はここに成立する．

このような考え方を認識論的に「世界は空虚（均質）な空間と原子とからなりたち，原子はたえず自己運動をしていて，いっさいの変化はその集合離散に帰着する．またいっさいの現象の背後には原子の機械的運動がある由，それらは必然的に生起したものである．偶然性なるものはこの世に存在しない．」という原子論の範疇に含ませようとすることは，むしろ当然のことだろう．個別行為あるいは原空間はまさに〈原子〉に対応している．

b　行為の仕方＝〈モード〉

もし，〈行為〉を手がかりとしての現象の認識が意味を捨象されたものでしかないとしたら，われわれが観察の時点で，現象するものに，用在と同時に意味の表出を認めようとするとき，われわれは一体それをどのように認識しているのだろうか．

われわれが道や住居や中心的施設と呼ぶとき，それらは単に〈行為〉に対応しているだけのものではない．それらは〈行為の仕方〉に対応している．〈行為の仕方〉とは行為そのものではなく，ある行為を行なおうとするときの，態度，作法，マナー，あるいはとりきめ，ルール等のことを指している．それらを一括して，ここでは仮に〈モード(mode)〉と呼んでおくことにする．[*7]

*7——モード (mode) とは，"流行"を示すと同時に，方法，様式，形式（服装，言語，風俗などの）流儀を示す言葉でもある．文法 (mood) とその語源を同じくしている．

モードは慣習であり，"法"として定式化されて行く．

われわれは決して，さまざまな行為を自由気ままに行なっているわけではない．行為には〈行為の仕方〉がある．その行為を行なおうとするときの約束事のようなものである．作法と言ってもいいし，態度のようなものと言ってもいい．あるいはルールやマナーと言ってもいい．すでに述べたように，行為という概念が断片的な行為であり，普遍的なそして標準的な人間を前提とする概念であるとすれば，〈行為の仕方〉は標準的な人間ではなく特定の集団の中でその集団による約束事を共有する人々が前提となるはずである．ある〈行為の仕方〉つまり作法なり行為のための約束事が成り立つためには，その約束事を共有するなんらかの特定の集団をその前提とせざるを得ないはずなのであ

る．〈行為の仕方〉は特定の集団との関わりの中でしか抽出され得ない．そしてその集団の中の個々の人々の具体的行為の積み重ねによって〈行為の仕方〉という約束事がつくりあげられていくと同時に，それがつくられることによって逆に個々の人々を抱束して，その〈行為の仕方〉というマニュアルに従ってさまざまな行為が実現することになるわけである．つまり〈行為の仕方〉は特定の集団の中で，特定の意味を有するものである．〈行為の仕方〉は行為の意味そのものである．[*8]

〈行為の仕方〉は特定の集団の中での人間と人間との関わり方を示す．そして，それが身分とか序列とかに関連しそうなことも想定できる．「すべての社会生活は上位と下位という位階制を——まったく技術的理由から——必要とする」．[*9] とすれば，その位階は，日常的には〈行為の仕方〉によって表象される位階制にほかならない．

かつて，中世的な社会制度の中では，個人という人格は制度の中の相互の序列そのものであった．つまり常に上位の地位としての人格に結びつけられることによってのみ，社会的個人たり得ることが可能であった．序列そのものが集団，あるいは個人を規定していた．〈全体は部分より先にあるのが必然〉という中世的リアリズムは，人間を，〈行為の仕方〉を通じて，集団全体の中での役割的部分として表出させる．このことを考えに入れれば，中世的リアリズムを否定して，新たな方法を探り出そうとするとき，当然〈行為の仕方〉を否定し，個人の自由な意志によって行なわれる〈行為〉をその手がかりにしようとしたことも首肯できる．つまり，〈行為〉を手がかりにしての考察が，全体性を解消するものであるとするなら，逆に〈行為の仕方〉は，なんらかの全体性あるいは統一性を前提としない限り語り得ないものである．

そして〈行為の仕方〉が，特定の集団の中での位階に関連するとすれば，それはまさに，集団の全体性，統一性，あるいは支配，被支配の関係そのものを表出する．ここにいう支配，被支配の関係とは，集団の性質を維持しようとするひとつの機構のことであり，少なくともなんらかの集団を対象にしようとするとき，そこに集団の統一性を無視するわけにはいかないであろうし，集団の統一性が，広い意味での支配事象を自らの内に内包すると考えることが否定されるとは思われない．

われわれが〈行為〉ではなく，〈行為の仕方〉を考察の手掛かりにしようとすることは，その〈行為の仕方〉が認知されている集団，そしてその集団の統一性，あるいは支配事象を手掛かりにすることと同義である．〈行為〉そのものがすでに述べたように，無限性，均質性，連続性，普遍性のレベルでの問題であるとするなら，〈行為の仕方〉は逆に，集団の全体性，統一性を前提とする以上，その統一性の限界，特性，不連続性といったものをその対象とせざるを得ない．つまり，〈行為の仕方〉を手掛かりとして集団を考察しようとするとき，そこに集団の統一性のより広い意味での〈領域〉を問題にせざるを得ないのである．〈領域〉とは，この場合必ずしも空間的領域だけを意味しているものではない．それは，集団の領域であり，支配の領域であり，〈行為の仕方〉の領域であって，それぞれは，空間的領域であると同時に，観念としての領域でもある．ある集団に属する人間が，その集団の空間的領域外に至る場合であっても，彼がその集団内の人間であることになんの変わりもないし，それだけで，彼がその集団の統一性から解放されるわけではない．ただ，われわれがここで問題とすべきなのは，支配の領域，〈行為の仕方〉の領域という観念的な領域ではなく，その空間的領域である．そこには，支配の領域も，〈行為の仕方〉の領域も包含した，集団の領域そのものが表出されているはずなのである．

*8——「『意味』というコトバを使用する多くの具体的事態において——それを使用するすべての場合ではないにしても——人はこのコトバを次のように説明することができる．すなわち，語の意味とは，言語の中におけるその用法であると．」（『論理哲学論考』；藤本隆志，坂井秀寿訳）とヴィトゲンシュタインは述べる．同様に，行為の意味を考察できるとすれば，それはその用法つまり〈モード〉によって以外には，あり得ない．そして語の用法が体系を有すると同様，〈モード〉もまた，なんらかの集団の内にあって，ひとつの体系を持つと考えられる．

*9——現代社会学体系1『ジンメル』

c 領域

領域は〈場〉という言葉に近い．〈場〉とは電磁場，重力場という言葉が示すように，なんらかの特性を自らの内に内包する空間に対して，そう呼ばれる．空間的領域も，その内になんらかの特性を有する．そしてその領域の特性は，その境界においてより鮮明になる．境界とは，文字通りある特性とそれとは別な他の特性との境界であり，両者の関係を示すことによって，はじめて領域の特性を明らかにすることができる．[*10] いわば境界はそこで領域の特性の漏出，あるいは他の特性の侵入を禦ぎ，一定の特性を維持しようとする役割を担っているからである．

ここにいう境界は，ただ物理的，用在的な境界なのではなく，意味的な境界でなくてはならないのはすでに当然のことだろう．〈モード〉が〈行為の意味〉のことであるとすれば，〈モード〉を手がかりとしての〈領域〉は，まさに空間的な〈意味の領域〉でなくてはならない．そして用在としての境界ではなく，意味的な境界を，用在的な境界と区別するために，ここでは〈閾（しきい）〉と呼ぶことにしておく．[*11]

〈領域〉は〈境界〉によって閉ざされている．〈領域〉の持っている特性を維持するために閉ざされている．特性というのは集団の統一性のことであり，〈行為の仕方〉の固有性のことである．〈領域〉は集団の統一性を維持するために閉ざされている．そしてその外側の作法とは異なる作法を指示するために閉ざされている．とすれば，逆の言い方をすると，きわめて単純に少なくとも次のことだけは言えるように思う．つまり，ひとつの〈領域〉にはただひとつの集団の統一性が実現されている．そして，ただひとつの〈行為の仕方〉，つまり作法のマニュアルが封じ込められている．だからこそ閉ざされていることの有効性が確認できるはずなのである．仮にひとつの〈領域〉の内にふたつ以上の集団の統一性を実現しようとしても，それは論理的に不可能であるように思う．それぞれの集団の統一性そのものが失われてしまうはずである．

つまり，われわれはさまざまな集落の〈領域〉を見ていたのである．そして，その境界を観察していたのである．そして境界を観察すると同時に，その〈領域〉に内包される空間の配列を見ていたのである．[*12]〈領域〉の中の諸部分は全体としての〈領域〉の内に位置づけられ，それぞれ全体との関わりの中で固有の意味を与えられている．さらに言えば，全体との関わりの中でそれぞれの序列を与えられている．われわれは，より具体的には，もの（たとえば，住居，中心的施設，部屋）の配列の内にその序列を発見し，その〈領域〉の特性を見い出すことができる．つまり，〈領域〉の特性は，その〈境界〉によって確かめられるだけでなく，同時に配列によっても確かめることが可能だったのである．

d 配列

われわれが，さまざまな集落の中の住居に，廊下のようなものをただのひとつも見い出すことができなかったことは，この配列，ひいては〈領域〉を考察するうえできわめて重要と思われる．

「18世紀になると会を催し歓談するための特別の応接室，つまりサロンがあらわれた．これらの諸室はいずれも互に独立し廊下に沿って並んでいた．それはちょうど新しい廊下街路に沿うて家が建ち並ぶのに似ていた．つまりプライバシーの必要が廊下と

[*10]——『形而上学』アリストテレス　出隆訳
「ペラスというは，まず（1）それぞれの事物の窮極の端，すなわち，そこより以外にはその事物のいかなる部分も見いだされない第1の（最後の）端であり，それのすべての部分はその端より以内に存在するようなその第1の（最後の）端である．つぎは（2）ある大きさの，あるいはある大きさを有するものの，なんらかの形相（エイドス）を意味する．さらに（3）それぞれの事物の終りをもペラスと言う．……（中略）さらにまた（4）個々の事物の実体，個々の事物の本質をも意味する．」

[*11]——「コミュニケーションは，社会の境界線で止まってしまうことはない．厳格な境界線というより，このばあい問題になるのはむしろ，コミュニケーションが弱まったり形が変ったりすることでしるしづけられる閾（しきい）のようなものである．この閾を，コミュニケーションは，消滅はしないが最低の水準で通過するのである．」（『構造人類学』；レヴィ・ストロース・荒川幾男訳）
「閾（seuil）は日常語としては「敷居」や「入口」を表わすが，学術用語としては，地理，地質学では，2つの山塊を分ける断層を意味する．が，学術用語としてもっとも重要な意味を帯びて使われているのは心理学の領域で「刺戟がある反応を呼び起すに必要最小限に達する点」をまず表わし，さらに，〈seuil absolu〉というとき「そこを越えると知覚が消滅する限界的価値」を表わす．」（『知の考古学』ミシェル・フーコー　中村雄二郎訳）

[*12]——ポテンシャルとは「座」という言葉に近いと思われる．「座」は，集団内での個人の位地（地位）を示すものでもある．

いう特別な共用の循環器官を生み出したといえよう.」とマンフォードは述べる. プライバシーの確保とは, 行為がさまざまな制約 (行為の仕方) から解放されること, つまり, 行為の自由の確保なのである. 行為に対応し, 行為によって名称づけられた諸室は, 互に独立して存在し, 〈行為の仕方〉の制約から解放された部屋となる. 部屋と部屋との間にある序列の差を考慮することなく, 一本の廊下に面することだけで, その配列はまったく自由になる. つまり廊下に沿って配列されることによって, それぞれの部屋の間にある序列が排除され, 均質な関係, すなわち単なる機能的な組み合わせに置き換えることが可能になったのである. しかし逆に廊下による機能的な組み合わせは, 諸室の結合図 (結合の原因) をも排除してしまった. 諸室はそのつど, 機能的に結合されまた切り離されるだけの存在でしかない. 諸室が, 全体の中で固有の役割を担った場所ではなく, 独立の存在であるがゆえに, プライバシーもまた確保できたのである.

逆に, 廊下によって結合されない諸室は, その関係こそが重要になる. 配列は独立した諸室の自由な配列なのではなく, 序列を持った関係になる. 配列が序列を生み出し, また逆に序列が配列を決定してゆく. 諸室はすでに独立した単位空間としては存在せず, 結合因をあらかじめその内に内包しているはずである. つまり序列とは結合因そのものなのである.

*13──『歴史の都市, 明日の都市』ルイス・マンフォード 生田勉訳

図2──1642年のシオン (sion) フランス, ローヌ川添いの街 (International History of City Development vol. II by E. A. Gutkind)

街全体は布置を持つ. 布置はポテンシャルによって決定され, またポテンシャルを決定する.

このような配列は，明らかに廊下を媒介とするような独立した自由な空間の機能的配列とは区別されなくてはならない．それを〈布置〉と呼ぶ．その配列によって配列されるものに意味を与え，その意味が逆に配列を決定して行くような配列のあり方である．ポテンシャルが「座」という言葉に近いとすれば，恐らくそれは集団内の支配の序列に対応し，〈モード〉を表出する．そしてそのポテンシャルの関係が布置と呼ばれるのである．布置は住居内だけでなく，集落全体の問題として考察されてゆかねばならない．中心的施設と住居とは，まさに布置の中にある．

*14——布置は constellation の訳語．constellation は本来天文学の用語で「星座」を意味する．
（「星座」の"座"をポテンシャルと理解すれば，布置の意味は明らかだろう．）また心理学用語では，感情，観念，刺激などの集合体を指す．

4 了解

〈領域〉という概念を導入することで，それぞれの言葉（住居，道，中心的施設，広場）はどう規定され，われわれの集落の観察そして三つのタイプなるものは，どう了解されるのだろうか．

a 住居とその集合

住居が家族の〈領域〉と規定されることに，説明は不要であろう．それが〈領域〉と規定される以上，家族はひとつの集団であり，特定の〈行為の仕方〉を持ち，特定の支配による統一性を内包している．「父子の間に父子としての秩序がなければ，父子の間柄そのものが成立せず，したがって父を父，子を子として規定することもできない．」ように，家族とは，父，母，子としての血のつながりであると同時に，血縁を契機としての〈行為の仕方〉あるいは集団の統一性を自らの内に内包しているひとつの〈集団〉にほかならない．
周知のようにfamiliaの語源が，源初的には家父長の支配と所有に属する一切のものの名前であると同時に，住居そのものを指し示すとも言われる．

住居の壁や，屋根や，床は，雨や風のための単なるシェルターとしてではなく，まずこの〈領域〉の〈境界〉として了解されねばならない．〈領域〉は閉ざされている．それは家族の統一性を保存するために，そして他の〈行為の仕方〉や支配の秩序を侵入させないために，閉じられている．

*15——『人間の学としての倫理学』和辻哲郎

> scene 5———Oued Rhir 表面を砂一色に塗りつぶされたなかに，まばらに生えるヤシの木は，人間が住める領域の境界をぼんやりと示し，これに寄り添うようにドームの家々が地に低く根をはって棲息していた．砂漠の砂は雪を感じさせる．砂は熱風にわずかに舞い，小山はジリジリと動いて人間の作った小さな突起物を埋めようと蔽いかぶさり，住居の控柱が必死に砂圧に対抗している．そして雪をかき上げるように住居とヤシの木が砂で埋まるのをスコップ一本で営々と防ぐことが彼らの重要な労働であり，このような砂との闘いの過酷な生活は，多くの大人たちの，砂にやられてつぶされた目に象徴的に示されていた．自然の厳しさは彼らの堅固な協調性を想定させるが，ラクダとともに貴重な財産であるヤシの木は，その1本1本までも厳密に所有が定められ，共有性に対するわれわれの予想はみごとに否定された．住居は砂漠のなかに漠然としたあきを取って配置され，ストリートに対する積極的な姿勢は感じられない．住居の一歩外は対立物としての自然であるという環境が，外のあきに関する意識を極めて希薄にさせている．
> （若月）

住居は，閉ざされたひとつの〈領域〉である．それが閉じた存在であるかぎり，本来住居は個別的であり，単一な存在でしかない．つまり，その他の住居と共棲する契機をその内に含んではいないのである．そして，われわれが印象的，形式的に分類した3つのタイプの集落と住居の形成は，この住居の個別性というひとつの構造の表われの違いにほかならない．つまり，閉ざされ方の違いが，それぞれ3つのタイプとして現象しているのである．

ここにおいてはじめて，われわれは，さまざまな言語の意味を一般論として考察することが可能になる．住居の内とは，〈領域〉の内側，つまり家族支配や家族内に固有の〈行為の仕方〉が常に実現されている場所であり，外とは家族の支配秩序の関与しない場所であると同時に，他の支配，〈行為の仕方〉の秩序が実現されている場所でもある．道や広場や中心的施設と呼ばれるものが，単に機能的にある行為に対応して，歩く場所であり，人びとの集まる場所であるとするのは，すでにわれわれにとってなんの意味もなさない．そこは住居の内なのか外なのか，もし外だとすれば，いったいいかなる〈領域〉なのか．そして，住居が個別的であるとするなら，その集合とは何を意味するものなのか．

b メディナ型とクエバス型におけるコートの概念

メディナ型と呼ばれる住居が道に対して閉ざされていることはすでに述べた．それは住居の個別性の表出である．メディナ型の住居にとってその接する道は，外以外の何ものでもない．入口は廊下状になって，一度折れ曲り，そこからは決して中庭を見ることができないようになっている．通常，訪問者は家族やよほど心を許した友人を除いて，この入口部分で応対され，中庭まで通されることはない．しかしいったん囲われた中庭に入ると，そこからはすべての部屋を見渡すことが可能である．中庭によって関係づけられた部屋と部屋との間に序列の差ははっきりとは表われにくい．庭は明らかに住居内であり，住居内の人々の接触の場であると同時に，その庭に媒介されることによって人びとは関係づけられている．中庭まで通される客は，すべて家族と同等の人間として無条件に彼らの集団に含まれることになる．

> scene 6——M'zab 家々の扉はきれいに閉ざされ，その上には掌を見せる手と目がタイルに焼付けられて貼られ，シンボリックな不気味さを漂わせていた．この神聖なファーティマの手は，掌をこちらに向けてわれわれの住居への侵入を制止し，目はわれわれの行動を監視するかのようで，そこにみちと住居の交流を感じさせるものは窓はおろか何もない．
> みちを歩く女達は，全身を頭から足先まで白い衣で覆い隠し，片目だけを出して，伏目がちにすれ違う．頂上へ行きつくと，塔には先程の威容は消え，附近で見上げた塔は，これがそびえ立っていたあの塔かと思う程に，先の細まった独特の形のせいかひっそりと小柄に感じられた．モスクも他の住居から傑出した存在ではなく，塔の存在のみがモスクたらしめているというふうに，住居の内に埋没していた．方々でみちの上には住居が蔽いかぶさり，暗い地下道のような小路を形成し，トップライトから差し込む光は，まるでわれわれが井戸の底にでもいるかのごとく感じさせて，ますますわれわれの視野を狭い領域へと限定していった．
> 住居の扉の隙間から見える中庭は，太陽の強い日差を受けて輝き，住居の内は外であるといった不思議な感じに包まれた．住居は画一的といえる程に口の字型プランをしており，中庭を取り囲んで各室が配列される．入口附近からこの中庭が直接見通せないような配慮が見られるのも興味深い．（若月）

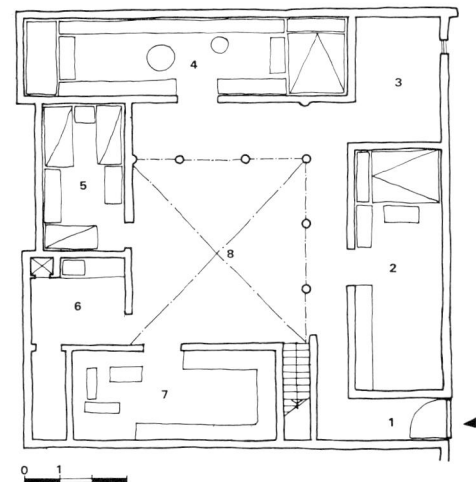

図3——ラバトの住居　1階平面図

ラバトの住居　内庭部分

例え住居の棟と棟が隙間なく並んでいるとしても，その閉ざされた扉と外壁はまさに住居の〈境界〉をつくりだし，家族の個別性と統一性を確保しようとしているように見える.[*16] そして住居の接する道は住居にはまったく関与しないで，住居にとっては単なる外部でしかないようにみえる. メディナ型にとっての道が，彼らの生活を活性化するものとはならず，また人と人との接触を触発するものとはなり得ないのは，このような住居の個別性と統一性とが生活の隅々まで貫徹しているからにほかならない.

それでは，外部に対して閉じていることが住居の本質であるとするなら，クエバス型やペトレス型における住居は，どう説明されるべきなのだろうか.

クエバス型の住居に接する道は，決して外部ではない. それは彼らにとって明らかに内部であり，家族の日常的生活には，なくてはならない場所なのである. つまり，道に対して開いていることだけで，クエバス型の住居が，メディナ型の住居のちょうど正反対の住居であるという解釈をするのは少々短絡的にすぎるように思うのである. 道に対して開いているか閉じているかという分類はもはやその道の性格が異なる以上，意味をなさないものである. クエバス型の住居は，数戸でクラスターを形成し，各住居は道でもありまた小さな広場とも呼べる場所に面して，その広場を共有している. そのような広場に対して，クエバス型住居の各戸は開かれているのであり，決してメディナ型と同じ性質の道に対して開かれているわけではない. そこは仕事場であり，食事をする場所であり，洗濯場や子供の養育場でもあり得る. 彼らの日常的な生活の大部分は，この小さな広場において行なわれるのである.

scene 7——Cuevas del Almanzola　10所帯前後のクエバスが集合し適度な広場を持ち，各住居はこれらの広場に面し出入口が設けられている. これらの出入口は周辺が石灰で白く縁ち取られ他の部分と区別されている程度で，扉にあたいする物理的に固定された出入口は少なく，大部分が布程度の幕を下げ，視線を遮るに終っている. ちょうど広場を住居の居間とすると，広場に面するクエバスは一般の住居の個室部分であり，全体として居間なる広場を囲み，非常に有機的な空間を創り出している.　（入之内）

そしてこの広場に面する各戸の姿勢はきわめて無防備である. 入口の扉さえ持たない住居もある. 数戸のクラスターによって囲まれた広場が生活の中心なのである. そこにはその広場を囲む各住居の個別性や閉鎖性あるいは統一性といったものが表出されていない. ひとつの〈領域〉に二つ以上の集団の統一性を仮定できないという話であった. つまり，広場を囲む住居で構成されるクラスター全体を，ひとつの〈領域〉と仮定せざるを得ないと思うのである. そして事実〈領域〉はそのように表われている. ときとしてクラスターの各戸に台所がなく，ただひとつの住居だけがそれを有することは暗示的でもある. クエバス型においては，数戸でひとつの〈領域〉をつくりあげる. そのとき各戸単一の持つ〈領域〉は，数戸で作られる〈領域〉の中に包含され，各戸の個別性，統一性は解消される.

複数の家族が集まってひとつの〈領域〉をつくりあげるような例は決して珍しいことではない. いわゆる「大家族」と呼ばれる分類の仕方をするときにはさまざまな地域に見られる現象である. われわれは決して，このクエバス型の住居を大家族住居と呼ぼうとしているわけではないけれども，ただここで述べられることは，彼らの表出する〈領域〉は明らかに，クラスターのレベルでの〈領域〉であって各戸での〈領域〉はきわめて貧弱なものでしかないという事実だけである. ここではクラスター全体が一戸の住居で

ファーティマの手——ガルダイヤ，ベリアンヌ，あるいはメディナの住居の入口に掲げられる聖なる手. 手の中央に眼が描き込まれているものもある. それはまるでわれわれの住居への侵入を拒否しているようにも見える.

*16——コーラン（24—31）
「それから女の信仰者にも言っておやり. 慎み深く目を下げて，陰部は大事に守っておき，外部に出ている部分は仕方がないがそのほかの美しいところは人に見せぬよう. 胸には蔽いをかぶせるよう. 自分の夫，親，舅，自分の息子，夫の息子，自分の兄弟，兄弟の息子，自分の身の周りの女達，自分の右手の所有にかかるもの（奴隷），性欲をもたぬ供廻りの男，女の恥部についてまだわけの分らぬ幼児，以上の者以外には決して自分の身の飾りを見せたりしないよう.」

ここには，イスラム的な"家族の範疇"があらわされていると同時に，家族内での〈モード〉と，外での〈モード〉の違いを厳密に守ることを要求している.

メディナの航空写真

あると言ってもいいような〈領域〉を表出している.

　小さな広場はクラスター内部での交流の場であると同時に,生活の共有の場でもある. 小さな広場の共有性がなければ各戸の生活は成立しない. それはちょうどメディナ型住居の各室に対する中庭と同一の性質を有している. そのような場所をここでは〈コート(court)〉と呼んでおくことにする. つまりコートとは,閉じられた〈領域〉内部での交流のための装置と定義することができる. 交流の契機はメディナ型の住居におけるコートが住居内での生活の共有性にあるように,クエバス型のクラスターにとってのコートも,クラスター内の生活の共有性に求めることができる.[*17]

　証明ぬきの単なる想定として語ることが許されるのなら,家族とその集合が共存する場合,家族の〈領域〉が明快に表出されるとき,家族の集合としての〈領域〉は,不明解になる. また逆に家族の集合としての〈領域〉が明解なら,家族の〈領域〉は不明解になるということができるかもしれない. またもしこのような想定が正しいとするなら,それは家族内の統一の秩序と家族の集合における統一の秩序とが同時に共存しないということである. それは先にあげた「ひとつの〈領域〉にはただひとつの支配の秩序あるいは〈行為の仕方〉の体系が対応する.」という仮定とも矛盾しない. つまり「ひとつの〈領域〉の内にふたつ以上の支配体系あるいは〈行為の仕方〉の体系が並立することはない.」もしくは一般論として述べれば「ふたつ以上の〈領域〉が互いに交わって並立することはない.」と言えるのではないだろうか.[*18]

　一方,メディナ型においても,クエバス型においても,住居のあるいはクラスターの集合としての〈領域〉を見い出すことはきわめてむずかしい. それらは複数の領域の単純和集合としてでなくてはとらえようがないように思う. つまり布置も境界も指示することができないのである. メディナのように城壁を何度築いても次々とその外に新しい住居が建ち並び,それは無限に四方へ広がるかのようでさえある. たとえそれが無限に広がらずなんらかの境界を有するものであったとしても,常にその境界をそれ自身の内に包み込むことはできそうにない. つまり,彼らのつくる街や集落は,物理的な障害にぶつかったときにはじめてそこから先へは延びることを止める. 境界は自らの内にあるのではなく,外から与えられる境界でしかない.

　数学の点集合論における,〈開集合〉がその境界を自らの内に包まないことによって定義されるように,[*19]それらの集合は,まさに開かれた,境界を持たない集合と呼ばれても差し支えないと思われる. メディナにおける住居の集合は単に住居の総和として以外にとらえようがない. それは〈領域〉の成立しないことを意味している.

　表出されていない領域,それを,支配関係および〈モード〉によってのみ考察しようとするなら,恐らくメディナ型住居の外にも,何らかの支配や〈モード〉の体系が成立しているはずである. しかしながらその領域は,メディナにおいてだけではなく,宗教の同一性や,人種,民族の同一性に帰着する領域なのではないだろうか. それがどうあれ,少くとも空間的に表出されている〈領域〉だけを手がかりにしようとするわれわれの視座の中では,今のところ問題とはならない.

　一方クエバス型の各クラスターの集合は,はっきりとした境界を持っているけれども,その集合は,カーサの作る集落の手前で,そこから先へは延びようとしない. その境界は,カーサの作り出す集落によって決定されている. とすれば,これもクエバス側の境界ではない.〈境界〉はカーサの側にある. クエバス型の集落もまた,クラスターの総和以外にあり得そうにない.

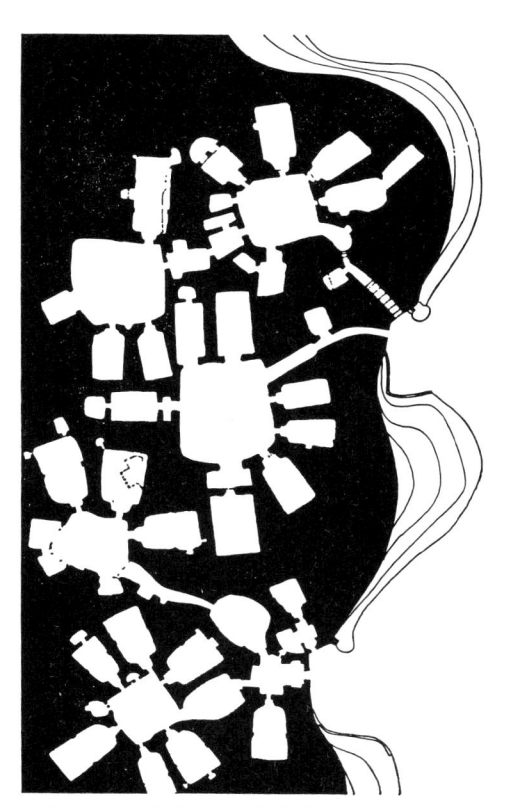

図4——マトマタ Matmata の横穴式住居.
〈Villages in the Sun ; by Myron Goldfinger〉

*17——クエバス型クラスターにおける,最もポテンシャルの高い場所が台所を有する住居にあることは,むしろ当然のことだろう. われわれの経験では,その住居の主とも呼べる老人が,われわれを住戸の内に案内して,まさにクラスターの主とでも呼べるような存在でもあった. ただし,クエバス型においても,メディナ型においても,そのポテンシャルの差ははっきりとはあらわれていない. それは共に外に対する交流の契機をそれ自身が含んでいないことに起因している. 住居のポテンシャルは,外に対するときに明解さを生み出すと言える.

*18——"互に交わって"とは次の2つの場合を想定する.
たとえば,A なる〈領域〉と B なる〈領域〉が存在するとき,A∩B なる部分は存在しない.

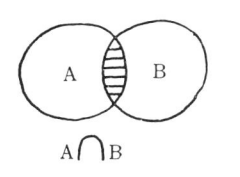

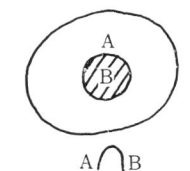

A∩B　　A∩B

つまりこのようなかたちで交わる〈領域〉を想定してはならない.

さしあたりここでわれわれが問題にすべき〈領域〉は，メディナ型における住居のレベル，クエバス型におけるクラスターのレベルに限定されて差し支えないと思われる．それらは共に視覚的に表出されたひとつの〈領域〉である．

c ペトレス型における〈閾〉の概念

もし「ふたつ以上の〈領域〉が互いに交わって並立することはない．」という命題が正しければ，それはペトレス型においても成立するものではならないはずである．ところが，ペトレス型の集落では，ふたつの〈領域〉は互いに交わって共存しているのである．

ペトレス型における教会は，必ず集落全体の中心的な位置に置かれる．もちろん教会が，その地域を支配する者の住居にその位置を譲ることもあり得る．けれども，どちらにしてもそれは支配の中心であり，また〈領域〉の中心である．そのような中心的施設が常にその集落の物理的中心に位置するわけでは決してないが，なんらかのかたちでそれが中心であることが表現されていると言ってよい（中心の表現は決定的に地形に依拠している）．中心的施設を中心に集落全体はひとつの布置関係を有する．その布置は中心的施設の中心性を表出し，ひとつの領域を表出している．集落全体がひとつの〈領域〉を有することは，すでに述べるまでもないであろう．オリーブ畑や崖，城壁は領域の境界である．それらの境界は外側から与えられる境界ではなく，それ自体，自らの領域の表出なのである．この布置と境界が〈領域〉の存在を確認させる．ペトレス型の集落全体がひとつの〈領域〉である以上，そこにメディナ型における住居，クエバス型におけるクラスターと同じ意味でのひとつの領域を措定することが可能になるはずである．

scene 8────Carcassonne　南フランスの豊かな地形を背景に，トゥールーズから 90 km 程南下した地点で，ちょうどピレネー山脈とセベンヌ山地が裾で触れ合うような丘陵地帯にあるカルカソンヌは，周囲を高い城壁によって囲まれ，自然の要塞であり，中世の城郭都市である．丘陵地のうえ，周囲をさらに二重の城壁で囲んでいるために極めて堅牢な眺望を示す．これらの城へのアプローチは視覚的に明確でなく，孤立した島に似ている．城壁の内部に入ると，内部の最も高い位置に，城主の館と教会が配置され，他の部分との境界を示すものとしてさらに城壁があり，溝がめぐらされている．これらの館を中心に，石積の住居が街を造っている．街を縫う道は，ある部分で急に細く，複雑な屈曲を示す．道路が交差する部分においては，路上に古い井戸や，日時計，花壇等が設けられ，他の部分より広くなっている．道路の両側に面する塀や建物は飾られ，非常に高く遠望を許さない．（入之内）

住居の集合としての集落がひとつの〈領域〉であるなら，集落の中心的施設に向かう個々の住居の布置はその集落の領域の表出である．とすると，先に述べた住居の領域の個有性，個別性は，集落の領域の中に解消されてしまうことになるのであろうか．ところが，実際には彼らの生活はやはり家族の統一性，固有性を表出するように営まれていて，集落全体の領域に包含されて，その統一性，固有性が失なわれてしまっているわけでは決してない．つまり，ふたつの領域が併存しているのである．それでは先の命題を誤りとする以外にないのだろうか．

scene 9────Petres　3重に開口する重い扉を押して住居に入ると，正面のパティオから差し込む強烈な陽が，入口からパティオへ直線に走るカーペットを照らし，これに沿って壁にたくさんの椅子がきちんと寄せて並べられていた．扉越しにストリートからのぞけるこのエントランスホ

---

*19──閉集合

集合 A が閉集合であるための必要十分条件は

$$A^d \subset A$$

なお A^d は集合 A の導集合（A のすべての集積点の集合）また有限個の点からなる点集合は閉集合である．

逆に A^d を含まない集合が開集合と呼ばれる．また次の様な式によって表わすこともできる．

$$A^a = A \cup A^d$$
$$= A^i \cup A^f$$
$$A^a = A \text{ なら閉集合}$$
$$A^i = A \text{ なら開集合}$$

なお，A^a は集合 A の closure

A^i は集合 A の内点集合

A^f は集合 A の界点集合

カラオラ

ミルマンド

ールでは，黒一色に身を包んだおばさんが黙々とこの部屋を片付け，掃除をしている光景がよく見かけられた．このホールは植木鉢，色模様の籐椅子，カマボコ型天井，置物等々清潔さと隅々までゆきとどいた人の手を感じさせて装飾性がストリートからこの部分まで引込んで連続している．ホールから2階へ上ろうとするわれわれを，それまでけげんそうな顔付きでわれわれの調査を見ていたおばさんが立ち上がりきっぱりと制止し，住居内に外来者が入れる領域が明確に限定され，それが空間にもはっきり表出していたのを知ったのである．（入之内）

ここにこの種の住居が道に対して開かれていると述べるとき，その開かれた部屋をホワイエ的と呼んだことはきわめて重要と思われる．この道に接するホワイエ的な部屋までは，家族以外の人であってもかなり自由に入ることが許される．ただ単に行為に対応する名称をその部屋に与えるなら，それは客間あるいは接客室と呼べるような部屋である．しかしそこから奥へは入ることができない．その他人の入ることができない場所が，閉ざされた家族の〈領域〉にほかならない．このペトレス型においてもやはり閉ざされた家族の〈領域〉は存在し，家族の統一性，個別性も保存されているのである．家族の支配や〈行為の仕方〉による統一性，個別性を保存しながら，なお集落全体の中で中心的施設との関係性を保ち，また集落全体の布置の中に置かれるためにはどうしてもこのようなホワイエ的な部屋が必要なのである．このホワイエ的な部屋の役割を〈閾〉と呼ぶ．

〈閾〉とはふたつ以上の〈領域〉が同時に成立するとき，互いに干渉しないで，なお〈領域〉相互の接触を可能にするための装置なのである．空間的アナロジーとして，単純だけれども建物等の〈風除室〉，潜水艦や宇宙船等の〈気密室〉を思い浮かべてもらえばいい．それらは互いに相異なる性質の空間の間にあって（空調された部屋とその外，水と空気）その性質が相互に干渉せず，また人間がそのふたつの空間の間を往き来（接触）することが可能になるために設けられる装置である．それらは一方に開くとき必ず他の一方に対しては閉ざされている．そうでなければ，〈気密室〉においても〈風除室〉においてもその機能を果たすことができない．ここに定義される〈閾〉もそれとほぼ同じ性質を有していると考えられる．

ペトレス型における〈閾〉は住居が集落全体の布置の中に置かれ，集落全体の領域の統一性のもとに置かれると同時に，住居内での家族の統一性をも保存するための，すなわち二種の相異なる領域を同時に存在させ，それが互いに他を干渉しないで接触させるための装置なのである．[*20]

ペトレス型のような集落における家族の永続的な私的土地占取は，明らかに内的な矛盾としてでなくてはとらえようがない．

「『家父長制的家族共同態』にとって基地ともいうべき『宅地』Hof とその周囲の『庭畑地』Wurt, Gartenland が垣根やその他の形で囲い込まれ，父系制的に相続されて，その『家族』の永続的な私的占取にゆだねられるようになる（私的土地所有の端初的成立！）．……（中略）こうして，さきに指摘した共同体の『固有の二元性』はこの『ヘレディウム』[*21]の出現とともに部族共同態による土地占取の様式のなかにいよいよ姿を現わし，いわば「部族共同態」とよばれる土地所有関係（＝生産関係）のうちに内在化されて，その内的矛盾として現象するようになるのである．」[*22]（傍点筆者）．つまりここに言う二元性とは，「土地の共同占取と労働要具の私的占取」にはじまり，「部族共同態」による土地の共同占取と「家父長制的家族共同態」による土地の私的占取の二元性のことであり，それは部族共同態による支配関係と家父長制的家忘共同態による支配関係のふたつの支配関係の二元性でもあり得る．[*23]それはふたつの〈領域〉の同時存在を意味している．

図5――Fribourg（スイス）の崖（19世紀）
〈International History of City Development ; by E. A. Gutkind〉崖を閾とすることによって街自体は成立している．

ペトレスの住居（ホール部分）

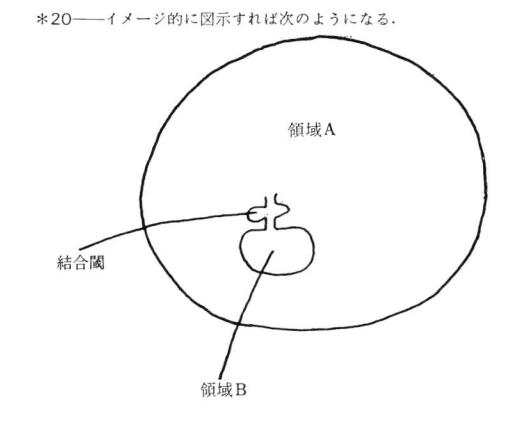

*20――イメージ的に図示すれば次のようになる．

領域A
結合閾
領域B

*21――Heredium
家父長制的家族共同態によって私的占取される囲い込み地．

その1　地中海地域の領域論的考察 | 33

先の命題を顧るまでもなく，このような〈領域〉の同時存在による二元性は内的な矛盾としてでなくてはとらえようがない．*24 この矛盾を揚棄し矛盾としてではなく，2つの〈領域〉を同時に存在させるための空間的装置を〈閾〉と呼んだのである．

「ふたつ以上の〈領域〉が互いに交わって並立することはない．」という先の命題は次のように補足されなくてはならない．

「ふたつ以上の〈領域〉が互いに交わって並立することはない．またはふたつ以上の〈領域〉が互いに交わって同時に存在するとき相互に干渉しないでその交流を可能にするための装置，〈閾〉を持つ．」(図2)

ペトレス型の集落における住居は，〈閾〉という空間装置の役割によって集落全体の中での部分であると同時に，それ自身，自己完結的な全体でもあることが可能になったわけである．つまり〈閾〉とは，ひとつの領域とその領域を含むさらに上位の領域とが共存しようとするとき，そのふたつの領域を同時に可能にするための空間的な装置である．住居という家族の領域は〈閾〉によって防御されている．その上位の領域に包含されて家族の領域の個別性が解消されないように防御されているのである．

結合閾は決して〈行為〉そのものに対応して名称づけられる空間ではなく〈モード〉に対応する空間の概念である．〈モード〉がすでに述べたように集団の中での個人の位地を示すものであるとしたら，それに対応する結合閾もまた集団の中での個人の位地を表出するものではなくてはならない，つまり結合閾はポテンシャル（結合因）そのものでもあり得る．特にペトレス型のような集落にあって，住居の結合閾はより上位の（この場合集落全体の）支配体系に結びつけられ，その人格を表出するものとなる．つまり家父長制的家族共同態の支配者，家父長は，同時にまた集落全体の支配体系のもとに支配される者でもあり，そして彼はより上位の支配者に支配されることによってのみ，集落内での自己の位置を定位することができる．彼の人格とは，集落全体の支配体系の中での彼の位地と同義である．すなわち家父長制的家族共同態の支配者，家父長は，その支配の権利を，集落全体の支配体系の中に置かれることによって逆に保証されるのである．*25 こうして，家族の家父長による私的所有は，集落全体の支配体系が存在することによって強固になりはしても，家族内支配体系が，集落全体の支配体系の内に埋没されつくして，その固有性や個別性が失なわれてしまうことなどは決してあり得ない．そして家族の他の構成員は，家父長に支配される者として定位される．結合閾はまさに，家父長の人格そのものである．

住居の外，つまり結合閾の外の道は，クエバス型やメディナ型の道とはその性格を異にし，住居の内部の一部でもなく，また単なる"外"なのでもない．住居に接する道は，リッジに結びつけられ，住居の布置を決定する．それはあきらかに集落全体の支配

*22——『共同体の基礎理論』；大塚久雄．

*23——このような関係を同時に含む共同組織が「農業共同体」と呼ばれる．

*24——エスピナスの法則が動物社会にだけあてはまるものであり，そこに人間の社会が除外されるのは，このためでもある．

図6——Edinburghのプラン(1647年) (International History of city Development Vol. VI; by E.A. Gutkind)
メインストリートは，城と教会と住居を結びつける．住居とその裏側の囲い込まれた土地がヘレディウム．

*25——『家族』清水盛光によれば，そのような権利を，「家父長権」と呼び，未開人の「父権」，未分家族における「家長権」と区別されている．

先のメディナ型，クエバス型の問題（*17 参照）と合わせて考えれば，結合閾を持たない〈領域〉の内にポテンシャルが表われにくく，逆に結合閾を有する〈領域〉の内にはポテンシャルは明解となる．つまりポテンシャルは外との交流によって明解になるということができる．

体系の表出であり，リッジと住居との支配関係をあらわしている．　結合閾がこのような道に対して開いていることは，それがリッジに結びつけられていることを意味し，また逆に道に対して閉じられるとき，結合域はその奥の部屋と結びつけられ，コートに類似したものとなる．　つまり家族内部での交流の場所となる．

　　scene 10────Selime　カッパドキヤ地方のいかなる場所でも観察される多くの洞窟群は，大部分が1400年～1500年頃を境として形成されたものである．　生物一般が，凌ぎ易い環境を求めて移動するという現象とは逆に，一部の人間達は，自からの生命を脅やかすような厳しい環境を求めて集合する．　俗世を棄てた修道士の修業場であったカッパドキア地方は，この種の修道士達にとって，生死の限界を示す地として，またとない場所であったと考えられる．　彼らにとって自然環境の厳格さからくる〈飽え〉こそ真に身体の極限状態において悟る神への道として，重要な意味を持っていたのだろう．　現在これらの洞窟群は大部分が，廃虚化されているが，一部の場所において多少手入れされ，住居として再利用されている．　住民が生活している多くの住居は，傾斜地に石積で構築された1～2階建の住居であるが，住居が独立して建っている例は少ない．大部分の住居は，後ろの斜面に居室部分を半分程掘り込み，斜面の岩板にもうひとつの顔を形成するように，住居を構築している．　これらの住居は，間口に対し奥行きが極端に長く，先端部は暗い．　間仕切りは，あまり使用せず，出入口附近からの光の分布に従って，部屋の使用が決定されている．　日常生活行為も明解な位置づけは示さず曖昧である．　一般に出入口附近に比較的外とつながる行為や，社会的行為を要する部屋が分布し，奥に行くに従って，プライバシーの度合が増す配置をとっているが，中には所有領域が男女別な住居もあり，ある特定の男性以外，女性の空間に入室を禁止されている．

　　住居の多くは，〈囲み庭〉を持っていて，この庭はひとつは日常生活の延長として機能され，他方は，厳しい自然環境に対する緩衝部分として位置する．　動物を飼い，放牧生活を営んでいる住居においては，運動場も兼ねる．　（入之内）

結合閾は決してペトレス型集落における住居においてのみ成立する概念ではない．　トルコのセリメ（Selime）で出会った住居には，男の部屋と女の部屋とがはっきりと区分されていた．　来客はすべて男の部屋で応待される．　女の部屋へ入ることが許されるのは，その家族の構成員だけに限られている．　この〈男の部屋〉は結合閾そのものである．[26]一般的に結合閾は，集落のレベルでの布置に関連すると同時に，住居内の各室の布置にも関連している．

　また集落全体が〈領域〉を持つとしたら，それがひとつの全体として外と対峙することも考えられる．　そのときやはり集落全体のレベルで結合閾を持つ．[27]　例えば，城や教会，その前の広場は，結合閾でもある．　だからこそ集落のリッジともなり，集落を支配するシンボルともなり得る．　また，それらが外に対してではなく内部に向かっているときは逆にコートとなり，集落内部での交流の場となる．　それらは集落を凝集させる能力を持ち，本来ならあのメディナの住居やクエバス型のクラスターのように，その集合は，住居あるいはクラスターの個別性や統一性のもとに，均質になるべきものを，力ずくで布置の中に置き，ひとつの〈領域〉を持った全体をつくりあげる．　そのような意味では，教会や広場を含めたリッジは，極めて暴力的な装置であるということができるかもしれない．

　このように結合閾はスケールを捨象され，空間の意味の同一性においてのみ成立する概念なのである．

*26──男の部屋と女の部屋とがはっきりと区別されるような例は決して珍らしいことでもない．　一般的に「イスラーム社会の住居は〈男の部屋またはイエ〉と〈女の部屋またはイエ〉がはっきり区別されている．」『住まいの原型I』；泉靖一編）し，恐らく，世界中のかなり多くの地方において観察される現象だろう．　下の図は，ニューギニア，ウギンバのモニ族の住居．　右が〈男の部屋〉ndiya，左が〈女の部屋〉mihai．「男の来客は〈男の部屋〉で応待される．　〈女の部屋〉へは，家族の成員以外には入ることを許されない．」（上掲書）．

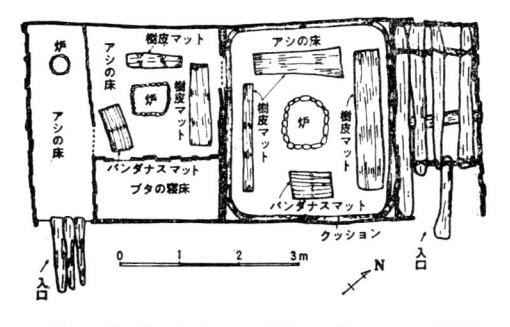

*27──結合閾を通じないでの対峙は，2つあるいはそれ以上の〈領域〉の間での戦闘状態を意味している．　それはどちらか一方の〈領域〉の内に他の〈領域〉を包含せしめようとする状態のことである．

典型としての三つの風景を抽出することからはじめられた考察は，結果的に集落と住居との関係が共通に有するひとつの構造を導き出すこととなった．

1. ひとつの〈領域〉はただひとつの支配あるいはモードの体系に対応している．
2. 〈領域〉は閾によって閉ざされている．
3. 〈領域〉はポテンシャルを内包している．
4. 2つ以上の〈領域〉が互に交わって並立することはない．
5. 2つ以上の〈領域〉が互に交わって同時に存在するとき相互に干渉しないでその交渉を可能にするための装置，結合閾を持つ．

　この構造はわれわれの観察した集落においてだけではなく，おそらくあらゆる家族という共同体に共通する構造なのだと思われる．　むろん，われわれの家族もまったく同じ構造をもっているはずなのである．　ところがその構造がよく見えない．　われわれの家族や共同体も，プリミティブな集落と基本的な部分ではまったく同一の仕組みを持っているはずなのに，その仕組みがどこかで巧みに見えにくくされているようにも思うのである．　いまのわれわれの物の見方そのものを疑うべきなのである．　プリミティブな集落が特殊なのではなく，その集落たちをわれわれの世界とは無縁なものとして見てしまう．こちらの視線を問題にすべきなのだと思うのである．　私たちが手に入れたものは，集落の資料ではなく，彼らの世界と私たちの世界とが地続きなのだという貴重な体験そのものなのだと思う．

　当初3つのパターンに分類された風景は，それぞれ〈領域〉のあり方を端的に示すものであった．　漠然とした〈領域〉の概念をわれわれがすでに持っていたとしても，風景は〈領域〉のさまざまな側面を自らの内に表出し，だからこそ風景の考察を通して，〈領域〉なる一般的構造を抽出することが可能であった．

　われわれの持つ世界にも〈領域〉は当然存在している．　しかしそれは恐らく近代以降の均質なそして価値自由の空間，あるいは「行為の自由」の名目のもとに，われわれの目から隠蔽され，ただ用在的空間の組合せとしてでなくてはその姿をあらわさない．　われわれはその秘められた〈領域〉を顕在化し，人間の集まって住み，共に生活することの〈意味〉を再び問うてゆかねばならない．

——山本理顕

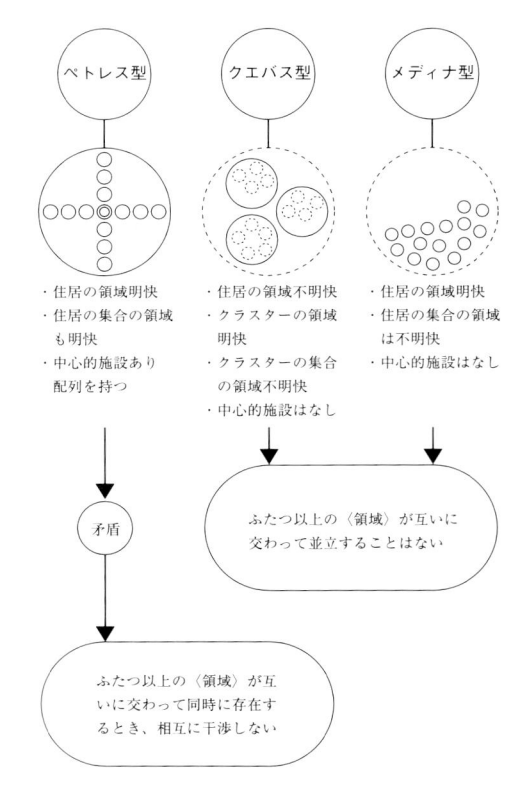

図8

参考文献
『知の考古学』　ミシェル・フーコー　中村雄二郎／訳　河出書房新社
『現代自然科学と唯物弁証法』　岩崎允胤・宮原将平　大月書店
『論理哲学論考』　L.ヴィトゲンシュタイン　藤本隆志・坂井秀寿／訳　法政大学出版局
『世界の共同主観的存在構造』　広松渉　勁草書房
『セクシュアル・レボリューション』　W.ライヒ　小野泰博・藤沢敏雄／訳　現代思潮社
『自由の論理——レイモン・アロン選集』　R.アロン　増村保信／訳　荒地出版社
『意識』　アンリ・エー　大橋博司／訳　みすず書房
『意味論』　S.ウルマン　山口秀夫／訳　紀伊国屋書店
『意味論序説』　アダム・シャフ　平林康之／訳　合同出版
『支配の社会学I，II』　M.ウェーバー　世良晃志郎／訳　創文社
『共同体の基礎理論』　大塚久雄　岩波書店
『家族』　清水盛光　岩波書店
『政治学』　アリストテレス　山本光雄／訳　岩波書店
『構造人類学』　レヴィ・ストロース　荒川幾男・生松敬三・川田順造・佐々木明・田島節夫／共訳
『古代社会』　L.H.モルガン　荒畑寒村／訳
『家父長権思想とホッブス（上，下）』　小池正行『思想』1971—9, 10
『歴史の都市・明日の都市』　ルイス・マンフォード　生田勉／訳　新潮社
『言語学序説』　ソシュール　山内貴美夫／訳　勁草書房
『反デューリング論I，II』　エンゲルス　岡崎次郎・近江谷左馬之介　新潮社
『形而上学（上，下）』　アリストテレス　出隆／訳　岩波書店

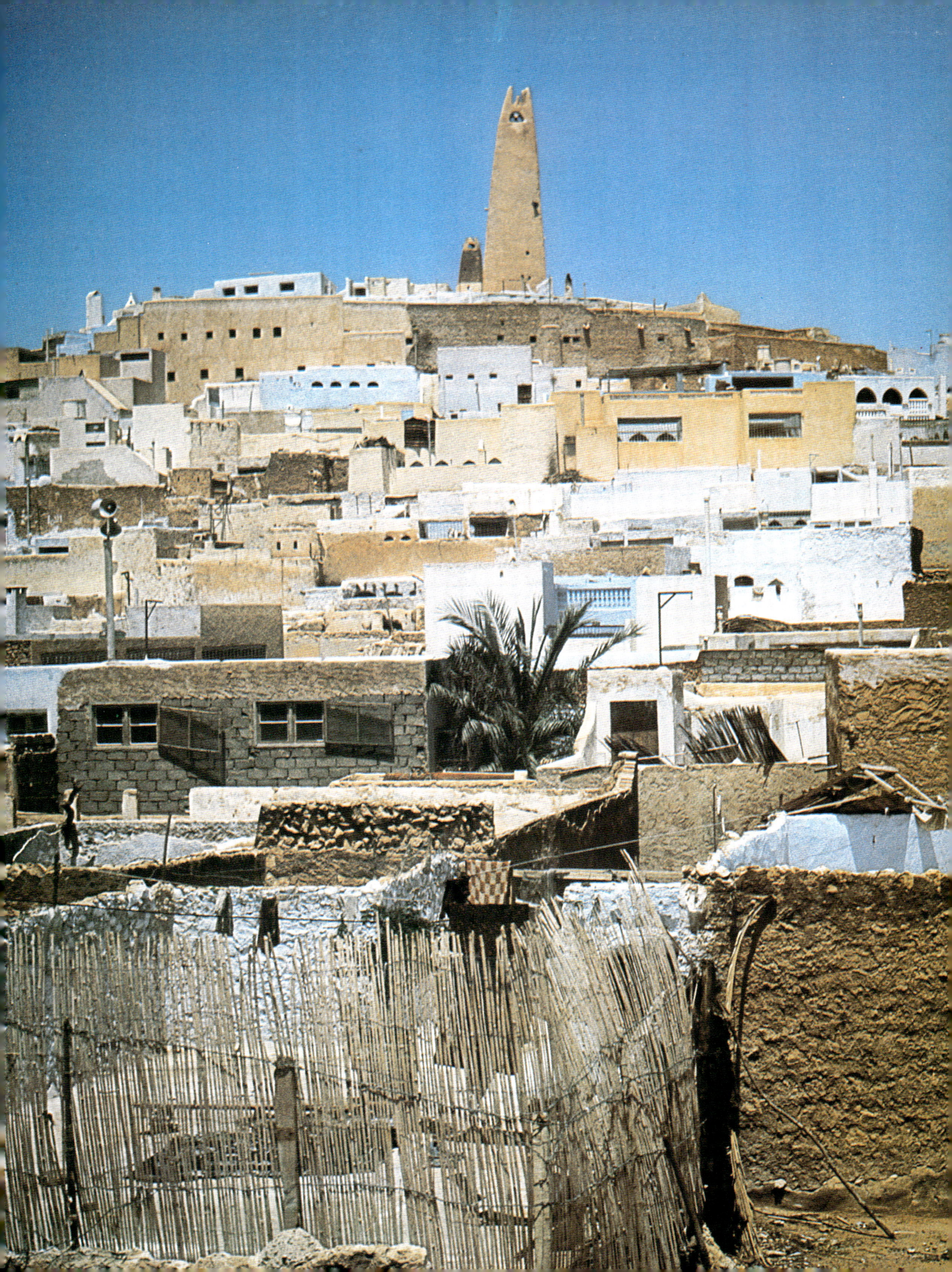

前頁／カルタイア　上／ベニー・イスケン　下／ムザッブの谷

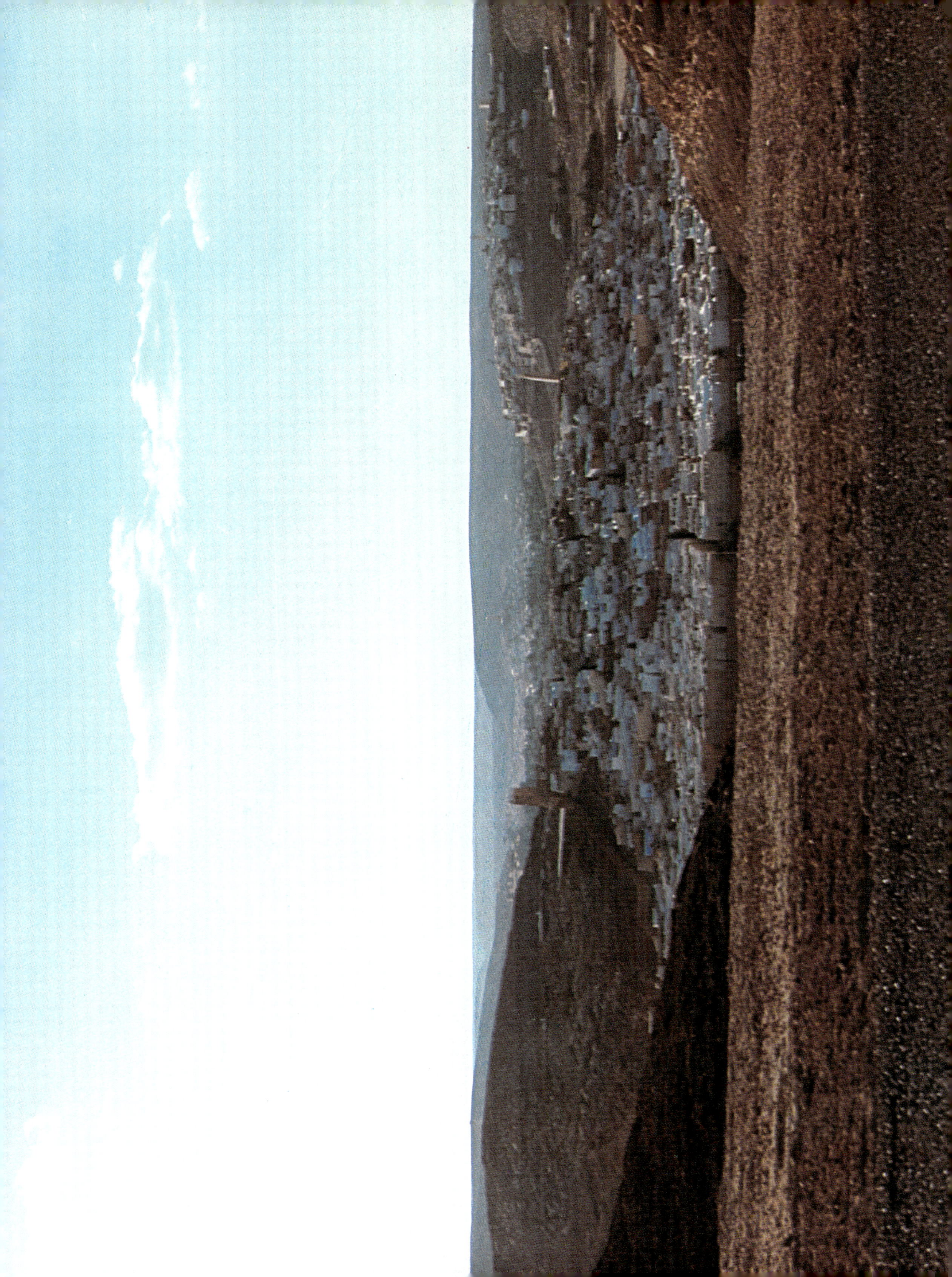

上/タタ(ントウト) 下/(イフリ)

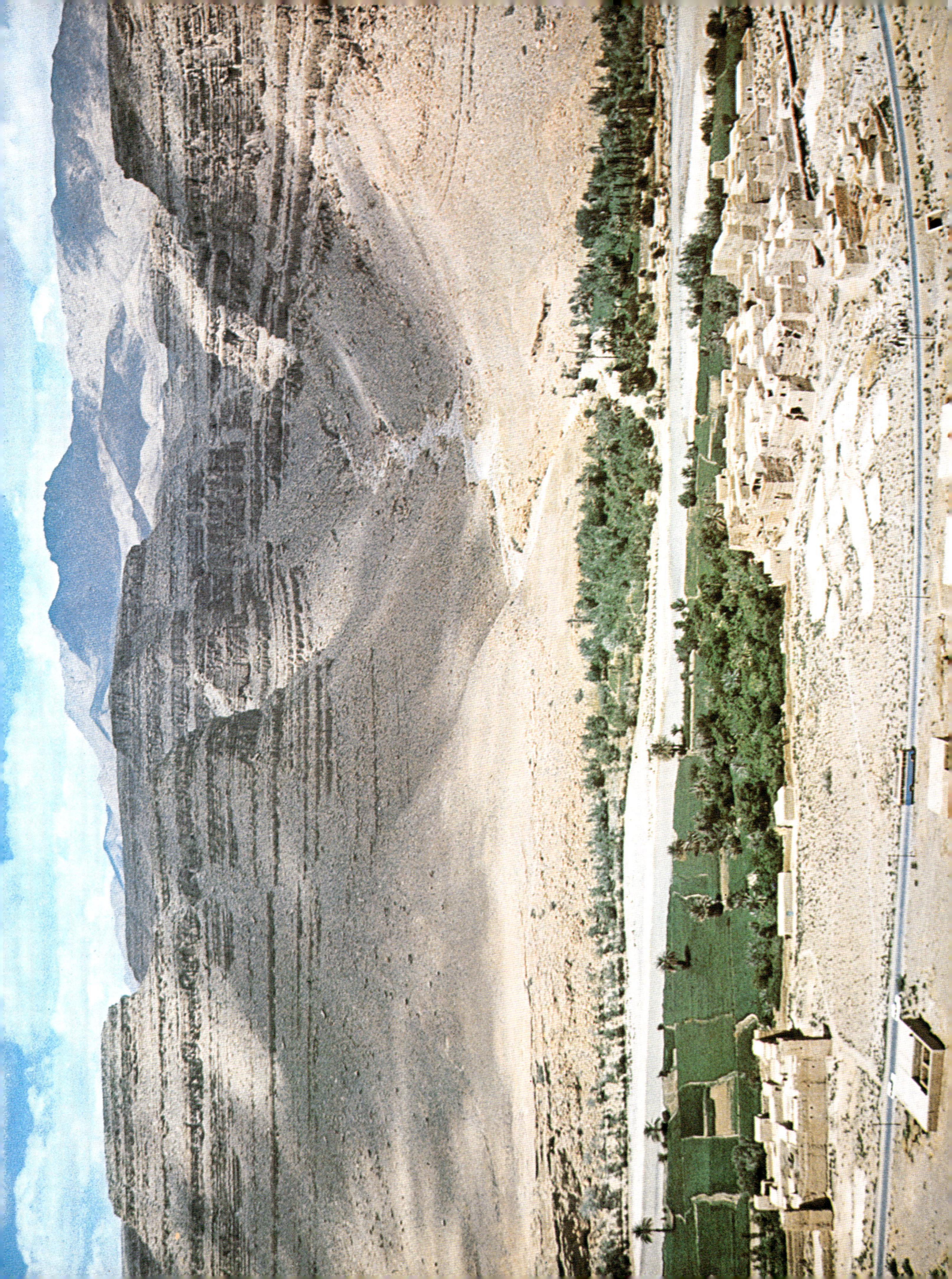

上/オウエド・リール　下/セリメ

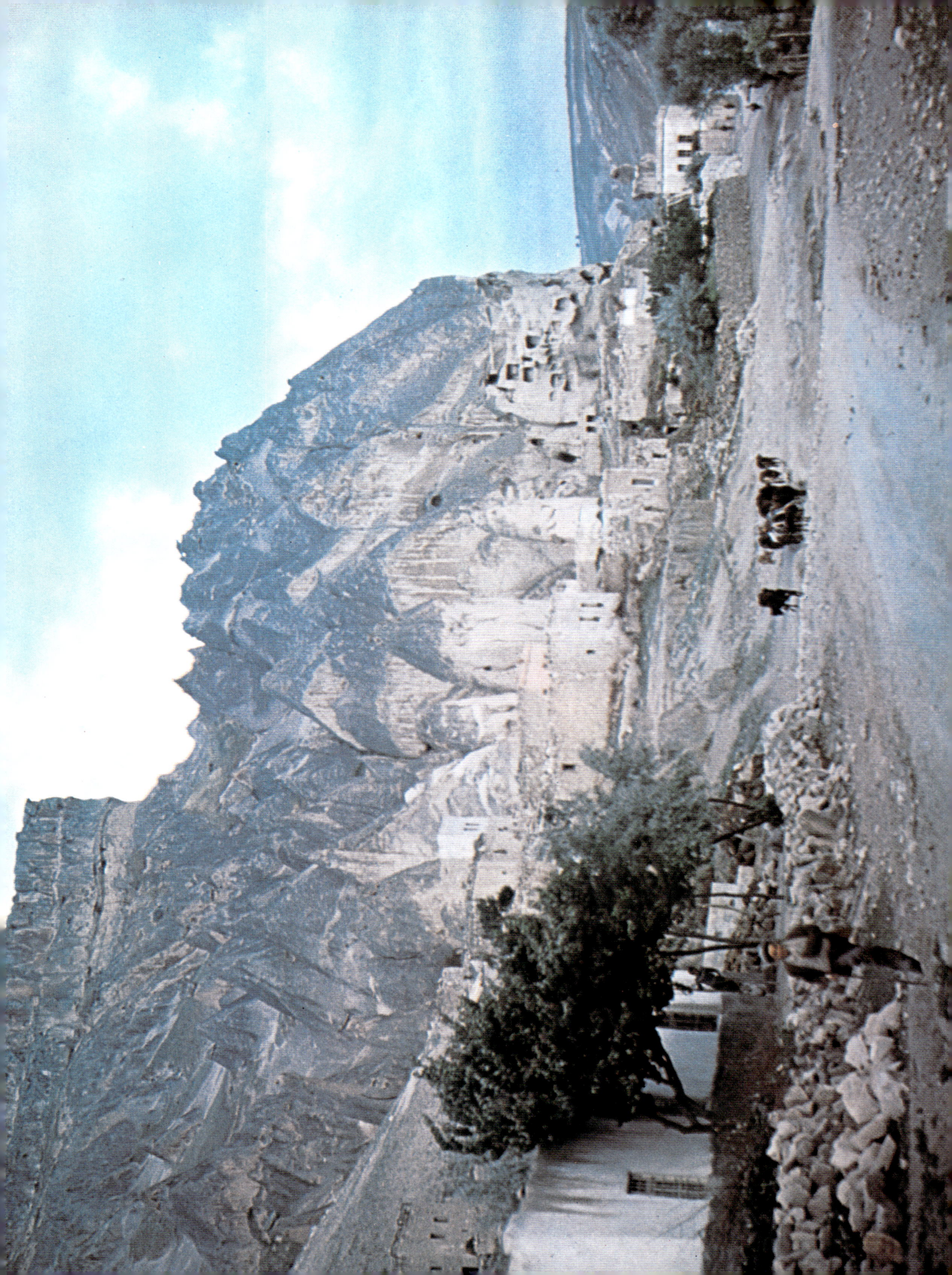

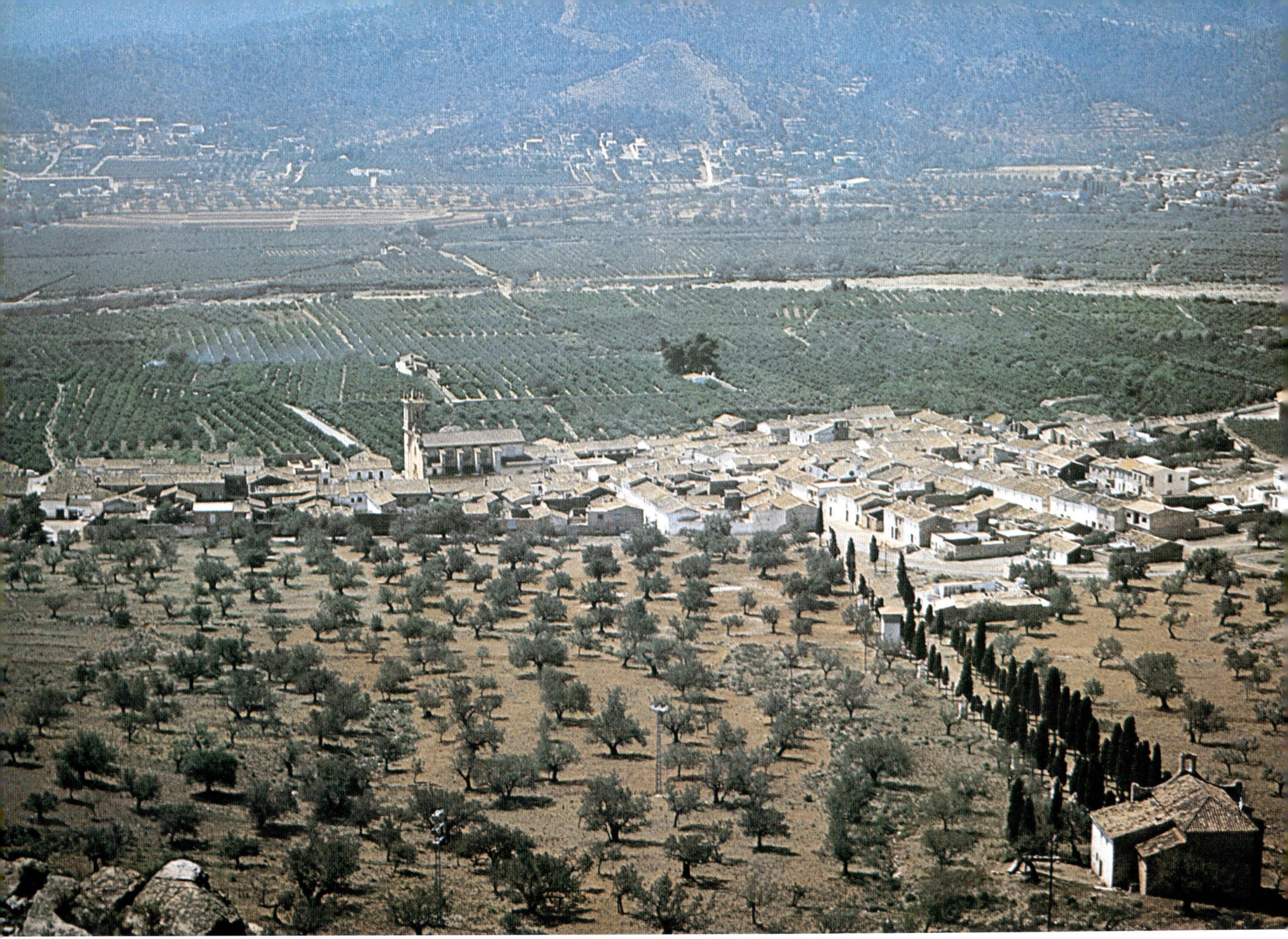

ペトレス

1 Grigny	2 Milmand	3 Avignon	4 Carcassonne	5
9 Alcala	10 Petres	11 Cuevas del Alm.	12 Sorbas	13
17 Rabat-Sale	18 Marrakech	19 Fes	20 Berrechid	21
25 Sidi Benadda	26 Berriane	27 M'zab	28 Ghardaia	29
33 Sperlonga	34 Procida	35 Alberobello	36 Corfu	37
41 Santorini	42 Mykonos	43 Syros	44 Tinos	45

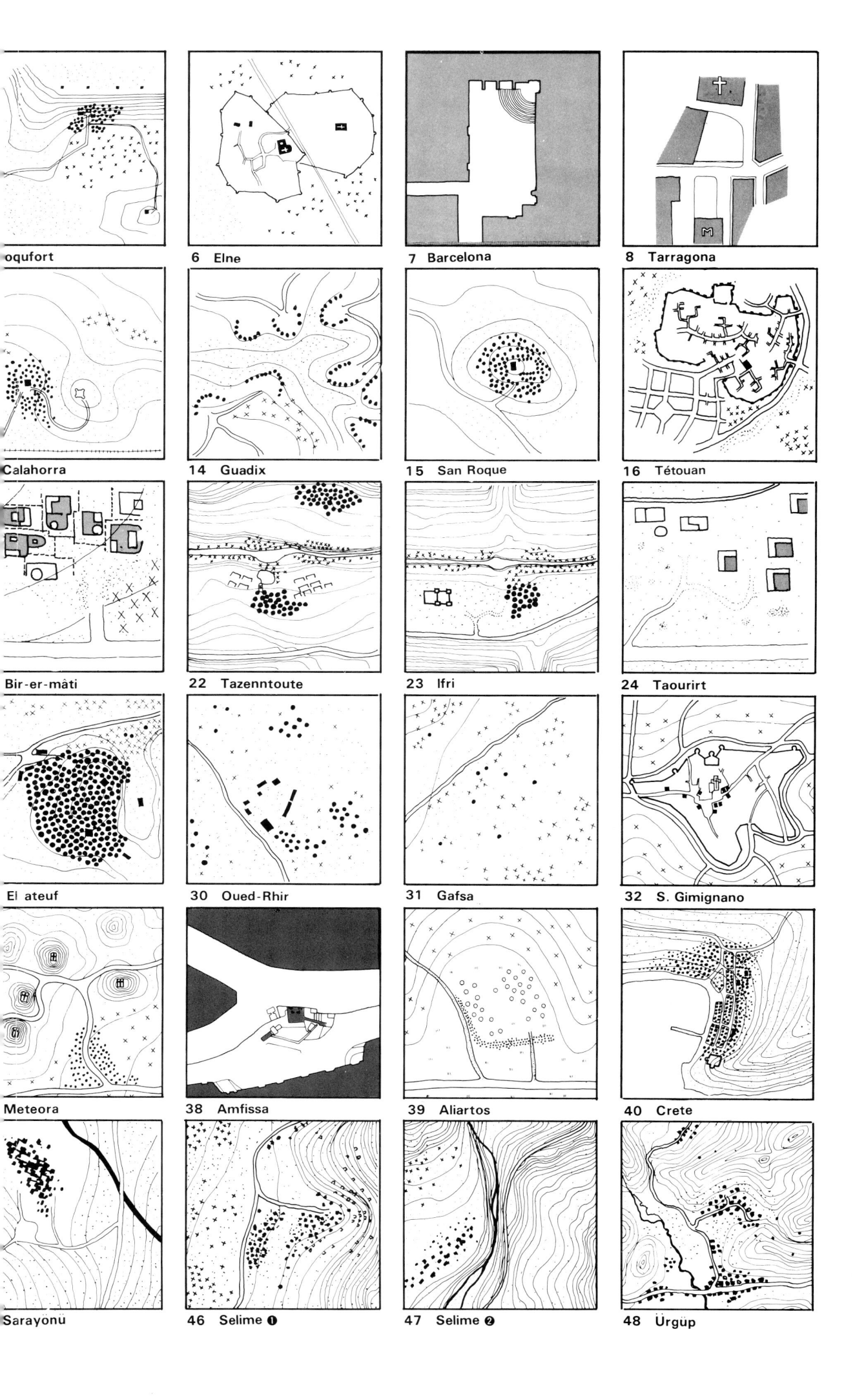

oqufort	6 Elne	7 Barcelona	8 Tarragona
Calahorra	14 Guadix	15 San Roque	16 Tétouan
Bir-er-màti	22 Tazenntoute	23 Ifri	24 Taourirt
El ateuf	30 Oued-Rhir	31 Gafsa	32 S. Gimignano
Meteora	38 Amfissa	39 Aliartos	40 Crete
Sarayonù	46 Selime ❶	47 Selime ❷	48 Ürgüp

集落リスト

集落名	国名 地域 規模	自然条件	境界	発見	全体	集落地図	特異点 外	特異点 内	測定したもの	住居
1 Grigny	フランス リヨン南 1800人	ローヌ河沿 東斜面 丘陵地	河	╱‾	×	○		教会 塔	広場 教会	▨□
2 Milmand	フランス バレンス付近 現在500人	小山の北斜面 果樹園	山裾 農地	⌒	○	○ 俯		教会 塔		▨□
3 Avignon	フランス 8800人	ローヌ河沿 東側	河 城壁	⊓⊓	△	×	○	城壁	広場	広場
4 Carcassonne	フランス 5500人	オウド河北側 丘の上 街道沿	城壁 丘縁	⊓	△	○ 俯	○	城 城壁		
5 Roqufort	フランス ナルボンヌ南	水平な台地のふもと 農耕地	崖 農地	⌐	○	○ 仰		台地	広場	市場広場
6 Elne	フランス スペイン国境	丘の上と下	城壁 丘縁	⊓	○	△	○	教会 塔		広場
7 Barcelona	スペイン カタロニア州	都市 地中海沿岸			×	×	○			広場
8 Tarragona	スペイン タラゴーナ郊外	平坦地 地中海沿岸		─	○	×		2つの 広場	教会裏広場 市場広場	
9 Alcala	スペイン グラナダ北	平坦地 地中海沿岸 オリーブ・果樹	農地	‒ ‒	○	×		闘牛 塔	バリケード プラン （広場）	
10 Petres	スペイン サグント付近 550人夏1200人	丘の裾野 丘に囲まれる オレンジ畑	山裾 農地	╱‾	○	○ 俯	○	教会 塔	ストリート 開口部	住居 ストリート	▨□
11 Cuevas del Alm.	スペイン グラナダ東 100戸程度	丘の下 丘陵地 農耕地	崖 山裾	⌣	×	○ 俯		住居前 広場	住居前広場 住居	⬓⬓
12 Sorbas	スペイン 6000人	崖の上 山岳・丘陵地	崖	⊓	○	△		崖	ストリート 広場	崖の高さ 広場
13 Calahorra	スペイン 2000人	小山のふもと 山岳・丘陵地 荒地	山裾 荒地	⌒	○	○ 俯		城 山		
14 Guadix	スペイン グラナダ西 10,000人	丘陵地 農耕地	山裾	╱‾	×	△		換気塔		住居前広場 住居 換気塔の配置	⬓⬓
15 San Roque	スペイン ジブラルタル付近	小山の上 ジブラルタル付近	山裾	⌒	○	×		塔	広場	教会前の 2つの広場
16 Tétouan	モロッコ 110,000人	内陸の都市 肥沃な土地	城壁	⊓⊓	△	×	○	城壁 城門	ストリート モスク	小広場	▣

集落名	国名 地域 規模	自然条件	境界	発見	全体	集落地図	特異点 外	内	測定したもの	住居
17 Rabat-Salé	モロッコ ラバト260,000人 サーレ 75,000人	都市 大西洋沿岸	城壁 海・河	⊓⊓	△	×	○	城壁	ストリート 住居	ストリート 住居
18 Marrakech	モロッコ 270,000人	内陸の都市	城壁	⊓⊓	△	×	○	城壁	市場広場	
19 Fes	モロッコ 250,000人	丘陵地 内陸の都市	城壁	⊓⊓	△	×	○	城壁		
20 Berrechid	モロッコ 25戸程度	平坦地 牧草地		—	○	△			住居形式	住居
21 Bir-er-mâti	モロッコ	平坦地 丘陵地		—	○	△		円錐形の部屋	住居形式	住居
22 Tazenntoute	モロッコ オウラザーテ北	オウエド沿 斜面 山岳地	山裾 河	⌒	○	○俯		住居群	ストリート	ストリート 住居
23 Ifri	モロッコ ジズの谷	オウエド沿 ジズの谷 山岳地	山裾 河	⊔	○	○俯		カスバ 塔	集合住居	カスバ内の住居
24 Taourirt	モロッコ タザの谷	平坦地 荒地		—	○	△		ハイマ	ハイマ 住居 日乾レンガ	
25 Sidi Benadda	アルジェリア 12,000人	丘陵地 斜面 農地	農地	⌒	○	×				住居
26 Berriane	アルジェリア 15,000人	丘の西斜面 荒地のなかの オアシス	山裾 オアシス	⌒	○	○仰		モスクの塔 住居群	ストリート 住居形式	ストリート 住居
27 M'zab	アルジェリア 50,000人	谷 オアシス		⊔	○	△	○			
28 Ghardaia	アルジェリア 20,000人	小山 ムザップの谷 オアシス	山裾 谷 オアシス	⌒	△	○仰	○	モスクの塔 住居群	モスク ストリート 住居形式	ストリート 住居
29 El ateuf	アルジェリア	小山 ムザップの谷 オアシス	山裾 谷 オアシス	⌒	○	○仰	○	モスクの塔 住居群	ストリート 住居形式	
30 Oued-Rhir	アルジェリア 40〜50戸	平坦地 砂漠内のオアシス		—	○	△		砂漠 ドームの家		住居 共同施設 配置
31 Gafsa	チュニジア	肥沃な平坦地 農地		—	○	○				住居 アッシャー
32 S. Gimignano	イタリア シェナ北西 10,000人	丘の上 果樹園	城壁 丘縁	⊓⊓	×	○仰	○	塔の群	広場	

集落名	国名/地域/規模	自然条件	境界	発見	全体	特異点 外	特異点 内	測定したもの	住居
33 Sperlonga	イタリア／ナポリ北西	崖の上／ティレニア海沿／半島部	海／崖縁	○	○ 仰	哨塔	ストリート	ストリート	
34 Procida	イタリア／ナポリ西／10,500人	斜面／ティレニア海の島	海	×	×	住居群	開口部／階段	海沿の住居	
35 Alberobello	イタリア／プーリア地方／3000人(トゥルーロ)	盆地／丘陵地／果樹園	農地	×	× ○	石積の屋根	裏庭	住居	▨
36 Corfu	ギリシャ／イオニア海	イオニア海の島／山岳地	山	○	△	教会／塔		教会前広場	
37 Meteora	ギリシャ／テッサリア地方	切り立った岩／内陸山間部	崖	×	○ 仰	岩山	修道院		
38 Amfissa	ギリシャ／デルフィ北西／5000人	斜面／コリンシアコス港／オリーブ園	農地	○	×		水飲場	水飲場	
39 Aliartos	ギリシャ／アテネ北西／テント数34個	丘に囲まれる／牧草地	丘裾	○	○ 俯	テント群	ジプシーの人々	テント配置／テント	●
40 Crete	ギリシャ／エーゲ海	斜面／エーゲ海の島	海／荒地	△	×			ストリートに沿う住居配置／住居	▨
41 Santorini	ギリシャ／エーゲ海	崖縁の斜面／エーゲ海の島	崖	×	×	崖／石段		ストリート／住居	▨
42 Mykonos	ギリシャ／キクラデス諸島／4000人(港)	港沿の平坦地／エーゲ海の島	海／丘	×	×	住居群	教会／ストリート／小広場	小広場／ストリート	
43 Syros	ギリシャ／キクラデス諸島／20,000人(港)	小山斜面／エーゲ海の島	北斜面／海	△	○ 仰	山頂の教会	ストリート	ストリート／住居／教会	
44 Tinos	ギリシャ／キクラデス諸島	丘陵地／エーゲ海の島	山裾／海	△	×	教会	大理石のストリート／階段	住居・広場／鳩の家　階段／共同洗濯場	▨
45 Sarayönü	トルコ／アフィヨン南／20～30戸	なだらかな丘／川沿／牧草地	川／丘裾	○	○ 仰		囲み庭	住居	▨
46 Selime 1	トルコ／カッパドキア地方	崖縁の斜面／渓谷上／岩・荒地	渓谷／荒地	×	△	崖		住居	▨
47 Selime 2	トルコ／カッパドキア地方	崖の下／荒地・牧草地	崖／農地	×	×	崖／穴の群	住居形式	住居	▨
48 Ürgüp	トルコ／カッパドキア地方	崖下の斜面／牧草地	崖	×	×	崖／穴の群	前庭	住居	▨

Grigny

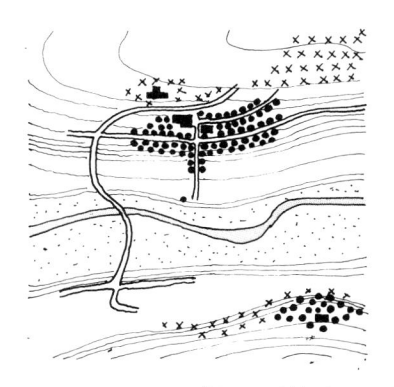

❶

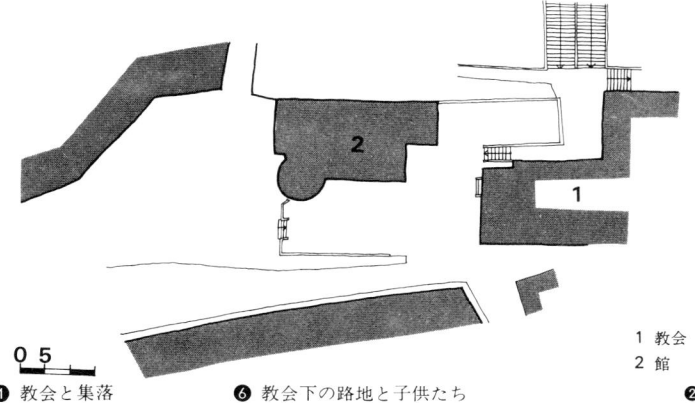

❶ 教会と集落
❷ 教会前の広場プラン
❸ 集落の全景とローヌ川
❹ 教会のエレベーション
❺ 教会前の広場と子供たち
❻ 教会下の路地と子供たち
❼ 下の集落から教会へのアプローチ

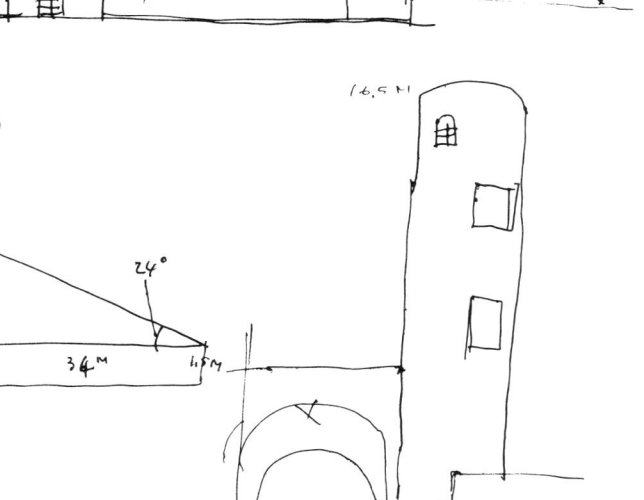

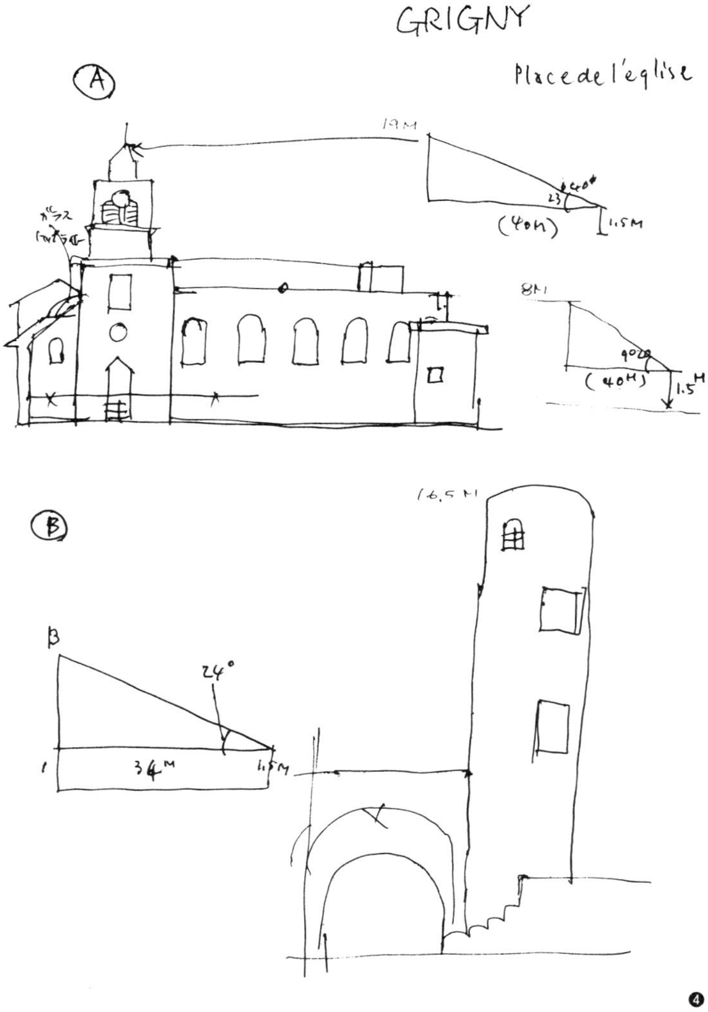

1 教会
2 館

リヨンよりわずか南に下った位置．このあたりの地形の断面は，ローヌ河をはさんで段丘がならび対称形である．斜面はさほど急でない．稜線はこうした地形の特異な部分であり，その線上に教会の軒や円塔が点在する．谷を間に同系の教会が呼応していると村の女は話してくれた．グリグニイを訪れたのは，教会と円塔の対が，遠眼にも目立ったからである．円塔のある建物はむかし教司館であったが，いまは郵便局になっている．広場はさして閉鎖的ではない．教会や円塔の規模は大きくない．ひなびているが村のなかでは突出した建物である．広場は質素なレストランや商店にかこまれている．村の中心で円塔と教会の間から谷が全望できる．教会は11世紀に建てられた．村の歴史はかなり古い．ローヌ河をさらに下ればローマ時代の塔がみられる．村の人口は1800人．イタリア系の血が混った人々がかなりいる．私たちが測定をはじめると広場には子供たちが群がってしまった．リヨンに働きに通う人々も多い．村には小学校があり，その上からはリヨンに通っているそうだ．住居は広場のわきを通る道や，一段下の等高線に添った街道にならんでいる．写真で見るほど住居形式は統一されていない．斜面に住居が階段状にならんではいるものの，配列に強い規律はない．新らしく住居が建て直されたり，附加されたせいもあるが，もともと街道型の家並みで，広場に向う求心的配列ではない．住居には飾りがない．街道に通じる小さな入口をもつ中庭をめぐって住居が並ぶ配列もあった．段丘の上には，墓地や学校や農地がある．教会よりわずか高い位置に延びる擁壁は，かつては城や館があったのではないかと思わせる．

Grigny

その1　地中海地域の領域論的考察

Milmand

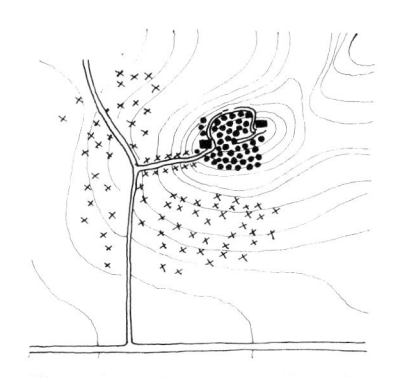

①

❶ アプローチからの集落全景
❷ 果樹園と集落の全望
❸ 集落と教会
❹ 道路が変形した広場と教会
❺ 集落内部の路地
❻ 丘陵の先端にある教会とアプローチ
❼ 丘陵の先端にある教会正面

ローヌ河両岸がひらけてくるヴァレンシスの南で、ミルマンドが遠望された。小山の頂点を中心に斜面に添って住居が扇形に並んでいる。近づくに従って頂点の教会がはっきりしてくる。並木道を通って村の入口に教会がある。この教会は日常的に使われる。広場らしいものはないが、アプローチ、道路が広がっていて、そのまわりに郵便局、集会所、2、3軒の商店がある。斜面を登る道路は、しだいに狭くなり、じぐざぐに交叉しながら頂点の教会に続く。住居は石積みで高さが低い。18世紀の定礎表示がある。家々のかたわらに塀でかこんだ小さな庭がある。庭には草花が植えられ、高い位置からは覗きこめる。この家と庭の組合せは共通しているが、各戸独特の小さな趣好がこらされている。石積みの構造的要素が地形と対応して現わされるので、こきざみな空間の変化が道にも、家の中にもあらわれている。画一的でない。頂上の教会は墓地をひかえて儀式的に使われる。ここからはローヌ河一帯を広々と展望できる。アプローチ部分、住居と道――斜面、儀式的な教会――頂点の配置は明快である。住人の数は400〜500人、村としての規模は周辺の人々をあわせると4000人。集落は美しく保たれていて民芸的なスケールである。村の人々にこうした集落形式が生まれた理由をたずねると、即座に防衛のためであると答えた。斜面は主として西北に面している。小山周辺の平地は耕作地。道や家からも一帯の展望はきく。城壁的な要素はわずか東西のきりたった石積みにみられるだけである。

Milmand

その1　地中海地域の領域論的考察 | 55

Avignon

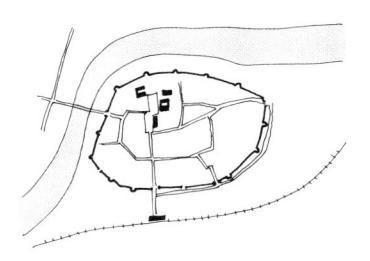

❶ アビニヨンの城壁内部と橋
❷ 城壁内部の住居
❸ 宮殿と広場
❹ 城壁
❺ 広場風景図
❻ 広場プラン

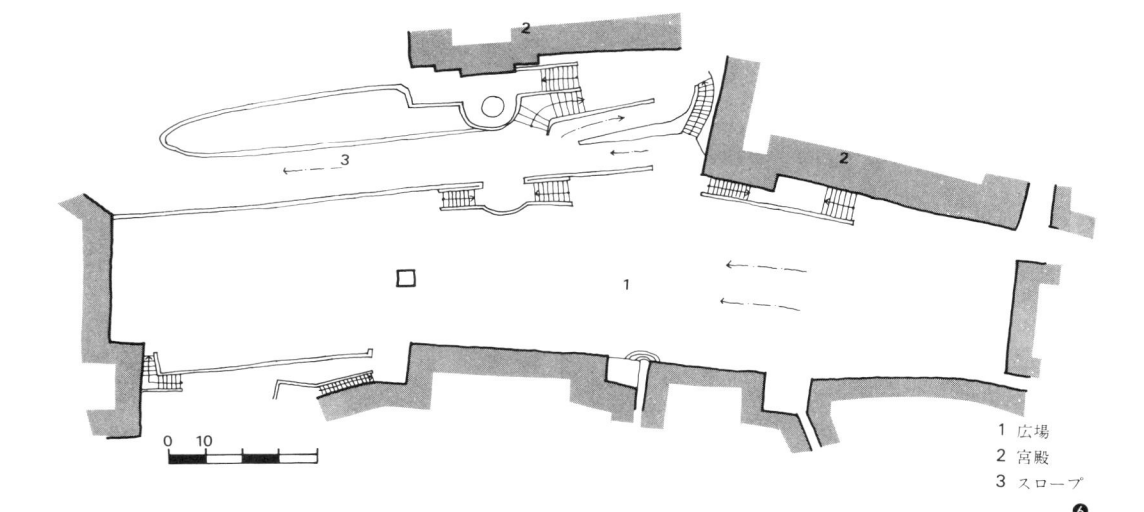

1 広場
2 宮殿
3 スロープ

プロヴァンス地方の平地、ローヌ河岸にアビニヨンが位置する。現在は城壁で囲まれた旧市街とその周辺にのびた新市街から構成されている。まず城壁が目立つ。城壁の外からは、内部の様子はさだかではないが、法王の宮殿の上部が見える。主な城門は、ローヌ河と反対の位置にあり、城門から河岸の法王の宮殿までは直線的に道がのびる。宮殿の広場の前に、時計の広場とよばれる市民的な広場がある。この広場は、市役所、劇場、レストラン等にかこまれた樹林が植えられたテラスで、街角の広場である。その奥に法王の広場があり、これは時計の広場と対比的に、石敷きの漠とした広がりがある。長辺の一方は宮殿、教会、自然の降起する地形を利用した庭園がそびえているが、他の長辺はかこむ要素がない。広場は城壁にむかって傾斜しており、アビニヨンの橋にぬける門がある。平地のなかの20mほどの岩の隆起点を利用して、宮殿や教会の位置が決められている。庭園が最も高い位置にあって、そこから城壁内のいらかを越えて周辺一帯が望まれる。住居は3、4階建で、レンガ色の屋根や壁が目立つ。アビニヨンは、B.C.2000年の頃から人が住んでおり、流通の要地であったが、14世紀から法王の拠点となっている。城壁内部で戸外の空間ははっきりとした配列をもっている。散在する小さな広場→時計の広場→宮殿の広場→庭園および宮殿の中庭。これに対応して道の秩序もある。特に時計の広場が、儀式的広場の前室としてつくられている配列が明快である。人口55,000人。

Avignon

その1　地中海地域の領域論的考察

Carcassonne

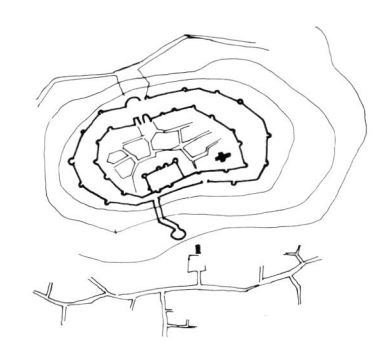

ナルボーンとツールズを結ぶ線上に位置する。一帯は平地であるが、地形的な突出部分を城壁で囲い城をつくった。城は高い領域と同義であり、集落は低い領域と同義である。両者からの視線にははっきりした差異がある。下の領域のどの位置からも城を仰ぎ見る。城へのアプローチは視覚的には明快でなく孤立した島のように見える。こうした視覚的効果はさまざまに計画されている（断面図参照）。城の内部は、館を中心とした小さな街である。現在は観光地化している。教会、植木や日時計のある小さな広場、井戸、洗濯場等、中世の戸外の道具立てはそろっている。道は排水を考えながらデザインされている。住居は石造り。城壁内は長径170ｍ、短径で70ｍほどの極く小さな領域である。城の支配領域は広く、たんに足もとの集落だけではなく地域一帯の砦として歴史的に機能してきた。城壁が2重にめぐらされているのは、防衛と土木技術の両面から要請されたのであろうか。主軸の館の位置は城壁が構造上の壁体となり、これらが視覚的効果を生む。防衛から、威嚇、さらには支配の表象へと、この地形上の突出部分は段階的に活用されてきた。これに対して下の領域は、住居は塗物で仕上げられ、狭い。現在は、下の領域に住む人々は、石工、農夫、商人たちで、経済的にも明らかに低いレベルに属している。図示したプランから推測されるように、共同住宅的性格をもった造りである。狭い中庭に水屋や便所があり、わずかな土地を有効に使おうとしている。自動車道路添いの新興の住居はこうした体裁ではない。城のふもとには下の領域の教会がある。教会周辺には空地はあるが、広場とはいいがたい。しかし、城の支配域は広いので、下の領域を足許に限定する見方は必ずしも正しくない。街は近くにもある。カルカッソンは、ローマ人、西ゴード族、サラセンが時代に添って占拠してきた軍事上の要点でもある。現在残っている城の各部は、12世紀から13世紀にかけて、部分によってはもっと新しい。ヴィオレ・ド・ルックがこの城の研究、保存に貢献したことはよくしられている。

Carcassonne

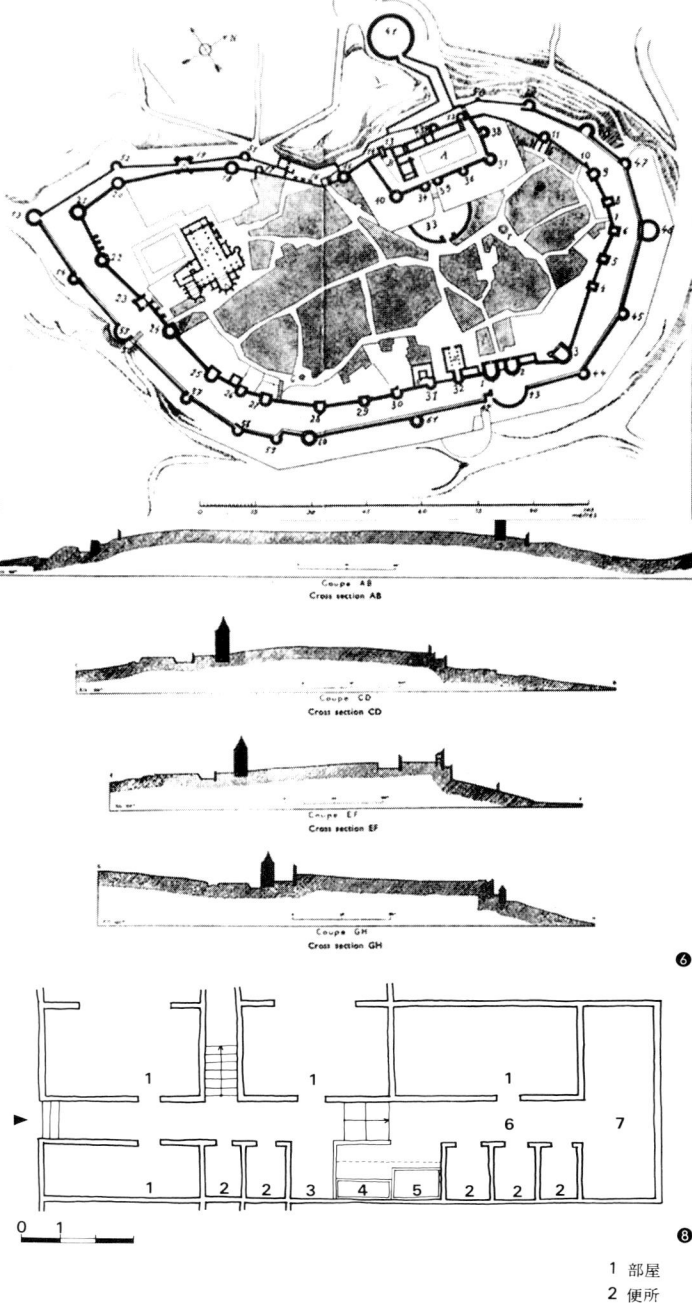

❶ 城郭都市とその周辺
❷ 河の対岸から見た城
❸ 城壁と城
❹ 路上にある井戸
❺ 路地と城の塔
❻ 城壁内部のプランとセクション
❼ 袋小路に面した住居
❽ 住居プラン

1 部屋
2 便所
3 ごみすて
4 炊事場
5 洗濯場
6 中庭
7 物置

その1　地中海地域の領域論的考察

Roqufort

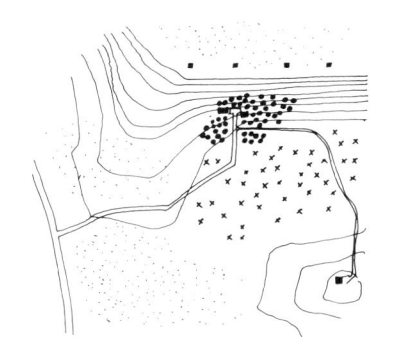

❶

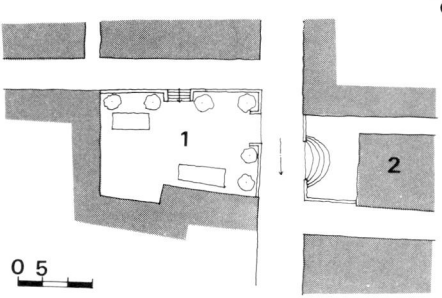

❶ 集落の全景とアプローチ
❷ 集落と周辺の風景
❸ 広場へのアプローチ
❹ 広場プラン
❺ 市場とその前の広場
❻ 集落のアプローチから見た墓

1 広場
2 教会

ナルボーンからスペイン国境に向かう地中海沿岸で，水平な台地をけずった断崖の下に棲息する集落が目にとまる．集落の住居は記すべき特色もない．中心部に道をはさんで教会と小さな広場がある．広場をかこむ要素は市場と集会場と住居の壁である．広場には，移動店舗がやってきていた．広場には装飾的な要素がほとんどない．集落の周辺は農地．少し離れて墓地がある．墓地は教会や広場と釣合わないぐらい立派である．さらに離れて小山の頂に教会がひとつあり，そこからは集落が鳥瞰される．この視角からは，断崖と集落の関係がさらに明白になる．小山の教会はおそらく他の集落でみたパターン通り，儀式的な教会であろう．逆に集落の周辺の農地からは，小山の教会はよく見える．集落は屋根の赤ちゃけた色彩で全体的に霞み，教会や広場はめだたない．平面的には集落の中心であって，あいまいではあるが求心的構成である．集落の家並みのスケールが断崖のスケールを出している．断崖の上の小塔は風車のあと．スペインに入って地中海沿いにこうした地形を見かけたが，やはり小塔が残っていて，耕作地に対しているので，かつて台地の水平面も耕作をしていたのだろう．村の人々に，歴史をたずねると，2000年前から住んでいるとの返事があった．アプローチは集落に向うというよりむしろ断崖に向かっている．この集落から断崖を除いたときは，なんらかの代替物——建築的要素が出現していたであろう．この地域には，このタイプの集落が点在してみられた．

Roqufort

その1　地中海地域の領域論的考察

Elne

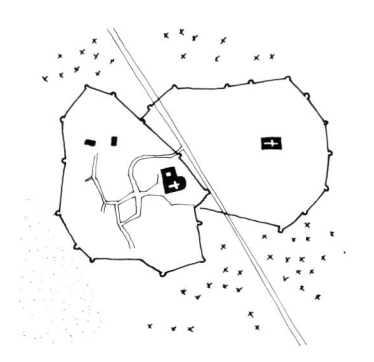

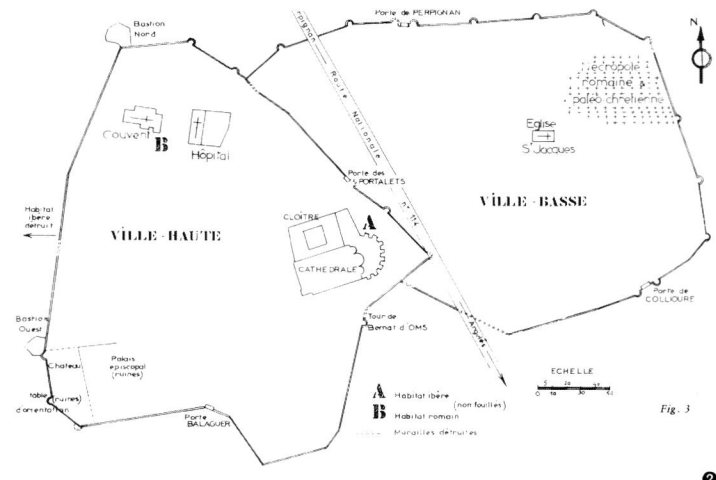

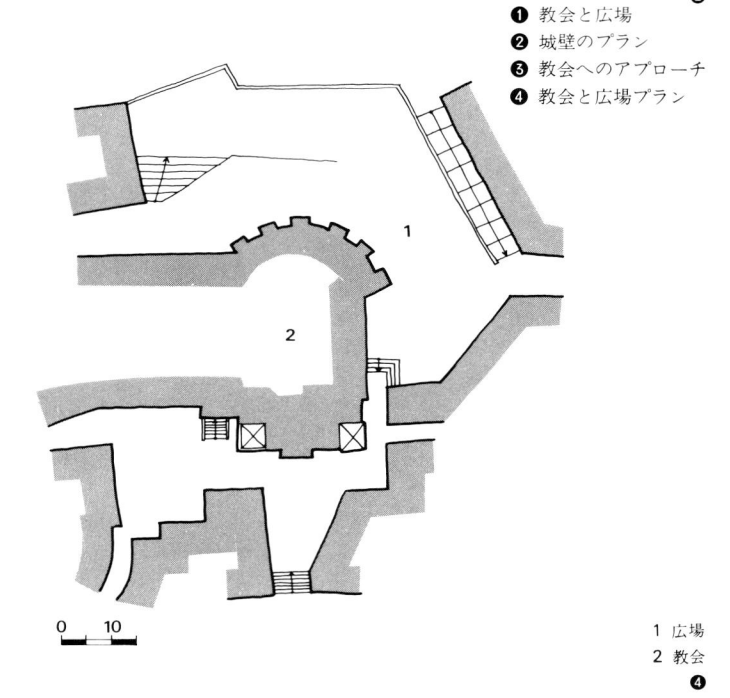

❶ 教会と広場
❷ 城壁のプラン
❸ 教会へのアプローチ
❹ 教会と広場プラン

1 広場
2 教会

フランスのスペイン国境近くに位置する。高い位置に2本の塔がみえる。それは教会の塔で、片方はつき足された赤い塔である。教会は13〜14世紀に建てられた。円形ボールトとリブボールトとが同居した教会である。教会のまわりに公園風の広場があって、そこから町が展望される。教会は地形的に高い部分の縁に立っている。教会前には階段がある。階段のわきにはすぐ住居が建てこんできている。町のパンフレットを見て、この町が〈高い町〉と〈低い町〉にわかれていることをしり、確かめると擁壁の境界がめぐらされていた。下の町には大きな教会はない。経済的には、現在では位置が逆転している。〈下の町〉は道路を軸に活動があるが、〈上の町〉はベッドタウンである。上の町の住居の間をせまい坂道がぬっている。共同の井戸、洗濯場などがある。ローマの女王にちなんで名づけられたこの町は長い歴史を誇るが、それは戦乱の歴史であった。支配者は時代とともにかわり、その間に擁壁もつくられた。

Elne

Barcelona

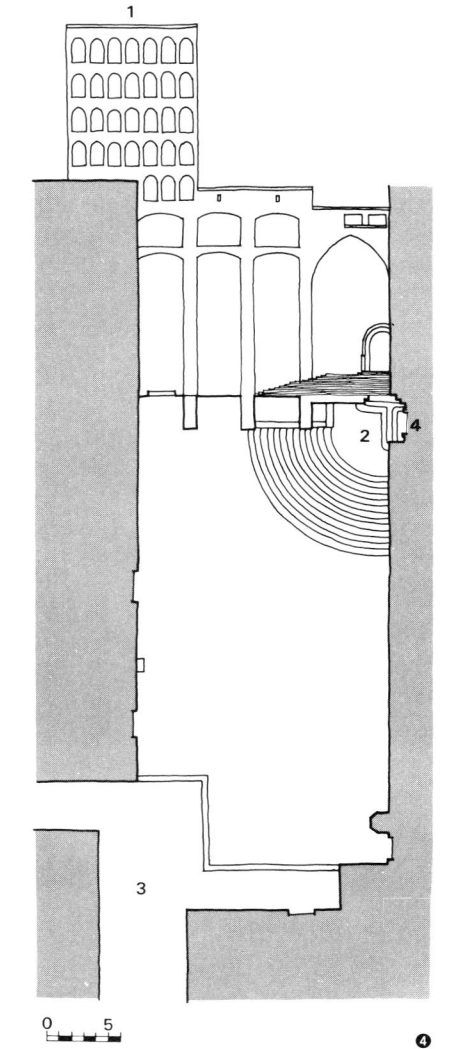

1 塔
2 円形階段
3 アプローチ
4 入口

❶ アプローチから見る塔
❷❸ 円形階段
❹ PLAZA DEL REY プラン＋エレベーション
❺ 広場の塔

バルセロナは、スペイン北東部、地中海にのぞむスペイン最大の港である。カタロニア州の主都でスペイン第一の商工業都市でもある。地中海に面し、名実共に近代都市として発展を続けているこのバルセロナの歴史は古く、紀元前にさかのぼる。市街の三方を丘陵に囲まれたバルセロナにはこの意味で歴史的遺産としての造形が多い。ここに示すプラザ・デル・レイもバルセロナの歴史性の一面を示すものである。かつての王宮の前庭であったこの広場のスケールは37m×20mと小さい。それに比し四囲の壁は高く17m程もある。特に塔は30mにもおよぶ。アプローチ道路を進むと、スリット状に広場がのぞまれ、その背後に塔が立つ。広場の入口は、矩形広場の一角を占め、その場にきてはじめて広場の壁にかこまれた中庭的な空間の全景が現われる。

Barcelona

その1　地中海地域の領域論的考察

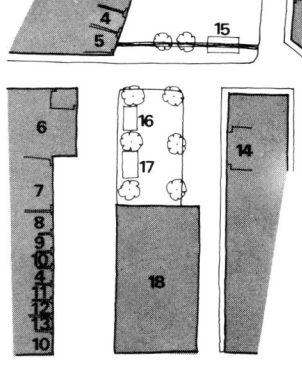

Tarragona

1 教会裏の広場
2 教会とその塔
3 市場前の広場
4 PLAZA MERCAP

1 教会
2 ガレージ
3 自転車・自動車
4 酒
5 靴
6 果物
7 化粧品・みやげ物
8 肉
9 あげもの
10 食料品
11 製氷
12 公衆電話
13 みやげ
14 食器
15 果物露店
16 野菜露店
17 花露店
18 市場

地中海沿岸は、フランスに限らずスペインにおいても、ヨーロッパ全域からの観光客を受けいれる観光都市で氾濫している。タラゴーナは、バルセロナの西70km程にある観光都市であり、ここで示される広場は、タラゴーナ市の中に含まれる小さな町にある。町は、平担な地形にあり、地中海沿岸の観光道路に接して、街があり、路地を曲がってゆくと、知らぬまにこの広場に出る。広場、市場、教会の要素の結びつきは、ヨーロッパで一般的に見られるタイプであるが、この広場では、教会が背を向けている点に特殊性がある。広場全体は、マーケットを核として、商店群がそれをかこみ、露店、植込み等によりにぎわいを作り出している。教会と市場の建設年代の差という原因により、時代の流れにより市場広場に、町の中心性が移動した特殊解といえる。

Tarragona

Alcala

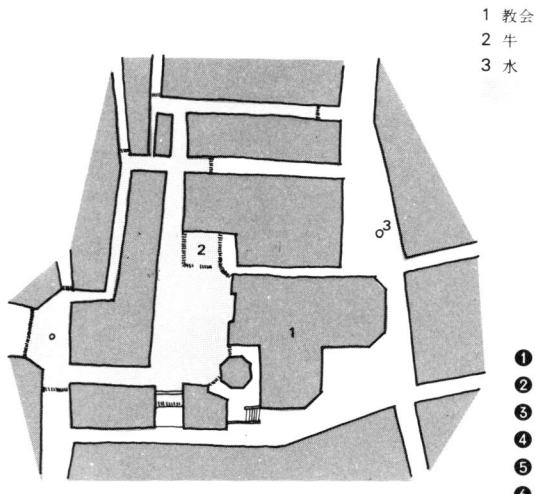

1 教会
2 牛
3 水

活性化領域

❶ 教会前広場遠景
❷ 教会前広場の牛囲い
❸ 闘牛風景
❹ バリケード
❺ バリケードの見物人
❻ バリケードプラン

アルカラは地中海沿岸にそってある小さな田舎町のひとつである。石づくりの家並の中にひときわ高く立つ教会の塔に向かって進むと、入り組んだ細い道に作られたバリケードにぶつかった。バリケードにより区切られる領域は牛が活動する事のできる空間である。まさに即興の闘牛場となっている。闘牛場の中心は、教会の前庭としての広場にあり、その一角に数頭の牛が囲われている。アルカラは今まさに祭の真最中である。祭の名は聖ペドロ祭。数日間続くというこの祭の期間中、町の中心はこの闘牛場にある。闘牛士は町の青年団であり、歓声をあげる観客は、子供達、老人達、それに我々旅行者が付け加わる。即席のバリケードは、牛のための柵であると同時に、闘牛のための観客席となっている。また道路に沿った住居の2階も、観客席に明渡される。

Alcala

その1 地中海地域の領域論的考察 | 65

Petres

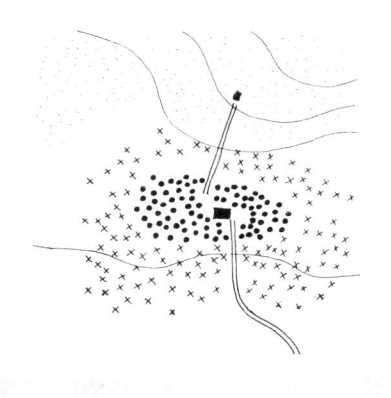

1 用水路
2 オレンジ畑
3 上の教会

❶ 上の教会とペトレス全景
❷ 下の教会
❸ ペトレス概略図
❹ ペトレス断面図
❺❻ 街並

その1　地中海地域の領域論的考察 | 67

❼ アプローチから見る教会
❽ ストリートと戸口のタイル
❾ ストリートの広がりを示すプラン
❿ ストリートと戸口のタイル
⓫ ストリート
⓬⓭ 住居のエントランスホール
⓮ 住居プラン
⓯ 住居の構造
⓰ 教会前広場の水飲場
⓱ ペトレスの集落の構造

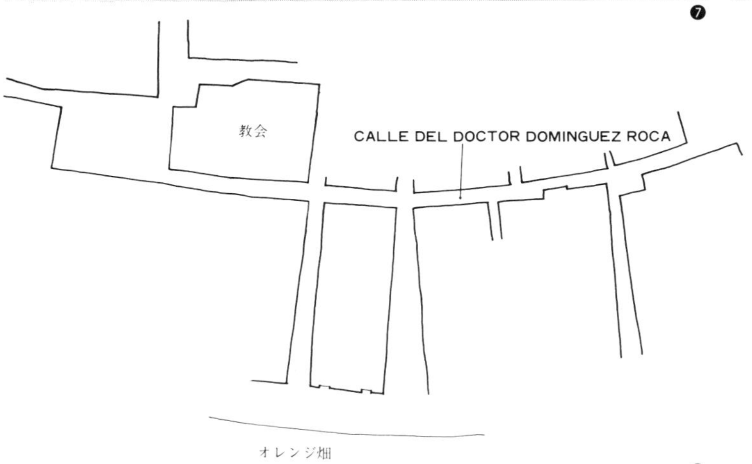

⑫

⑬

1 表通り
2 玄関
3 居間
4 寝室
5 寝室
6 パティオ1
7 パティオ2
8 台所
9 風呂・トイレ
10 外・オレンジ畑

⑭

生産領域 / 生産の為の空間 / 居住 / 接客空間 / 都市のにぎわい

1 街路
2 ホワイエ
3 居間
4 プライベートルーム
5 台所・便所・浴室
6 パティオ・納屋
7 オレンジ畑への道

生産領域 / 接点領域 / 都市的領域

⑮

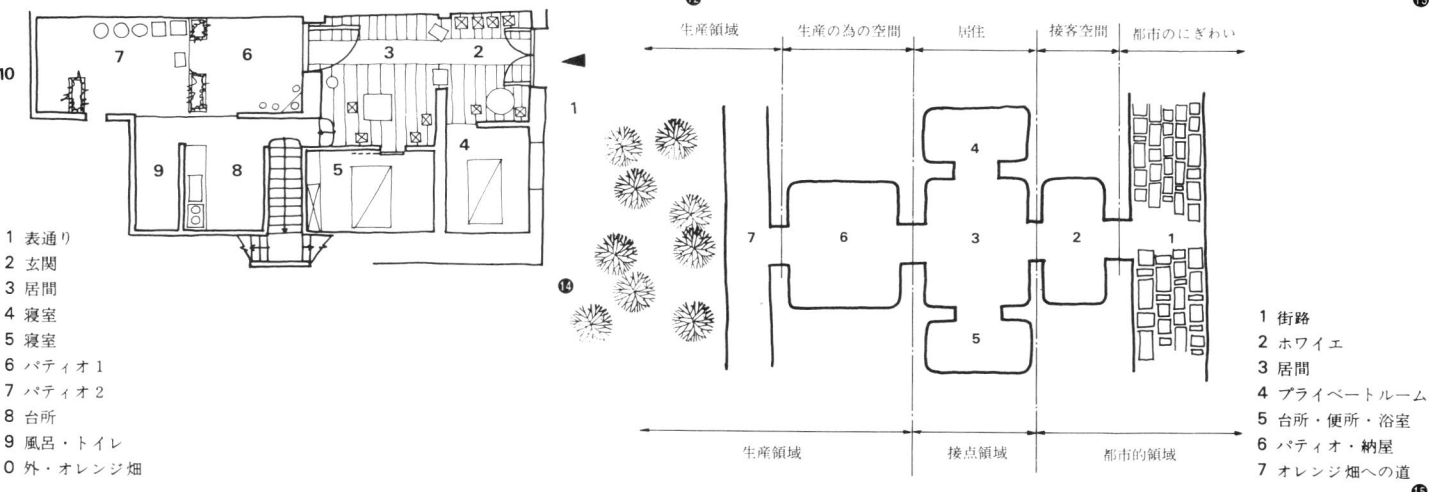

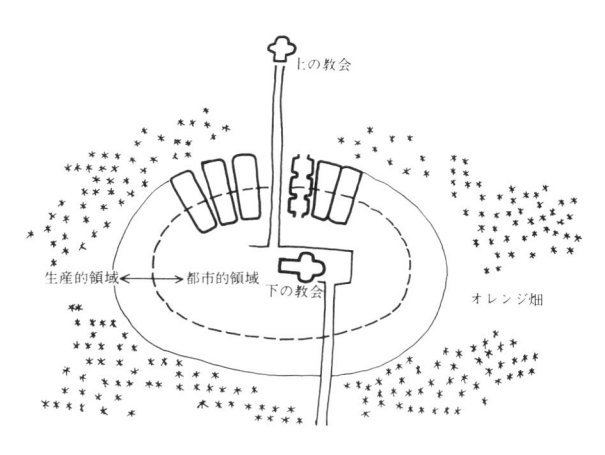

⑯

上の教会
生産的領域 ← → 都市的領域
下の教会
オレンジ畑

⑰

観光都市バレンシアの北20km程のサグントから少し内陸に入った所にペトレスが位置する。地中海沿岸の観光ルートから外れているため、訪ずれる観光客もすくない。ペトレスは周囲をオレンジ畑に囲まれた戸数 200戸、人口 800人の小さな集落である。遠望した時、石造りの住居のまとまりとその中央に立つ教会の塔が我々を導びいた。オレンジ畑の中を細く曲がる道路を進むと、突然真正面に教会とその塔が現われ教会前広場に出る。教会前広場から伸びる道は、住居群の間をぬけて、労働スペースとしてのオレンジ畑に至り、その道は外にむかって開いている。道に面する住居の戸口のエッジがタイルや色で飾られて、道が室内に導びかれる。住居は二方向に出入口を持ち、一方が飾られた表通りに開き、一方がオレンジ畑に直結している外周道路に開いている。また、外周道路に接して住居は納屋を持ち、表通りに接して生活部分が配置され、その中間の接点にパティオがある。入口を入ると飾られた空間があり、連続して配置される空間を奥に進むとパティオに出る。そこからオレンジ畑がのぞまれる。ペトレスには2つの教会がある。ひとつは集落の中心に、他のひとつは丘の上にあり、一方は日常的に使われ、他方は年に数回行なわれる儀式のために用意されている。丘の上の教会へは並木道が通じ、その儀式性を高めている。上の教会からさらに登ると、ペトレスを一望のもとに眺める事ができる。ペトレスの鳥瞰図は、多くの事を我々に語っている。上と下の2つの教会の対応、集落のまとまり、オレンジ畑の中にまとまる集落のかたち等の要素が、オレンジ畑の緑と白壁の住居群の対照と共に、ペトレスの集落の全体像を風景的な画面として示しているといえる。

Petres

その1　地中海地域の領域論的考察

Cuevas del Alm.

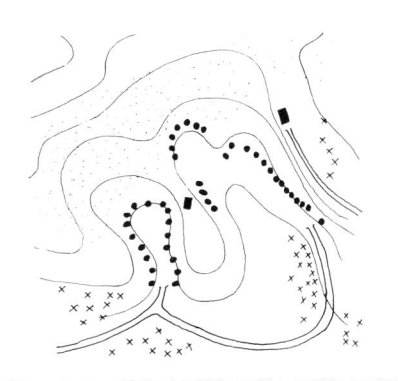

❷

クエバスの下の街　上の教会　　　　　　　　　　　　　　　　上の街

❸

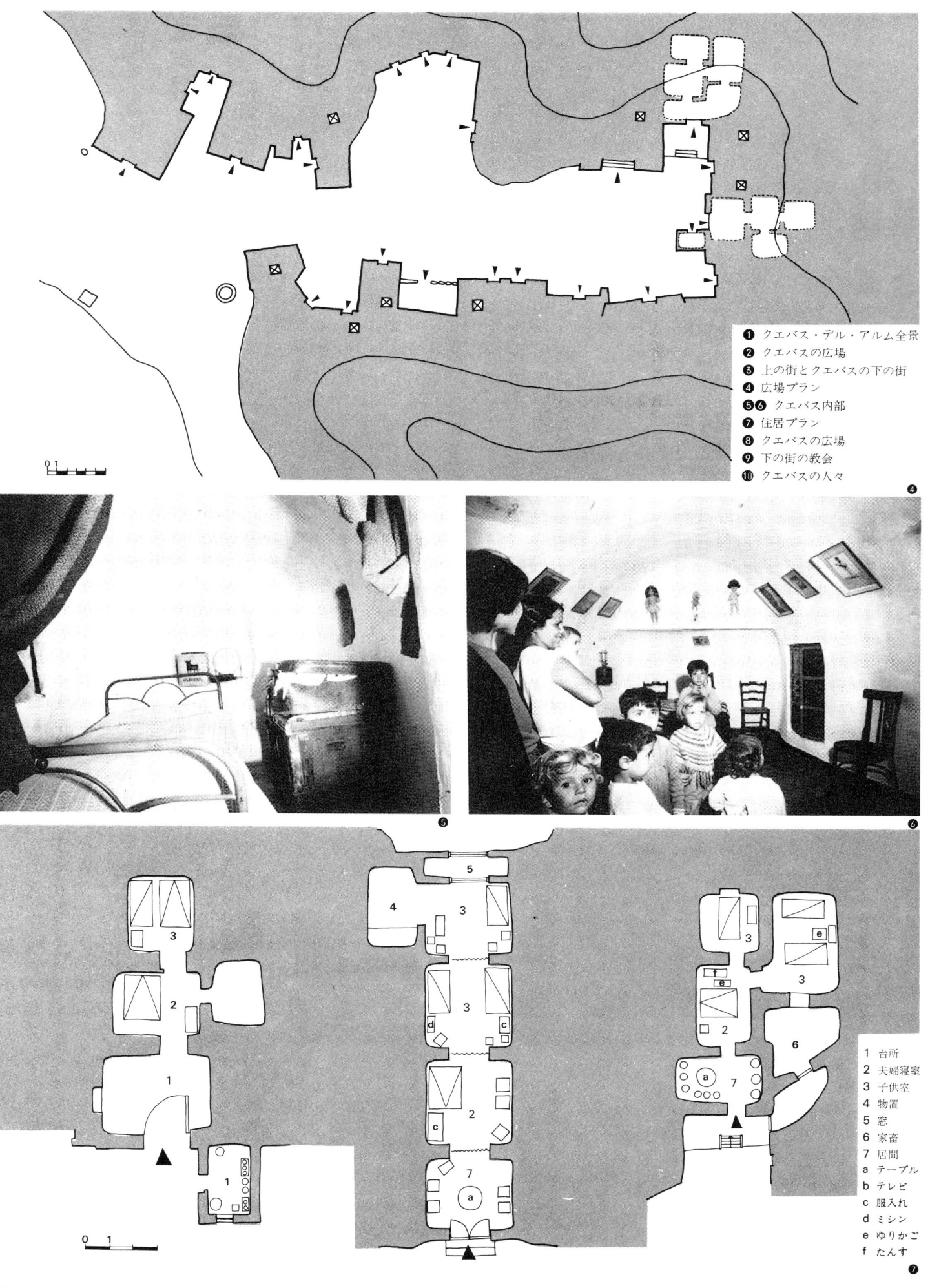

❶ クエバス・デル・アルム全景
❷ クエバスの広場
❸ 上の街とクエバスの下の街
❹ 広場プラン
❺❻ クエバス内部
❼ 住居プラン
❽ クエバスの広場
❾ 下の街の教会
❿ クエバスの人々

1 台所
2 夫婦寝室
3 子供室
4 物置
5 窓
6 家畜
7 居間
a テーブル
b テレビ
c 服入れ
d ミシン
e ゆりかご
f たんす

カーサは家、クエバスは穴居住居の意味である。同じ居住スペースではあるが、住んでいる人間の種族も違い、階級も違い、生活形態も違う。クエバスに住むのはジプシーと言われている。カーサの集合としての街の領域を上の街とすれば、クエバスの集合は下の街として、その空間領域においても両者の間は明確に区別されている。クエバス・デル・アルマンソーラは、南スペイン、アンダルシア地方の地中海から10km程内陸に位置する。シェラネバダから続く山並のふもとにあり、台地部分には新興の街並が大きく広がっている。クエバスは、この台地に接するように広がる起伏ある丘の岩をくりぬいて作られている。カーサの集合としての上の街と、クエバスの集合としての下の街にそれぞれ別々に教会が作られており、差別が生活領域的にも明確化されている。クエバスに向って進むと、いつの間にかクエバスの集合化された広場の中に引き込まれてゆき、さらに進むと、住戸入口のわきを登ってクエバスの上の丘へと進む。クエバスの広場と、その上に広がる丘とに明確な差があるわけではなく、どちらにも子供は遊び、洗濯物は干してある。クエバスの一つの住居は岩の中に各部屋を連続的に掘り進んで作られるが、岩の中が飽和状態になった時に逆に広場への進出が始まる。特に厨房部分の進出例が多い。そのため、数個のクエバスの集合が、それらにより囲まれた広場と有機的に結合し、全体として一つのまとまった集合住宅空間を構成しているといえる。各住戸の入口は、石灰を塗り白壁としての装飾を行なっている。そのため、遠望した時、褐色の岩層に白の斑点模様が行なわれているかの如くの様相を呈している。住居内部も、入口部分と同様に白壁仕上となり、天井は皆かまぼこ型で、各部屋相互の仕切り部分には垂壁が作られている。部屋はかなり飾りたてている部分もあるが、家畜との同居の例も見られる。便所はクエバス内にはなく、広場から連続する丘がそのための空間となっている故に、異臭が漂よう。しかしクエバスの子供達は、そこでたわむれ、そこを通って遊びにゆく。

Cuevas del Alm.

その1　地中海地域の領域論的考察

Sorbas

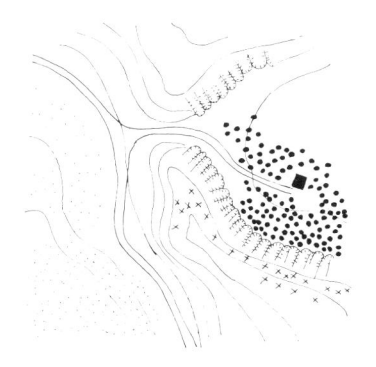

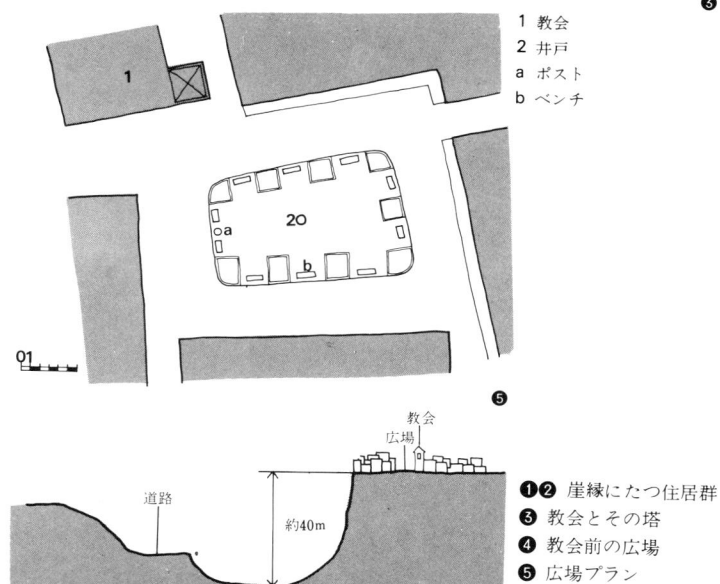

1 教会
2 井戸
a ポスト
b ベンチ

❶❷ 崖縁にたつ住居群
❸ 教会とその塔
❹ 教会前の広場
❺ 広場プラン
❻ 崖断面

ルート340号は，バルセロナから，バレンシア，ムルシア，マラガ，アルヘシラスを経てガディツへ至り，スペイン南部を地中海に沿って走るメインの観光ルートとなっている．このルートは，アリカンテからアルメリアの間，地中海沿岸をはなれ，少し内陸にそった丘陵地帯を走っている．ソルバスは，340号線のこの丘陵地に位置する．丘陵地を屈曲して走る高速道路を進み，露出した岩膚の丘を曲がると突然眼前に崖が立ちふさがる．これがソルバスである．垂直にきり立った岩膚にそって目を上に向けてゆくと，岩膚がいつのまにか壁にかわり，小さな窓の点在する住居群になる．外界に対しては，自然の形質をそのまま利用した城壁という厳しいイメージの集落として現われるが，崖の内側の家並は太陽を反射する白壁と，植木鉢を飾った明るい道がゆったりと伸びている．40m程の崖の渕のぎりぎりまで住居を建てなければならなかった理由は何であったのだろうか．ソルバスに住む人々は，この問に対して，答える事ができなかった．教会の前にあり，老人がタバコをふかす憩いの広場からゆるやかに下ると，崖渕に至る．まさに，展望台の名にあたいする自然の回廊といえる．

Sorbas

その1 地中海地域の領域論的考察 | 75

Calahorra

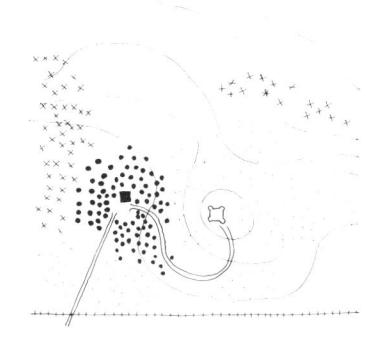

❶ カラオラ遠望
❷ 城からの集落を望む
❸ 城の狭間から集落を望む
❹ 集落と上の城

シェラネバダの山ふところ。はるかに続く荒野と、雪の山とが対峙し、その間に1本の鉄路が通っている。カラオラへの道は、この鉄路を横切ってまっすぐに続いている。雪の白さ、4月の寒風の中を一路直進するうちに、丘の上の城と、ふもとの村との対比が見えてくる。これがカラオラの村である。500戸、2000人のこの集落は農業と牧畜により生活を営んでいる。16世紀にでき たという丘の上の城を村から見上げると、石造りの城壁と点在する狭間が見上げられる。逆に、城門に立つと、村全体が一望のもとに眼下にひろがる。高い位置を城が占めるパターンは、ヨーロッパ各地に見られる。そしてその大部分が廃墟化している。城が保存されて、居住者があるカラオラの如き例は少ない。シェラネバダの、雪の山並から吹きおろす風は、冷たくきびしい。

Calahorra

その1 地中海地域の領域論的考察 | 77

Guadix

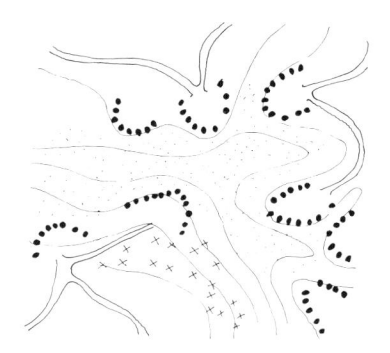

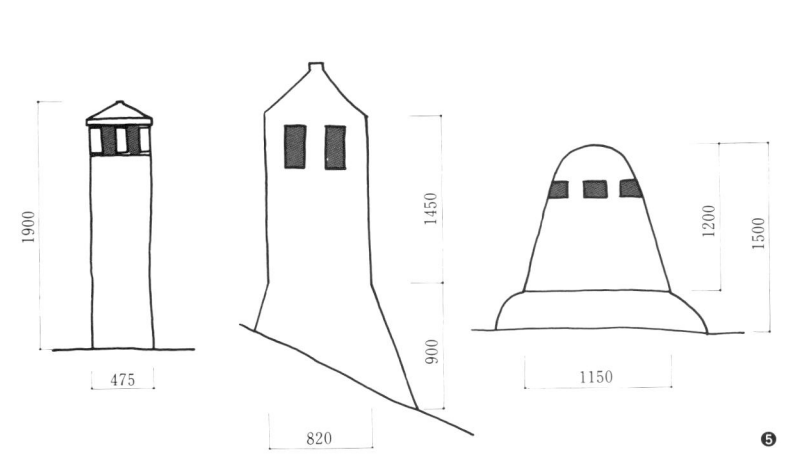

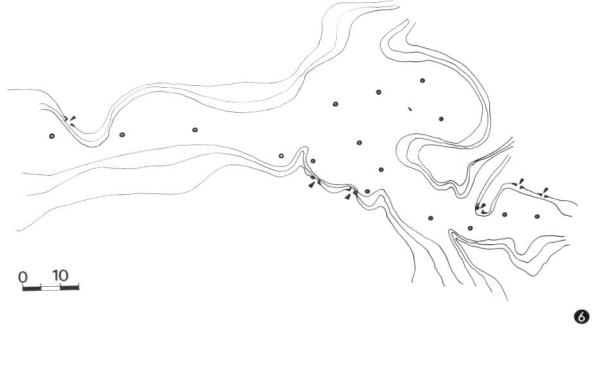

❶ ガディックス全景
❷❸❹ 換気塔
❺ 換気塔のディテール
❻ 丘と換気塔
❼❽❾ 換気塔

その1 地中海地域の領域論的考察

⑩ 集落遠望
⑪ 集落遠望
⑫ 広場
⑬ ストリート
⑭ 住居プラン
⑮ 広場プラン
⑯ ホセ少年の描いたクエバスのプラン
⑰ 丘と住居
⑱ 上の街
⑲ 住居の戸口
⑳ 丘の縁の住居

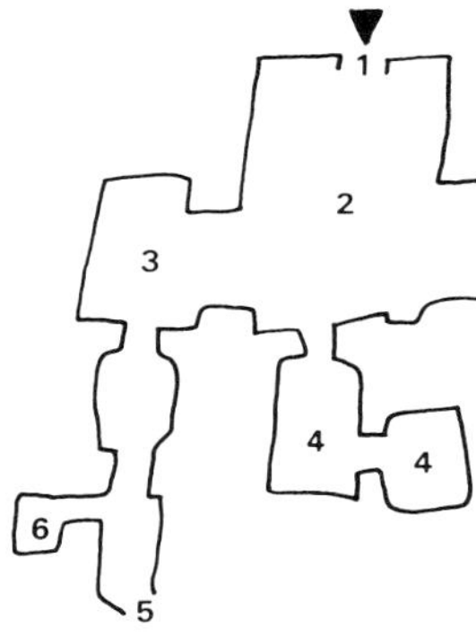

1 夫婦寝室
2 子供室
3 物置
4 台所

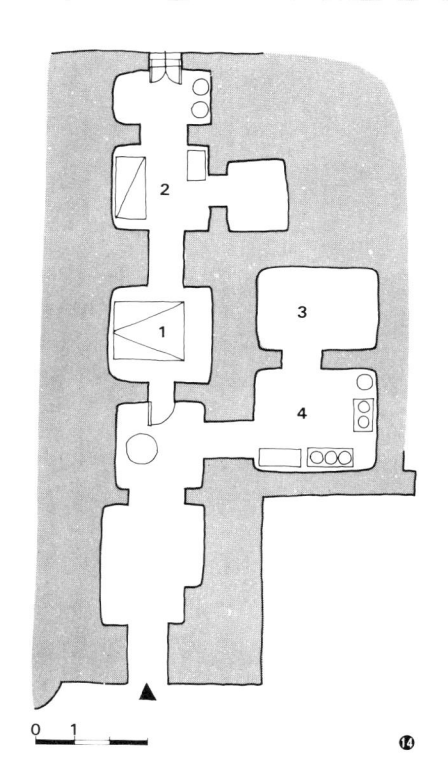

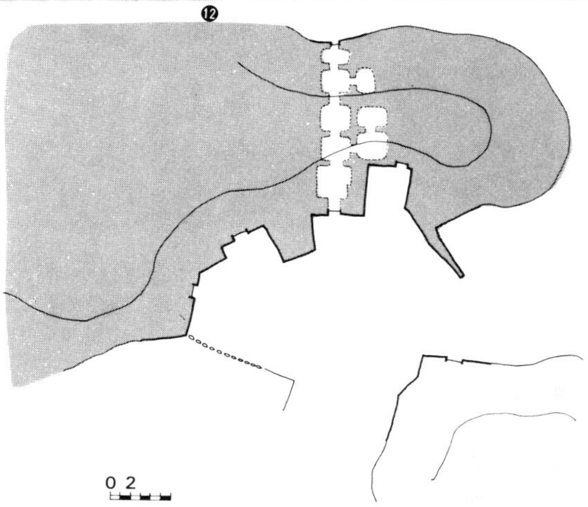

1 入口
2 居間
3 台所
4 寝室
5 窓
6 わらごや

Jose Garcia Reges（11才の少年）のクエバス
5人家族──両親（父親：農業）＋子供3人
住所── Era Alta Sauta Aua No.1
　　　　Guadix (Granada) Espana

アルメリアからマドリードへ向かい一本の鉄路が伸びている。この鉄路に沿って2級国道が通じ、ガディックスは、その国道のグラナダへの分岐に位置する。シェラネバダのふもとの丘、4月末とはいうものの3000m級の山を持つシェラネバダはまだ雪に輝いていた。ガディックスの平均気温は、夏20℃で冬5℃である。ガディックスもクエバス・デル・アルマンソーラと同様に、上の街、下の街の区別があり、クエバス（穴居住居）の群の領域が、新しい都市化区域を囲んで無限に広がっているように思える。4000戸の地下コミュニティといわれる程、ガディックスのクエバスの規模は大きい。クエバスの住人は昔から農牧を中心とした生活で貧しく、都市化領域の住人とは領域的にもわかれ、生活形態も相違し、社会的なひとつの階層として定着している。クエバスに住む人々は、農園に働きに出ている人が多い。そのためか、青年層の姿が見あたらない。カディックスにおいて特徴的に示されるものとして、換気塔があげられる。これは、住居のキチンの上部に付けられている。丘の上に立つと、ゆるやかな起伏が伸び、その上に換気塔が点在し、起伏の襞状の部分にある広場と住居入口の白壁は起伏に隠されて視界にはあまり入らず、突起状に林立する換気塔が風景の主要素として定着している。ガディックスの丘には、生活空間がその下に存在するという特殊性は当然とし、それに加えて、この丘の空間が生活に直結する場として機能している事は特筆に値する。子供達は、丘の上で遊び、人々は丘の上を通って隣りのクエバスに行き、洗濯物を丘に干し、さらには、丘が便所でもあるごとく、そこは多目的なオープンスペースとなっている。すなわち、クエバスの住人にとっては、風景的に広がるガディックスの丘がすべて、生活空間に対応した重要な要素となっているわけである。このように考えてくると、ガディックスにおける、丘と換気塔との空間構成は、その下にくりひろげられている生活そのものをしめしているとともに、4000戸の地下コミュニティの象徴的な表現であるともいえよう。

Guadix

その1　地中海地域の領域論的考察 | 81

San Roque

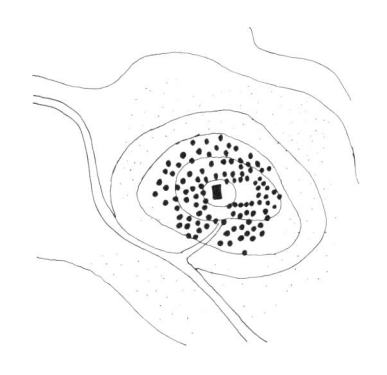

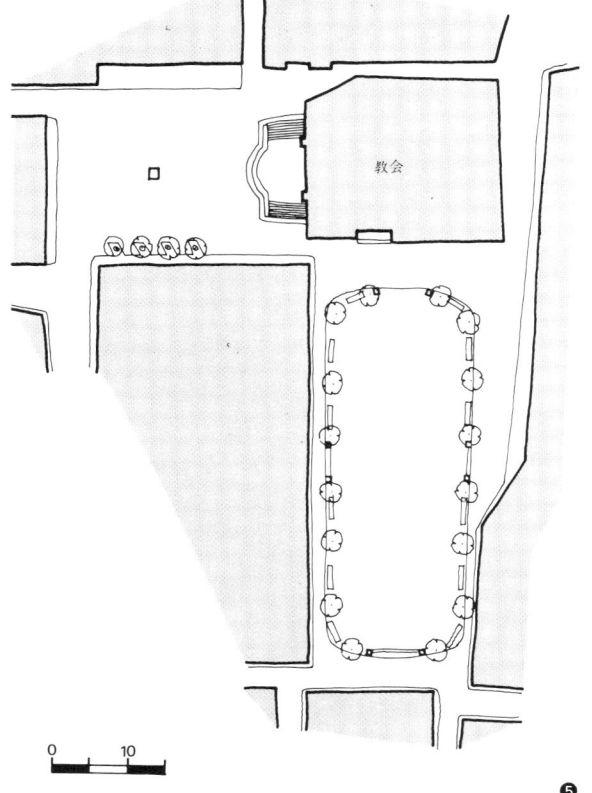

❶ 教会前広場
❷ 教会脇広場
❸ 塔からの俯瞰
❹ 坂のストリート
❺ 広場プラン

San Roque

コスタ・デル・ソルとは太陽の浜辺といわれ、マラガを中心とする地中海の浜辺である。豊かな太陽の下に白く輝やく家々が建ちならぶ。歴史的背景は古く、紀元前11世紀のフェニキア人の商業市にさかのぼる。太陽の浜辺を一路西進すると、地中海に浮く巨大な岩山が現われる。これがジブラルタルである。サンローケは、ジブラルタルの根元にある街であり、ゆるやかな丘の頂点を中心に、白壁の家が密集して形成され、白い小山を作っている。細い路地を回ってゆくうちに頂上に位置する19世紀末の教会の前庭に出る。教会を中心とした典型的なヨーロッパ集落である。教会とそれに付属する広場が、集落の中心となり、しかも地形的に頂上に位置している。広場は、教会の前面と右手方向のふたつが教会を介してかぎ形に連なった形態をなしている。教会前面の広場は、幾何模様の石畳とデザインされた十字架により儀式的に飾られる。右手広場は基壇とベンチと樹木の構成によって、いこいの広場を形成している。

その1 地中海地域の領域論的考察 | 83

Tétouan

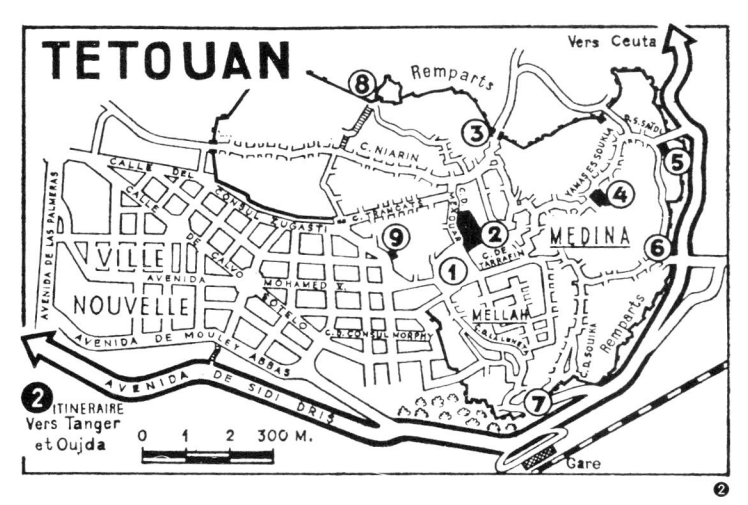

❶ テトアンの市場　　❺ メディナの住居
❷ メディナの地図　　❻ メディナ内の小広場
❸ 城門　　　　　　　❼ 水飲場
❹ メディナのストリート　❽ 共同便所

ここテトアンは人口約10万人の都市であり、モロッコ北部の比較的肥沃な農耕地の中に位置しており、石造の城壁に囲まれたメディナ〈Medina〉と呼ばれる旧都市とフランスの植民地時代以降の新都市が同居している。メディナはベルベル人の集落であるクサール〈Ksar〉から出発し、イスラム教徒の手によってつくりあげられたものであり、このメディナを統治し、外敵の侵略から守る砦〈Kasba〉を持っている。メディナの実体はつかみにくく、内部の正確な人口すらわからないと聞く。人の群れと喧噪が入りまじる街路は、建物の隙間の連続といった形式で、モスク〈Mosque〉がこの狭い道に突然あらわれたり、水飲場等の淀みを各所に持つなど意外性に富んでいる。メディナの中心的施設である市場は比較的大きな広場を中心にして、狭い街路に網目の様に広がっている。仕事場と住居は分離しており、写真に見られるようなコートを中心にした仕事場と、その奥の住居といった形式がひとつの典型である。路端に鶏卵を5個程並べて売っている女、乾き始めた野菜をほんの一山前に置いて黙っている男とか、羊の頭をまさに原形のまま吊りさげた店などが景観を構成している。

Tétouan

その1　地中海地域の領域論的考察 | 85

Rabat-Salé

その1 地中海地域の領域論的考察 | 87

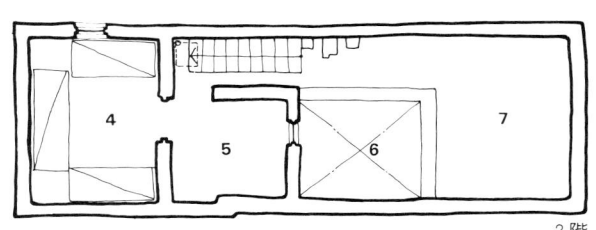

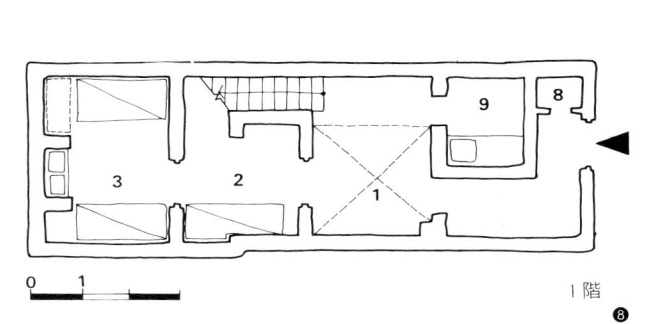

1 コート
2 居間
3 夫婦寝室
4 子供室1
5 子供室2
6 吹抜
7 物干し
8 便所
9 台所

2階
1階

❶ ラバトのカスバ俯瞰
❷ サーレ城壁外の住居
❸ ラバト・サーレの地図
❹ カスバ城門前の広場
❺ カスバ城門のアーチ
❻ ラバト遠望
❼ カスバ内部
❽ 住居プランA
❾ カスバのストリート
❿ カスバのストリートプラン
⓫ 住居プランB
⓬ 中庭と物干し場
⓭ 住居内部

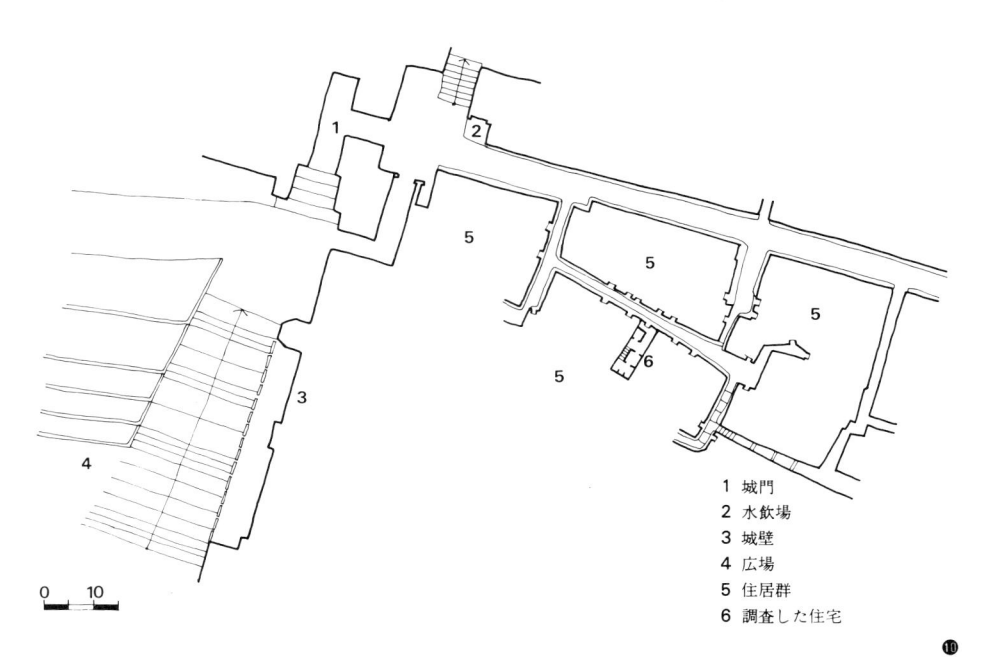

1 城門
2 水飲場
3 城壁
4 広場
5 住居群
6 調査した住宅

1 出入口
2 客間兼居間
3 空室
4 夫婦, 幼児室
5 子供室(男3人)
6 台所
7 仕事室兼女中室
8 中庭
9 納戸
10 子供室(女)
11 未使用室
12 子供室(男)
13 屋上
14 倉庫
15 廊下(オープン)

Rabat-Salé

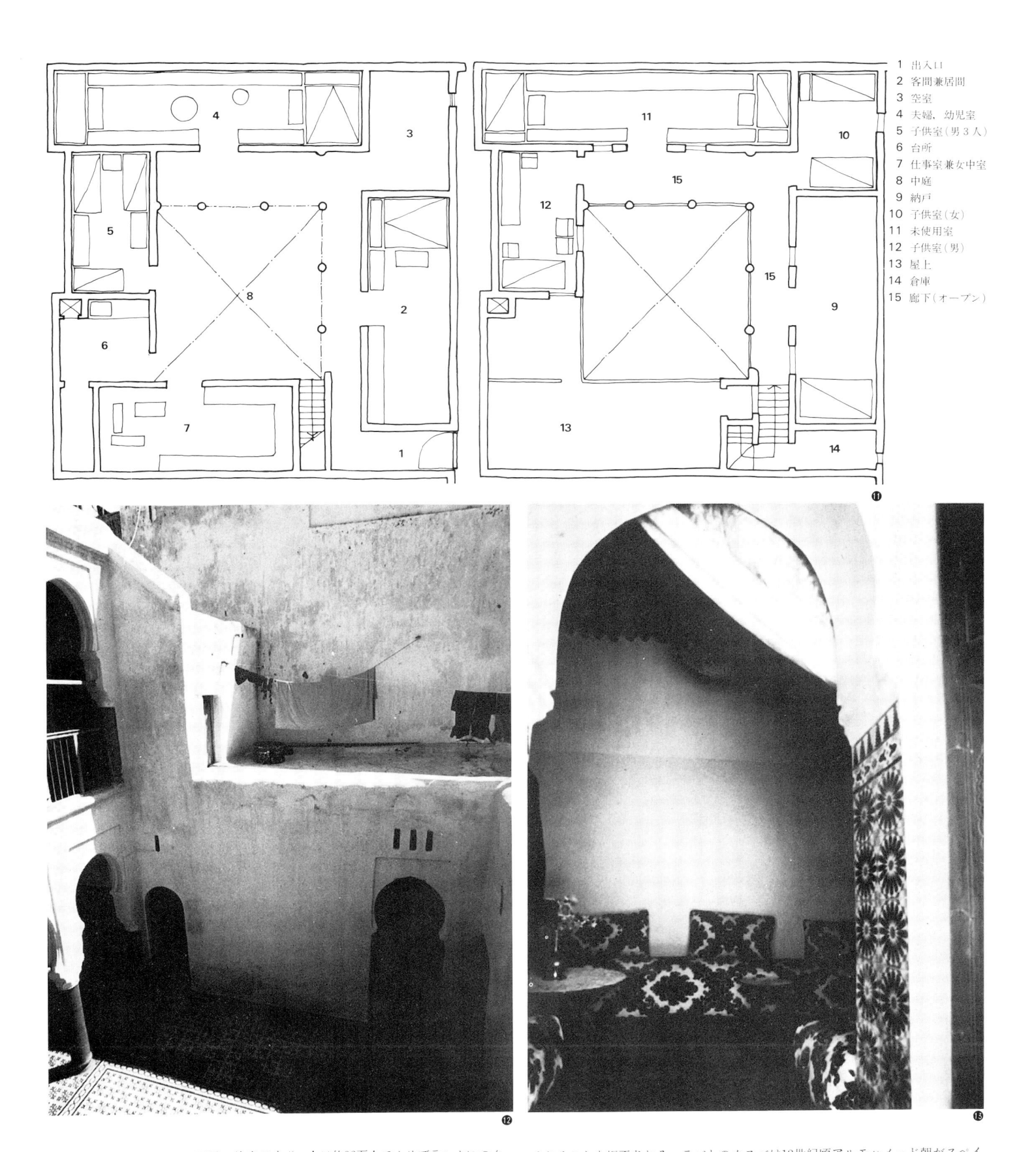

ラバトは現在のモロッコ王国の首府であり、人口約26万人でカサブランカにつぐモロッコ第2の都市である。テトアンから大西洋に沿って南下する途中、ベルベル人の流浪民であろうか、わずかの羊と牛を連れた家族を何回も見かける。ブウ・レグレグ河〈Oued Bou Regreg〉を境にしてラバトの対岸都市であるサーレは17世紀頃にスペインを追われたイスラム教徒のスペイン人が自治区を形成していた場所であるが、城壁内部よりもまず石造の城壁外に群れるまさに貧民窟に目を奪われる。裸足の子供が群れる住居や小路内には足を踏み入れることを拒否される。ラバトのカスバは12世紀頃アルモハメッド朝がスペインに対する聖戦の砦として築いたもので、アンダルシア風の庭園等にスペインから避難してきたイスラム教徒の影響力を見ることができる。石造の様式化した城門はカスバ、メディナに対する外部交流の遮蔽物として存在し、広場から城壁内への侵入を不可能視させている。蜂ノ巣状に連なるコートハウス群の余白空間としての街路は、平面的だけではなく、空間的にも複雑に装置化され、各住居とは石造の壁にあく非常に数少ない開口部のみでつながれている。

その1 地中海地域の領域論的考察 | 89

Marrakech

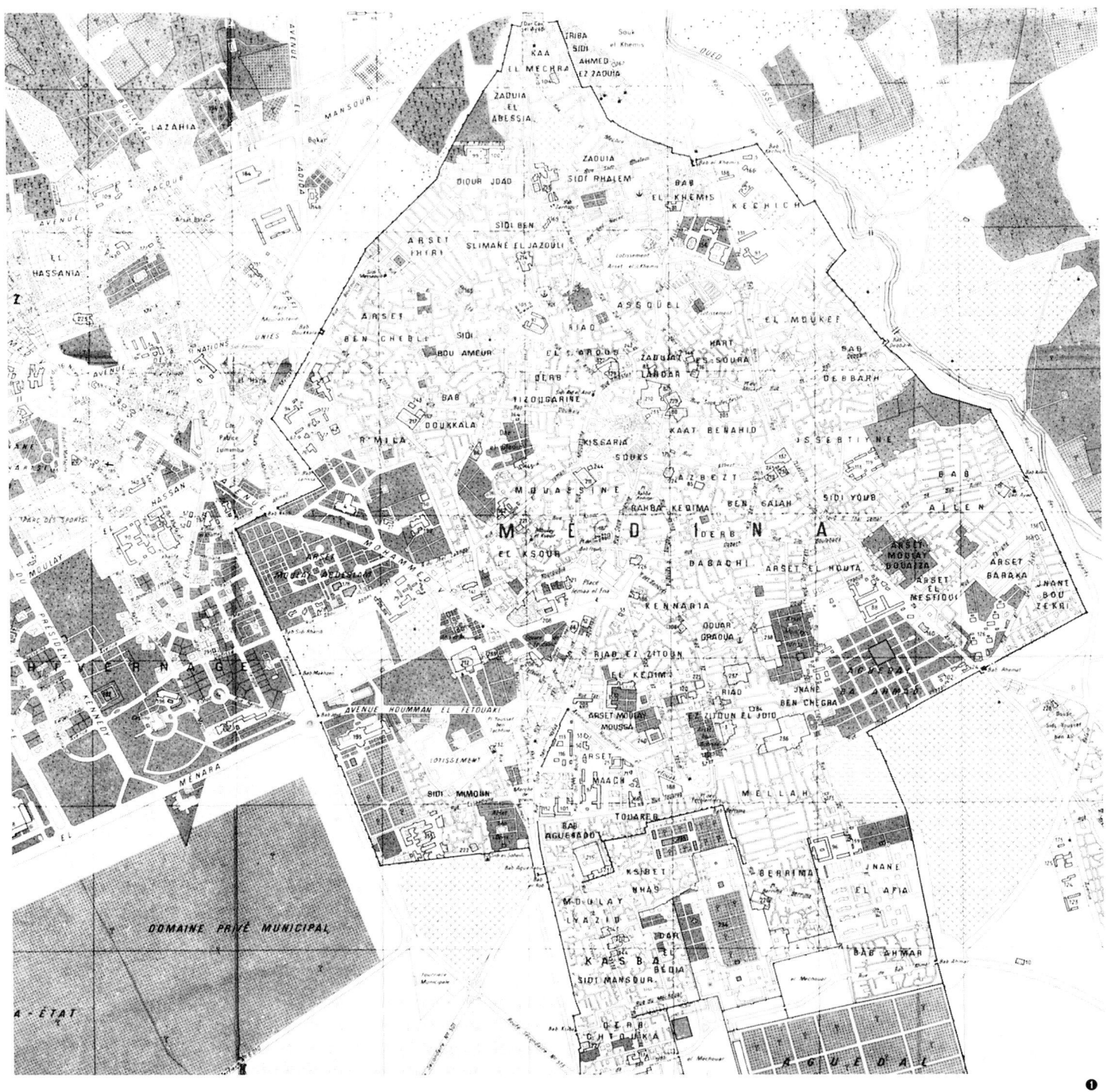

❶ メディナの地図
❷ ミナレットとモスク前の小広場
❸ メディナの市場広場
❹ 市場の内部

歴史的には中心的都市の時代もあったここマラケッシュにはモロッコで最大のメディナとカスバがある。カスバは語源的にはベルベル人の穀物倉庫を意味し、これを外部の略奪に備えて武装兵に守らせたことから、砦の意味としてのカスバに発展したものであり、メディナに対する統治と、それの防衛を目的とするものである。城壁はカスバを取囲み、かつメディナを取囲み、外部領域との境界を極めて明確に表現している。彼等の言葉を借りて言えば、城壁内に住む人間がモロッコ人であり、城壁外の人間はエトランゼ・モンターシュということになる。市場的広場および広場のブランチとしての商店街には外部からスムーズに入り込むことができるが、その先に続く住居群には非常に入り難い構造をとっており、これがメディナの空間制御の基本的方法であるらしい。市場内部も奥に行くに従ってその空間は複雑性を増し、曲りくねった小路に沿った商店のみならず、狭い導入路の奥に小さいコートを取囲む商店に作業場群などが各所に見られる。またスペインを追われたユダヤ人イスラム教徒の居住区はメラ〈Mella〉という固有名称化された街区としてメディナ内に存在している。

Marrakech

その1 地中海地域の領域論的考察 | 91

Fes

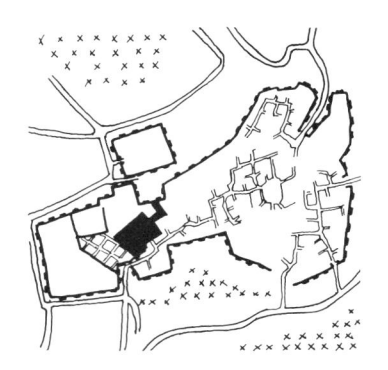

❶ フェズ俯瞰
❷ メディナの地図
❸ 城門
❹ 皮鞣所
❺ 市場の内部

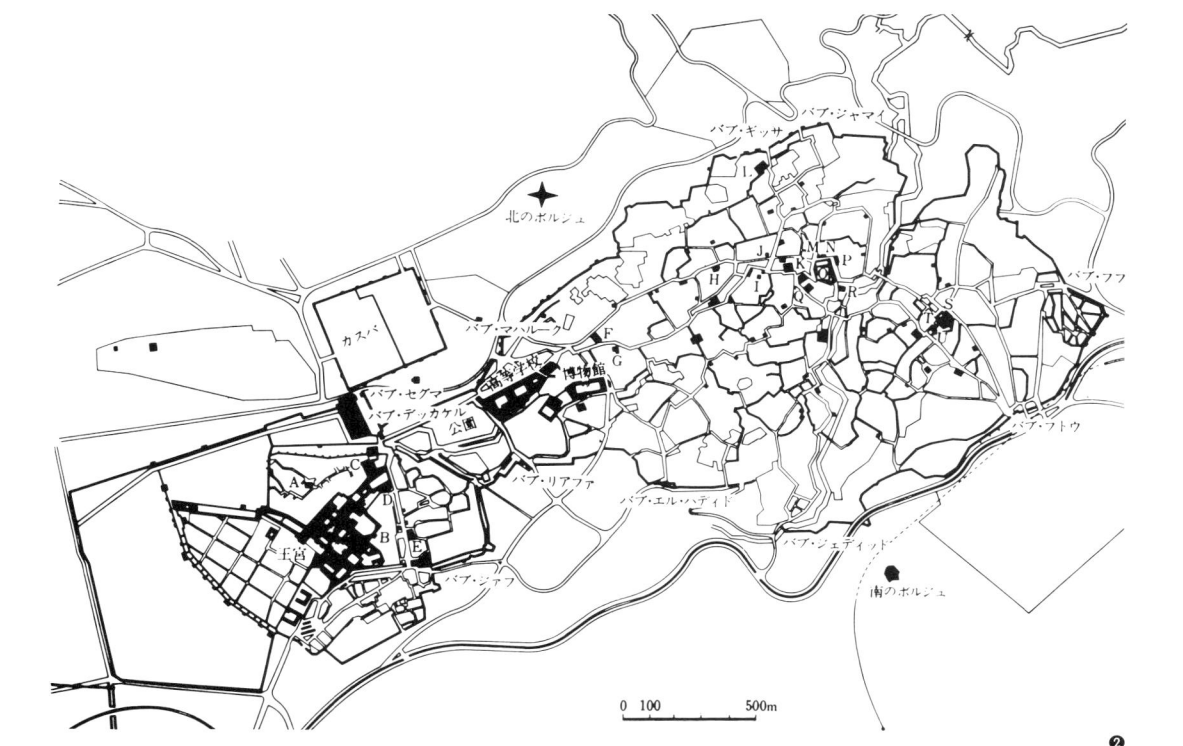

フェズはアトラス山系(モワイヤン・アトラス山脈)と地中海に沿って走るリフ山系とに、狭まれた盆地に位置する人口約24万人の都市である。ラバト、マラケッシュなどのメディナが平坦地に位置しているのに対して、この都市は低く盛り上った丘に沿って築かれているために、蜂の巣状のコートハウス群の並び、そしてその余白空間を曲ったり、上下に変化したりしている街路、さらにそれらの中に点在する数本のモスクなど、メディナ型都市としての表現が豊かである。11世紀頃アルモハメッド朝の軍事都市になって以来、この地方の軍事的、行政的要請に従って発展したこの都市は、メディナを取囲む4つのカスバがある。(カスバ・デ・フィアロス、カスバ・デ・シェラルダ、カスバ・デ・デビバ、カスバ・デ・ブジョロウ)がそれら4つである。

Fes

その1 地中海地域の領域論的考察

Berrechid

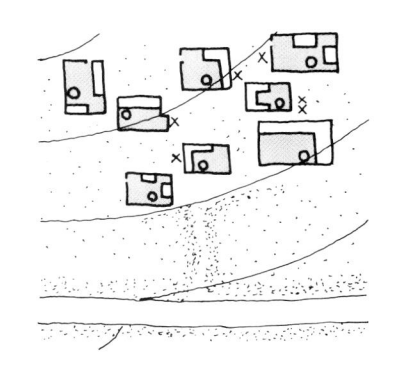

❶ 集落の全景
❷ 草葺の台所
❸ 住居プラン

1 家畜小屋
2 子供室1
3 夫婦寝室
4 子供室2
5 子供室3
6 台所
7 風呂
8 便所
9 子供の遊び場

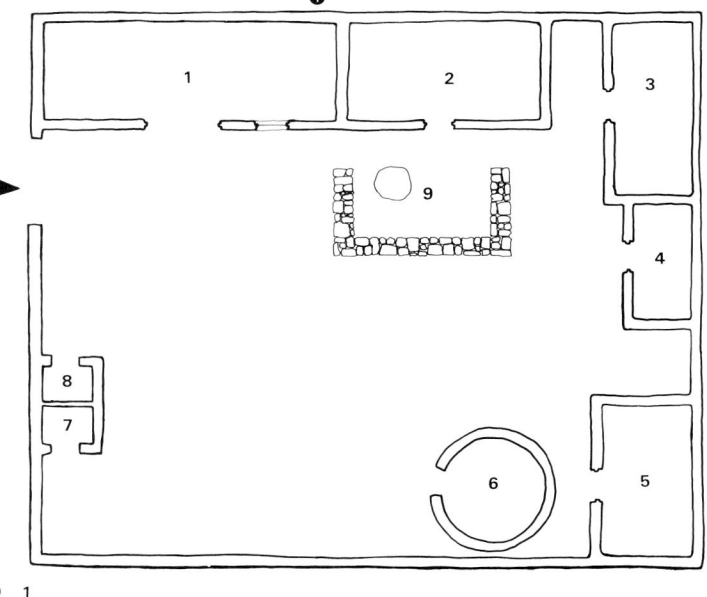

カサブランカから南下すること約60kmの地点，ベルチドという小さな町の南に位置する小集落であり，25個の住居でできている。このようなタイプの集落はつづいていて，その群がる規模は様々である。全体としては住居が集合しただけといった感じの集落の初源的形態であり，公共施設などの中心的なものとか，集落の境界を示すものとか，外部との諸交流を調整する空間装置などは見られない。それぞれの住居の中庭はかなり広く住戸ごとの自給自足的な構えが見られる。これらのコートおよび住居は石積みの塀に囲まれており，この塀に屋根の一方を差掛けた個室群と，独立した草葺きの円錐型をした台所を持っている。この草葺き円錐型の台所は各住居に共通するものであり，かつ点在する近辺の諸集落にも共通するものである。住居の集合のされかたには規則性は見られず，明確な通路といったものもなく住居と住居の間の空地がその役目を果している。平野の中に住居がバラまかれたといった感じの集落である。

Berrechid

Bir-er-mâti

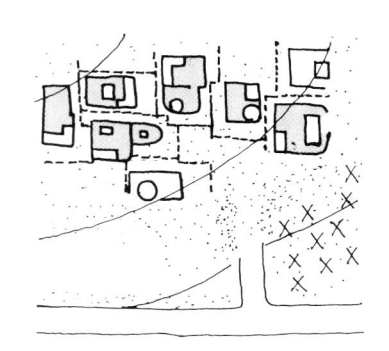

❶ ビル・エル・マティの住居
❷ われわれを見送る子供たち
❸ 住居プラン

1 台所
2 風呂
3 夫婦と幼児の室
4 貯蔵庫
5 子供室
6 第2夫人の室
7 不明

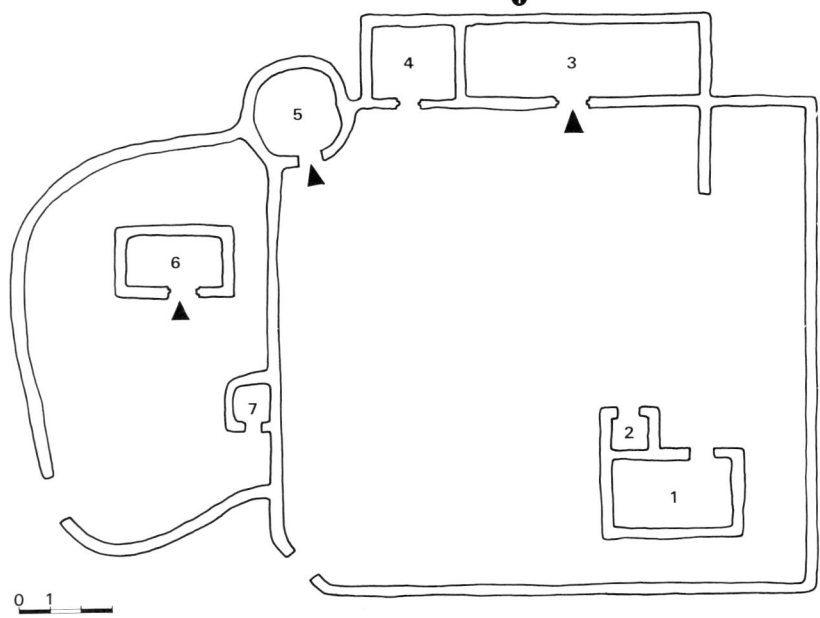

農地が次第に赤味を帯びて肥沃さを失いつつある地点に位置するこの集落は、作られたばかりといった感じのする集落であり、通路などの要素は比較的明確に表現されている場所もあるが、中心的施設、集落の境界を表現するものなどは見られない。住居は図に示される様に石塀に囲まれて独立性が高く、住居外の土地は公共的空地のように見えるが、点線で示された部分まで私有地が延長されている。住居の構成としてはコートハウス的であるが、石積みの塀からは独立した家屋も見られる。石積みの壁の上に丸太を母屋として載せ、その上に草を密に並べて土を載せた屋根といった建てられ方が標準的であり、入口枠などは木製で比較的整っている。子供用の居室は独立しており、円錐型に草を葺いた上に土を塗り固めて作られている。半独立した2番目の妻の家屋が作られていたり、異常に数多い子供とか、女達のジプシー的服装とかはベルベル人の特質を説明しており、彼等が定住しはじめたばかりの集落と見られる。

Bir-er-mâti

Tazenntoute

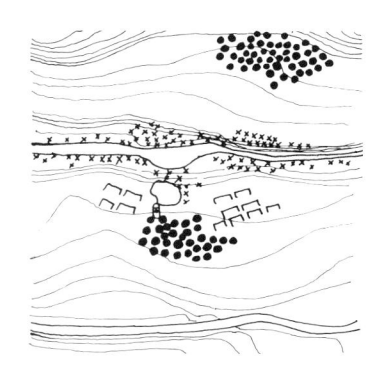

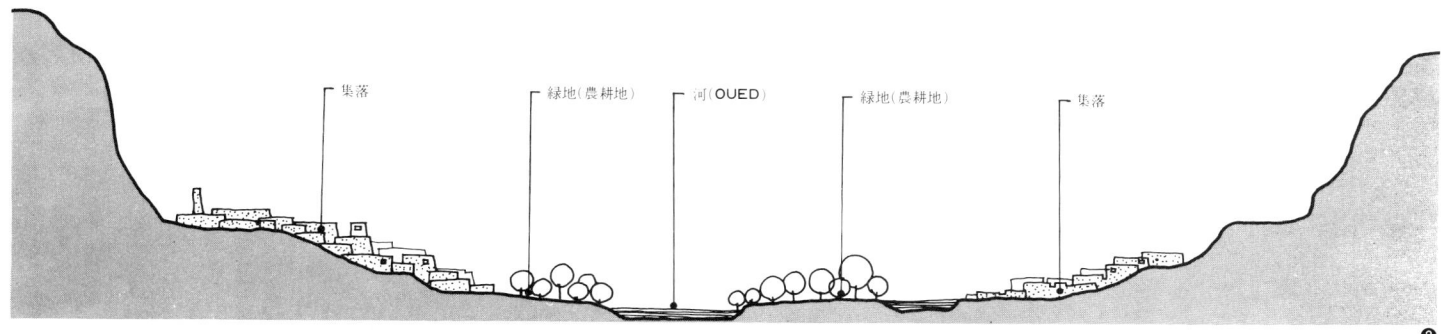

❶ タザントウト全景
❷ 集落セクション
❸❹❺ 附近の集落
❻ 集落
❼ 集落
❽ 道と住居の構成

その1　地中海地域の領域論的考察 | 97

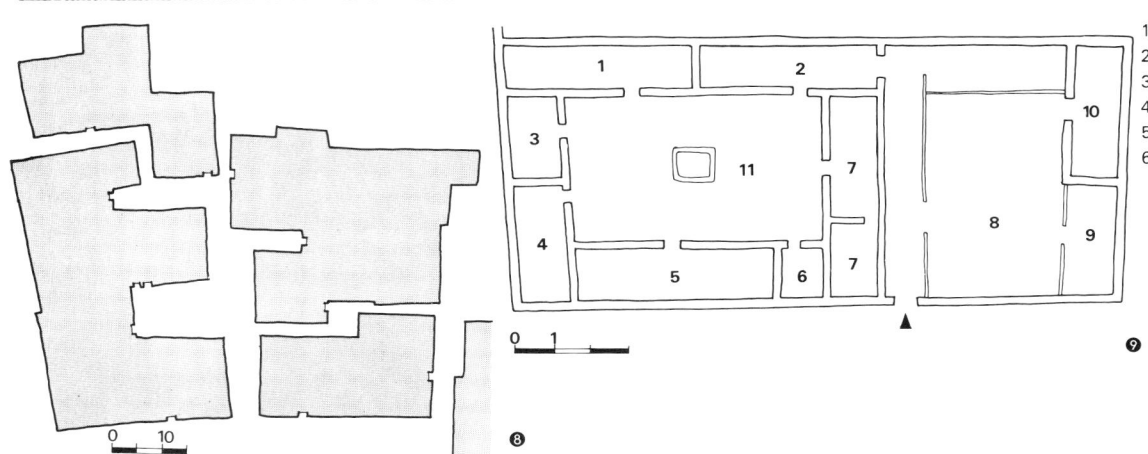

1 とうもろこし倉庫	7 牛の部屋
2 粉ひきのある部屋	8 家畜
3 個室（娘3人）	9 仔牛一匹
4 個室（子供2人）	10 不明
5 個室（夫婦と子供6人）	11 中庭
6 台所	

❼
❽
❾ 住居プラン
❿ 集落周辺の農地
⓫ 南側から集落を望む
⓬ 住居出入口
⓭ 集落から農耕地，河を望む
⓮ 住居の俯瞰

マラケッシュからさらに南下しアトラス山脈（オウ・オトラス）を越える．ところどころに雪が残り，霧で視界がとざされがちな山腹を境に周囲の景観は一変し，地肌は赤味を帯び，山々の地層は露出し，緑は谷間に帯状に連なっているのみである．この集落はベルベル人の集落が数多く点在しはじめている〈谷〉の入口付近に位置しており，赤土の地肌に赤土の壁と言った集落のひとつである．河〈Oued〉を隔てた古い集落ティキール〈Tikir〉の対岸集落的なものとして構成されており，住民もこのティキールから移動してきたものと聞く．地形的に見ると集落は山あいの谷の部分に存在し，河に沿った農耕地に近接して立地している．集落の両側には段々状の農地が開墾されつつあることと，建造中の住居はこの集落の新しさを説明すると同時に，住居群が農耕地を侵さない地形上の地点に立地していることなどは，河の恵みによる緑と農耕地が彼等の生活の全ての基盤であることを説明しており，彼等の生活の自然的条件の厳しさを示している．各住居は典型的なコートハウスで，石積みの塀を外壁とした個室群が中庭を取囲む形で並んでいる．そして既存する一辺の壁を手掛りに他の3辺を取囲んで次の住居を作っていくといった壁を共有した形での集落の構成方法が明らかに見られる．通路はほぼ直交システムをとってはいるが，その角度が微妙にふれており，幅員や，空間的広がりにも微妙な変化を持たせている．そして各住居の導入口が，この通路の淀みや，奥に巧みに装置化されている〈術〉などは，ベルベル人の集落〈Ksar〉がメディナ，カスバの空間配列の基本構造になっていることを明確に物語っている．住居は小さな個室群からできているが全体としてはかなり大きく，家畜小屋も2室か3室居室と並べて配置されており，さらに穀物倉庫，粉碾室なども設置されていることからも彼等の生活の仕方を見ることができる．

Tazenntoute

その1　地中海地域の領域論的考察 | 99

Ifri

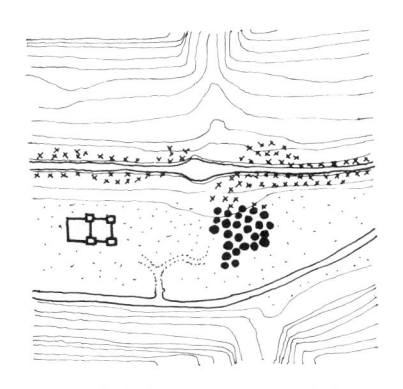

❶

その1 地中海地域の領域論的考察 | 101

102

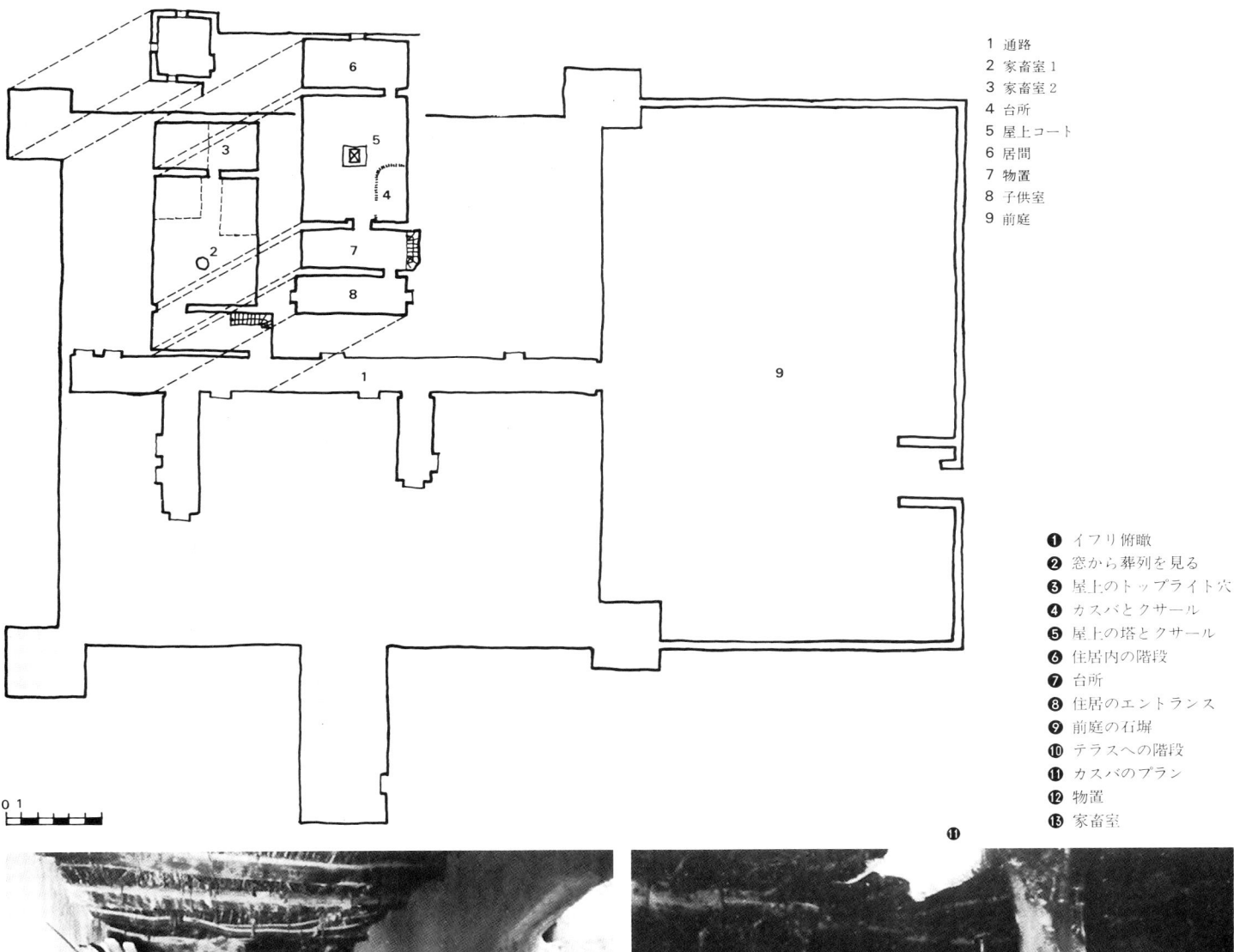

1 通路
2 家畜室1
3 家畜室2
4 台所
5 屋上コート
6 居間
7 物置
8 子供室
9 前庭

❶ イフリ俯瞰
❷ 窓から葬列を見る
❸ 屋上のトップライト穴
❹ カスバとクサール
❺ 屋上の塔とクサール
❻ 住居内の階段
❼ 台所
❽ 住居のエントランス
❾ 前庭の石塀
❿ テラスへの階段
⓫ カスバのプラン
⓬ 物置
⓭ 家畜室

この附近はジズの狭谷（ゴルジ・デュ・ジズ）と呼ばれて、ベルベル語の地名が多数残されているなど、ベルベル文化の宝庫である。この谷に沿って集落が帯状に点在し、この集落名イフリは、かつてベルベル人が穴居生活をしていた頃の〈洞穴〉を意味する言葉である。ここには現在のカスバの基になった語源的意味でのカスバ——カスバ：ベルベル人の穀物倉庫を意味し、外部からの略奪に備えて武装者に守らせたことから砦の意味に発展した——とメディナの基になった集落〈クサール〉が近接して残されている——クサール：語源的にはカスバの集合体を意味するが後に集落を意味するようになり、イスラム教徒の手によるメディナの基礎となる——現在このカスバは大家族制に基づく住居になっており、住人はこのカスバを〈Maison〉と呼び、クサールを〈cartier〉と呼んでいた。気候はきびしく、冬は3ヶ月位続き雪が1メートル位積り、温度は2℃位にまで下がり、夏は20℃〜30℃とのことであった。かつてのカスバを偲ばせる4つの塔を配した建物は、石積みの上に土を塗った壁と陸屋根からできており、2階を支持する床版は、石積み壁の上に木を桁として固定し、丸太を大引として並べ、その上に草を密に並べて根太としてさらに土を載せたもので総厚40cm位である。一層部分は家畜小屋に2層部分から上が居住用のスペースとなっているが、時として2階にまで家畜が侵入して黒闇の中に土埃をまきあげている。石塀に囲まれた前庭は比較的大きく、大家族集団の公共物スペースの様に観察されたが、門から出入口までの極く狭い通路部分を除いては6つの区割に区分され、それぞれの直系家族に区分所有されており、次々と相続させていくという話を聞く。またこの共同体の中で協調できない人間はここを出て新しい住居を別の場所に作るらしい。住人の直接の家族としては、両親、幼児を含めて6人とのことである。

Ifri

Taourirt

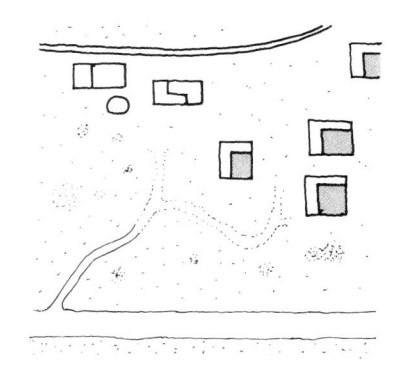

❶

❷

❶ ハイマ外観　　❺ ハイマ平面，断面図
❷❸ ハイマ内部　　❻ ハイマと住居
❹ 日乾レンガ図　　❼ 本来のハイマ

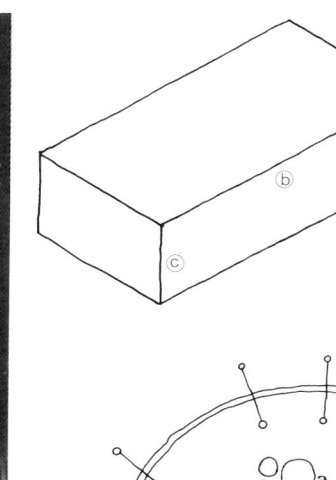

寸　法		
ⓐ × ⓑ × ⓒ		
19.5mm × 37.5mm × 11.0		
19.0mm × 37.0mm × 11.0		
18.5mm × 35.5mm × 11.0		
20.5mm × 37.5mm × 9.5		
20.5mm × 37.5mm × 10.0		

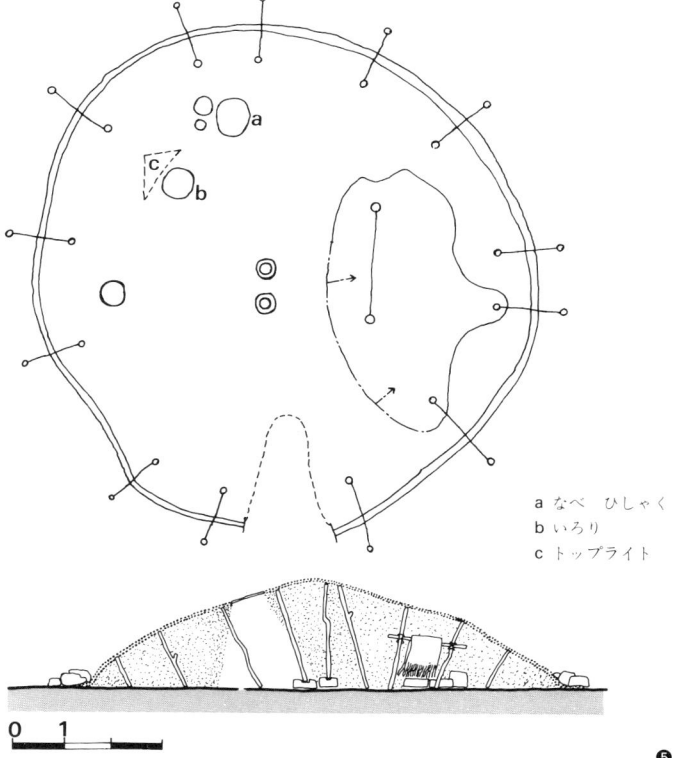

a なべ　ひしゃく
b いろり
c トップライト

Taourirt

ベルベル文化圏の中心地のひとつであるウァルザゼイトの近く，アトラス山脈の山麓附近に位置する集落であり，周辺はサバンナ的な草地および荒地である．集落としては中心的施設，境界を示すものなどが存在せず，道的なものも荒地の中に人が歩いた跡といった感じである．ベルチド，ビル・エル・マチなどの集落が時間を経て落ち着いた集落という感じである．各住居はコートハウス的で，居室群と塀に囲まれた中庭を持っている．日乾レンガ(上図❹参照)を積み上げた上に土を塗った壁，その上に木材を並べて土を載せた陸屋根という形式が住居の基本構成であり，作り方は比較的整っている．ここでこの地方の遊牧民の住いであるハイマ（テント状の家）を見る．本来ハイマは写真に示されてるように山羊皮を継げて作った皮のシートを木柱を支柱にして張ったものであるが，この集落に残されていたものは，草で編んだ〈ムシロ〉を継げて作ったシート状のものを木材を支点として張ったものである．高さは比較的高く，中央では充分人間が立てる高さもあり，穴をあけなだけのトップライト，食事用具，石を並べた炉などからすると一定の生活空間であることがわかる．

その1　地中海地域の領域論的考察 | 105

Sidi Benadda

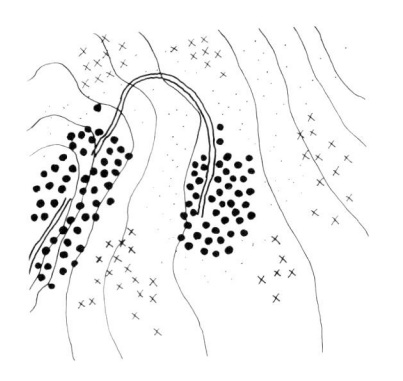

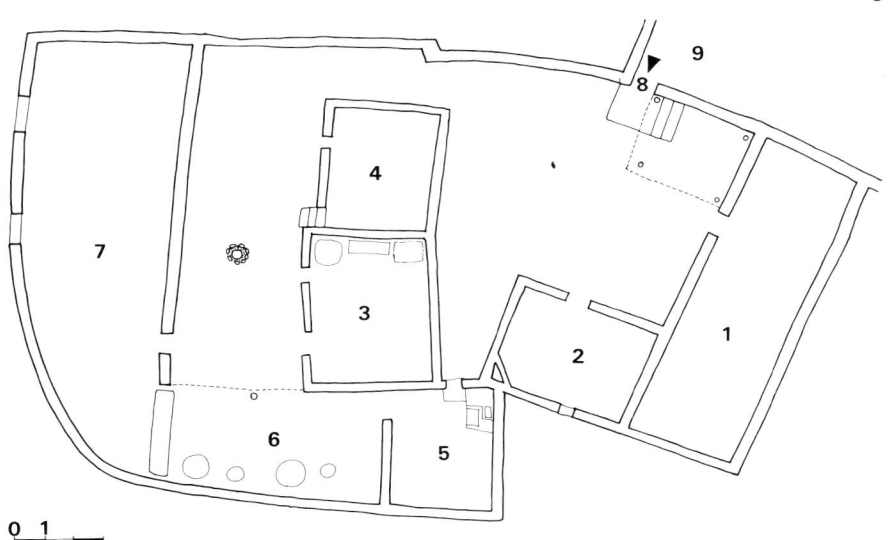

1 兄1（トラクター運転手）夫婦
2 兄1夫婦（台所）
3 父母＋息子＋娘
4 父母＋息子＋娘（台所）
5 兄2（フランスに行っていて不在）
6 物置
7 家畜
8 入口
9 通り

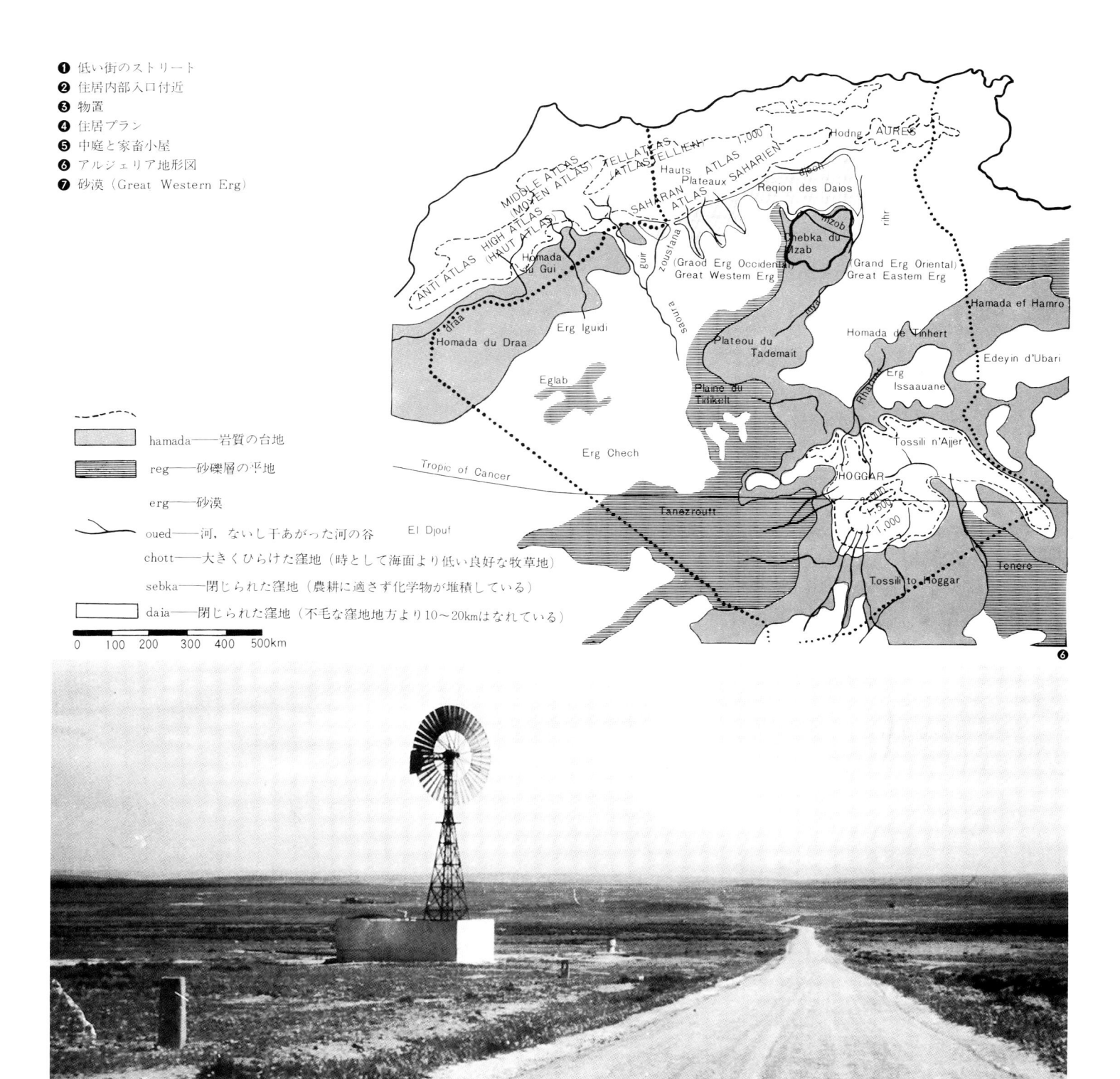

❶ 低い街のストリート
❷ 住居内部入口付近
❸ 物置
❹ 住居プラン
❺ 中庭と家畜小屋
❻ アルジェリア地形図
❼ 砂漠（Great Western Erg）

```
░░░ hamada──岩質の台地
≡≡≡ reg──砂礫層の平地
    erg──砂漠
～～ oued──河，ないし干あがった河の谷
    chott──大きくひらけた窪地（時として海面より低い良好な牧草地）
    sebka──閉じられた窪地（農耕に適さず化学物が堆積している）
    daia──閉じられた窪地（不毛な窪地地方より10〜20kmはなれている）
```

シディ・ベン・アダはアルジェリア北西部の都市近郊地域に属し，全体で約12,000人，3000戸からなる牧畜と農耕を主とした村である．その構成はなだらかな丘上に立つ歴史的に古い集落と，丘下の1952年にできた新しい集落とからなり，田畑や樹林がこの高い村と低い村の各々を囲んで，対比的な領域を形成している．われわれの見たこの低い方の村には，緩やかな斜面を，未舗装ながらもゆったりとした道路が格子状に走り，それに面するように電柱と粗雑な石積みの家屋が連なる．袋小路風の街路の奥に位置するこの住居の複合的家族構成は，プランに特異性を与えている．簡素な家屋の室内には簡単な敷物がしかれ，その隅の方には積み重ねられた毛布類と家具がみえる．村の付近の農地はかなり意欲的に手が加えられ，定職をもつ工場労働者のための住宅建設も進められている．警官が異様に恐れられている一方，人々の眼ざしに静かなたたずまいのみられることなど，近代化への変貌を余儀なくされた若い国家の手の浸透を感じとることができる．

シディ・ベン・アダを後に北部の都市イギル・イザンヌからデリアン・アトラスを越えると，アルジェリアはもう文字どおり，砂漠の国である．あいだにまたがる小さな帯状の台地を突ききり，見渡すかぎりのびていく砂と草の原をかすめ，車は一路内陸深くオアシスを求めて走り続ける．視野を遮るものもなく，ただ時として，遙かかなたに架けられた2重の素晴らしい虹や，蜃気楼，それに無邪気に戯れる駱駝の群れに出交わすぐらいのこの状態を数時間続けると，突然開拓村風のひっそりとした居住地に出ることがある．近年のガスや油田の開発によって，砂漠上にも自動車路と輸送管と送電線が敷かれ，少しずつその風景を変えつつあるのである．この辺りから，視界からは今まで点々とみえた，いくつかの草木も姿を消しはじめ，岩膚の小丘の連なる荒涼とした岩砂漠にかわってくる．そのところどころには羊や馬や牛，それに駱駝の群れが広がり，そのそばに羊飼いがひとりぽつんと寄り沿って立っている光景がみられる．

Sidi Benadda

その1　地中海地域の領域論的考察 | 107

Berriane

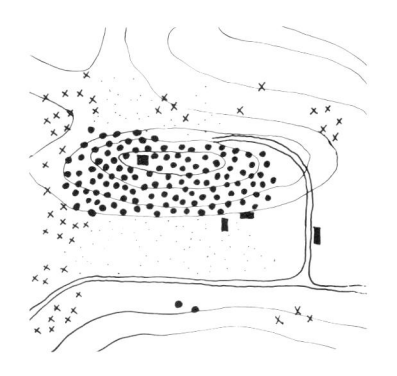

❶ 夕刻のベリアンヌ全景
❷ モスクの塔
❸ 広場
❹ 墓地とオアシス
❺ 市場通り
❻ ベリアンヌ概略図
❼ 市場通りのプラン

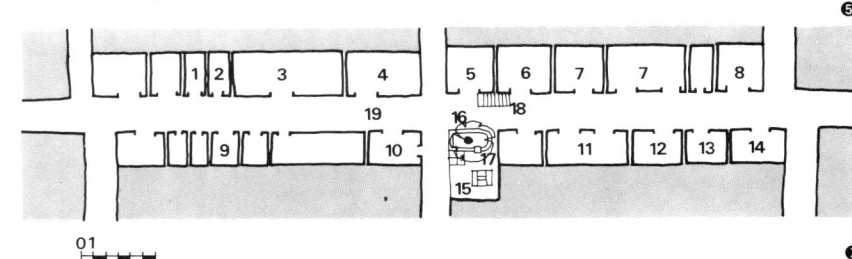

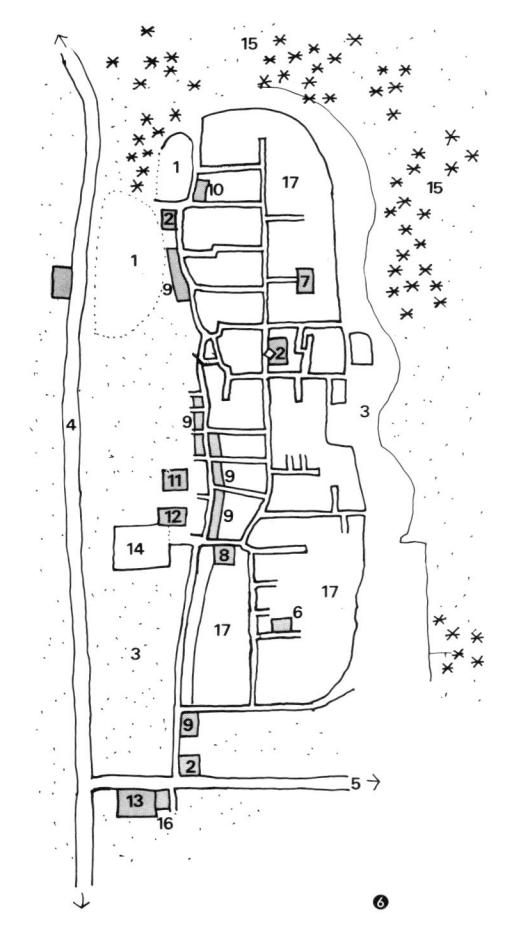

1	墓地	10	小工場
2	モスク	11	公民館
3	広場	12	公共施設
4	幹線路（ガルダイヤへ）	13	憲兵舎
5	幹線路（グエラーラへ）	14	家畜用かこい
6	給水塔	15	なつめ椰子の林
7	私立小学校	16	ガソリンスタンド
8	小学校	17	一般住居
9	商店街		

1	化粧品・靴・雑貨	10	野菜・果物	19	通り
2	乾物	11	靴・布類		
3	金物	12	倉庫		
4	布類	13	冷蔵庫		
5	雑貨	14	パン製造		
6	食料品	15	古い共同井戸		
7	肉	16	植木		
8	パン	17	現在の水道		
9	パン・乾物	18	八百屋の露店		

その1　地中海地域の領域論的考察

⓼ ⓽ ⓾

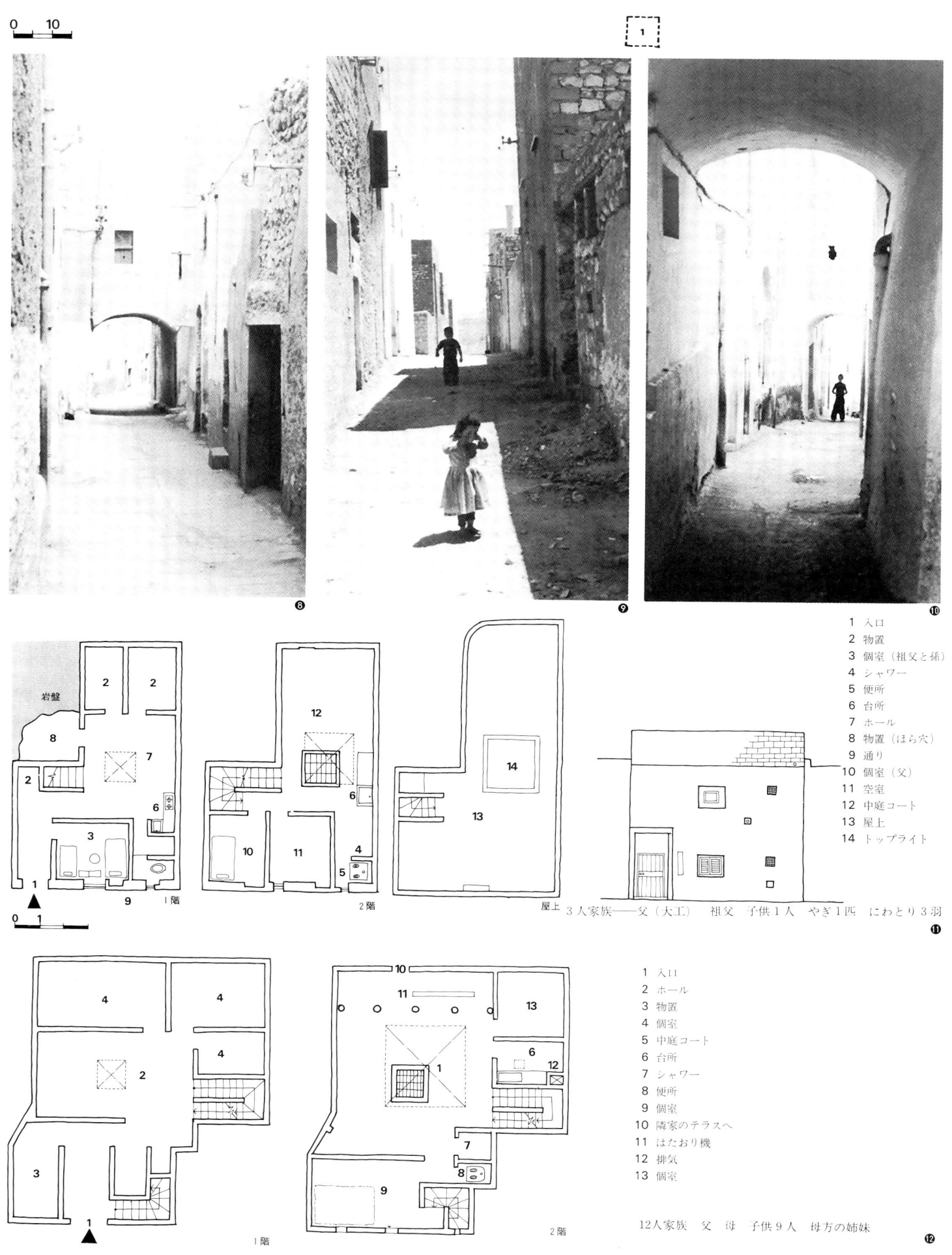

1 入口
2 物置
3 個室（祖父と係）
4 シャワー
5 便所
6 台所
7 ホール
8 物置（ほら穴）
9 通り
10 個室（父）
11 空室
12 中庭コート
13 屋上
14 トップライト

1階　　2階　　屋上　3人家族——父（大工）　祖父　子供1人　やぎ1匹　にわとり3羽 ⓫

1 入口
2 ホール
3 物置
4 個室
5 中庭コート
6 台所
7 シャワー
8 便所
9 個室
10 隣家のテラスへ
11 はたおり機
12 排気
13 個室

1階　　2階　　12人家族　父　母　子供9人　母方の姉妹 ⓬

1 給水塔位置
2 モスクの塔位置
3 調査した住居B位置
4 調査した住居A位置
5 トンネル部分

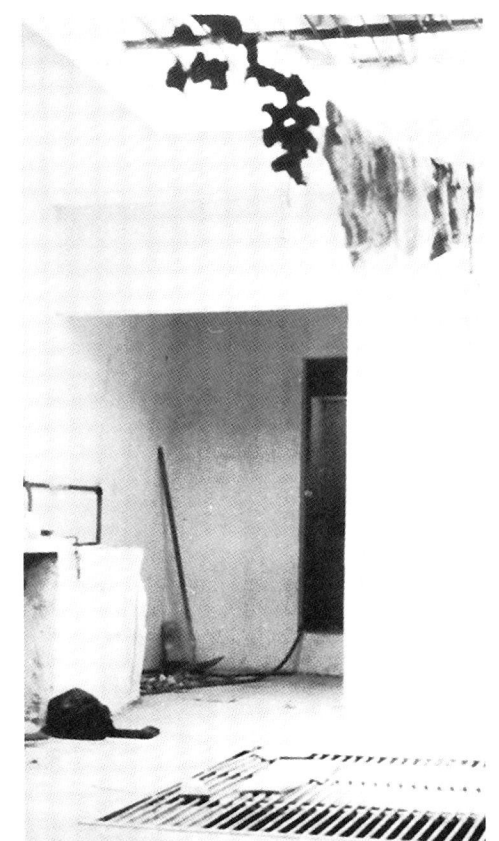

⑧⑨⑩ ストリート
⑪ 住居Aのプラン
⑫ 住居Bのプラン
⑬ ストリートのプラン
⑭ 2階テラス
⑮ 屋上テラス
⑯ 天窓より塔を望む
⑰ 2階のテラス
⑱ はたおり機
⑲ 台所

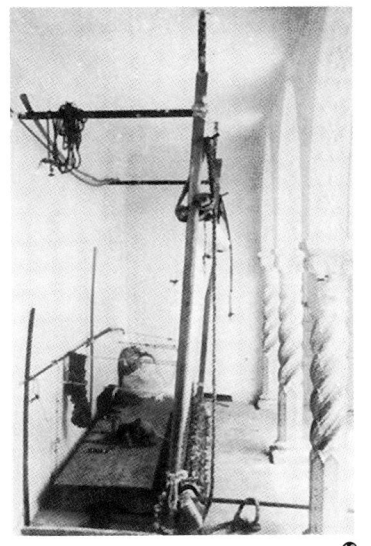

見渡すかぎりの砂漠の続く旅の一日にも、漸く黄昏せまらんとする頃、忽然と姿を現したのがオアシスの町、ベリアンヌであった。椰子の林をふもとにいただいたこの緩やかな丘の稜線上に、わずかに小さく突き出して見えるものは、モスクの尖塔と給水塔である。丘の上いちめんには、箱型の住居群がびっしりと建て込み、この住居群のひろがりの中に、壁面と壁面の間隙のつくりなす街路が、深く刻まれた亀裂の連なりのようにしてみえる。町に入るとわかるように、どことなくこの町には新しさ（後述するように、ムザップの7都市の中では最も新しく17世紀のものである）が感じられ、また周囲には建設中の諸施設も見うけられる。町のプランは、幹線道路側の平地に、墓地、家畜用の囲い、市役所、広場などが配され、それに面して丘陵の最も低い並びに商店街が連ねられ、丘の上の細長い露地には、メインのモスク（1941年建立）と大きな給水塔のみられる構成となっている。モスクは下の方にも小さなのが2つあり、学校が住居群の中に配され、一方、下の商店の通りでは、あらゆる日用品のための店舗が軒を接しあい、その中央付近には共同の井戸場を持っている。概して町の南側は新しい街区であるという。車も進入できず、閉鎖的な住居の壁で囲まれ、露地と呼ぶに適わしい細長い街路は子供たちの世界である。各戸のドアとドアが接しあい、それ故か個々の開口部に微妙な建築的処理の施されたこの空間は、ほとんど平坦なところを持たず、奇妙にくねったり、上下したり、トンネルをくぐったりしながら、四方八方に連なっていく。意外に小綺麗なこれらの街路は、十字状に交叉することなく、互いに少しづつずれあった出会い方をしている。

Berriane

M'zab

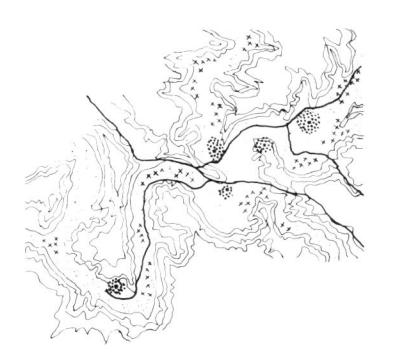

6

7

⑧

⑨

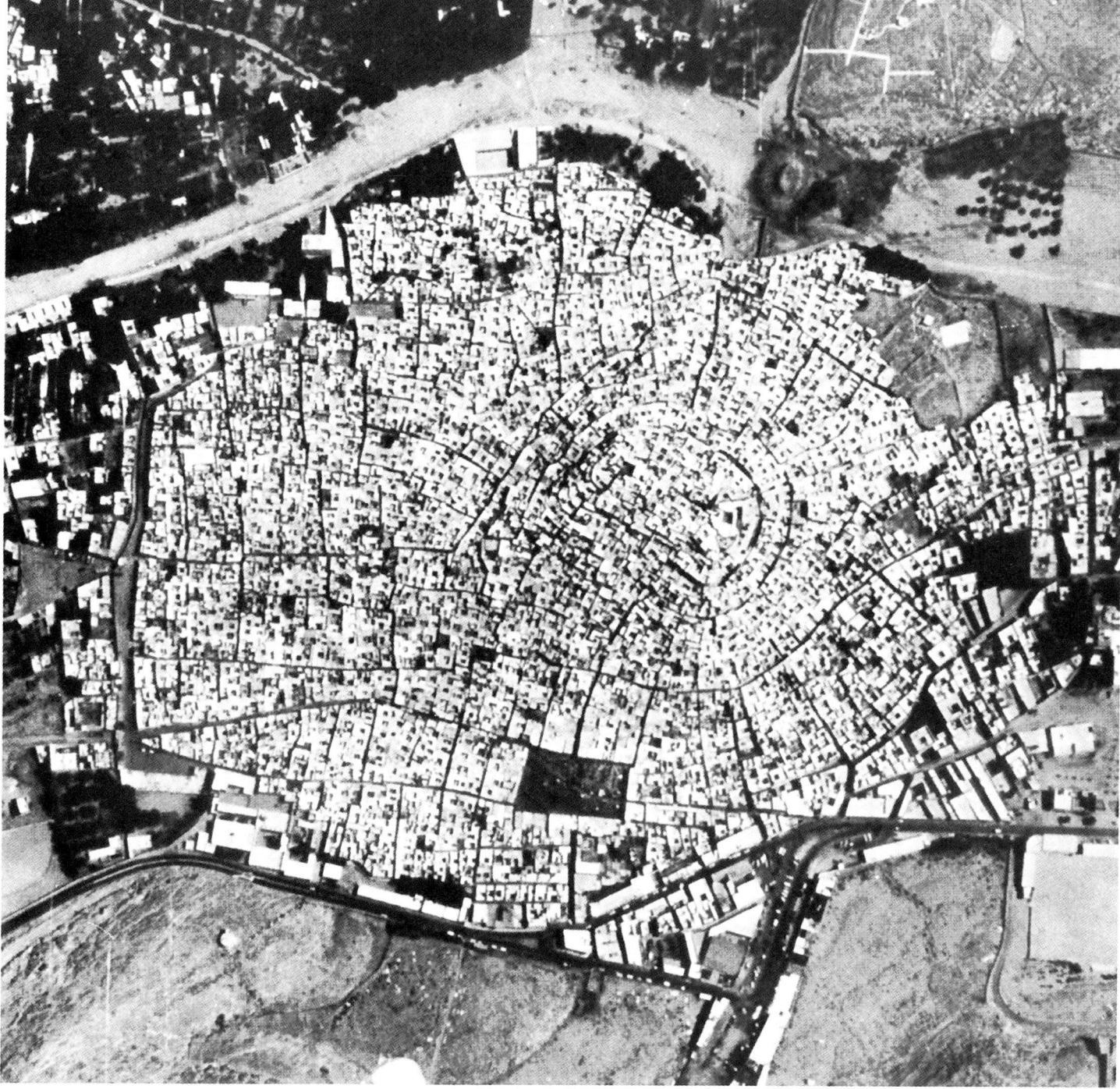

その１　地中海地域の領域論的考察 | 121

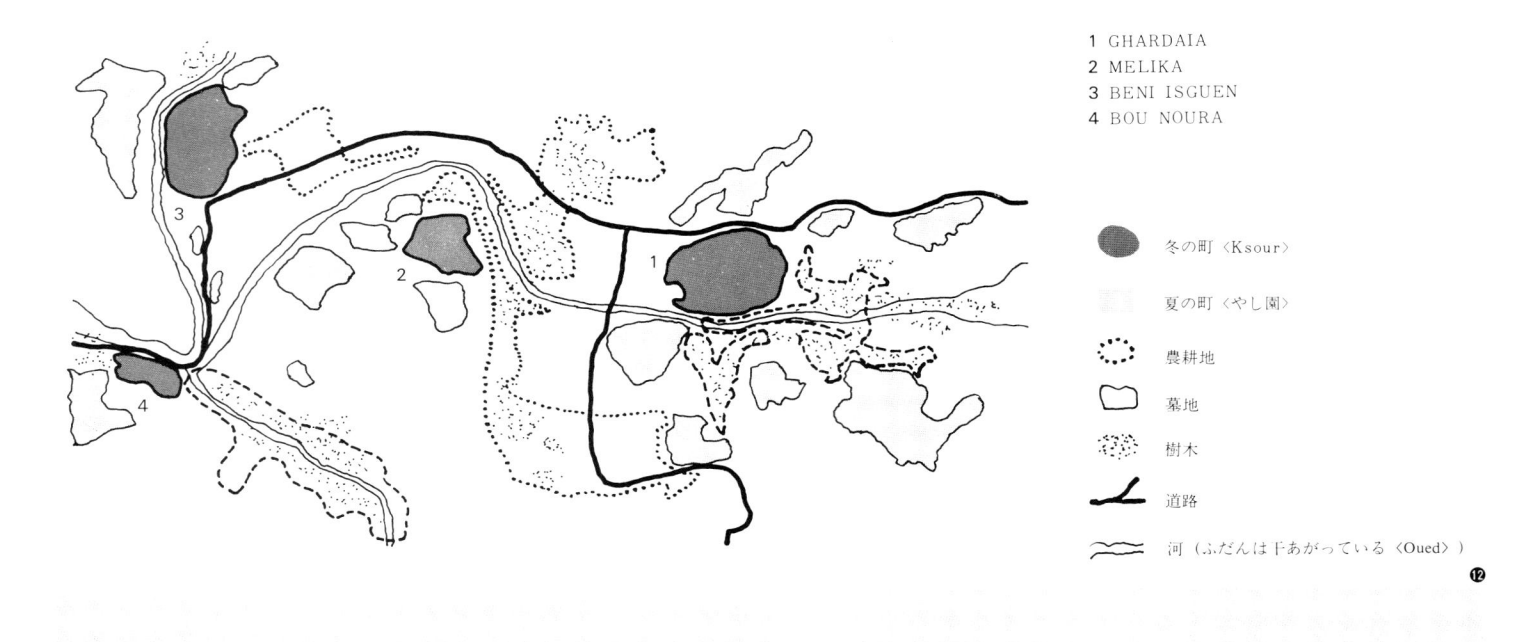

1 GHARDAIA
2 MELIKA
3 BENI ISGUEN
4 BOU NOURA

● 冬の町〈Ksour〉
　夏の町〈やし園〉
⋯ 農耕地
　墓地
　樹木
— 道路
≈ 河（ふだんは干あがっている〈Oued〉）

⓬

⓭

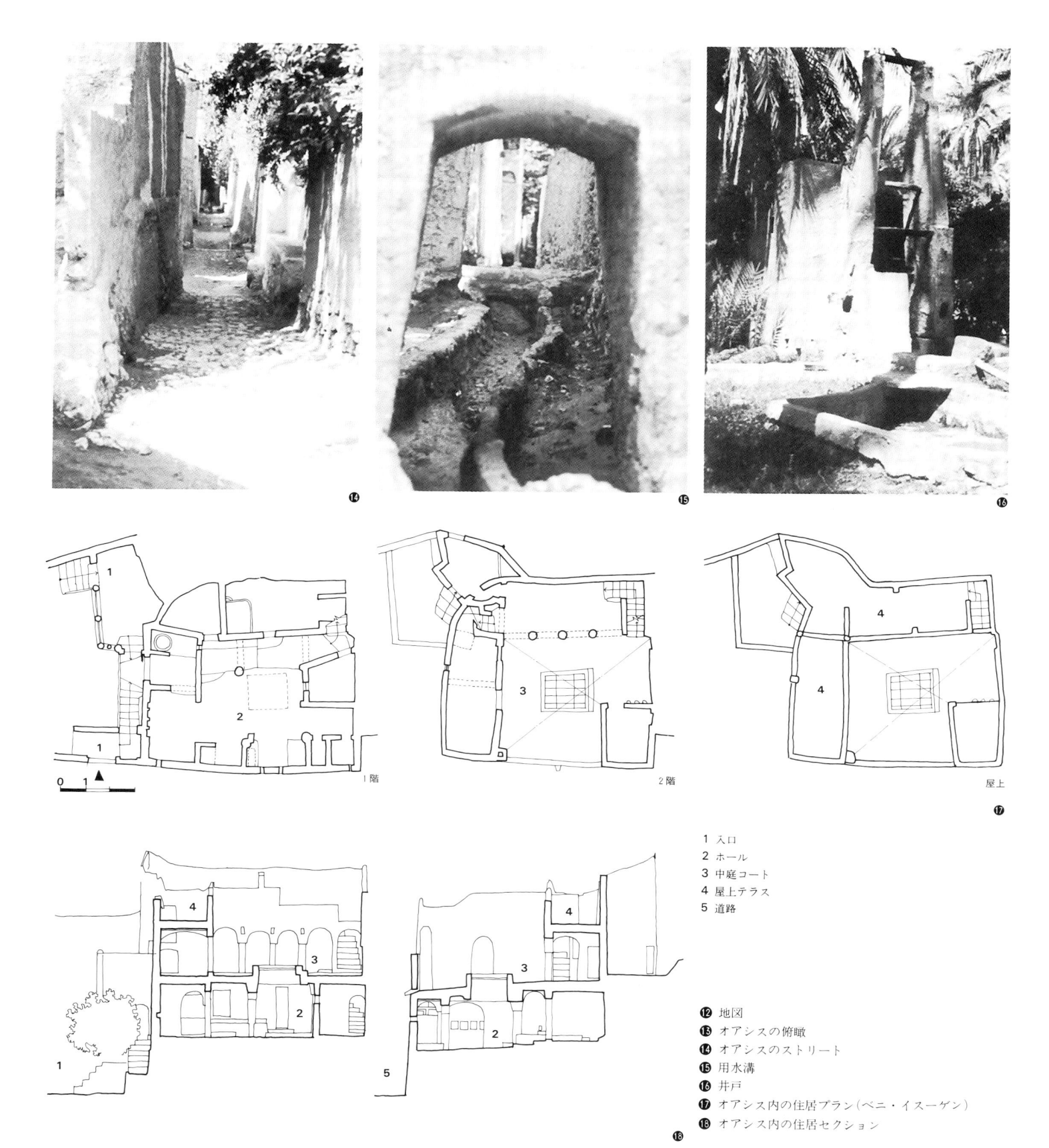

⑭

⑮

⑯

⑰

1 入口
2 ホール
3 中庭コート
4 屋上テラス
5 道路

⑫ 地図
⑬ オアシスの俯瞰
⑭ オアシスのストリート
⑮ 用水溝
⑯ 井戸
⑰ オアシス内の住居プラン（ベニ・イスーゲン）
⑱ オアシス内の住居セクション

⑱

砂漠にオアシスを欠かすことはできない。ムザップの谷一帯にひろがるこのオアシスは、丘上の各都市（クスールとよばれる）よりの、夏季の避暑の町として機能化された。かつては、この夏の間、丘上の都市は静かでひからびたようになり、ここで農耕栽培の新しい生活が始められたのである。けれども今日、夏になってもクスールを出る人は少数であり、むしろ富裕な商人たちの別荘地と化しているらしい。ザクロ、イチジク、オレンジ、アプリコット、リンゴ、レモン等々の驚くほどの果実をここで見ることができるが、これは元来、今世紀初頭まで、かれらモザバイトの生活は、谷の農耕利用に専心されていたことに拠っており、今日その成果が、豊かな果樹や小麦畑となって顕現しているのだという。交互に2頭のロバによって、水を路面上の小さなため池にはき出す、独特のつるべ風の井戸が方々にみられ、このため道路は、水を溜めて涼気を作り出すための灌漑用水溝で、異様にでこぼこしている。このように、灌漑のための多大な科学技術と、深い葉陰によって、ムザップの各都市のオアシスでは、酷暑に備えた快適な環境づくりが目指されている。

M'zab

その1　地中海地域の領域論的考察 | 123

Ghardaia

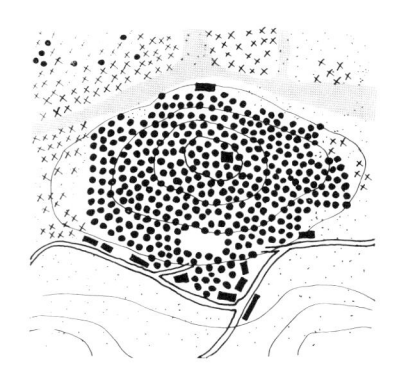

124

その1　地中海地域の領域論的考察 | 125

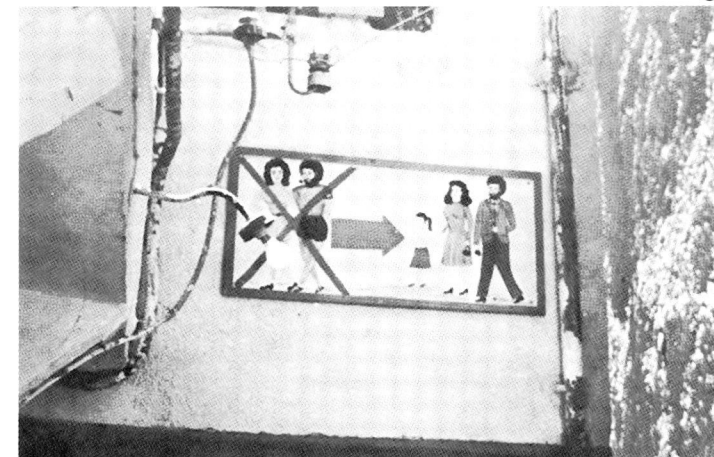

❶ 橋からの遠景
❷ 住居俯瞰
❸ 市場とモスクの塔
❹ 市場
❺ 下の通りから塔を望む
❻ 戸口上のファーティマの手
❼ ストリートサイン
❽ 洞穴風通りのプラン，セクション
❾ 上の出入口
❿ トップライト見上げる
⓫ トップライト部分
⓬ 上の出入口
⓭ モスクと塔
⓮⓯ ストリート
⓰ モスク内部
⓱ モスク付近のストリートプラン
⓲ 塔と雨桶
⓳ モスク内部
⓴ モスクのバットレス
㉑ 住居テラスの俯瞰
㉒ 住居内部
㉓ 2階テラス
㉔ 住居プラン

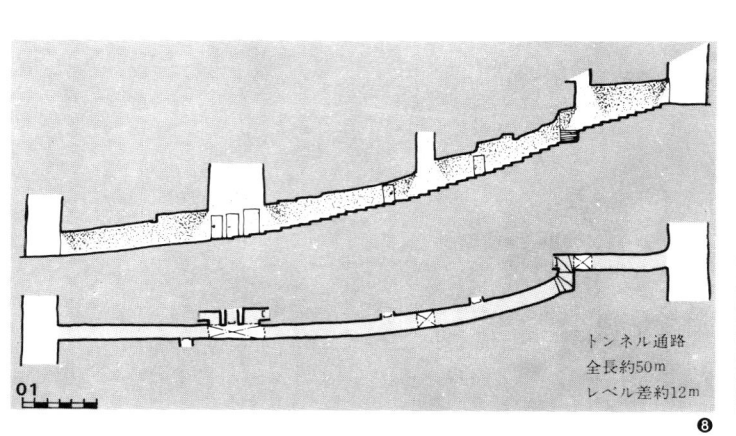

トンネル通路
全長約50m
レベル差約12m

1 モスクの塔
2 モスク
3 モスクへ続く薄暗い通路

その1 地中海地域の領域論的考察

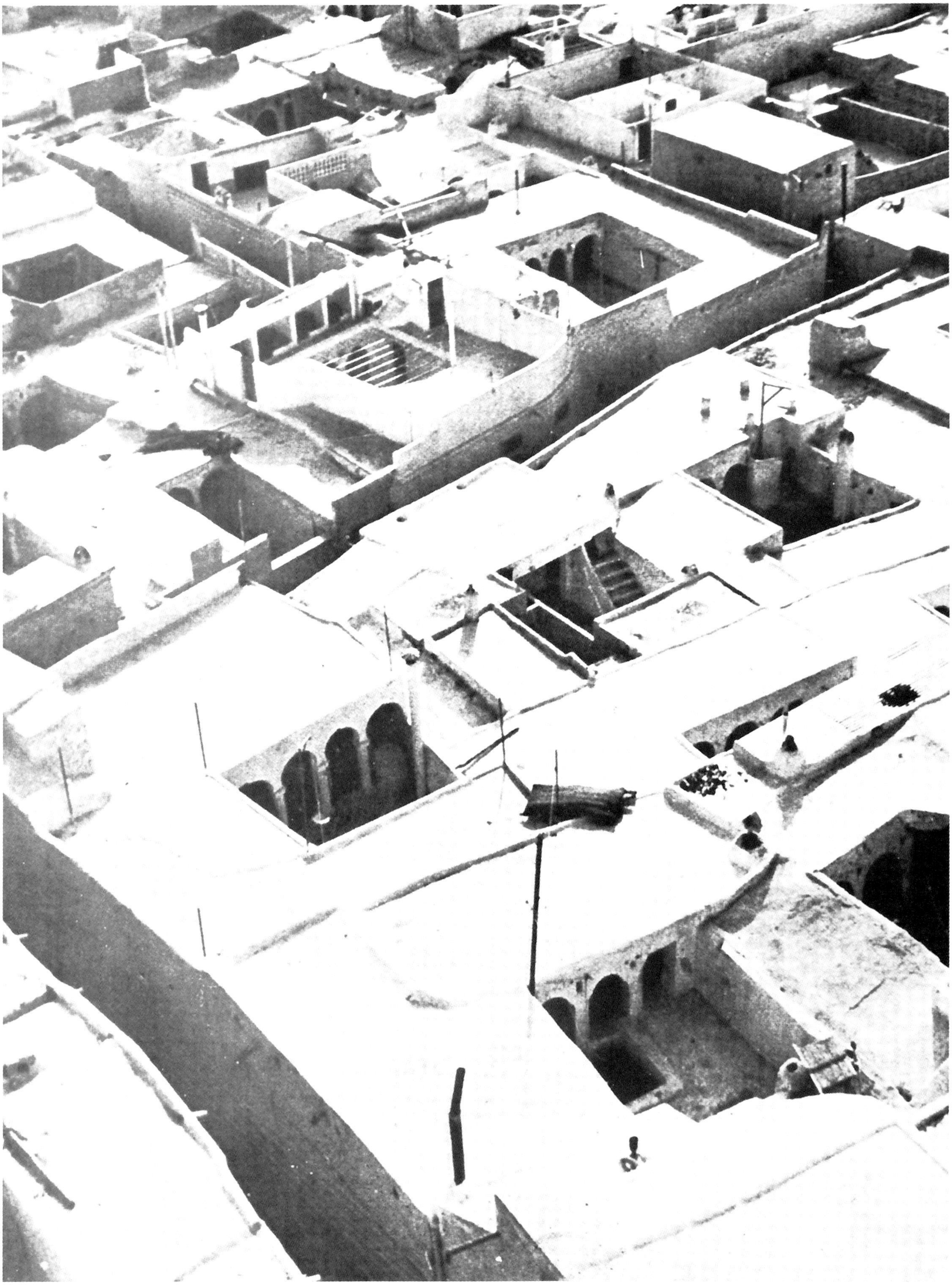

21

1 入口	a 水道
2 ホール	b 盆に盛られた塩
3 台所	c ライトウェル
4 便所	d 鏡台
5 個室（父母と妹）	e 毛布
6 物置	f 山羊
7 空室	
8 個室（弟）	家族構成――
9 屋上テラス	父（はたおり）
10 個室（青年本人）	母
11 シャワー	子供（17,8才の青年，妹，弟）
12 ペントハウス	時々訪ずれる伯母
13 隣りのテラスへ続く階段	

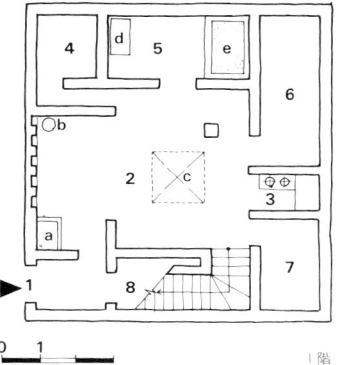

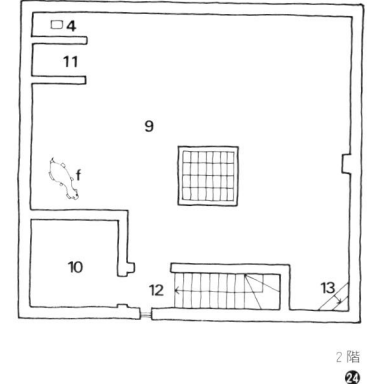

人口20,000人余りを収容するこの町は、ムザッブの首部としてさすがにかなりの規模を有している。かつて遙か南方サハラからの隊商の中継点でもあったこの地の、今でも活況を呈する市場では、それ故サハラから集められたあらゆる品物を見ることができる。彼らモザバイト商人はアルジェリア国内でも独特の位相を占めているという。この谷のどの都市の内部に入っても驚くことのひとつは、遠景からはあれほど聳え立つようにみえたモスクの塔は、実際にはそう高くも大きくもないことである。ここには、塔を傾斜面の頂点に位置させる一方で、他の一般住居の高さを制限（実際に7.5mの規制があるという）し、形態に同一性を与えることにより、小さな塔を、遠くからはそれ以上のものに見せる、という空間技法が隠されている。もうひとつはモスクの入口は、幅2～3mの露地に直接面するだけで、その前にいわゆる広場はおろか、小さな空地すら見い出せないことである。モスクは密集した住居群の中に完全に埋もれ、逆にその尖塔だけは、入り組んだ街路からも住居のテラスからもいつも見えているといった統御がなされている。日に幾度かの定められたメッカ方向への礼拝時になると、塔に取りつけられたスピーカーからは、音頭とりの祈り文句が流れ、集団の統一と規律をよびかけんがごとき調べをかもし出す。威圧的で壮大になりがちな、他の地域の教会の塔と異なり、スダネーズ・スタイルというこの風変りな塔は、どことなくモダンな親近性を感じさせる。ムザップの諸都市では、住居地域のなかに広場を見い出すことは全くの例外に属する。下の市場を除いて、5年前まではひとつの広場も見い出せなかったという。諸都市の原型は最初の40年の間にできあがったと伝えられている。防禦と、陽あたりと、水利の3点からこの谷の地を選んだかれらは、当初より明確な計画性をもって建設に臨んだ。町の拡大と成長に対する見解は、11世紀半ばの人口増加を予期し、ひとつの町が最適規模に達した時には、別の丘に次の町を作るという空間指示として表わされた。また、すべての家からモスクの塔の見えること、すべての道はモスクに通ずること、すべての建物にヒエラルキーのないこと、建物の大きさは家族規模によって決められること……等々、ひとつの原則が他の原則を指定するといった形で想定される。これらのいわばデザインポリシイが無数に張りめぐらされていたことが想像される。プライマリーな箱型住居群は、すべて同じ材料と構法から成り、そこに位階性を見ることは難しい。住居規模は家族数に従い、公共建物も同じ標準型に拠っている。基本的に面で構成される建築群であるため、そこに落ち込む強い陽ざしの明暗がくっきりと浮かび出される。面の色は、もとは砂の原色であったのを、50年ほど前から彩色しはじめたのだという。直交する面では配色を変えながら、特にその明るい青色は、すきとおるような碧空に映えている。容赦なく閉ざされた壁面と、狭い通りは、彼らの生活の厳格性と神秘性をうつしとっている。宗派のイバダイトたちがこの谷にやって来て以来、ほとんど変ることのない生活パターンが保存され、創設の精神は空間のディテールに至るまで、高度に規範化されているという。上空からより明瞭な住居群の組織化のされ方を読みとることができよう。住居は基本的に、上部の彩光用の開口をもつ中庭コートを中心に、各室がそれを囲むという方形プランをなす。幸福の象徴としての〈手〉形の標識のある入口をくぐると、その1階（または地階）は陽あたりも少なく、小さな個室で分けられたプライベートなホールであり、逆に2階は強い陽ざしを避けるための軒が中庭を囲む、明るいファミリースペースであり、また屋上は完全なテラスとなっている。土間に直接ジュータンを敷いて寝る形式が多く、トルコ式の便器もみられる。時としてアーチ風の柱の見られる2階の中庭では、仕事用の機織り機が置かれていることもある。その厳格な宗教性によって、婦人は決して外来者に顔を見せず、そのため中庭の隅には、隣家に避難する出入口が設けられていたりするのである。総じて壁や開口部の形と大きさは、オリエンテーションとプライバシイと場所の不規則性によってその場で適宜決まるらしく、このため町内のあちらこちらで、興味深い空間に出遇うことができる。ここに提示したほら穴風の通路もそのひとつであり、頂上のモスクの入口もこのような暗い通路のなかに続いていた。全身に白衣をまとい、頑に外者を拒む婦人たちは、谷からはおろか、家から出ることさえ自由でなく、出遇うわれわれに異様性を感じさせる。古い街の入口には、〈ミニ嬢お断り〉の一見ユーモラスな絵の看板がみられた。街は近年、大きくスプロール化し、下の近代的町並みには、多くの公共建物が建設されている。この町には谷全体を計画、担当する6～7人の所員の設計事務所があった。案内や、貴重な図面や写真を得ることができたのは、彼らの深い厚意によっている。

Ghardaia

その1 地中海地域の領域論的考察

El ateuf

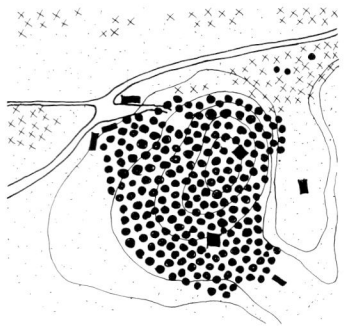

❶ 墓地よりエルアトフ望む
❷ 住居の重なり
❸ 下の街を望む
❹ モスクの塔
❺ 古い教会跡

ムザッブで最初の11世紀に建てられた町であり，多くの所でその遺制を発見することができる．一般にこの谷の諸都市には，町の拡大と成長に対する明確な形態が表わされている．モスクを中心に同心円的に配置された住居群はその外周で，要塞化された巨大な外壁によってはっきりと閉じられ，いくつかの外門がそこにつけ加えられる．こうしてできた最初の街区が過密化してくると，住居は外壁の外へ飛び出してゆくが，ある程度のところでまたもや堅固な第2の外壁と門が築かれる．ここに示された，町のスプロール化に対する処置法の特色は，どこまでもその同心円的展開を崩さない点にみられよう．周囲にはそれに伴って市場や墓地が設けられていく．入口の小さな市場を抜け，変化に富んだ狭い路を昇ってゆくと，旧街区への古くて小さな門跡を発見する．上空から，町のいくつかのこの成長壁を認めることができるが，現在の最外縁部をなす住居群も，下から見上げるほどの巨大なマスの壁面で構成されている．この事情は他の町でも同じてあり，外部から近づくものにある種の迫力を伝えている．古い町だけに空間演出の独自性を感じさせる点がある．巧みにスケールを駆使しながら，空間を逞しく面だけで構成し，ある所では暗く狭い通路を，ある所では視界いっぱいに開かれた壁面群の眺望を，ある所では両壁にはさまれたスリット状の通路のすき間から遙か下の家並みの景観をと，その空間展開は起伏に富んでいる．明るいブルーとクリーム色の壁面が空に映え，小さな開口部がそれに表情をそえる．この町は実際は2つの区域よりなり，3つのモスクは宗派によって分かれているという．どの町もそのすぐ外には，必ず広大な墓地を用意している．各一族ごとに分離され，埋葬される墓場は有名な聖人の周りに集められる．身分制もなく，個人の墓碑銘は特に記されることもない．墓地には，独特の形態のま白い墓石だけが点々と見えるだけである．この町のそれは，丘の上方の外門を出たところにあり，その傍には一面に白く塗られた広場が用意されて，ひとびとはここで年に数度かの死者の葬いとチャリティを行うのだという．興味深いその空間のつくり方とは対照的に，現実にはかれらの生活はかなり質素な様式によって支えられている．

El ateuf

その1 地中海地域の領域論的考察

Oued-Rhir

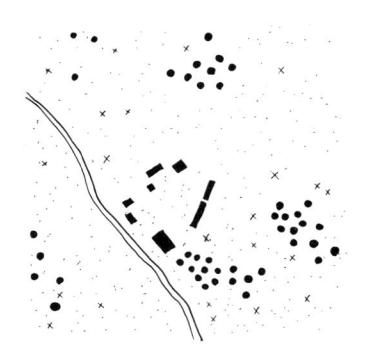

❶ オウム・エセベッド全景　❺ 住居内部A
❷ 住居Aスケッチ　　　　❻ 建物のエレメント
❸ 住居B　　　　　　　　❼ 住居Aのプラン
❹ 中庭　　　　　　　　　❽ 住居Bのプラン

1　入口
2　中庭
3　台所
4　父
5　羊小屋
6　崩れ落ちた部屋
7　シャワー
8　便所
a　えんとつ

5人家族　父　母　子供3人

1　入口
2　中庭
3　羊小屋
4　個室（妻と子供）
5　個室（夫）
6　台所
7　便所
8　トップライト

3人家族　父　母
15,6才の息子（雑役）
5匹の羊

その1　地中海地域の領域論的考察

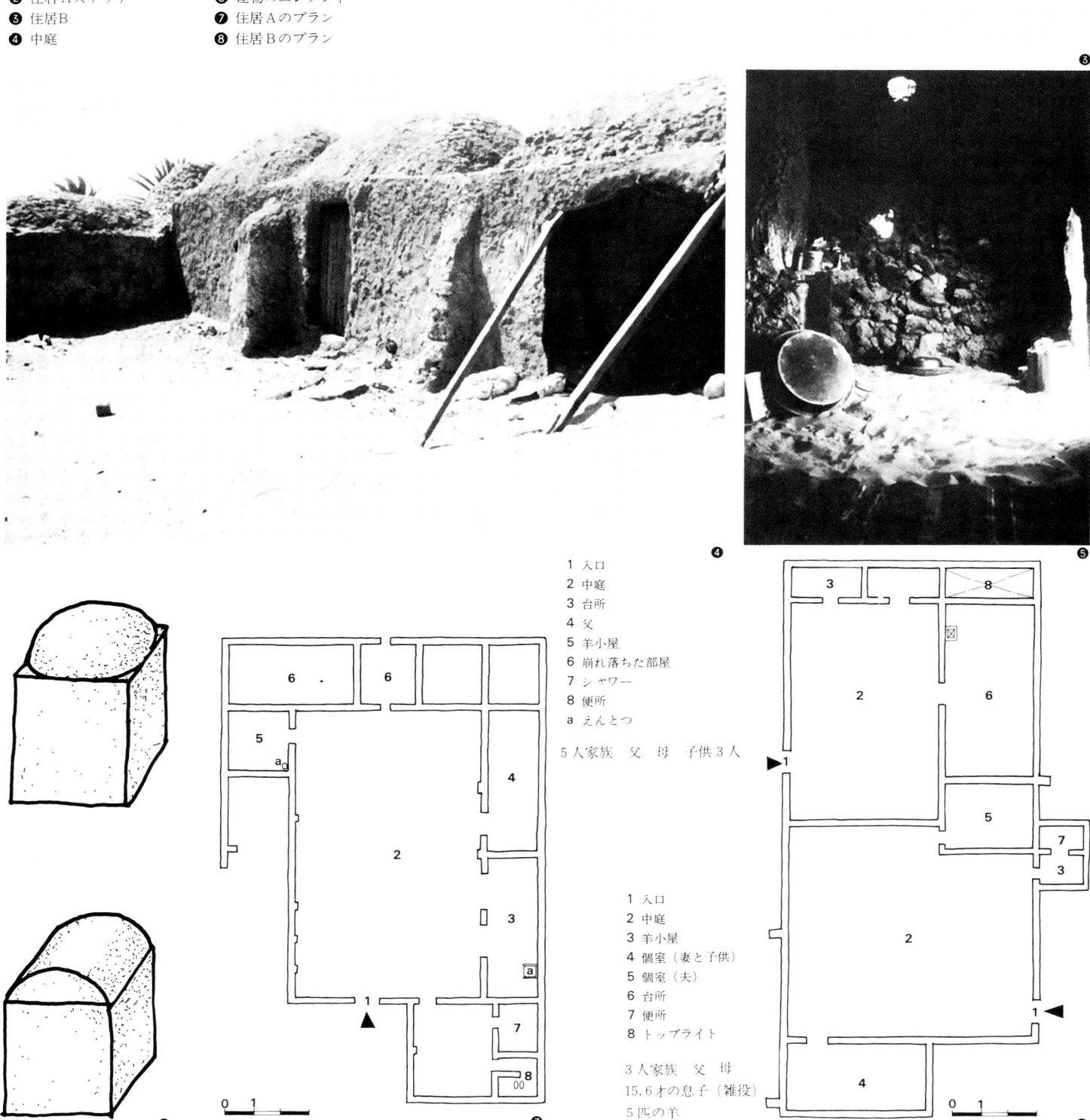

134

1 道路
2 モスク
3 共同井戸
4 小学校（男子／220人　女子／20人）
5 トイレ
6 商店街

❾ ベナスール全景
❿ モスク
⓫ 商店
⓬ 住居と井戸
⓭ 共同井戸
⓮ ベナスールの施設配置
⓯ 石切場
⓰ エルオウエド俯瞰

アルジェリア北東部，チュニジア寄りの国境に近い都市ツーグールを中心とした一帯をオウエド・リールという．ムザップの谷を含むシェブカの台地が切れて，東方の砂漠地帯に変るあたりである．ツーグールよりさらに東に向かうその周りは草木のない完全な砂原と化し，灼熱の太陽が容赦なく照りつけてくる．ナツメ椰子が植えられた地域一帯には点々と住居が散在し，人びとにとってこの住居やナツメ椰子が砂に埋もれるのを防ぐことが重要な仕事となっている．この地域にくると，ムザップのものとは形式を異にした構造体が普遍化している．石積みの方壁の上に，おわん状のドームをかけたものと，かまぼこ状のドームをかけたものがみられ，この2種のエレメントが巧みに組み合せられて，中庭式の標準化されたプランが展開される．あるものは簡単なコートをもつだけであったり，あるものはコートを完全に居室が囲んでいたり，その規模はさまざまであるが，住居のスケールとしては大きくはない．夏の昼気温40℃，夜気温30℃という暑さのため，最も暑い時を除いて，人々は中庭のコートで寝るのだという．農民，商人，石工，羊飼いなどがその主な職業である．オウム・エスベッドは50戸，300人余りから成り，学校とモスクを各ひとつづつ持つが，その園域ははるかかなたにまで及ぶ．この家の所有する5頭の羊は，毎日，町でただひとりの専門の羊飼いに金を払って，遠く草原地帯まで連れていってもらうのだという．水は近くの井戸から運び，パンとクスクス（アワやヒエの一種）を主食とする．ナツメ椰子の樹のもとに直径3mあまりを囲んで細々と野菜をつくっているのが，この家の農園である．砂漠地のナツメ椰子の1本1本が，明確に私有化されているという事実はすくなからず驚きであった．ベナスールは，さらにその先にあり，砂漠住居としては整ったコミュニティ施設を有する村である．数十戸の住居が，半径3kmに散らばり，新しく小さなモスクと長屋式の商店街と，男子220人，女子20人の児童をもつ学校がここに集められている．砂漠の中にも教育だけは盛んとみえる．共同井戸の他に，各戸の井戸が用意される．暑い陽ざしを避けて建物の蔭でのんびりと座っている老人たちに出会う．砂と日射で眼を痛めている人もみえるが，この気候ではひとびとは何をなすにも悠長にならざるをえない感がある．ツーグールよりさらに東のエル・オウエドを中心とした，駱駝の群れもみえる国境砂漠地帯をスウフという．この市は〈1000のドームの町〉と呼ばれるほど，建物にドームが咲きほこっている．構造は基本的に前の地帯と異ならないが，かまぼこ屋根の一端には換気口が設けられ，開口部の白と水色の縁どりが鮮かである．建築様式は遠くメソポタミア芸術と，エジプトのコプト芸術の影響を受けているという．

Oued-Rhir

その1　地中海地域の領域論的考察

Gafsa

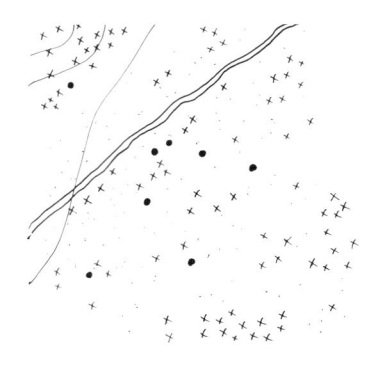

①

1 台所
2 居室
3 羊囲い
4 羊小屋
5 にわとり囲い
6 前庭（馬・ロバ各一頭）
7 畑地

❶ ガフサ付近の風景　❺ 住居プランC
❷ 住居　　　　　　　❻ 住居とアッシャー
❸ 住居プランA　　　　❼ アッシャー
❹ 住居プランB　　　　❽ 日乾レンガの家（住居プランC）

1 住居
2 アッシャー（ハイマの小さいもの）
3 家畜囲い
4 前庭
5 所有する畑（約35m×150m）
6 隣家

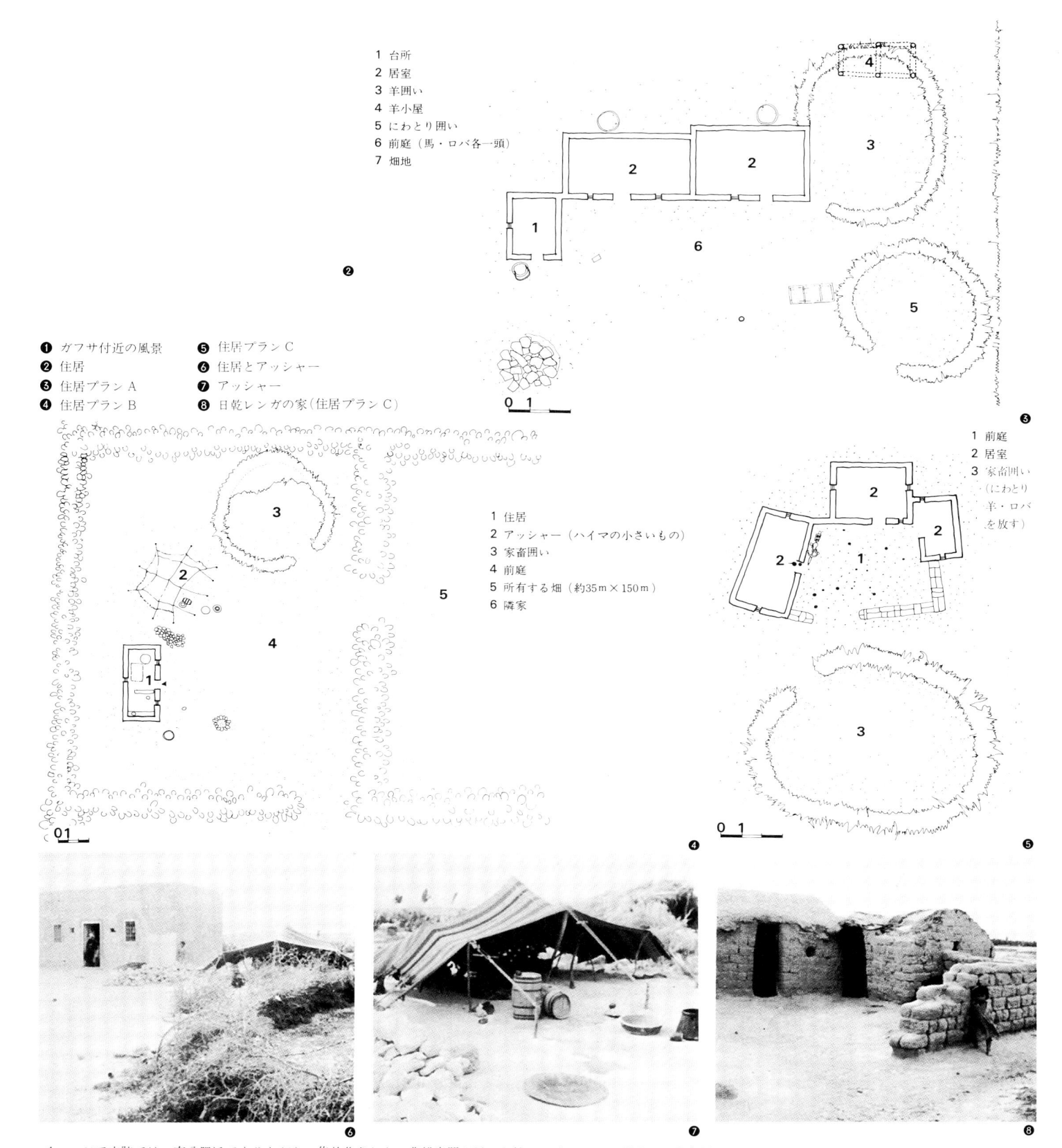

1 前庭
2 居室
3 家畜囲い（にわとり・羊・ロバを放す）

チュニジア内陸では，充分肥沃でありながら，集約化されない農耕空間が延々と続いてみえる．逆に海岸の都市部は，近年リゾート・センターとして開発されているのだという．ところどころ農耕の畑が広がる中で，いわゆる集落らしき家並みを見い出すことは稀で，どこかまとまりのない空間が展開されている．たいした対外的交通も持たず，貧寒とした平野に，ぽつんと置かれたような土造の粗末な家を，ジプシー風の服装をした人々と共に見かけることがある．最初のものは全く他から孤立して建てられ，領域も明確には囲われてないが，彼らの間では作業と所有の領域は明確であるという．次のものは，珍しくアッシャーを構成要素として持ち，サボテンの囲いによってその領域と配置の形態を指示している．単純な一室家屋内にはゴザや毛布が敷かれ，駱駝や羊と，前面の畑がその生活手段である．周囲には同じような住居と畑が，遠く点々と広がっている．カイルーアン近くのものは，60家族が集合し，ある程度の連続した住居形式をもっている．道路に面した家屋の裏側に，囲われた前庭をもち，背後には農耕地を控えている．室内で暖をとる一方，夜はこの庭で寝るのだという．日乾しレンガを用い，枯木を葺いた上に泥を塗った陸屋根をもつ内陸農家の典型である．近くには共同井戸を備え，モーターによる本格的汲み上げを行っている．ガフサ地域の農家では，ふつうシバによる家畜囲いが見られる．カソリック系など，非イスラム教徒が多く，最後のものは，ユダヤ系種族だとの話である．

Gafsa

その1　地中海地域の領域論的考察

S. Gimignano

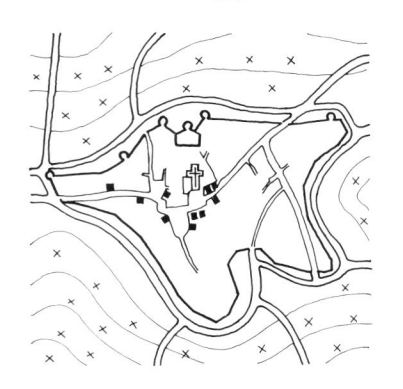

❶ 塔の全景
❷ 塔のある集落の全景
❸ 集落へのアプローチ
❹ 路地とブリッジ
❺ ブリッジより塔を見る
❻ 広場と塔
❼ 広場と教会前の階段
❽ 広場と塔
❾ サン・ジミニヤーノの地図

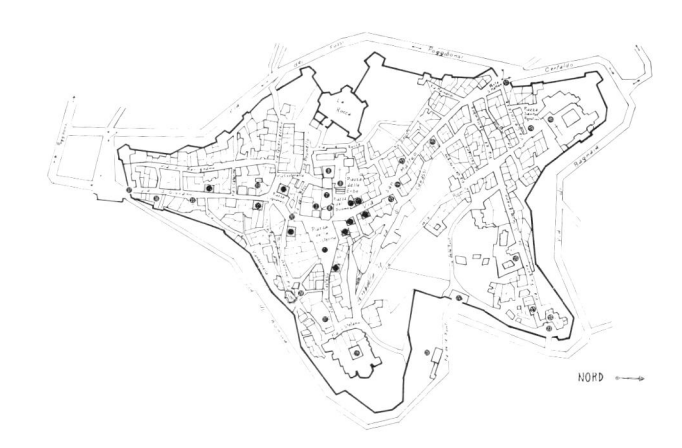

中部イタリアの北部、ちょうどフローレンスとシエナの中間あたりに塔の町、サン・ジミニヤーノがある。エルザ河の谷を見おろす小高い丘の上に位置するこの町は、古代ローマ人により建設された要塞を起源とし、中世には独立したコミューンを形づくっていたが、14世紀半ばに、経済的な理由によりフローレンスに帰属している。現在、人口10,000人余りの町であるが、町を取り囲む城壁、城門、13～14世紀の宮殿、12～13世紀の教会、そして現存する10数基の塔により、中世イタリアの自治都市の面影を今日に残している。町のシルエットとして林立する塔は、本来、貴族の私闘用に供せられた軍事目的とするもので、矩型断面で縦長のスリット窓をもつ。しかし、後には、所有する貴族の権威・富のシンボルとなり、貴族は競って塔を建て始め、12～14世紀には70基を越える塔が丘の上にそびえたという。シンボルとして塔を建てることは、より高くという競争を生じ、後には、ポデスタ宮殿の塔よりも高く塔をつくることを法律で禁止しているほどである。町を取り囲む城壁は8世紀頃より建設され始めたと伝えられ、東・南・北に城門をもつ。城門よりのゆるやかな坂道は、屋並み越しに塔が見え隠れしながら中央広場に合流する。宮殿・ドーモ・市庁舎に面する、システルナ、ドーモ、エルベの3広場は、不整形なものが、くびれにより流動的に連らなったもので、町の中核となっている。広場の周囲には取り囲むように双子塔を始めとする塔がならび、システルナ広場には、その名の通り中央に井戸がある。

S. Gimignano

その1　地中海地域の領域論的考察 | 139

Sperlonga

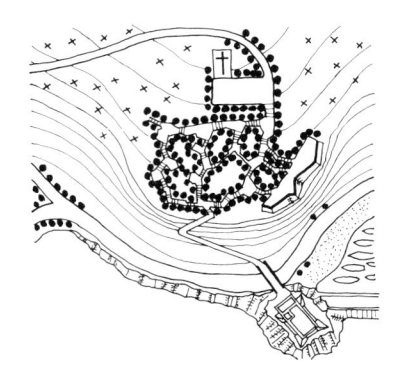

スペルロンガは、ローマとナポリを結ぶ海岸線の中程、ガエタから北西に15kmばかりのところにある、ティレニア海に面する小さな町である。スペルロンガ岬の先端に位置し、岩山を自然の砦としたこの町の最先端の突出した岩の上には14×16m位の喘塔が残っている。ローマからナポリにかけての海岸線にはこのような喘塔が多いが、これは沿岸を荒らす海賊やトルコ人の侵略に対して設けられたものである。16世紀前半に建設され、19世紀初めに放棄されたトゥルグリアと呼ばれたこの塔は今はブリッジでスペルロンガの町と結ばれている。岬の岩山の上に建設されたこの町は、これといった中心的な施設や広場を持たない。ただ、町の北部の入口近くの新しい教会は前に小広場をもち、そこに面していくつかの店舗が並んでいる。道は殆んど全てが階段状で、斜面に垂直な方向の通りをメインとし、下端で一つにまとまって町のゲートに流れている。喘塔の陰の港に面する部分の下端のエッジには、小さなテラス状の広場があり、道はここで合流し港に続いている。道巾は、所により極端に狭くなったりしているが、道の所々にクラスター状に内庭的な小広場があり、そこにはいくつかの階段が面している。住戸の外壁および道には白く漆喰が塗られ清潔である。建物は4〜5階建ての石造で、斜面に沿ってすき間なくならび、路地がない。道を洗濯物、バットレスが横切り、また、部屋がトンネル状につながった部分があるなどして、各戸の境界は明らかでない。開口部の造形として、½円や¼円などが多い。

Sperlonga

❶ 集落の全景
❷ 港と丘陵にある集落
❸ 住居の出入口
❹ スペルロンガの通り

その1 地中海地域の領域論的考察 | 141

Procida

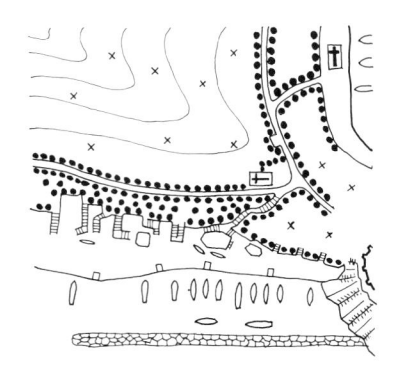

❶

その1　地中海地域の領域論的考察 | 143

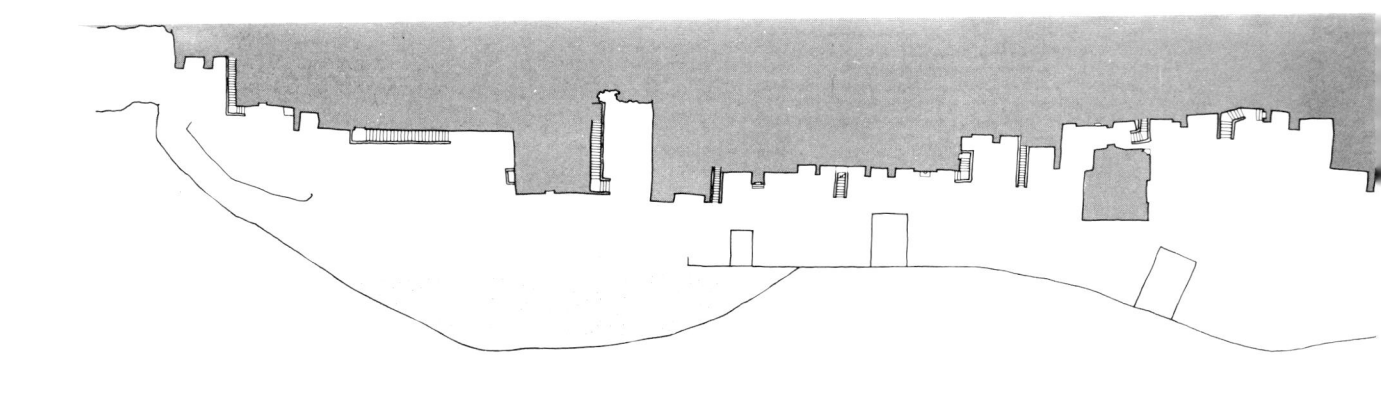

0 5

144

❶ 海岸沿の集落
❷ 港の全景
❸ 港に面する教会と風景
❹ 島のタクシー
❺ 住居のファサード
❻ 住居の出入口付近
❼ 集落の全景
❽ 港に面する住居
❾ 教会と入りくんだ住居のファサード
❿ 浜のプラン
⓫ 浜から住居へのアプローチ
⓬ 住居の外に飛び出た階段
⓭ 住居のアプローチとファサード

Procida

ナポリの西20kmのナポリ湾上，船で1時間半の所にプロシダ島がある．4つの死火山のクレーターからなる長さ約3.2km，人口10,000人余りの小島で，肥沃な土壌と斜面を利用した，ブドウ，オレンジ栽培と漁業，造船を主業とする．島の北東岸に主港があり，浜と山との接点に帯状に4〜5階建ての石造の住居が続いている．家と家の間には路地がなく，1/2円や1/4円にくり抜かれた窓を持つ壁が通りに面して連続する．各戸の境界は，外壁に塗られたピンク，イエロー，ブルー等の明るい色により示されている．浜の東方に突き出た岬の上には城塞が残り，現在は刑務所として使用されている．岬を越えた所にコリセーラの浜がある．巾15〜20m，長さ300mに及ぶ浜で，捨石による防波堤をもつ．浜に面して4〜5階建ての住居が段状にならび，そこから浜に向って10数本の階段が突き出している．住居の1階部分は大きくくり抜かれていて船や漁具の物置として使われている．住居が密集しているため，外部の階段は共有のもので，その所々には屋上を利用した踊り場的なルーフ・テラスが設けられている．コリセーラは今回の旅行でみた唯一の本格的な漁村であるが，その特色はやはりその浜にある．浜に向ってセット・バックした住居，浜に干された洗濯物，ベンチ，引き上げられた漁船や散乱する網や浮き，浜の中央に据えられた十字架．そこでは，生産の場と生活の場とが混然と一体化したコミュニティの中核が形成され，それらの一体化を象徴的に形象化したものとして，浜に突き出した階段がある

その1　地中海地域の領域論的考察 ｜ 145

Alberobello

❶ 集落の全景
❷ 果樹園と物置(ムーロ)
❸ 貯蔵庫のプランと
　セクション
❹ オリーブ園と住居
❺ 住居の全望
❻ 住居のアプローチ

その1　地中海地域の領域論的考察 | 147

❼ 道路に面した住居のファサード
❽ 住居の屋根と空地
❾ 石敷きの路地と住居のファサード
❿ 石板を積んだ屋根
⓫ 住居の出入口
⓬ 路地と住居出入口付近
⓭ 集落全景と道路
⓮ 住居屋根伏図
⓯ 住居プランとセクション
⓰ 住居プラン
⓱ 地下室のプラン
⓲ 地下室のセクション
⓳ アルベロベロの地図

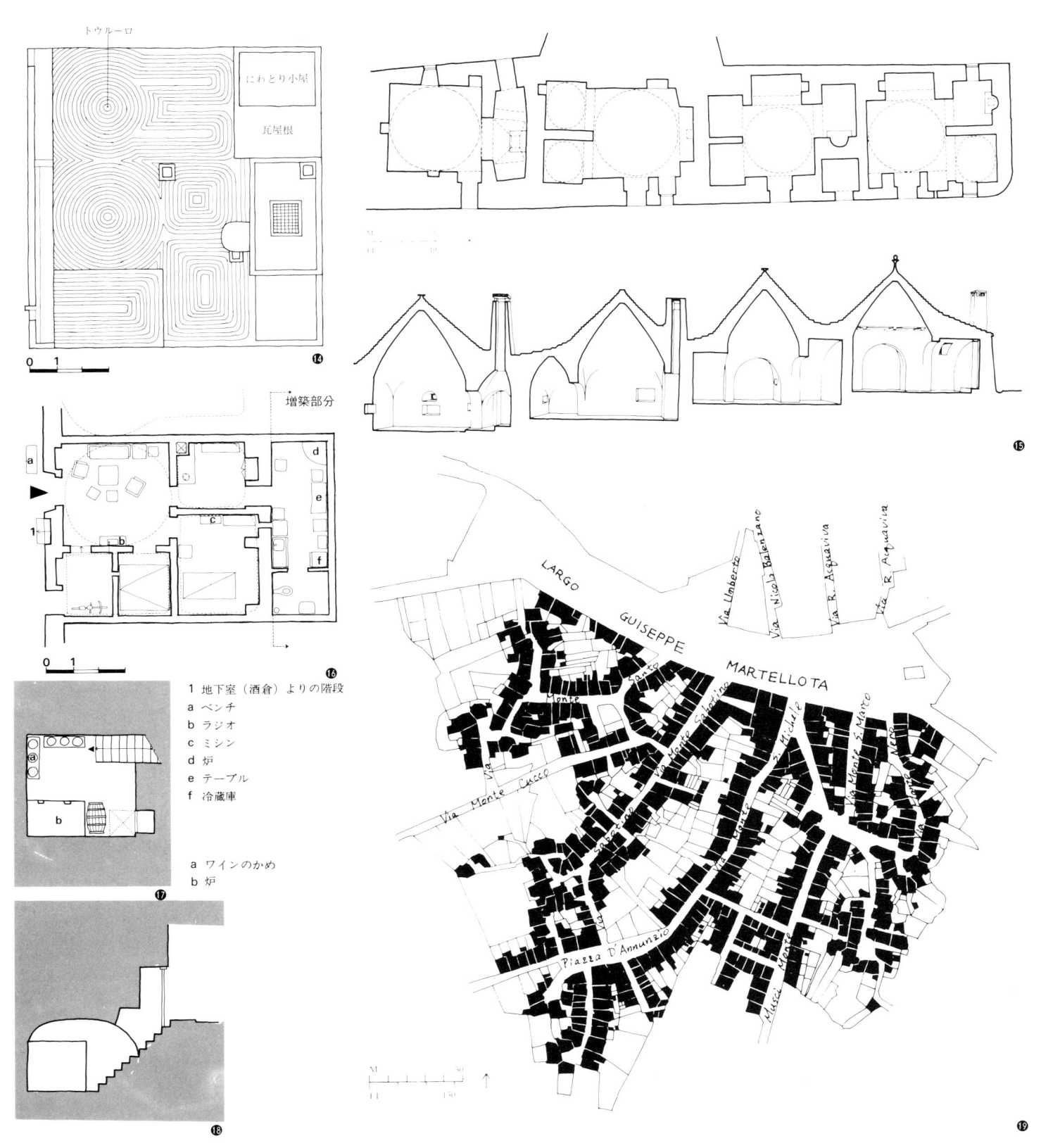

イタリア半島のかかとの部分に，プーリア地方と呼ばれる，アーモンド，サクランボ，オリーブなどの果物栽培の盛んな丘陵地がある．この地方には，その起源を新石器時代にまで遡るといわれている独特な石積みの建築様式がある．附近に多産する石灰岩で平板をつくり，それを単純に積み重ねた構造で，円形，または方形の壁上に円錐形の屋根をもつ．トゥルーロと呼ばれるこの様式の集落で，最も保存がよく国の記念物に指定され保存されているのがアルベロベロである．バリとブリンディシの中間の丘陵地のこの町は，約15haに1,000戸のトゥルーロがあり3,000人が住んでいる．集落は半円形のすり鉢形の斜面に沿って発達したもので，底にあたる部分の広場はマーケットとして使われていた所で，この広場を中心として放射状に道は拡がっている．ゆるやかな段をもち，エッジを白く塗った石畳の坂道は比較的巾広で，それに沿ってトゥルーロの住居が，びっしりとならび，道の合流点には小広場が設けられている．住居の外壁は，石積みの上に白く漆喰が塗られ，黒っぽい屋根，頂部の白い棟飾りとコントラストをなしている．各戸は，地図からもわかるように，裏手に裏庭的な個有のスペースをもつ．住居のプランは，アーチ形にくり抜かれた入口を入ると居間があり，その奥にそれを取り囲むように台所，寝室があるというのが共通的なパターンである．室内は，壁面，天井に漆喰が塗られている．木製の天井を設け，屋根裏を収納部屋とするものや，地下にブドウ酒の酒倉をもつものもある．

Alberobello

その1　地中海地域の領域論的考察 | 149

Corfu

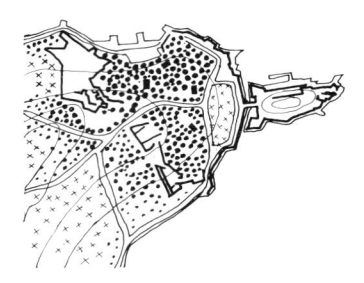

1 教会
2 鐘架
3 広場
4 カフェ
5 樹木
6 水

❶ 山間部独立集落の全景
❷ 樹木と水場のある教会前広場
❸ 広場プラン
❹ 教会側から見た広場の一角

Corfu

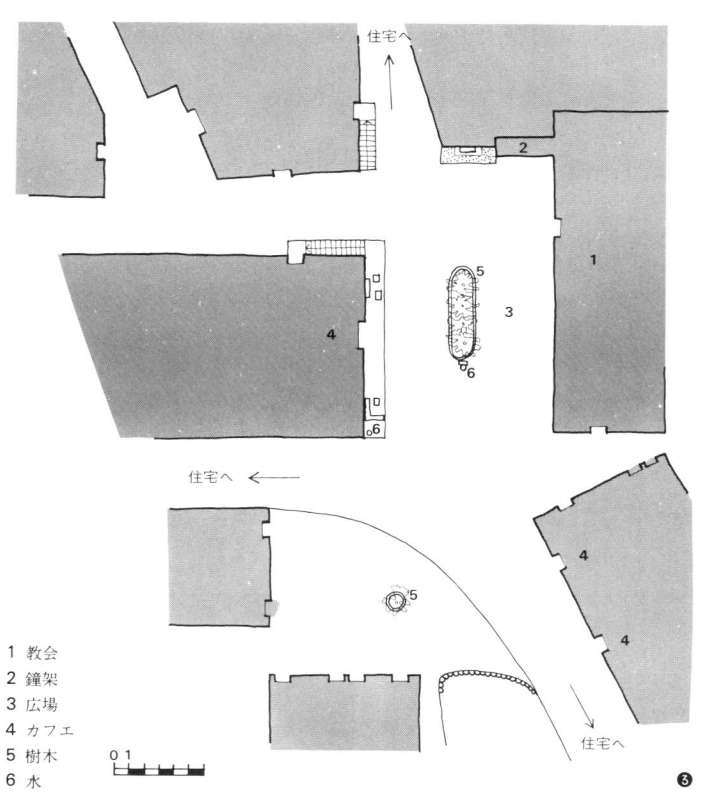

イオニア海にあるコルフ島は、西欧とギリシャ本土の接点として両文化が混在する。島の中心地ケルキラの町は、13～14世紀頃ヴェニスの支配下で建設され、西欧風の町並となっている。現在の町は、城壁の外にアーバンスプロールしているが、町の周囲を城壁が取巻き、岬には港を護る城塞を配するといった都市構造自体にも中世都市の面影を残している。島の山間部は、温暖で湿潤な気候により、オリーブ、オレンジ、レモン等の果樹が繁っている。畑に囲まれて散在する集落は、数十戸を単位に独立して存在する。ギリシャ正教の教会を中心に密集する住戸では、道に面する前庭が、農作業用の空間、また、ホワイエ的な空間をなす。道路の集まる教会前広場に面してカフェが並び、その一角では陽の光を浴びながら佇んでいる老人達の姿が見られる。

その1　地中海地域の領域論的考察

Meteora

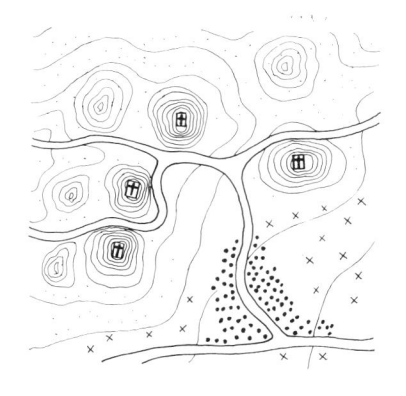

❶ メテオラの全景
❷ メテオラの集落と背景
❸ 修道院の概略図
❹❺❻❼ 岩の先端に設けられた修道院
❽ 修道院の出入口
❾ 教会のファサード
❿ 絶壁に造られた修道院

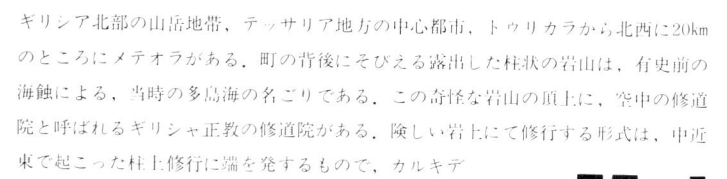

ギリシア北部の山岳地帯、テッサリア地方の中心都市、トゥリカラから北西に20kmのところにメテオラがある。町の背後にそびえる露出した柱状の岩山は、有史前の海触による、当時の多島海の名ごりである。この奇怪な岩山の頂上に、空中の修道院と呼ばれるギリシャ正教の修道院がある。険しい岩上にて修行する形式は、中近東で起こった柱上修行に端を発するもので、カルキディケ半島にあるギリシャ正教総本山、聖山アトスにおいてもみられるものである。メテオラに隠者が住みついたのは12世紀頃といわれ、ビザンツ帝国の衰退期と呼応している。初期には、隠者が個別に修業を行なっていたが、14世紀に聖アタナシウスによりメテオロン修道院が建設されたことにより、修道院に隠者が集まるようになり、14世紀の後半には、その最盛期をむかえ、20を越える修道院が岩塊上に島のように浮かび、空中の修道院集落を形成していたといわれているが、現在、存続しているのは4修道院で、他は放棄されている。各修道院へのアプローチは、今では岩をくりぬいた階段や、谷をわたす橋などが設けられているが、当時は長い梯子や、滑車を利用した網が用いられたといわれる。

Meteora

その1　地中海地域の領域論的考察 | 153

Amfissa

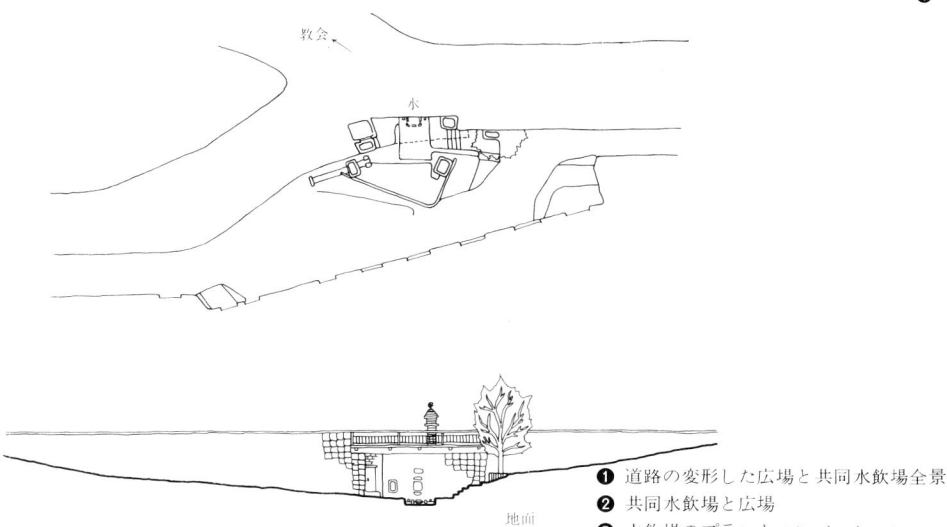

❶ 道路の変形した広場と共同水飲場全景
❷ 共同水飲場と広場
❸ 水飲場のプランとエレベーション

アムフィサは、古代ギリシャの神託の地、デルフィから北西に20kmあまりの所にある人口5,000人余りの小さな町である。この町を通過する幹線道路と町の中心部からの道とが交差する三叉路の両地に小広場があり、その中央の一段低くなった部分に常時水が流れ出ていて水くみ場となっている。この小広場は、道路の彎曲部に沿う窪みにより、交通量の多い道路部分から隔離され水くみや洗濯などの日常的な戸外生活の場を確保している。水くみ場のまわりには洗濯に使用するらしい石造の洗濯板がいくつか置いてある。水くみ場の上の道路から張り出した部分に、高さ1mあまりの白く塗られた燈籠のようなものがある。これはギリシャの街道沿いに多くみられるもので、ちょうど日本のお地蔵様に相当し、その中には、イコンや聖像などが安置してある。

Amfissa

Aliartos

❶ ジプシーの集落全景
❷ テント小屋プランとエレベーション
❸ ジプシーの移動風景
❹ テント小屋と荷車
❺ テント小屋とその家族

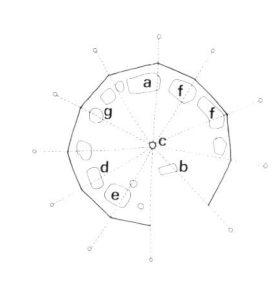

a 寝具類
b ミシン
c 支柱
d 食料
e 炊事道具
f 衣類
g 道具

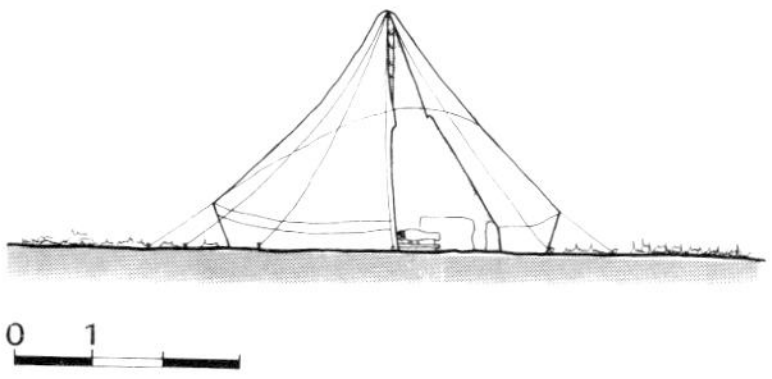

Aliartos

アテネの北西100kmばかりの所、ラバディアとテーバイの中間あたりのアリアルトス附近でジプシーの一団に遭遇した。華やかな色彩の彫刻の施された馬車や軽自動車、オートバイなどに乗り、一団の人々が続々と到着している所であった。道路に向って開けた、なだらかな丘陵地の山沿いの、200〜300m四方の所に30数個のテントが張られ、道路とテントのある所との間には低く竹が植んである。彼らは、定住生活を行わず、季節的に移動する生活を行なっているのである。図示したテントは、一団のボスのものであるが、直径が5m足らずの布製で、中には寝具、若干の食料と食器、手動ミシン、衣類等が革の上にシートを敷いて置かれていた。このテントには40才前後の夫婦とその4人の子供たちと、その弟夫婦の計8人が住んでいるとのことである。

その1 地中海地域の領域論的考察

Crete

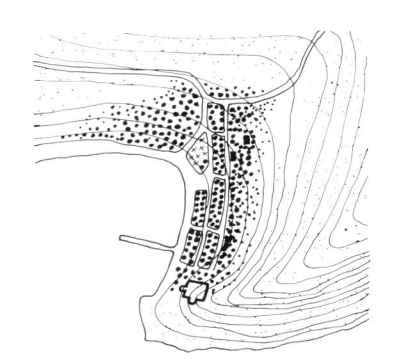

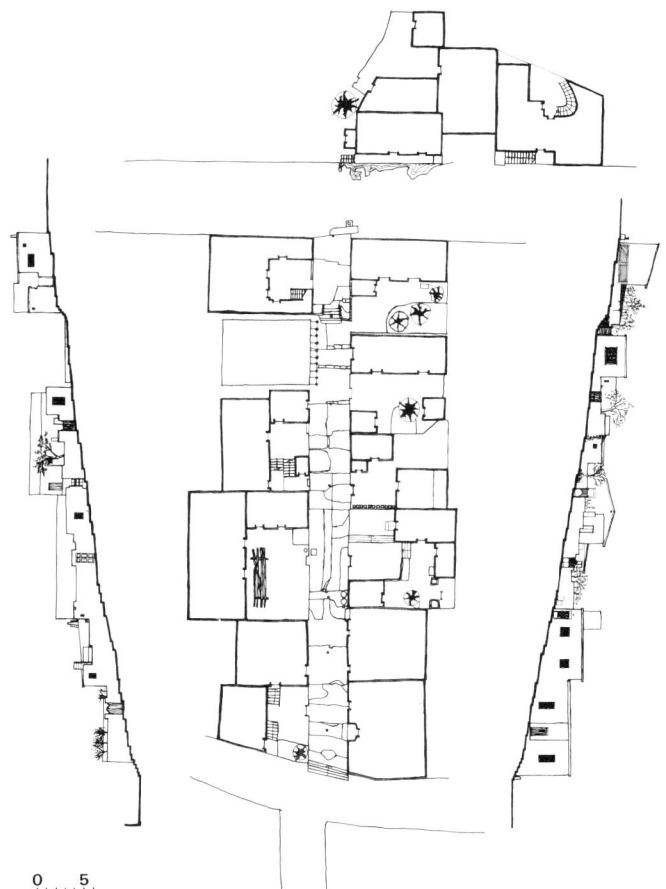

2階

1 台所　　a タナ
2 居間　　b コンロ台
3 納戸　　c 流し
4 夫婦寝室　d 食器棚
5 中庭　　e 植木バチ
6 カマ
7 物置
8 水
9 倉庫
10 テラス

❶ シティアの港と町の全景
❷ 住居プラン
❸ 港を見下す高台通りのファサード右側
❹ 同上左側
❺ クーナビの町の通りのファサード左側
❻ 同上右側と荷物を運ぶロバ
❼ クーナビの住居の中庭
❽ 住居プラン
❾ 中庭にある外部階段と門

ギリシャ内陸部カルディツァの町で，〈ギリシャ古代文明と現代のギリシャとの隔絶〉を語った青年の嘆きは，ギリシャ全土を覆っている。クレタ文明の発祥地であり，地中海交通の中継地として東西文化の接点であったクレタ島。澄んだ空気と陽光に恵まれたこの島は，現在では観光地として，また牧畜とオリーブを主とする農業地として命脈を保っている。オリーブ畑に囲まれたクーナビの町は，イラクリオンから南10数キロの山間部にある。丘の斜面の中腹にある教会と広場を中心として，道路が直線的に斜面を下り，それと直交する道でつながっている。通りをはさむ住居は，L字型プランを示し，花壇，焼物のカマ，椅子などが置かれている前庭は，ホワイエ的な空間であると同時に，作業空間となっている。この住居の特質は，島の東端に位置する港町シティアの住居でも類似している。シティアでは，階段状の坂をはさみ連続する住居は，L字型プランの変型をなし，花壇やブランコのある前庭を持っている。この前庭も，ホワイエ的空間として通りを引込んでいる。いずれも，通りのファサードは，統一的ではないが，全体としては美しい構成をなしているのが特徴である。

Crete

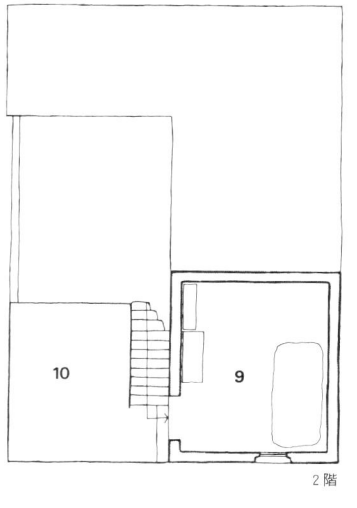

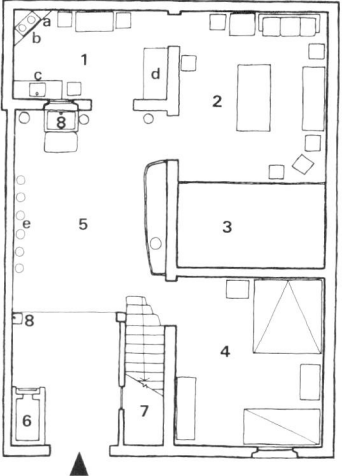

その1　地中海地域の領域論的考察 | 157

Santorini

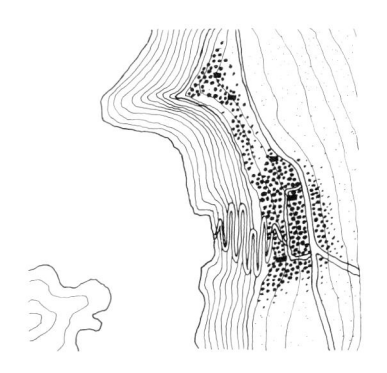

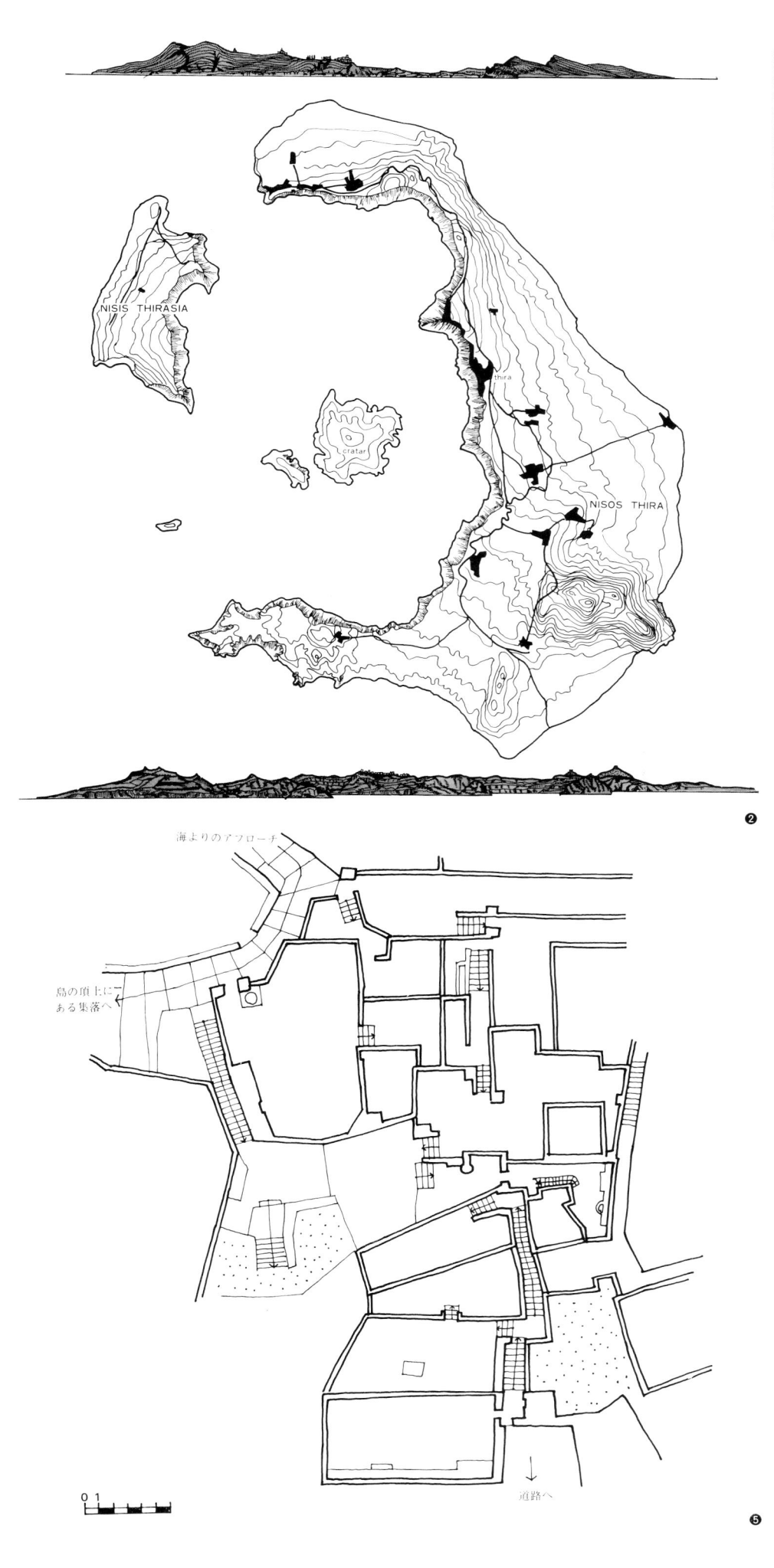

海よりのアプローチ

島の頂上にある集落へ

道路へ

❷

❸

❹

❺

❻

その1 地中海地域の領域論的考察

160

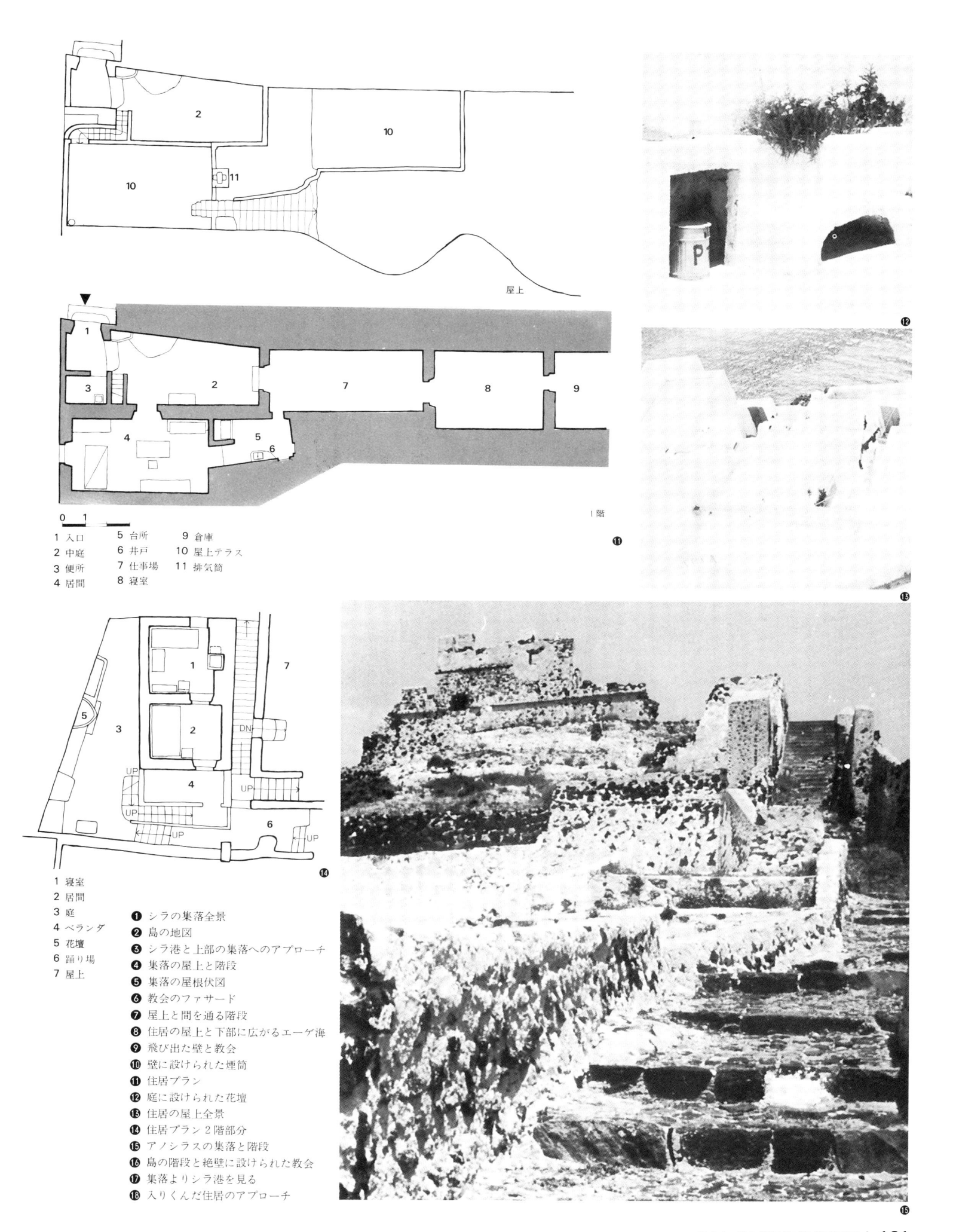

```
1 入口      5 台所    9 倉庫
2 中庭      6 井戸   10 屋上テラス
3 便所      7 仕事場 11 排気筒
4 居間      8 寝室
```

```
1 寝室
2 居間
3 庭
4 ベランダ
5 花壇
6 踊り場
7 屋上
```

❶ シラの集落全景
❷ 島の地図
❸ シラ港と上部の集落へのアプローチ
❹ 集落の屋上と階段
❺ 集落の屋根伏図
❻ 教会のファサード
❼ 屋上と間を通る階段
❽ 住居の屋上と下部に広がるエーゲ海
❾ 飛び出た壁と教会
❿ 壁に設けられた煙筒
⓫ 住居プラン
⓬ 庭に設けられた花壇
⓭ 住居の屋上全景
⓮ 住居プラン2階部分
⓯ アノシラスの集落と階段
⓰ 島の階段と絶壁に設けられた教会
⓱ 集落よりシラ港を見る
⓲ 入りくんだ住居のアプローチ

その1 地中海地域の領域論的考察 | 161

ピラウス港からシラ港まで約200km，ちょうどエーゲ海の真中に位置するサントリーニ島は，大別すると3つの部分に分かれている．ひとつの部分は，シラの集落がある南北に細長い島であり，他方は，それから数km離れたシラシイラ島である．ちょうどこれらの2つの島の間が，円状に抜けており，2つの島の真中に火山によって，新らしくできた火口島がある．これらの火口島に面して，2つの島は，極端に急傾斜の断面を示している．逆に島の外周部は，緩やかな傾斜で海岸に続き，遠望すると，碗状の島の中央部分のみが陥没し，陥没した部分が絶壁の断面となって，向かい合っている地形である．船は，これらの2つの島の間隙を抜って，シラ港に入る．800段におよぶ階段が，島の頂部に長く続くシラの集落へのアプローチである．この階段は，人間のみならず，この島の荷物を運ぶロバの道でもあるために，踏面が1m以上もあり，急傾斜がその上路面をスロープ化している．シラの集落における交通機関は，ロバが主である．自動車が走れる程度の道路は，北のオイアの街から，シラの集落を経て東南にある旧シラの集落と，海岸に至る道が唯一で，他は大部分が2m前後の路地である．南北に細長いシラ島は，北の先端マグロペトラ畔から南端のエクスロマイティ畔まで18km，東西は短い部分で2km，長い部分で6km程で，面積にして75km²程である．島の最も高い部分は，旧シラの集落があるメスサボウノ山の568mを中心とした一帯で，他は火口島に面した絶壁の部分沿いが最も高く，その地点から東の海岸沿いに向かって，緩やかな傾斜を示す．通行路部分は，建物の仕上げに使用される漆喰が塗られ，真中の40cm程の空間以外は，全てが真白の路地である．

Santorini

Mykonos

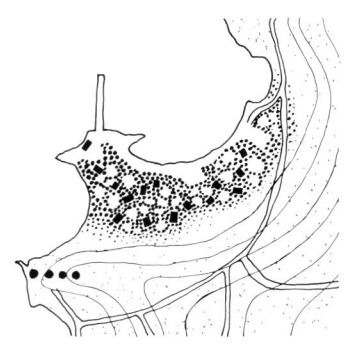

その1　地中海地域の領域論的考察

1 教会
2 住居・商店

❶ ミコノスの教会と街の全景
❷ 道路プラン
❸ 路地と階段
❹ 教会の壁と鐘架
❺ 道路プラン部分図
❻ 路上に接続する多くの階段
❼ 海に面し飛び出た住居の壁
❽ 道路と小広場のプラン
❾ 住居の間に設けられた広場全景
❿ 路上を隣家と結ぶブリッジ
⓫ 海岸の広場より丘陵の風車を望む
⓬ 海岸の教会

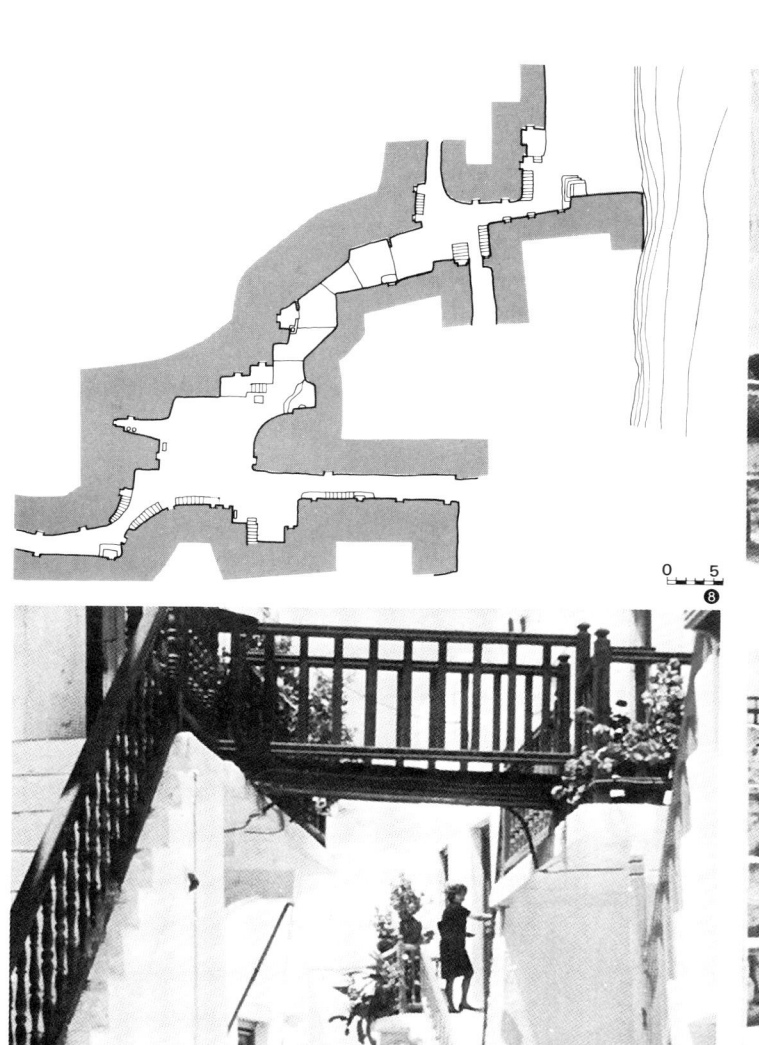

ギリシャのピラウス港から，船で8時間，エーゲ海の数ある島の中で，最も観光化され，著名な島のひとつである．ミコノス島，ティノス島，シロス島といずれも数10kmの近距離にあり，ノーマルな航路として利用者が多い．ミコノス島の特長として，ひとつは教会の数が多いことがあり，他は，それらの教会や街を構成している道の構造である．島の住民は約4000人程であるが，これに対し365個の教会が建っている．10人に対しひとつの割合で教会があることになる．これらの教会は，街のいたる場所で観察できて，ほぼ数10mおきに配置されている．大部分がギリシャ正教の教会であり，出入口前に，わずかな広場と，壁が変形したような鐘塔を持っている．壁は漆喰で仕上られ，30cmほどの細い開口部が設けてある．屋根は，丸瓦に赤い塗料が塗られ，形状ではドーム形と切妻の変形が多い．内部は比較的単純な様子を示すが，所によっては壁面に壁画を飾ってある例もある．街を走る道路や，路地は狭い部分で1m，広い部分で3m程あり，軒，壁には日常の生活用品が置かれているのみならず，商店の品物までも並べられる．ミコノス島においては，外と内の区別は，鮮明でない．住居や商店の路面に面する壁は，道路上40cm程で，水平に折れ曲がりベンチ化するし，洗濯物は路上で，隣家と結ばれる．また路面上にかけ渡すブリッジは，隣家との合会の場に利用される．階段の多くは外に面し，壁を伝わって路地に接合される．これらの踊り場の下部は，2m程の高さを持ち，人々に適度な日影を与え路上での快適な会合場になる．日常生活におけるすべての行為が，道路上でも同様に行なわれ，それに伴って，必要な道具は路上に配置され，利用されている．

Mykonos

その1　地中海地域の領域論的考察 | 165

Syros

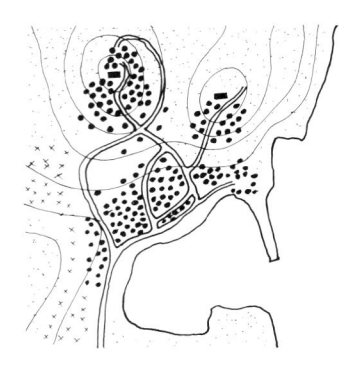

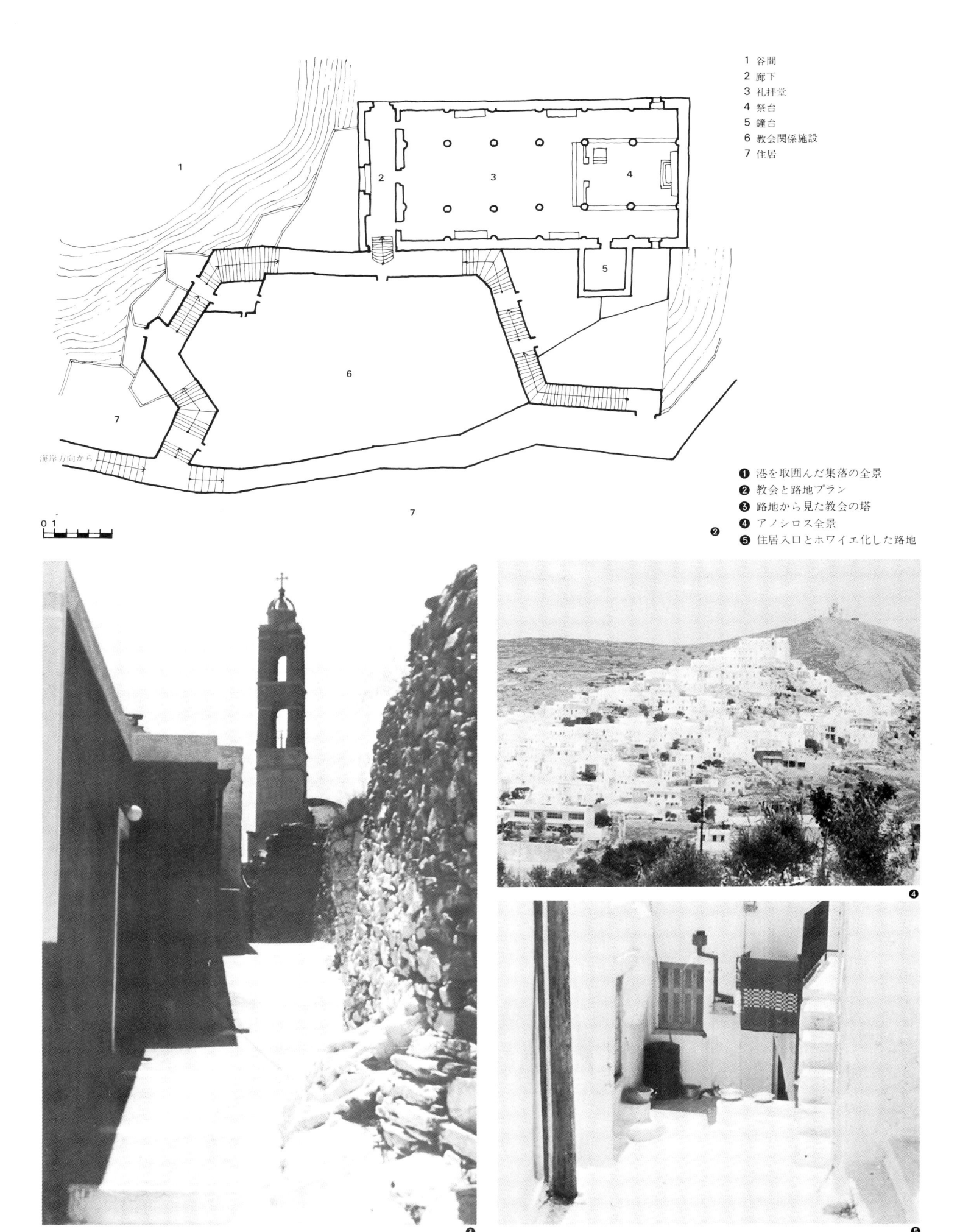

1 谷間
2 廊下
3 礼拝堂
4 祭台
5 鐘台
6 教会関係施設
7 住居

❶ 港を取囲んだ集落の全景
❷ 教会と路地プラン
❸ 路地から見た教会の塔
❹ アノシロス全景
❺ 住居入口とホワイエ化した路地

その1 地中海地域の領域論的考察 | 167

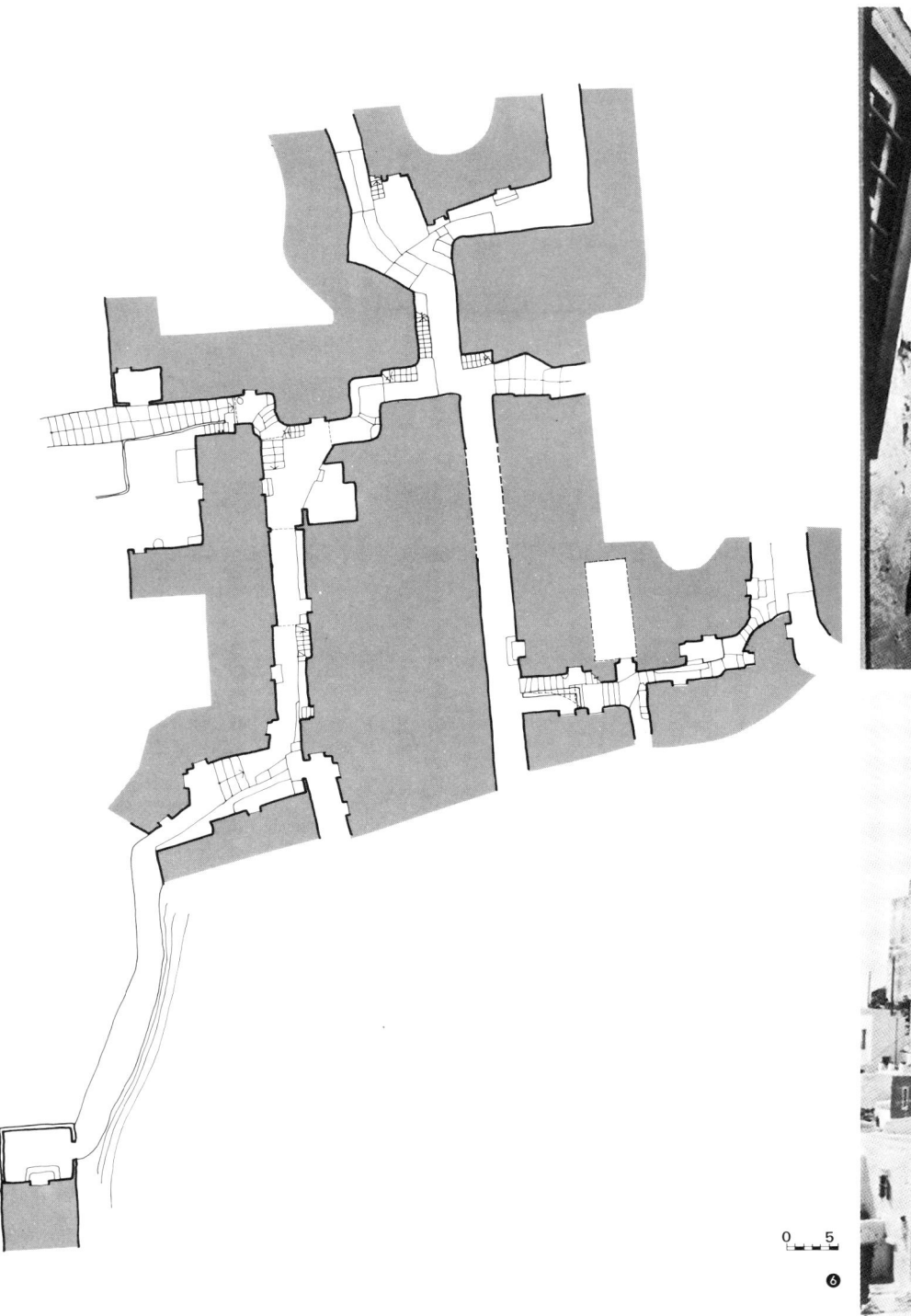

0 5

0 1

1階

2階

1 便所
2 台所・居間
3 客間
4 納戸
5 夫婦寝室
6 テラス
a 食器棚
b テーブル
c イス
d 長イス
e タンス
f 鏡台

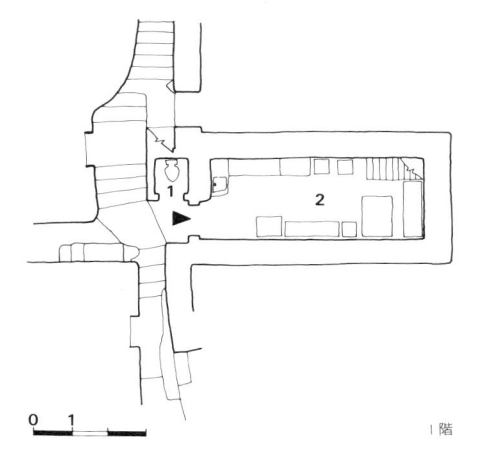

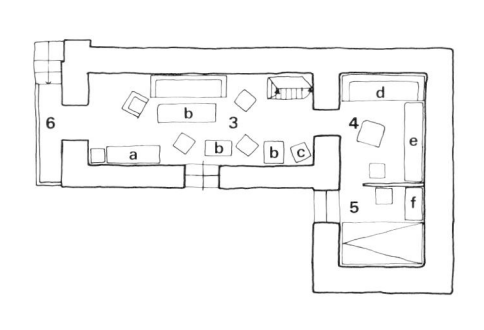

168

⑥ 道路プラン
⑦ 狭い階段状の路地とバットレス
⑧ 教会とその裏手の住居群
⑨ 住居プラン
⑩ 白く縁取りされた階段状のメインの道
⑪ ヴォールトから見た住居の入口とバルコニー
⑫ 住居の入口と階段状の路地
⑬ アノシロスから見たブロンタドー全景
⑭ 教会下の眺望

キクラデス諸島の中心であるシロス島のエルモウポリスに入港したとたん予期せぬ光景に遭遇した．双び立つ円錐形の丘の頂きに，教会を載いた集落が，夕映えに白く浮き出ていた．左手の丘にアノシロスの町．右手の丘にブロンタドーの町．丘の頂きに，正方形断面の塔をもつカトリック教の聖ジョージ教会と，矩形断面の鐘架をもつギリシャ正教の教会とが，相対峙し，一望のもとにその存在を明示する．丘の麓には，人口約2万のエルモウポリスが海岸線に沿って水平方向への拡がりを示す．ギリシャ神ヘルメスの名に由来しているこの港町は，1822年トルコからの独立戦争の際，他島から逃れた移住民により建設された新しい町である．現在は港からアーバンスプロールした新興住宅地によって，アノシロスの町とつながっている．山岳地帯の荒地を背にしたアノシロスは，聖ジョージ教会とその修道院を中心に，住居が丘を下って扇形に広がり，港への明確な方向性を示す．教会前から丘を下り港に通じるメインの道路より枝状にのびた路地は局部的には70cm程しかない極めて細く入りくんだ構成をなし，白土で美しく縁どりされていたり，頭上をバットレスが飛び，バルコニーが突出していたりする．この極めて内部化した路地は，庭のない住居から突き出たホワイエ的な空間として日常的な交流の場となり，白壁に深く切れ込んだ開口部の影が，路地のファサードを一層引きたてている．路地に面し，厚い壁で囲まれた住居は，細長いプランをなし，一番奥に私的な空間としての夫婦の寝室がある．

Syros

その1　地中海地域の領域論的考察 | 169

Tinos

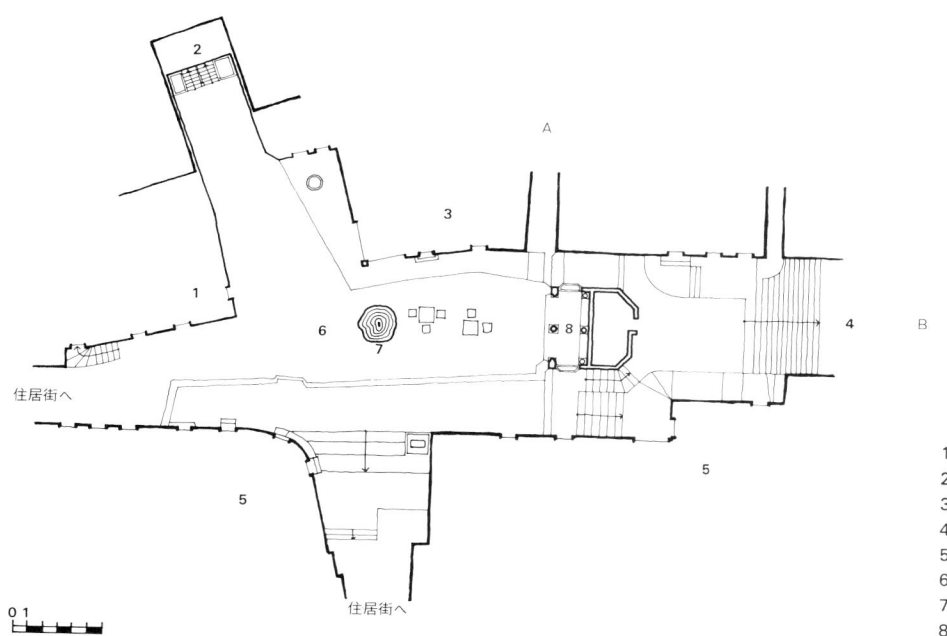

❶ 山岳に囲まれた集落の全景
❷ 広場プラン
❸ 広場A方向，B方向立面図
❹ 広場から住居街に続く道路
❺ 広場の正面に位置する共同水飲場
❻ 巨大な樹木と広場
❼ 傾斜地の住居街

1 商店
2 共同便所
3 レストラン
4 教会へのアプローチ
5 住居
6 広場
7 樹木
8 水飲場

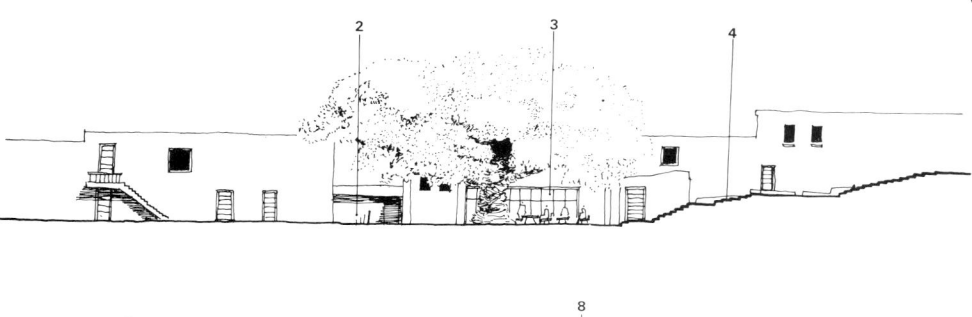

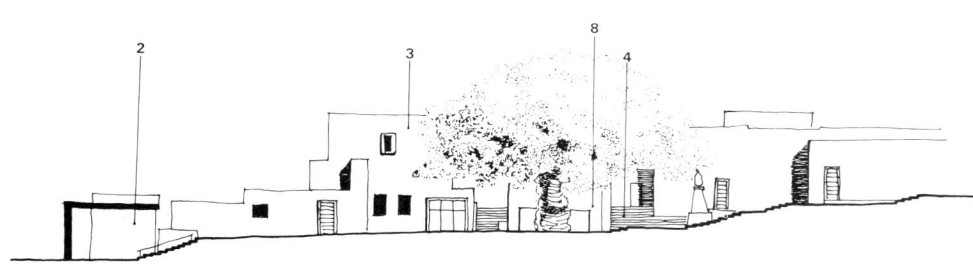

その1　地中海地域の領域論的考察 | 171

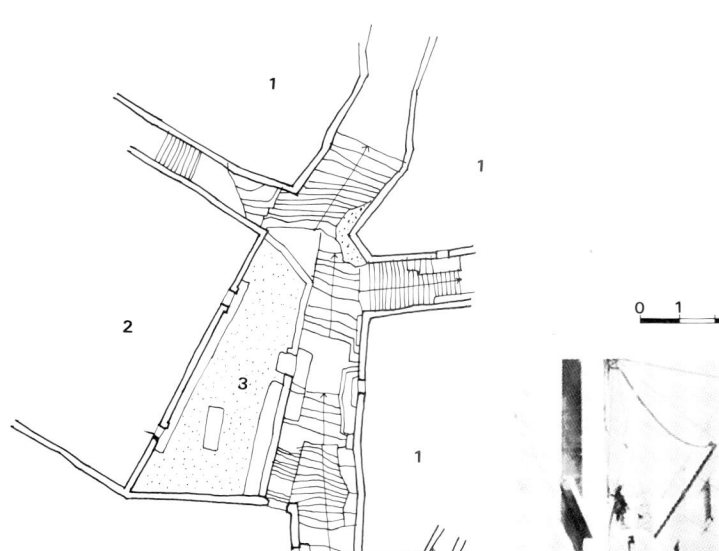

1 共同洗濯場
2 干場・広場
3 給水場
4 洗濯台
5 大理石の敷石

1 住居
2 教会
3 広場
4 オーバーブリッジ

❽ 階段プラン
❾ 共同洗濯場プラン
❿ 教会上の大理石の階段
⓫ 共同洗濯場全景と背後の住居
⓬ ティノス港と海岸沿の街
⓭ 共同洗濯場の出入口
⓮ 海岸付近の住居プラン
⓯ 住居の階段付近から見た前庭
⓰ 総合動物小屋のプラン
⓱ 総合動物小屋のエレベーション
⓲ 総合動物小屋の全望とアプローチ
⓳ ピジョンハウスのファサード

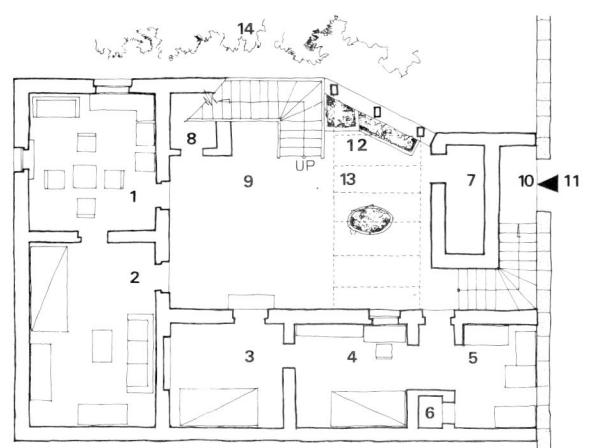

1 食堂・台所
2 居間・寝室
3 キリスト安置
4 老夫婦・家事室
5 台所
6 物置
7 道具収納
8 便所
9 中庭
10 アプローチ
11 道路（石ダタミ）
12 植込み
13 ブドウ棚
14 オレンジ畑

1	牛小屋
2	食料場
3	倉庫
4	鶏小屋
5	ヒヨコ小屋
6	鳩の家
7	アプローチ
8	干草置場

Tinos

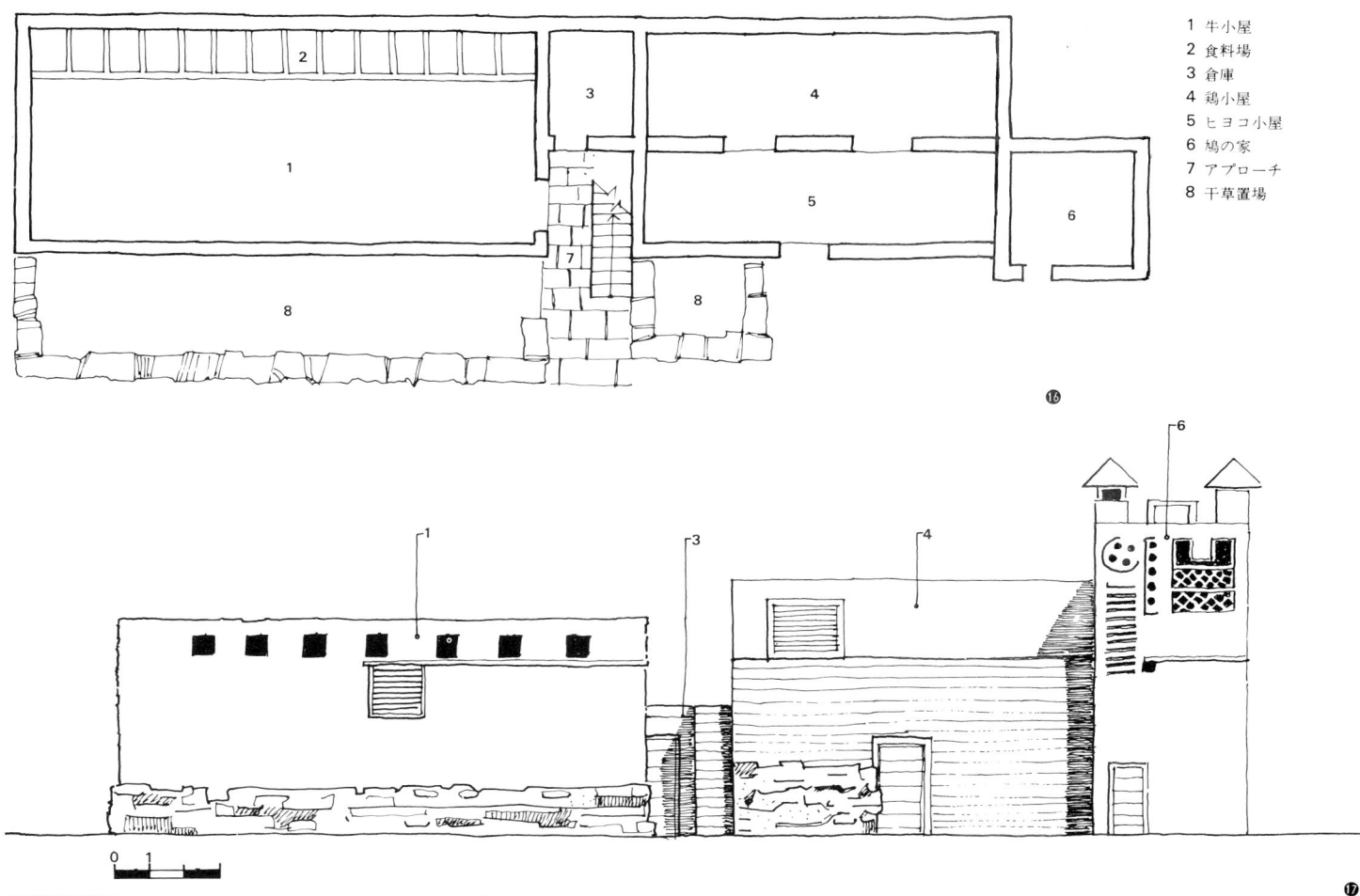

ティノス港から，バスに乗り島の中央部に向かって，一時間弱走ると，四方八方を岩状の連山によって囲まれた，ピルゴス Pircos の街に着く．回りの不連続な地形に対立して，この部分だけが平坦地を示す．谷を境として物理的に2つの街に分かれており，いずれにも教会がある．集落内部をめぐる道路，建物，塀，路地に至るまで，大理石が使用されている．ほぼ二つの街の中間に位置する場所で，巨大な樹木が繁っている広場を観察した．平面形は樹木を中心に，四方に分枝した構造で，内側から観察すると，正面と考えられる地点に，大理石で築かれた，共同水飲場がある．水飲場を挟んで両側が急な階段になっていて，先端で教会に接合される．他の2本の道路は，広場付近において急に幅拡く，序々に狭くなり住居街へ続く，逆に飛び出たもうひとつの部分は，袋小路となり，先端が共同便所として機能する一方，中心の広場から，はみ出た子供達の空間でもある．面積にして 250m² 程の広場であるが，生活の場への連絡と，教会への接続を兼ねて，交叉点における広場として，ピルゴスの住民に使用されている．

〈鳩の家〉ティノス島において鳩は，島の守護神として拝められている．鳩の家の多くは，四角形の平面を持ち直方体で，塔の形態をとっている．島の斜面，農耕地，道路沿いをとわず，いたる場所でこの塔を観察可能である．塔の屋上にあたる部分の四隅が，角状に延びていて動物の耳に似せている．一般に高さにして 2〜5m 前後の物が多く，独立した形態をとっているが，中には総合動物小屋状の大規模な塔もある．壁面には無数の穴があけられて，それらの多くは幾何学的模様を繰返して配置している．全てが，鳩の出入口としての開口部である．一般建築が，生活における行為を基準として，物の在り方を決定しているのが常だが，このピジョンハウスに関係しては決め手を洞察しにくい．

その1　地中海地域の領域論的考察 | 173

Sarayönü

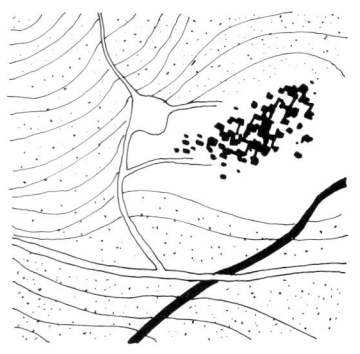

1 寝室	5 鶏	9 家畜追い
2 ホール	6 家畜小屋（牛）	10 出入口
3 食事場	7 家畜小屋（山羊）	11 隣家（家畜）
4 居間	8 家畜の遊び場	12 隣地

❶ 集落の全景
❷ 住居と家畜舎プラン
❸ アフィヨンの市場
❹ 住居のアプローチ
❺ 中庭と家畜舎
❻ 塀を利用した家畜舎

イズミールから中央アジアに至るまでの風景は，広大で，かなり肥沃である．起伏が少なく，連続的な地形に集落や，農耕地が点在している．比較的大きな都市や集落にはいると，モスクが多く観察される．それらは，住居の一部分を改造したものから，白いミナレットのみが建っているもの，大規模で広い前庭を配置しているもの等，様々である．アフィヨンの街で，住民の異様な雰囲気に逢った．トルコの中都市で多く受けたことであるが，異邦人に対する住民の多くの視線である．これらの視線は，街に居ても，宿で休息して居ても，いかなる場所でも，感じられた複雑な視線であった．このアフィヨンから，200km程の地点にサラヨーンの集落がある．集落のまわりは，荒れた牧草地と，砂岩状の土地があり，単調である．全体規模は20〜30戸程の集落で，土壁の塀を隣家と共有している．前面に泥状の川が流れ，その点より集落に向かって，緩やかな勾配を持った傾斜が始まる．観察した住居は，これらの集落の端部に位置し，集落の中でも，大規模で，整理された住居である．敷地は，大別すると，住居部分と家畜の設備部分に分かれ，300m²程の囲み庭が在る．これらの庭の柵は，高さ2m程の土塀で，一部分が2重になっており，牛，羊等の畜舎を兼ねている．また，外側は，隣地の住居や，畜舎の壁と併用している．外部に面しての開口部は出入口ひとつしかなく，他の開口部は，全て囲み庭に向かって配置されている．住居は一階部分を畜舎として利用し，2階部分に家族の室がある．室は四室から成り，日常に使用する簡単な用具以外，家具らしきものは置かれていない．床は土を固め，その上に，部分的にカーペット，庭等の敷物類を敷いて生活している．

Sarayönü

その1 地中海地域の領域論的考察

Selime 1

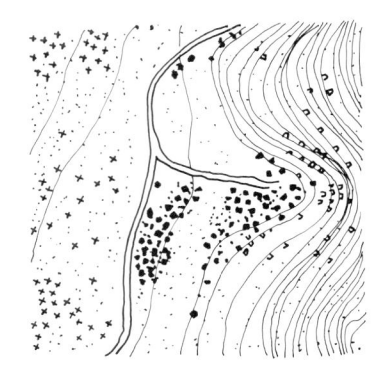

❶ セリメの集落全景
❷ 囲み庭を持つ住居プラン
❸ 起状の激しい背景と石積の住居
❹ 石積の塀と囲み庭
❺ 住居の勝手部分の出入口
❻ 降雨後の風景
❼ 降雨後の活気に満ちた風景

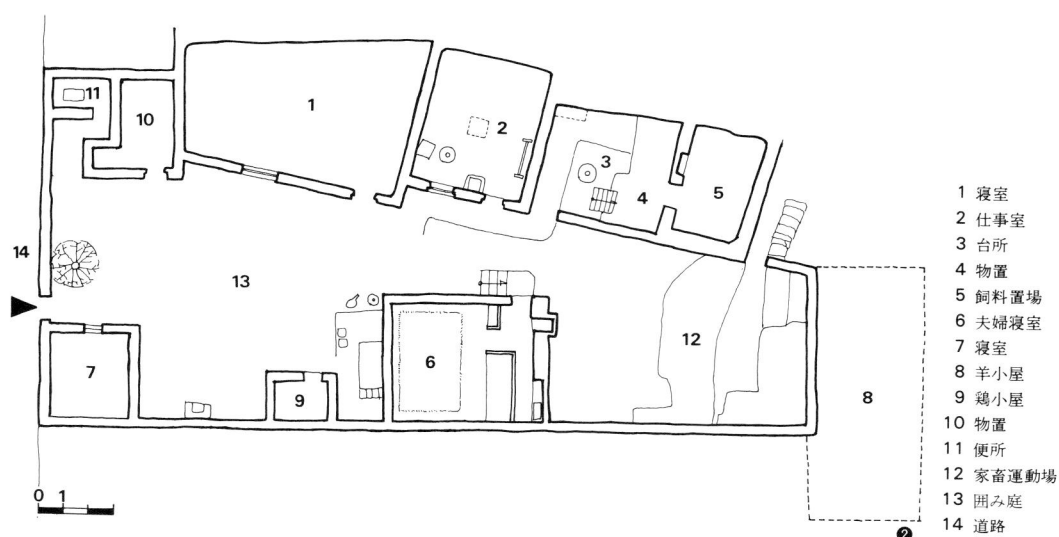

1 寝室
2 仕事室
3 台所
4 物置
5 飼料置場
6 夫婦寝室
7 寝室
8 羊小屋
9 鶏小屋
10 物置
11 便所
12 家畜運動場
13 囲み庭
14 道路

Selime 1

砂と石板の交互に続く，カッパドキア地方におけるセリメへの道は，人間のみならず，動物たちの移動にも利用される．これらの動物の移動は，朝と夕刻に行なわれ，老人や子供が番をする．羊，山羊，牛，水牛等群を成して道路に広がるのでその間，交通はストップする．この種の風景は，トルコのいたる場所でも見られる．アクサライからセリメまで30〜40km程であるが，この間に人家は，ほとんど見られない．全て起伏の激しい荒地が続くだけだ．1500m程の高地に在る当地は，気候が厳しく，4〜5月頃に一部分に草木が繁るが，これも6月頃からの日照りに合い涸れてしまう．したがって，水は貴重な資源で，集落や人家がある付近には，かならず水場がある．セリメの集落においても，集落の前面に流れる，イヒララ渓谷の一部と集落の端部の湿地帯に設けられた共同井戸がある．これらの水場に水を汲みに通う作業は，主婦や，子供の役目であり，大きな水涌を手に集まって話し合っている主婦の姿をよく観察することがある．集落の後方には起伏の激しい岩状の山が続いており，これらの斜面や凹地に，這うような状態で住居がある．これらの住居は，穴の前面に簡単な囲いをして，石を積んだものから，独立して2階建ての住居として築いたもの，道路沿いに配置したものと，個々バラバラな形状と配置を示している．ほとんどの住居は規模は異なるが，囲み庭を持っている．これらの庭は，集落の後方に行くにしたがって，小型化する．住居に対する〈囲み庭〉は，ひとつは日常生活の延長として機能し，他方は，家畜の運動場として利用している．集落の内部には，道路として設けられたスペースはなく，乱立した住居と住居の間隙が，通路として利用されている．

その1 地中海地域の領域論的考察 | 177

Selime 2

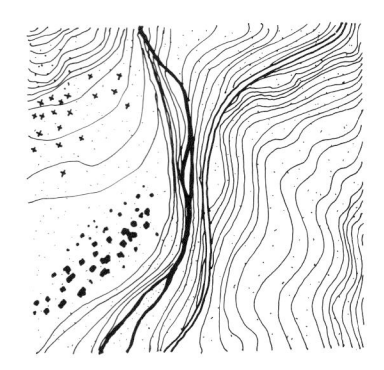

1	寝具置場
2	壁に沿って物が置いてある
3	カーペット
4	物置（衣服類）
5	祭壇
6	食器類物置
7	物置
8	窓
9	出入口

❶ 集落の全望
❷ 堀り込まれた住居とアプローチ
❸ 住居プランとセクション
❹ 岩にあけられた石の窓
❺ 観察した住居の全望
❻ 岩の住居と窓
❼ 穴居前の石積された出入口

カッパドキア地方におけるセリメ付近の住居は、地形との関係上三種類のタイプに観察される．ひとつは、先史時代の遺跡や、紀元前二千年頃のヒッタイト人と考えられる横穴住居と、修道院、および修道士の修業場としての、一連の廃窟の再利用である．第二番目は、上記の洞窟および廃墟化された穴居の前面に、構造補強と、内部の延長を兼ねて、石積による構造物を形成することである．第三のタイプは、以前の穴居の前面、またはその近辺に、新たに独立した住居を築くことである．これらの分類は、速く、この地方における住居の変遷と、それに伴なう生活様式および日常行為や習慣と一体化していると考える．廃墟化した洞窟の内部を多少改造した程度で、住んでいる場合、その生活行為も、かつての先住民とさほど変化していないように観察される．第二、第三のタイプにおいて、天井、壁、床を独立して建設したことは、同時に住居内部においても、家族が独立した室を欲求することになり、室の機能分けが生じる．セリメ手前の住居は第一のタイプに入り、穴居住居である．平面は正方形に近い形状を示し、日用品、家具等は、床に適当に置かれている．わずかに、食器類の置場が、壁の角に決まって配置されているだけで、家族からして自由に自分の位置を決定し、生活している．入口の正面の壁面が、40cm程堀り込まれ、祭壇と、物置きを兼ねている他は、他に凹凸は見られない．開口部は20cmほどの小さな窓が天井に近い位置にあるだけで、光は、間口に対し奥行きがあまりないために、出入口の光が、住居内部に均等に明りを与えている．室の使用の仕方が自由ならば、家族の居る場所、物の置き場所までもこの住居においては不確定な様子を示す．

Selime 2

その1　地中海地域の領域論的考察 | 179

Ürgüp

その1 地中海地域の領域論的考察 | 181

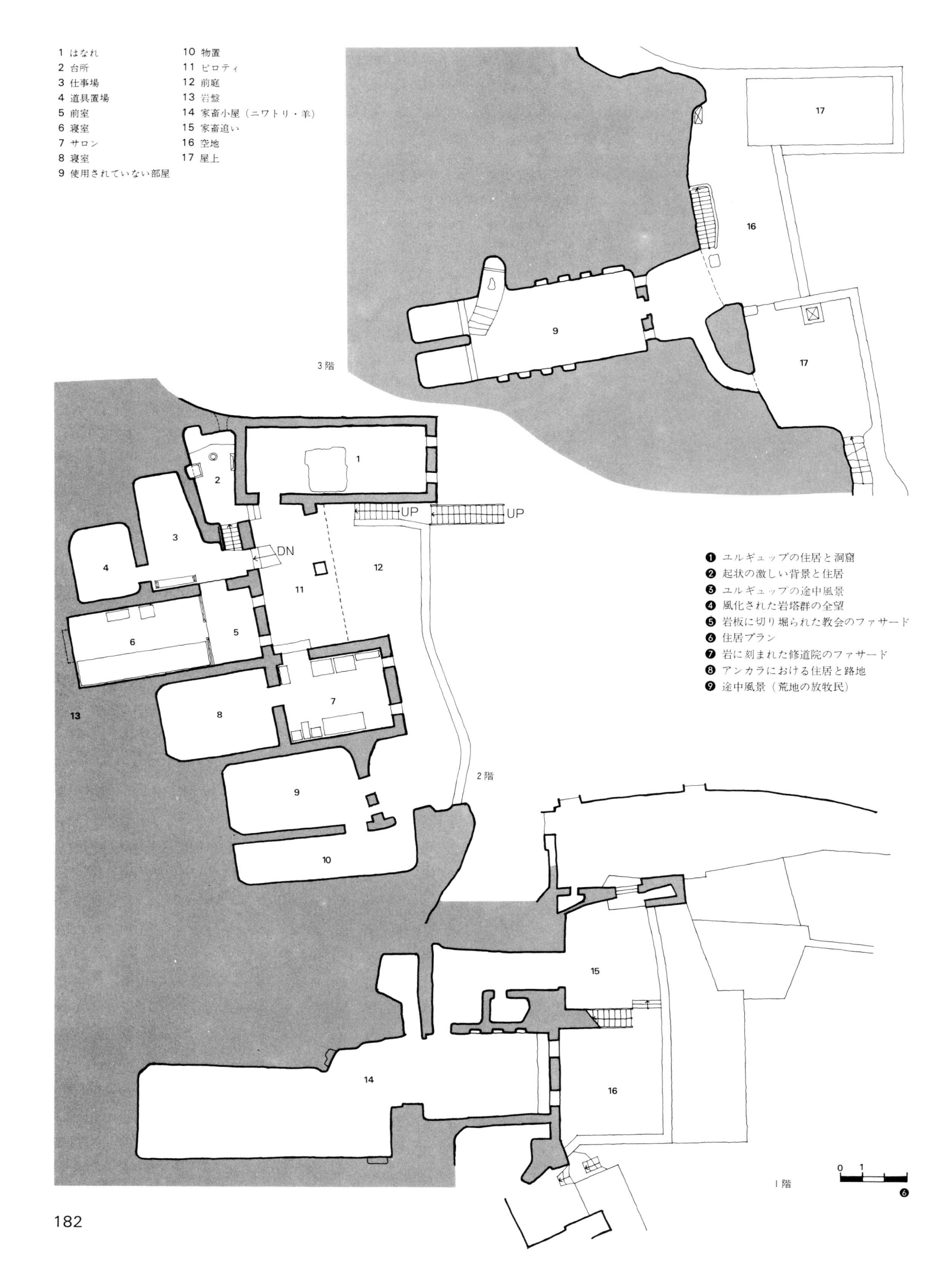

1 はなれ	10 物置
2 台所	11 ピロティ
3 仕事場	12 前庭
4 道具置場	13 岩盤
5 前室	14 家畜小屋（ニワトリ・羊）
6 寝室	15 家畜追い
7 サロン	16 空地
8 寝室	17 屋上
9 使用されていない部屋	

3階

2階

1階

❶ ユルギュップの住居と洞窟
❷ 起状の激しい背景と住居
❸ ユルギュップの途中風景
❹ 風化された岩塔群の全望
❺ 岩板に切り堀られた教会のファサード
❻ 住居プラン
❼ 岩に刻まれた修道院のファサード
❽ アンカラにおける住居と路地
❾ 途中風景（荒地の放牧民）

❻

ネウシエヒール，アバノス，ゲレメ，ユルギュップにかけての一帯は，カッパドキア地方において最も地形上奇怪な景観を示す．昼夜の寒暖差，雨期の豪雨，冬期の豪雪による浸蝕，風化は，山陵を地殻のみ残し，奇怪な塔と化してしまった．その異端的形状故に，全ての人工的創造物を拒否し，居住者を点在する突起の内部に住まわせてしまったかのごとく観察させる．いずれにせよ，夥しい数の穴が，カッパドキアのいかなる場所でも見られる．これらの洞窟の大部分は，廃虚化され，放置されている．この小アジアのこれらの洞窟に9～10世紀には，世を棄てた修行者達が群を成して住んで居たといわれる．4世紀頃が，最盛期と考えられ，カッパドキアの〈3つの星〉と後生に残る，カイサレヤのバスィレオス，ニッサとナズィアンゾスの両グレゴリウス等の著名な教父達が活躍したのも，この時期である．洞窟の出入口は，長期に渡る争いや，外敵の浸入を防ぐため，極端に縮少されている．室内は10m²程度のものが多く，四角の平面を持ち，単純な構成をとっているが，中には，ベリスイルマ溪谷における〈ガラパジヤ修道院〉や，〈アラ・キリッセ修道院〉，ゲレメの〈トカ・キリッセ修道院〉に代表されるように，複雑な形状と，構成を持ち，かなり大規模の洞窟もある．これらの修道院には天井，壁面の細部に渡り，キリストにまつわる説話や宗教像が表現されている．大部分の壁画は漆喰を下地に，ベンガラ色（中には黄，緑，黒色等も見られる）を中心に単純な構図と手法による線画で，幾重にも層を成しており，所所の剥離した壁面の下に，他の時代の人々が描いたと考えられる記号や銘文を主体にした絵画が見られる．また，別種の層から故意に破壊されたと考えられるキリストを主題にした聖像絵画等が観察され，当時の東方キリスト教会における，聖像の肯定，否定をめぐる激しい争を知ることができる．

Ürgüp

その1 地中海地域の領域論的考察 | 183

資料解説

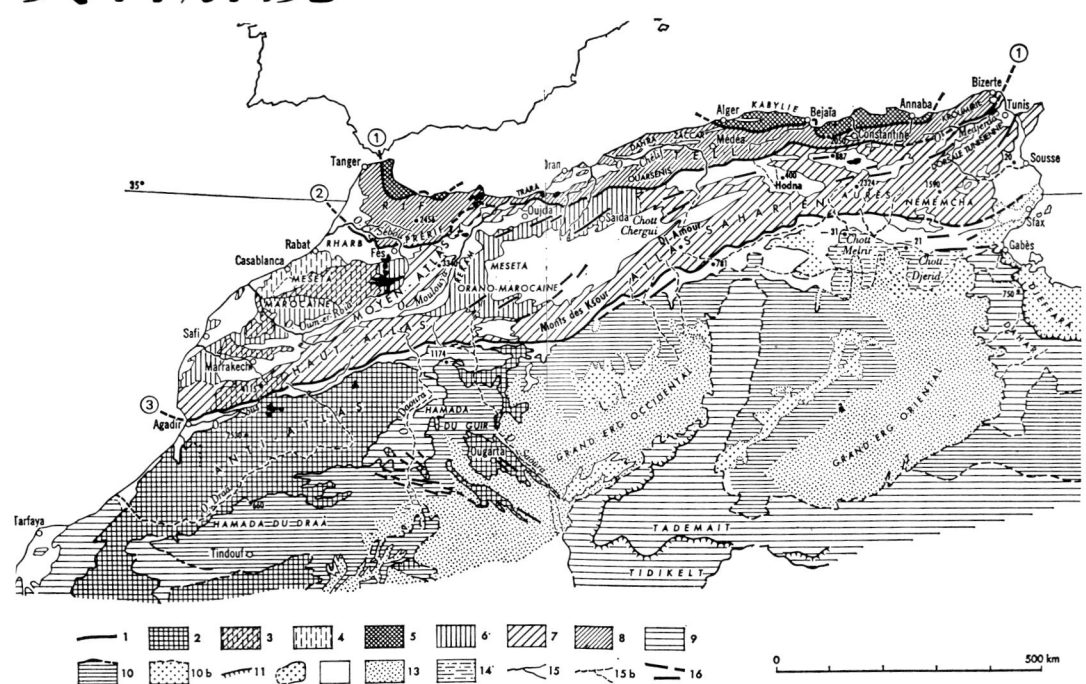

1　領域の境界線——①準内海への突起　②リフの丘陵地　③アトラス山岳地　2　前カンブリア層の露出領域　3　深い森林地帯　4　原生低台地　5　準内海への突起の原生露出領域　6　アトラスの平板なあるいは小変形した台地領域　7　アトラスの褶曲領域　8　リフ丘陵地の複雑なひだの領域　9　岩石質の砂漠状高原　第二紀層　10　岩石質の砂漠状高原　第三紀層　10b　サハラ砂漠の台地部分　11　サハラ砂漠の主要な崖　12　変りやすい内部構造をもつ区分領域　13　砂漠　14　かん湖の低台地　15　永続する川　15b　一時的な川　16　山陵

図1——北西アフリカの構造

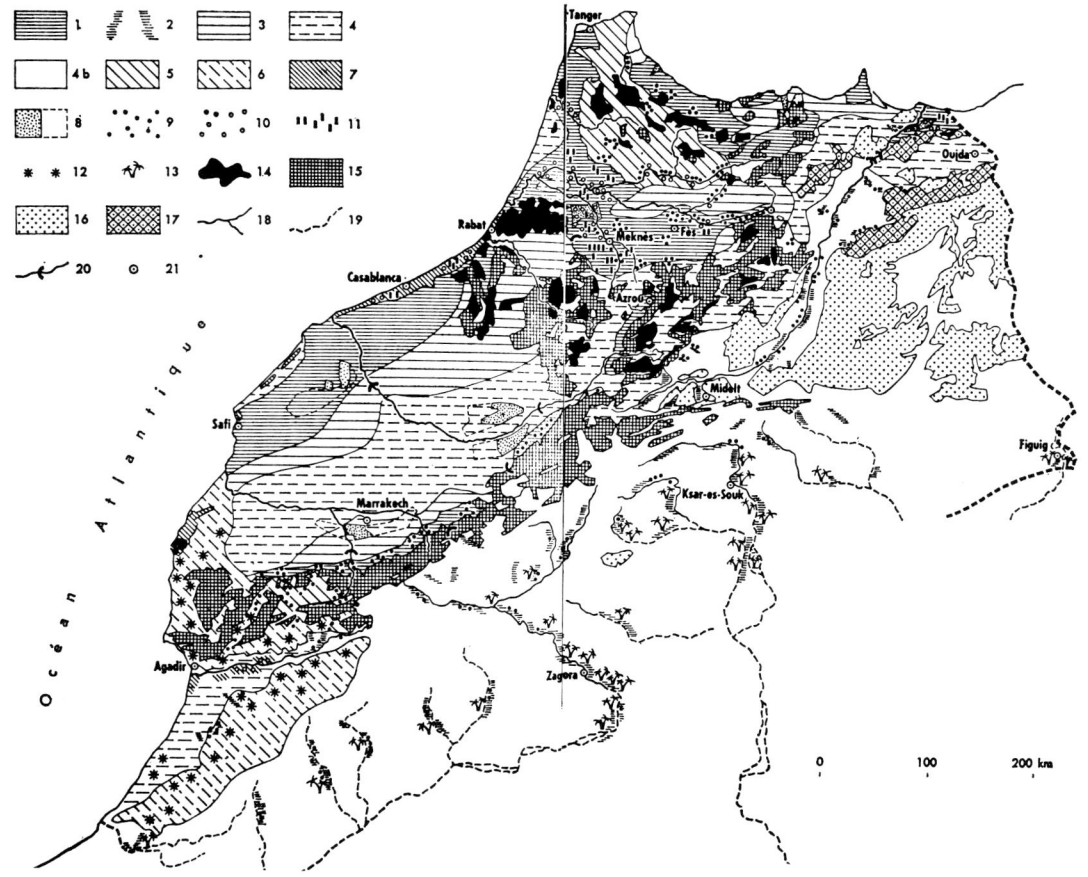

1　休田なしの耕地　2　局地的耕地　3　休田ありの耕地　4　放牧地と耕地の混合地域　4b　羊の主な放牧地　5　山岳農耕地　6　丘陵地あるいは乾燥した山岳地の農耕地　7　平野の豊かな農耕地　8　近代的扇形灌漑用地　9　果樹園　特にオリーブ　10　シトロン　11　ブドウ園　12　オレンジ　13　ナツメ椰子　14　木材のために植林した森　15　農耕された空地のある田園森林地域　16　アフリカハネガヤの水脈　17　アフリカハネガヤの水脈をともなった森林　18　永続的な川　19　一時的な川　20　灌漑用堰　21　都市化した集落

図2——モロッコの産業

1　マグレブ3国の地理概要

モロッコ——地中海の海岸にそってリフ山地があるほか，地中海岸から大西洋岸にかけて，北東から南西にアトラス山脈が走っている．　北から中アトラス，高アトラス，およびアンティアトラスに分けられ，高アトラスにはトゥーブカル山など4000mをこえる高峰も少なくない．アトラス山脈の南側はサハラ砂漠につづく乾燥地帯であるが，その北側と北西側は北アフリカで最も肥沃な農業地帯をなす．　リフ山地やアトラス山脈では雨量が多く，最も多い所では年1500mm以上に達する．　この山地の雨で生まれた川の水で農業が行なわれるわけである．

アルジェリア——北アフリカの北岸にそって走るアトラス山脈はアルプス造山期に隆起した褶曲山脈である．　カビリア山脈では2300mに達する．　この南部には標高約1000mの平坦な高原地帯が横たわり，さらに南部にアトラス山脈と平行して走るサハラアトラスの山々がつらなる．　その南方に広大な砂漠地帯がひろがる．　気候は典型的な地中海型であるが，奥地は砂漠地帯特有の気候で寒暑の差がいちじるしい．　海岸地帯は降雨量1000〜1500mmに達するが，アトラス山脈の南方領域では200mm以下で砂漠状を呈する．　北東アトラス山脈はコルクガシ等の森林にめぐまれているが，内陸のステップ状の草原では，カヤのような草がはえている．　砂漠地帯はナツメヤシが散在する．

チュニジア——南西部はサハラ砂漠の一部でジュリド，ラルサなどの塩湖がある．北西は西方から延びたアトラス山脈があるが，高さは500〜1000mである．　北部を流れるメジュルダ川が唯一の重要な川である．　砂漠地帯を除き，国内の大部分は温帯の地中海性気候で雨量も少なくない．

——芦川　智

2　マグレブ3国の現状概略

モロッコ——モロッコの人口の35%がベルベル語を話し，大多数はアトラス山脈を中心に居住し，アラブ語を話す多数民族は平野部に住み，この国の主導権を握っている．　農業生産はモロッコ経済の中心であり，人口の¾が非都市人口である．　労働人口の65%が農牧林業等に従事している．　食料の自給率は90%で総輸出額の50%を農業生産物が占める．漁業の重要性も高く，漁獲高の80%を占めるイワシは輸出品の重要な一部を形成

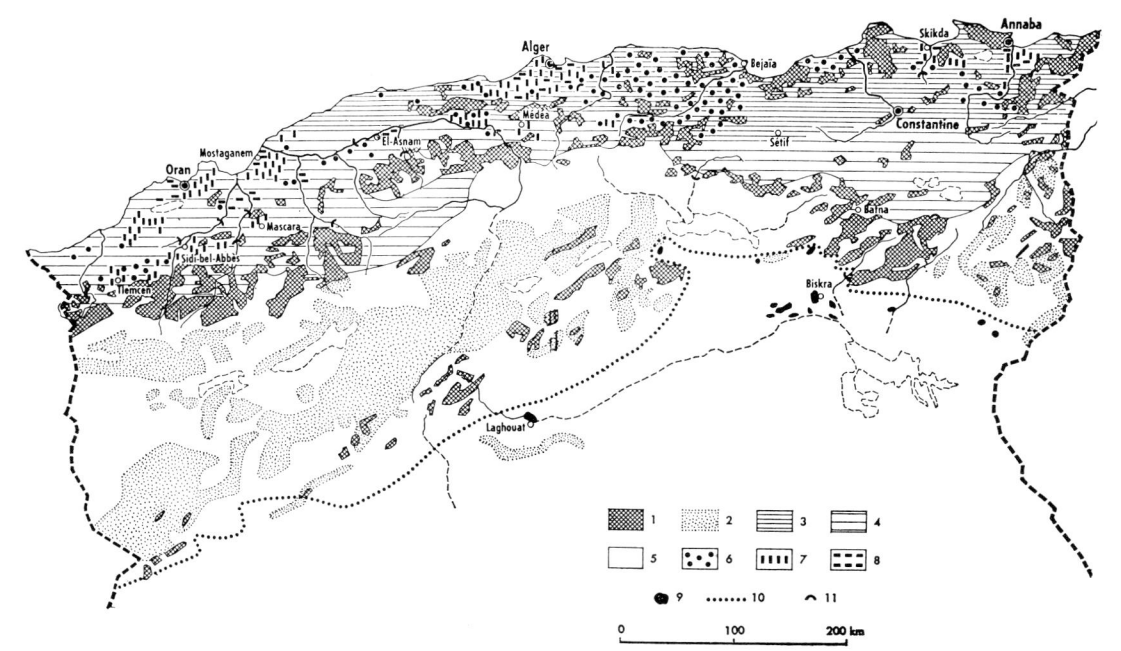

1 主な森林地帯　2 アフリカハネガヤのステップ地帯　3 休田なしの耕地　4 休田ありの耕地　5 耕地を中断し放牧地へ転換した地域
6 オリーブ地帯　7 ブドウ畑　8 野菜畑と果樹園　9 オアシス　10 ナツメ椰子の栽培北限界　11 主な灌漑用堰

図3——アルジェリアの産業

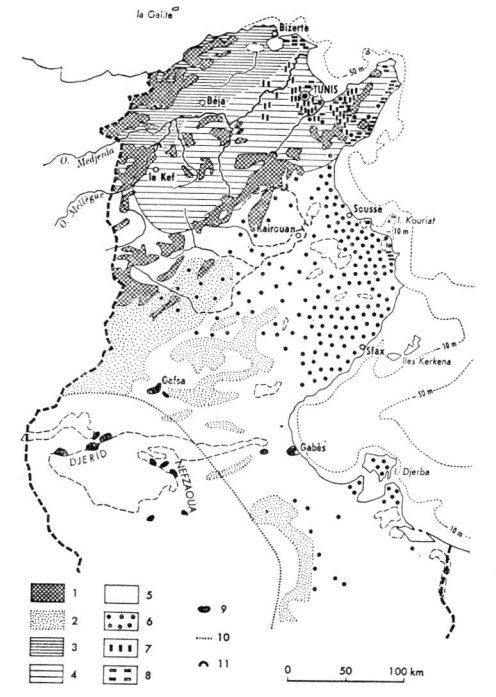

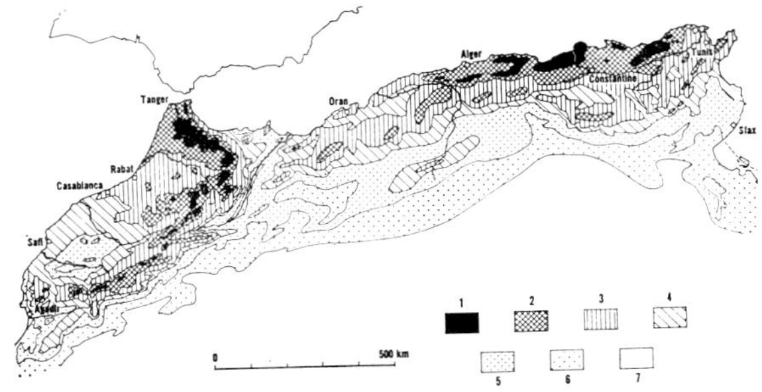

1　1000mm以上　2　600～1000mm　3　400～600mm　4　300～400mm　5　200～300mm　6　100～200mm　7　0～100mm

図5——北アフリカの降雨量（年間降雨量分布）

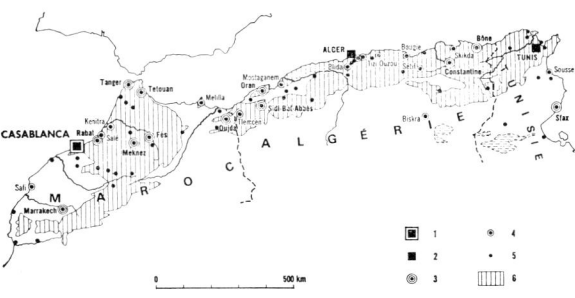

1 主な森林地帯　2 アフリカハネガヤのステップ地帯
3 休田なしの耕地　4 休田ありの耕地　5 耕地を中断し放牧地へ転換した地域　6 オリーブ地帯　7 ブドウ畑
8 野菜畑と果樹園　9 オアシス　10 ナツメ椰子の栽培北限界　11 主な灌漑用堰　　図4——チュニジアの産業

1　100万人都市　2　50～100万人都市　3　10～50万人都市
4　5～10万人都市　6　雨量400mm以上の地域

図6——北アフリカの都市

する．　鉱業資源にも恵まれ，鉱業人口約31,000人で，特に燐酸鉱物は世界最大の輸出国となっている．　工業はカサブランカを中心に発展しつつあるが，国民生産の20%には至っていない．　これらの発展を制約するものは，低開発国特有の経済成長を上まわる人口増加（約3.2%/年）であり，農業生産の近代化の遅れである．　また外国資本に対する依存率の高さと少数の大土地所有者，鉱工業資本家および商業資本家と大多数の国民，労働者間の富の極端な不均等分配はこの国の特徴である．

アルジェリア——大多数がイスラム教徒でアラブ語とベルベル語を話す．　産業は農業中心で，地中海沿いの肥沃な平野に依存し，穀類とブドウ等の果樹栽培に適している．

	耕地	牧草地	ブドウ園	果樹園	森林	藻木林	荒地砂漠
面積 万km²	6.2	9.6	0.4	0.2	3.5	38.4	180.0
比率 %	2.6	4.0	0.2	0.1	1.5	16.1	75.5

ナツメヤシの生産は世界第3位である．農業開発は洪水等による侵蝕作用，農業技術の立ち遅れ，低い雇用率などが障害となって思うように進まず，1970年からの経済4ヵ年計画では，財政投資額の16%が農業に向けられているが，70%の国民が農業従事者であることを考えると，高い比率とは考えられない．　鉱業資源は豊富で，油田，ガス床の開発が重要視されている．　工業生産の占める割合は小さいが，前述の経済4ヶ年計画では45%の投資が工業開発に向けられ，13%/年の成長率が見込まれている．

チュニジア——国民の大多数は北部海岸沿いの湿潤な地域に居住，人口の1/6が首府チュニスの都市圏に住んでおり，しかも，チュニス以外の都市は全て人口10万以下の小都市である．　人口増加率は2.1%/年であるが，減少の傾向にある．　チュニジアの2/3は農業に適しているが，農業技術の遅れと人口増加から，食料の自給体制は遅れている．　しかし1962年からの経済4ヵ年計画では5.5%/年の生産増加率を確保し，1969年からの計画では財政投資額の20%が農業に向けられている．　労働人口の46%が農業人口で，1972年度ではこれが44.7%に減少し，工業とサービス部門に吸収される計画である．この時，旅行運輸を中心としたサービス業人口は労働人口の12.9%を，工業関係は12%を，石油鉱業を中心とした天然資源開発産業は16.7%を占めるはずで，特に燐酸鉱物は重要である．——上原惇彦

マグレブ3国対照表

国名	モロッコ	アルジェリア	チュニジア
政体	立憲君主	共和国	共和国
人口	15,030,000人 (1969) 外国人 170,000人を含む	12,101,994人 (1966) ヨーロッパ人80,000人含み海外アルジェリア人50,000人を除く	4,533,351人 (1966)
面積	約500,000km²	2,381,743km²	164,150km²
人口密度	37人/km² (1969)	5.2人/km² (1966)	36人/km² (1966)
農業 小麦	1,470千トン (1960)	1,330千トン (1966)	300千トン (1969)
大麦	2,040	377	80 〃
ミカン類	742	405	95 〃
牧畜業 牛類	3,580,000頭 (1969)	3,000,000頭 (〃)	593,000頭 (1965)
豚	13,000 (1969)	不明	5,000 〃
羊	16,000,000 (1969)	13,000,000 (〃)	3,767,000 〃
山羊	8,750,000 (1969)	7,000,000 (〃)	527,000 〃

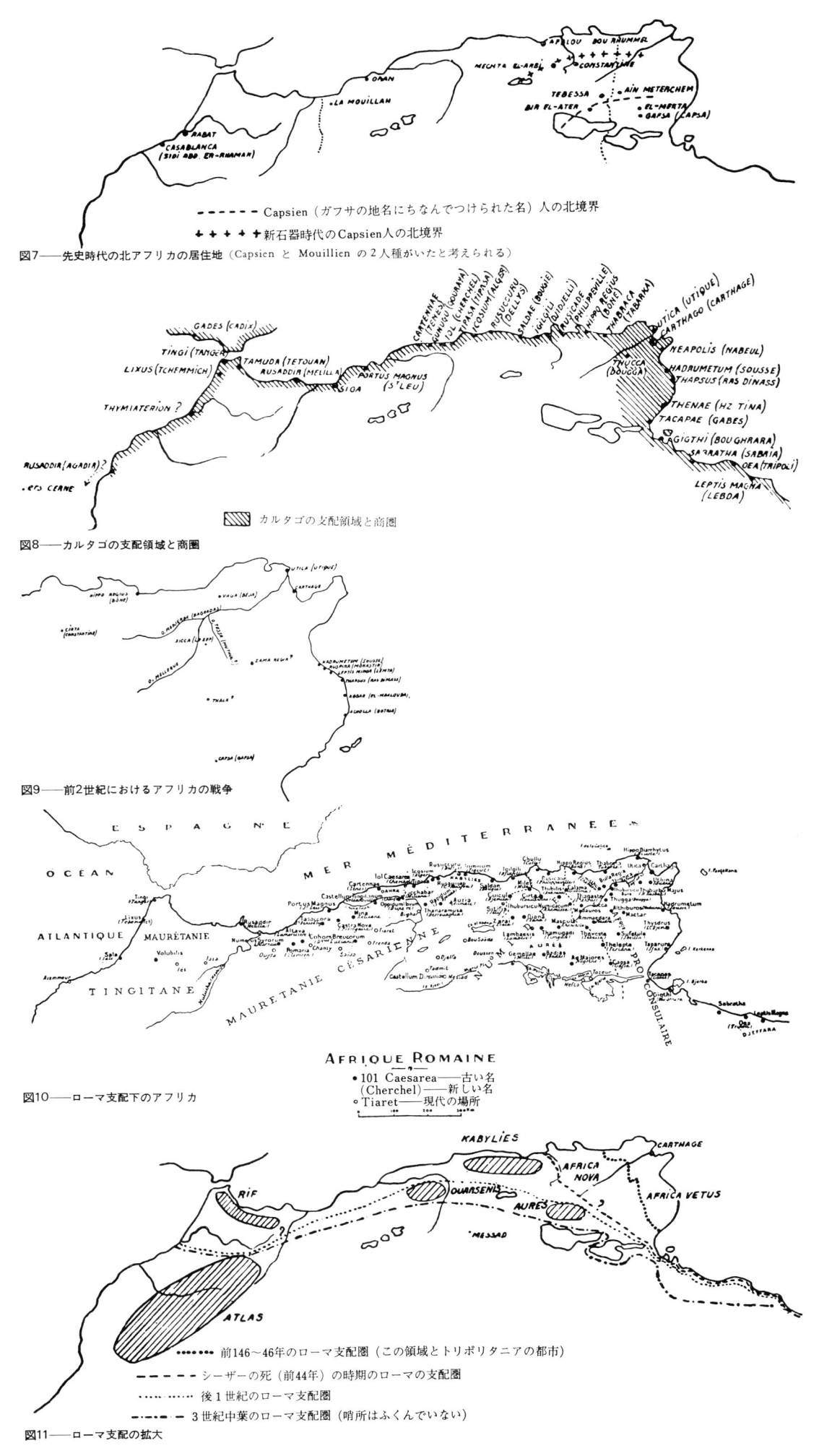

図7——先史時代の北アフリカの居住地（Capsien と Mouillien の 2 人種がいたと考えられる）

------ Capsien（ガフサの地名にちなんでつけられた名）人の北境界
++++ 新石器時代のCapsien人の北境界

図8——カルタゴの支配領域と商圏

▨ カルタゴの支配領域と商圏

図9——前2世紀におけるアフリカの戦争

図10——ローマ支配下のアフリカ

• 101 Caesarea——古い名
　　　(Cherchel)——新しい名
○ Tiaret——現代の場所

図11——ローマ支配の拡大

------ 前146〜46年のローマ支配圏（この領域とトリポリタニアの都市）
―――― シーザーの死（前44年）の時期のローマの支配圏
…… 後1世紀のローマの支配圏
――― 3世紀中葉のローマ支配圏（哨所はふくんでいない）

3 ベルベル人について

マグレブ（西方を意味する）地域において，人口のおよそ3/4がアラビア語を話し，1/4がベルベル語を話すといわれる．トリポリで23％，コンスタンチンで27％，チュニスで1％，アルジェで34％，オランで1％，モロッコで40％といったデーターもある．フランス語は上流階級で使われ，モロッコ北部でスペイン語，リビヤとチュニジアでイタリヤ語がある程度知られている．ベルベル語域は，エジプトの Siwa のオアシスから大西洋岸まで広がっている．Adadir（とりで）Arzou（岩）Ifini（岩のある砂漠）Tsurirt（円形の峠）Tizi Ouzou（雨の山道）Tsettaven（泉）といった美しい地名はベルベル語で名づけられた．

古代エジプトの頃から，ベルベルは自からを Imagighen と呼んでいたが，これは自由人を意味する．このフィーリングが中央政治をつくりにくくしていたと思われる．

この地域の土着民はベルベル人とよばれ，おそらくバロバロイと同じ語源からきた名称であろうといわれている．ベルベル人の源はわからないが，アラブ人やカルタゴ人と同様に，東方からきたのではないかと推測されている．おそくとも前2000年にはベルベル人がマグレブに彼らの基礎を降していたといわれる．マグレブ建国当時，人種的には混成していたと思われる．移住者の数も，不確かであるが，ヴァンダルの8万人，東方からの15万人で，全体で20〜30万人ではないかといわれている．しかし，ヨーロッパ支配の間におよそ150万人が移り，全域にはユダヤ人50万がいる．ベルベル人の種族的構成はしたがって，古くから変っていないと考えられる．人種的には，ベルベル人は白人種で，3つのタイプに分類されるといわれている．ベルベル人がヨーロッパ人の服装をした場合には両者の見わけはつかない．

はじめは，野獣を避けて安全な地に住み，農耕のために定住し，と同時に牛，馬，羊，やぎ等の飼育のために冬の平地での放牧，夏の山間での放牧，乾燥期には山間の草地での放牧がともなう．農業は前2世紀マシニッサの頃進歩したままと考えられる．アトラスをはさんで，南から北へ，あるいは北から南へとキャラバンを組んで通商した．穴居生活は前史の段階で長く続き，一部では現在ものこる．Ifri は，洞穴の意．洞穴は

図12——ローマ支配の衰退

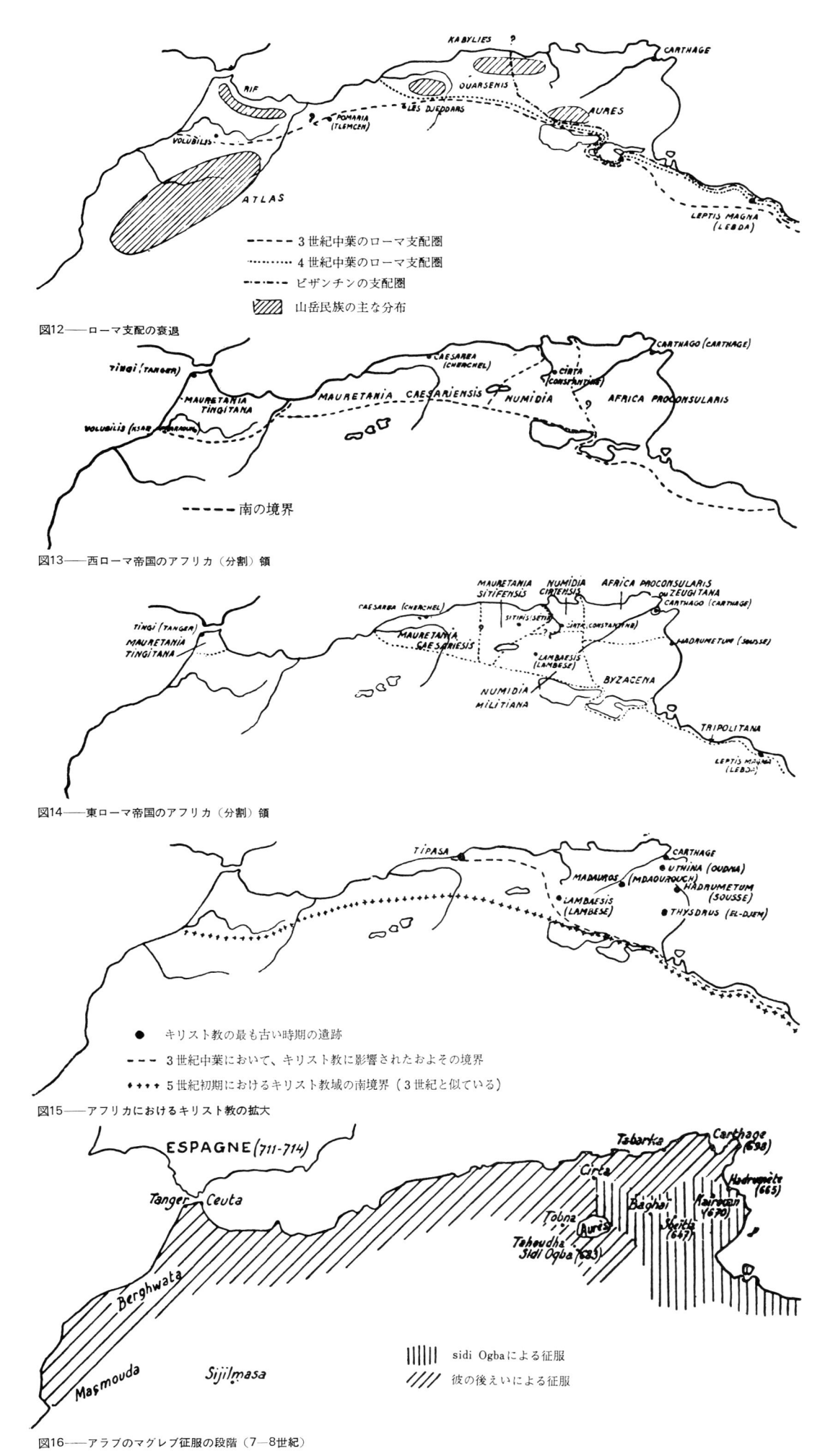

- ---- 3世紀中葉のローマ支配圏
- ……… 4世紀中葉のローマ支配圏
- —·—·— ビザンチンの支配圏
- ▨ 山岳民族の主な分布

図13——西ローマ帝国のアフリカ（分割）領

- ---- 南の境界

図14——東ローマ帝国のアフリカ（分割）領

図15——アフリカにおけるキリスト教の拡大

- ● キリスト教の最も古い時期の遺跡
- ---- 3世紀中葉において、キリスト教に影響されたおよその境界
- ✦✦✦ 5世紀初期におけるキリスト教域の南境界（3世紀と似ている）

図16——アラブのマグレブ征服の段階（7—8世紀）

- ‖‖‖ sidi Ogbaによる征服
- ⫽⫽⫽ 彼の後えいによる征服

mapaliaとよばれる住居と併用され、ござが使われた。住居の簡単なものは、石と日乾れんがでつくられ、長方形プランである。遊牧民の略奪にそなえて、クサール（Ksour）とよばれる集落をつくる。クサールのなかで、収穫物をまとめて貯え、共同でこれを守っていた。その建物をカスバといい、四すみに見張台をもつ城のような構えの多層の建物である。

ベルベル人は、古くから変らない生活をつづけてきた。いまも古い時代の生活が続いているというのは間違いないようだ。欲求が少なく、菜食の傾向が強い。農業はクスクスをつくり、家畜はまれにしか殺さず、やぎの乳をのむ。狩の獲物、エスカルゴ、蜜などを食べ、飲みものとしては水。芸術は生活の表現である。しかし、ベルベルの芸術は、自然のなかにモデルを見出すのではなく、幾何学的な表現である。ときどき無器用に曲線をつかうだけである。言語を遠くさかのぼれば、セム系である。知られている限りでは、前2世紀、B.C.125年の文章が発見されているものの、標準となる文字がない文明である。書く文明は発展しなかった。

彼らの宗教は、アニミズム、動物崇拝から始っている。地域的な神々の信仰はローマの時代までつづいた。後にベルベル人は、エジプト、カルタゴ、ローマの神をとりいれている。紀元前1世紀に、象の皮をかぶった女神Africaをもつ。礼拝は高台の泉の近くか、聖樹の近くの洞穴で行われた。魔法の儀式のほか、いけにえをそなえたりした。

ローマ帝国後期にはキリスト教が広まった（歴史附図参照）。多くのベルベル人聖職者がいたが11世紀までに、土着のキリスト教徒はいなくなった。＜アラブ＞と＜イスラム＞とは同義語であると考えてよい。

埋葬は、前史では岩壁に穴をあけて放置した。その後、屍体の上に石を積むbaziaをつくり、ベルベルのモニュメントになってゆく。現在でも、墓は著しい特色をみせている。

註記：末尾掲載文献①、④による。

4 マグレブの歴史年表および附図についての註記

ベルベル人は幾世紀にわたって、外国の影響を受けている。そのほとんどは侵略によるものであって、ベルベル人がそ

図17——9世紀初頭のマグレブ

図18——Fatimide の征服の段階

図19——11世紀中葉のベルベル

図20——マグレブのアルモラヴィッド帝国

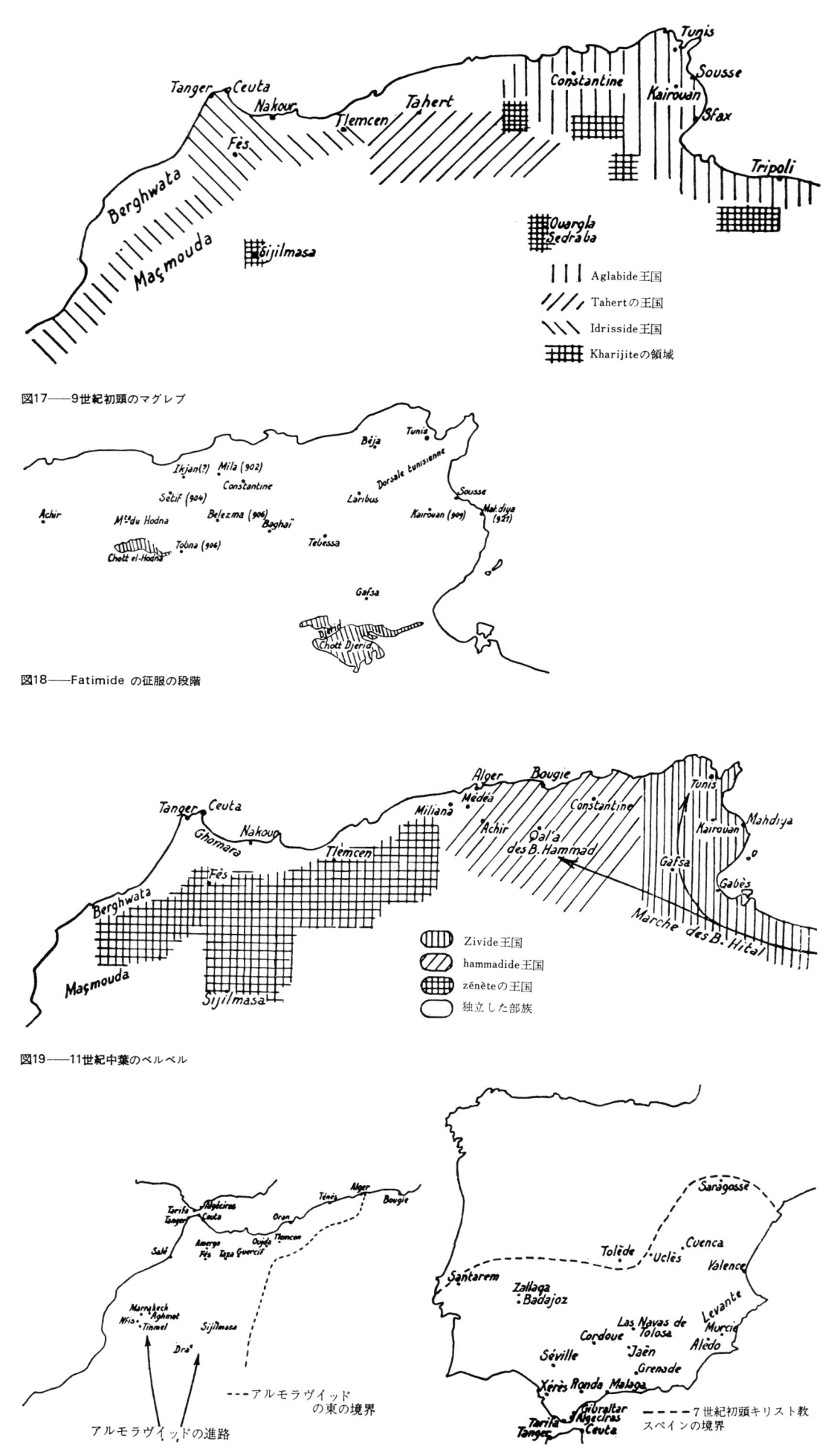

図21——アルモラヴィッドとアルモハッド時代のイスラム化したスペイン

の性格上，強い中央集権をもたなかったからであろう．最初は，フェニキヤとカルタゴによるもので，B.C. 1200年から1000年間続いた．第2は，ローマの支配期で，カルタゴ崩壊のB.C. 146年から 650年ほど続く．第3はヴァンダルの侵入とビザンチンの復興によるもので（429年から642年まで），第4はアラブ支配で，モロッコでは1200年，その他で 800年の間つづき，第5は，16世紀にはじまるトルコの支配でアルジェリアとチュニジアが特に支配下におかれた．第6が，19世紀にはじまり，各国が独立をかちとる1950年代，あるいは60年代の初めまで続くヨーロッパ支配，特にフランスによる支配である．この間，スペイン，ポルトガル，ノルマン等によって，幾度か海岸線を侵されている．

年表は，末尾に記す数冊の歴史書をたよりにして，つくったが，正直なところ，何が重要な出来事であるかは十分な判断ができないので，支配者の歴史になってしまっている．また年代も書によって一定しておらず，確実な年代については各原典を比較検討していただきたい．通史を簡略に書く積りであったが，極めて複雑で十分な余白がないこと，もともと本書が歴史そのものを頼りにしているのではないこと，さらに歴史の記述がいずれにしても翻訳になってしまうこと等を考慮して，年表にまとめた．素人なりに，本書の内容の参照となるべく，歴史との関連における要点を記述しておく．

(1) ほとんどが他者の支配による歴史のなかで，アトラスの南のベルベルの住環境は原形を保っていると考えられる．

(2) アラブの支配および文化的な影響は，他のそれとは本質的に異る．それはアラブが武力征服のあと，血の交わりによってベルベルに融合したからである．アラブは，言語，宗教，思考方式を導入し，以後ベルベル人はイスラム教とアラブ語のなかで自己表現する．アトラス北の諸都市はアラブベルベルの文化としてとらえられる．

(3) ベルベル王国の時代は，伝説的な領域に属することが多い．

(4) ローマの支配によるキリスト教文化は，11世紀頃で終っている．

(5) ヴァンダル，ビザンチンの支配はアラブの影響の強さによって消えている．

(6) アラブとベルベルによる文化は，東のイフリキヤ，西のモロッコおよびスペインにふたつの中心をもつ．スペイ

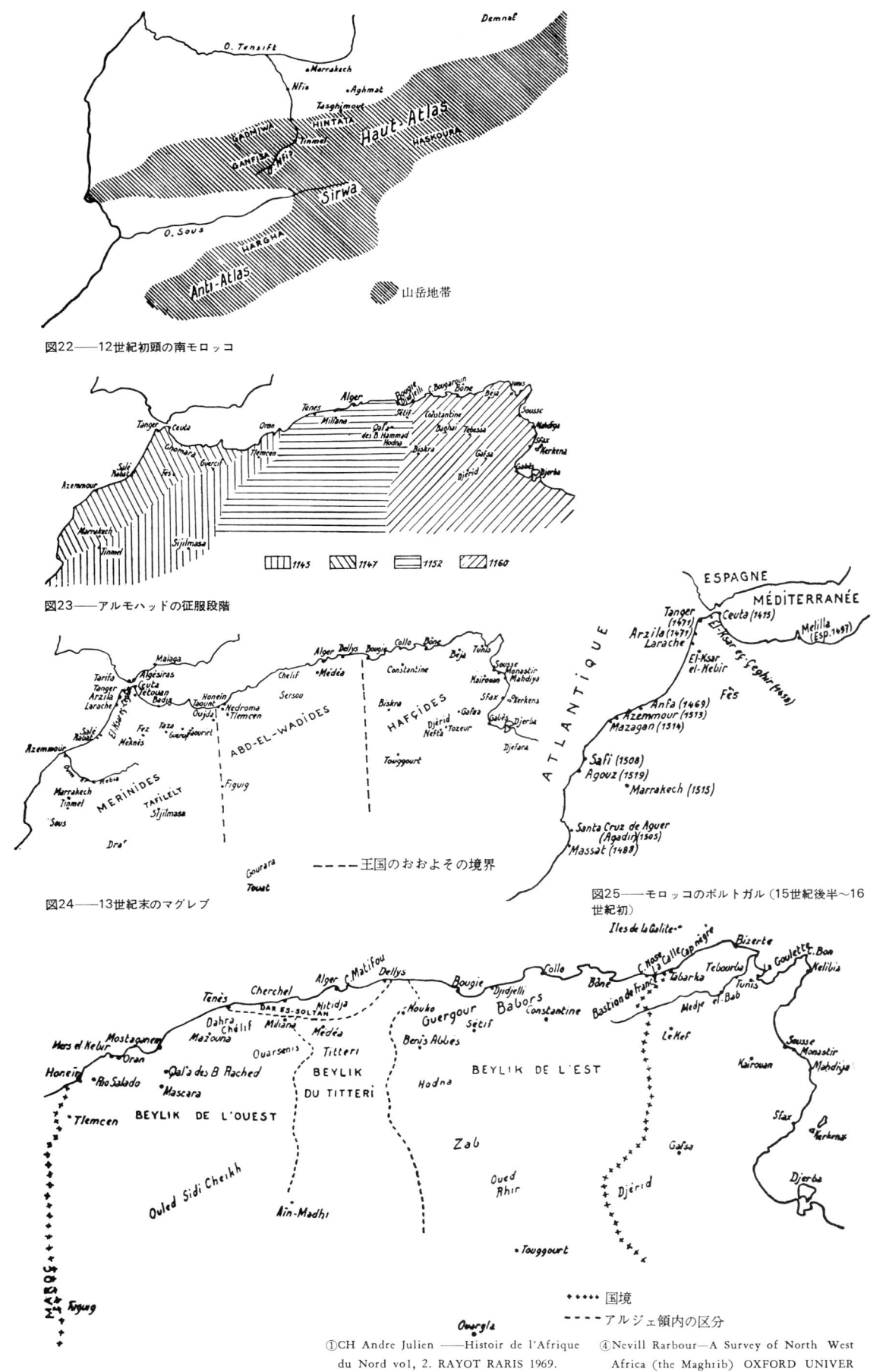

図22——12世紀初頭の南モロッコ

図23——アルモハッドの征服段階

図24——13世紀末のマグレブ

図25——モロッコのポルトガル（15世紀後半～16世紀初）

図26——トルコ支配下のアルジェリアとチュニジア

① CH Andre Julien——Histoir de l'Afrique du Nord vol, 2. RAYOT RARIS 1969.
② Addallah Laroui——L'Histoire du Maghreb FRANLOIS MASDERO RARIS 1970
③ Charles Andra Julie——Histoire de l'Afrque Blanche (gue seis je?). PRESSES UNIVERSI TAIRES 1945
④ Nevill Rarbour——A Survey of North West Africa (the Maghrib) OXFORD UNIVERSITY PRESS 1959
⑤ Jamil M. ABUN—NASR—A Histor of the Maghrib. Cambridge at the Unlversity Press 1971.

ンでは800年から200年の間，キリスト教，ユダヤ，イスラムの各文化の統合がおこり，ヨーロッパの文化の中心となる．この頃のいわゆるアンダルシヤの文化は，最高の知的水準を誇り，アラブに蓄積されたギリシャ文化が翻訳者集団によって，ヨーロッパに伝達されてゆく．またベルベル帝国期に，アンダルシア文化がモロッコに輸入され，ラバト，フェズ，マラケッシュの各都市をいろどる．

（7）十字軍精神はスペインからイスラム文化を追い出し，さらにマグレブに攻撃をかけるが，新大陸の発見やアジアへの関心の移行が，マグレブのヨーロッパ化をふせぐ．

（8）＜ピレネーから南はアフリカだ＞というフランスの諺と対に＜アトラスから北はヨーロッパだ＞という表現がありうる．

（9）スペインを追われたイスラム教徒が，ラバト・サーレ，テトアン等を基礎に海賊行為をする．トルコ支配下で，マグレブ海岸都市は海賊行為をし，それが重っていって，ヨーロッパ帝国主義侵略の起点となる．

（10）マグレブ内部では，遊牧民族が歴史の主導権をにぎる．ベルベル帝国期がマグレブ文化の頂点を示す．ヘゲモニーの争いは部族と宗派の複雑な組み合せのうえで展開する．

（11）マグレブ3国は，ヨーロッパ帝国主義間の取り引きの結果，フランスの支配下になる．フランスは完全な植民地政策を敷く．マグレブの民族運動はおよそ100年続き，はげしい戦いの後独立をかちとる．現在のマグレブ諸国は，民族主義の継続として理解される．

（12）マグレブとヨーロッパの主接点は，ジブラルタル海峡と，シシリーとチュニスを結ぶラインである．マグレブが東から受けた影響は大きく，マグレブが東へ与えた影響はさほど大きくない．

（13）＜歴史が書かれていない時が，ベルベル人にとって平安な時である＞

年表の3国の枠は地理的配置と対応しており，矢印は支配者の侵入あるいは文化のゆききの方向を示している．

私たちが年表を掲げた意図は，かく複雑に支配されながら，ベルベル人あるいはベルベルアラブが，自己の生活をまもっているという驚嘆の表現にある．また多少なりとも，マグレブ地域についての知識の役にたてば幸いと考えている．参考文献は左の通り．　　——原　広司

その1　地中海地域の領域論的考察　｜　189

マグレブ年表──附 歴史地図

時代	MOROCCO	ALGERIA	TUNISIA	本文図
カルタゴ		B.C.15〜10C アルジェリアに人が住んでいた． B.C.12C フェニキア人，アルジェリア沿岸を港としてつかう．	フェニキア人の植民地．	図7
	カルタゴとサレと交易．ただし，カルタゴがモロッコに与えた影響は大きくない．		B.C.800年頃 フェニキアの植民地Tyrを基礎にして，カルタゴの建国．	
			B.C.5C カルタゴ，シシリーを統合(480)，リビヤに拡大．	図8
			B.C.236-241 第1次ポエニ戦争(カルタゴ戦争) カルタゴはシシリーとリパリ島を獲得．	
			B.C.218-201 第2次ポエニ戦争．ローマ勝ち，カルタゴは地中海の支配権を失う．	
ベルベル王国		Massinissaによるベルベルの統合(202-148)が伝えられる． Numidia Micipsaの死(118) Jugurthaによるベルベルの統合(118-105) Cirtaへの攻撃(193)	B.C.149-146 第3次ポエニ戦争．カルタゴの衰退，ローマ支配始まる． Uticaに執政官住む．	図9
ローマの支配（ローマ支配力の衰退244〜429）	A.D.6 ベルベルのローマ支配にたいする反乱． 17〜24 ローマ勢力にたいする妨害活動． 1C前半 ローマの分割統治(Mauritania Tinqitana地域，境界はラバト，フェズ，メクネスの南にひかれている)	B.C.46 Caesarのマグレブ遠征：Numidia(Juba I)をやぶる．Thapsusにて Bocchus IIの死(B.C.25) Mautinania王国． B.C.1C 始 ベルベル人Tacfarinasが南と東から人を集めローマに反抗したと伝えられる． ローマの分割統治(MAURETANIA CESARIENNE地域およびNUMIDIE)． ローマ都市Caesareaに4万人のローマ人が住むと伝えられる．(現在のcherchell)，キリスト教さかん．都市ではラテン語が話される．経済は農業による． (2世紀の初頭) limes(境界線)の建設．とりで，塔，キャンプがつくられる．fossata(溝と壁)もつくられる．	ローマ分割統治 (AFRIQUE PRO CONSULAIRE地域) デオクレティアヌス(284〜305)によって6地域となる．	図10 図11 図13
侵入と支配 ヴァンダルの	429 ヴァンダルのモロッコ侵入．アフリカに8万人が侵入したと考えられている．			図12
東ローマ帝国による再支配		ユスティニアウスによるマグレブの分割統治．(ユスティニアウスの 565)	500頃 ベルベル人のヴァンダルにたいする攻撃．チュニスからヴァンダル人を追出す 533 コンスタンチノープルから東ローマ(ユスティニアウス帝)のカルタゴ侵入，ヴァンダル勢力を破る．	図14 図15
アラブのマグレブ支配（サラセン）とアラブとベルベルによる王朝時代	684 アラブ，モロッコに侵入． 711 アラブ指揮下でモロッコ人のスペイン侵入． (756〜1031)コルドバのイスラム支配期間 (Maqhrib al-agsâ) Idrisides朝の支配(788〜974)首都Oulili(Fesの基礎)→Walilha アッパース朝から追われたIdrisの息子を首長にえらぶ．(IdrisからAhmadまで12代)．	670 Kairouanにアラブが基地をつくる． 698 ローマ最後のとりでカルタゴの占領 (Magrib al-awsat) Kharijites朝(776〜908)アルジェの近くTâhertに首都．	642 アラブ，リビアにはじめて侵入． (Ifriqiya) Aghlabides朝(800〜909)，首都(IbrahimからZiyadat AllahⅢまで11代)．	図16 図17
	917 コルドバのカリフAbd al-Rahmanによるモロッコの部分的支配．この頃，アンダルシア文化がモロッコに入る．	Fatimides朝(ベルベル人) Hammadides朝(1007〜1163)(Hammad b. BuluqqinからYahiaまで9代) Sanhaja(主として定植民Almoravideをのぞく)とZenata(遊牧民)との抗争．	Fatimides朝(910-69)，首都Mahdya(Ubayd AllahからMa'dd al-Muizzまで4代)後にエジプトを征服してshiahカリフ国をカイロにつくる．(BuluqqinからHasanまで8代)	図18
ベルベル帝国とベルベル王国の再興	Almoravids朝(1073〜1147)サハラからきた遊牧民Moroccian Sahaja．(ribatの人々の意)マラケッシュを首都(1060頃)．(Yusuf b. TashtinからIshaq b. Aliまで5代) Almohades朝(1130〜1269)(Abd al-MuminからIshaq frére d'al-Murtadaまで14代)．この期にラバトのOudayaのカスバ，ハッサンのモスク，マラケッシュのクトビアができる．	(アルジェ)	1050頃 Fatimides朝エジプト侵入の反動として，アラブ民族Hillalliennc の侵入(Beni HilalとBeni Sulaim)20万人といわれる．(ベドウィン―アラブ遊牧民)． 13C ベドウィンMaaqilサハラ境界によってモロッコまで侵入．	図19 図20 図21 図22

190

ベルベル帝国とベルベル王国の再興		Merinides(1269〜1420) (1260頃) マラケッシュをおとし, フェズを首都とする. Almohades の支配域をのぞむが失敗. (Ya'qubからUthman IIIまで)Zenata族. Wattasides (1420〜1458領事期, 1471〜1550サルタン期) アラブ民族 スペイン, ポルトガルのモロッコ海岸攻撃.	Aba-el-wadides朝＝Zayyaaides (1236〜1554)zenataの復興(28代) Merinidesの侵入(1348, 1352) Zenataのアラブ化.		ベドウィンZaerラバトまで侵入. Hafsides朝(1227〜1347)(チュニス) (13代). Mavinidesの支配(1347〜59)(2度にわたる侵入). Hafsidesの再興(1369〜1574)(〜25代).	図23
	15C 16C初	ポルトガル, セウタ, タンジール, アルジュニウス等を占める.	1516	スペインのアルジェリア海岸攻撃, 港(オラン, アルジェ等)の占拠. イスラム勢力は, エーゲ海海賊Barberousseにたすけを求める. Barberousseはアルジェリアを支配(タグールト, ワグラまで)	16C初	スペインのアルジェリア海岸への侵入. (1517) オスマントルコのカイロ侵入.
オスマントルコの支配とカリフ帝国		Saadian朝(1509〜1659) Muh, dl-Qaim, Ahmad al-Avaj (モロッコのカリフ1509〜) Mham, ash-ShaykhからAhmad al-Abhasまで9代(1548〜1659)モロッコのサルタン時代(首都マラケッシュ, 1610〜フェズ).		Bavberousseはトルコにしたがう.	1541	オスマントルコPashas(3年ごと)を認命する. (1551) トリポリ, トルコの基地となる.	図25
	1541	聖戦Saadianポルトガル勢をアダジャル, サフィ, アズムール等から追い出す. スペインから追われたMoriscosがラバト・サーレに海賊国家をつくる. ポルトガルは, ブラジル, インドへ関心をよせ, モロッコから手をひく.	1581	フランス領事, アルジェに成立.	1574	チュニス, トルコの基地となる. トルコの侵入後, Tripoli, Tunis, Algierの3つの地域に分割(現在の国境の基礎).
	1550頃	Alaouitc朝(1631〜現在まで) Ali b. YusufからHasan IIの現代まで16代.				Husaynides朝(1705〜1958) Husayn IからAminまで19代.
フランスの支配と民族運動			1830	フランス艦隊(3万7千)アルジェリア侵入. 協約に調印トルコの圧政からの解放を口実とする.		
	1904	フランス, 英国とイタリアにたいしてモロッコ支配の優先権を獲得. スペインとは密約をかわす. ドイツ反対. (1906) アルジェシラスの会議. モロッコの独立を確認. (1904年の約束はほごになる). (1907〜9) フランスのモロッコへの侵入. (1908) 国内の主導権争い. (1909) フランス租界でトラブル. フランス, モロッコと同意. 以後急速にモロッコの経済, 行政に介入. (1910) 部族間の争い. フランスのフェズ進駐. (1911) スペイン1904年の密約を主張して介入. ドイツ軍の接近. フランスはドイツに赤道下アフリカをわたすことによって和合.	1834〜40 戦いの連続	フランスの統治体制完了(保護領, 摂政) (1832〜47) マスカラにおけるAbd-elkadarの指導によるレジスタンス. (1849) オアシスZaatchaにおけるフランス軍の焼打ち. (1850) オアシスNaraにおけるフランス軍の焼打ち. (〜1857) カビーにおけるレジスタンス. (1871) レジスタンス活動活発化.	1881	戦闘なしにフランス軍チュニジアに進駐. (1883) フランスの監督下におかれることの承認, ただちにフランスの直接支配はじまる. フランスの手による近代化
			1884 沈黙の期 1920		1907 1920	〈若いチュニジア人〉党結成. チュニジア人によるチュニジア統治を主張. 〈チュニジア立憲党〉(Destour)の結成, フランス批判のプロパガンダ.
	1912	スエズ条約でモロッコはフランスの保護国となる. (1900) Abdelkimのナショナリズム峰起.	1921	Amir khalidのナショナリズムの運動. (1923) 〈北アフリカの星〉結成. この頃パリ, アルジェリア労働者のナショナリズム気運高まる.	1934	若いナショナリストのDestour脱党 Neo-Destour結成, 新旧の対立. Neo-Destourの勝利. フランス体制を強める. (1938) 連続デモ——警察力による弾圧——チュニジアの暴動
	1931	ナショナリズムの勃興. (1939) 経済危機, 運動の活性化. フランス軍の弾圧. (1944) 国会の独立宣言がフランスにわたされる. 国民党首の逮捕. (1947) タンジールにおけるサルタン(Mahommed V)の演説. ナショナリズムのリーダーとして登場. (1953) サルタンの位剝奪, 流刑. 暴動起る. (1955) モロッコ解放軍によるフランス領事軍への攻撃. フランスのモロッコ独立の承認. サルタンの帰国.	民族の時代 (1936) (1945) (1954) (1957)	〈アルジェリア人民党〉結成. ヨーロッパ人殺害される. イスラム村民虐殺さる. 最後的な峰起. FLNの登場. リーダーなくフランス政府は交渉相手を見出せなくなる.	1939 (1942) (1946) (1950) 1954	ムッソリーニの介入, フランスによって撃退. ナショナリズム系の組閣. 首相の逮捕. フランス, チュニジアとネゴシエーションに入る. フランス, 独立を約束するが, 弾圧を重ねる. フランス警察とフランスと手を組む勢力に対するテロ. フランスは政府をつくるがNeo-Destourによってこわされる. フランスの対テロリスト部隊による弾圧 マンデス・フランスによる突然の和合. 新しい会議の提起, パリ会議. (1955)調印. Salah ben Youssef(古くからのナショナリスト)反対. Neo-Destourと対立, トリポリに退く. (1956) 独立内閣, Destourによって組まれる.
			1962	アルジェリアの独立.		

その1 地中海地域の領域論的考察

●後記

旅行の準備から早くも1年が経とうとしているが，われわれの考察もどうやら形となってきた．各地で出会った集落は今でも新鮮であり，その時の感動を忘れることはできない．集落の検討にあれこれと考えているうちにいつの間にか過ぎ去った場面にのめり込み，フト現地へたち帰ったかのように錯覚することがある．ひとつひとつのものを鮮明に浮き立たせ，それをまたひとつづつもとの位置に戻していく作業を通して，彼らの世界のなまのものが，いかに活々とその姿を誇るかをその度に痛感している．近代がものから意味性をはぎ取っていったのに対し，われわれはその意味を再びものに帰してやろうと思う．そうすることしか彼らの世界に触れることはできないだろう．われわれは個別的に現象するこれらのものから，ひとつの意味ある全体へと向っている．そしてこれはちょうどTO図を描き上げていく作業だと言えるかもしれない．その完成にはまだまだ長い道程を必要とし，オケアノスと埋めていかねばならない．そのためにもわれわれは新たな領域へと向って再び旅出つであろう．（若月）

※ S. Gimignano の記述は永田誼和氏の調査にもとづいています．

閉じた領域——原広司
領域論試論——山本理顕
　　　　　　　入之内瑛　若月幸敏（シーン）
集落リスト——若月幸敏
1～6——原広司
7～15——芦川智
16～24——上原惇彦
25～31——秋山恒夫
32～35,37～39——藤井明
36,40——山崎隆造
41～48——入之内瑛
資料解説
1 マグレブ3国の地理概要——芦川智
2 マグレブ3国の現状概略——上原惇彦
3 ベルベル人について——原広司
4 マグレブの歴史年表および附図についての註記——原広司
後記——若月幸敏

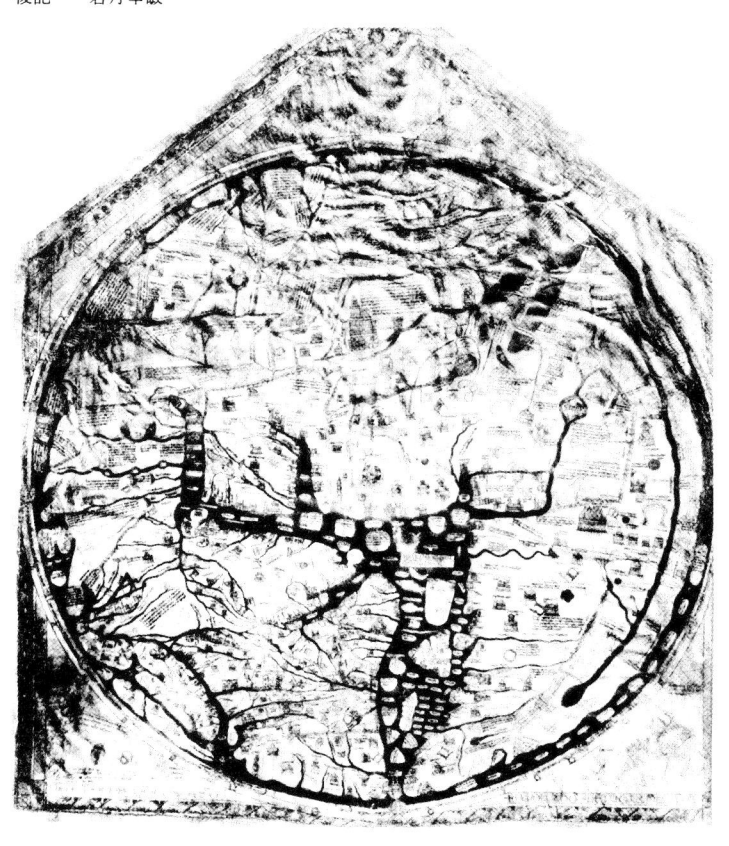

住居集合論　その2
中南米地域の領域論的考察
SD別冊no.6／1974年

住居集合論

その 2——中南米地域の領域論的考察

東京大学生産技術研究所・原研究室

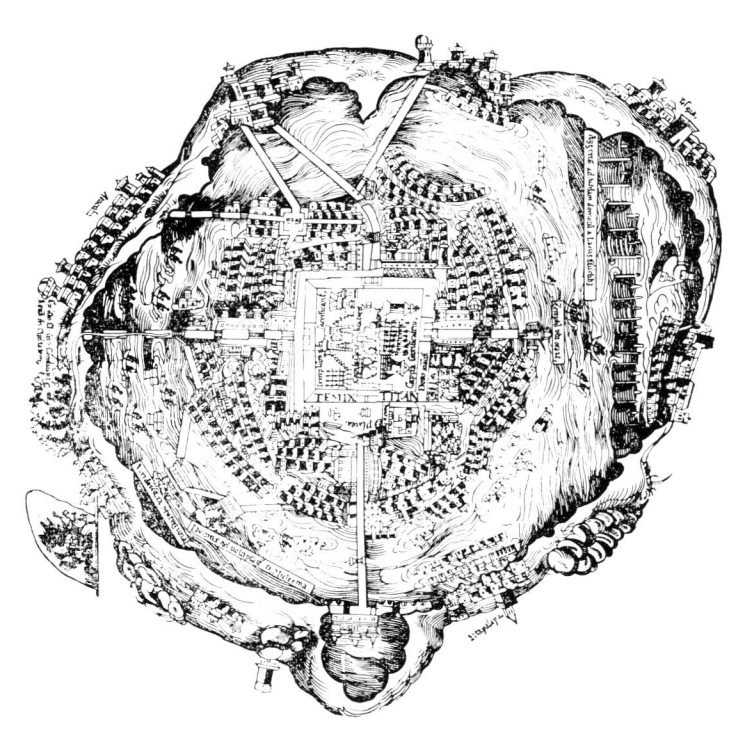

表紙はコディセ・ボルボニカス（Codex Borbonicus）の一部である．マヤの神官が所有したコディセは，なめし皮やアマルトルという植物から作った紙の上に絵具で，絵や記号，神聖文字が記入された本であり，このコディセ・ボルボニカスは暦を表わしている．全体が52年間を示すが，この絵は最初の禿鷹から，最後の兎まで13日間の続きを示している．　左上の角には，胸飾りをつけ，聖なる犬のようすをした太陽の神トナティフとケツァルコアルトルが書かれている．これらの暦は，暦としてだけではなく生活全般に大きな意味を持っていた．

上の図は，湖上に浮かぶアステカの首都テノチティトランを，征服者スペインが描いた絵地図である．

調査スタッフ
原広司
佐藤潔人
鈴木悠
山本理顕
入之内瑛
藤井明
角坂裕
新妻博
山尾和広

目次

なめらかな地形図 ———— 9
土着と変容 ———— 21
閾論 ———— 27
カラー写真 —— マリーラ　アイトエ・ビアッセ　サン・ホルヘ　ペテン
　　　　　　　ガタソ・チコ　フンカル　オクコヘ　オコーニャ

ゾーニング論 ———— 41
集落各論
住居アイソメ図　行程地図　集落構造図 ———— 49
集落リスト ———— 55

メヒカルティタン——58　ツァカルティパン——62　マリーラ——64　オクスカコ——66　タラビタス——70　ラファエル・ペレス——72　ナベンチャウク——76　アイトエ・ビアッセ——78　ボロクア——80　サン・クリストバル——82　サン・ホルヘ——84　チマルテナンゴ——88　テラ・ブランカ——90　ペテン——92　サンタ・フェ——96　サン・ニコラス——98　コパン——102　サン・ホセ——104　テグシガルパ——106　サバナグランデ——110　モコロン——112　ビスライ——116　アラカタカ——118　プエルト・バルディビア——122　バルディビア——124　バルボサ——128　グァティカ——130　プビト——132　サン・アンドレス——134　フンカル——136　ガタソ・チコ——140　サン・アントニオ——142　セロ・ウスロン——144　アウカリャマ——146　プエブロ・サルバドール——148　アグア・サンタ——150　オクコヘ——152　ビラ・ブランカ——154　オコーニャ——156　アルティ・プラーノ——163　タヤタヤ——167　サマン・アツァンガロ——170　トラニパタ——174

資料解説
地理 ———— 176
歴史 ———— 180
遺跡 ———— 187
参考文献 ———— 201

後記 ———— 202

DWELLING GROUP

2—DOMAIN THEORY; A CASE STUDY OF THE VILLAGES IN CENTRAL AND SOUTH AMERICAN AREA

CONTENTS

Hiroshi Hara
Kiyondo Sato
Yutaka Suzuki
Michiaki Yamamoto
Akira Irinouchi
Akira Fujii
Yuh Kakusaka
Hiroshi Niizuma
Kazuhiro Yamao

TOWARDS MORPHOLOGY OF DWELLING GROUPS ●9
by Hiroshi Hara

Our filed trip in village research began as an investigation into the relationships between groups and architecture, i.e. the village as a dwelling group. From the results of our previous research into Mediterranean villages, we attempted by observation and descriptive charts to grasp the village as an entity which materializes the societal relationships mutually shared in all groups. In outline it is charted as follows: The landscape in which the village is located demonstrates the discontinuity from nature, and edge. The form borders, the interior 'enclosed domain' is suggested, along with the arrangement. Dwellings, roads, public places, i.e. those elements constituting the village, correspond closely to the total arrangement, and its shape is determined by the arrangement. The dwellings emphasize the domain of family groups, and the design of interchange that gives shape to that domain and external domains. At the same time that pattern determines the total arrangement. The observation attained through the three 'scenes' —the village landscape, the village interior, and the dwellings—which are included in nature, brings the total village into relief. In this arrangement, the societal patterns in the village are grasped as materialized entities, and are explained through the concept 'threshold', which supports the interior order of the group, is furthered by the observation of the group, and controls the intercourse between the group and other groups. We set off on our field trip through Latin America keeping in mind the three compositional approaches when observing villages, and also the concepts of border, center, closed domain, and threshold, also employed when observing the village.

The reason we chose Latin America as the object of our research was solely out of topographical considerations. Just as in the previous case of the Straits of Gibraltar, the Isthmus of Panama is the point of juncture between two continents, North and South America. Moreover, at the northern extreme of Panama the Aztec and Maya civilizations flourished, and at the south the Inca Indians' mystery-laden civilization. In order to get acquainted with the common essence of the villages, we first attempted to get at the differences. From the outset this should have been a satisfactory site for our research.

And yet the landscape of the villages in Latin America differed from our expectations. In the first place it was not receptive to the observation methodology we had prepared. Secondly we were not able fully to comprehend the meaning of what we observed. There was a considerable gap between this culture and the modern way of thinking promoted by our Western cultural background. We had to doubt our own eyes once again.

The following is a brief description of the village pattern in Latin America: a) There is a vacancy between home and home, and it is impossible to detect any physical facilities that coordinate the relationships between homes. b) A home consists of main and subsidiary buildings. c) The limits marking off the home area are often invisible. d) There are no central facilities in the village. e) The borders of the village as a whole are also unclear. Of course there are no such clues present as discontinuity of nature and edge. It is clear that the above-mentioned pattern-features of the villages were not receptive to the kind of observational methodology we had prepared. In the case of Latin American villages it was difficult to proceed with our investigation of the physical facilities as a key to open up the societal patterning of both the interior and exterior of the villages which we observed. The methodology we gained from the previous survey of Mediterranean villages was a very meaningful procedure. For this reason, even with the discovery of the material facilities demonstrating the interior patterns of the villages we labored under the limitation of our inability to perceive what it was that explained their meaning. This was effective only in the case when our own living experience and the object of our observation overlapped. In Latin America all kinds of things lay outside the framework of our living experience, and their meaning escaped our comprehension. For this reason it may well be possible that these things are not at all imperceptible. The situation of Latin American villages demands a method of approach that will lead to a comprehension of the village from a vantage point different from ours. If that be impossible, then just as in other methodologies, there is no other way but to dig out meanings one by one from village and dwelling patterns by deepening our research into Latin American culture.

We call the villages of Latin America 'discrete-pattern villages'. The appearance of these discrete-pattern villages suggests in our opinion that they form the object of a pattern theory. In contrast to the Mediterranean swarm-type village pattern seen in company with strong central facilities, we can not explain the discrete-pattern villages as a mere supplement to swarm-pattern villages, but as entities on the same level. In what way can we put it to open up all kinds of villages? We are carrying on this world field trip surveying villages in order to find one way of expression. It is like trying to find an explanation of how even though each person is different from others phenomenally, still peolpe are the same. In that sense morphology is an effective tool.

Morphology is a system of classification, and so a logic of classification is also necessary. Likewise, to take up and classify the various villages possessing historicity and regionality, it is necessary to employ a logic befitting the case. But for this reason the logic employed must demonstrate the mutual identity which is a fundamental principle of the villages. To that aim, the logic must consist of a concept which demonstrates a point of view that grasps the villages and a technique of expression that is able to express these concepts in same level, and beyond to synthesize these ones. We have grown accustomed to imported cultures; there is a tendency to borrow even to the extent of this logic itself. But it is we who are making the survey of the village, and we also are conscious of our awareness that springs from the things observed. For this reason we must hold on to logic that will make possible both our own observation and the work of gaining a unified picture of the village as dwelling group, as we proceed with our observation.

Now we consider the logic of our morphology as the following: The village as dwelling group is a material expression of a social covenant, and it can be grasped synthetically in the concept 'threshold'. 'Threshold' is something total, and coincides with the village. However at present we can not grasp 'threshold' directly, but must go through the mediation of 'center,' 'borders', and other physical observations in order to grasp the concept. For that aim such mediatory concepts as 'center', 'borders', etc. must be shown with in a unified expression pattern, in a way similar to the stereotyping of each concept and putting together all those concepts into a unity. As a technique working toward this expression, our laboratory at present feels that the AC Theory (Activity Contour Theory) is effective, developed as it is with the aim of expressing and clarifying urbanizing phenomena through maps and so morphology will demonstrate the framwork of 'threshold' borrowing the expression of AC theory.

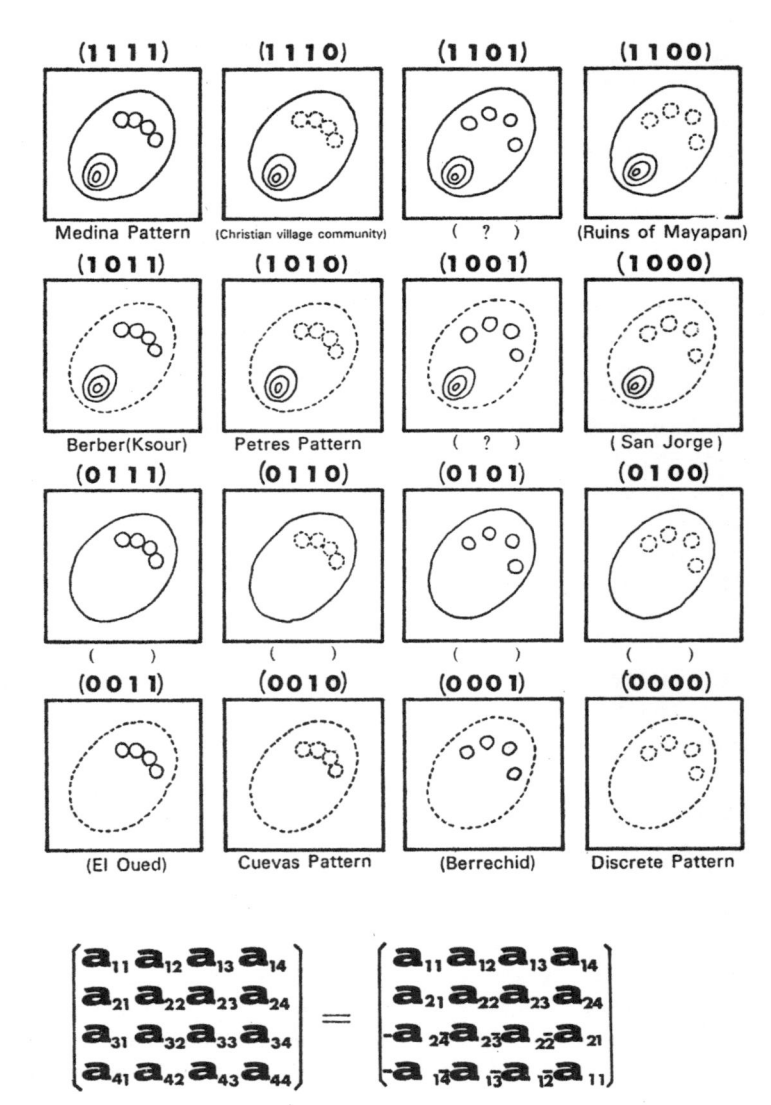

(1111) Medina Pattern
(1110) (Christian village community)
(1101) (?)
(1100) (Ruins of Mayapan)
(1011) Berber(Ksour)
(1010) Petres Pattern
(1001) (?)
(1000) (San Jorge)
(0111) ( )
(0110) ( )
(0101) ( )
(0100) ( )
(0011) (El Oued)
(0010) Cuevas Pattern
(0001) (Berrechid)
(0000) Discrete Pattern

$$\begin{bmatrix} a_{11} & a_{12} & a_{13} & a_{14} \\ a_{21} & a_{22} & a_{23} & a_{24} \\ a_{31} & a_{32} & a_{33} & a_{34} \\ a_{41} & a_{42} & a_{43} & a_{44} \end{bmatrix} = \begin{bmatrix} a_{11} & a_{12} & a_{13} & a_{14} \\ a_{21} & a_{22} & a_{23} & a_{24} \\ -a_{24} & a_{23} & a_{22} & a_{21} \\ -a_{14} & a_{13} & a_{12} & a_{11} \end{bmatrix}$$

However, in modern times we have been unable to break through the barrier that keeps us from unifying the partial aspects in a total manner, so we need great care when proceeding with the logic evolved from this morphology. Without applying the methodology of constructing a general model that comprehends the patterns suggested in our observation of villages, we have made an abstraction according to a method which expresses the elements of the materialized threshold, which intuitively we consider important because of our observation of villages, and then we have adopted a methodology which work out the organization of the model purely within the framework of the logic of the AC Theory. For this reason, at the stage of model-construction the situation is separated from the modern problem of the actual parts and totality. Also the assembled model is introduced as a possible set of combinations of the elements of the adduced threshold. Finally, a check is made with the actual facts to find out who each model corresponds to the village's concrete image, whereupon the image takes on reality, or corrections to the model are added to this aim.

Based upon the logical procedure described above, we have set forth our model which we must call "village model as landscape". Its four main points are 1) the centrality of the village, 2) the village limits, 3) the interlocking of the dwellings, and 4) the border of the dwellings. In our opinion these four points are those important factors which constitute the village's 'threshold'. Showing these four points as a vector, we have made a topographical map following our method of expression, which is found on the above. If one puts this into correspondence with the villages where we made our survey, then the Latin American discrete pattern and the Medina Pattern (which is the stereotype of

swarm-pattern villages in our Mediterranean survey) form the extremes of this matrix. This agrees with our impression and the mark of the village landscape observed in our field trip. However the judgment as to whether this pattern-model is a superior expression of 'threshold' must await an explanation of how the four concepts included in this model also comprehend all other concepts that can be considered as elements constituting 'threshold'. Actually in reality the concepts important for 'threshold', i.e. the network of roads, the alignment with the natural topology, etc., are still not as yet adopted into our morphology. Also in order to determine the domain of homes and set standards to ascertain whether this domain is open or closed, it is necessary further to make a concrete examination of the homes. Of course the AC Theory which is our method of expression is still in process of development, and the furthering of that study is an important key to subsequent progress of our morphology. The morphology of villages is only in its beginning stages. We say 'We are making these filed trips to make the sketch.' We have the presentiment of some kind of sketch beyond the morphology that will show the structure of the village as a dwelling group.
tr: joseph love

A STUDY OF 'INDIGENIZATION OF CATHOLICISM' IN INDIAN SOCIETY ●21
by Kiyondo Sato

A STUDY OF THRESHOLD THEORY ●27
by Michiaki Yamamoto

VILLAGES: ●49
Mexcaltitan   Zacualtipan   Malila   Oxcaco   Taravitas
Rafael Pelles   Navenchauk   Aitoe Biase   Poloqua
San Cristobal   San Jorge   Chimaltenango   Terra Blanca
Peten   Santa Fe   San Nicolas   Copan   San Jose
Tegucigalpa   Savanagrande   Mocolon   Bislaiy   Aracataca
Pto. Valdivia   Valdivia   Barbosa   Guatica   Pubito
San Andres   Juncal   Gatazo Chico   San Antonio
Cerro Huslon   Aucallama   Pro. Salvador   Agua Santa
Ocucoje   Vira Blanca   Ocoña   Tayataya   Saman·azangaro
Tranipata

DATA geography, history, ruins, references ●176

なめらかな地形図

1

　私たちがメキシコシティからペルーのクスコまでおよそ2.5万キロ，集落を調べて旅したのは1974年3月から6月にかけてのことである．　地中海周辺地域に次いで，この地帯を世界集落調査の対象に選んだのは，ひとえに地形的な意味によっている．　ジブラルタル海峡がヨーロッパとアフリカを結ぶ要なら，パナマ地峡はまた南北アメリカ大陸に架ける橋である．　もし，世界地図から2つの大陸の結節点を拾うなら，まずこの2点が選ばれるだろう．

　地理的な結節点をはさんで旅すれば，おのずから集落は異った様相を見せてくれるだろう．　事実先回は，キリスト教文化圏とイスラム教文化圏を切って走り，両域に立つ集落が見事な対比的様相を現わしたので，集落の組み立ての不思議さに打たれると同時に，集落の構図のとり方を会得したような気分になったほどである．　今回はどうであったか．　この期待はある意味で裏切られた．　しかし，旅の経路上の集落群は，私たちの予想とはちがった対極的な様相の一面を見せてくれたのだった．

　その昔，第Ⅳ氷河期の終り，ベーリング海峡が地続きであった頃，現在古い集落に住むインディオの祖先たちは，アジアから渡ってきて，次第に南下し，8千年の歳月をかけて遂には南米の先端マゼラン海峡にまで至ったと一説に伝えられる．　インディオたちは，やがて定住し，疑いもなく悠大な文化圏を築いていたのである．　そこへ，16世紀，スペインがやってきた．　インディオの祖先が8千年の歳月をかけた地を，スペイン人はほんの数十年で手中に納めたのだった．

　新大陸——これはヨーロッパ列強の眼から見た南北アメリカの像である．　万巻の歴史書にまつよりも，私たちが訪れた地が〈新・旧大陸〉であることを教えるのが，現在あるがままの集落や都市の分布形態であり，もしこれに圧倒的な構築を誇る遺跡を添えるなら一層のこと，新大陸なる呼び名が，いかに適当でないかを知らされる．　新・旧ふたつの文化，地理的な文化圏でなく，小刻みに繰り返される周期的な波として現われる対極的な文化の相を，私たちは切って走ったのである．　この旅のイメージを図示すれば図1になる．　教会の立つ方形プラサを中心とするグリッドプランの町，コロニアル・スタイルの町は，新大陸の文化の標準型として，ほとんど姿を変えることなく出現する．　その間に，インディオの住む集落がさしたる集中性なく，時にはまばらに現われる．　その集落は見るからに貧相で，建築的にはなんら構築力を示さず，コロニアル・スタイルの町から置き去られたように住んでいる．　しかし，彼等の住み方は，この千年あるいは2千年余り，変っていないのだ．　この波動は，私たちの旅程2万キロを通して続いた．

図1——旅の印象のダイアグラム．AはコロニアルスタイルとB：離散型

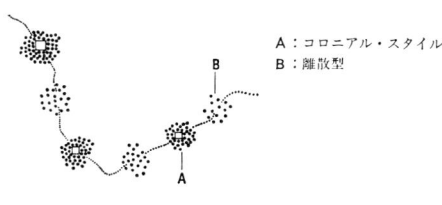

図1——旅の印象のダイアグラム．Aはコロニアル・スタイルの町．Bはインディオの集落で，住居が散在する印象が強い．

　もし，私たちが遺跡を訪れなかったら，インディオの集落の見えがかりの貧しさに，あるいは注視を怠ったかもしれない．　事実，遺跡に驚きながらも，今になって，貧しい見かけに秘んでいるだろう長時間に耐えた集落のからくりに傾注しなかったことがくやまれるのだ．　遺跡は輝いていた．　その構築力は，他の古代の文化の構築力に，いささかもひけをとらない．　かつてこの建築的精神を発現した民族が，たとえどのような歴史的変遷を経ようとも，今尚まもっている集落は，どうして貧相であるはずがあろう．　もしそれが貧相に見えるなら，私たちの〈眼〉が狂っている．

　私たちは繰り返し自分たちの〈眼〉を疑えと話し合った．いまなら，私たちは離散型というはっきりしたひとつの形態例としてとらえている．　旅の全行程を終り，調べてきた資料を整理し，他の文献を学んだりして，見かけ上の多様さをつくっている要素を切り捨て，モデルにあらわれる理想型のひとつとして，インディオの集落をとらえている．　しかし，旅の現場では，集落は風景の核となって自然を枠どりすることなく，苛酷な自然だけが目立って，旅の波動は単調で，いつか構築的な集落が忽然と現われるのではないかと夢想して走ったのである．

　自然の厳しさは，風景によく表現されていた．　強い日射しや，昼夜のはげしい温度差，適度な配分を知らない雨，そして厳しさを集約した地形がある．　南フランスやモロッコ地中海側の，あの豊饒な稔りを約束する女性的な曲面とはなんとへだたりがあるだろう．　中南米の地形面は滑めらかさを欠いてぎすぎすし，時には荒々しさをこえて滑稽な表情にさえなる．　きれが悪く，だらだらと続いて自然のなかに冴えた縁（エッジ）がない．　やせた土地は，視界に焦点を結ばない．　とうもろこし畑ミルパ．　ミルパは，この地の現象を理解するうえでの母胎である．　とうもろこしでさえ，休耕形式をとらねば育たない風土．　耕地とも原野ともつかないミルパの間にたつ貧しげな農家の風景こそ，苛酷な自然を余すところなく表現しているが，実はこの風景こそ，数千年苛酷

な大地に深く根をおろして生きつづけるインディオの文化の表現である．

歴史的に見れば，私たちは古代メキシコ，マヤ，インカ等の諸文化圏を切って走った．専門家でない私たちにも，遺跡などに見られる諸文化のニュアンスのちがいはわかる．またインディオの種族別の集落の組みたても，判然としないまでも全くわからないでもない．そうした差異をふまえながらも，旅の印象を総体としてとらえると，そうした文化圏や種族による集落のちがいは消え，全行程は一体としてきて，先の図1に示した構図が鮮明になる．風土論からの射程が，もっともはっきりしているのは，住居の素材及構法である．住居の見えがかりは，地理的な断点と符号して，断続的に変化する．それはまた，集落形態の総体的把握とは別な，検討項目を用意するであろう．

遺跡のほとんどは儀式的な中心である．それらは何故か，幻想をかきたてる．現在発掘されている遺跡はほんのわずかであり，文化の全容は未だ地中に埋蔵されており，また，スペインによる急激な切断が，伝承をかき消しているからだろう．遺跡はインディオの生活のなかでいまだに生き続けて，強力な中心としての役割を発揮しているのでないか．もちろん，壮麗な儀式中心を築いた種族はその地を捨て，あるいは滅び散っている．しかしそうした幻想を誘起するふうが，遺跡ばかりでなく集落の側にもある．これは多分幻想領域にふうじこめておくべきイメージだろう．しかし，これから記述する集落形態論にむけてのいくばくかの草稿の出発点において，遺跡が生きているという幻想は少なからず起動力になった．

（補註）
本文では，多様な集落の様相を思いきって抽象化している．現実の把握の過程は，住居のゾーニング論および各論を，抽象化の過程では参考資料・遺跡の項を参照していただきたい．遺跡の項では，離散型集落およびコロニアル・スタイルの都市について，史的背景をある程度浮き彫りにしている．

2

スペインの侵入による切断は，切断面の広さには驚かされるが，その深さにおいては旧文化を死滅させるほどではなかったし，むしろ，脈々として生きる旧文化の所在をいまも明らかにする程度であったと思われる．コロネードをめぐらした方形プラザの町をもって，この地の文化の様相を語るとしたら大きな間違いをおこす．教会はコロニアル・スタイルの町ばかりでなく，インディオの集落にも入っている．地域によっては，インディオの各住居の棟の上に全て十字架が立っているほどである．しかし，そうした教会や十字架も，時によってはひどく添えものふうに見える．そうした教会や十字架は，ヨーロッパで見るように，あるいはまたコロニアル・スタイルの町で見るような住居の凝集的な配列をうながす中心的役割を果していない．

インディオたちは，コミュニティ特有の衣服をまとい，標準化された住居に住んでいる．独自の言語をもつ．共同体の結束は強固で，短時間で集落をかすめ通る私たちには，共同体の内部に入りこんでゆくことはまず無理である．事実私たちはインディオの集落では，住居の内部にはなかなか入れてもらえなかった．これは先回の調査からは考えられない．この集落の姿勢がスペインの侵入，近代の波を寄せつけないのだろう．私たちが住居を調べにゆくとき，周辺の人々の監視から逃れることはまず不可能である．ひそかにある家に接近して，調べさせてもらうといった行動はまず無理である．住居と住居の間にはミルパや空地があって，見通しはきくし，声は聞える．そんなあきを保って住居が散っている．

インディオの集落は，基本的に散村の形式をとる．住居が互に密接していない．住戸数は，数戸のレベルから，場合によっては一望して数百戸見えたりする．ガテマラ高原，ペルーのアルティプラーノといったところでの散村の広がりは，さながらそれが都市の一形態でないかと思わせる．こうしたインディオの集落形態は，コロニアル・スタイルの都市，さらには地中海周辺地域で出会った強い中心施設を核に凝集する集落形態と対比的に位置づけられる．様々な場所で出会った集落に共通する特性を抽出し，ひとつの典型を描いてこれを離散型と呼べば，その特性は次のように説明される．

(イ) 住居と住居の間に耕作地（休耕地）のあきがあり，このあきの寸法はまちまちであるが，住居間で声がとどき動作がおおまかに見える程度に保たれる．

(ロ) 住居は分棟形式をとる．最初の分棟は母屋と厨房である．分棟がすすんで，兄弟夫婦，子供夫婦の親族のための棟ができて，クラスターをつくる場合もある．分棟によって中庭・前庭ができそこが生活の核となる．各棟のつくりは集落によって標準化されている．(註1)

(ハ) 住居の囲いは原則としてない．住居相互の視界を遮られずに立つ．住居の境界は従って可視的でない．家畜の柵が囲いとなっている場合もある．また時として，そして特に都市に近くなると，塀でかこまれた閉鎖的な形式もあらわれる．

(ニ) 集落に強力な中心施設はない．教会があっても，教会を軸として集落の配列が組まれない．教会は孤立している．

(ホ) 集落全体の境界もさだかでない．境界が明確になるような自然立地を選んでいるとは言い難い．

全てのインディオの集落がこのような特性をもっているとは限らない．これらのうちいくつかの項目は満足するが，排反する項目をもつ集落もある．例えば中心であるが，教会を軸にしていながら，離散的であるというものもある．歴史的にみれば，上述した純粋離散型は少なく，中心があったものと思われる．（註2）離散型にたいして西方の凝集型の集落形態の図柄は述べるまでもないが．

- (イ) 住居と住居とは密接している．壁や路地が住居の境界になったりして，集落全体から一帯となる住居ゾーンをとりだすことができる．住居相互を見張るようには配置されていない．
- (ロ) 住居は，分棟するきざしがあっても，なんらかのかたちで一棟にまとめようとする傾向がある．
- (ハ) 住居には囲いがあって，庭もその内側に入れる．従って住居の境界もさだかである．
- (ニ) 広場，教会といった強力な中心があって，これを核にして住居が配列される．
- (ホ) 集落全体の境界は，城壁があるような場合はもちろん，住居のゾーニングが行われたりしてはっきりした境界とまでゆかずともそれに準ずるものを持っている．また境界や中心を明確にするような自然立地を活かす．

といった対比がある．

日本の散村と離散型とのちがいがどのへんにあるかは今のところ定かでない．このちがいを明らかにするのは今後の課題であるが，おそらく住居間の干渉の仕方が異ると予想される．また離散型が完全な自給体制をとるのにたいして，日本の散村は農業生産を機能的に役割づけられているので，あきの性格が異る．離散型では，住居の間に耕地があるにはちがいないが，どことなくそれは住居の延長という感じがする．

コロニアル・スタイルの町は，西欧のキリスト教集落とは，発生的にも，またフィジカルなパターンからしても異る側面をもつが，いづれにせよ凝集型のひとつにはちがいない．旅に出る前，コロニアル・スタイルはスペインが植民地にもちこんだ理想型，しかも現実的な理想型であると考えていた．しかし現地で発掘された集落の形態などを知って，グリッドプランやプラザの形態が，旧文化の2軸直交型プランや広場の形態とかなり相似しているので，近代のはしりとしての都市パターンの送りこみとは別の説明がなりたつのではないかと思った．が，旅をすすめてみると，多少そうした土着のものとの同調があるにせよ，やはりスペインの送りこみの説明が妥当であると再び考え直すようになった．（註3）とにかく，コロニアル・スタイルの町には魅力はない．興味はどうしても，インディオの集落に向ってしまうのである．

（註1）（註2）（註3）
参考文献は遺跡の項参照．そこでは，歴史的には分棟があまり見られなかったこと，必ずしも都市部では離散型はなかったこと，離散型には中心があったこと，旧い文化にはグリッドプランはなかったことなどが説明されている．

3

離散型集落の出現は，集落が形態論の対象となることを示唆しているように思われた．凝集型と離散型の集落は，少なくとも見かけのうえでは誰の眼にもちがいは明白である．しかし，それはあくまで見かけ上のちがいであることを忘れてはならない．私たちの最終的な目標は，離散型と凝集型とは同じであることを主張しようとしているのだから．それは，人間は一人一人現象として異なるが，どう語れば人間は同じであることを説得できるかといった努力に似ている．ちがいを指摘するのはやさしい．しかし同一性を言うのは特に現在私達がもつ表現方法では難しい．

私たちの集落の研究調査はまだまだ続く．まだ初めたばかりである．だから，私にはここで結論をだそうとは思わない．しかし，調査をするたびにひとつの結論をまとめ，次の段階でそれをのりこえてゆく方法をとりたい．

形態論は分類学である．分類するためには，分類のための基準，いってみればふたつのものを切断する包丁がいる．その包丁が，集落は結局はひとつの原理でできているという同一性を示すものであればよい．だから，集落という対象が問われているのではなく，包丁が問われている．これは当り前のようだが，多くの研究や論において倒錯されている．集落は明らかに私たちの時代が創ったものではない．もっとも私たちは，集落は過去の産物であるとは考えていない．現に人が住む環境である．ただ，ストレートに現代と結びつけて考えているわけではない．それに対して，包丁は純粋に私たちのものであり，私たちの文化そのものである．

包丁の刃は二面からできている．その一面は，概念であって，もひとつの面は技法である．この二面はつねに双対であって，それが刃の角度をつくっている．その他包丁には重さや刃の長さや材質などがあって，包丁の性格をきめているが，さしあたりは概念的なるものとそれを表現してゆく技法とが大切だ．概念は，集落をとらえる視点を示し，技法は諸概念を表現し連鎖させる．だから包丁はいいかえれば論理である．

私たちはここで新しい包丁を使ってみる．この包丁は，私たちの研究室で研究している等高線理論によっている．技法面においてAC論が有効であるように思えるからだ．AC論はActivity Contour論，つまり活動等高線論と名づけている本来なら純粋に数学的な研究である．それは，都市現象を地図とし

て表現し，解明しようとする目標を遠くに掲げた道具の開発であり，都市の様態を等高線の構造を表示することで記述できそうだという直感から発している．研究対象は，従って，閉曲線及びその集合である．現在研究途上であり，将来どう展開するかもわからない．ただ，これまでのなりゆきからして，形態論の道具として使えそうな感じである．ここでは，こみいった理屈をぬきに，地形とアナロガスに記述してみようと思う．

私たちのこれまでの直感では，住居集合は社会規約の物的表現であると考えている．それを総合的に代表する概念が閾であって，しかもフィジカルに表現された閾がさしあたりの関心事である．閾は，いわば全体的であって，集落そのものである．閾のタイプはそう多くはないだろうと予想される．閾にも骨組みがあるだろう．形態論は，従って閾の骨格を描出しようとする．

私たちがある領域といいながら絵を画くとしたら，1本の閉曲線を画くだろう．もし図2左のような集落を見たとき，これを地形にたとえるならどんな図を画くだろう．極くふつうに中央が高い円錐形に近い山を画くにちがいない．ここで描かれた円錐形の山は，仮にこの集落の全ての活動の密度が記述し尽されたとしたときの活動等高線図である．このような活動等高線は現実には描くことができない．具体的にいくつかの項目についてAC図を描いてみると，図2のような結果になることもあろうし，異る場合もある．それは項目の選び出し方による．従って具体的に調査をいくら厳密にすすめたとしても，結果は限定された客観性であることを越えられない．単項目についてなら客観的になりうる．しかし全体的な計測が主観的にならざるを得ないのは，これまで様々な腐心がなされてもなおのりこえられない近代の壁である．私のこれからの記述は，仮想AC図にもとずく．しかし，こと形態についての論理の組みたて技術に関する限り，仮想であることも，私たちの眼の確かさもなんら障害にならない．

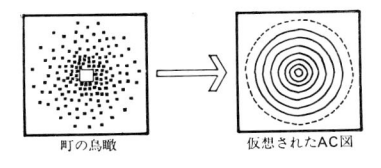

図2——左のような住居の集合状態を，地形にたとえるなら，均斉のとれた山を想起するだろう．それは，暗に総合的な活動等高線を山型に想起しているからだ（右図）．

それは次の理由による．集落の観測から，形態についてのモデルを帰納する方法をとらないで，集落の観測から，直感的に重要だと思われる物象化された閾のファクターを技法に準じて抽出する．従って，モデルの組み立ての段階では，具体的な集落はイメージされる具体像として登場するが，論理的な運びとは切断されている．モデルが組み上った段階で，それでは現実の集落はどうなっているかを照合してみる．この段階から，私の眼の確かさや論理の鋭さがあくまで主観のレベルで問われてくる．このような手続きをとるからである．

図3のふたつの図は，凝縮型と離散型の集落形態を示しているように思われる．ふたつの集落の風景はこのように見える．それにはふたつの図の縮尺が同じであるかどうかを問うてみなくてはならない．見方によっては，AはBの一部の画面ともとれる．またBはクラスター型の集落ともとれる．それで対等に図をならべるには，スケールが同じであると考えたい．

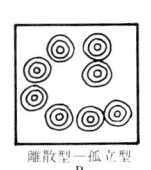

図3——AとBの地形図が，同じ縮尺であるとすれば，ふたつの地形図は全くちがった風景に見える．これを仮想されたAC図としてみれば，ふたつの典型的な集落の風景がイメージされる．Aはコロニアル・スタイルの町の印象に，Bはインディオの集落のイメージにつながる．

人はそれぞれに活動領域をもっている．（仮想AC図が高くなるところが集落の中心部であると考えるのは自然である．図4）それは単純にいって各人の活動領域の重複部分である．しかし，生活時間によっては各人の活動領域は異なる．日常の生活領域と週に一度のそれとはちがうし，年に一度，一生に一度と期間をひろげれば，領域は異なり，重複部分もちがってくる．これを云々すれば，再び観測のレベルに問題が帰ってしまう．ここでは単純にAC図の地形的に高いところが中心であると考える．

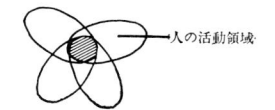

図4——一般に中心とは，人々の活動領域の重複領域をいう．その意味からすると，毎日の生活の活動領域の共通部分もまた中心であろうし，一週間の活動領域の共通部分もまた中心であろう．また活動領域ではなくて，意識の働く領域での中心もありうる．それは，様々な調査の仕方，集落の見方によってちがってくる．本論では，毎日の実生活の中心を仮想している．

とすると高い所とはどんな所か．それは嶺であると考える．つまり中心は嶺（記号でR*）と決める．分水嶺であると言ってもよい．一定の高さより高いところが中心部分であるという定義のかわりに嶺をとる．(註4) 中心には様々な形態がある．図5は地形とそれにともなうR*の形態の代表例を示してある．一般には，(イ)求心型プラン，(ロ)線型プラン，(ハ)放射状プラン，(ニ)枝状プラン，(ホ)円型（ロの字型）プラン，(ヘ)グリッド（セミラチス型）プランなどとよばれている．この他R*がないプランもあり，系統的には，単純化して，

R* なし
R* あり —— R*が点のもの(イ)
           枝状のもの(ロ)(ハ)(ニ)
           R*が閉曲線となるもの(ホ)(ヘ)

といった分類が考えられる．

図5──いろいろな中心の形態．山の頂点の中心性を分水嶺に拡張した．中心概念の一般化．上図に対応して，下図がその中心を表示する．もちろん中心のない地形，たとえば平地もある．上図の地形図を町のAC図に見たてると，都市の中心の形とみなせる．これらのパターンは既存都市にみられ，一般化された名称としてよばれている．

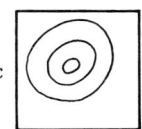

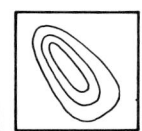

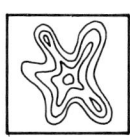

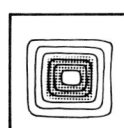

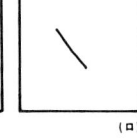

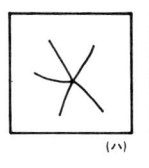

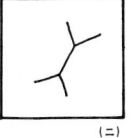

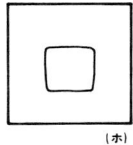

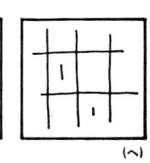

仮想AC

R*

(イ) (ロ) (ハ) (ニ) (ホ) (ヘ)

今回の調査で仮想AC図がこれらの地形に符合するものを拾えば，(イ) Mexcaltitan，(ロ) Valdivia，(ハ) 必ずしも好例でないが San Jorge，(ニ) Puente De San Jorge，(ホ) Aucallama，(ヘ) はグリッドプランの町といったことになろう．中心パターンについては，従来の常識化されているプランが，あり得るすべてのパターンをすでに覆っていると考えられる．(R*がない地形については，後述する) 大都市になるとR*は複雑化し，実際の山脈や山塊のようになってくる．

領域と中心の概念に次いで，境界について述べる．境界は見定めにくいし分類してゆくときりがない．そしてかなり主観的になる．特に日本の集落において各戸の境界は判然としない．所有による境界は比較的明快であるが，実際の生活は所有ではわりきれない．そこで逆に境界については地形のイメージを先にもってきて，現実の認識に落した方がわかりやすい．図6は境界についての3つの形式を示している．(X) は境界が明確な地形，つまり平面から傾斜が突然始まっている地形である．平面から断層で立ち上っていればさらに明確になる．(註5) (Y) は互に山が連っていて，このレベルで見るかぎりどこまでがA, B, Cの領域であるかを言えないが，見方によっては，(X) のようにできるという中間的な境界のあり方である．(Z) は境界がない状態，例えば地形的には平野や変化にとぼしい斜面のような地形である．具体的には，(X) の典型は，住居集合論その1にでてきた巨岩の上の孤立したメテオラの修道院群がそれである．城壁のある集落もこれに属す．中南米では，(X) のタイプの集落の境界として，入江の水上集落 Mexcaltitan や，チチカカ湖の浮島の集落 Tranipata が該当する．(Y) は多くの集落がとるタイプであり，(Z) は少ないが，ガテマラ高原の離散型などがこれに近い．

(註4)
論の骨子は Ridge R* にある．平面上の閉曲線をとった場合，それには円の中心の拡張として閉曲線の中心ともいうべき R* が画けるという発見が基礎になっている．R* は閉曲線Cの内接円の中心の軌跡である．あるいはまたCと距離をもって画いた平行閉曲線が不連続となる点の軌跡でもある．Cの外側に出る不連続点は谷 R⁻* とよばれる．AC論は R* とCにたいして描いた平行閉曲線群からなる立体を標準化としてとらえる構想から出発している．

本論では，R* や R⁻* を現実の地形上の嶺や谷としているから，AC論そのものではなくイメージの応用である．論については未発表の部分が多いが，東大生研報告，学会論文，芦川智や藤井明の修士論文にレポートされている部分もある．実際にはかなりの難問をかかえて，現在研究中である．

(註5)
(X) は集合論，位相空間論における直和分割や第4種分離条件のイメージに近い．(Y) は，Aに属すといえる点とAかBかに，あるいはAかCかに属すといえる点からなる状態で，本論ではふれないがいってみれば緩衝領域がある．日本の島集落ではこうした領域がよくあらわれ構造をあいまいにする．(Y) の基準面を上げれば (X) にできる．(Z) は全ゆる点が A, B, C の領域に属すとはいえない点の集合である．〈属す〉については (補註) 参照．

(補註)
領域については様々なとり方がある．その例を2，3挙げておく．

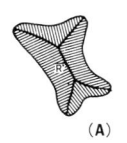

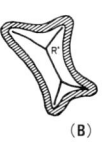

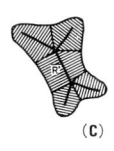

(A) (B) (C)

(A) R* が閉曲線Cを分割する区画としての領域区分．地形的には分水嶺がわける水域の数にCは分割される．水域の数はオイラーの定理から領域数とR*の枝の数，結節点の数と関係することが知られている．

(B) 高さによる領域区分．特にR*があらわれる領域とあらわれない領域とが区分できる．この閉曲線を臨界平曲線と私たちはよんでいる．

(C) 地形の表面をとってさかさまにして器とする．そこに雨をふらせると水はR*の枝や頂点にあつまる．ある点にふった雨が枝Aに集まるような点の集合を E_A とし，同様に $E_B E_C$ 等が決る．これを頂点について区分してもよいし，枝の部分について区分してもよい．この際つねに $E_A \cap E_B \cap \cdots = \phi$ となるとは限らない．

(A) は，領域構成の複雑さや，それぞれの領域の性向を検討する場合に，(B) は，ポテンシャリティについて，あるいは発展形態について検討する場合に，(C) は中心の支配域をみるに，それぞれ有効な区分法である．地形の複雑さを最も単純に表わせば，領域数/ha となる．

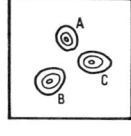

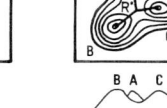

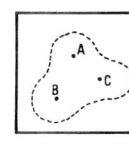

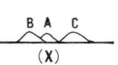

(X) (Y) (Z)
B A C   B A C   B A C

図6 境界概念の説明．(X) は A, B, C について境界がさだかである．(Y) はさだかでない．(Z) は境界がない．(Y) は見方によっては，境界をみることもできる．基準面を上に移して，A, B, C を (X) のようにできるからである．(Y) は緩衝領域などの研究対象になる．

4

私たちがある集落を風景として見るといった場合どんな見方をし

ているだろうか．見わたすかぎりの背景のなかで，集落を望んでいるときもあれば，集落とその周辺を見ているときもある．と思えば教会の塔を遠くから凝視するときもある．それぞれの場合によって人の印象もちがう．そこで観測にかかわるいくつかの事項をあらかじめふまえておくと便利である．

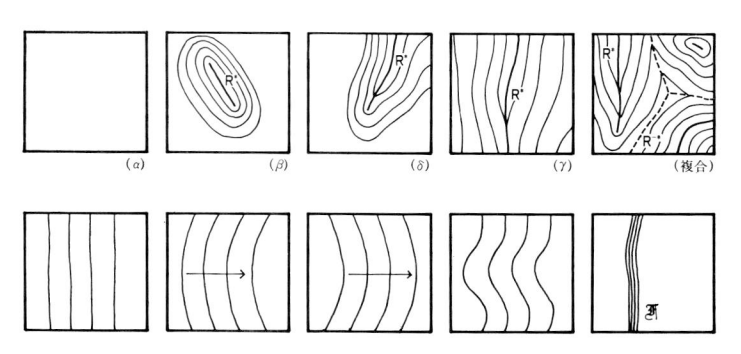

いま見えている範囲を枠どりして，現実の地形にどんな地形があるかを単純化すると，図7上段のような$(\alpha)(\beta)(\gamma)(\delta)$の4つの場合と複合形とがある．実際には風景としては複合形が圧倒的に多いが，集落位のスケールになると，意外に$(\alpha)(\beta)(\gamma)$どまりの地形になる．（R^*はR^{-*}でもよい）(α)はR^*がない地形だがこのなかには下段に示すように，平地，凸斜面，凹斜面，変曲斜面，断層などがある．もともと断層は嶺や谷と同じとりあつかいをしなくてはならないところである．見ている範囲は実際には方形ではないが，どんな形をしていても幾何的には方形と同等とみなせる．

図7——観測領域を限った場合の地形の現われ方．(α)はR^*なし．(β)はR^*が観測領域のなかに入っているもの．$(\gamma)(\delta)$はR^*の端部が画面にあるもの．R^*が画面を貫通するものであり，(ε)はその複合である．下図はR^*なしの場合のいろいろ．観測領域のとり方は縮尺を示しもする．集落などを語る場合，スケールはあいまいであり，おおよそ集落が入る程度にとり，スケールを意識的に無視する．この図は，地形分析の地形素を示しているとも考えられる．R^*をR^{-*}とみなしてもかまわない．この他鞍型の地形もある．

もう一歩踏みこんで観測について考えてみよう．Aは集落をみて，あれは枝状プランだよという．またBはあれは求心型だという．このふたりの主張にはそれぞれ根拠がある．というのは，Aは教会を中心とした主な街路をふくめて集落を表現しようとしているし，Bは教会だけに注視している．いってみれば観測のレベルのちがいである．図8は，観測のレベルを示している．集落を眺めながら，人は頭のなかにAC図を仮想する．実際に等高線図を描くかどうかを別として，仮想図に近い見方をするものだ．そのAC図は，教会をシンボリックにとらえたBと，街路までとらえたAとではちがっている．ちょうど，日本地図を見たときと世界地図のなかで日本を見たときとでは形のちがうようなものだ．Bは図8のⅣを主張したし，AはⅡあたりを描いたのであろう．だから，この集落に中心があるかないかといった問に答えるには，全ての中心のある集落はⅣのレベルで見れば十分であり，どんな中心かと問われたら，その質問の詳しさに従って，Ⅰ，Ⅱ，Ⅲの場合をとればよい．もっと大きなスケールでものを見てゆけば，集落によっては消えてしまうレベルもある．(註6)

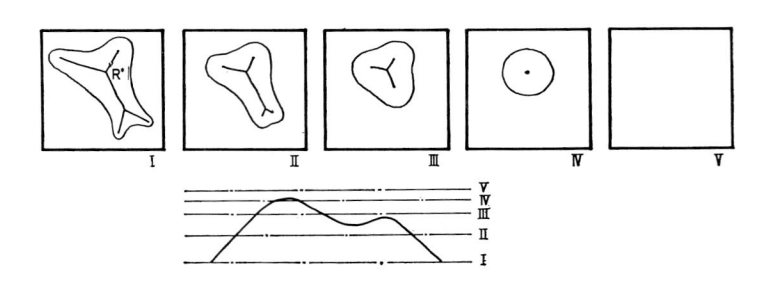

図8——観測における視点，レベル．ひとつの地形は見方によってはⅠ～Ⅴまで見なせることを示している．ひとつの地形のR^*をどの程度くわしく観測するかによって，地形が変わってくる．これは地図の表記などに無意識的に採用されている省略法でもある．たとえば，中心があるかないかという問いには，レベルⅣで語っており，（図5）のような形は問うてない．

こうしてみると，観測には範囲やレベルがあって，めんどうなところを一応整理できそうになってきた．中心が集落全体のレベルにあるのか，数戸のクラスターのレベルにあるのか，あるいはまた住戸のレベルにあるのか．またそれぞれのレベルに中心があるといったことも，約束さえまもっておけば大きな混乱は避けられる．図9は，図7のβの場合に現実にありうる集落形態のレベルによるヴァリエーションを示している．このような観測の仕方を一致させてゆくと，集落の組みたてについて興味ある性格がわかってきて，例えばクラスタープランとストリート型プランとは，互に反転したAC図の関係をもっていることを図10は示している．

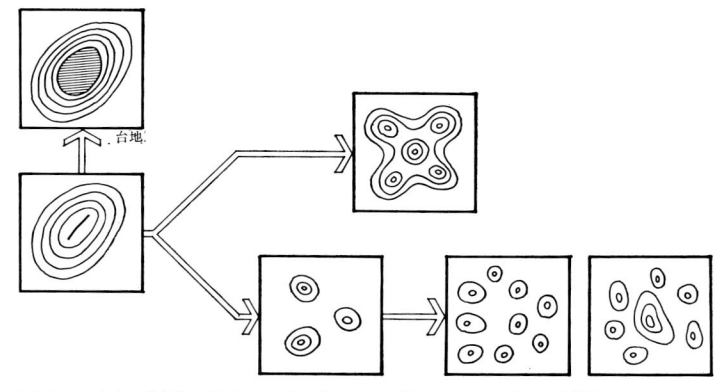

図9——中心の多極性と画面．一定の枠をもった画面のなかに，中心が多極的にあらわれる．凝集型，クラスター型，離散型の諸相がある．たとえば，中心があるかないかの問いにたいして，あるなしは，実際には地形がある高さに達しているかどうかを確かめなくてはならない．従って，（図8）との相関で集落などの記述はことわり書きを要する．

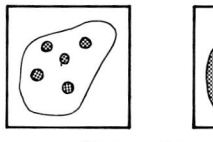

図10——幾何学的な性質の1例—反転した関係．集落の観測は，観測によってある結論が見い出されるという手続きを期待するのではなく，観測からはなれたところのモデル組み立てを経て，そのモデルの幾何学的性質を検討し，そこから，逆に主観の介在を許す判断に入ってゆく．たとえば，活動状態が幾何学的に反転している図をもとに，クラスタープランとグリッドプランの関係がとらえられる．

古い集落は普通自然条件とうまく同調しているという印象を与える．また，集落が自然の潜在力をひきだしていたり，あいまいな自然が集落によって発音がはっきりしてきたりする．図11

は地形と集落の形態との同調あるいはずれを説明する．（A）は地形図と仮想AC図とが重なる場合，（B）はずれる場合，（C）は平坦な地に仮想AC図が置かれる場合である．　下段の図は，実際によく見る例で，断層を活かしたり，斜面に添って集落が配置されるが，これらは仮想ACのR*と地形のR*とが重ならないまでも同調しているように見える．

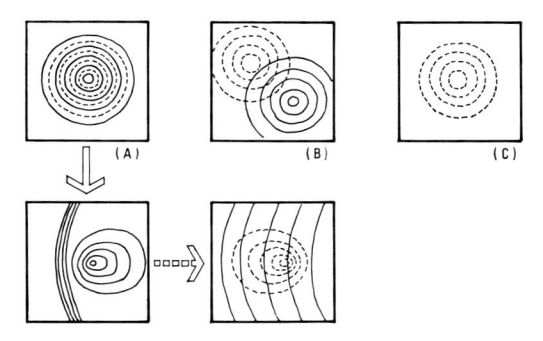

図11——地形と仮想ACの同調のずれ．ふたつの地形のR*の重なりとずれを基準としている．下段は準同調といったらよいか．AC図の重なりも初等的にはこうした方法でチェックされる．

　自然の縁（エッジ）という概念は，R*やR⁻*あるいは断層であるが，この縁にAC図の縁を合せることによって，集落は自然をより明快に表現する．　自然は地形条件だけでなく，諸々の要素からなっているが，地形は他の要素を包括するより上位の要素であるにちがいない．　しかし他の要素，例えば水域——水の豊かさの等高線図と，集落の仮想AC図についても，同調あるいはずれを確めることができる．　オアシスにたつ集落はこの典型である．事実水域はかなり支配的な自然要素である．　中南米の自然はきれが悪いという印象は，（A）のタイプの集落の例が少ないということから説明される．　平坦な地形に集落が配置されている例が多かった．　地中海域や日本の島集落の場合に比べると（A）タイプの数はずっと少ない．　（C）タイプは，ずれているというのではなく，比喩的にいえば集落によって新しい地形をつくるわけで，自然地形からは切り離されている．　実際の計画論としては，どの位ずれているかとか，どの位地形を変更しているかを知りたいところである．　これに対してはまずR*の形状が変らないことが基本的な目安になる．　が変らないと例えば水についての領域区分が変更されない．（前節補註参照）次いで定量的な変更量が問題になろう．　集落に関する限り，地形の変更はなく，R*を強調する傾向にあるからこうした変更のチェックは必要でない．以上のべた地形との同調やずれの問題を一般化すると，都市や地域の動態の把握や新しい施設の投入についての理論になるはずで，私たちは目下このテーマにとり組んでもいる．

（註6）
R*の高い部分だけ選んでR*を単純化し，形の概要をおさえる方法．AC論では，先に説明した標準形というなめらかに発展する形態が基本モデルとなっている．　図8では，R*に対応した平行閉曲線群を画いて，つまりR*に対応した標準形をつくって，現実のレベルⅠにまでもどしてやる．　各々の図を詳しく書けば，その平行閉曲線群が描ける．　ものの形をある図に写像するときには，この簡略化の手法が使われたりしている．　特に図形の記号化にこの手法がみられる．その理論化，都市形態の動的な遷移を見るときなどに有効な方法である．

5

これまで集落全体あるいは周辺の自然条件などについて述べてきたが，観測のレベルを下げて住居と住居との関係を簡単にとらえてみる．　地中海周辺では，住居は多くの場合密接していた．そのため集落の全体構造と住居個体との関係はかなり明快であった．　昨年日本の島の集落を調べてみると，私たちが描いていた集落の構造のモデルがあやしくなってきた．　住居の境界があいまいなものについて，地中海でのモデルは包括していなかったからである．　中南米で，はっきり離散型を確認して，モデルの変更は必須となった．

　住居のプランと全体配置の関連を解明することは興味ある課題である．　将来検討がすすんでゆけば，その関連はとらえられるような気がする．　常識的に考えて，住居が本来備えていてよい生活の要素が住居の外にでて集中すれば，住居の性格は変るし，その配列の仕方も変る．　また逆に，住居にはなかった要素が入ってくれば，同様な現象が起るだろう（図12参照）．　住居の境界がはっきりしているときは，現象も明快である．　住居の境界がはっきりしておらず，あいまいな場合，図6の（Y）のタイプにおいても配列のちがいは起っているはずである．

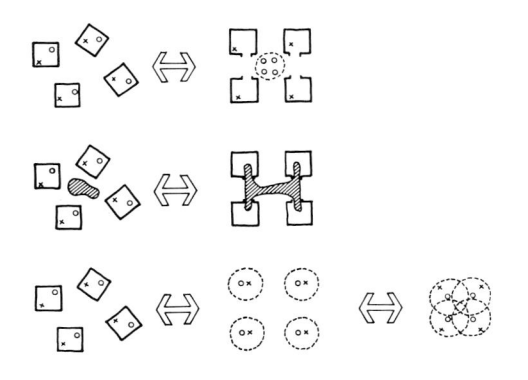

図12——共有物あるいは共有領域のちがいによって，住居の配列に変化が生じることを示す模式図．本論では，ものや領域の共有の状態を境界のたしかさに置きかえている．

　中南米のインディオの離散型の集落で見た住居は，はっきりした住居の境界こそないが，かなり自給自足的であって自立性が高い．　ちょうど，ベルチド（住居集合論その1参照）の住居と境界については対照的である．　ベルチドの住居は高い壁にかこまれて極度に閉鎖的である．　離散型では逆にまわりの人々の視線をいつも受けている．　両者とも，住居と住居の間にあきがあるが，ベルチドはそのあきがさほど管理されてはいない空地であるが，離散型では耕地である．　両者の配列には，そうしたあき

のための土地利用法だけでなく、もっと本質的な差異があると思われるが、いまのところ定かでない。

地中海周辺の集落のモデルは、メディナ型、ペトレス型、クエバス型の3つの分類項目から組み立てられていた。この分類は、まず住居のプランを住居にあけられた孔の形で記号化する（図13上段）。中心施設である広場の性格がこれに対応してつぎに分類される。この構造的なモデルは、住居境界が比較的はっきりしていて、強力な中心がある場合に限っていた。地形的な説明でいうと、メディナ型は、境界ともに中心に影響されないでいるパターンであり、ペトレス型は R^* は不変、R^{-*} の発生、従って境界が R^{-*} によってあいまいになる傾向がある。クエバス型は R^* 自体が変更され、やはり境界があいまいになりがちである、といった説明ができる。これらの住居の地形特性に影響されて、中心はそれぞれ特色ある地形をつくることになるが、本論ではこの3つの項目を論じるより上位のレベルでモデルを組むのが目標であるから詳論は省く。

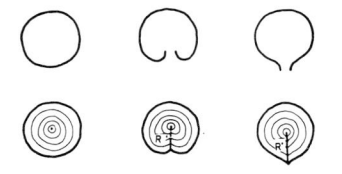

図13——住居集合論（その1）で示した3つのパターンの基礎となる3つの住居モデルの地形的解釈。

上記3項目の地形特性を一般的に説明したのが図14である。上段は、Aから R^{-*} の発生によってBへ、また R^* の変化を生じてCIへ、さらに境界が不明確になり、しかも R^* が連合してCIIへと孤立から連合へと変る段階を示している。下段は、住居相互の干渉による R^* の変化と、地形的な他の要素の介入による変化があることを示している。

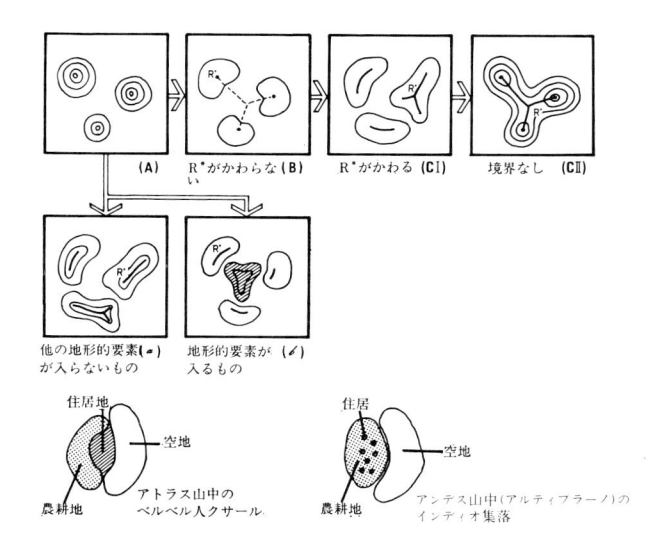

図14——地理的に類似している2つの場所の集落、アトラス山中ベルベル人クサール（左図）、アンデス山中アルティプラーノのインディオ集落（右図）の形態上のちがい。

介入してくる地形的な要素として、(イ)中心的な施設——公共的空間（道路、広場）、(ロ)空地、(ハ)農耕地があることが実例から知られる。散村形式の集落を検討してゆくには、この項目をより厳密にモデル化する必要がありそうだ。

アトラス山中のベルベル人集落（住居集合論その1参照）と、アンデス山中アルティプラーノのインディオの集落とは、このような問題を考えてゆくうえでは、対照的で興味深い。風景として見る限り、両地は極似している。もちろん雨量その他には差異があるが、水域が明快であること、谷の両側には裸の山がそそり立っていること、水域は農耕地として使われていること、住居の材質は日乾しレンガであること等共存項目は多い。ベルベル人クサールは凝集型であるに対して、アルティプラーノの集落は離散型であるところが風景を決定的にちがったものにしている。私たちが集落形態が社会規約の物象化であろうと想定するのは、ここらの事情によっている。

アトラス山中とアンデス山中のような対比、あるいはベルチドと離散型の対比、さらには凝集型と離散型の対比等をひとつの表にまとめてみよう。ここでは単純化してふたつの指標をあげるにとどめる。ひとつは住居間の密集性いいかえれば分離性。もうひとつは住居がこれに接する領域に対する境界の明確度である。記号的に書くと表1のようになる（註7）。いうまでもなくこれを地形的に表現することもできる。

住居の分離 \ 住居の境界	明確	不明確
なし	A	A'
あり	B	B'

表1——住居集合の分類表。Aはメディナ型、Bはベルチド型、A'はクエバス型、B'は離散型となる。境界なしは、ほとんどないと考えられる。

表において、Aはメディナ型、A'はクエバス型、Bはベルチド型、B'は離散型であるといえる。ここでは住居の境界が明確である項目に該当するのは、かなり閉鎖的な住居プランに限った。

多くの集落を観察してゆくと、住居とは一体何だろうという疑問を感じる。もし、本来の住居がベルチド型のように自給自足的であるなら、特に近代の空間のように機能分化のために派生して住居ではないとみられている領域も、実は住居の外の住居の部分であるという気もしてくる。つまり全ゆる空間は住居であるといったイメージ。こうしたとまどいが、現実の住居の境界の判断をあいまいにする。このあいまいさを払うためにも、介入してくる地形要素の検討、あるいは私的な活動、空地での活動、公共的な活動についての地形の重ね合せ等が必要であるが、そうした操作は論を複雑にする。

（註7）
住居間の分離性は，限ずしも厳密でないが住居集合 H，その位相空間（H, O）とすると，H の部分集合 H_1, H_2 を各住居にとって（$\overline{H_1} \cap \overline{H_2} = \phi$ とすれば）$O_1 \cap O_2 = \phi$，$H_1 \subset O_1$，$H_2 \subset O_2$ となるような開集合，O_1, O_2 が存在する．いわゆる第4種の分離条件のイメージによっている．もしひとつの住居を点にたとえれば，逆に密着性を考えて，あらゆる住居（点）が集積点であるような集合といった比喩もなりたつ．AC 論を位相空間論と重ねる部分があると私たちは予想しているが，この研究は実質的にはまだすすんでいない．住居集合論をそのように武装された AC 論の技法をつかって組みたてるのがひとつのねらいである．

住居の境界の明確さは，集落の境界においてつかった手法による．

6

これまでの準備，いくつかの単純化の手続きを終えて，集落の見かけを総体的にとらえる分類表が画けそうである．観点を次の4つの項目にしぼる．

(1) 中心性（あり1，なし0）
(2) 境界（明確1，不明確あるいはなし0）
(3) 住居の密着（分離）性（密着1，分離0）
(4) 住居の境界（明確1，不明確あるいはなし0）

この4つの項目は，集落の閾を形成する重要なファクターであると私たちは予想している．これまでに触れてきたように，閾を形成する要因は他にもある．例えば，中心の形態がある．しかしそれは観測のレベルの項で説明したようにレベルを上げてゆけば，全ての R* は点になってしまう．従ってこのような要因は中心性に吸収されていると考える．住居と住居の間に入ってくる他の地形的要素はことによると欠かせない要因かもしれないが，ここでの観測のレベルは他の地形的要素があるかないかに言及するレベルにとめる．集落という集団と，家族という集団との矛盾，あるいは家族集団間の矛盾は，他の物的な装置化によっても解除がはかられている筈である．例えばこの項目ではスケールが欠落している．スケールがもつからくりは現実にある．また住居内部のプランに言及していないから，個人と家族，個人と集落の矛盾の解除は表現されていない．いってみれば，この分類項目による集落の構造モデルは，何度も限界づけているが，〈風景としての集落モデル〉と呼ばれるにふさわしい．

ここで，4つの項目をひとつのベクトルに表示し，ありうる全てのベクトルを書くと16のベクトルができる．実際には16のベクトルをどう並べてもよいのだが，1と0は排反するとして，4行4列のマトリックスを組む．（本来なら(1)から(4)の項目について，YES(1)，NO(0)を順次繰り返すツリー構造となるのを見やすくマトリックス形式にした）するとこのマトリックスは中心にたいして，点対称に反対のベクトルがあらわれる．例えば，図15の下段のマトリックスが説明するように，a_{42} すなわち

(0010)は，a_{13}(1101)とは逆の内容をもっている．

この16のベクトルを記号的に図示すると，図15のようになる．これが，上記4項目についてみた地形図の略図である．正しくは仮想 AC 図をつかって書いた地形図の略図である．これのいくつかを少し地形図に似せて書いたのが図16である．ここには16項目の一部しか画いてない．これまで説明してきた包丁（のみと言いたいところである）で上記4項目に着目してどんな集落を刻み出しても，必ず16のうちのどれかになる．もし，不自然な実例のマトリックスができたら，4項目の抽出が不自然であるから，修正あるいは根本的な組みなおしをする必要がある．

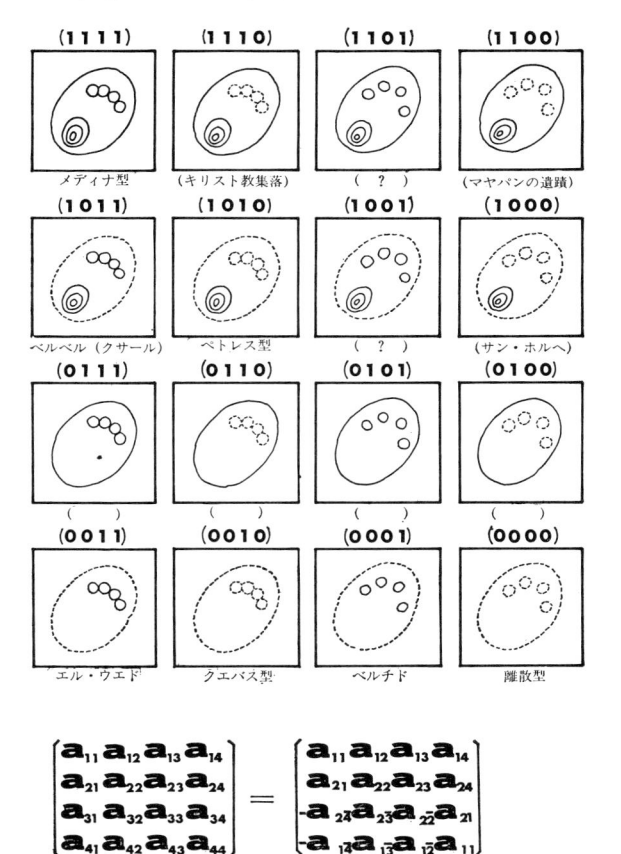

$$\begin{bmatrix} a_{11} & a_{12} & a_{13} & a_{14} \\ a_{21} & a_{22} & a_{23} & a_{24} \\ a_{31} & a_{32} & a_{33} & a_{34} \\ a_{41} & a_{42} & a_{43} & a_{44} \end{bmatrix} = \begin{bmatrix} a_{11} & a_{12} & a_{13} & a_{14} \\ a_{21} & a_{22} & a_{23} & a_{24} \\ -a_{24} & a_{23} & a_{22} & a_{21} \\ -a_{14} & a_{13} & a_{12} & a_{11} \end{bmatrix}$$

図15──集落形態モデル．画面の上に形態を示すベクトルが附記してある．ベクトルは，(集落の中心，集落の境界，住居の密度(分離)性，住居の境界)について，中心あり1，なし0，住居密着1，分離0，住居境界明確1，不明確0を示す．異なった16のベクトルをならべて，4行4列のマトリックスにまとめると，図の下に記したような性質がある．──は反対の内容であることを示す．マトリックスが回転対称にあらわれる．

注意すべきは，このモデルが初めにつくられて，(表2)のような判断から，16の画面に相当するタイプを抽出しているという順序である．もしそうでないと，画面についての様々な注記がいる．モデルが示す著しい特徴は，第3行に該当する集落を(表2)から選べないことである．またメディナと離散型とが最も代表的な対をなすことは，このモデルが調査とは別なところでできているというものの，調査のなかからベクトルの項目が選ばれていることを示している．将来，より包括的な項目が抽出されれば，モデルは書き直される．異なったモデルになる．たとえば，ふたつの項を選出し，それぞれに3つの解答をだすとすると，3行3列のマトリックスが現段階でも描ける．

図16において最もきわだった対照は(1111)のメディナ型と(0000)の離散型である．私は正直なところ驚いた．ベクトルによるマトリックスを組む作業をいわば機械的に，論理だけで先につくって，実例は後から該当する集落を探して記入したにすぎない．私の旅の印象をもとに論理操作をしているのだから，当然の結果ともいえるのだが，第1回の地中海ではメディナが，

今回の中南米では離散型から，最も強い印象を受けており，もし旅で知った代表的集落をあげるならちゅうちょせずこのふたつを挙げる．

（総合雑誌『展望』1974年5月号〈集落への旅〉及び8月号〈翳りのなかの集落〉参照）

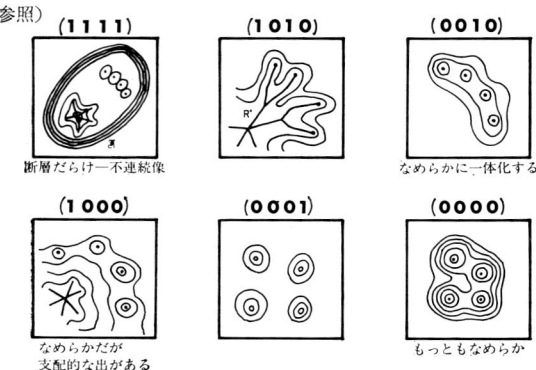

| (1111) | (1010) | (0010) |
| 断層だらけ―不連続像 | | なめらかに一体化する |

| (1000) | (0001) | (0000) |
| なめらかだが支配的な出がある | | もっともなめらか |

図16――形態のモデル図からいくつかを抽出して，実際の地形図に近づけた図．ベクトルでは住居の中間領域やR^*の関係の規定が不確かであるため判然としないところがあるが，例えば離散型は〈なめらかな地形図〉になる．

地形的にみれば，メディナがいたるところで断層に相当する不連続線，あるいは切断されたR^*に出会う地形であるとすれば，離散型は最もなめらかな女性的地形である．これは，実に興味ある結果である．というのは，メディナが現実におかれている地理は，完全な砂漠のオアシスとは言えないまでも，それに近い地形，起伏がなく，あったとしてもそれはなめらかである．離散型の集落がある中南米の地形は，すでに記したようにぎすぎすして骨ばっていて潤いに欠ける．離散型集落の立地は耕地のなかだから，それほどひどくはない．しかし，周辺一帯をみれば自然は苛酷である．ここで仮想ACをもとに描いた地形はまさに現実の自然とさかさまである！ことによると，集落は，自然の補完項であるのかもしれない．このイメージは，縁（エッジ）の使い方などに表われる〈自然を栽培する〉傾向とよく符合するのである．

ベクトルの1，0のとり方を適当にかえてやると，その他の7組の対極も主役に踊り出るが，実際には，境界とか中心のあり，なしを問うているのでやはり，表示としては，図15の組み方が現実的である．もともと論理を二律排反の単純形にまとめてあるので，対極の構造が表面に出ることは不可避だが，もとはと言えば，こうしたモデルが図1の印象から誘起されているからである．再度2章で述べた離散型の特性と，凝縮型の特性との対比を読み直していただきたい．凝縮型の代表とは実はメディナ型である．

それぞれの対極を説明すればきりがないが，例えば(0011)はさしずめ現代の住居集合，団地である．古い集落では，小さな集落か，集落の部分でしか該当する実例がない．今回の調査では，比較的大きな都市の一画の小作人長屋がこの項に該当する．なるほどとうなずけるふしがある．団地はいってみれば現代の小作人長屋であるか．これに対する(1100)は，例えば日本の島集落の，のどかな風景である．集落は閉じた領域であり，その内部の地形はなだらかな小山続きで，中心もなめらかにつながっている．里とか村の故郷のイメージがある．しかし，現実の島の地形はどうか．必ずしもそうのどかではない．崖地まで耕された集落の風景は，のどかというより絶え間ない緊張を感じさせる．

第2行第2列にペトレス型がくるのだったら，なぜ第3行第3列にクエバス型がこないのかと欲張った考えをおこしてみた．このモデル自体は，スケールを規定していない．さしあたりはスケールを無視したところで論じてかまわないと思う．としても明快でないのはクラスターのとり扱いである．クエバスのようなクラスターを住居とみなすことが許されるなら，クエバスは離散型にうつる．またクエバスの広場は，他の広場の性格がちがうので，この際中心ありとは見なさなかったが，それはベクトルの元のなかに，中心と住居の地形的な関連をとらえてないためにあいまいさが避けられないでいる．スケールを問わないで地形図をそのままの離散型に属すと考える方が素直か．

表2は，これまで私たちが観測して全体的な把握を一応した積りの集落に，ベクトルを対応させてみた結果である．地形との同調の項は，仮想図及び断層と現実の地形のR^*やR^{-*}や断層とが一致する場合に1を，平坦な地に立つ場合に0を，そのなかで先に説明したほぼ地形と同調するものに+0を与えている．形態のベクトルについては，第4項において，境界は見えているが，使い方からすると開いているような住居について0^*として補足説明している．つまり，他の住居のACに影響をうけているものを0とすれば，0^*はそうした影響を示さないでいるような住居を示している．本来は0に属している．この段階では，私たちの眼とモデルの確実さが問われる．いざ実例とモデルを対応させる段になると，かなり約束をはっきりさせているつもりでも，あいまいさが残る．包丁がしっかりしていないからであろうし，私たちの眼もあやしい．現段階では，そのあり方を確める方法もない．このモデルと私たちの眼を確める唯一の方法は，再び旅に出ることである．

図15のモデルを表2でチェックしてみると，マトリックスの第3行がほとんど空白といってよい．つまり，〈境界があって中心がない集落〉は，住居の形式を問わずほとんどないといってよい．第3行の各項はいってみれば，ユートピアである．もしこれがユートピアであるなら，調べてみればおのおのの集落形態はすでに提出されているそれぞれのユートピア論に対応しているだろう．広場は暴力装置だという逆説的な言い方がでるのもこんなところにある．つまり，支配から完全にのがれて，閉じた領域を組むという現象は，厳しく見ていったらまずこの世には存在しない．（?）印は現在のところ見当らないが，ありそうな

集落の形態である．これらの空白項が埋まるかもしれないという夢をもって，私たちはさらに旅を続ける．

（補註）

集落がその集団の秩序を維持するためには社会的規約をもたねばならず，その社会的規約はなんらかのかたちで物象化するであろう．これまでの観察では集落が採用している形態とは，その物象化の現れであるといった判断をしている．物象化は，例えば城壁といった集落のある構成要素にあらわれるのではなくて，全体的にあらわれるであろう．とすれば，形態そのものが，閾となっている，とこれまでのところ考えている．そのように考えられる理由は，全ての集落には空間化された閾があるはずであるのに，現実には例えば様々の住居があり，様々の配列があり，様々の中心がある．それらの要素あるいは要素の部分的な連合は，一体的に融合していて，要素を単独に抽出して加算するといった組みたてにはなっておらず，どちらかといえば全体的であるからだ．この全体をとらえるに，言語論的なアプローチ，意味論的なアプローチは，私には不毛に思える．その理由は〈読みとり〉が，何を根拠になされるか不明であるからだ．ただし，この場合でも，コンテキストをなんらかの論理でモデル化しておいて，後から〈読みとり〉を主観的にして該当項を探しあてるという本論のような方法がとられるなら望みはある．私たちの論の根拠は，もののもっている物的な性格にある．物的な性格は，主観的判断が介入しないとは言えないが，かなり一般化できる．例えば，本論では，住居の境界のランクづけをせずにメディナのロの字型プラン程度に境界が明確であるとしたが，実際の観察では，多様な形式の境界がある．これらの多様性も将来明快に区分できるような気もする．なぜなら私たちは意味にではなくものに着眼して，ものの位置関係を問うているからである．

また閾については，いってみれば想定である．想定をある場合には想定として扱い，ある場合には事実としてとりあつかうような倒錯が行われがちである．私たちは，集落が全体として空間的な閾であると語っても，その証明のための調査はなんら行っていない．それは私たちにとってはいつまでも想定であり，しかも検証なしの想定であって，将来ことによると，形態を語ってゆくうちに，なるほど集落は空間的な閾らしいと感じさせることもあるかもしれない．私たちのアプローチは，閾については検証型の接近法ではなく，説得型の接近法をとる．

ここで示した16の形態は，実はこれだけのタイプがあるというのではなく，これだけのタイプがあったとしても，それらを現象させている原理はひとつ，いってみれば閾の空間化なのだと私たちは言いたい．そこで形態をとらえるにどの物的要素をとりだしたらよいかという，ここではベクトルの要素となる項目が問われる．上で抽出した4項は，それなりの妥当性はある．しかしそれが本当に閾を説得するに力あるかというと，正直なところ自信はない．それで本文で4項目をアプリオリに抽出する叙述をするにとどめた．例えば集落の境界は，城壁によって代表されるように，閾らしい概念である．城壁がない集落なら，それに変る内的構造例えば，分離されかつ開いた住居といった性格と配置があるといった交換のモデルを提出したいところである．ただ現段階でそこまで言及すべきではないだろうし，準備もできていない．集落というレベルと住居というレベルを扱って，その中間的な住居の部分集合族について論じられなかったのは片手落ちである．将来はAC論の武装にあわせて部分集合族について語れるようにしたい．それは次節でのべる複雑さや緩衝領域の話に，具体的にはクラスターや結合形式の話に続いてゆく．AC論は言うまでもなく，イメージ的には場の理論であり位相の理論である．位相とか場というイメージをただもてあそぶだけでは不毛で，それらはアナロガスに語るべきではなく空間論として開発してゆくべき対象であることを忘れてはならない．

7

以上略述してきた形態モデルが，〈閾〉をよく表現することを示す

集落名	地形と の同調	形態の ベクトル	集落名	地形と の同調	形態の ベクトル
I-1 Grigny	(1)	(1010*)	2-1 Mexcaltitan	(1)	(1110*)
I-2 Milmand	(1)	(1010)	2-* Omitlan	(0)	(1010)
I-3 Avignon	(1)	(1110*)	2-* Mogneno		(0000)
I-4 Carcassonne	(1)	(1110*)→(1010)	2-2 Zacualtipan	(1)	(1010*)
I-5 Roqufort	(0)	(1010*)	2-3 Malila	(1)	(1000)
I-6 Elne	(1)	(1110*)→(1010)	2-4 Oxcaco	(1)	(1110)
I-7 (Barcelona)	—	—	2-5 Taravitas	(1)	(0000)
I-8 Tarragona	(0)	(1010*)	2-6 Rafael Pelles	(0)	(1011)
I-9 Alcala	(0)	(1010*)	2-7 Navenchauk	(+0)	(1010*)
I-10 Petres	(+0)	(1010*)	2-8 Aitoe Biase	(0)	(0000)
I-11 Cuevas del Alm.	(1)	(0010)	2-9 Poloqua	(0)	(1010)
I-12 Sorbas	(1)	(1110*)	2-10 San Cristobal	(0)	(1010*)~(1011)
I-13 Calahorra	(1)	(1010)	2-11 San Jorge	(0)	(1000)
I-14 Guadix	(1)	(0010)	2-12 Chimaltenango		都市の部分(0011)
I-15 San Roque	(1)	(1010)	2-13 Terra Blanca	(0)	(0000)
I-16 Tetouan	(1)	(1111)→(0111)	2-14 Peten	(0)	(0000)~(1000)
I-17 Rabat-Salé	(0)	(1111)→(0111)	2-15 Santa Fe	(0)	(1010*)
I-18 Marrakech	(0)	(1111)→(0111)	2-16 San Nicolas	(+0)	(1010*)
I-19 Fes	(1)	(1111)	2-17 Copan	(1)	(1010*)
I-20 Berrechid	(0)	(0001)	2-18 San Jose	(0)	(0000)
I-21 Bir-er-mâti	(0)	(0001)	2-19 Tegucigalpa	(1)	(1010*)
I-22 Tazenntoute	(0)	(1011)	2-20 Savanagrande	(0)	(1010*)
I-23 Ifri	(0)	(1011)	2-21 Mocolon	(0)	(0000)
I-24 Taourirt	(0)	(0001)	2-22 Bislaiy	(0)	(0000)
I-25 Sidi Benadda	(1)	(1010*)	2-23 Aracataca	(0)	(0000)
I-26 Berriane	(1)	(1011)	2-24 Pto. Valdivia	(1)	(1010*)
I-27 (M'zab)		スケールが大きすぎる	2-25 Valdivia	(1)	(1010*)
I-28 Ghardaia	(1)	(1111)→(0111)	2-26 Barbosa	(0)	(0000)
I-29 Elateuf	(1)	(1111)ベリアン又は完全に(1111)	2-27 Guatica	(0)	(0000)
I-30 Oued-Rhir	(1)	(1000*)	2-28 Pubito	(0)	(0000)
I-31 Gafsa	(0)	(0000)	2-29 San Andres	(1)	(1010*)
I-32 S.Gimignano	(1)	(1110*)	2-30 Juncal	(0)	(0000)
I-33 Sperlonga	(1)	(1110)	2-31 Gatazo Chico	(0)	(1010*)
I-34 Procida	(1)	(1010)	2-32 San Antonio	(0)	(0000)
I-35 Alberobello	(1)	(1010*)	2-33 Cerro Huslon		—
I-36 Corfu	(1)	(1110)	2-34 Aucallama	(0)	(1010)
I-37 Meteora	(1)	(0001)	2-35 Pro. Salvador		—
I-38 Amfissa	(1)	—	2-36 Agua Santa	(0)	(0000)
I-39 Aliartos	(1)	(0000)	2-37 Ocucoje	(0)	(0000)
I-40 Crete	(1)	(0011)部分	2-38 Vira Blanca	(0)	(0000)
I-41 Santorini	(1)	(0010)	2-39 Ocoña	(0)	(0000) ふたつ(1010)の部分
I-42 Mykonos	(1)	(1010)	2-40 (Altiplano)	(0)	(0000)
I-43 Syros	(1)	(1010*)	2-41 Tayataya	(0)	(1010) ひとつのブロック
I-44 Tinos	(1)		2-42 Saman-azangaro	(0)	(1010)
I-45 Sarayönü	(+0)	(0011)小規模	2-43 Tranipata	(0)	(1100)
I-46 Selime 1	(+0)	(0000)			
I-47 Selime 2	(+0)	(0000)			
I-48 Ürgüp	(+0)	(0000)			
J-1 赤島	(1)	(1110)			
J-2 黒島	(1)	(1100)			
J-3 黄島	(1)	(1110)			
J-4 六島	(1)	(1100)			
J-5 納島	(1)	(1100)			
J-6 野崎島	(1)	(1100)			
J-7 鵜来島	(1)	(1100)			
J-8 沖ノ島母島	(1)	(1010)			
J-9 〃 古屋敷	(1)	(1010)			
J-10 〃 弘瀬	(1)	(1010)~(1011)			
J-11 嘉島	(1)	(1110)			
J-12 竹ヶ島	(1)	(1111)~(1110)			
J-13 相島	(1)	(1110)			
J-14 蓋井島	(1)	(1100)			
J-15 利島	(1)	(1100)			
J-16 新島―若郷	(1)	(1010*)			
J-17 八丈島―中ノ郷	(1)	(1000*)			
J-18 式根島	(1)	(1100)			
J-19 大島―野増	(1)	(1010)			
J-20 神津島	(1)	(1010)			

凡例
● 自然地形と集落の構造
　　1　　　+0　　　0
　　同調　　　　　　平坦
● 形態のベクトル
（中心，境界，住居密着，住居境界）
　1：明確
　0：不明確

表2

これまで原研究室で調べてきた集落に形態ベクトル表示した表．最初の1元のベクトルは，地形との同調を1，準同調を+0，地形とは無関係のものを0と表示してある．地中海域に比べて，中南米域では同調するものが少ない．形態ベクトルの最終元，住居の境界については，メディナのロの字型プランの程度を1として，キリスト教集落の住居は0にする厳しい判定である．従って，住居そのものに境界が見えているが，実際には境界を消すように使われている住居にたいしては*印を付加しておいた．

実際にあてはめてみると，境界概念などはもう少し，段階的にわけた方がよいように思えるし，それぞれの場合の評価の基準を鮮明にする必要があるようである．

には，集落を観察して想起される諸概念が，選びだした4項目の概念より下位にたつことを説明しなくてはならない．　4項目は，領域概念に基づく限りかなり重要であることは言えても，最上位にたつかどうかには疑問が残る．　正直なところ，このような項目で全体把握，あるいは部分と全体の関係をとらえたのも，包丁の一面を司どるAC論の研究段階によっている．　AC論は開発途上なのである．　おそらく4項目に匹敵し，あるいはさらに上位にたつと考えられるが，AC論として解明されていない事項を集落の形態論に則して挙げてみよう．

（A）　地形的な複雑さ

例えば，メディナの迷路的な道路ネットワークは，閾の重要なファクターである．　いってみれば，それは一種の複雑さcomplexityといってよい．　日本の島集落を調べて私たちはひとつの複雑さを計量する方法を導いた．　それは港から入ってくる外来者にとってその島の集落の道がどれほど入り組んでいるかを示すもので，最終的にはグラフの波形パターンとして表現される．　しかし方法の計量的性格が気になる．　もっと純粋に幾何学的，位相的でありたい．　これは形態論にとり組むときの絶対的条件であると信じている．　解析的手法は集落のように〈全体について〉を語るときには，補足的説明の位置にしかつけず，他の項目の解析とは並列的にしか同居できない．

（B）　地形図の重ね合せあるいは融合

集落には緩衝領域ともいうべきあいまいな部分がある．　本論では境界とR*の相関をそれぞれ独立に記述したが，理論的には強い関連性がある．　あいまいな領域は，言いかえれば境界とR*にかかわり，特にふたつの地形図の重ね合せ，あるいは融合の問題になる．　これは閉曲線理論のなかで最も難しいところでもある．　いいかえれば，領域の多義性，あいまいさをどう理論的に裏打ちするかが課題である．　この点が解明されると，広場の形態や，あきの形態を明示でき，おのずと集落の全体性はより鮮明になる．

さらに列挙すれば種々あるが，このふたつの事項だけでも大変な作業である．　ただ，このふたつがわかったとしても，それは形態を示す構造に新たに附加される項目として現われるのではない．　境界，中心等の概念と置換される概念として現われてくる．　そうでなかったら，論は複雑になり，下手をすれば，集落は結局のところいろいろあるという語り口になってしまう．

（C）　仮想AC図の描き方の約束

本論では，仮想AC図が現実の事象との対応においてどう描かれるかは問わなかった．　それは最終的には，各自が勝手に描けばよいのだが，そうともいってはいられない．　そのためには，なにをおいても住居とは，という問に答えるべく，個体の住居の検討をすすめなくてはならない．　具体的な住居の検討から，開かれている状態，閉じられている状態等の規準の設定がすすめられるだろう．　本誌の山本論文は，そのあたりの検討を示す．　住居と同様に広場について，道について，考察を重ね，これらを地形表現へ変換すれば，論は自立性を高めるだろう．

私たちは，輸入文化に馴れ親しんでいるせいか，道具には寛容である．　しかし，虫めがねで見る蝶々と肉眼で見る蝶々はちがうし，顕微鏡で見る蝶々はまたちがっている．　包丁によっては集落は全く様相を変える．　私たちは，今すぐには使い勝手が悪いにせよ，自分たちの包丁を持ちたいと願っている．

私たちは〈一枚のスケッチのために旅する〉と言う．　もし形態論を追ってゆくなら，形態論は一枚のスケッチの在り場所を指し示すか，あるいはまたそれ自体が一枚のスケッチに向っていなくてはならない．　形態論が，前者の役割を果すなら，幾何学的なモデルの空白項こそスケッチのテーマになるだろう．　とすれば，幾何学的なモデルを尖鋭にする作業は，興味つきない．　もし形態論が，一枚のスケッチそのものとなるようなことができたら，それは面白い．　しかし，一枚のスケッチは，集落を対象化して観察している限り，そこから直接的に誘導されてくるとは，私たちも考えてはいない．　それは住居集合論その1でも述べた通り，〈通過する者の眼〉の限界であろう．

離散型の集落が登場しなかったら，私たちは集落調査と等高線論の重ねあわせに踏みきってはいなかったろう．　等高線論は，まだまだ1人歩きできる姿にはなっていない．　だからあいまいに効用を示すのは危険であるし，成長を妨げる．　今回の旅は，正直なところいろいろな意味で厳しかった．　しかしそのなかから，離散型のイメージを抽出できたのは，今後のためによかったし，なんといっても私たちの眼を鍛え直す意味があった．

世界は狭くなったといわれもする．　しかし私たちの感覚は全く逆である．　世界はますます拡大してゆく．　私たちはアルティプラーノで標高4000メートルの地を，時速100キロのスピードで走った．　4000メートルの高さで平坦地は長く長く続くのである．　しかも地図でみれば，私たちが走ったのはアルティプラーノのほんの端部にすぎない．　世界は見知らぬ文化を埋蔵している．　マヤの遺跡をみたときには，フランク・ロイド・ライトのデザインかと思ったが，彼の都市のイメージこそ，私たちが抽出した離散型集落の写しであろう．　新しい建築の局面に立たされてしまった私たちは，実在するものの写しですますわけにはゆかない．　一枚のスケッチは，遠くにある．　その輪郭はおろか，所在さえ見えてこない．　ただ，道だけ足許にある．　だから，私たちはその道をたどってゆく．　（原広司）

土着と変容

インディオ社会におけるキリスト教の問題

註1——『第2コリント書・5』
註2——鶴見俊輔「日本再考」岩波文化講演会『図書』

〈十字架を立てることによりその地は浄められる．旧きは去り，すべては新生する．〉[註1] これは神の名をかりて新大陸を侵攻したスペイン人たちの信念であり，征服の論理であった．彼らが武力によってインディオの伝統宗教の神殿や神像を破壊したとき，旧きは去り，すべてはキリスト教（小稿においてはカトリックのみをさす）やコロニアル・スタイルの強制によって新生するはずであった．インディオたちの多くはキリスト教徒になり，グリッド・プランの街や集落に住むようになったが，はたして伝統文化や社会の構造は一変し，新しく生まれ変ったのであろうか．それに対しては，多くの文化人類学の研究も，私たちの今回の限られた調査の結果も，やはり否定的である．集落の領域論的考察を進める私たちの眼は，どの集落を訪れてもどこか西欧の教会とは違った雰囲気を漂わせる彼らの教会にも常に注がれていた．すると，表面は全くキリスト教であっても，しつらえや儀式の実際が，まるで異教的（彼らにすれば伝統宗教的）なものが少なくないことに気がつく．そうした一種のエクレクティシズム（折衷主義）は，彼らの，西欧の強引な文明から身を護るためのちえであり，最大の防具であったにちがいない．よくいわれるような，「キリスト教が在来宗教を征服したのか，それとも在来宗教がキリスト教を征服したのか．」[註2] という議論は中南米に関してはナンセンスである，というのが私たちの卒直な印象である．アカルチュレーション（文化接触変容）や歴史の交代を，征服——被征服のレヴェルで問おうとするのはあまりにも西欧的な見方にすぎ，個々の文化や歴史がそういう成り立をしていない地域，例えば日本やロシア，中南米などにはあてはまらないのである．そうしたことを了解した上で，インディオの伝統的な集落におきたアカルチュレーションを，社会の構造や部分に現われたものをとうして見よう，教会などの宗教的な空間の表現や儀式における異教性を帰納し，ひとつのモデル（異教的なるものの構造，ないしはキリスト教に対する抵抗や擬装の）を組み，それを集落の全体と教会や集落間の相対的な関係をフィード・バックして考察しようというのが小稿の意図にほかならない．とはいうものの，集落のなかの教会の位置そのものが，すでに，キリスト教への抵抗を示し，明らかに異教的であったものは残念ながら見えてこなかった．そこで，私たちは，教会の入口へと足を進めることにした．

キリスト教の教会は，そこに集い祈りを捧げるものにとって，教会が立っている集落の領域とは全く別の世界に属している．教会の出入口は，〈聖なるもの〉と〈俗なるもの〉との2つの存在様式を明確にする境界であり，また2つの異なった空間が対置され，世俗的な世界（社会）から聖域へのトランスファーが，そのまま教会内部の〈進路のモチーフ〉の始まりとなる逆説的な場所である．聖域のなかでも祭壇まわりは，神により近づけるシンボリックな空間として，神の国へと昇華され，人間として究極の存在様式に到る超越（単なるトランスファーではない質的飛躍）のための特別な空間として，一切の儀式的，秘儀的装置を信ずるのがキリスト教のなかでもカトリックの信仰である．それゆえ，キリスト教の歴史を通じ教会のファサードは，内部の聖域と神の国を象徴するのにふさわしいものとして，祭壇まわりは神に出逢う地上のイエルサレムのアナロジーとして造形されてきたのである．祭壇の上に高く拡がる空間は天であり，キリストをとりまく空間であった．旧約聖書の創生記の一節は「ヤコブが夢の中で天へ向う梯子とそこで昇り降りする天使たちを見，『私は汝の父アブラハムの主，神である』という神の声を聞いた．そのとき彼は恐れ戦き目を覚し，『ここはなんと恐ろしいところだろう，ここはきっと神の家にちがいない．ここは天国の門だ．』と叫んだ．彼は自分が枕にしていた石をとり，それを立てて記念碑とし，上から油を注いだ．そして，そこをベテル，すなわち神の家と名づけた．」[註3] とそのオリジンについて解説する．はたしてインディオの教会も同じ目標モチーフの表現であろうか．ファサードは内部の聖域と天の国を二重に象徴して十分に立派であろうか．実際はまことに意外であった．彼らの教会のファサードは，彼らの貧困さを示しているというよりは彼らの宗教観を反映している，といった方がよさそうである．もし〈ファサードや塔に現われた象徴の総体のみが祭壇のモデルであり，神の国や聖体示現のさまざまな意味を説明する〉[註4] という，西欧的な自信に満ちた法則が妥当なものならば，インディオの教会のファサードは彼らの祭壇，つまり彼らの神観の象徴であり，西欧のファサードと余りにも違うのは，祭壇まわりの空間のつくりや神観もまた，西欧とはひどく違っているからに他ならない．ところが，内部に入る前の私たちを一番驚かせたのは，教会の立っている方角であった．

キリスト教の教会は，すでにビザンティン時代には，祭壇が東，信者用の正面入口が西ときまっていた．それは教会全体が世界であり，祭壇は東に置かれた楽園で，西は嘆きと死の領域であり，最後の審判を待つ死者が住む領域と考えられていたからであった．[註5] ところが，私たちが訪れた教会のうち，5つは祭壇の

方角が完全に逆で西にあり，信者の出入口が東向きについていた．これらの教会は，いずれも奥地のインディオのものであるが，ロケイション上の問題はなさそうであったから，東と西が偶然入れかわったというよりは，意識的にそうしたのだと考えるべきであろう． なぜなら，インディオの方角においても，東は可能性と時間的には未来を意味し，西はその逆で太陽が大地のなかに消え，闇が始まるところである． したがって，いくつかの伝統的なインディオ社会では，一応キリスト教徒になってはいても，キリスト教を彼らの伝統的な宇宙観や神観にアダプトさせる形で独自に解釈しているのであろう． そこでは，キリストは死者の領域におかれ，自分たちが東の出入口をつかって楽園の側にいるということ，つまりキリストや十字架を人格から神格への超越や永遠のシンボルとするのではなくて，単なる受難のシンボルとしてしか考えていないことが明瞭に表現されているのである． 多くの場合，彼らはキリストの受難以降（復活も含めて）について，少しも関心をもっていない． したがって祭壇まわりにしても神のためのものではなくて，自分たちのものであるから，天のイエルサレムに垂直につながる地上のイエルサレムを現わそうとする高さへの感覚が全く欠如しているのである． また，そのような非キリスト教的な祭壇まわりをもつ教会の内部は，独特の雰囲気を共通してもっている． とくに入口から祭壇にかけての〈進路のモチーフ〉，そして祭壇に現われる凝集された〈中心点〉，というものが全然感じられないのが，西欧の教会と対照的な印象を与える． あえていうならば，一種の滞留空間である点が，西欧の教会との決定的な違いになっている． そこで私たちは可能な限り教会の内部，とくに祭壇まわりを観察することにした． その結果，一般的にインディオの教会は都市や大きな街に近いほど西欧キリスト教的な空間構成と装置をもち，地理的に奥まっているところ，ないしは伝統文化（宗教）が非常に強力であったところほど非キリスト教的要素が多く，異教性が濃くなるといえる． しかし，その異教性は，ある特定のものまたはかたちとして単純に物象化されず，多様なしかも異なった原理による現われ方をする． そこで祭壇の装置のレヴェルに限って，中心にキリストや十字架上のキリストのイコンをもたない一見して非キリスト教的なつくりをしたものを，3つのカテゴリーに分類し，それぞれに共通してあるはずの異教性の構造を明らかにすることにした．

註3――『創世記28』
註4・註5――Mircea Eliade『The Sacred and the Profane』

a　マリアが祭壇の中心であり，キリストのイコンが全然ないか，あっても脇に小さく置かれているもの．
b　キリストやマリア以外の聖人が中心に置かれているもの．
c　ラテン十字やイコンが全然ないもの．

aに属するものは5個所ほどあったが，エクアドルの1個所を除き総てメキシコでの発見であり，なかでもオクスカコ，ラファエル・ペレス，ナベンチャウクなどでは顕著であった．

オクスカコという小さな集落は，かなりの高地の谷間にあり，下に降りる道さえ木立のあいだに見えないくらいであった． 教会は斜面の集落の中腹に位置するが，唯一の平らな部分，広場に面していないばかりか，渓流を隔てて対岸に，しかも横の壁を見せていて，広場の正面に入口を開けた分教場とは対照的であった．外からはただの小屋としか見えない教会も，一歩なかに入ると，十分以上に神秘的で異様な空間であった． 入口の聖水皿や跪き台，座席などはどこにもなく，土間に突き立てられた2本のロウソクの間に質素なテーブルのような祭壇がある． 中央のマリアをはさんで，左右に彼らの守護の聖人，聖マルタンとヨゼフに抱かれたキリストのイコンが並ぶ． 中年の婦人たちが打水をしながら土間を掃き清めているのが，さらに土俗的な印象を与える．

またアステカ・インディオの系統であるラファエル・ペレスでは，教会の扉が閉っていて目で確かめることができなかったが，役場の人の話ではマリアが中心であり，しかも褐色の肌をしたグアダルーペのマリアだという． その上，祭壇まわりは円形で，天井は大きなドーム状で中心部に腕を拡げたグアダルーペのマリアが描かれて，教会の東側（祭壇側）の壁面には〈VIVA LA VIRGEN DE GUADALUPE〉と彫りこんである． すぐ思い出したのは，メキシコ市郊外のグアダルーペの聖堂にある褐色のマリアのことである． この2つの教会にはいくつかの共通点がある． 第1はともにフランシスコ会とドミニコ会の修道院とミッション基地があった大都市，すなわちメキシコ市とオアハカから近く，強力な布教を体験していること． 第2にはともにアステカ・インディオであること等である． つまり，彼らがキリスト教徒になり，きわめて限られた枠のなかで，伝統文化（宗教）を担ってきた土着の情熱を燃した，ぎりぎりの表現がこの褐色の肌をしたマリアだったのではないだろうか． その点，同じマリア崇拝でもナベンチャウクの，8人もの女性の聖人を両脇に従えたマリアとは肌の色いじょうに違うのである． 詳しくは後述することにして，ここではマリア崇拝といっても決してひとつのパターンをもって説明すべきものではないし，むしろ，マリア受容（キリスト教）に現われた，ナベンチャウクのマヤ・インディオとアステカ・インディオの，外来文化に対するアダプトの仕方とビヘイヴィアの相違から考察することの必要を指摘するだけに留めておく．

マリア崇拝が歴史的にキリスト崇拝と並び，キリスト教信仰の両輪であったことは否めないが，マリアそのものは人間であり神ではない． 中世のキリストの徳の協力者としてのマリア，と

いう概念は必ずしも明確でなかったため，公会議によってあくまで神の母として神学的に規定され，ビザンティンの〈王たるキリスト，女王たるマリア〉というイメージなどは西欧キリスト教から早期に消えた．　といっても，本当には12〜13世紀の聖ベルナルドたちによっての，マリアに対する崇拝とキリストに対する崇拝との本質的区別，またごく一般的な母性や女性に対する崇拝からの区別とを待たねばならなかった．　その後もマリアの〈神性・人性〉論争は後を絶たず，最終的には，アッシジの聖フランシスコが，十字軍以降の女性崇拝（主に既婚者であった）やイスラムやマニ教から詩のかたちで受けた女性観の影響と，次元を画してマリア崇拝を解釈した時に今日的な概念が定着したといえる．しかし，現在でもイタリア，スペインなど南欧では，聖母（マリア）崇拝の傾向が相対的に強く，北へ行くほどその傾向が薄れるのを，教会に付随する塔が主として北方に，ドームが南方に現われることとの並行現象として捉えることができないだろうか．

　ビザンティン時代の大きなドームは，マリアの愛と寛容に支えられた〈キリストを囲む〉空間であり，北方のケルト，ゲルマン的な感覚によって，中世盛期からゴシックにかけて確立された塔は，神的なものを表現するというよりは，むしろ信仰者の天を希求する祈りの表現である．　したがって〈キリストを囲む〉空間というよりも，天のイエルサレムへ超越されたい，というひとつの目標形式であり，いわば〈キリストに続く〉空間である．[註6]　勿論，この比較はドームをビザンティンに限っての仮説であり，ドームにしてもイタリア・ルネッサンスのものもあれば，塔にしても，古代から中世にかけての塔門や望楼があることを承知の上で，さらに仮説を展開しようとするのは，以下の想像と分析意図からである．　たしかにドームには，イタリア・ルネッサンスのドームのように，塔と同じような目標形式において発展してきたものもあるが，それらはローマの中空空間をつくるための被覆の形式[註7]であったものと，ゴシックの垂直上昇運動のポテンシャルがひとつになってできあがったもので，ほぼ塔と同じ形成要因が働いていたと考えることができる．　つまり現状と過去から抜け出して，天を見上げ近づこうとする意志と運動において，両者は共通して男性的志向を示し父権的であるのに対し，ビザンティンは，たとえ一時であっても子供であるキリストを包み保護する空間であり，母性的な印象が強く，端的にいえば母親のお腹ないしは子宮的な滞留空間であったのではないだろうか．　母は大地や宇宙の原形象を啓示し，ビザンティンの教会は宇宙の似姿であり母性のアナロジーであった．　多くの土着信仰では，大地こそが全ての産出の源であり，子供は何処かの洞穴か，山や川から来るものと信じられていた．　つまり大地は基本的に母であった．例えばユーラシア大陸においても，旧石器後期いらいの遺跡から，

男性像より女性像の方が圧倒的に多く出土していることからも，大地との結びつきがより密な農耕生活者にあっては，ほとんど普遍的な信仰であったといえる．　同じインディオでも，マヤとインカを比べてみると，インカの方がその傾向が強く，マヤの方が弱いし，なかには低地マヤのようにマリアを伝統的な月の女神と同一視するなどかなりの相違がある．　また同じマヤのなかでも，地域によってイメージは多様で，〈われわれの母〉〈聖母〉〈女王〉〈おばあさん〉などと，それぞれの地域における月の女神のイメージによって解釈が異なっている．　極端な場合，月の女神──マリアが，太陽の神──キリストの母になったり妻になったりする．　このことからも，マヤ・インディオは月の女神の伝統的なイメージにマリアをアダプトさせたのであって，インカのように伝統的な地母神とマリアがひとつに融け合ったものではないことがはっきりする．

　インカにおけるキリスト教の〈土着化〉の過程と方法を単純に図式化することは，一見マヤなどと比べると容易にみえる．なぜなら，インカの場合は太陽信仰だというので，キリスト教の宣教師たちは労せず，きわめて論理的で明快なアダプティションを思いついたのである．　太陽がキリスト，地母神パチャママがマリア，その下に並ぶ大勢のアニミスティックな神々たちは，聖人や悪魔に置き換えられた．　しかしキリスト──太陽というイメージは，今日のインディオにはもはやない．　これは他の国のインディオにもいえることであるが，キリストのイメージがあっても，それらは例外なく人間としてのキリストであって，〈受難──超越〉という十字架の真のシンボルは理解されていない．エクアドルやペルーのアンデス地帯の伝統的なインディオ社会では，十字架はしばしば呪術的なサインと化したり，単なるマークとなったりする．　それでもキリスト教が支配的であれるのは，ひとえにマリアの豊かさと愛のイメージのお蔭であるといってさしつかえない．　農耕を生活とする彼らにとって，地母神パチャママこそ最も頼りになる最高の神であった．　そうして彼らは，日々の生活の中でパチャママを崇拝するのであるから，自分が属する共同体や風土の運命を左右する偉大なる力として，やや自己中心的な，地縁的な対象として考えがちであった．　したがって，パチャママのイメージとして彼らの前に現われたマリアは所詮パチャママであって，それ以上でもなければ以下でもなく，まったく土俗的にデフォルメされている．　このように，とくに農耕社会においてはキリストのシンボル性が一段と弱く，その分だけマリア崇拝が強くなる傾向が顕著になる．

　人は大地から生まれるという感覚は必ずしも原始宗教のものとは限らない．　現に私たちですら，郷里の自然（大地）とのアプリオリ的な一致を否定できない土着の宗教的体験があるし，自

らその土地の人間であると感ずる，もはや家族的結合や祖先を一つとする団結の感情を遙かにこえた宇宙的構造をもつ感情である.[註8] マリア——母は，全てを包み創りだす点において宇宙であり，全てを産出し，再び迎えてくれる点において大地であった. 北米インディアンの予言者は大地を耕すことを拒否した. そして「われわれが母を農耕によって傷つけ，引き裂くことは罪である. 私に耕せというのか，私はナイフをとって，それを母の腹に突き刺してよいのだろうか. 私が死んだとき，彼女はもはや私をその中に受け入れてはくれないだろう. 私に土を掘り返して石を取りのけろというのか，私は母の肉を切り開いて，骨を取り除くようなことをしてよいのだろうか，そんなことをすれば，私はもはや彼女の身体の中へ入って，再び生まれてくることはできないだろう. 私に草を刈って乾草にしそれを売って白人のような金持になれというのか，わが母の髪を切るなどという大それたことがどうして許されようか.」[註9]といった. 多分こうした感覚は中南米のインディオにも共通して現在もあるに違いない. さもなければいつまでたっても私たちは，彼らの農耕における土地の使い方に対する不可解さを技術の後進性ということだけで決めつける愚を犯し続けることになるのである.

註6・註7——Dagobert Frey『Gundlegung zu einer vergleichenden kunstwissenschaft』
註8——Mircea Eliade『The Sacred and the Profane』
註9——James Mooney『The Ghost-Dance Religion and the Sioux Outbreak of 1890』

bに属するものはメキシコ，グアテマラで各1個所，コロンビア，エクアドルで各2個所であり，そのほか記録をとれなかったところや教会がない集落の個人の住居の内部まで含めればかなりの数にのぼる. やはりヨゼフとペトロが圧倒的でそれに続くのが個別に守護の聖人を選んで奉ることである. はっきりいえることは，bの傾向は，純粋な農耕生活のなかにはまず見られず，牧畜や漁業生活を営む集落がほとんどであった.

キリストやマリア以外の聖人のイコンを中心に奉る教会のなかでも，コロンビアのサン・アンドレスの教会は最も印象的であった. 石灰岩をくりぬいて造ったような質感とそれに見合うマッスからなる魅力的な建築は1720年に完成したもので本来はこの地域のインディオの教会であったが，現在はインディオたちの多くは見るからに不毛の山側に追いやられ教会の利用者の80%以上はメスティーソ（白人とインディオの混血）である. 外に十字架をもたないこの教会の内部を司祭に案内してもらい目のあたりにしたのは，実に見事なエクレクティシズム（折衷主義）であった. 正面に聖ヨゼフのイコン，その下が小さな十字架，左右に聖アンドレスと聖ルチアが並ぶ. キリストのラテン十字より遙かに大きいのは，この辺の守護の聖人である聖アンドレスのX型をした，いわゆるアンドレス十字である. ヨゼフは昔から〈責任感の強い働き者〉のシンボルである. さらに興味深いのは祭壇の足になっている左右一対になった，高さ1メートルほどの石像である. それはワイラスやサン・アウグスティンなどの典型的なプレ・コロンビアンの石像で，二等身半ぐらいのずんぐりした身体に大きな口や鼻や丸い大きな目をもち，道祖神のように土俗的なものである. 二人は床に立ち，頭で祭壇，つまり天の国を支えているかのようである. ここのどの聖人も神の奇蹟や秘蹟を行えないから，キリストにかわってこの2つの神格がアニミスティクな術を繰り返すのだろう. 神聖なる空間を，伝統的表現の上にイコンを省いた十字架と3聖人を掲げて構成したのは優れていて視覚的にも安定感があり，不思議と異和感を抱かせない. その点，この綺麗すぎるぐらいの教会と比べると，エクアドルのフンカルにあるニグロの集落で見た教会は，建築とはいえないくらい粗野なものであった. 外には1本の十字架さえない教会の前には，いちおう広場と呼べそうな石だらけのあきがある. 広場のまわりには，かなり不規則に住居が立っているが，教会の正面に向かって出入口や窓などの開口部をもつものは1戸を除きひとつもない. 驚いたことに，その1戸はインディオの住居で，あと3家族のインディオが，この60〜70戸，人口600〜700人のニグロ集落のなかに生活している. 扉の合わせ目から覗き見た祭壇は，中央にヨゼフ，左右に男性の聖人が飾られ，キリストや女性の聖人のイコンは何拠にもない. かなり上の方に，キリストのイコンがついていない小さな十字架と，さらに上方，屋根と壁が交わる辺りに，明りとりでもない，小さいけれどしっかりと縁どりをした口が開いている. ヨゼフは労働者のシンボルであるから，彼らがそうとう神聖視していたことは想像できるが，この際，西欧の教会からすれば見当外れな位置につけられている，小さな十字架と開口部の関係だけに想像をたくましくすると，次のようになる.

彼らは西アフリカから奴隷として連れてこられ，エクアドルのパルバユーアスに上陸，その後白人の手から逃がれてほとんど砂と瓦礫だけの不毛の地に住みつき，純粋にニグロだけの極端に閉鎖的な社会を維持してきたらしく，顔も肌の色もアフリカ・ニグロそのものである. したがって，当然彼らの世界観や宗教観は，インディオたちのそれとは違うし，勿論ネイティヴの西アフリカ・ニグロとも異なるだろう.

一般的に，アフリカの原住民すべてにいえることであるが，とくに西アフリカの諸部族において，最高神や創造主は，日常の生活に直接むすびついている神々や神格と比べると遙か先の遠い存在で，普段は感知されていないものである. 最高神のための寺院やイコン，神官たちもいない. ひどい洪水や飢饉や日照になると，つまり彼らの生命に危機がおとずれた時などに，最高神

を呼び出し祈願するのであるが，最高神はそれを聞くだけで答えはしない．したがって最高神との間にコミュニケーションは成立しない．とするとフンカルのニグロが，ヨゼフを中心にし，偶然ではなしに意識的にイコンのない十字架を祭壇から離して上方に置いているのだとしたならば，彼らの直接の神は日常性にあり，生活者であるヨゼフであって，キリストではなく，十字架にイコンがないのは，肉体にあらわれる人生とそれに基く受難の現実的生々しさから彼ら自身の創造主，全知全能の最高神を解放し昇華させるための表現であり装置だとは考えられないだろうか．1回のミサに60〜100人が出席するというのに椅子が約14人分しかないのは，インディオ社会に比べると，彼らの社会には，権力や家族の力動的な構造がやや見られるのかもしれない．

cに属するのは2個所だけで，ともにグアテマラ・ティカルへ向う途中訪れた，ジャングルのなかの集落であった．その内のひとつ，クエブラセカの集落は，いかにも低地マヤらしい熱帯雨林の切れ間にあり，大きな顔に高い鼻をもった人々が重苦しいほど静かに往来し，時たま上半身裸の中年婦人が目につくような，いかにも近代文明から孤立しているところ，という感じであった．教会は十字架もなければ，住居と同じシュロ葺きで，尋ねなければ何だかわからないほどであった．内部は，土間に椅子一つなく，祭壇のあたりにはテーブル状の台があり，ほぼ1対1のギリシア十字にちかい，太めの十字文様が一つ見える他は，天井から無数にぶら下がり，風に揺れる紙装飾だけである．ようするに，キリスト教的であるか否かということより，いわゆる宗教的な装置がどこにもないのである．そこで思い出したのは，ペテンで会ったブランダイス大学の研究者で半年もチチカステナンゴに住んでいるという米国人の話であった．彼によると，メキシコだけでなく，この辺のインディオの間でもマッシュルームやペヨーテの幻覚作用に導かれエクスタシーにいたる，特殊な宗教的儀式があるという．教会においてマッシュルーム（テオナナカトル，いけにえというアステカ語）でもペヨーテ（トゲのないサボテン，アステカ語で竜舌蘭のこと）でも使われ方が2種類あるらしい．キリスト教の奉献から聖変化，そして聖体拝領とつづく秘蹟にならって，ペヨーテを拝領，それから深い幻覚状態に入り，キリストとコミュニケーションすることでクライマックスを迎える，きわめて宗教的なものと，最初から幻覚状態を準備し，祈禱師や呪術師が媒介者となり，司祭することにより悪魔が乗り移ったように踊り狂う，ごく単純なパーゲイションにちかい型式のものである．いずれにしても天井からの紙装飾は，この幻覚作用を早めかつ深める効果があるのだろう．私たちが見た教会のしつらえは，当然後者の方であろうが，それにしても不可解なのは，ペテンからチャパスにかけての，トウモロコシ畑に境界標のように立っていた，ずんぐりした十字形の石と同じような，ギリシア十字にちかい太めの十字文様である．一体，それらがシンボライズしているものは何なのか．ラテン十字とはまるで違ったプロポーションであるから，カトリックのキリストではなさそうだ．

帰ってから読んだ，エリック・トンプソンの『マヤの歴史と宗教』によれば，マヤ文化は，パレンケの遺跡にみられるごとく，彼らの感覚による十字形を当時すでにもっていたという．[註10] 同書のパレンケの遺跡の図で，十字形がはっきりしているのが2枚あるが，一方は十字形がはっきりしないかわりにトウモロコシがデフォルメされているのがよくわかる．もう一方にはトウモロコシがないかわりにエッジのしっかりした十字形があらわされている．この十字形は豊饒のシンボルとして，雨の神チャックに捧げられたものらしい．また十字形の縦横比は，ほぼ1：1，ギリシア十字と基本的には同じプロポーションを示していることがわかる．よって，マヤはキリスト教が入ってくる以前に，すでにシンボル機能をもった十字形をつかっていたことが明らかになる．したがって，もしキリスト教を強制されたとしても，イコンさえつけなければ，彼らの十字形は複数のシンボルを許容できるほどおおらかであるから，必要ならば伝統的な宗旨をかえずに，対征服者用の擬装としても機能できたのである．

註10——J. Eric S. Thomson『Maya History and Religion』

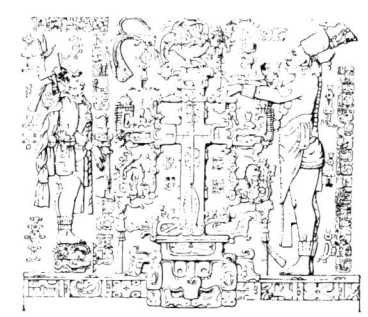

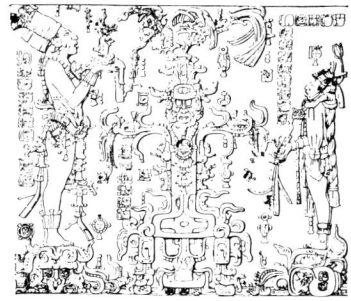

私たちが訪れたナベンチャウクは，人口8000人のツィナカンタンという自治体に属する，人口1200人前後の大きな集落であり，帰ってからわかったことだが，高地マヤにあって古典マヤの文化パターンが残っている数少ない伝統社会である．その理由は，高地で諸々の地理的条件が厳しいことから，中央メキシコ人や征服期のスペイン人たちの圧力と支配がたいして及ばなかったからだといえる．ツィナカンタンは，祭式センターがある谷間に800人が集中して生活し，あとの7000人余は点在する11のパラヘと呼ばれる集落に生活する．なかでも，パステ，ナベンチャウク，ナチィなどの大きなパラヘはそれぞれ1200人以上の住民をかかえている．そのパラヘは，2〜5つの水系グループ（貯水や水源を単位とする氏族グループ）を含み，さらにそのグループは，

それぞれ2〜7つのスナという親族グループからなる．ツィナカンタンには中心の祭式センターのほかに，パラヘにもキリスト教の教会を含むやや小さい祭式センターがあり，水系グループは水源や池に神を奉り，下位グループのスナにも親族の聖地（パティオの神聖な部分）があり，かつ3者に共通するものは，祭式センターのまわりの山々を，祖先の神々が住むところ，そして大地は大地の恵みの神が住むところ，として信じていることである．この伝統社会には，キリスト教の教会がありながら，依然として神官と呪術師を合わせたような〈神性を帯びた司察〉とその大がかりな組織が今なお存在する．彼らがいないと，親族単位であろうが，集落単位であろうが，一切の祭式はもとより，病気の治癒すらままならない．彼らの資格は，一番大きな聖山のなかで神の召し出しを受け，祭式を司どる力と知識を祖先の神から与えられる夢を3度みた者に限られるが，年令や性別は問われない．註11 こういう神性ともシャーマンともつかぬ祭式のエキスパートがツィナカンタンには100人以上もいる．そして，彼らは単純に経験年数だけで序列を決められていて，祭式の行進などでは，先頭（西）から経験の浅い順番に並び，最後（東）に一番上位の長老がくる．また儀式的な食事や祈禱の場合も，東が上座で西が下になる．ツィナカンタンでは，親族ごとに〈わが家の聖地〉として屋外に十字架を立てる．スナで祭式を行なうときには，祭式や行進の始めか終着になる家族の家の十字架にひとりの司祭に祈禱をしてもらわねばならない．スナによっては，死んだ祖先たちとのコミュニケーションを約束するために丘の上に十字架を立て，大地の神とのコミュニケーションのために洞穴の中に十字架を立てるときがある．註12

スナの祭式は5月と10月に行なわれる．形式にのっとった儀式的な食事が長男をホストにして始まり，司祭が香をたき，花やロウソクを前に長い祈禱をすませると，男たちだけが外に出て一晩かかって反時計廻りの行進をし，翌朝になって戻るとまた儀式的な食事をそろってとり，祭式が終る．その間，松の小枝やゼラニュームで飾られた十字架の前に来る度に立ち止まり，祈りを捧げ，祖先から受けついできた土地に生を営む親族全員の権利の，きわめてゲマインシャフト的な再確認と感謝の表現をする．

一方，水系グループにも〈十字架の聖地〉があるが，それは常に水源か貯水池の脇にあり，祭式はスナの場合と基本的に等しいが，行進そのものは大地の神と水系の発見者に対する敬虔な祈りを含んでいる．註13 ということはスナにおける土地に対する感謝と権利の表現が，ここでは水に対するものになってはいるが，流動し定まらぬものか否かという違いは別として，ともに大地の神の恵みに対する感謝の表現，という点では同じものなのである．

パラヘでは，〈新年〉〈年の終り〉と称する年2回の祭式は，パラヘに住む司祭全員によって祭式センターで行なわれ，パラヘの統一と部族の祖先の神に対する間柄が緊密になることを願う．祭式の間やはり夜を徹して行なわれる行進は，パラヘの中の聖地を含まず，教会の中の聖人のイコンにロウソクや祈りを捧げて歩き，どちらかといえば巡礼のようなものである．つまり，スナからパラヘまでどのグループにおいても，基本的には全く同じ儀式形式が繰り返される．そしてツィナカンタンの中心にある祭式センターには，11のパラヘから集まった司祭全員によって3つの年中行事，つまり〈新年〉，〈年の真中〉，〈年の終り〉の儀式がとり行なわれる．そして100人余の司祭が序列に従って，祖先の神々や大地の神に，ツィナカンタンの全てが順調であることを嘆願するために壮麗な行進をはじめるのである．註14

このような聖域や聖行為の概念における，古典期との類似を指摘すると次のようになる．現在の，祖先の神々が住んでいる聖なる山は，古典期の，祭式センターにあった急斜面のピラミッドと対応し，現在の，聖なる山のふもとの十字架の祭壇で行なわれる儀式と，古典期のピラミッドのふもとの馬蹄形をした祭壇で行なわれた儀式とは，明らかに対応する．註15 ということは，基本的な宇宙観と宗教観が，歴史的にほとんど変化していないからこそ彼らの社会の構造や儀式も古典期といくらも違わないのである．それゆえ，祭式センターにあるキリスト教の教会にしても，彼らはキリスト教神学などおかまいなしに，キリストから諸聖人までを伝統的な神々と同列に並べたり，共通のイメージに同化させながら日常の慣習レベルで受容しているといえる．であるからこそ，褐色の肌をしたグァダルーペのマリアを生んだアステカ・インディオの信仰が，キリスト教が基盤となったところに伝統宗教が組み込まれた形をとったのに対し，ツィナカンタンのあるチャパスやユカタン半島，西部グアテマラのマヤ・インディオの場合は，彼らの伝統的宗教の上にキリスト教がアダプトしたものであると考えられるのである．したがって，両者はキリスト教伝統宗教とのシンクレティズム（重層化現象）によって〈土着化〉した点では等しいが，実際にはそのパターンは極端に対照的なのである．それは，前者が肌の色を変えてまで，十字架上のキリストやマリアを受け入れたのに対し，後者がキリストのイコン（幼児期は例外）を消去し，十字架をキリストの受難のシンボルというよりも，むしろ伝統的な信仰のうちに，すでにあった十字形のエクレクティシズム的な表現としたところにもよく現われているのである．（佐藤潔人）

註11・註12・註13・註14・註15 —— Evon Z. Vogt『Some Implications of Zinacantan Social Structure, Ancient Mesoamerica』

闘論
領域論のための予備的考察

1

変化は緩慢で持続的だ．2万キロの道程といくつもの国境を越えそれでも文化圏はスペインが支配し，言語でさえ変化しない．特異性よりも均質性が私達の視界を被う．前回の旅の経験では，自然はもっと陰影を持っているものだった．集落はそんな陰影に助けられ，陰影をつくりだす自然の切断面が際立つところに必ず人々は集まり，切断面と一体になって集落自体をより豊かにそしてその構造を明快に示してくれるものであった．私達は切断面をそして陰影を求めて谷を下り，密林の奥深くまで分け入った．たまにそんな風景に遭遇する．しかしそこに集落はない．

集落は多くの場合平地や盆地に位置していてヨーロッパや北アフリカで見た様な丘の中心に教会やモスクを戴き聳え立つように住居の密集する集落は皆無といってよい．盆地に位置する集落は上から見下すのには都合がよいが，見上げるわけにはいかない．エレベーションを持たない集落といえる．そのためか集落の内包するポテンシャリティーは鮮明に浮き上がってはこない．確かに教会は集落の中央部分にあるのだが，強烈な象徴性や意識的な高まりを感じさせない．住居密度のある程度高い集落はそのほとんどがコロニアル・スタイルで道路パターンはグリッド状だといえる．グリッド状の道に沿って住居が配置され，それも中心から離れるに従って密度が低くなり，やがて道も住居も消えてしまう．集落の閾としての境界もまた私達には明確なものとは写らない．

コロニアル・スタイルは風景や地形，そして集落の規模などによって決定されているのではない．たとえ集落の中央を流れる川によって道がズタズタに切断されようと，中央広場の周りを一重に囲むだけの住居数でしかないとしても，グリッド・プランのコロニアル・スタイルは貫徹される．それはスペインが持ち込んだ植民地支配のための単純な規格化でしかない．先に形式があって，その形式をあらゆる場所にあてはめようとする．象徴性の希薄な中央施設，住居との関連性そして閾の不明解さは，形式が風景によって誘発されているのではなく風景を集落の構造の中に組み込んで行けないところに起因している．

グリッド・プランは必ずしもコロニアル・スタイルの集落だけと結びつくものではない．一般に中南米の大都市の周辺は，ファベーラともバリアダとも呼ばれるスラム街によって占められている．中でもリマのバリアダは市の3分の2以上を占める砂漠地帯にあって，絶えず外へ外へと広がっている．その土地が不法占拠であるにもかかわらず住居はグリッド状に並んでいる．日干し煉瓦で造られた住居の配列はどこまでも続きその先は靄の中に隠れて視界から消えてゆく．バリアダは，はじめから住居集合の境界としての閾も中心的な施設も持たないことを前提として形成されている極めて近代都市的な集合形式である．均質性を前提とするバリアダが均質の象徴であるグリッド・プランになるのはその性質上ごく当然のことなのだろう．こんな砂漠の中のバリアダにこそグリッド・プランはふさわしい．

住居密度の比較的高いコロニアル・スタイルの集落は，一定の間隔で地図上にプロットすることができる．そしてその間にはインディオの住居が点在している．コロニアル・スタイルの集落における住居が画一的に日干し煉瓦と瓦で構成されているのに対してインディオの住居の材質は場所により多様で，その多くは身近に手に入れられる木や石，ココやシュロの葉，藁葺きの屋根などによって作られている．住居プランは台所と寝室の2つに分かれている分棟型式か，その両者が分離されない一室住居かのどちらかである．ただ一室住居の場合，かまどは外に造られる例も多い．極めて開放的なプランだといえる．

不規則に点在している様に見えるインディオの住居も仔細に眺めると，住居と住居の間が均等に保たれていることがわかる．住居間の距離に法則性がある様だ．これも住居集合つまり集落のひとつの形式と考えられる．この様な離散的な集落には求心性を持たらすような施設はない．教会でさえときには住居と全く同じ材料で作られ，私達には見分けがつかない．この集落は住居間の等価性によって特徴づけられる．等価性は住居に全く装飾のないことによっても確められる．「装飾はものの順位を前提にしている．[註1]」とすれば装飾のないことは，住居間の順位をもたらさないための表現であるのかもしれない．

集落の領域は必ずしも物象化されてはいないがそこに住む人々のモード（行為の仕方）は，私達に閾の存在を意識させる．住居の内部が外から覗けるほど開放的であるにもかかわらず，集落全体の持つ部外者に対する拒否反応は極めて強い．私達は何度かこういった集落に足を踏み入れたが，例えばアンデスのアルティプラーノと呼ばれる高原で私達はただの一度も住居内に入ることを許されなかった．その住居に住む人がではなく周りに住む人々の目が拒絶している．離散的な姿とは逆にこの様な集落の持つ共同体意識は極めて強いということができる．

少し特殊な例だがペルーのチチカカ湖には今でもトトラと呼ばれる蘆で作られた浮島の上に住んでいる人々が居る．島の輪

郭がそのまま集落の閾になる．中心的な施設，教会などはない．住居もトトラでできているがそれはただ寝る場所でしかない．かまどは戸外に置かれて，どこまでがひとつの住居の領域なのかは判然としない．集落の閾が明快なかわりに住居の閾は不明快なのだ．この集落を離散的な集落と直接結びつけるつもりはないが，ただ離散的な集落の構造を理解する上でいかにも暗示的と思われる．

コロニアル・スタイルの集落，離散的な集落，敢えてチチカカの集落を離散的と呼べばこれに全く孤立していて集落を組まない住居を加えて，中南米の住居あるいは集落パターンは大きく3つに分類することができる．

註1——『近代芸術の革命』H. ゼードルマイヤー 石川公一訳 美術出版社

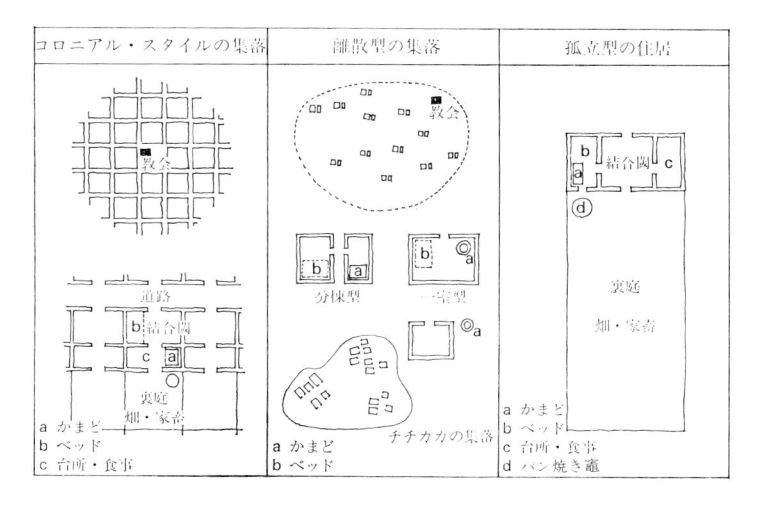

コロニアル・スタイルの集落	離散型の集落	孤立型の住居

a かまど
b ベッド
c 台所・食事

a かまど
b ベッド

a かまど
b ベッド
c 台所・食事
d パン焼き竈

2

領域は交差しない．農業共同体としての集落が持つ2つの領域（私有化された家父長制的家族共同体と部族共同体）が結合閾によって注意深く分離されていることは既に述べた．しかし領域の個別性は西ヨーロッパの農業共同体的集落においてのみ固有のものではなく，閾によって閉ざされた領域の総てに成立する概念でなくてはならない．ただ一般解を実証的に述べるわけにはいかないし，また帰納的に述べられる原理は常に仮説でしかない．イメージの力に頼ることだ．原理やモデルは事実を述べるのではなく，私達のイメージと事実との間に横たわるギャップを示している．

極めて開放的な住居と考えられている日本の伝統的な農家においてさえ家族の領域は明確に分離され他の領域と交差しないように厳密に守られている．農家のプランは田の字型のプランとして知られている．その横に土間の場所を書き加えれば図式は完成する．部屋の呼び名は各地方によって様々だが土間に面する部分を玄関あるいはおもて，その横に炉のしつらえられた台所，奥には座敷が続いている．間仕切りは板戸か障子または襖によるが台所と座敷の間だけは壁で仕切られる．

炉のある部屋が家族の生活の主な場所である．炉の周りには家族のポテンシャルが明快に表われている．「土間からの正面は主人の坐るところで横座と称し，勝手の方に近い側は女房や家族達の坐わる所で，名を別に言わないこともあるが，かか座などと称しそれに対した側，即ち入口に近い側は客の席でここを客座と称し，そして，土間に接している側は下男や下女の座で，そこを焚物の尻にあたるから木の尻などと称しているのである．」そして家族内の交流はこの炉のある部屋と土間とで完結する．客座は横座よりも下座にあたる．つまりポテンシャルのより低いものとされている．この客座に坐る者は同一集落内の家族以外の者であって，その座に坐る限り家族の有する領域内に包含されることを前提としている．つまり家父長制的支配体系に組み込まれる限りでの客と考えることができる．本来家族だけの領域である炉のある場所に入り込む他の者はその時点で家族の領域の中にある位置を占めその家族内のモードに従うことになる．

家族は一般により大きな親族体系の中に組み入れられている．親族に属する家族以外の者，たとえば本家の主人などが客となる場合，彼は横座に位置を占め，逆にその家の家父長は下座に坐る．家父長が常に上座を占めるという確固とした家族のモードが崩れる．つまり親族としての領域と家族領域とが交差する場面では，家族的な領域の持つモードや支配体系はあいまいになって親族体系＝親族領域に包含される．家族領域は消える．そんな場面が持続的であるものを大家族制と呼んだりするのだろう．

一方客がその集落の支配的である者，たとえば昔なら庄屋とか名主あるいは僧侶等の場合には，炉端は使用されず招客のための場所である座敷に通される．そこで応待する者は家父長だけであり，家父長は家族の領域から離れてより上位の，言ってみれば集落の領域に含まれるものとなる．そこでの作法つまりモードは炉端での家族内モードとは無関係のものである．座敷は家族の住む住居の内にあっても家族領域に包含されるのではなく，より上位の領域に関連しているものである．そして2つの領域が交差することのない様に設けられた装置であるということができる．

家父長つまり当主は家族の支配者であると同時に上位の支配体系に組み込まれている者でもある．上位の支配体系とはこの場合幕藩体制の中での集落における支配体系をイメージしている．法的には上位の支配体系に直接的に結びつく当主だけが人格を持ち，それ以外の家族の構成員は単なる量的な存在でしかない．公的に名前を持つのは当主だけであり，「家督・家名を譲り受けて当主の地位を相続することが名前人になるということだった．」と同時にかっての「幕府法は『当主』の権威に基づく家族支配の

制度に親しまず…(中略)…むしろ,その基調は,権力が『家』の内部にまで介入することをさけ,人倫の自然にしたがって家内の和合をはからせることにあった.」註6つまり当主を支配する支配体系と家族内の支配体系とは明確に分離され,家族の領域が幕藩制の支配体系に包含されて,先の親族体系と家族体系との関係の様にあいまいに消え去ってしまうことはないということができる.

座敷は一方で家父長の公的な人格表出の場としてとらえることもできる.これは前回の地中海地域の考察註7によって明らかになった西ヨーロッパの農業共同体的集落の住居における結合閾の概念と同一のものと考えられる.座敷もまた結合閾としてとらえるべきなのだろう.そして「人格は社会圏に自らをゆだねてそのなかに自らを没却しながら,やがて自らのなかで社会圏を個性的に交差させることによって,ふたたび自らの特性をとりもどすのである.」註8とジンメルの述べる様に人格は領域が交差しようとするとき,その接点ともなる結合閾を象徴する者として表われてくるものなのだ.

日本の農家のプランには2つの領域が出会う場面でのその処理の仕方が象徴的に示されている.炉端でのモードは2つの領域が対立することなく一方の領域の内に他の一方が包含される構造を示し,また座敷でのモードは2つの領域が交差しないで共に成立するための装置としての結合閾の構造をよく示している.

集落と呼ばれるものが住居の統一された集合体であるとすれば,そこには住居の領域と集落の領域とが交差しないようにするためのその処理の機構がなんらかの方法で組み込まれているものだ.そしてその処理の仕組が集落のあるいは住居の形式として表出されているのに違いない.

註2——拙稿「領域論試論」住居集合論その1　鹿島出版会
註3——『日本の民家』今和次郎著
註4——法とはモードを体系化したものと考えることができる.それは公的なモードの体系化である.
註5・註6——『前近代アジアの法と社会；徳川封建制下の〈家〉』大竹秀男著
註7——前掲,拙稿
註8——『集団の社会学』G.ジンメル著　堀喜望・居安正訳　ミネルヴァ書房

3

中南米の集落が様々な形式を含めておしなべて平坦に写るのは,その依拠する自然の持つ特性によるだけではなく,家族の領域としての住居そしてその集合の領域としての集落の構造が鮮明でもなく,むしろ曖昧に連続していることに起因している.コロニアル・スタイルの集落にしても私達がスペイン本国で見た集落の風景とは,はっきりとその性格を異にしている.スペインの集落はもっと自然の持つリッジや切断面を大切にしているものだったし,それ以上に住居の持つ結合閾の構造や集落の領域を明快に示すものであった.今回の旅程の中でスペインのそれに近いと思われるのは,川岸と丘のリッジ部分に配置されたバルディビア（コロンビア）註9の2つの集落だけだろう.それは集落の閾や中心を鮮明に見せるだけではなく,家族の領域も結合閾の存在によって明確に保たれている.しかしそれらは特異な例といわねばならない.一般に中南米における住居には,集落におけるそれと同様,固定化された空間的装置としての結合閾が常に表出されているとはいい難い.

まだ旅が始まって間もないころ,メキシコのグァイマスで見たその光景は確かに妙なものだった.グァイマスは小さな港町で集落と呼ぶより都市と呼ぶべきスケールを持った街で,コロニアル・スタイルの街と呼んでもよいだろう.夕方その街のなかを歩くと別に見ようとするわけではないのだが,大きな通りに面してドアや窓は開け放たれ,住居の中がまる見えなのだ.家族が集まってテレビを楽しむ姿や,ベッド・カヴァーが明りの中に浮き上って,それは表を歩く者に見せようとさえしている光景だった.他のコロニアル・スタイルの集落においても,ベッドは簡単なカーテンや間仕切りで一応隠そうとしているものもあるが,それにしてもベッドの置いてある部屋は通りに面していて中はよく見える.スペインの集落では,通りに面しているのはホワイエ的な部屋だけで,それが接客の場所であり,結合閾であった.寝室は最もプライベートな部屋ではなかったか.

しかし考えてみれば寝室とプライバシーとが結びつくのは極めて西欧近代の図式であるといわねばならない.寝室のプライバシーは個人のプライバシーに対応している.マンフォード註10によれば,プライバシーと寝室そしてそれが具体的な性行為と結びつき住居の中に象徴的な位置を占めるのは16世紀後半か17世紀以降とされている.日本の伝統的な農家においても寝間は部屋と呼ぶよりむしろ装置的で,住居の中で象徴的だとは言い難い.このコロニアル・スタイルの住居におけるベッドにしても,それはプライバシーの象徴なのではなく単に眠るための道具としか見えない.少なくともベッドの置いてある部屋が西欧近代的な意味での寝室とは全くその性質を異にしていることだけは確かだろう.夫婦のベッドはともかく子供達のベッドやハンモックは昼間は片ずけられて,その部屋は接客のための場所にもなる.そして夜,ドアや窓が閉じられるときにだけその部屋は寝室に変れる.そんな部屋を空間的には固定化されてはいないにしても,時間的に変容する結合閾と呼ぶわけにはいかないだろうか.彼等のプライバシーとは無縁な〈ベッドの置いてある部屋〉は結合閾としても充分に使用されることができる.だからこそ逆に昼間はそのドアや窓を開けて,外との接触を保つための部屋であっても一向に差支えがないということができそうだ.

ペテン[註11]やサン・クリストバル[註12]の集落における住居にはスペインでのそれ以上に明確な結合閾を有するものもあって，必ずしも，〈ベッドの置かれた部屋〉だけが道路に面しているわけではないが，どちらにしてもそれは個人のプライバシーを表出するものでもないし，その象徴の場でもない．彼等にとって重要なのは個人のレベルでのプライバシーなどではなく，家族全体の領域が問題なのであり，その個別性やプライバシーこそが重要なのだ．

それでは家族の個別性やプライバシーを象徴する空間として何を想定すればよいのだろうか．極く単純に住居の最も奥にあり，家族の構成員だけが使用する部屋を指示すればよい．つまりかまどのある場所だとはいえないだろうか．今さらテニエンスの有名な言葉を思い出すまでもなく「かまどとその生き生きとした火は，いわば家そのものの核心であり本質である．」[註13]だからこそあの日本の伝統的な農家の炉端に家族のモードやポテンシャリティーが表出され，家族の領域を象徴するものとなり得たのである．かまどのある場所そしてそれに属する食事の場所こそが閾によって閉ざされた家族の領域の象徴なのである．

註9——本誌124頁参照
註10——『歴史の都市・明日の都市』 ルイス・マンフォード著　生田勉訳　新潮社
註11——本誌92頁参照　註12——本誌82頁参照
註13——『ゲマインシャフトとゲゼルシャフト』テニエンス　杉之原寿一訳　岩波書店

4

事実かまどの位置は集落の形式と対応して住居形式を決定する最大の要因ともなっている．スペインの農業共同体的集落や今回のコロニアル・スタイルの集落の様に住居間が壁一枚だけで密着している状態のとき，かまどの位置は住居間の干渉を逃がれ道から見て最深部に形成される．当然それは道路に面した結合閾によって守られている．一方離散的な集落の様に住居間の距離がある程度離れる場合，かまどの位置を守る姿勢は住居の形式のなかには感じられない．コロニアル・スタイルの集落における住居が表から奥へとポテンシャルの違いを表出しているのに対して離散的な集落にあっては，かまどのある棟とそれ以外の棟とは並列的に配置される．一室型のものでも多くは平側に入口を持ち，かまどとベッドとはそれぞれ左右に分かれて，表，奥というポテンシャルの差は表われにくい．外にかまどが設けられる多くの例を見るとき，かまどはむしろ開かれた場所に置こうとする姿勢さえ感じられる．一方は開かれ，一方は最も奥に守られ，離散的な集落とコロニアル・スタイルの集落とでは，かまどの位置は全く逆転したものになっている．

家族が本来個別的なもので個別性の象徴としてかまどの位置が決定されているとすれば，コロニアル・スタイルの集落におけるかまどの自己防護の性格は理解できる．一方離散的な集落では，その住居が住居間の距離を保つことによって相互の干渉を避けかまどを守ろうとするとき，その距離はコロニアル・スタイルの住居における壁と結合閾に対応すると考えるべきなのだろうか．しかし距離の問題だとしても，それだけではかまどを守ろうとする姿勢が住居に反映していなくてもよいという理由にはならない．住居間の距離さえ問題にならない全く孤立した住居でさえ，相互干渉に対する準備の場所を備え，装置としての結合閾を持っている例は決して少なくない．離散的な集落における住居のかまどの開放性は，住居間の関係が，コロニアル・スタイルのそれとは性格を全く異にしているところに起因しているようだ．血縁的な集団を思わせるチチカカの集落[註14]が手がかりになる．

血縁的な集団があるまとまりを見せることは中南米では決して珍しいことではない．例えば，グアテマラのサン・ホルヘ・ラ・ラグーナの集落[註15]では，一家族に対して一住居が対応するのではなく，それぞれがひとつのクラスターを形成して，夫婦，親，兄弟，子供，孫といった親族単位の領域がより明快に表われている．かまどもこの領域に対応してただひとつだけ設けられ，当然家族の領域は極めて不鮮明となる．後になって解ったことだがナベンチャウク（メキシコ）[註16]の集落も親族単位がひとつのクラスターを形成するものであった．ナベンチャウクはマヤ系の人々が住む集落で，数個の氏族集団から成り，氏族集団はまたクラスター化された親族集団に分割される[註17]．クラスターを組む各家族単位の住居には自己防護のための装置である結合閾もなくかまどは開かれた場所にあると言っていい．食事は日常的には家族単位でとられるが，年に数回の儀式の際には，親族の長である長兄の家に集まってクラスター単位の宴が催される．食卓の周りには長兄を頂点とするポテンシャルが形成され，モードは厳密に守られている．儀式にはその対象によって氏族単位で行なわれるものと，クラスター単位で行なわれるものとの2種類がある．氏族単位の場合あの炉端でも見たように親族単位のモードは解消されて，氏族単位のモードのなかに包含される．ただ私達の見た範囲ではここで目立つのは氏族単位の領域であり，それに比べるとクラスターの領域も住居の領域も鮮明であるとは言い難い．

モルガンによればかつてはこんな氏族単位の集落が支配的であったらしい．アステカは「今でもその土地を共有し，親族関係の数家族より成る大家内に住み，またそう信ずべき有力な理由があるように，家内生活の上では共産主義を実行していた．彼等が毎日ただ一回の食事，晩餐をとったことは相当正確とされており，その際は二組に分かれて男子が最初に自分たちだけで食事をし，女と子供はそのあとで食事をした．」[註18]ここにはもう夫婦，

子供の関係を軸とする家族は存在しない．モルガンの言うように共産主義であったかは疑わしいとしても少なくとも家族の領域が鮮明になるような場面が極めて少なかったことだけは想定できる．婚姻でさえ大家内つまり氏族単位の問題であった．家族の個別性は氏族集団のなかに解消されて，ただひとつのかまどと食事の場所は家族でも親族でもなく氏族の領域に対応している．

チチカカ湖の集落，トラニパタがやはりこんな集落に近い構造を持っている．明確な領域を持った浮島の上の住居は，仔細に見ると明瞭とは言えないまでも3つにクラスター化されていることがわかる．ひとつのクラスターが親族単位なのだろうか．ひとつの家族に一棟が対応しているわけではなく，なかには2〜3棟でひとつの家族を形成しているものもある．かまどは一家族に属してそれぞれに設けられてはいるが，その総てが戸外に位置して，家族の領域を不鮮明にする原因にもなっている．ただひとつのかまどを持つアズテックの集落に比べれば，家族のモードが実現する場面は，はるかに多いとは言っても，やはりここで支配的なのは親族のモードであり，それ以上に集落全体のモードであると言っていい．

集落全体の統一性を保存させるためにかまどは開かれた場所に置かれている．アステカの集落が，集落全体の統一性を守るために，ただひとつのかまどを有し，その前では家族の統一性や個別性が登場する余地さえ全くなかったのと同様，例えかまどが各家族に属するものとしてあっても，集落の統一性の力学は，家族の統一性を解消させる方向に働こうとする．そうでなくては，家族は個別化して集落の統一性の絆は崩壊してしまうだろう．開かれたかまどの位置は家族が閾によって閉ざされた領域を持たないことを，つまり統一された全体なのではなく集落を形成する部分であることを表出しようとしているのに他ならない．統一された全体は集落の側にある．

なおここに言う開かれたかまどの位置とは，戸外につくられるもの，一室住居の中に他のベッド等の装置類と並列的に設けられるもの，あるいは分棟形式の場合にかまどを含む棟とそれ以外の棟との間にポテンシャルの差を持たず等価的に配置されているものを指している．食事の場所は戸外になることが多い．分棟形式のものにあってはかまどの場所を囲い込み，一室型のものに比べて家族の個別性をある程度守ろうとする意志が働いていることは理解できる．その場合でもこれが集落の統一された領域に包含されているものであることに変りはない．つまり開かれたかまどの位置は，住居が結合閾を持たないことと同義である．

註14——本誌174頁参照　註15——本誌84頁参照　註16——本誌76頁参照
註17——『Ancient Mesoamerica; Some Implication of Zinacantan Social Structure』Evon Z. Vogt
註18——『古代社会』L. H. モルガン　荒畑寒村訳　角川書店

5

領域は交差しないと述べた．それはなんらかの個別性と統一性を有し，そして閾によって閉ざされた2つ以上の領域が直接的に交差することはないという意味であった．家族は個別的な存在であり，閾によって閉ざされた領域を持つとも言った．

しかし既に見たように，家族の領域がその含まれる血縁的な集団の領域と交差しようとするとき，2つの領域が共にその個別性や内部の統一性を保存したまま交差するのではなく，家族の領域は解消されて血縁集団の領域に包含される．つまり直接的に交差して対立しないようなシステムが注意深く守られているのである．それが集落形態を決定する最大の要因にもなっていることは恐らく間違いがない．離散的集落の住居間の距離が離れるほど，その住居の個別性は高まると言うことはできても，開かれたかまどはそれが血縁集落に属する一家族であることの表出でこそあれ，単なる住居間の距離の問題として片付けられるわけにはいかない．私達がこの種の住居内に招き入れられることが極めて少なかったのも，彼等の住居は血縁者に対してのみ開かれ，集落に属するものとして表出されていたからなのだろう．

集落が血縁的な共同体であるなら，そこに属する家族も同じ血縁体系の一端を担っている．家族，親族，氏族といった分類はここでは単に形式的な分類に過ぎず，それぞれ同じ血縁という同一平面上に連続したものとしてとらえることができる．つまりはじめからひとつの領域の内に包含されるべき構造を持っているものだとは言えないだろうか．

準位平面上にある不連続な2つ以上の閉じた領域の場合を考えてみよう．異なる血縁的共同体の集まりである部族的な共同体，あるいは農業共同体に代表される地縁的な共同体が想定できる．前者を例にとれば血縁共同体の領域は，部族的な共同体の領域に包含されて解消されてしまうだろうか．恐らくそうではない．両者は次元の全く異なる領域なのだ．むしろ逆に血縁共同体の領域の個別性や内部の統一性はより強固になり，そしてそれを守り，なお他の血縁共同体との交流を可能にするための装置である結合閾が発生する．そして異なる血縁的な共同体の結合閾が重なり合うところに〈中心〉の概念が生み出される．そして中心に向かうヒエラルキーもここに成立の基盤を持っている．それはそれぞれの血縁集団の中心であると同時に，その集合体である部族集団の中心でもある．つまり血縁という同一平面を持たない不連続な複数の領域が交差しようとする矛盾を揚棄するための装置として中心は表われる．中心は抽象的な概念として表われる場合もあれば極めて暴力的な権力として表われる場合もあ

る．どちらにしてもそれはひとつの権力として必ず物象化される側面を持つ．マヤの神殿や広場，あるいはテオティワカンのピラミッドはそんな中心の物象化された姿なのだ．

　血縁的な共同体と例にあげたようなそれ以外の共同体とは全く異なるものである．一方はあらかじめ同一平面上にあるものの集合体である．そして極めて権力的な中心の概念を導入しない限り，異次元なものの集合体の領域なるものを想定することはできない．

　もし外界と全く接触しない血縁的な共同体が存在すると仮定すれば，恐らくその集落には象徴的な中心やそれに向かうヒエラルキーは存在しないと言えるかも知れない．しかし実際には血縁的な共同体が領域を持つ場合，そこには必ず外部つまり他の異なる領域と干渉するための場所が準備されているものである．その結合閾が集落の中心となる．ただその象徴性は，部族的集落や農業共同体的集落の中心が持つ極めて強い象徴性に比べれば，はるかに微弱であろうことは言うまでもない．私達が離散的と呼んだ集落の多くはこんな血縁的共同体であったのだろう．前にも述べたように教会や広場はあってもそれが必ずしも集落の中央部分にあるわけではなく，象徴性は希薄で弱々しい．ときにクラスターが目立つだけで，住居の布置にはそんな中心に向かう求心性はほとんど見られないのも当然で，それが印象としての平坦さの原因ともなっている．

　一方西ヨーロッパのキリスト教典型集落に代表される農業共同体，つまり地縁的な共同体の場合には，今の血縁集団を家族と考えれば集落と住居との関係あるいは住居と住居との関係はやはり準位平面上の関係としてとらえることができる．血縁関係は住居内だけで完結し，血縁の絆を持たない住居間の関係は権力的な中心の象徴である教会を媒介としない限り成立しない．権力的な中心に向かう布置を持つ各家族の領域は血縁的集団の例とは逆により鮮明にこそなりはしても，集落レベルの領域に包含されてしまうことはない．住居の最奥部に位置するか̇ま̇ど̇は家族の個別性と内部の統一性を守ろうとするための配置であり，結合閾は中心に向って開かれることによって領域相互の交渉を可能にし，また一方中心としての権力から家族の自律性を守るための抵抗装置ともなる．か̇ま̇ど̇の自律性と家族の自律性とは同義である．

　それではコロニアル・スタイルの平坦さはどう説明されるのだろうか．それがヨーロッパからの侵略者が持ち込んだものだとしたらなぜ求心的な布置を持つものにならなかったのか．平坦さの多くはそのグリッド状のプランに起因している．適確に答える術は今のところない．チャンチャン（ペルー）の遺跡が示すように2軸方向の道路パターンを持つ計画はもともと原住民の持っていたものだと答えることもできる．しかしグリッド・プランはメキシコからペルーまで私達の道程の総てを被うものだった．この極めて広範囲に渡る規格性はやはり何らかの権力的な強勢を伴っていると考えた方が自然だろう．それは侵略者の原住民統治のための武器であったとは言えないだろうか．原住民の集落が血縁的なものであったにしろ部族的なものであったにしろどちらにしてもその集落の布置は彼等の生活と密着し，生活の総てを育てはぐくんでいたに違いない．これはブラジルの例だが，集落の布置が「社会生活と精神生活との面でいかに重要なものであるかは，リオ・ダス・ガルサス地方の伝道師たちがボロロ族[註19]を改宗させるには，彼らの村を捨てさせて平行状に並んだ家のある他の村に移住させるのが最も確実な方法であることを知ったのでもわかる．」[註20]という記述に見られるようにグリッド・プランは原住民の伝統的な生活を破壊し，侵略者の新たな規律に従わせるための策謀であったとは考えられないだろうか．均質性をその属性とするグリッド・プランは伝統的な生活様式とは全く対立するものだったのだろう．形式が先にあったと仮定すれば，平地や盆地に造られる例が多いのもただグリッド・プランが起伏のある土地には適さないという単純な理由で説明できる．

　住居の結合閾にベッドが置かれ，一切装飾らしいものがない（試論で述べたように結合閾の装飾は中心への指向性を表出するためと考えられる．）のは中心に対する彼等のほんの僅かな抵抗なのだろうか．

　住居集合論1の試論のなかで私は結合閾をホワイエ的であると言った．衆知のようにフランス語のfoyerに炉，火，家，核心などの意味があるとすれば，それは結合閾ではなくかまどの場所に対応する．敢えてfoyerという言葉を使うなら，foyer du publicと呼ばれるべきなのだろう．しかしそれはすでにか̇ま̇ど̇の場所ではない．近代のコミュニティ論には，か̇ま̇ど̇の場所としてのfoyerを外部に開放することによって，家族的共同体を地域的なものに結びつけ，コミュニティ形成の核としようとする意図が見られる．だがそんなコミュニティ論がことごとく失敗の結果に終わったことを私達は知っている．すでに見てきたように，家族の自律性を保存したままその集合によるひとつの共同体を目指そうとすれば，そこには極めて権力的な中心を想定せざるを得ないし，またかまどは外部との接触を持とうとはしない．か̇ま̇ど̇を軸としたコミュニティを想定するなら，逆に家族の自律性は失われる．そして包含されるべき血縁体系を既に失いつつある私達のまわりには，それに変わる新たな組織体系も発見されていない．まだ領域論はそのモデルの朧気（おぼろげ）な輪郭を書き終えたにすぎない．（山本理顯）

註19──ブラジルのボリビア寄りに住むインディオの一種族
註20──『悲しき南回帰線』，レヴィ・ストロース　室淳介訳　講談社

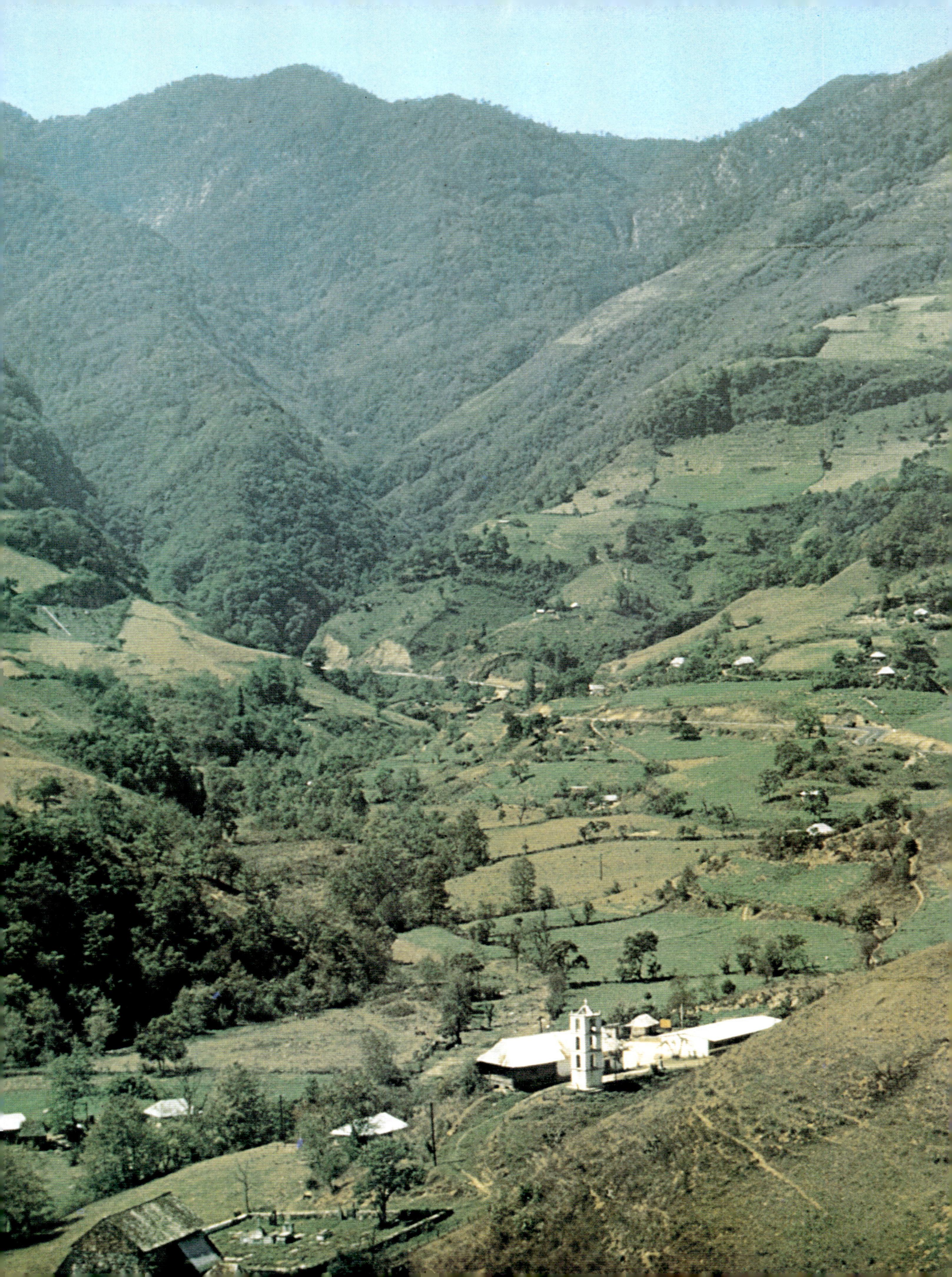

前貝/マリーラ 上/アイトエ・ピアッセ 写真：鈴木悠 下/サン・ポルへ 写真：鈴木悠

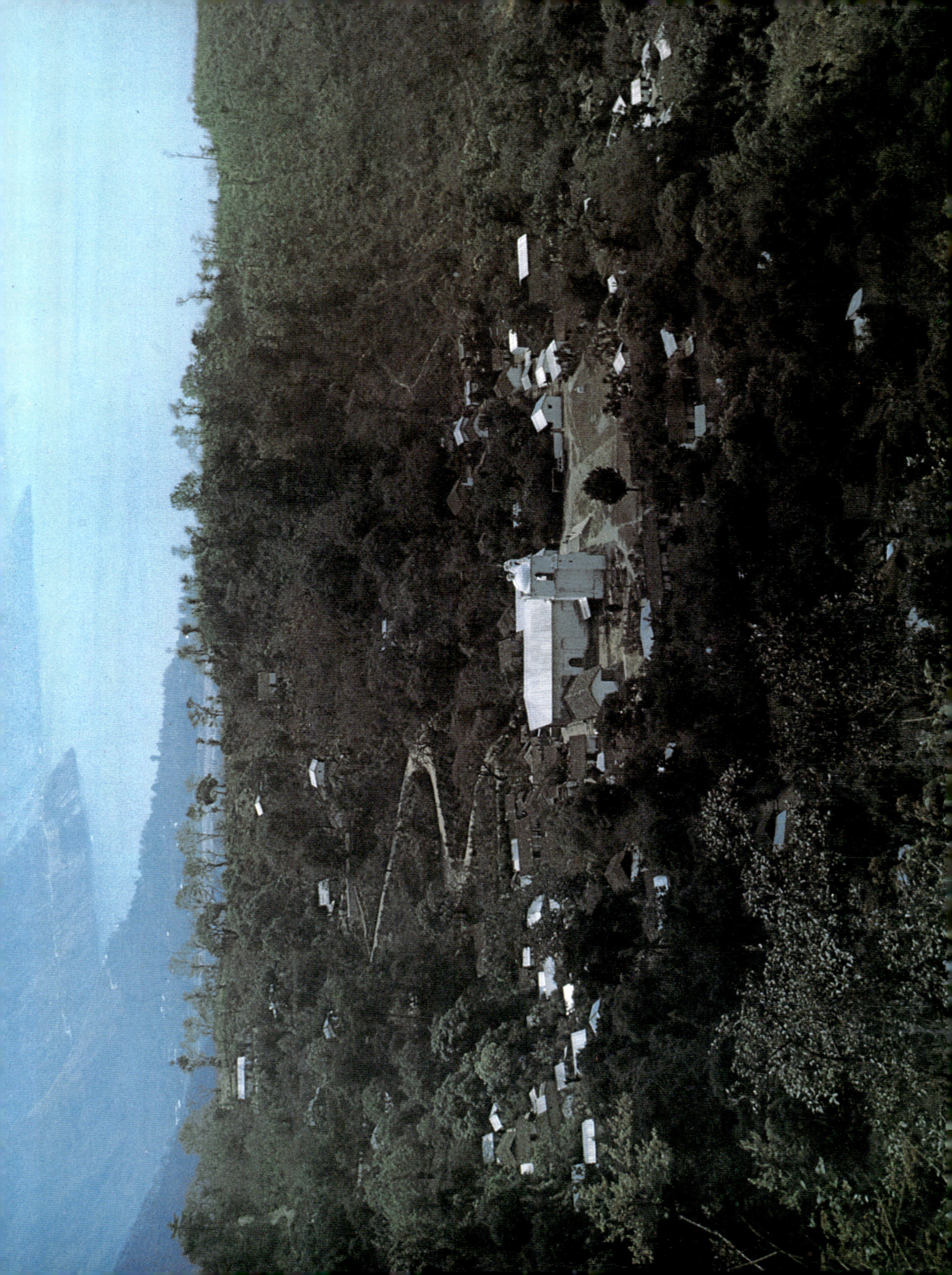

上/ヘデン 写真:鈴木悠　下/カタン・チコ 写真:鈴木悠

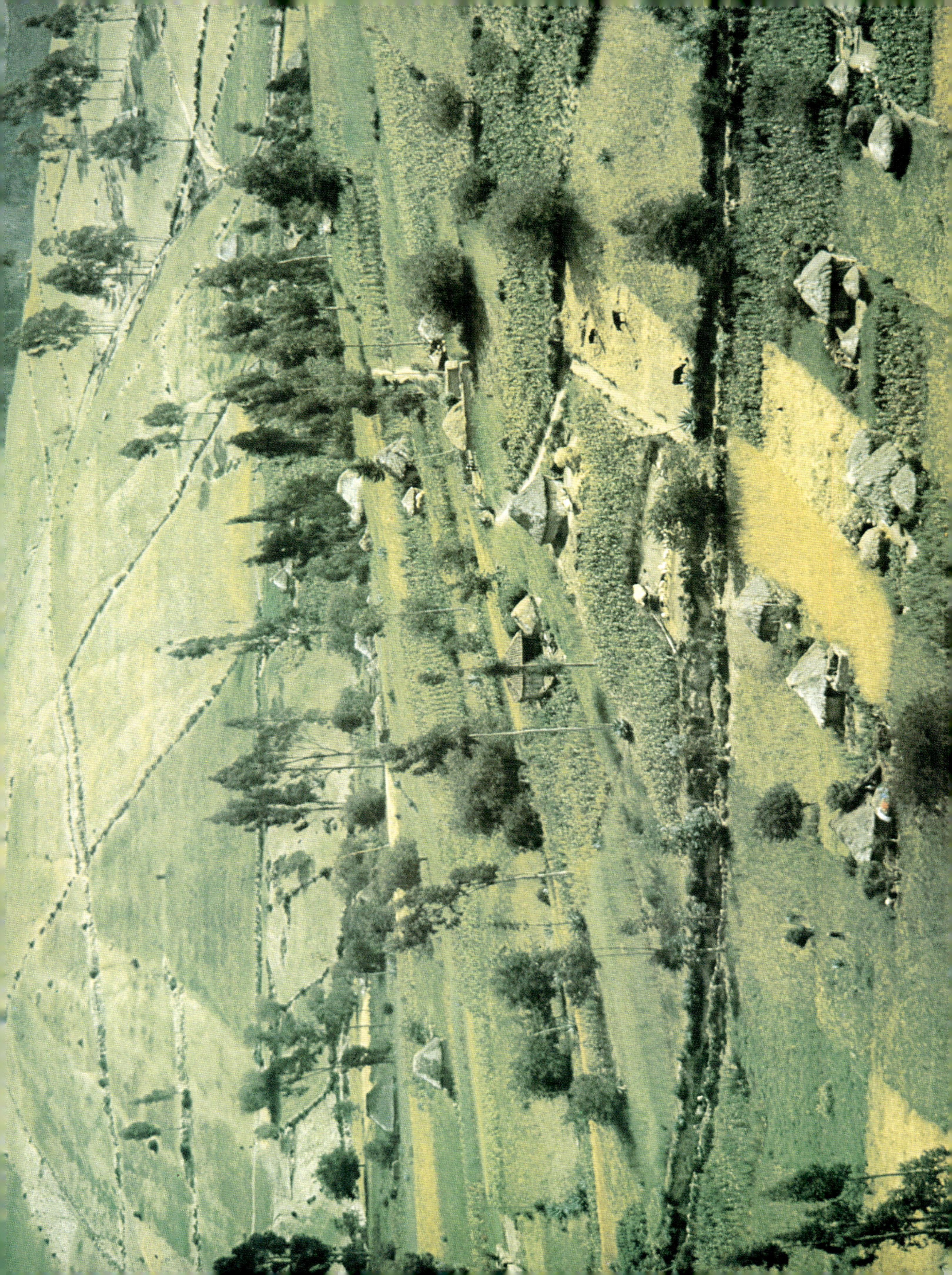

上/フンカル 写真：鈴木悠　下/オクフへ

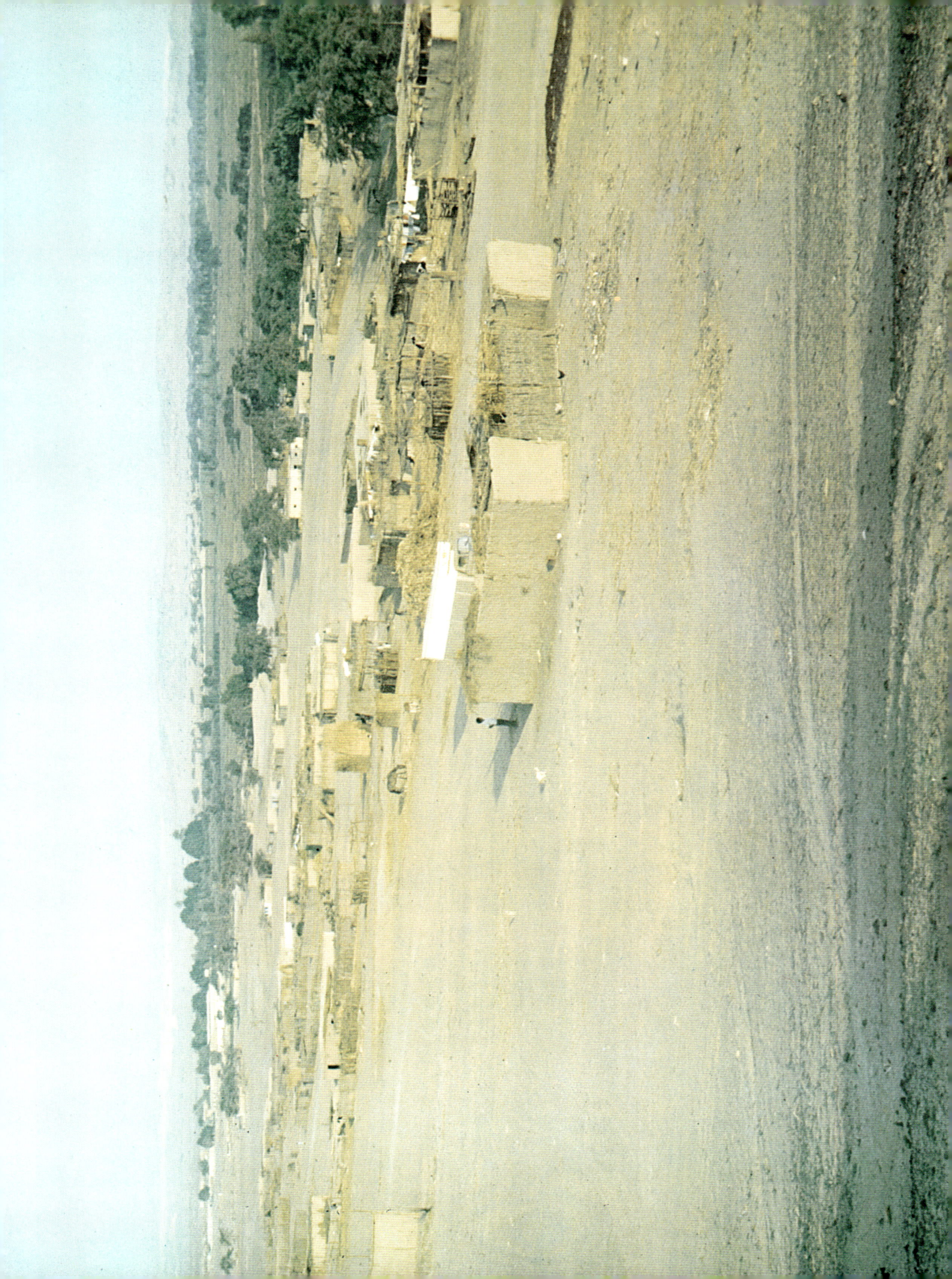

オコーニャ

ゾーニング論

通過する風景に，時として景観の変異が観察される．その風景のなかに集落を観察するものにとって，連続する風景のなかに見られる変位は広がりを持つ．この風景の変位の体験から，風土の区分が認められる．その風土の区分をゾーンによって表わす．

風土の要因による枠づけとして，ゾーンは風土から切り取られた部分であり，ゾーンの輪郭には風土の相違が現われる．そして，風土は住居集合の構造に影響を与え，生産様式に結びつき，社会組織に関連する．だが，風土によるその説明も，住居集合形成の過程と持続について不十分である．また，観察によると，風土の差異が住居集合の形態の差異に連続しない状況が認められた．この風土と住居集合の関係のずれの検証の手段としてゾーンがあり，風土が人間の生活の場である住居集合に決定する内容の明確化と，風土のおよばない部分における，住居集合のあり方へのアプローチとしてゾーニングは意味を持つ．すなわち，ゾーンによって，風土の射程を超えて，住居集合が成り立つことの確認である．

風土の射程外において，住居集合の形態を決定するものとして文化の構造が上げられる．文化構造は社会関係に反映し，生産様式の生活化，そして人間関係の社会化の形成などを決定する．その文化構造の写像として住居集合を考え，またその住居集合において社会関係は物象化されることを前提とした観察により，住居モデルを作成する調査が行われている．地中海，日本の島，中南米と調査が進むうちに，地中海調査より得られた3個の住居モデルとの検討において，住居領域を形成する要素として〈囲い〉と〈分棟〉が無視できない問題となった．〈囲い〉と〈分棟〉がゾーンを超えて観察される理由として，住居領域における意味が考察されている．

〈囲い〉は住居集合からある単位を切り取る．住居の敷地を取りまく〈囲い〉は，住居集合の領域にあって，物象化された社会関係の空間装置として考えられる．〈囲い〉により，住居域の住居集合全体に対する布置が決定される．また〈囲い〉を内から見ると，〈囲い〉に含まれる住居を超えて家族の領域が広がる場の境界と認識できる．〈囲い〉は集落と住居の間にあって何らかの閾を形成している．

また観察によると，生産地を取り入れることによる〈囲い〉の成立が見られた．この生産地を取り込む〈囲い〉は生産様式を表わし，社会関係を表わしている．この例においては，生産地が囲まれた住居に属するものであるから，〈囲い〉は家族の領域として住居域を出ず，全体の住居集合において一単位となる．その〈囲い〉自体についても，場として暗黙の了承に近いものから，空間に装置化されたものまで，階級が観察できる．

〈分棟〉は住居域において，複数の住居により構成される住居についての考察である．母屋に対し，台所，便所，作業小屋，家畜小屋などが分棟される．〈分棟〉による住居域の変質は，住居域の閾が複数の住居によって構成される〈構え〉にある．

日本の島集落，ラテン・アメリカの集落のうち特にインディオ集落に見られる中心の希薄な，そして離散的な集落．それらの集落において，住居域としてまとまりを見せながら，家族の領域を住居を超えて広げる装置として，〈分棟〉と〈囲い〉がある．〈分棟〉と〈囲い〉は関連して，集落に対し住居域の境界を形成している．一棟住居による住居域の境界，〈分棟〉による境界，〈囲い〉による境界は，社会構造の段階を表わし，それぞれの住居域の家族関係を表象していると思われる．

また，〈囲い〉や〈分棟〉を必要としない住居集合が，住居域もしくは住居集合全体において，空間化された閾として媒介空間を持ち，その空間が示されるのに対し，住居集合としての凝集度が低く，各住居域が独立した中心として離散的な傾向を持つ，〈囲い〉と〈分棟〉の住居集合は，視覚的にも連続した，空間化されない場としての閾を持つ．この対比は，個人から家族，血縁関係，社会への図式のなかで，文化構造による断層が出現すると，その緩衝手段として媒介空間を用意し，連続ならば，住居域から住居集合へなだらかなつながりを示すのに似ている．

住居集合の，住居のモデルを組みたて，そのモデルを前提とした調査行が続けられるなかで，〈囲い〉と〈分棟〉はその考案の過程に加わった，語彙である．日本の島集落，ラテン・アメリカの集落に目立つ，この〈囲い〉と〈分棟〉が，風土の射程のそとに，明確な位置を示し，住居集合全体との関係を明らかにする考察がなされている．（角坂）

（各ゾーンの表の生産様式のアルファベットの意味する内容は次のとおりである．A＝農業　C＝牧畜　D＝酪農　F＝漁業　I＝工業　M＝商業）

ZONE 1── メキシコ中央高地

メキシコ・シティーより高原を走る． 一面土の色に塗りつぶされそうな風景が続くなかを，北東に約100km走るとパチャカの街に出る． この街を境にして地形は，アナワク高原のふちを形づくる山岳地となる． メキシコ湾に面する工業都市，タンピコに通じるこの道路も，この丘陵地帯では雲の上を走り，時おり見える巨大な断層による谷にも，雲があふれている． そして地形の巨大ささえなければ，針葉樹の茂る山野の風景は日本的な印象さえうける． 幾条もの峰すじが通るなか，少しでも開けた所には，さまざまな集落が散在している． 小さな谷間にそって細長くのびるオミトランの街． 最初に眼に止ったのが，この街の起りとなった鉱山荘園の跡であった． その廃墟を一方の端にして道が通っている． そのほぼ中央に広場があり，周辺は格子の道路がわずかに通り，コロニアル・スタイルをしのばせる． 各住居は中庭を持ち，道路に面した母屋を潜って中に入ると，台所，便所だけではなく，また別の家族が住む住居などが煉瓦塀にそって並んでいる． このオミトランに較べて，ツァカルティパンは地方の中心といった街である． 広場は教会のまえの広場と，それに続く飾られた生活の広場に分れる． 生活の広場の周囲は商店がとりまき，格子状の道路が通っている． この道路網も外に行くに従って街村形態になり，トウモロコシ，豆などの畑を背景とした農村風景に変わる．その街村の住居は，中はやはり都市的住居であるが，後の農耕地に開き，中庭を持たない． このように中心に広場と教会を持ち，一応格子状の道路を持つ，いわゆるコロニアル・スタイルの街が20〜30mおきに見られ，その構造は比較的しっかりしている． その街の間は緑の深い山野であるが，そこにインディオの集落が見られる． そして，集村と散村の二つの型のインディオの集落が，同じ風景のなかに見えることもある． モグネラは深い針葉樹林のなかに住居が散らばる地帯である． ただ，路上より見た限りでは，深い樹林にさえぎられて全貌を見ることはできなかった．住居は切り開かれた土地を囲い，そのなかに石を敷いた床の土に校倉造りで，木の皮でふいた屋根の住居がある． 住居構成は母屋と台所の二棟よりなる分棟形式であり，母屋は一室構成である． また，土手に穴を掘った産室も見られた． また住居のそばに丸い家畜の囲いを持つ例も見られたが，離散的というにもほど遠く，各住居が風景のなかに孤立するのが見られた． それに対して，視覚的にも開けた斜面に展開する牧歌的な散村がある． マリーラは，丘陵のなだらかな斜面に展開する． 樹木が見え

集落名 人種	地形 気候	生業	屋根 壁 床	分棟	囲い	
Omitlan メスティーソ	谷間 湿潤亜熱帯	A・C	トタン レンガ シックイ	納屋 家畜小屋	レンガ壁	
Mogunerra インディオ	高原丘陵 湿潤亜熱帯	A・C	板 角材 土間	台所	木 バラス	
Zacualtipan メスティーソ	丘 都市 湿潤亜熱帯	A・M	カワラ レンガ シックイ	1棟	無	
Malila インディオ	谷 斜面 湿潤亜熱帯	A・C	トタン 板 土間	台所	木 バラス	
Oxcaco インディオ	斜面 沢 湿潤亜熱帯	A	シュロ 木・泥 土間	台所	低い石垣	

モグネラの校倉造りの住居　　　マリーラ附近の散村

るのは中央を流れる川と住居の周囲であり，残りは放牧地として，畑地として利用されている． 斜面の中腹の学校と教会が一応中心となり，住居は低い柵に囲まれた分棟形式である． だが，各住居が均質な空間を持ち全体の配列は不明確である． これらの散村に対して，さらに凝集した集村がある． それは遠景のなかで，囲まれた緑に沈みそうな集落である．少し低いせいか，密な低木が繁るなかに，農業とコーヒーや果樹などを生産し，自給自足的な生活から抜け出でんとしている集落である． 二つの小さな川を結ぶこの集落は，一方の川に面して教会と小学校と，広場を持つ． だが，全体の住居配列は明確でない． 各住居は高さ約50cmの石の垣に囲まれた敷地に母屋と台所の分棟型式である． またサウナ・バスを中心とした血縁関係によるクラスターがあるはずであるが，プランでは説明できない． 住居は荒い木割りの壁に泥がぬりつけられ，屋根はシュロのような葉でふいてある． こうして，コロニアル・スタイルの街の間に，さまざまなインディオの集落を見てメキシコ湾岸に向った．

ZONE 2── メキシコ湾岸

メキシコ湾にそって南下する． サバナ気候帯に属するこの地方も，南下するに従って海岸に椰子が見える風景に変わる． 6月頃からの雨期をまえにして温度，湿度ともに高い． 道路の右には遠望に山影が見える平原である． 通過する集落は傾向として構成力に乏しく，コロニアル・スタイルの街も魅力を欠く． 漁師のまちトラビタスは海に面して，分棟型式の住居が並び，囲いを持つものとないものがある． 集落の中心はない．ヴィエホンは歴史の浅い農村であるが，住居の配列は全くランダムであり，道も明確でない． また広場，教会，学校も分置されている． だが住居は分棟されず，一室構成であった． ともにメスティーソの集落である．また竹の壁とバナナの葉でふいた屋根を持つ住居も見られた． この住居は一室構成の母屋に台所が建て増しで連続する． このように，集落全体

集落名 人種	地形 気候	生業	屋根 壁 床	分棟	囲い	
Taravitas メスティーソ	ラグーン サバナ	F	トタン 土 土間	台所	木 バラス	
Viejon メスティーソ	海岸 平坦地 サバナ	A	草 土 土間	1棟	無	
Lataraiya メスティーソ	平坦地 サバナ	A	草 木 土間	台所 (連棟)	無	

の構成力が弱いと，各住居の境界も明確でない． ただ，建て増しの台所と分棟の関連は興味深い．

ZONE 3──オアハカ谷

メキシコ湾岸から3000mを超す山脈をこえる．山は深い針葉樹林におおわれ，豊かな自然を見せている．そのなかにオアハカの谷はある．だが，遠くかこむ緑豊かな山脈にくらべ，オアハカの谷には一面赤茶けた地が続く．わずかな，細長い平地を残して地肌をさらした丘陵地が視界をうずめつくしている．湿潤亜熱帯とサバナ気候の交差する地域であるが，海抜1000mを越すオアハカの谷は年間1000mmから2000mmの雨量がある．このオアハカの谷は古代よりサポテカ文化が栄え，モンテ・アルバン，ミトラなど多くの遺跡を残している．この地のインディオからメスティーソまでの人々の集落は，赤茶けた地に浮ぶ緑の島のように見える．集落の緑と，集落の周囲をとりまく農耕地．集落の緑は多少高い木であり，その緑のかすむなかから教会がひときわ突出している．教会と広場を中心とした理想都市に近い格子状の都市プランから，その形が崩れて行くさまざまの過程の集落がある．農耕地は区画され，整然と並ぶ．集落の境界は川などの地形を利用してあるが，ひとつの集落の農耕地がきれ，赤茶けた地が広がるところには，ふたたび次の農耕地が始まり，視覚的にとらえられる．各住居は道に面して母屋があり，日干し煉瓦とスペイン瓦の母屋を含めて日干し煉瓦の塀が回っている．その大きな敷地のなかには，塀にそって台所，便所，家畜小屋，穀物貯蔵庫などが並び，内庭には家畜が飼われている．サボテンや竹に塀が変り，規模の大小があっても，分棟化された囲まれた住居が続く．周囲に区画された農耕地を持ち，また住居内に大きなスペースを持つ住居によって構成されている．また

集落名 人種	地形 気候	生業	屋根 壁 床	分棟	囲い	
Rafael Pelles メスティーソ	盆地 湿潤亜熱帯	A	カワラ 日干レンガ シックイ	便所 納屋 家畜小屋	レンガ壁	
Coyol メスティーソ	谷間 湿潤亜熱帯	A	カワラ 日干レンガ 土間	1棟	無	

オアハカ谷風景　　オアハカ谷風景

周囲の丘陵地帯に少し植物が目立つところには，日干し煉瓦とスペイン瓦でできた一棟型の住居が孤立するように散在している．前面に張り出した深い廂．食事の火が焚かれているのか屋根瓦の間から煙がのぼっている．住居の周囲に境界さえ見えない．集落構造，また住居の領域が視覚的にはっきりと理解できる集落のまわりに，孤立する住居が散らばり，その二種の住居構成に共通点はないように思われる．

ZONE 4──チャパス高地

テワンテペック地峡を通りチャパス高地に登る．湿潤亜熱帯に属するこの地域も海抜1500mをこえるチャパス高地では針葉樹が目立つ．この高地からグアテマラ，ユカタン半島にいたる地域は古代マヤ文化の栄えた地であった．そして，現在でもマクロ・マヤ語族に属するインディオが多く住む地域である．なだらかな丘陵地も始めは草地が多く，その草地のなかに孤立するように建つ住居が見える．その住居はオアハカの谷で見たようにやはり一棟型であった．やがてコロニアル・スタイルの街が，針葉樹林の目立つ草地に見えるようになると，インディオの姿が路上に見られる．部族の衣装を着たインディオがハイウェイを荷物を背負って歩いて行く．すると水のあるまわりにインディオが集まる集落が見られる．ヤマ・クウマリャは，まだ地肌の目立つ草地と針葉樹の谷に，学校を中心にして散らばる集落であるが，中心性は薄く，また住居は一応地形にそっているものの配列はランダムである．各住居は前庭を囲んで2～3戸よりなり，恐らく血縁関係によるクラスターと思われる．住居内は一室構成で簡単なベッドが置かれたコーナーと台所のコーナーに分かれている．ここでも，火を使うと屋根瓦の間から煙が立ち登る光景が見られた．何らかの構造を持つ集落は，緩やかな盆地状の地形に，大きな敷地割りがなされるナベンチャウクに見られた．ひとつの敷地には数軒の住居が関連し，血縁によるクラスター化が行われている．また一棟型である．中心に教会と広場があるものの，空間は均質であり，住居域は付加的に広がり，集落の境界も周囲の山に消えて判然としない．そして，さらに離散的なのがアイトエ・ビアッセの木柵に囲まれた集落である．針葉樹林に囲まれた緩斜面に広がる集落は，住居が二重の木柵に囲まれている．

集落名 人種	地形 気候	生業	屋根 壁 床	分棟	囲い	
Yama Cumaralla インディオ	谷間 湿潤亜熱帯	A	カワラ 木 土間	1棟	無	
Navenchauk インディオ	盆地 池 湿潤亜熱帯	A	カワラ 木 土間	1棟	木柵	
Aitoe Biase インディオ	緩斜面 湿潤亜熱帯	A C	板 板材 土間	台所	木柵	

インディオの住居　　インディオの集落

一重目は家畜のための柵であるが，そのなかに血縁関係にある複数の住居が，さらに木柵に囲まれてある．木造の住居は分棟化している．木柵の外は空となっているだけであり，これも付加的に，不定型な木柵が続いている．このチャパス高原では，コロニアル・スタイルの街の印象が薄い．インディオの均質な集落に見える，中心性のなさ，もしくは中心意識の個別化による，全体性の欠けた集落が目立つ．だが，この離散的としか言いようのない集落も，やはりインディオの社会関係の表象であろう．ただ風景として，集落が余りに自然に溶け合っていた．（角坂）

zone 5 ── グアテマラ高地

丸味を帯びているが，こきざみな起伏を見せる山々のどれもが，頂き近くまで耕され，その風景の中に住居は互に近づくでもなく遠ざかるでもなく置かれる． グアテマラ高地での印象は，この離散的な住居のある風景から始まる．

テワンテペック地峡で一度切断されたシェラ・マドレ山脈は，再び地勢をもりかえし，ここグアテマラ高地で2500m級の山塊を形づくる． この高さのため，緯度的には熱帯域に属するものの湿潤亜熱帯気候を保ち，地味にも恵まれ，起伏の多い地形ではあるが，農業国グアテマラの主要な農業生産地として人口も集中している． またこの地域は，スチアテ，ウスマニンタ，モタグア河という，かつてのマヤ文化圏を流れる3つの大河が源を発する地域でもあり，国民人口の60%をインディオが占めるというグアテマラの中でもインディオ(マム族，キチェ族，カクチケル族)の人口が集中しており，その主要な生活の舞台である． われわれのグアテマラ高地の旅は，それ故不可避的にインディオ達の文化との接触であり，観察を通じての集落の理解も，彼らの文化への理解と深く係わっていたと言える．

グアテマラ高地の風景は，まず離散的な住居から始まったことは既に述べた． それは最初，日本でも見られるあるまとまりをもった集落の周辺に散在する住居の，その一部であると思われた． しかしその考えが誤りであることは，孤立して丘の上に建つ教会を見，さらに丘陵状に地形が開け，その開けた視界一面に，ある間隔を置いて住居がばらまかれている風景に出会った時明らかになった． その住居の数は，それが凝縮したなら一つの都市を作るだろうと思われるのだが，各々の住居は決して集合することなく，ある距離を保ったまま風景の中に配置され，それは地平線が切れるところまで続いていた． この風景を集落と呼ぶ了解の仕方を，われわれはまだ知らないが，これを仮に集落と呼べば，中心施設や，広場，境界といった集落という共同体の〈領域〉を示唆する物的装置を何ら持たない． ただ住居というエレメントしかない集落風景に，われわれは立ち会ったことになる． この風景の中では，住居の間に孤立して建つ教会でさえ，住居と同格のエレメントにすぎないのである．

この離散型の集落の他にグアテマラ高地には集村型の集落がある．

集落名 人種名	地形 気候	生業	屋根 壁 床	分棟	囲い
El Trapichillo メスティーソ	丘陵 湿潤亜熱帯	A	カワラ 日干レンガ 土間	1棟	無
Poloqua インディオ	斜面 湿潤亜熱帯	A	草 角材 土間	台所 便所	無
San Cristobal メスティーソ	盆地 湿潤亜熱帯	A	カワラ 日干レンガ シックイ	応接間 台所 便所 作業場	日干レンガ
San Jorge インディオ	湖岸 台地 湿潤亜熱帯	A	カワラ 日干レンガ 土間	大家族制 クラスター	日干レンガ 植生
Chimaltenango インディオ	平坦地 都市 湿潤亜熱帯	A	カワラ 日干レンガ 土間	台所 納屋	日干レンガ

分棟住居　　　　　　　　　　囲み型の住居

われわれが訪れた集落では，コロニアル・スタイルの都市，サン・クリストバル，住居が大家族制のクラスターを組む，カフチゲル族の集落サン・ホルヘがそうである． そしてこの疎と密の2つの集落形式が交互に現われ，それらがひとつの連続的な波のうねりとして，風景を構成していた．

これらの集落を了解する手がかりは何であろう． それは今のところ住居に対する考察から始める他はない． 離散型においては，風景の中の形態的な手がかりは唯一住居であり，また住居が分棟や，囲いという背後に何らかの仕組みを感じさせる装置を伴っていた． サン・クリストバルの住居は，外との接触部に応接間を位置させるプランを持っていた． それらを了解できないのは，観察するわれわれの側にある概念が，観察される側にいまだ立ってないためという他はない．

zone 6 ── ペテン低地

モタグア河の下流域からその北方のユカタン半島に至る広大な低地は，熱帯雨林のジャングルに覆われている． そしてこの地域は，マヤ文明が栄えた中心地域であり，今もマヤ系のケクチェ族が，昔と変らず焼畑農業を営んで生活している． また各国の考古学調査隊による盛んな発掘にもかかわらず，巨大なマヤの神殿やピラミッドが，今なお人目を見ないまま密林の奥深く眠っていると言われる．

ティカルに代表される遺跡群の構築性に比して，密林の間にうずくまる集落と住居は，貧弱である． それは構造に対する集合体をイメージさせる． 住居は台所と寝室部からなる一棟形式が基本だが，台所が張り出した軒の下に置かれたり，さらには分棟化したものも観察される． ここでは一般に家族生活の象徴として外部から隠されるように住居の一番奥に設けられる台所が，むきだしのまま配置される． それはヨーロッパ・キリスト教集落の閉じた住居領域と台所の配置の構成にたいして，きわだっ

集落名 人種	地形 気候	生業	屋根 壁 床	分棟	囲い
Franceses インディオ	平坦地 ジャングル 熱帯雨林	A	シュロ 丸太 土間	1棟	無
Caoa インディオ	平坦地 ジャングル 熱帯雨林	A	シュロ 板張 土間	作業小屋 家畜小屋	無
San Juan インディオ	平坦地 ジャングル 熱帯雨林	A	シュロ 丸太 土間	台所	無
Chocon インディオ	平坦地 河沿い 熱帯雨林	A	シュロ 木 土間	台所 (外部)	無

た対比をなす． 住居はその境界を持たず，集落に対して開いているといえる． このペテン低地の住居と，キリスト教集落の住居との相違は，明らかに家族という集団のもつモードに関わる違いを示しているといえる．

zone 7──ホンジュラス域

シェラ・マドレ山脈は，ホンジュラスに入ると地勢を緩め，平均1000m〜1500mの丘陵地帯を形づくる．　気候は，湿潤亜熱帯の特性を持ち，その風土条件はグアテマラ高地のそれと，ほとんど同じにもかかわらず，集落，住居の形式は，明らかな断点を持つ．　集落はここではあるまとまりを持ったものとして現われる．　白しっくいの壁とスペイン風ガワラの連続する遠景は，集落の内部秩序を期待させた．　しかし集落に一歩足を踏み入れるとその期待は，すぐに失望にかわる．　集落は必ず中央に広場と教会を置き，グリッド状の道路パターンを持つコロニアル・スタイルなのである．　われわれは，その集落の形式がコロニアル・スタイルだから失望するのではない．　コロニアル・スタイルがその集落にとって，いわば借り物にすぎないことが風景として了解できるから失望するのである．

集団は，その集団維持のために，内的な秩序の仕組みと，外部との交流に対する制御の仕組みを持っている．　少なくとも集落の中には，集落という集団と，家族という集団がある以上，それら相互の矛盾を解消する仕組みが存在するはずである．　そしてその仕組みがものに反映されていることを，われわれは集落の計画性と呼んでいる．　そういう意味でコロニアル・スタイルの集落は，計画性を欠いている．　部分の在り方を規定する力としてのコロニアル・スタイルと，全体を規定する力としての住居形式は，互いに矛盾を止揚することなくすれ違っている．　集落風景としての切れの悪さは，部分と全体の互いのとまどいであるのかもしれない．

集落名 人種	地形 気候	生業	屋根 壁 床	分棟	囲い
Terra Blanca メスティーソ	谷あい オアシス 湿潤亜熱帯	A	草 日干レンガ 土間	1棟	木柵 (部分)
Santa Fe メスティーソ	平坦地 湿潤亜熱帯	A	カワラ 日干レンガ シックイ	オルノ 便所	木・バラス 日干レンガ
San Nicoras メスティーソ	高地 盆地 湿潤亜熱帯	A	カワラ 日干レンガ 石張り	便所	木・バラス
Copan メスティーソ	丘陵 湿潤亜熱帯	A・M	カワラ 日干レンガ シックイ	便所 家畜小屋 納屋	日干レンガ
San Jose メスティーソ	斜面 湿潤亜熱帯	A	カワラ 日干レンガ 土間	台所	木柵
Savana grande メスティーソ	盆地 サバンナ	A・M	カワラ 日干レンガ 土間	家畜小屋 納屋	木・バラス

zone 8──ニカラグア─パナマ域

ニカラグアの太平洋岸は，肥沃な平原地帯が続く．　この平原地帯に広がる綿花，コーヒー，サトウキビのプランテーション農園と，その背後に遠望される火山が風景のすべてである．　集落は存在するが，われわれの目にとっては存在しないに等しかった．　プランテーション農園の傍に，コカコーラの看板でも立っていれば，その風景をもってニカラグアからパナマに至る集落風景は説明できるといっていい．　米資本によって経済を押えられた中米地峡地帯は，アメリカン・ライフへの希求が浸透し，すべてが似非アメリカとして塗りかえられている．　それゆえ，われわれは，集落の内部に入るまでもなくその集落を了解した．　このモノカルチュラルな地域では旅程の長さに比して訪れた集落はわずかである．

プランテーションに働く小作人の集落であるモコロンは，頭から糞を被ったような特異な住居形式が目をひいた．　寝室だけが簡単に板で囲われている開放的なプランは，風土的理由でそうであると言うよりは，何か他の理由で無理に開くことを強要されているかのようである．（山尾）

集落名 人種	地形 気候	生業	屋根 壁 床	分棟	囲い
Chirandega ムラート	平坦地 サバンナ	A	草 板張り 土間	台所(外部) 家畜小屋 オルノ 便所	木 バラス
Mocolon ムラート	平坦地 サバンナ	A	草 板張り 土間	台所 (外部)	無
Nandaime メスティーソ	平坦地 サバンナ	A	カワラ 板張り タイル	台所 (大家族)	木 バラス
Bislaiy メスティーソ	平坦地 サバンナ	A	トタン 板張り 土間	台所 2階建	無

zone 9──コロンビア・カリブ海岸

マグダレーナ河，カウカ河の沖積平野であるこのあたりは，所々になだらかは丘陵地帯をもつ低湿地帯である．　熱帯雨林，あるいは熱帯サバンナ気候に属し，雨が多く植物の生育が良いので，緑濃い地味豊かな農牧地帯となっている．　環カリブ海の特色として，ニグロ系の人種が主で，ムラート，サンボが住民の大多数を占めている．　彼らの多くは，大土地所有者の農場で働いている．　寄せ棟で草葺き，土壁，土間のそまつな住居は，居間・台所と寝室に2分されているものが多い．　木あるいは竹を並べた柵が周囲につくられるが，これは動物に対するものである．

アラカタカの杭上住居は，シェナガ・グランデ内の3村に固有な特異な形式である．　潟の浅い部分に杭，横板による土止めをし，人工の地盤をつくり，その上に住居をつくったもので，切妻で入口が妻側に2つあり，内部はやはり2室に区切られている．　台所，便所を外に出したものが多い．

集落名 人種	地形 気候	生業	屋根 壁 床	分棟	囲い
Aracataca メスティーソ	湖上 ジャングル 熱帯雨林	F	草 板張り 板張り	台所 便所	土止め
San Simon ムラート	丘陵 熱帯雨林	A・C	草 土 土間	便所	竹 木
Puente de San Jorge ムラート	河岸 熱帯雨林	F・A・M	草 板張り 土間		無

その2　中南米地域の領域論的考察

ZONE 10──コロンビア・アンデス

コロンビア・アンデスは急峻で平坦地が極めて少ない．山肌は，ユーカリの疎林を除いて岩が露出しており，荒々しい様相を呈している．集落は山の斜面，あるいは谷筋にできた平地につくられている．山間部は，低地ではサバンナ気候，高地では山岳気候で，雨期・乾期の別がはっきりしている．この地域には，全く異なる2つの居住タイプがある．これは，人種の相異に起因するもので，白人・メスティーソの集落は，グリッドプランへの指向が強く，いわゆるコロニアル・スタイルの集村形態をとる．これは，生産地と居住域とを分離することを前提として成立する形式である．住居は，スペインにみられるのと同じつくりで，ひとつあるいは2つのパティオをもち，それに沿って機能分割された部屋が並らぶ．そして，裏に庭をもつのが基本形である．ブロック造が多く，壁には漆喰，あるいはペンキが塗られ，瓦，またはトタン葺きで，床にはタイルが敷かれている．これに対し，インディオの集落は散居形態をとり，農耕地の中に居住域が離散的に配置されている．彼らの住居には寄せ棟が多く，日干し煉瓦，あるいは土壁の住居は，周囲を土壁，植生，石積みなどで囲こみ，外部に対して閉鎖的で自律性の高いものとなっている．これは，散居形態をとったために，住居は個別に閉じる必要を生じたためと思われる．これら2つのタイプの対比が顕著にあらわれたのがサン・アンドレスである．谷合いの町の中心には，矩形の広場，教会があり，コロニアル・スタイルの原型をなしている．ここはメスティーソの居住域である．

集落名 人種	地形 気候	生業	屋根 壁 床	分棟	囲い	
Pto. Valdivia メスティーソ	河岸 サバンナ	A C M	トタン 板張り 板張り	1棟	無	
Valdivia メスティーソ	稜線 サバンナ	D	カワラ レンガ タイル	1棟	無	
Barbosa メスティーソ	平坦地 都市 西岸海洋性	A C I	カワラ レンガ タイル	1棟	レンガ	
Pubito インディオ	谷 斜面 西岸海洋性	A	カワラ 日干レンガ 土間	1棟	無	
San Andres メスティーソ インディオ	山間 沢 西岸海洋性	A	草 土 土間	1棟	木 バラス	
San Juan インディオ	丘陵 西岸海洋性	A	草 土 土間	台所 (外部)	無	

これに対し，周辺の小高い丘の頂には点々とインディオの住居が町をとりまくように望まれる．彼らは町を追われたのである．バナナ畑として成立するのに必要な間隔をおいて点在する住居は，草葺きで，軸組みは全て竹でできており，それに土壁がつけてある．内部は一室で，粗末な家具と3つの切石からなる炉があるのみである．

ZONE 11──エクアドル・アンデス

エクアドル・アンデスはコロンビアと異なり細かな山脈群よりなる．したがって，標高は高いが，ゆるやかな丘陵地が連綿とつづく地形となっている．この丘陵地帯は，麦，トウモロコシを主とする農耕地帯で，雑木は殆ど見当らない．インディオは，短冊形に区分けされた生産地の一隅に住居をつくり，散居形態の集落をつくる．住居は，屋根，壁面とも全て麦藁でできたもの，壁面は土壁，または石積みのものと3種類が観察される．周囲には，土壁や石積みの壁を巡らしたものが多く，閉鎖的なかまえをとっている．台所，穀物倉庫を分棟化しようとする傾向が認められる．ピクチョは，このゾーンの特異点的なもので，黒人の逃亡奴隷の集落である．不毛の河谷に位置し，河の両側の山は，灰質のやせた土壌で木は一本もない．河床のわずかな平地で細々と農業が行なわれている貧村である．住居はインディオのに比較して，軸組みの粗さが目につ

集落名 人種	地形 気候	生業	屋根 壁 床	分棟	囲い	
Juncal ニグロ	谷間 西岸海洋性	A M	草 土 土間	1棟	無	
Machachi インディオ	丘陵 西岸海洋性	A	ストロー ストロー 土間	台所	植生	
Gatazo Chico インディオ	丘陵 西岸海洋性	A	草 土 土間	1棟	一部 土壁	
Cajabamba インディオ	丘陵 西岸海洋性	A	草 土 土間	台所 納屋	土壁	

くとともに，一軒ごとの領域を示す境界がないのに特色がある．

ZONE 12──エクアドル・太平洋岸

エクアドルのグアヤキル湾岸一帯は，山岳地帯とは全く異なる風土で，低湿は沖積平野は熱帯性の樹木がうっそうと繁げるサバンナ気候である．住民はメスティーソ，ムラートが主で，バナナ，コーヒーなどのプランテーションで働く小作人が多い．この地域の住居は高床造りに特色がある．多雨で湿気の多い風土に対処する住居形式である．この形式の住居は農村部のみならず，都市的な環境でもみられ，その場合は，高床というより2階建てとなり，居住部分は2階で，階下は倉庫，台所などに使われている．住居は，バナナの葉や草で葺いた屋根をもち，外壁，間仕切，および床は，竹を細かく割ったものを表面が室内側にくるように並べている．したがって隙間が多く，通風には良いが，プライバシーには欠ける．床

集落名 人種	地形 気候	生業	屋根 壁 床	分棟	囲い	
San Antonio メスティーソ	平坦地 サバンナ	A	バナナの葉 竹 竹	倉庫 便所	竹 バラス	
Retiro メスティーソ	平坦地 サバンナ	A	バナナの葉 竹 竹	便所	木 バラス	

下は鶏小屋となっている．穀物倉庫，便所を分棟するものが多い．住居の周囲には，バラスや竹で柵が設けられるが，これは動物のためのものである．（藤井）

ZONE 13──ペルー・太平洋岸

南米大陸の太平洋岸に面する一帯は，大部分が不毛な砂漠地帯で占められている．リマ市を中心に砂漠に位置する都市や集落は，ここ数年来雨をみていない．世界で最も降雨量の少ない砂漠である．これらの砂漠地帯に40数本の河が流れ，それぞれに集落や都市を持ちオアシスを形成している．砂漠地帯の集落は大別すると，これらのオアシスを中心に発達したものと，オアシス内部の既存集落を核として周辺の不毛地に築かれた集落に分かれる．このふたつの分類は，集落構造や住居形態の相違でもあり，生活様式や集落構成，人種の分類にもつながる．リオ・オコーニャの集落に代表されるオアシス集落は，周囲に肥沃な農地と豊かな緑を持ち，教会を中心とした整った配置を示す．住居は道路に面した側に母屋を築き，母屋の裏側に木柵や日干し煉瓦で囲んだ裏庭を配置している．裏庭は日常生活の行為や，生産的行為の場として利用される．それらの行為は，空間化され物象化されて，洗濯場，台所，作業場，家畜小屋等の棟となり，囲みの中に分棟化される．形状や規模は様々であるが，一般に母屋となる棟が大きく豊かな住居ほど，裏庭の分棟が明快でしっかりした形状をとっていることがわかる．つまりこれらの分棟化の状態は，住居の豊かさや充実性と相関している．また，裏庭は，同時に密集して生息する各住居間の緩衝地帯でもあり，複雑な自然地形に対応し築かれる，住居の自然対応装置でもある．いずれにせよ，住居集合の共有化された表現であることに相違ない．

一方オアシスから離れて砂漠地帯に造られる集落は，バリアダと呼ばれる貧民住居集合が多く，集落規模や住居形態は，多種様々である．

チルコの集落に観察されるように粗末な住居は，大部分が廃品や，流木等で築かれ屋根すら持たないものが見られる．1室か2室の簡単な棟があり，その空間の中で日常生活の全てを行なっている．少し離れ家畜小屋や，物置風の棟が築かれているが，母屋との関係が曖昧で，住居としてのまとまりを示さない．

ZONE 14── アルティプラーノ

海岸砂漠地の低地から，アンデス山頂に至るまでの自然地形や，気候変化は，そのまま様々な地点での集落構造や住居形態に形象化され，異なった風景として観察される．これらの山岳中腹の複雑な地形変化は，海抜4000m前後から穏やかになり，左右を峠で囲まれた高原地帯に変る．一般にアルティプラーノと呼ばれ，気温は極度に低く樹木がない草原風景である．点在するインディオの住居と，背景となる峠以外に突起する物体が見あたらない．

インディオはこれらの草原を利用し放牧生活を営むか，わずかな農地を耕し住みついている．集落の多くは，日干し煉瓦造りの住居による離散的配置をとるが，アルキッパやサマンアツァンガロに代表されるように，密集し，都市化することもある．一般に住居の配置形式は，母屋部分と家畜の遊び場や作業場となる囲み庭から成っているが，離散型の集落にあっては，寝室を主棟とする母屋と他の付属室が分棟化し配置されて築かれている例が多い．分棟化された付属室は台所，便所，家畜小屋，作業室等であるが，都市型の住居配置にも同様な例が観察され定かでない．いずれにせよ共通となるのは，囲み庭に独立し分棟化されている配置も，各室が連続した空間構成になっている場合も，それぞれの部屋ごとに独立した切妻形の屋根を持っていることであり，また，棟を囲む土塀は，全体的に閉じた形状を示し，矩形をとることである．都市型の集落に近づくにつれて，これらの土塀は住棟の軒先まで立ち上がり，より閉鎖性を増す．離散型の住居が外観することにより，住居の分棟形式としくみを予知させたのに反し，都市型では観察が不可能になる．土塀は単なる家畜の囲い的機能から，外部干渉を拒否した防御的な境界壁としての意味が強くなる．集落俯瞰に頂点を示さないと同様，各住棟の造りにも頂点がない．だから，囲み塀の中の分棟は，いかなる部屋も均質的であるかの様に観察させる．（入之内）

今，中南米の集落調査の旅を終えて，われわれはいくつかの風景を持っている．しかし，ある意味を示しているに違いないそれらの風景を前に，われわれは旅の過程において感じたと同じように，今もある種のとまどいを感じている．その風景とは，一口でいうなら，集落を欠いた住居だけの風景であるといえる．集落は確かに存在した．しかしわれわれが考えるようにはそれらは存在しなかったといった方が，この風景と集落を欠いたと呼んだわれわれの関係の，より正確な記述になるかもしれない．

集落は，その集落内部に想定されるさまざまな集団の間の関係の総体として現われる．集団の間の関係が多様であるように，集落も多様な形態をとる．それゆえ集落の全体像は，集落という住居集合を了解する上で，〈通過する目〉で観察を行うわれわれに与えられる，まず第1の手がかりなのである．

地中海の集落調査の経験から，われわれは観察の際に，大きく3つに分けられる画面を想定していた．

第1は，自然と集落の関係が表示される画面である．自然は集落の在り方を規定し，逆に集落の在り方によってそのエッジ（縁）はあらわになる．それゆえエッジの発見は，集落の在り方を了解する有力な武器となる．中南米の集落の風景にはエッジがない．ホンジュラスの山間の盆地にあるコロニアル・スタイルの集落は，地形を無視してグリッドが組まれていた．道は川で一度途絶え，橋も架っていない川の対岸から道は再び続いていた．われわれは〈場所に力がある〉という思想を計画性の原動力であると見ていた．しかしここで見たのは〈場所の力〉を無視した計画性である．

第2の画面では，住居，道，広場等の配列が示される．これらの集落を構成する要素の相互の関連は，集落の内部秩序の具体的表現である．しかしグアテマラ高地で見た離散的な住居の風景は，またペルーのアルティプラーノの日干し煉瓦の壁で囲まれた点在する住居によって構成される風景は，この画面から集落の全体性を規定する原因へと遡っていく，われわれのアプローチを拒否している．

住居は第3の画面を占める．そして中南米の集落は，この画面においてはじめて観察可能な風景としての体裁を整える．住居は家族という集団の領域として，その領域内での〈行為の仕方〉を規定する物的装置を備えている．そして集落の部分としての住居の在り方は，全体としての集落の在り方を規定している．またこれは第1，第2の画面に即して言えば，全体が部分の在り方を規定しているとも言える．この相互規定性は集落の観察に際する2つのアプローチの可能性を示している．全体から説明する視点と，部分である住居から説明する視点とである．しかし観察されたものの説明は，観察するわれわれの側に〈意識されたもの〉であり，観察される対象の側にはない．そこでは部分から摘出された概念は，全体によって説明されねばならないし，全体から導かれたものは，部分による説明で保障されねばならない．この部分と全体の説明の相補性こそ，われわれの観察に客観性を与える基盤なのである．それゆえわれわれの考察は，3つの画面を必要としていると言える．地中海集落調査においては，この相補性にささえられた観察の論理により集落は了解された．中南米の集落がわれわれにとって了解が困難であるのは，第1と第2の画面が不鮮明なために，第3の画面を手がかりとする他なく，相補性を持った観察の論理が成立困難な状況にあるからに他ならない．

そうは言うものの住居を画面の中央に据えた時，背後に〈構造〉を感じさせる特異な風景を中南米の集落はいくつも採っていたと言える．

メキシコのチャパス高地の集落，アイトエ・ピアセは集落中に木柵がめぐらされていた．詳細に観察するとそれらは二重の木柵で，一重目は住居の領域を，二重目は農耕地と牧畜地を含んで集落から切りとっていた．またグアテマラ高地では，分棟化した住居群が中庭をつくるように配置され，それらが点在する風景を見た．この分棟化した住居は，都市近郊では日干し煉瓦の壁が住居間の隙間を埋め，完全な囲み型のプランをとってひとつの領域を主張する．この分棟化した住棟と付属棟を壁がとり囲むプランは，ペルーのアルティプラーノにも見られた．この樹木のない草原地帯に孤立するように点在する住居は，明らかにその内部での行為の仕方＝〈モード〉を示唆しており，外部に対するその〈モード〉の表明に違いない．

これらの風景の特異性を決定していたのは，〈分棟〉と〈囲い〉という2つの要素であるとわれわれは考えている．この2つの要素は，住居の領域内の〈モード〉の何らかの物象化であり，それらの意味を知ることは，それゆえ前述した風景を了解する手がかりなのだ．しかしわれわれにとって，その風景を具体的な生活のイメージに結び付けることは困難な作業であった．われわれの観察は〈通過する者〉の目によって行なわれる．それゆえ観察の限界は，われわれが現実に〈生活する〉行為での経験と，観察されるものとの重なりの中でのみ克服されると言える．もしその意味が理解できないとすれば，彼らの〈生活する〉行為と，われわれの〈生活する〉行為のずれの大きさに起因する．住居が家族の領域である以上，中南米の集落の理解は，家族という集団の〈モード〉の理解と深く関わっている．われわれが集落の輪郭をおぼろげに描きながらも，いまだ最後の線を引く勇気を持てないのは，中南米の，特にインディオ達の〈生活する〉行為の仕方と背後の文化に，イメージを及ばせ得ないからである．中南米の集落に対するもどかしさは，われわれ自身へのもどかしさである．

われわれは前回の集落調査から〈閾〉なる概念を得た．〈閾〉は集落の様々なレベルで制御装置として機能し，ものの在り方を規定する．集落の構造は〈閾〉を通して説明される．閾は，われわれが手にした住居集合に対する表記装置である．中南米の集落風景は，すでに提出された3つの型以外にも〈閾〉が存在することを教えている．〈閾〉がどのレベルで，どのように在るかという記述の集積は，われわれの空間概念をより豊かにするはずである．〈人々について知りたければ，身のまわりを見わたすがよい．だが人間を知ろうとするなら遠くを学ばねばならない．共通の本性を発見するためには，まず差異を観察する必要がある．〉というルソーの言葉を持って，われわれは再び旅をこころざすだろう．　（山尾）

行程地図

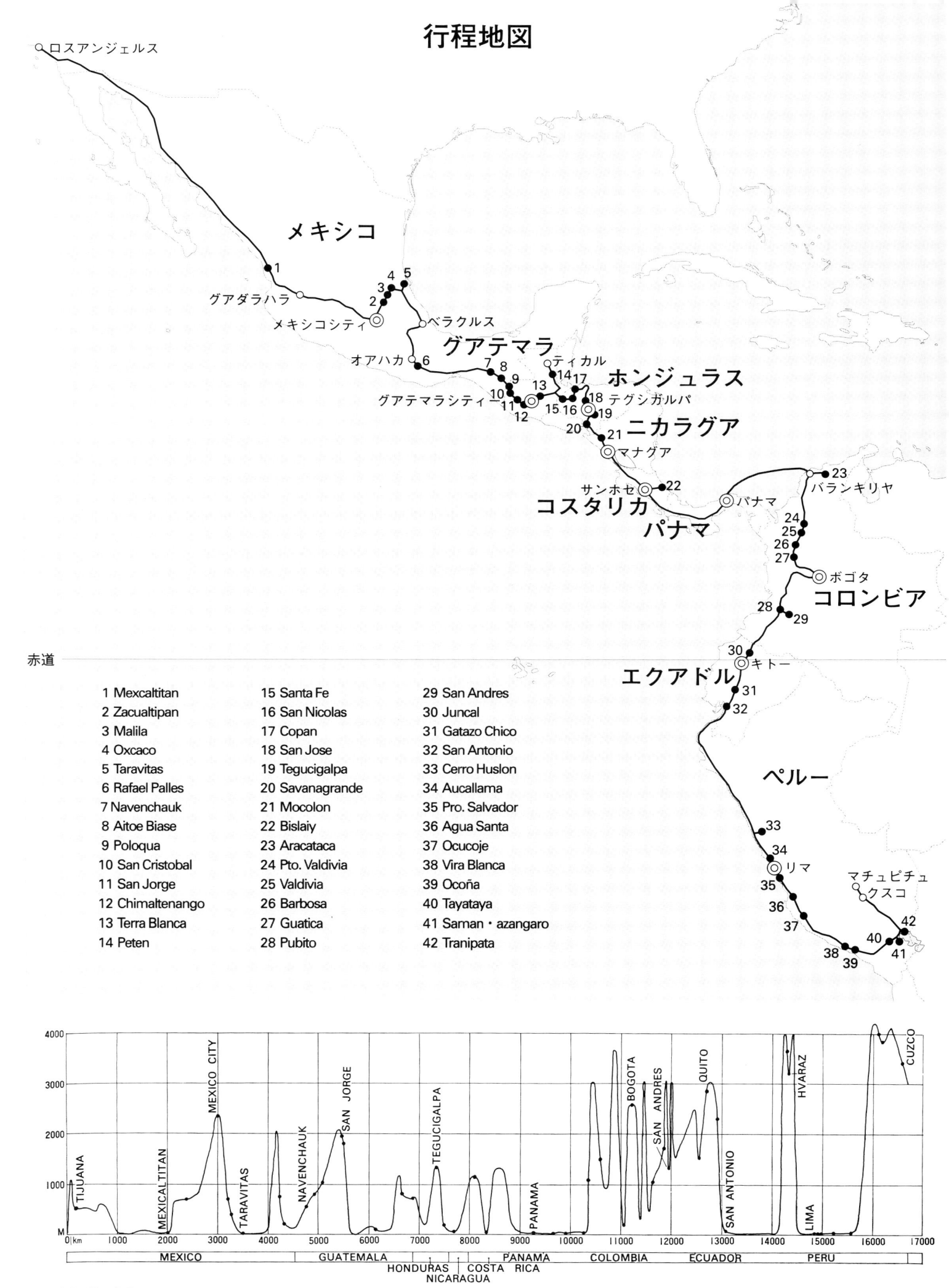

メキシコ / グアダラハラ / メキシコシティ / ベラクルス / オアハカ / **グアテマラ** / ティカル / **ホンジュラス** / グアテマラシティ / テグシガルパ / **ニカラグア** / マナグア / サンホセ / **コスタリカ** / **パナマ** / バランキリヤ / ボゴタ / **コロンビア** / キト / **エクアドル** / **ペルー** / リマ / マチュピチュ / クスコ / ロスアンジェルス / 赤道

1. Mexcaltitan
2. Zacualtipan
3. Malila
4. Oxcaco
5. Taravitas
6. Rafael Palles
7. Navenchauk
8. Aitoe Biase
9. Poloqua
10. San Cristobal
11. San Jorge
12. Chimaltenango
13. Terra Blanca
14. Peten
15. Santa Fe
16. San Nicolas
17. Copan
18. San Jose
19. Tegucigalpa
20. Savanagrande
21. Mocolon
22. Bislaiy
23. Aracataca
24. Pto. Valdivia
25. Valdivia
26. Barbosa
27. Guatica
28. Pubito
29. San Andres
30. Juncal
31. Gatazo Chico
32. San Antonio
33. Cerro Huslon
34. Aucallama
35. Pro. Salvador
36. Agua Santa
37. Ocucoje
38. Vira Blanca
39. Ocoña
40. Tayataya
41. Saman・azangaro
42. Tranipata

中南米地域の標高・行程図

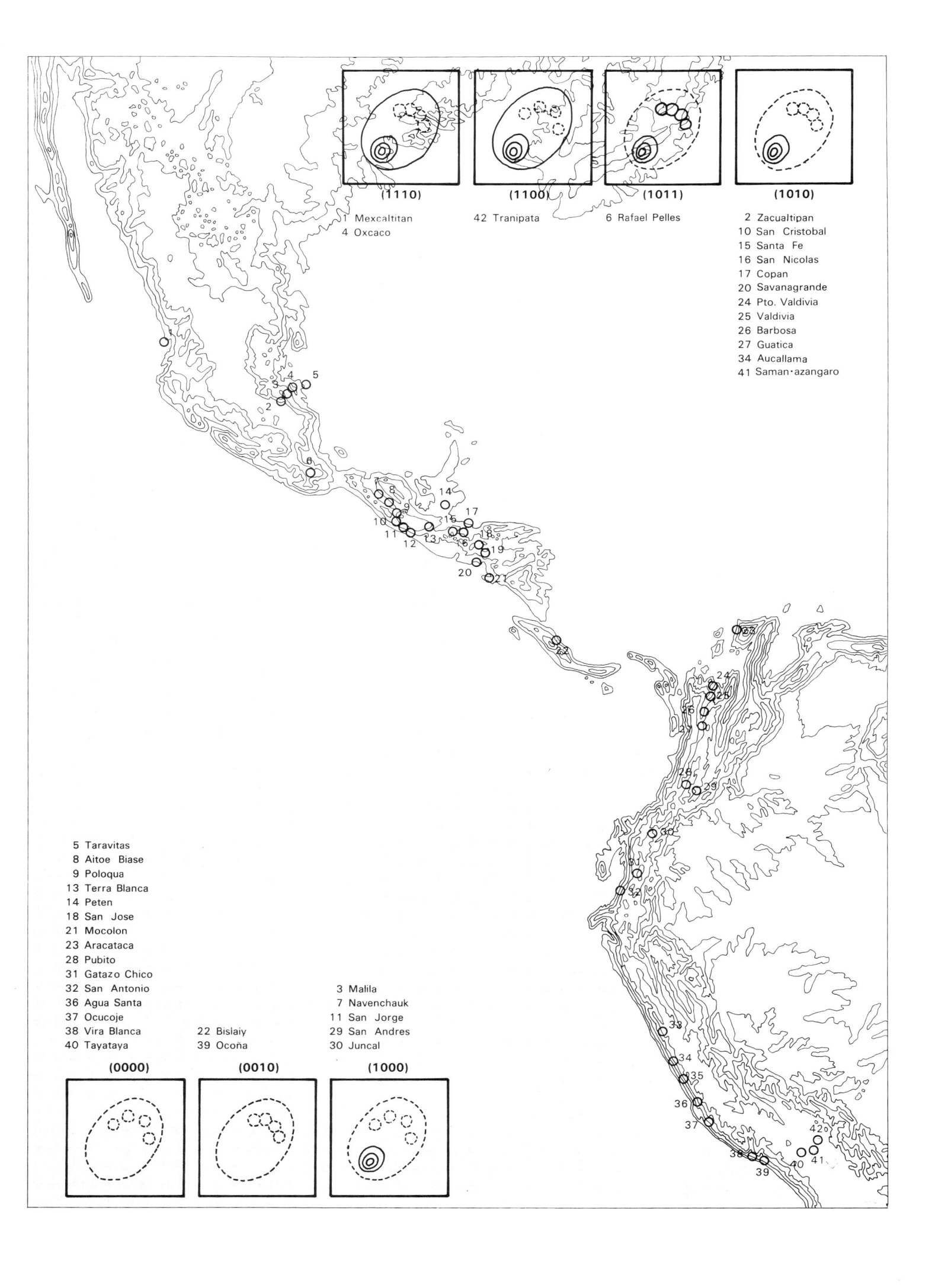

(1110)   (1100)   (1011)   (1010)

1 Mexcaltitan
4 Oxcaco

42 Tranipata

6 Rafael Pelles

2 Zacualtipan
10 San Cristobal
15 Santa Fe
16 San Nicolas
17 Copan
20 Savanagrande
24 Pto. Valdivia
25 Valdivia
26 Barbosa
27 Guatica
34 Aucallama
41 Saman·azangaro

5 Taravitas
8 Aitoe Biase
9 Poloqua
13 Terra Blanca
14 Peten
18 San Jose
21 Mocolon
23 Aracataca
28 Pubito
31 Gatazo Chico
32 San Antonio
36 Agua Santa
37 Ocucoje
38 Vira Blanca
40 Tayataya

22 Bislaiy
39 Ocoña

3 Malila
7 Navenchauk
11 San Jorge
29 San Andres
30 Juncal

(0000)   (0010)   (1000)

集落リスト

集落名	国名 地域 規模	自然条件	人種 生業	集落形態 ベクトル		境界	中心	測定した もの
1 Mexcaltitan	メキシコ 中部太平洋岸 3,000人	湿原 アグア・ブラバ湖上 サバンナ気候	メスティーソ 漁業	(1110)	ーー	湖	広場 教会 行政庁	全体 広場 住居
2 Zacualtipan	メキシコ 中央高地 10,000人	高原丘陵 都市 湿潤亜熱帯性気候	メスティーソ 農・商業	(1010)	⌒		広場 教会	広場 住居
3 Malila	メキシコ 中央高地	高原 谷 湿潤亜熱帯性気候	インディオ 農・牧業	(1000)	⌣		教会 墓地 小学校	全体
4 Oxcaco	メキシコ 中央高地 386人	斜面 沢 密林 湿潤亜熱帯性気候	インディオ 農業	(1110)	╱	密林	広場 教会 小学校	全体 住居 サウナ
5 Taravitas	メキシコ メキシコ湾岸 200人	タミアウア湖 砂州上 サバンナ気候	メスティーソ 漁業	(0000)	ー	(湖)		全体 住居
6 Rafael Pelles	メキシコ オアハカ谷 1,000人	盆地 平坦地 緑の浮島 湿潤亜熱帯性気候	メスティーソ 農業	(1011)	ー		広場 教会	航空写真 広場 住居 作業場
7 Navenchauk	メキシコ チャパス高地 1,700人	盆地 湖 湿潤亜熱帯性気候	インディオ 農業	(1000)	⌣		広場 教会	広場
8 Aitoe Biase	メキシコ チャパス高地	丘陵 緩斜面 湿潤亜熱帯性気候	インディオ 農・牧業	(0000)	╱			全体
9 Poloqua	グアテマラ 国境付近	高地 斜面 湿潤亜熱帯性気候	インディオ 農業	(0000)	╱			住居
10 San Cristobal	グアテマラ グアテマラ高地	盆地 河 湿潤亜熱帯性気候	メスティーソ 農業	(1010)	⌣		広場 教会 行政庁	広場 住居
11 San Jorge	グアテマラ アティトラン湖畔 1,000人	湖を見降す 台地上 湿潤亜熱帯性気候	インディオ 農業	(1000)	╱		広場 教会	全体 住居 共同洗い場
12 Chimaltenango	グアテマラ アンティグア付近	平坦地 街村 湿潤亜熱帯性気候	インディオ 農業					住居
13 Terra Blanca	グアテマラ グアテマラ市北東 200人	河沿いのオアシス やせた土地 湿潤亜熱帯性気候	白人 農業	(0000)	╱			全体
14 Peten	グアテマラ ペテン低地	ジャングル 焼畑農耕 熱帯雨林気候	インディオ 農業	(0000)	ー	(密林)		全体 住居

集落名	国名 地域 規模	自然条件	人種 生業	集落形態 ベクトル		境界	中心	測定したもの
15 Santa Fe	ホンジュラス 国境付近 500人	平坦地 湿潤亜熱帯性気候	メスティーソ 農業	(1010)	────		教会	全体 住居
16 San Nicolas	ホンジュラス 西部山中 2,400人	高地 盆地 湿潤亜熱帯性気候	メスティーソ 農業	(1010)	＼＿／		広場 教会	全体 住居
17 Copan	ホンジュラス 西部山中	丘陵 マヤ遺跡 湿潤亜熱帯性気候	メスティーソ 農・商業	(1010)	／‾＼		広場 教会	ストリート 住居
18 San Jose	ホンジュラス テグシガルパ北	山岳斜面 松林 湿潤亜熱帯性気候	メスティーソ 農業	(0000)	／			住居 屋根伏 パターン
19 Tegucigalpa	ホンジュラス テグシガルパ市	丘の斜面 バリアダ (不法占拠) 湿潤亜熱帯性気候	メスティーソ		／			全体 住居
20 Savanagrande	ホンジュラス ホンジュラス南部 1,400人	山岳 盆地 湿潤亜熱帯性気候	メスティーソ 農・商業	(1010)	＼＿／		広場 教会 行政庁	地図 広場 住居
21 Mocolon	ニカラグア 国境付近 50戸	平坦地 プランテーション サバンナ気候	ムラート 農業	(0000)	────			全体 住居
22 Bislaiy	コスタリカ リモン西	平坦地 ジャングル プランテーション サバンナ気候	メスティーソ 農業	(0010)	────			全体 住居
23 Aracataca	コロンビア カリブ海岸 900人	シエナガ・グランデ湖上 湿地ジャングル サバンナ気候	メスティーソ 漁業	(0100)	────	湖		住居
24 Pto. Valdivia	コロンビア 中部山脈北端 4,000人	カウカ河岸 河沿い サバンナ気候	メスティーソ 農・牧・商業	(1010)	＼∨／	(崖)	教会	全体 住居
25 Valdivia	コロンビア 中部山脈北部 9,000人	稜線 放牧地 サバンナ気候	メスティーソ 農・牧業	(1010)	／‾＼		広場 教会	全体 住居
26 Barbosa	コロンビア メデリン東 21,000人	ポルセ河 三方の丘 農耕地 西岸海洋性気候	メスティーソ 農・牧・工業	(1010)	＿／	(河・丘)	広場 教会 行政庁	全体 住居
27 Guatica	コロンビア マニツァーレス北 3,700人	台地上 崖 コーヒー園 西岸海洋性気候	メスティーソ 農業	(1010)	＿／	(崖)	広場 教会 行政庁	広場
28 Pubito	コロンビア カウカ州北部 2,000人	谷 斜面 トウモロコシ畑 西岸海洋性気候	インディオ 農業	(0000)	＼＿／			全体 住居

集落名	国名 地域 規模	自然条件	人種 生業	集落形態 ベクトル		境界	中心	測定したもの
29 San Andres	コロンビア マグダレナ河上流 350人	山間 沢 西岸海洋性気候	メスティーソ インディオ 農業	(1000)	⌣⌣	(丘)	広場 教会	全体 インディオの 住居
30 Juncal	エクアドル ミラ河の谷 2,127人	谷 やせた土地 西岸海洋性気候	ニグロ 農・商業	(1000)	⌣		教会	全体 住居
31 Gatazo Chico	エクアドル リオバンバ近郊 180戸	丘陵 麦畑 西岸海洋性気候	インディオ 農業	(0000)	⌣			全体 住居
32 San Antonio	エクアドル グアヤキルの南	平坦地 バナナ畑 サバンナ気候	メスティーソ 農業	(0000)	―			住居
33 Cerro Huslon	ペルー ワラスの西	オクシデンタル山脈 山岳斜面 高山気候	インディオ 農・牧業	(0000)	╱			住居
34 Aucallama	ペルー リマの南	平坦地 砂漠気候	メスティーソ 農業	(1010)	―			住居
35 Pro. Salvador	ペルー リマの北	平坦地 砂漠 バリアダ集落 砂漠気候	メスティーソ	(0010)	―		広場 教会	広場周辺
36 Agua Santa	ペルー イーカの北 8戸	海岸 砂丘の谷 砂漠気候	メスティーソ 酪農	(0000)	⌣	(海)		全体 住居
37 Ocucoje	ペルー イーカの南	平坦地 オアシス バリアダ集落 砂漠気候	メスティーソ 農業	(0000)	―	(オアシス)		全体 住居
38 Vira Blanca	ペルー チャラの南	海岸沿い 砂漠気候	インディオ 漁業	(0000)	―	(海)		全体 住居
39 Ocoña	ペルー オコーニャ河河口	砂丘 オアシス 農耕地 砂漠気候	メスティーソ 農・商業	(0010)	⌣	(砂丘)		全体 住居
40 Tayataya	ペルー アルティプラーノ	草原 荘園 高山気候	メスティーソ 農・牧業		╱	(山)		荘園
41 Saman・azangaro	ペルー アルティプラーノ 18,000人	平坦地 高山気候	インディオ 農業	(1010)	―		広場 教会	全体 広場 住居 土の塔
42 Tranipata	ペルー アルティプラーノ 80人	チチカカ湖上 浮島 高山気候	インディオ 漁業	(1100)	―	湖	小学校	全体 住居

その2　中南米地域の領域論的考察

Mexcaltitan

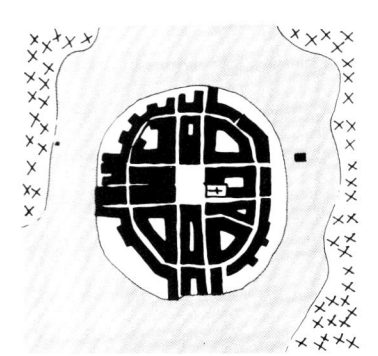

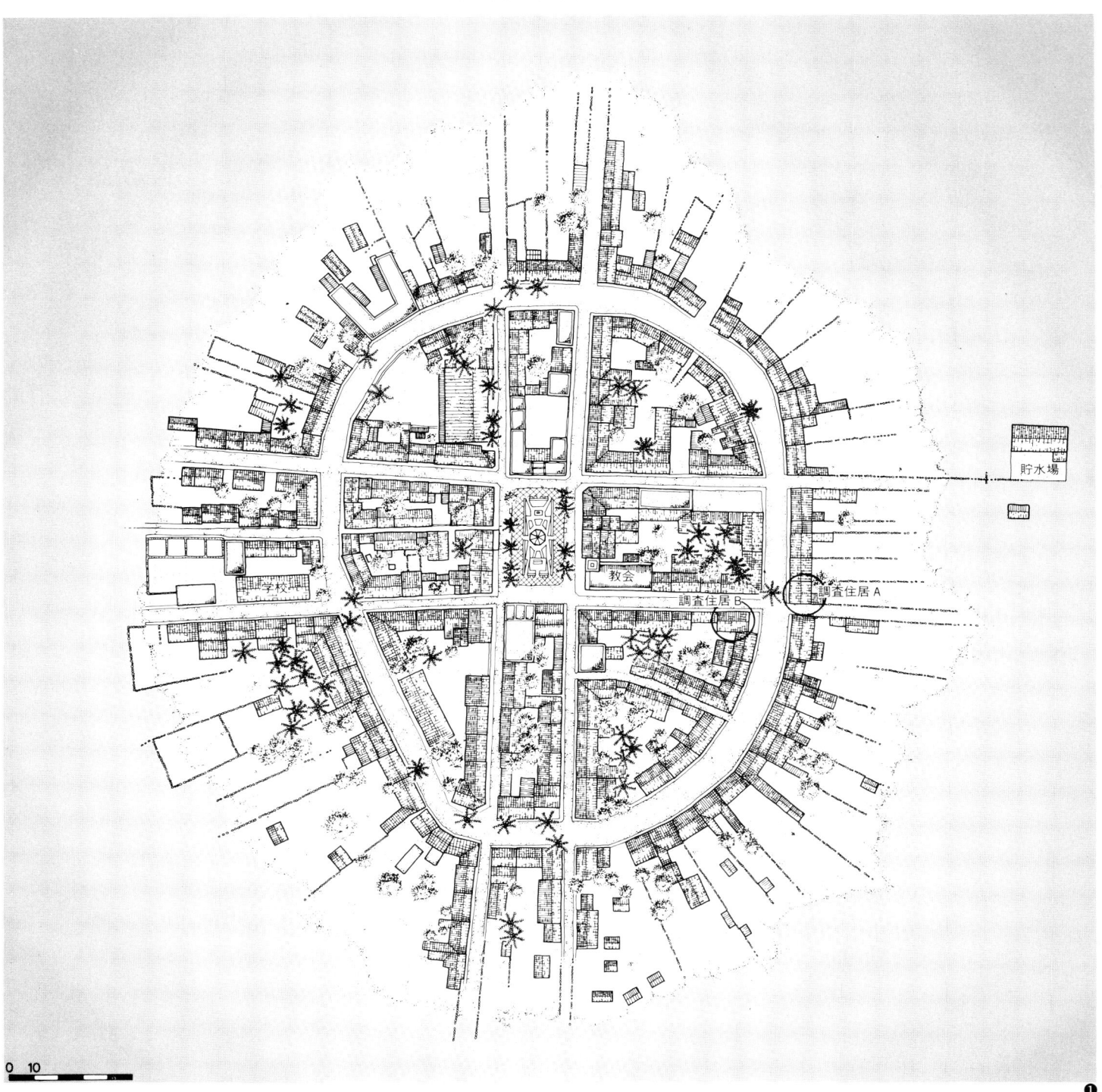

その2 中南米地域の領域論的考察 | 59

⑥

⑦

⑧

⑨

⑩

⑪

60

❶ 集落全体図　　　　a かまど
❷ 俯瞰写真　　　　　b ラジオ
❸ 集落へのアプローチ　c 折りたたみベッド
❹❽ 河に抜ける通り
❺ 教会より広場をみる
❻〜❼ 環状路
❾ コロネード
❿ コロニアル・スタイルの広場
⓫ スパニッシュ瓦の屋並み
⓬⓭ 調査住居Aの内部
⓮ 調査住居Bの平面図
⓯ 調査住居Aの浜
⓰ 調査住居Aの平面図

❷『National Geographic』6806より
❸⓬⓭ 写真：鈴木悠

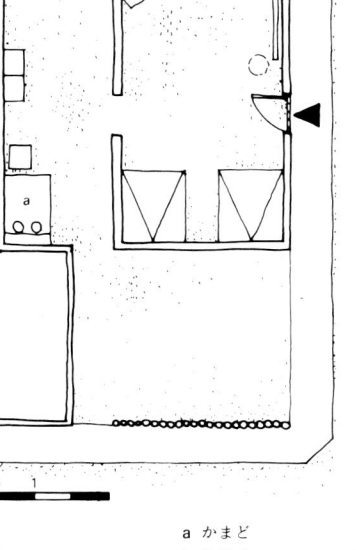

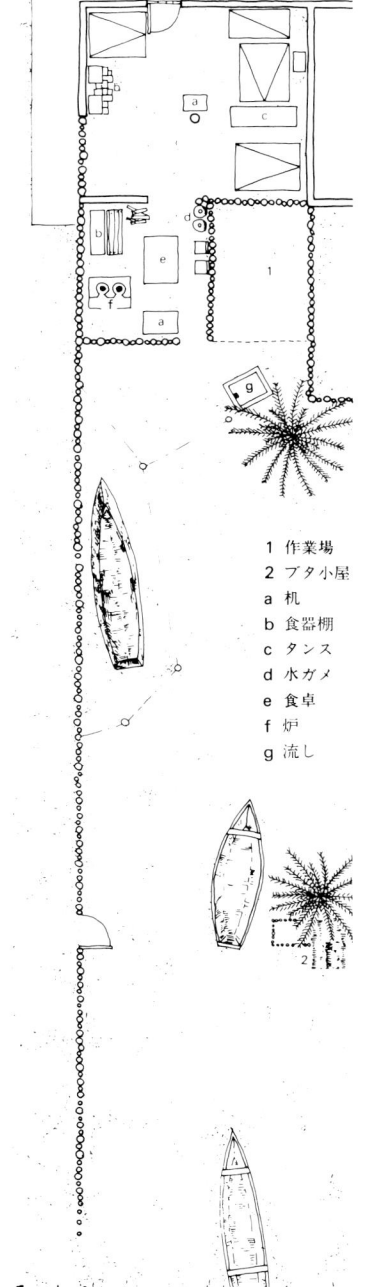

1 作業場
2 ブタ小屋
a 机
b 食器棚
c タンス
d 水ガメ
e 食卓
f 炉
g 流し

Mexcaltitan

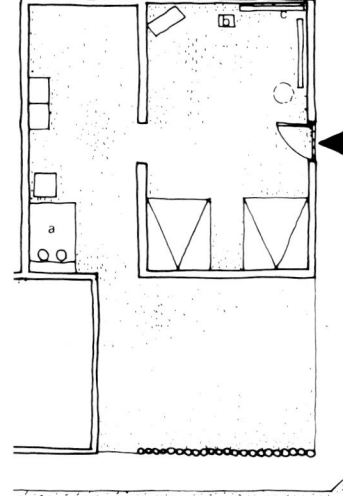

メキシコ太平洋岸，テピックの北東100kmの所にメヒカルティタンがある．サン・ペドロ河のラグーンの中央に位置するこの町は，周囲をマングローブの林に囲まれた島で，アプローチは船によらねばならない．幾何学的な整合性をもつこの集落の構造は明快だ．島の直径は，約300mで，道路は，ほぼ東西，南北方向に走る井字型の直交路と，ひとつの環状路とから成る．中心部に矩型の広場があり，教会，行政庁，レストラン，映画館，商店等がこれに面し，コロネードをもつものが多い．広場は，床にタイルが敷かれ，ベンチがならび，中央に音楽を奏する所をもち，また，草木の手入れも充分になされていて，コロニアル・スタイルの広場の代表的なものとなっている．河に面して，比較的新しくつくられた学校があり，その脇が対岸からの渡しの船着場となっている．島の東端に突き出した建物は，天水を貯えるための貯水池である．住居は，住居ブロックの周りに沿って配され，中央にできたあきはパティオとして作業場などに利用されている．河に面する住居は，浜をもち，家畜小屋，物干し場，カヌー置場などとなっている．浜には木をたてた棚がつくられ，各戸の所有領域が明らかにされている．住居の道路沿いの部分に，高さ60〜70cm，巾1m位の段が設けられている．これは，8月半ばから10月にかけての雨期には，道路が水没するため，その間の通路として使用するためにある．雨の多い時には，広場まで水がきて，カヌーが交通手段となる．

この集落は，アステカ時代に起源をもつといわれ，アステカの古都，テノチティトランとの構造上の類似性が指摘されている．人口2,200人，生業は，秋のエビ漁を主とする漁業であるが，対岸に若干の耕作地をもつ．

Zacualtipan

❶ 集落遠景
❷ 広場平面図
❸ 広場
❹ 教会鐘楼
❺ 住居A内部
❻ 住居A平面図 家族5人

❶❺ 写真：鈴木悠

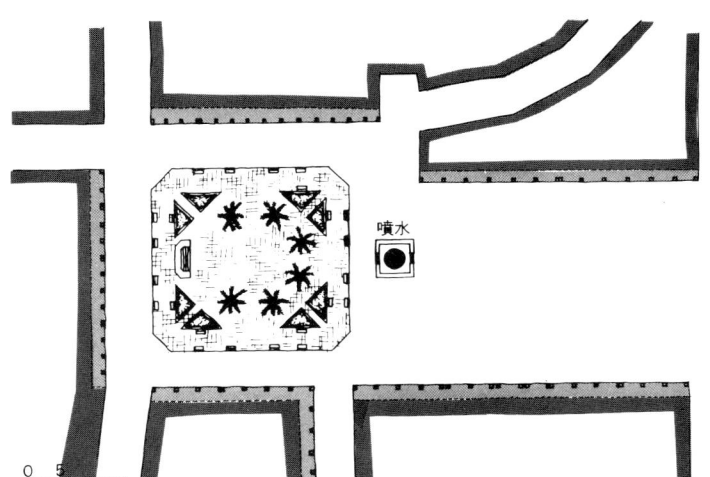

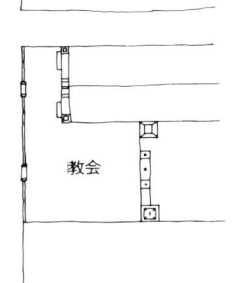

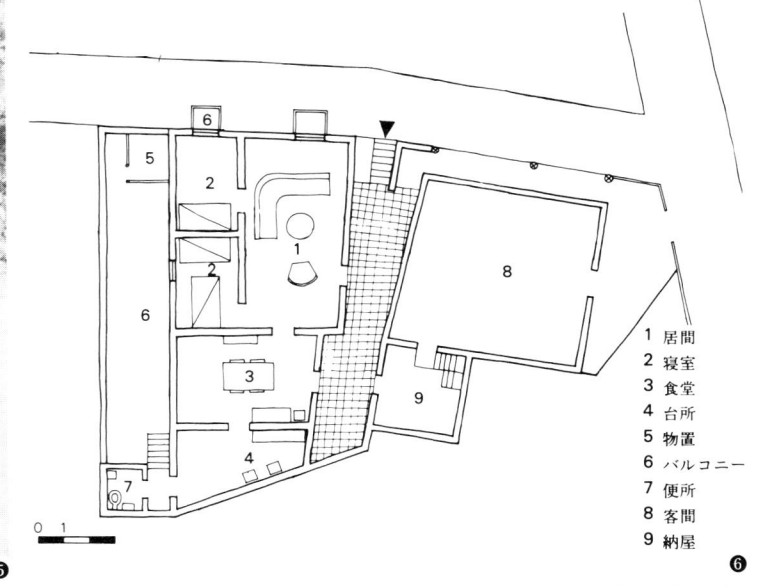

1 居間
2 寝室
3 食堂
4 台所
5 物置
6 バルコニー
7 便所
8 客間
9 納屋

Zacualtipan

メキシコ・シティーから北へ海抜2,000mの高原が続き，その周囲を山脈とさらに高い高原がとり囲んでいる．この地域では，インディオの集落とコロニアル・スタイルの集落が交互に現われる．そのコロニアル・スタイルの集落のひとつにツァカルティパンがある．この人口約1万人のツァカルティパンは，トウモロコシやフリホーレス（豆の一種）を生産する農業の街であるが，付近に住むインディオの交易の中心でもある．街の中心は教会の前の広場と隣接する生活の広場であり，スペイン広場の伝統を示している．生活の広場の周囲には商店がならびにぎわっている．この広場を中心に道がグリッド状に出，中心から離れるに従ってグリッドは崩れ街村になる．街村では住居の後が畑になっている．住居は日干し煉瓦に漆喰仕上で，その上に原色のペンキで彩色されている．街村では，道路から直接寝室が見え，また中庭型のプランは崩れている．作業スペースを住居内に持たない都市的な農村住居による集落である．

その2　中南米地域の領域論的考察 | 63

Malila

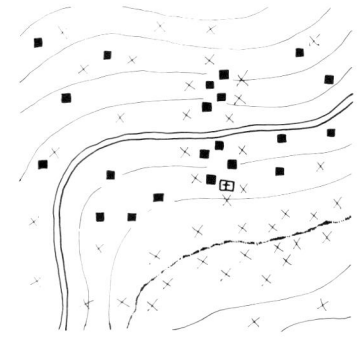

❶ 集落全景
❷ 集落部分図
❸❹ 離散型集落風景
❺ 教会
❻ 共同墓地
❼ 住居

❶❼ 写真：鈴木悠

ツァカルティパンに見られるコロニアル・スタイルの街と街の間は，眼下に雲を見おろす台地，斜面の土に，松林にまざって畑や放牧地が見える．この地域には，異なる三種の起源を持つインディオが混在している．校倉造りのような家，石造りにトタン屋根をのせた家などが点在し，また道路から離れた斜面に樹木に囲まれた集落も観察される．そのなかで，クレバス状に裂けた谷から湧き上る雲を背景にして散在する集落がマリーラである．その散在する住居をたどると，斜面の中腹に通る道路の下に教会がある．その教会によって，この谷が集落としてのまとまりを持つことが了解される．中央の沢は樹木で被われ自然の豊かさを示している．また，谷の斜面を被いつくした放牧地と畑地の間を細い道が続き，道に接して木立に囲まれた住居が散在する．2～3個所では数個の住居が集まっている．住居はトタンぶき入母屋の屋根を持つ母屋を中心にして家畜小屋など，2～3の小さな小屋を持つ分棟形式である．

Malila

その2　中南米地域の領域論的考察

Oxcaco

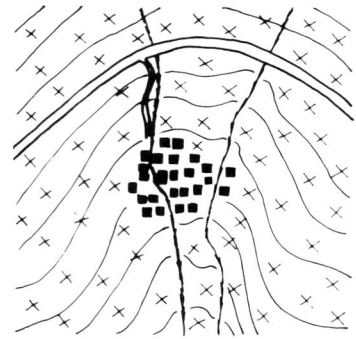

❶

❷

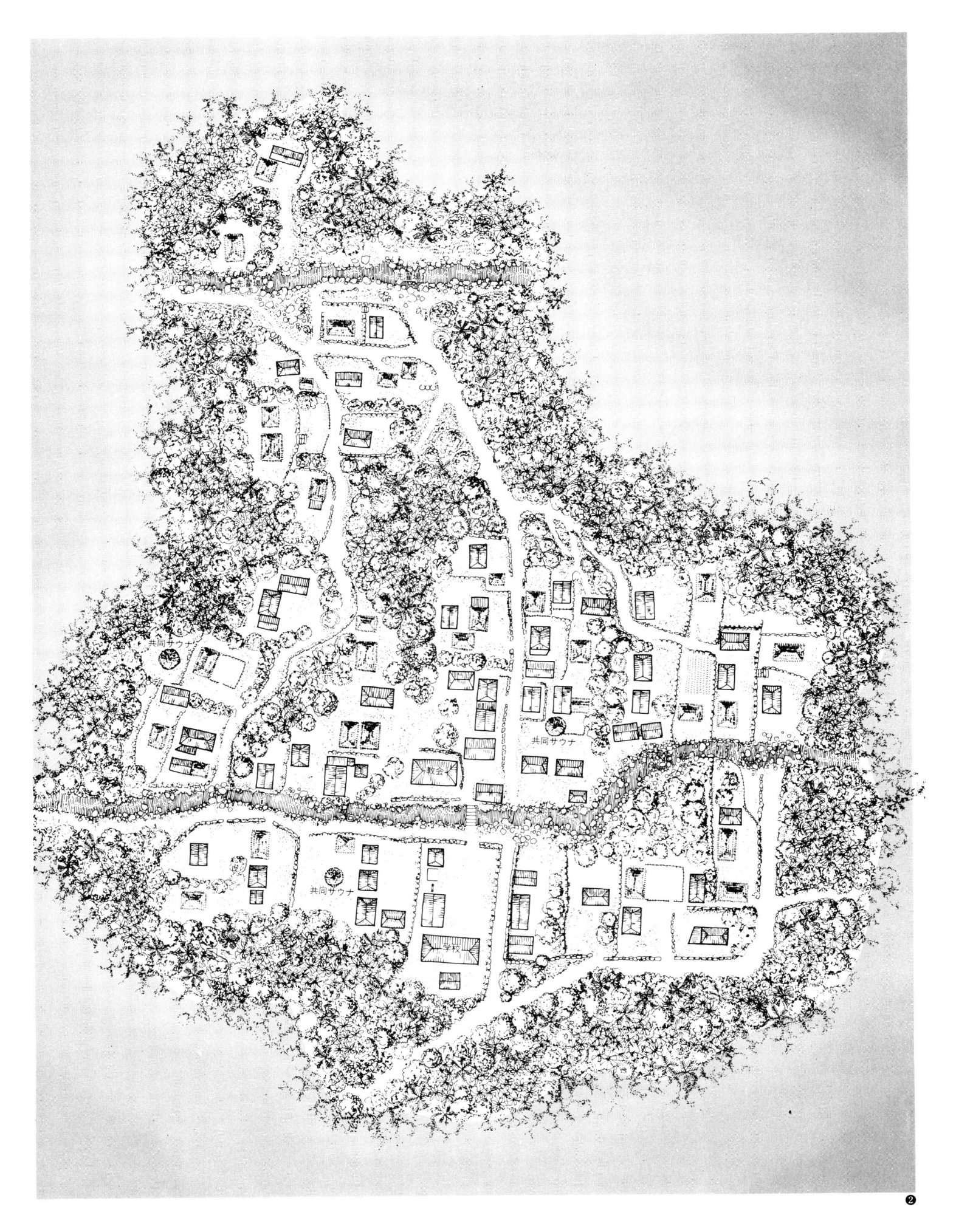

その2 中南米地域の領域論的考察 | 67

1 寝室兼居間
2 台所
a 垣
b 木の上に泥を塗った壁
c かまど
d スノコ

❻

1 寝室
2 台所

❼

1 母屋
2 台所

❸

❹

❺

❽

❶ 集落全景
❷ 集落全体図
❸ 住居
❹ 住居
❺ 住居
❻ 住居　平面図
❼ 住居　配置図・立面図
❽ 住居　配置図・立面図
❾ サウナ・バス
❿ サウナ・バス平・立面図
⓫ 広場の小学校
⓬ インディオの一家

❶❸ 写真：鈴木悠

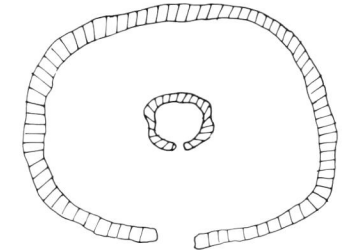

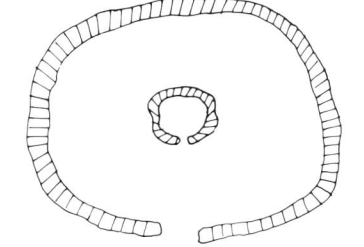

散村マリーラの調査後，路上より観察されるインディオの集落のなかより，異った構造を持つ集落，集村形式の集落を調査対象とした．この2,000mを超える高原のゆるやかな谷，その谷の中腹を横切る道路の約300m下に森に囲まれた集落オクスカコを発見した．集落部分だけが，わずかに切り開かれた地面を見せているが，それを押し潰すように高原特有の森，そう高くはないが密な樹木に周囲を囲まれている．こうして，緑が風景の全てをおおい尽くすなかに，点状に集中する集落がある．集落へのアプローチは道路を横切る小さな沢にそって，石の転がる急傾斜の道を降りる．この沢を中心にして，いくつかの沢を含む谷の傾斜地にオクスカコは位置する．このオクスカコには386人のインディオが居住し，うち子供が約100人を占め，平均家族数は6人である．また，このインディオは全員血縁関係にあり，集団の閉鎖度が高いことを示している．生産は，集落の周囲にわずかに切り開いた斜面で焼畑を行い，トウモロコシ，フリホーレス等を生産する．またコーヒーの木に囲まれ，オレンジを始めとする果樹を栽培し，メキシコ政府により経済が開かれようとしている．言語はスペイン語を話す人がわずか居る他は，部族の言葉を話す．集落の中心は学校と教会に囲まれた20m×40mの広場で，この広場は小学校の校庭であると同時に集落の共同の仕事場となっている．訪れた時，小学校は改築工事中で，集落の男全員による共同作業が行なわれていた．学校と教会だけが石造に漆喰仕上げである．教会はカトリックであるが土着化した様相を見せていた．また広場の横を流れる小川には，共同の洗濯場と水汲み場がある．この集落に商店はない．各住居は広場のそばの沢ともうひとつの沢の周囲に接近した間に展開し，その2つの沢を道がつないでいる．各住居は敷地境界を示す高さ約50cmの積石の列によって区ぎられる．またその敷地内，母屋の前に石を敷いたテラス状の作業場を持つものが多い．家屋構成は，母屋と台所を別棟にする簡単な分棟形式である．屋根は瓦ぶきが多く，草ぶき，トタンが混る．壁は，細い木を縦に荒くならべ，それを上，中，下3ヵ所の横木で柱に固定してある．台所，作業スペースの壁はそのままであるが，母屋の多くは上に土が塗り込めてある．床は，ほとんど土間であるが一部漆喰も見られた．天井は荒いスノコになっている．また住居は母屋，台所とも一室構成で，室内には道具が多く見られた．こうした住居が道を挟んで並ぶが，敷地内の通り抜けも行なわれ，いくつかのグループに分けられる．そのグループの中心にはサウナ風呂がある．夏期は35～40℃になる気温も，冬期には0℃を下がり，焼石を利用した風呂が使われる．オクスカコのインディオがこの地を離れて，外部に出ることはまずない．

Oxcaco

その2　中南米地域の領域論的考察

Taravitas

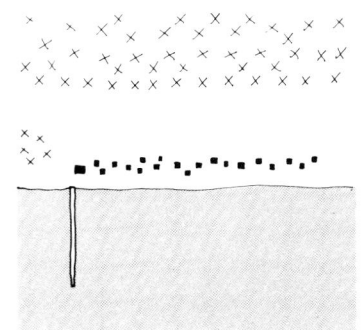

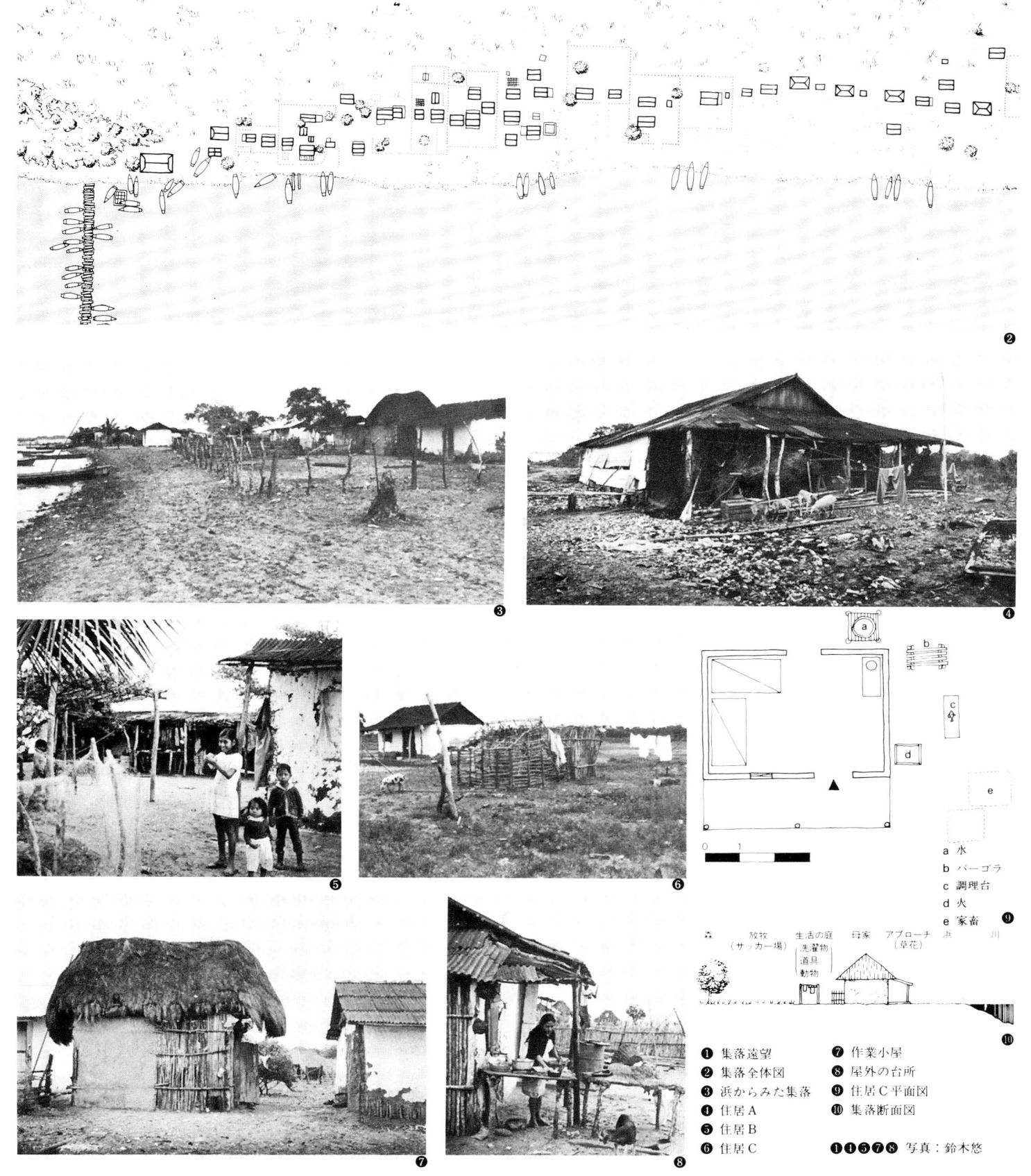

a 水
b パーゴラ
c 調理台
d 火
e 家畜

❶ 集落遠望
❷ 集落全体図
❸ 浜からみた集落
❹ 住居 A
❺ 住居 B
❻ 住居 C
❼ 作業小屋
❽ 屋外の台所
❾ 住居 C 平面図
❿ 集落断面図

❶❷❺❼❽ 写真：鈴木悠

北部ベラクルス州トゥクスパンの北に，長さ100kmを超える砂州がある．三角形に張り出た砂州が潟湖をつくり，再び陸に近づくあたりにタラビタスがある．対岸の街，タミアファから約90年前に移住してきた集落であり，交通はタミアファから約300mの海上を小舟で往復する．タラビタスには，住居の他は共同作業場だけしかなく，その横から堰が長く突き出し，漁場となっている．住居は浜に面し海岸に平行に配列し，母屋，台所，家畜小屋などが点在する分棟形式である．母屋のアプローチには草花が植えられ，その裏が台所などが独立する生活の庭となっている．住居の境界は柵で囲まれたものもあるが曖昧である．住居の列の後は約50mの奥行をもつ草原があり，自給的な農業が行われており，その草原は森で囲まれている．人口約200人の漁師の集落である．

Taravitas

その2　中南米地域の領域論的考察

Rafael Pelles

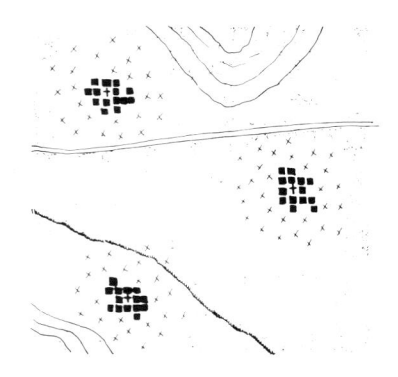

❷

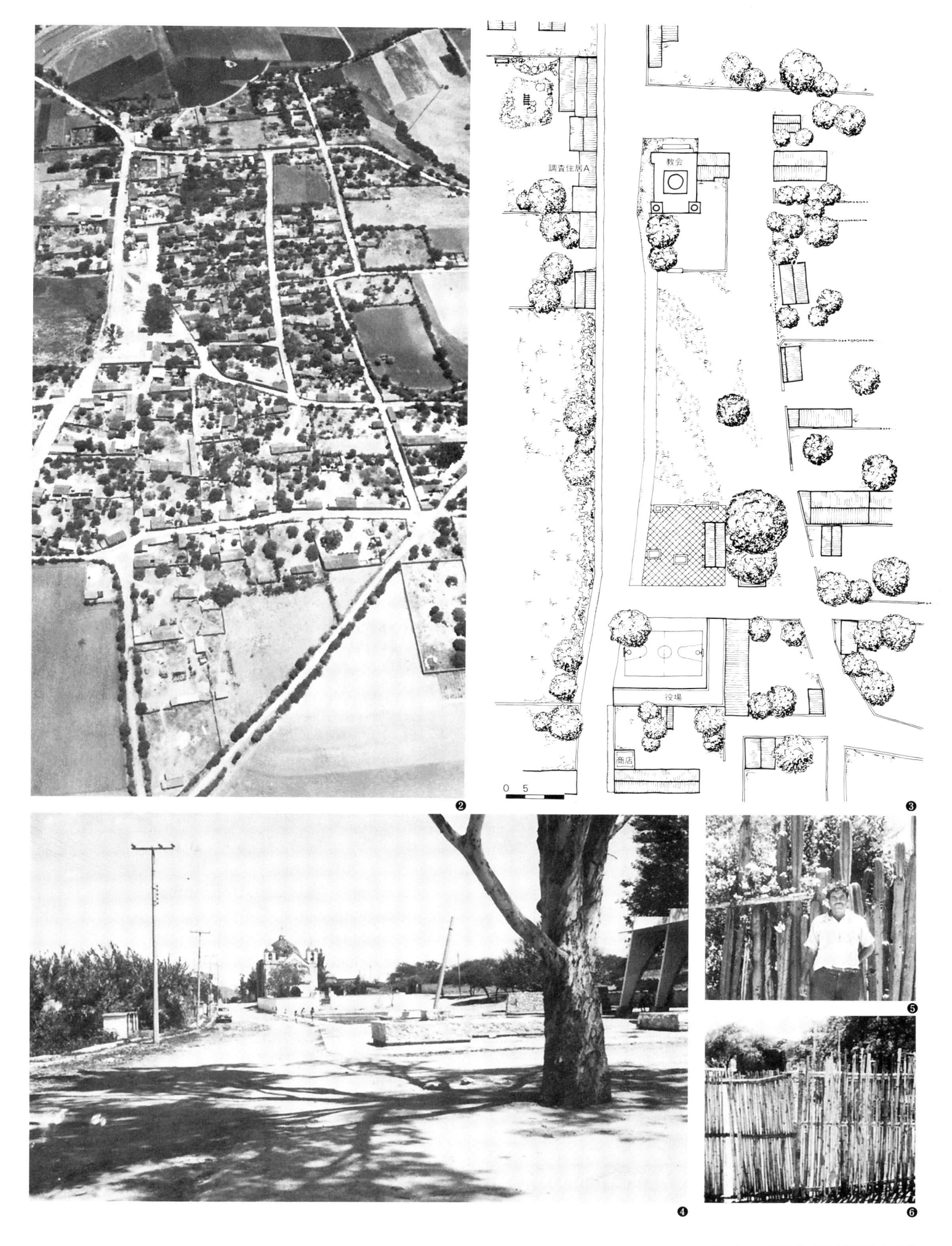

❸

調査住居A

教会

役場

商店

0 5

❹

❺

❻

その2　中南米地域の領域論的考察 | 73

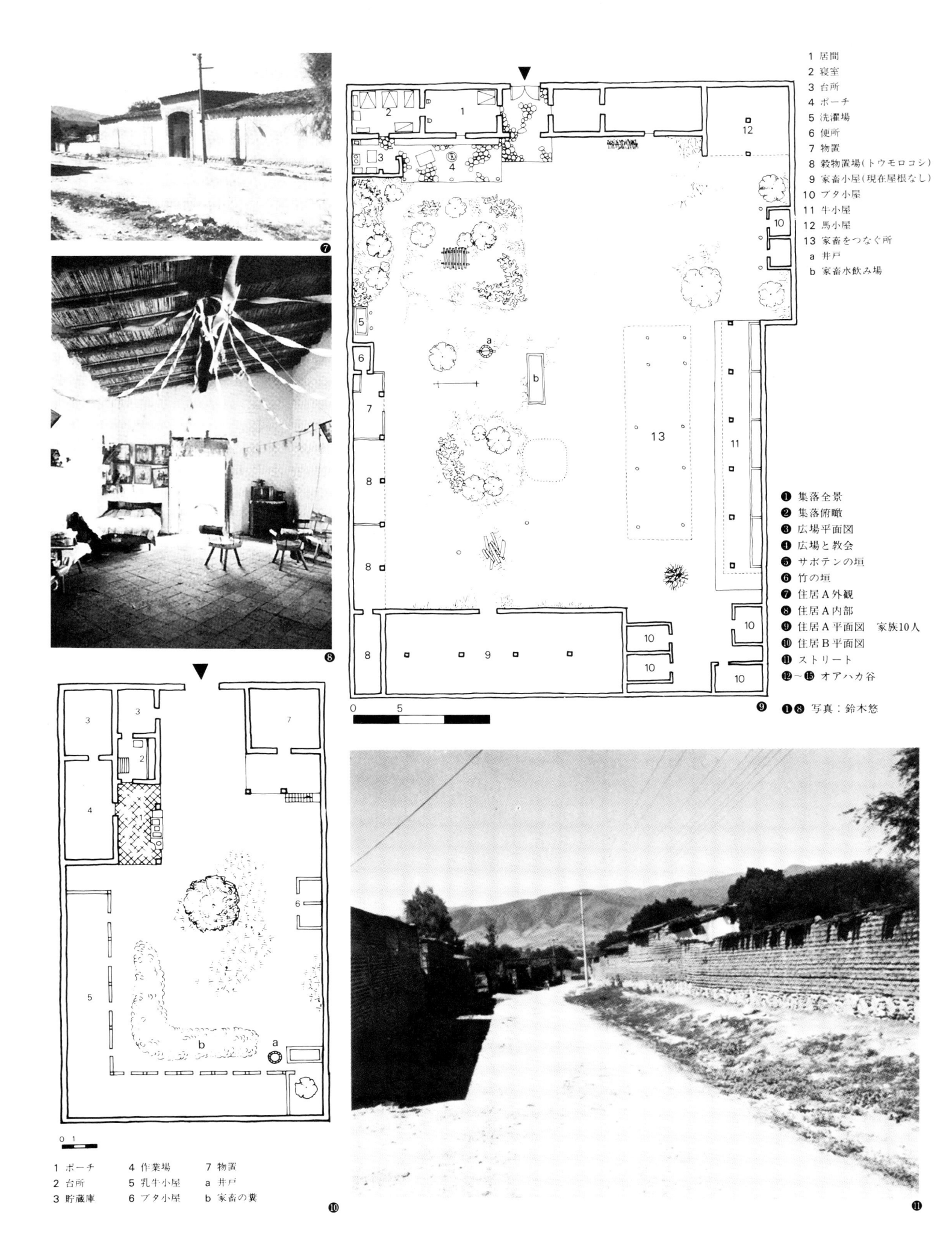

1	居間
2	寝室
3	台所
4	ポーチ
5	洗濯場
6	便所
7	物置
8	穀物置場（トウモロコシ）
9	家畜小屋（現在屋根なし）
10	ブタ小屋
11	牛小屋
12	馬小屋
13	家畜をつなぐ所
a	井戸
b	家畜水飲み場

❶ 集落全景
❷ 集落俯瞰
❸ 広場平面図
❹ 広場と教会
❺ サボテンの垣
❻ 竹の垣
❼ 住居A外観
❽ 住居A内部
❾ 住居A平面図　家族10人
❿ 住居B平面図
⓫ ストリート
⓬〜⓯ オアハカ谷

❾❿　写真：鈴木悠

1 ポーチ	4 作業場	7 物置
2 台所	5 乳牛小屋	a 井戸
3 貯蔵庫	6 ブタ小屋	b 家畜の糞

valle oaxaca

メソ・アメリカの古代文明が栄える時，歴史のなかでオアハカの谷は重要な位置を占めてきた．紀元前5世紀頃より，モンテ・アルバンを中心とした文化が栄え，9世紀頃よりミトラが続き，スペインの征服に至った．モンテ・アルバン，ミトラ等によって代表されるオアハカの文化は，古代史のなかに重要な一角を築いているが，同時にメキシコ中央高原の文化が南へ伝播し，また南からの影響が通過する交流の場であった．現在も両遺跡を始め数多くの遺跡がオアハカの谷に散在し，往時をしのばせる．オアハカの谷は3,000mを超す山脈に遠く囲まれる．メキシコ中央高原から連なる山脈が終り，オアハカの谷をはさんで再び3,000mを超す山脈が太平洋岸まで連なる．この深い森林でおおわれた豊かな高山に囲まれて，オアハカの谷は対照的な景観を示す．モンテ・アルバンのあるオアハカ市からミトラを過ぎて，約100kmの行程の間，谷の両側に連なる山は赤茶けた低い禿山であった．しかし，この赤茶けた土地は背後の山脈に関係するのか水が豊かであり，15世紀に侵入したスペイン人による荘園経営が行われ，現在のメスティーソによる農耕に続いている．赤茶けた起伏が続くなか，広がる平坦地に集落が散在する．そして，土の色に対して集落内部の木立ちと，集落の周囲に広がる農耕地が形づくる緑によって，その領域を浮き上らせている．このひとつの集落の農耕地が終り，再び赤茶けた土が広がるところには，次の集落の農耕地が始まっている．

こうしてオアハカの谷に緑の集落が続いている．これらの集落は基本的にグリッド・プランであるが，多くは変形している．こうした集落のひとつにラファエル・ペレスがある．1615年に教会が建設され，村となった歴史を持つラファエル・ペレスは，集落へのアプローチ道路を横切る川と背後の小さな山に囲まれた集落である．この山と川が集落の境界を構成している．この人口約1,000人のラファエル・ペレスは，オアハカ谷の他の集落と同じく，トウモロコシやタバコを主とする農業と畜産によって成り立つ．周囲を農耕地に囲まれたこの集落の中心は，教会と役場を両側に持つ細長い広場である．巾40m，長さ70mを超えるこの広場には，大きな木と集会所，バスの停留所がある．広場から巾10m位の未舗装の道が出，変形したグリッド・プランを形づくっている．道の両側にはサボテンや日干し煉瓦の塀がならぶ．日干し煉瓦の塀はそのまま住居の壁となり，塀の中央に開く扉から半分が住居となり，残り半分が穀物の貯蔵庫となっている．各住居は大きな敷地を持ち，その敷地の周囲は全て日干し煉瓦の塀に囲まれた中庭形式である．その中庭は生産の場として，家畜，乳牛，馬，山羊，豚，鶏，七面鳥などの飼育の場が大部分を占める．この大きな敷地のなかで，道路側の端に位置する住居には，7～8人の家族が住み，花で飾られた清潔な空間に，豊かな生活を展開している．また，比較的小さな，作業小屋風の住居が住居地域の外側に多く見られた．

Rafael Pelles

Navenchauk

メキシコ南部，グァテマラに接する海抜2,000mを超えるチャパス高原を南下する．この高原もインディオが多く居住する．そのインディオの交易の中心である，サン・クリストバル・ラス・コーサスへの道は，マヤ語に起源をもつトットツトツィル語族の居住地域を通る．道路ぞいに白い衣裳をつけ，部族特有の格好をしたインディオが見られる．松林の山道が続くなか，視界が開けると，干上りそうな湖を中心にして，緩斜面に展開する集落ナベンチャウクが現われた．盆地状の地形に従って，湖のまわりには湿地が続き，緩斜面の勾配が急になるところに放射状に住居が散在している．湿地と住居地域の間には環状道路が通っている．その道路に接して，アプローチ道路と反対側に教会と広場が位置する．また道路ぞいの湿地に共同の洗濯場がある．生産は農業を主として，果樹の栽培，家畜の飼育を行なうが，自給自足の生活状態にある．各住居は柵で囲まれた大きな敷地のなかに位置し，敷地内には畑がつくられ，また七面鳥，豚等の家畜も飼われている．住居は木造で一棟型が多く，敷地の一辺に接して位置する．また，斜面が急になると，区画された細長い敷地に横に3～4戸の住居がならぶ．住居内の観察については，小学校の先生に交渉してもらったが，拒否され，この一見開放的な構造を持つナベンチャウクも，インディオ社会の閉鎖性を持つことを了解した．復活祭を前にした教会では，床にひきつめた松葉に膝まづき，泣きながら祭壇にならぶグアダルーペのマリアに祈るインディオの女がいた．

Navenchauk

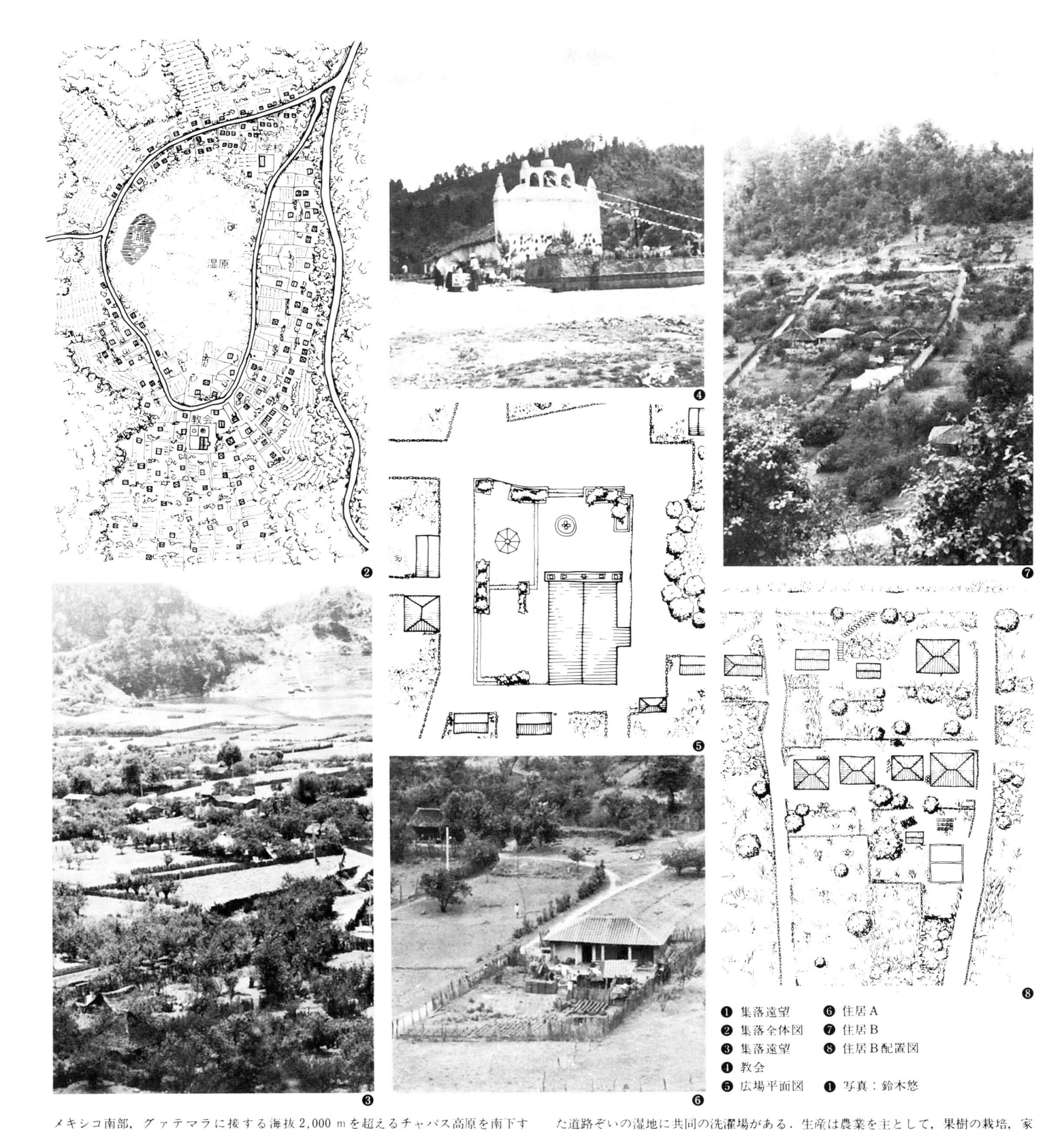

❶ 集落遠望　❻ 住居A
❷ 集落全体図　❼ 住居B
❸ 集落遠望　❽ 住居B配置図
❹ 教会
❺ 広場平面図　❶ 写真：鈴木悠

Aitoe Biase

❶ 集落遠景　❼ 住居立面図
❷❸ 木柵　❽ 住居
❹ 集落部分図　❾ 井戸
❺ 教会
❻ 住居

Aitoe Biase

サン・クリストバル・ラス・コーサスを過ぎ，トツトツィル語族のインディオの居住地域が終る頃，松林の山道を横切る緩斜面に，木柵が幾重にも重なる木柵の集落アイトエ・ビアッセが現われた．松林を背景に，開かれた草地の緩斜面のうえ，複雑に重なり合う木柵が続く．その木柵の所々に木立に囲まれた住居が散在している．木柵は高さ1m位の不揃いの薄板が間隙なくならべられた壁状の柵である．地形に従って起伏する木柵は長く，大きな範囲を囲んでいる．この木柵に囲まれたなかに，さらに木柵があり，この内側の木柵が住居の敷地を囲んでいる．二重の木柵によって囲まれる敷地には数本の木が植えられ，周囲の草地とは明らかな対照を示している．住居は板葺きの屋根を持つ母屋と1〜2の小屋よりなる簡単な分棟形式である．そして，内と外の二重の柵の間の広い草地には豚や七面鳥などの家畜が飼われている．また，外側の柵に囲まれた同一の範囲に，異なる敷地を木柵で囲み住む場合は近い血縁関係を示す．外側の木柵によって切り取られる残りの部分は，道や共同の作業場であり，そこに位置する井戸や教会によって，集落としてのまとまりが示される．

その2　中南米地域の領域論的考察　79

Poloqua

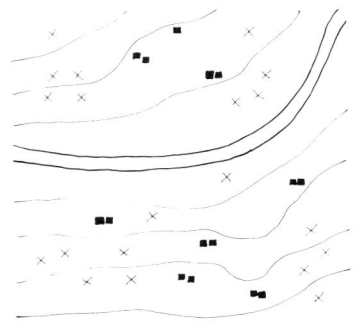

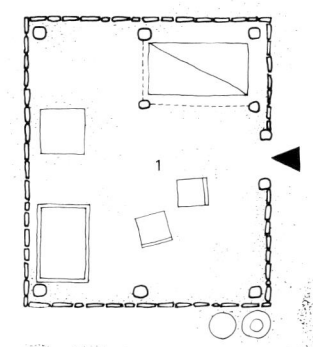

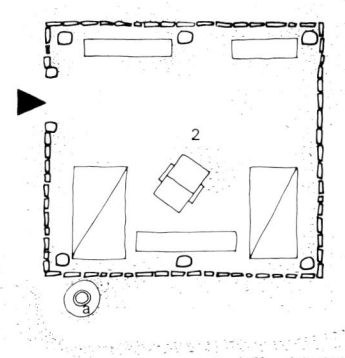

1 台所・夫婦寝室
2 小供寝室・作業棟
3 便所
4 畑
a つぼ

❶ 集落風景
❷ 住居へのアプローチ
❸ 住居A平面図　家族5人
❹ 住居A台所
❺ オルノ平面図・立面図
❻ 近隣の集落風景
❼ オルノ

❶〜❼ 写真：鈴木悠

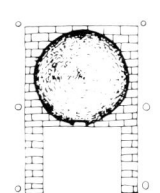

Poloqua

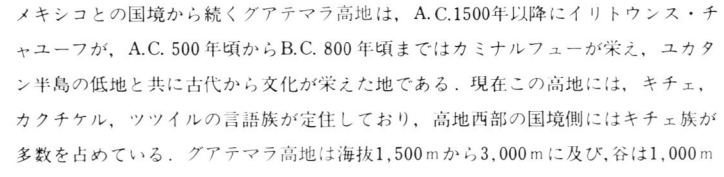

メキシコとの国境から続くグアテマラ高地は，A.C.1500年以降にイリトウンス・チャユーフが，A.C. 500年頃からB.C. 800年頃まではカミナルフューが栄え，ユカタン半島の低地と共に古代から文化が栄えた地である．現在この高地には，キチェ，カクチケル，ツツイルの言語族が定住しており，高地西部の国境側にはキチェ族が多数を占めている．グアテマラ高地は海抜1,500mから3,000mに及び，谷は1,000mにも落ちる起伏の激しい地形である．これらの殆どの傾斜地は耕され，その中に多数の住居が分散して置かれている．点在した住居群には中心となる施設はなく，公共の広場や教会は近くの町に行かねばならない．また集落全体を守ろうとする柵などはない．我々が一望のもとに分散した住居を見得ると同様に，各住居からも外を見渡すことができる．この集落の開放性は，各戸からの視線による結果をはり，外への防御と内部の秩序への条件を与えているのではなかろうか．各住居間のあきは耕地である．住居は分棟形式をとり，居間，台所，寝室の棟と子供寝室，作業場の棟が互いに向き合い，便所が離れた所にある．壁は荒削りの板材で，屋根は草葺で造られ，作業棟は倉庫が2階にあるため，外壁と分離した独立柱をもっている．また所有物は少なく，生活近代化を思わせるものは何ひとつとして見当らない．

San Cristobal

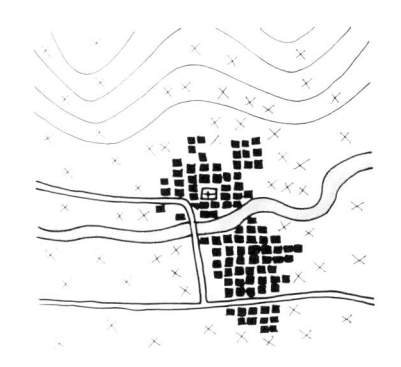

❶ 集落遠望   ❼ 住居A平面図
❷ 街路   ❽ 中庭
❸ 広場   ❾ 洗濯風景
❹ 広場平面図
❺❻ 中庭   ❶❸ 写真：鈴木悠

San Cristobal

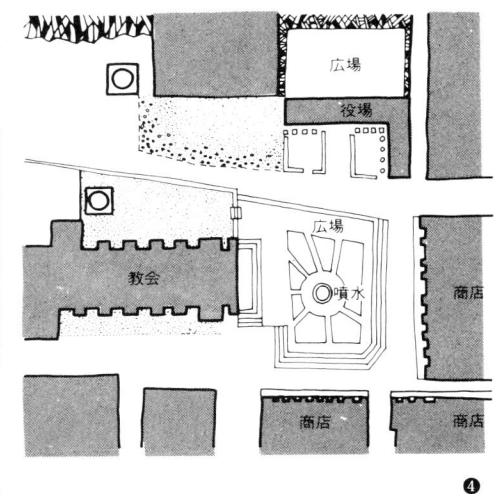

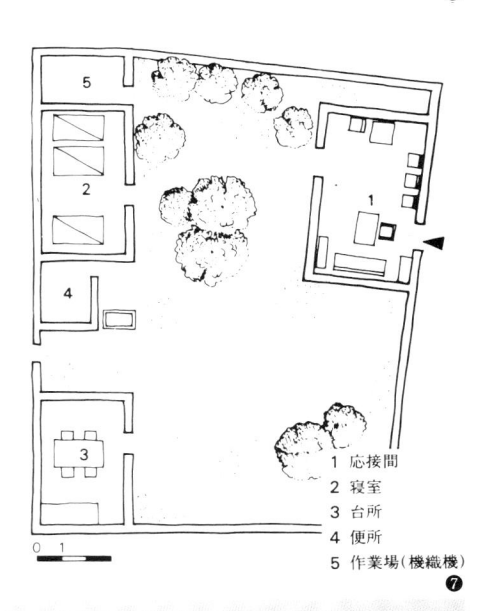

豊かな緑の山麓を走る．突然視界が開けて眼下に現われたのが，盆地の中心を流れる川とその両側に広がるサン・クリストバルの街だった．多少崩れてはいるがグリッド状に配置された，赤っぽい住居の瓦屋根が美しい．教会は川の両側にそれぞれひとつづつある．住居の連らなりは，周りを囲む丘の中腹でいつのまにかなくなっている．明確な境界はここにもない．住居は中庭形式が標準的と思われる．調査した住居は，街のはずれに位置して，なだらかに登る細い道に面している．入口がそのまま応接のための部屋になる．中庭に入るにはこの応接のための部屋を通過しなくてはならない．外と内との緩衝領域と言うことができる．中庭は家族のためだけのものである．寝室，台所，作業場もこの中庭に面して，片すみには井戸が設けられている．

その2　中南米地域の領域論的考察 | 83

San Jorge

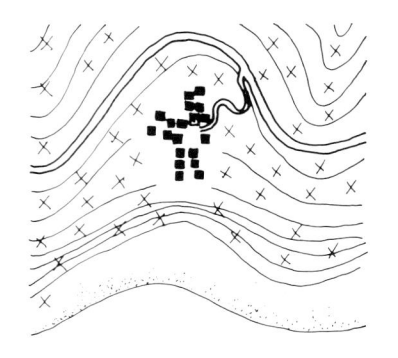

教会
調査住居A

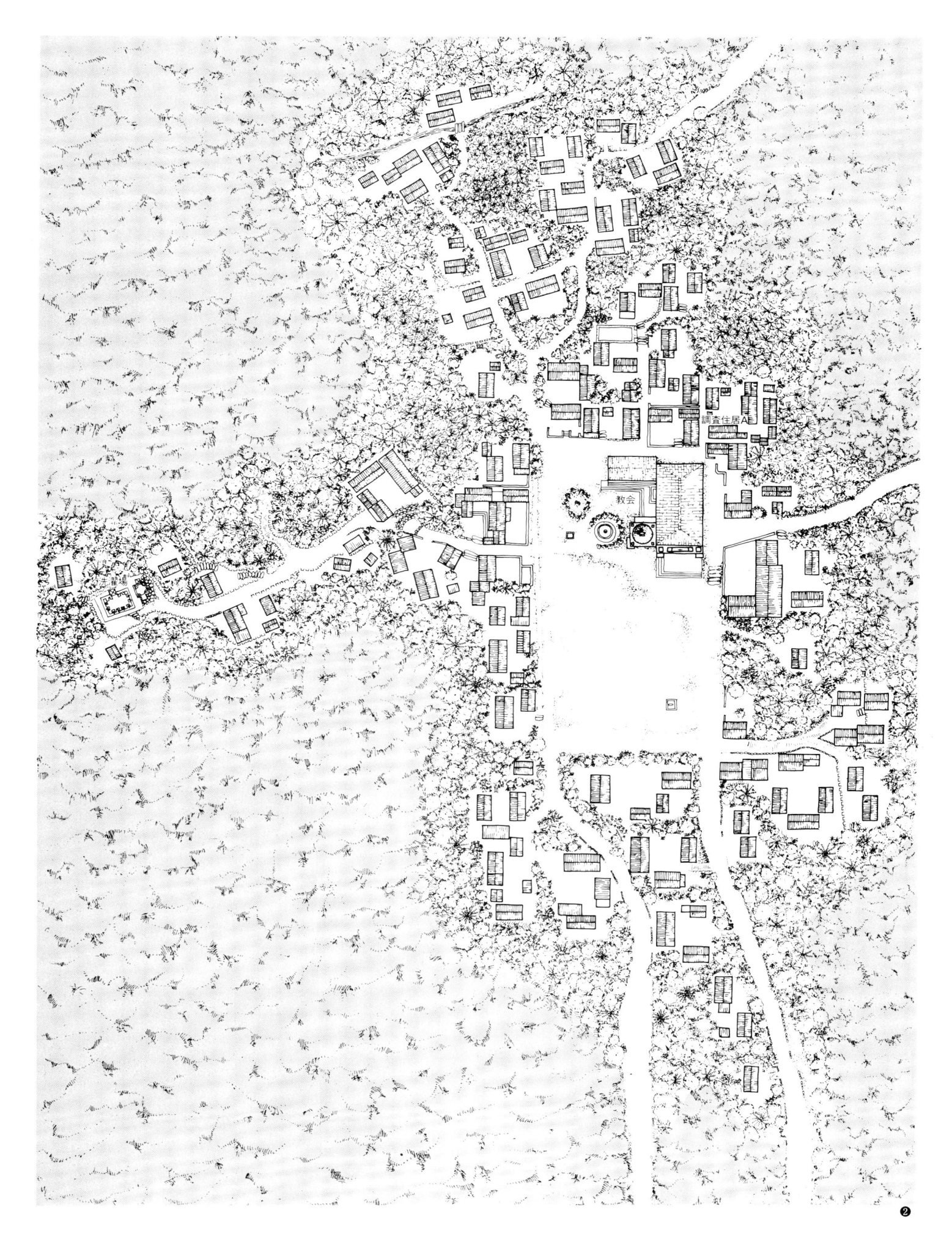

その2 中南米地域の領域論的考察

❶ 集落遠望
❷ 集落全体図
❸ 広場
❹ 教会
❺ 教会内部
❻ 共同水道, 洗濯場
❼ 共同水道, 洗濯場平面図
❽ 住居A平面図
❾ グアテマラ織
❿ 住居
⓫ 街路
⓬⓭ 住居

❶ 写真：鈴木悠

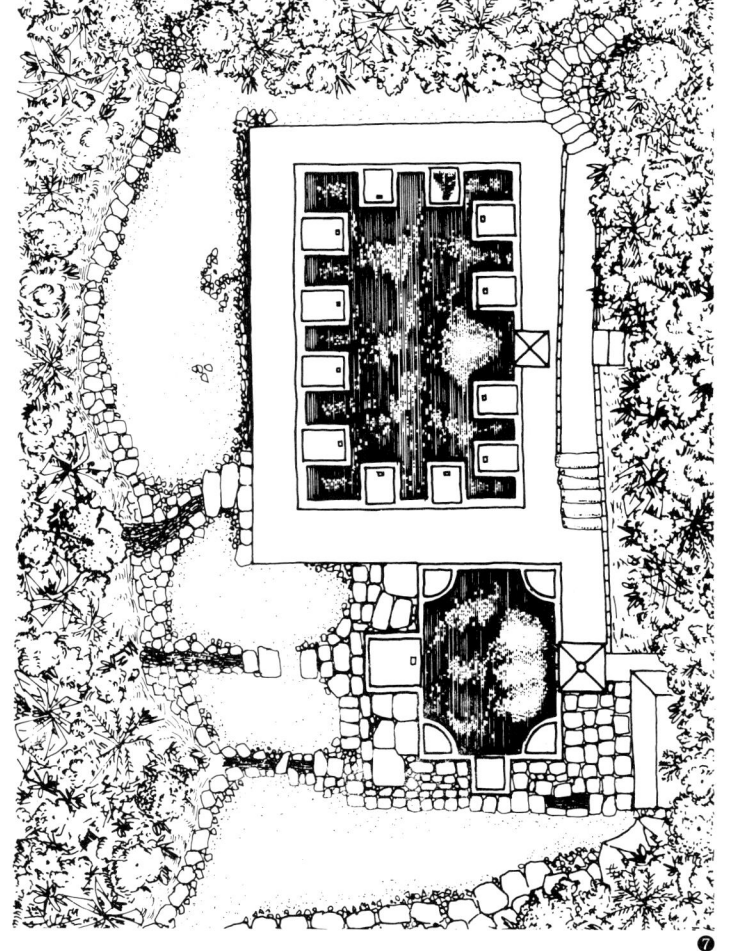

$A_1 + A_2 =$ 家族7人
$B_1 + B_2 =$ 家族3人
$C_1 + C_2 + C_3 + C_4 =$ 家族10人
$D_1 =$ 家族1人
C_4：家長

San Jorge

グアテマラ高地の中央部に位置するアティトラン湖の周辺には，3言語族が取り囲むように住んでいる．北東部をカクチケェル族が占め，この地域の中心をなす町ソローラでは，毎日の様にマーケットが開かれグアテマラ織りの衣類や食品を売買する．ここに集まっている人々は，部族独特の派手な縞模様のユニフォームを着用している．ソローラの近くに位置するこの村は，湖に落ちる急傾斜地の中腹に樹木に埋れる様に教会の塔と住居の屋根だけを見せていた．地形的な傾斜地の棚の部分に方形の教会広場がある．その広場から幾本かの道が，斜面の部分にクラスター化して分散した住居へと連らなる．この村では，アティトラン湖へ注ぎ込む豊富な水を利用してバナナ，コーヒーなどを栽培し，また女達は織物を主業とする．170余戸の住居は，前庭を囲んで数戸の棟が並び，家族単位で棟を使い分け，大家族制をとってクラスター化している．教会広場には，土着的な様相を示した教会の外に水道による水場を配し，片隅に商店が面している．また村のはずれには，均整のとれた形の共同水道と洗濯場がある．大家族——クラスターの関係は，強固に結束した共同体を示す．

Chimaltenango

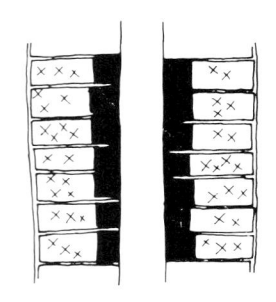

❶

❶ 集落風景
❷ 中庭
❸ 中庭より入口方向をみる
❹ 裏庭から中庭をみる
❺ 住居A平面図
❻ 街路立面図

1 台所
2 寝室
3 穀物倉庫
4 隣家
5 コーヒーの木
a 食器机
b 炉
c 雨水ため
d 祭壇

Chimaltenango

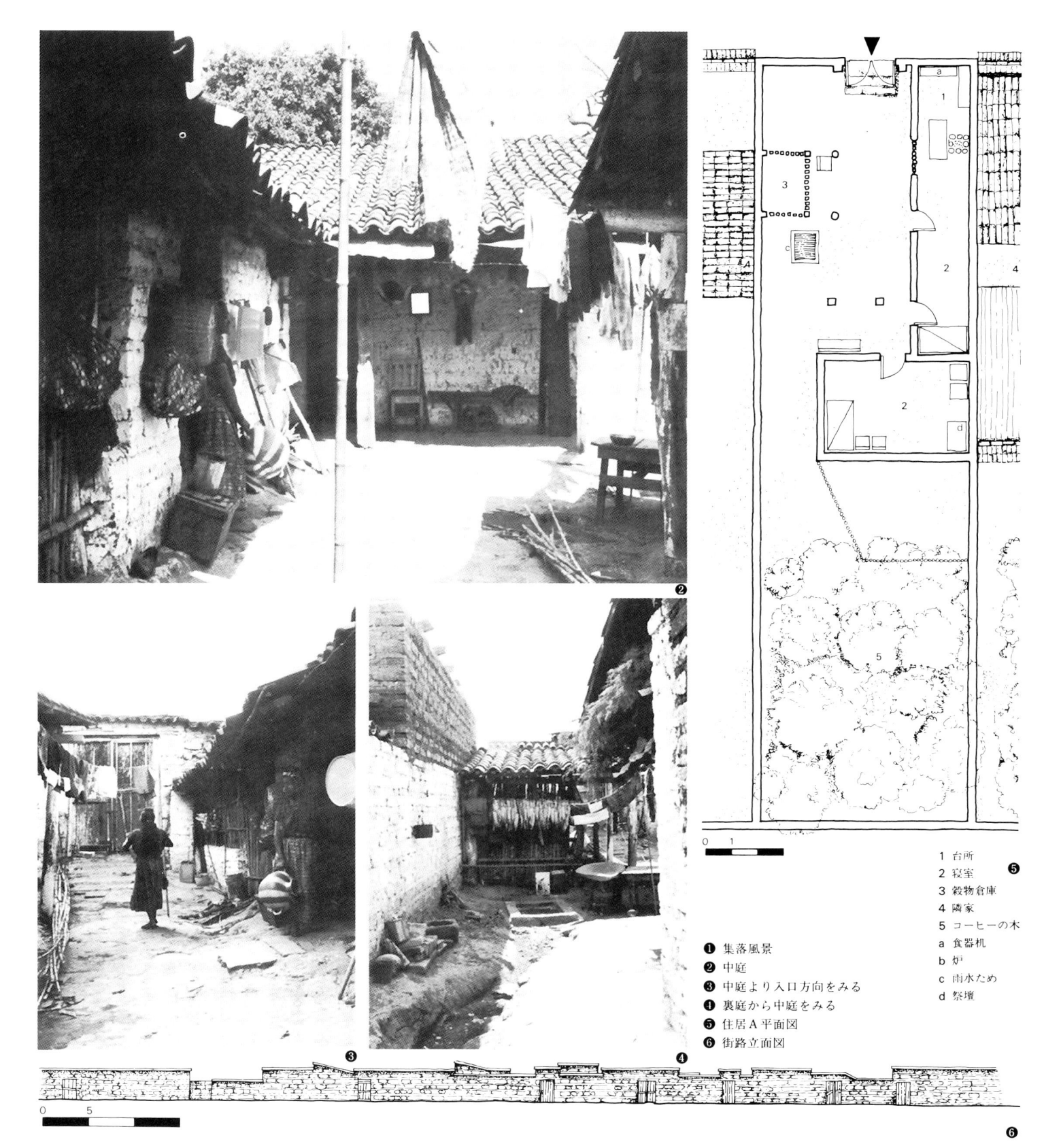

スペインの征服によって，植民地を経営する宗主国はプランテーションを下部構造として搾取体制を施いた．このグアテマラにおいても多くのプランテーションがつくられ，制度的には変革されたが，現在においても支配の実質的な内容には変わりはない．旧首都アンティグア・グアテマラ近くのこの集落は，近代都市の一部ではあるが，小作人の住居で街村集落である．道路の両側に200〜300m続き，各住戸は隣家と壁を共有している．公共施設は，集落のはずれの共同水道，洗濯場だけで，教会などは近くの町へ行かねばならない．日干し煉瓦の外壁とカワラ屋根あるいはトタン屋根で造られた住居は，おおよそ間口10m，奥行30mの方形の敷地に置かれる．敷地を二分する様に主寝室が配置され，ベッドと祭壇，机，椅子があり，ここから長く延びた台所には，水ガメ，食器棚，そして隅にベッドが置いてある．この様に数えられるほどの生活必需品はけっして近代化された生活用品ではない．また前庭は穀物倉庫，裏庭は家畜の放し場として利用されている．外部に呈するファサードとは対照的に，現実には彼らの生活はかなり質素な様式によって支えられている．

Terra Blanca

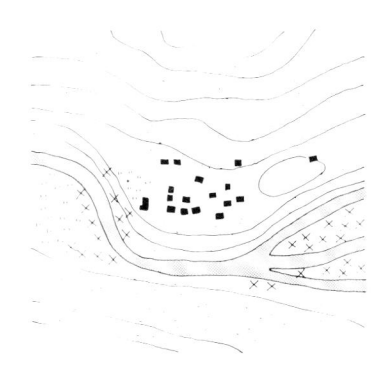

❶ 集落遠望　　　❹ 集落風景　　　❼ 住居と柵
❷ 集落全体図　　❺ 住居と柵
❸ 住居A平面図・立面図　❻ 住居　　　　⓾ 写真：鈴木悠

1 前室
2 寝室
3 台所

Terra Blanca

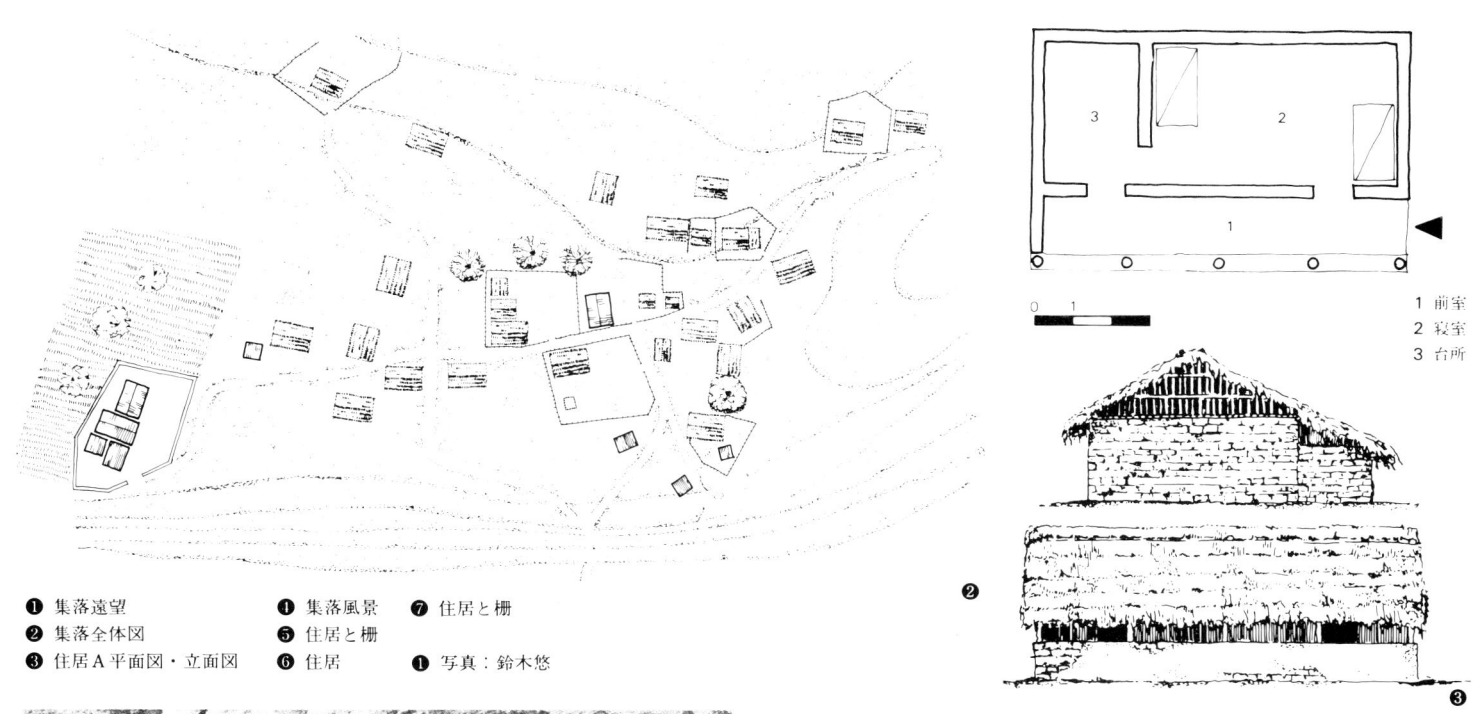

グアテマラ高地東部のモンタグワ河支流，道路から約50mの落差をもつ谷部にこの村を見下すことができる．住居90戸，200余人の住民は，白人とメスティーソで75年前に住みついたと言われる．村の近くまで迫る山の膚は，かつて自然林で覆われていたのであろうか．現在は焼畑農業によって退行し，低木と瓦礫が覆いけっして豊饒な土地とは見えない．荒れ果てた山々に囲まれたこの土地の近くを，集落の立地条件のひとつである河が流れ，ココヤシやマンゴなどが緑を呈し，周囲の風景とは対照的である．この河原は生産の場であり，また住民の憩いの広場にもなっている．集落内には公共施設はなく，そのような広場も見当らない．住民は，日干し煉瓦の壁と切妻のシュロ葺屋根で造られている．プランは，軒を支える別柱のある前室，台所と寝室に分かれた後室で構成される．前室は，妻側からの入口を持ち，外部からも見える開放的な場所で，またハンモックなどもつるされ，家族がくつろぐ居間的な場でもある．それらの住居は，一定のあきをとって配置されている．そのあきは，簡単な柵を廻らした放牧場であり，往来のための道になっている．そこに作られた柵は，住居の境界を示し，外者の侵入を防げる．また柵の隙間を通して発せられる視線は，ある緊張感をもって住居内はおろか集落内部への立入をも拒絶していた．

Peten

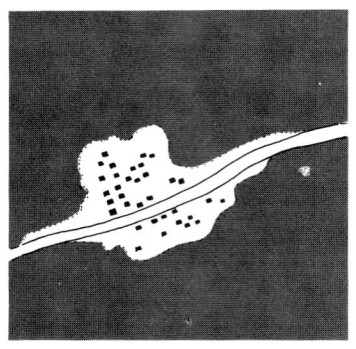

❶

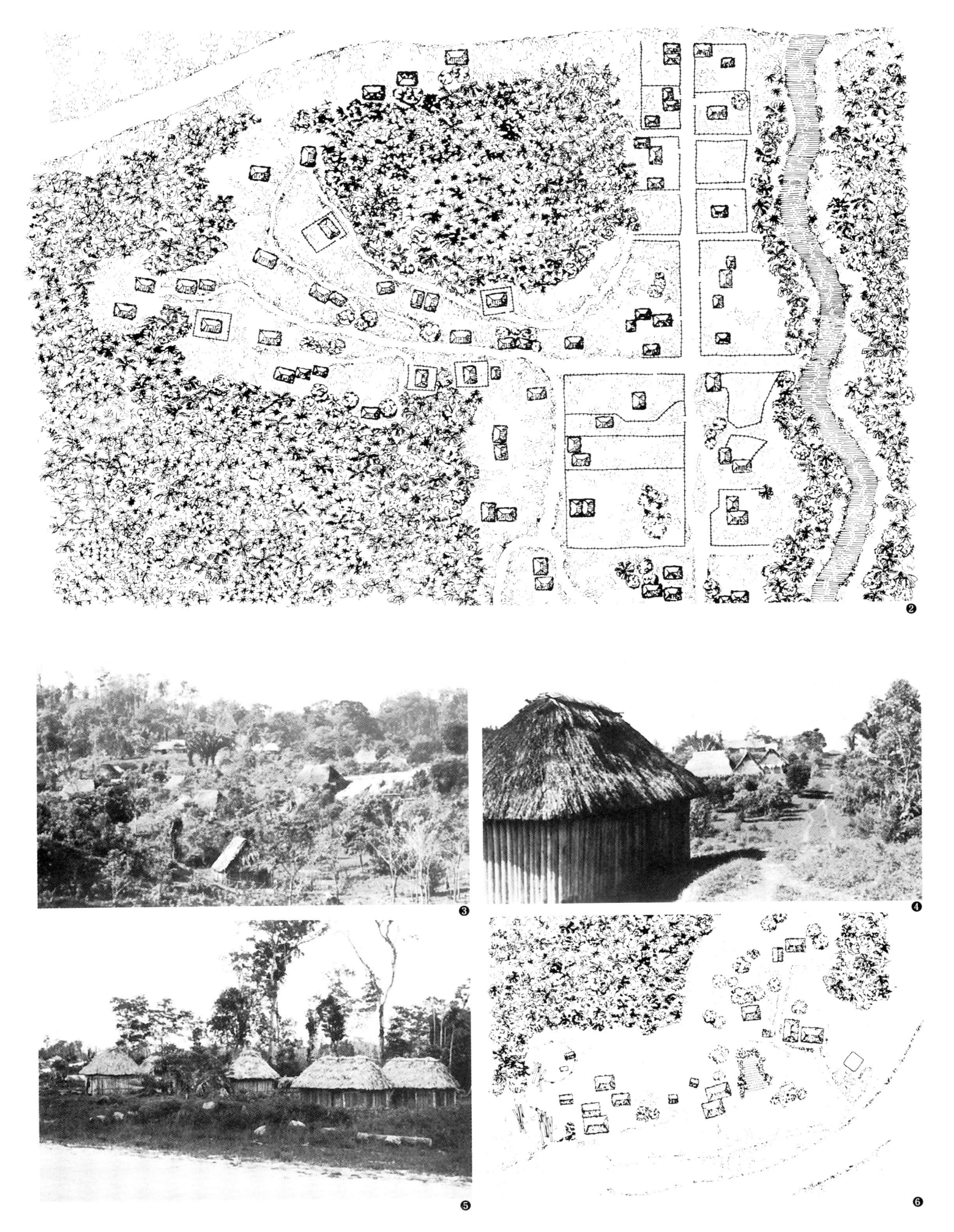

その2 中南米地域の領域論的考察 | 93

住居A

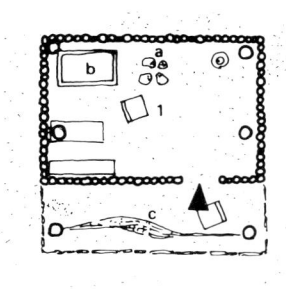

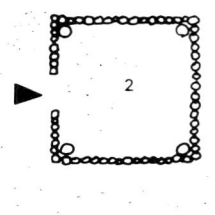

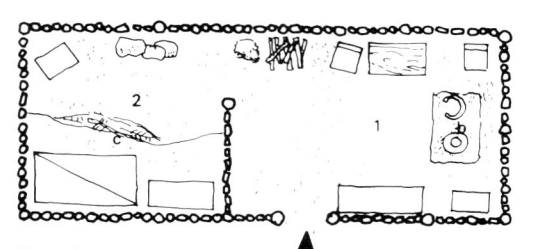

1 台所
2 寝室
a 炉
b カマド
c ハンモック
d 井戸

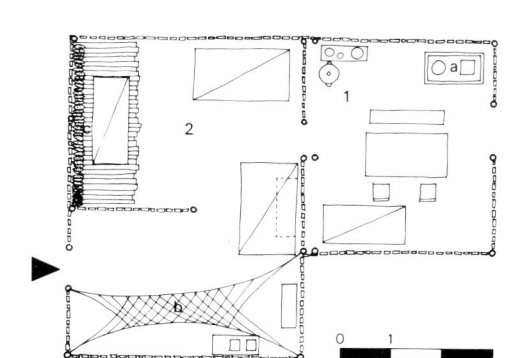

住居B

1 台所
2 寝室
a カマド
b ハンモック
c トウモロコシ

1 台所スペース
2 寝室
3 作業スペース
a なべ
b 炉

❶ サン・ファン集落遠望
❷ 集落全体図
❸❹ 集落風景
❺ カオア集落風景
❻ 集落全体図
❼ サン・ファンの住居内部
❽ 住居A, B平面図
❾ 住居
❿ 住居C平面図　家族6人
⓫ カオアの住居
⓬ 住居D平面図　家族6人
⓭ チョコンの住居
⓮ ジャングル
⓯⓰⓱ ペテン低地の1住居群
⓲ ペテン低地の施設
⓳ 施設内部

❶❺ 写真：鈴木悠

カリブ海にそそぎ込むモンタグワ河に添って下るとグアテマラ高地の風景は一変し、うっそうとした緑の低地になる。この低地はユカタン半島へと続き、マヤ文化の栄えた一地域であるペテン低地に繋る。海抜 200～250 m の低地は、熱帯雨林で約30 m の高木層によって縁どられる。道路から観察すると内部は意外に明かるく 今までのジャングルのイメージは簡単に崩れ去った。伐採——焼畑——栽培——休耕のサイクルを繰りかえす焼畑移動農業は、熱帯雨林の潜在自然植生を変化させ、人為景観に変えてしまっている。このジャングルを切り開いてこれらの村がある。10数km先の農耕地にとうもろこしを栽培していると言うが、この地域では 2 年収穫した後、4～7 年の休耕を要するからである。ペテン・

イッツァ湖近辺のカオア村は、道路をはさむ30～40戸、100家族の集落で、中心を成す公共の施設や商店はない。住居は主寝室、台所、家畜小屋、物置の各々が分棟化し、壁は板材、屋根はシュロで造られている。それぞれの棟のあきは生産・生活の場となっている。サン・ファンの集落でも公共施設は見当たらないが、道路沿いに 1 軒の商店がある。その周囲や道路が広場化し、また近くを流れる川が共同の洗濯場となっている。ここでも住居は台所、寝室の分棟形式をとり、板壁でシュロ葺きの屋根がかけられる。大家族制をとって血縁ごとのクラスター化している住居群もある。住居が板材とシュロで作られ、分棟形式をとるペテン低地のパターンは、330 km余の道程にも拘らず変化はなかった。

Peten

その 2　中南米地域の領域論的考察 | 95

Santa Fe

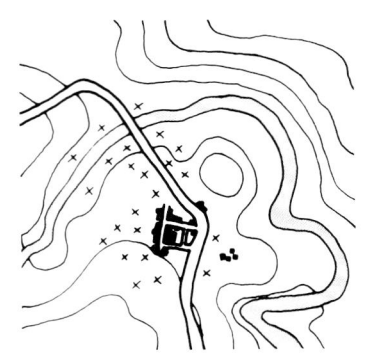

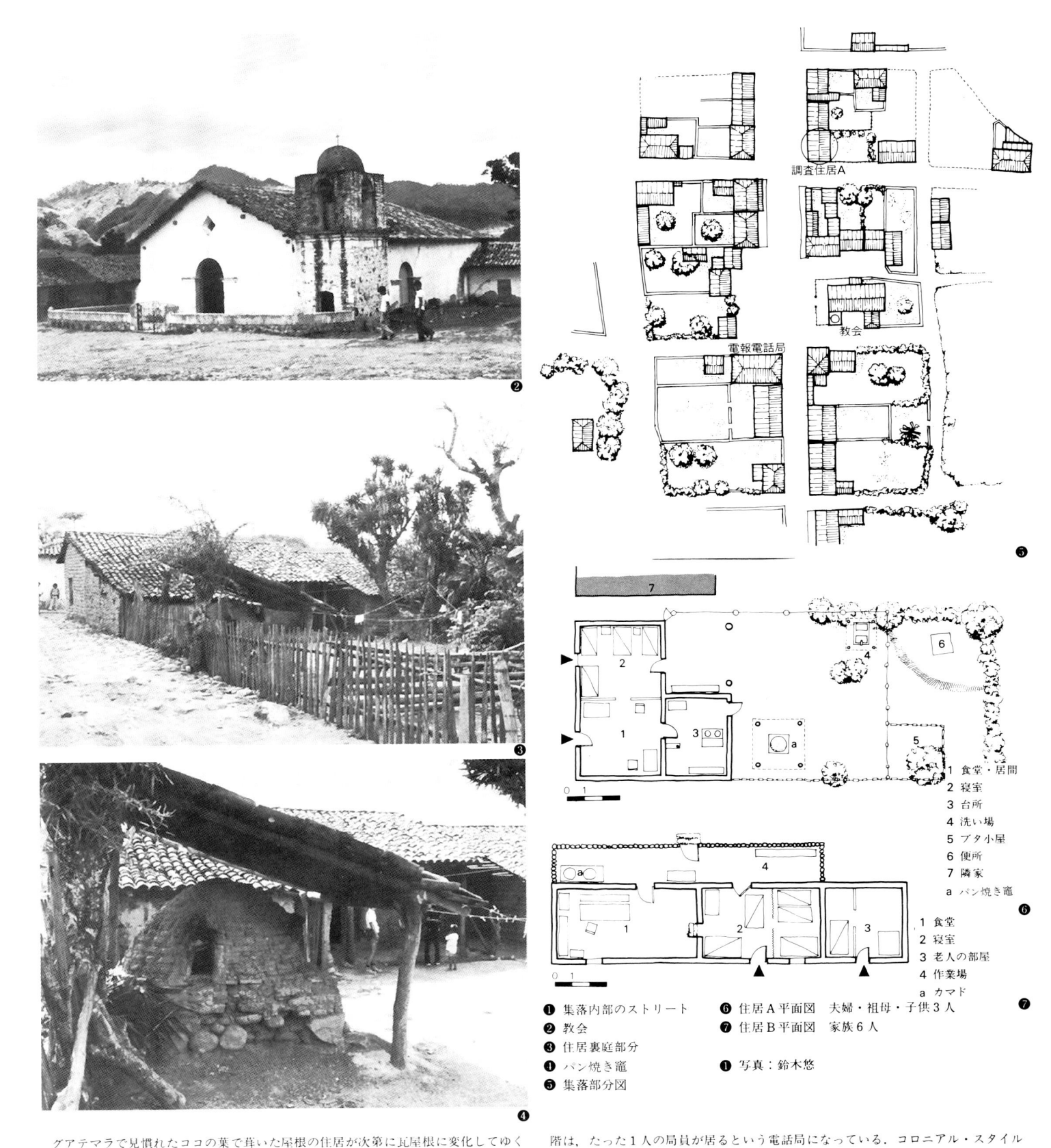

グアテマラで見慣れたココの葉で葺いた屋根の住居が次第に瓦屋根に変化してゆくのをながめながらホンジュラスに入る。強い陽射しでほとんど白く映るアスファルトの両側には、あまり豊かとは言えない緑の中に住居が点在する。凝集された様な集落は相変わらず見えてこない。それでも遠望すると茶色の瓦屋根が比較的まとまりを見せているサンタ・フェの集落を道路沿いに見つけて内部に入り込んだ。多少変形はしているがグリッド・プランの集落である。簡素なたたずまいの教会前の広場は、小石のごろごろしているままでほとんど飾られていない。むろんスペイン風の花壇などもない。今は役場に使われていて、1階は、たった1人の局員が居るという電話局になっている。コロニアル・スタイルを思わせる建物だけが妙に目立つ。何の手入れもされていない道に沿って、日干し煉瓦の住居が建ちならぶ。道路側だけが白い漆喰塗で唯一の飾りらしいものを見せている。住居プランは、前面に一応接客スペースらしき部屋を有するものも散見できるが、一般的には、ベッドの置かれた寝室にも家族室にもなる部屋がそのまま道に面している。奥には台所があり、その後に半球のパン焼き竈と井戸のある裏庭が続いている。裏庭には、洗濯場、便所、ブタや鶏のための囲いが設けられている。80家族500人の集落はトウモロコシの栽培で生きている。

Santa Fe

❶ 集落内部のストリート
❷ 教会
❸ 住居裏庭部分
❹ パン焼き竈
❺ 集落部分図
❻ 住居A平面図　夫婦・祖母・子供3人
❼ 住居B平面図　家族6人

❶ 写真：鈴木悠

1 食堂・居間
2 寝室
3 台所
4 洗い場
5 ブタ小屋
6 便所
7 隣家
a パン焼き竈

1 食堂
2 寝室
3 老人の部屋
4 作業場
a カマド

その2　中南米地域の領域論的考察

San Nicolas

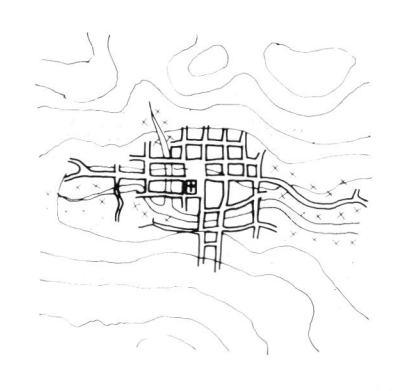

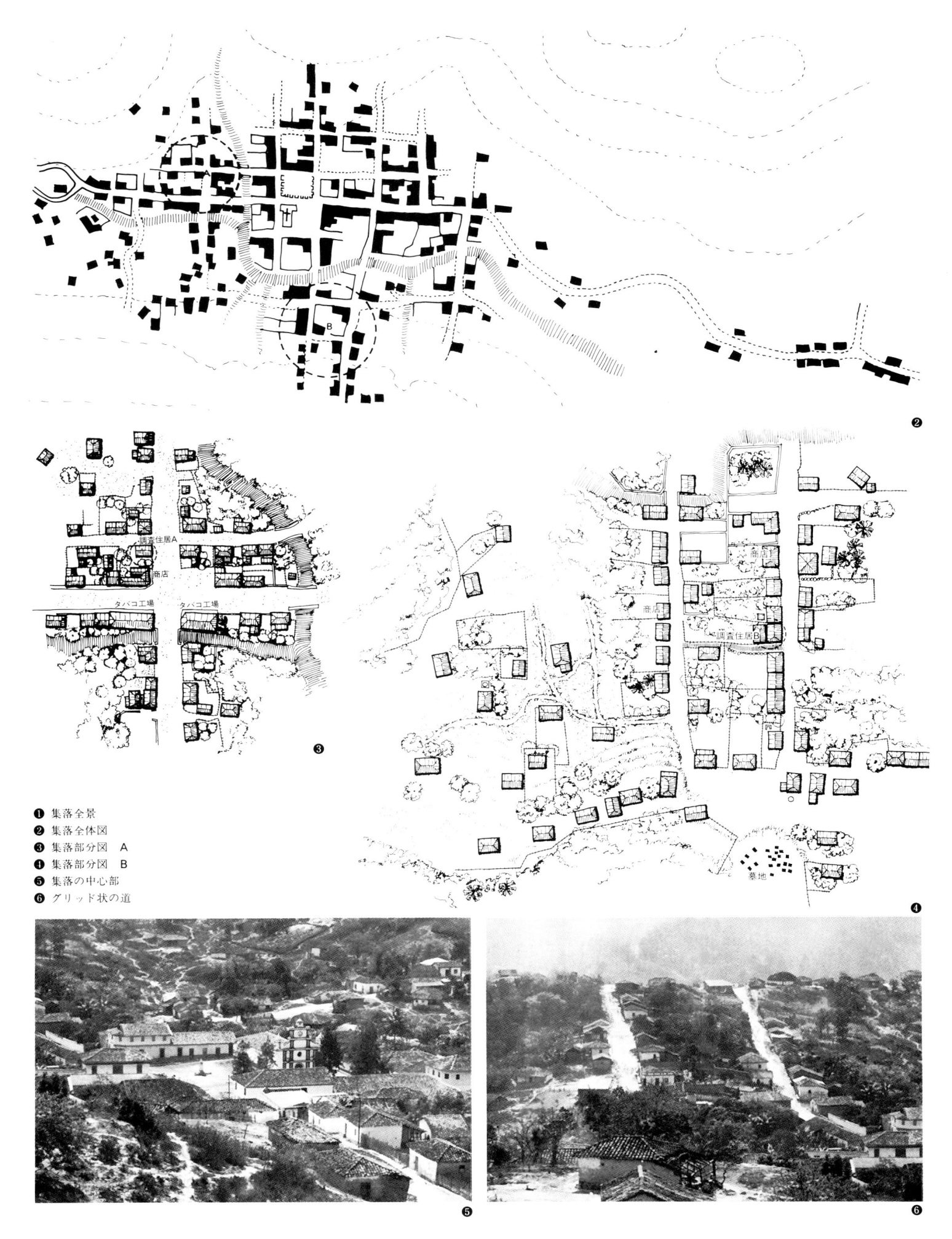

❶ 集落全景
❷ 集落全体図
❸ 集落部分図　A
❹ 集落部分図　B
❺ 集落の中心部
❻ グリッド状の道

その2　中南米地域の領域論的考察

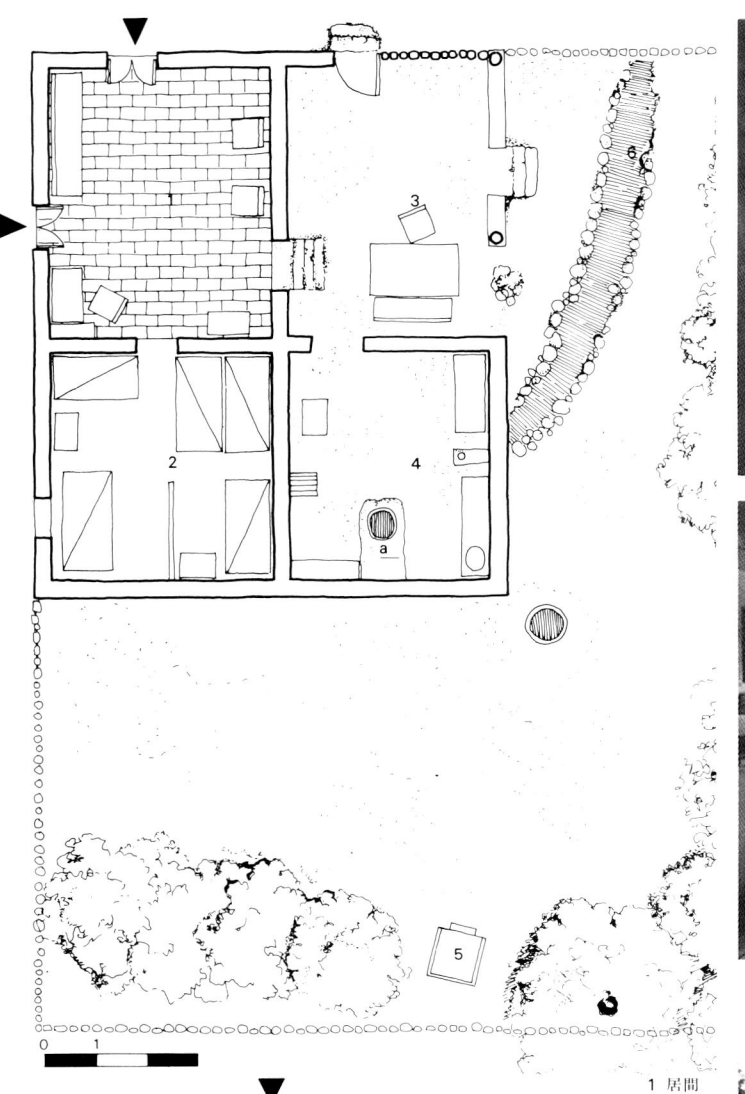

1 居間
2 寝室
3 食堂
4 台所
5 便所
6 洗い場
a カマド

❼

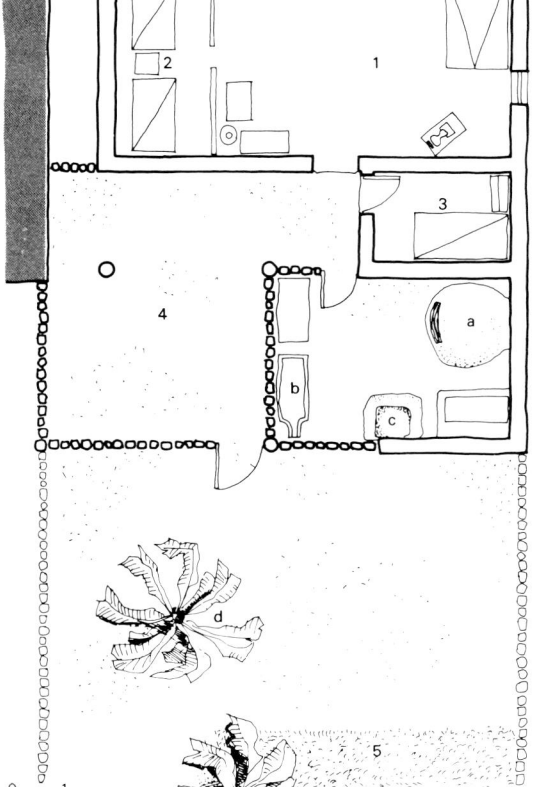

1 居間
2 寝室(子供)
3 寝室
4 土間
5 トウモロコシ畑
a パン焼き窯
b 流し
c 炉
d バナナ

❼ 住居A平面図
❽ 住居B平面図
❾❿ 住居A内部
⓫ 住居B外観
⓬ 住居B窯
⓭⓮⓯ 街路

❶❾❿⓯ 写真：鈴木悠

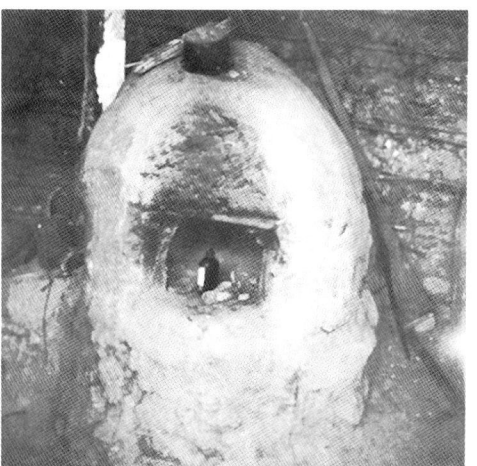

❽

地図の上で行き止まりの道を探してほこりの舞い上るダートに入り込んだ．小さな橋を渡ってサン・ニコラスに入る．村の境界らしきものはない．印象は散漫．書割の様なファサードを持つ教会を中心にした小さな盆地で，周囲には小高い丘が巡る．それでも土地の起伏とは無関係にグリッド・プランが完徹している．執拗なまでのグリッド状の道は様々な所で破綻をきたす．村を横切る川に橋がなくても，道は真直ぐに続いている．川で切断された道は雑草が繁ってすでに使われてはいない．教会前の広場のピンクに塗られた役場だけが目立つ．道に面した住居は，一戸建てと連続住居が建ち並んで，形状は一定しない．一般的プランは，一応前面に応接スペース，あるいはリビング・ルームを持ってはいるが，1家族8〜9人という多人数のために，寝室に入り込めないベッドが，この部屋にもはみ出している．奥に台所，そしてその後に裏庭が続くパターンはここでも変わらない．タバコ，トウモロコシ，小麦，コーヒー等の栽培を主な収入源とする人口約2,500人，そのほとんどがメスティーソで，その小さな村の生活は地味が貧しく耕地面積が少ないため豊かとは言えない．

San Nicolas

その2　中南米地域の領域論的考察 | 101

Copan

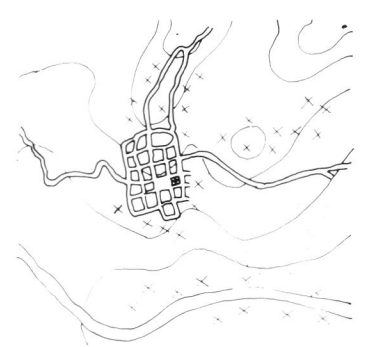

❶ 広場方向を見下ろす
❷ 街路プラン
❸ 教会前広場
❹ 広場平面図
❺ 街路
❻ 住居B
❼ 住居A平面図
❽ 住居B中庭
❾ 住居B平面図　家族6人

写真：鈴木悠

1 居間　6 便所
2 寝室　7 使用人室
3 食堂　8 納屋
4 パティオ　9 家畜小屋
5 台所　10 作業スペース

1 居間
2 寝室
3 台所
4 食堂
5 便所
6 納戸
7 使用人の部屋
a 作業台
b パン焼き竈
c トウモロコシ

Copan

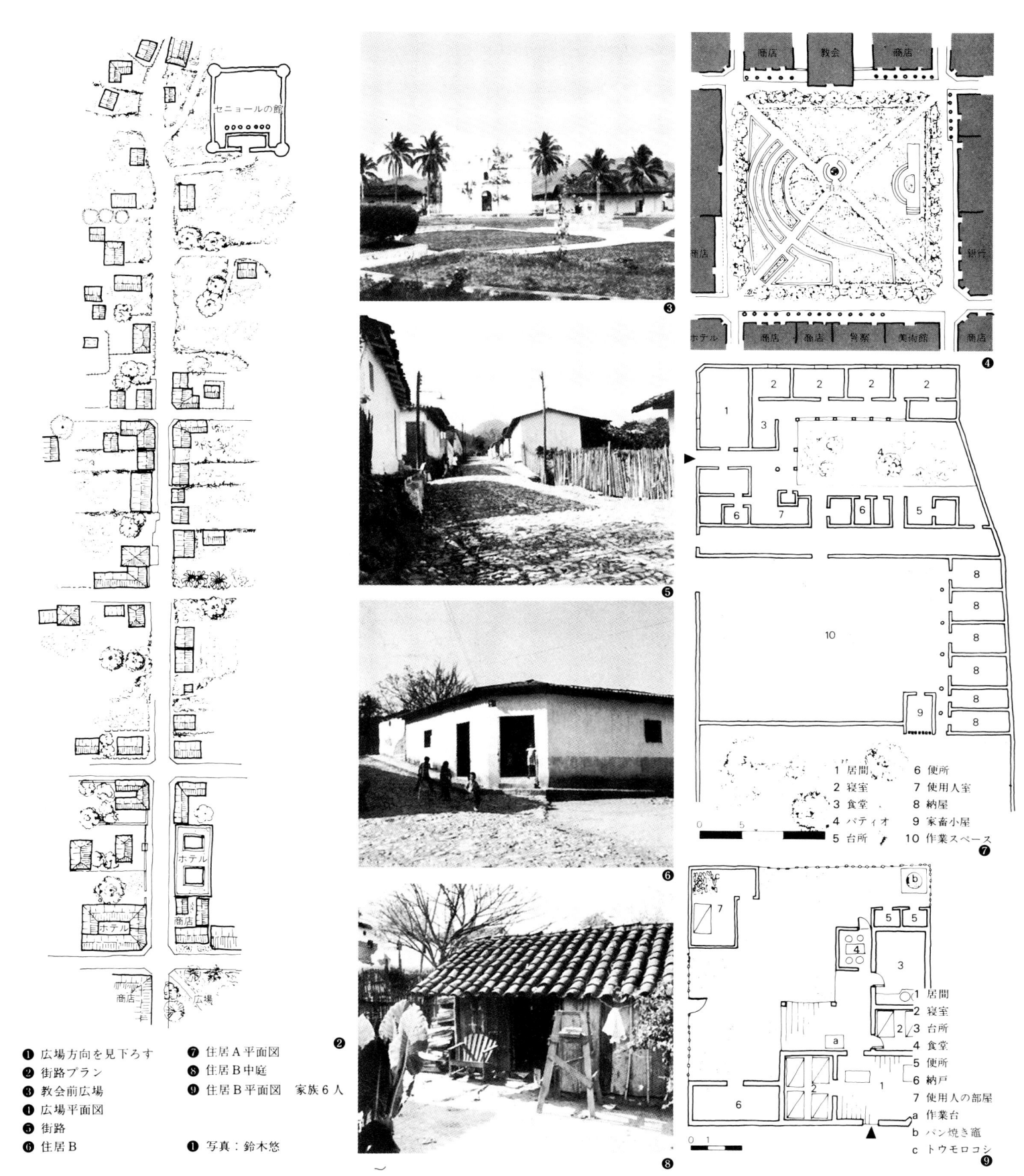

あまりに有名なマヤの遺跡の入口に位置する．コパン州の州都サンタ・ローサ・デ・コパンとは別の小さな村である．静まりかえった遺跡と同じ様にこの村も静かなたたずまいを見せている．陽射しを照り返す白い漆喰塗りの教会前は，スペイン風の庭園で緑の手入れも美しく，ゆきとどいている．やはりグリッド状に村を被う街路には小石のペーブが施され，建ち並ぶスペイン瓦の住居には貧しさは感じられない．住居は中庭を持つものもあるがそれが一般的であるとは言い難い．応接スペースが街路に面している．ここにベッドが置かれる様な他の村で見た例は見うけられない．家族内部の領域が，整然と守られている．タイルの敷きつめられたインテリアは，使い勝手によって明確に区分されそして充分に広い．接客のための部屋だけが外から見える．

その2　中南米地域の領域論的考察

San Jose

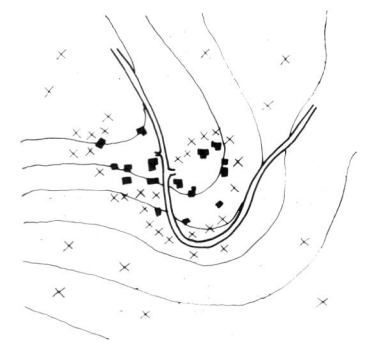

❶ 集落全景
❷ 全体配置図
❸ 住居A平面図　家族11人
❹ 住居B平面図
❺ 3つの住居タイプ
❻ 住居A
❼ 住居B

1 台所
2 前室
3 寝室
4 バルコニー

1 台所
2 居間
3 寝室
4 ニワトリ小屋
5 物置
6 便所
a 花
b パン焼き竈

❶ 写真：鈴木悠

San Jose

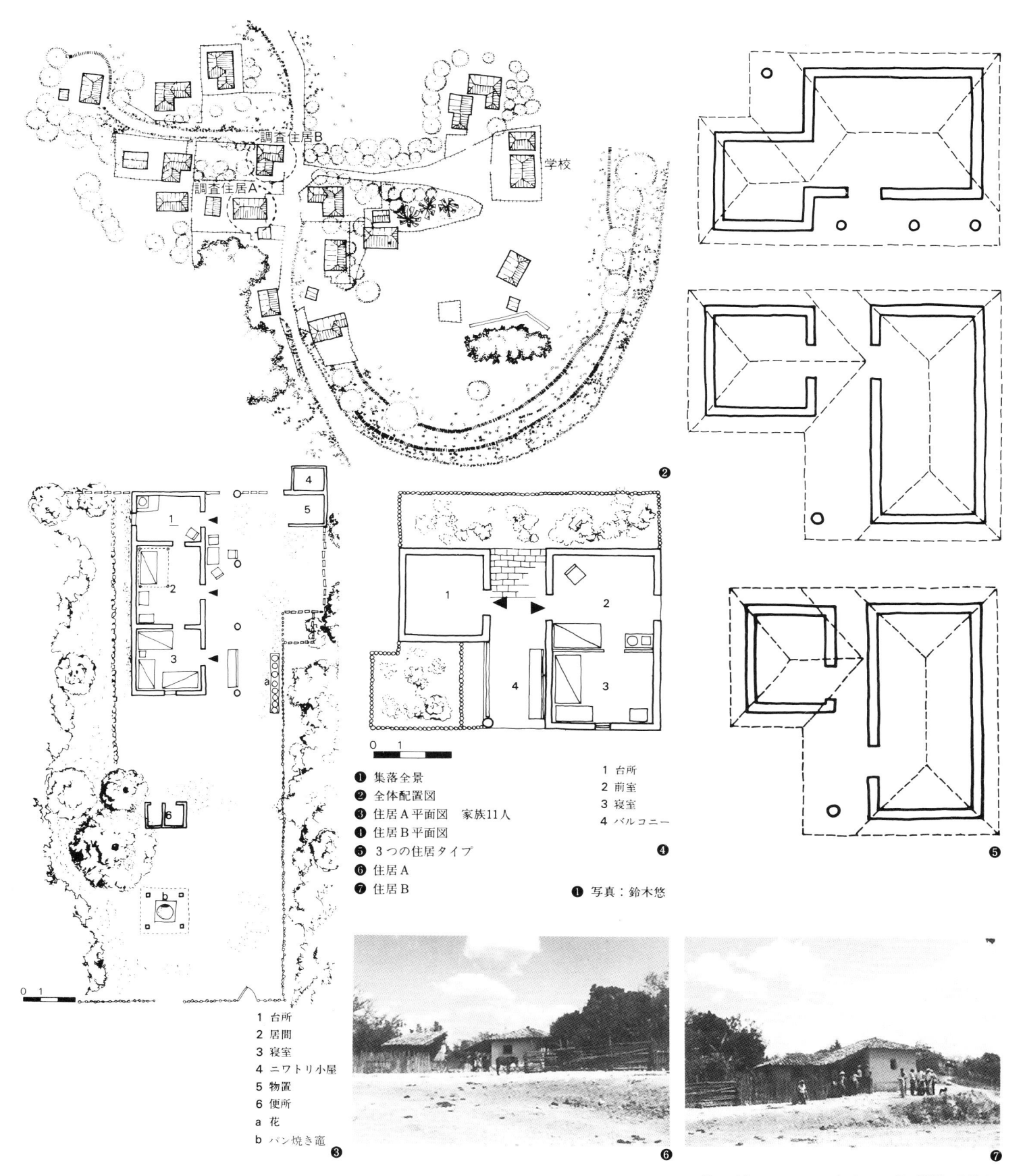

ジョホア湖を過ぎ，コマヤグア州に入ったところで国道を迂回して山道に向かう．点々と見える松林は日本の風景を思わせる．うねうねと続く山道が下り坂にさしかかったところに，日用品と駄菓子を売る店を中心に10数戸の家がまとまりを見せている．村と呼べる程のスケールでもない．囲りに簡単な木でできた柵をめぐらして，家の領域だけは一応見ることができる．住居は台所と寝室の2部屋だけが主な構成要素で，その2つの部屋は2m程の間隔に分離されその間を屋根がつないでいる．総てとは言えないが，このあたりでは，この様な住居パターンが一般的である．接客のための場所はないが，人々は勝手に他の住居の中へも入り込んで，住居の個別性が常に守られているとは言い難い．この半農半牧の小さな村には境界も中心的な施設もない．

その2　中南米地域の領域論的考察 | 105

Tegucigalpa

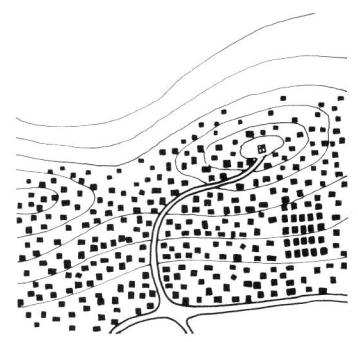

断面図

住居　道路　住居　道路

❷

❶ 集落全景
❷ 集落部分図・断面図
❸ 集落部分
❹ 街路プラン・断面図
❺❻ 街路

道路　住居　道路

❹

その2　中南米地域の領域論的考察 | 107

1 寝室
2 台所
3 共同便所

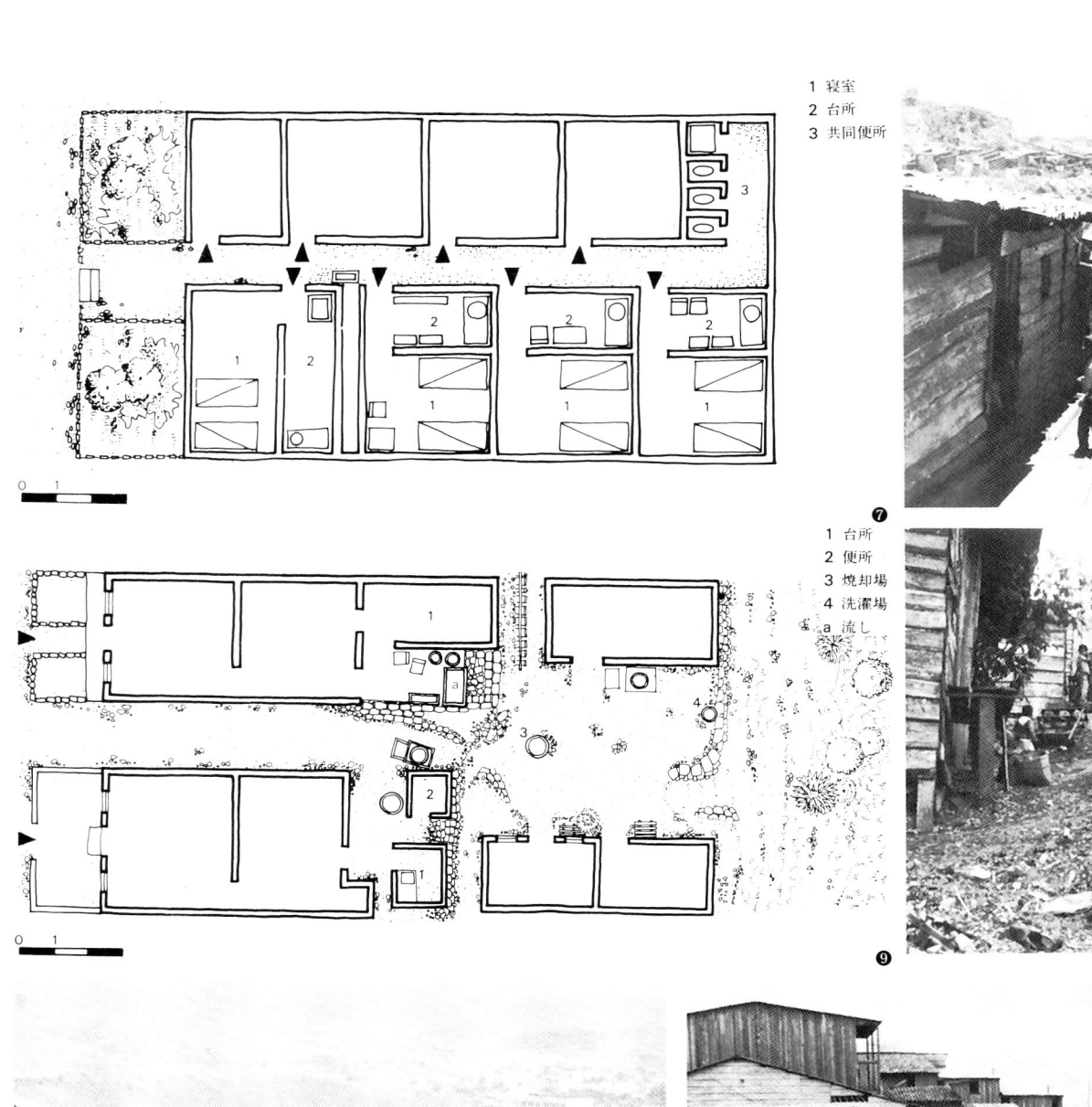

1 台所
2 便所
3 焼却場
4 洗濯場
a 流し

108

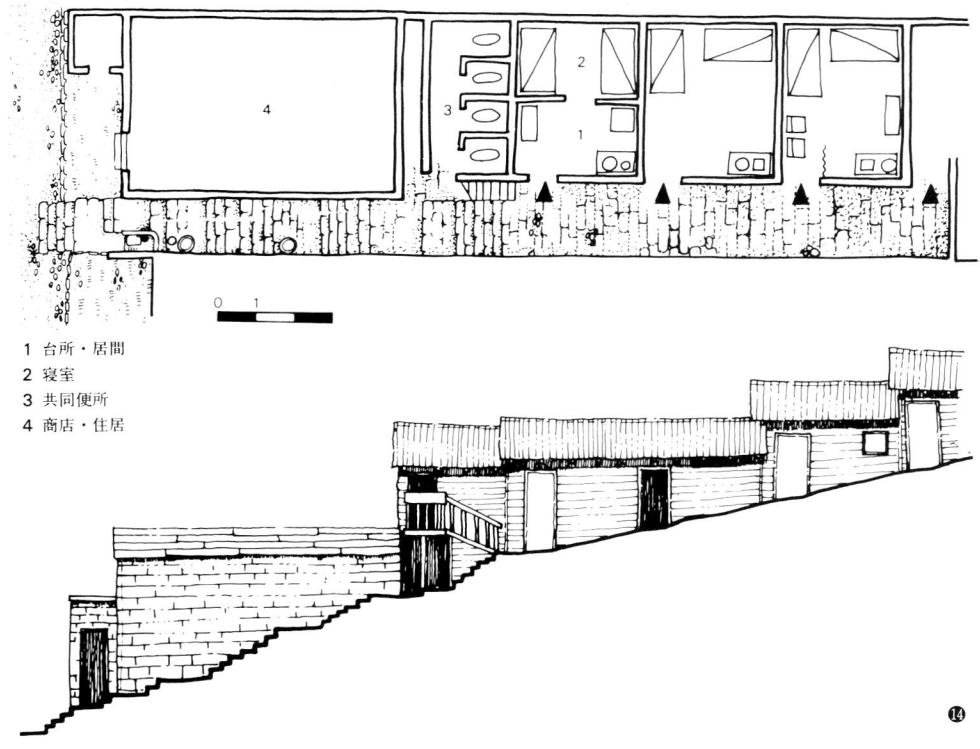

1 台所・居間
2 寝室
3 共同便所
4 商店・住居

⑦ 連続住居A平面図
⑧ 連続住居A
⑨ 住居B平面図
⑩ 住居B内庭
⑪ 都市中心部をみる
⑫ 連続住居
⑬ 連続住居入口部分
⑭ 連続住居C平面図・立面図
⑮ 連続住居C通路部分
⑯ 連続住居C入口部分
⑰ 建売り住宅

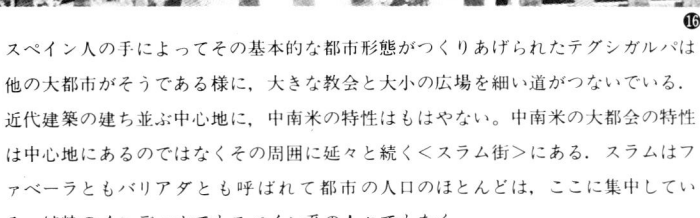

スペイン人の手によってその基本的な都市形態がつくりあげられたテグシガルパは他の大都市がそうである様に、大きな教会と大小の広場を細い道がつないでいる。近代建築の建ち並ぶ中心地に、中南米の特性はもはやない。中南米の大都会の特性は中心地にあるのではなくその周囲に延々と続く＜スラム街＞にある。スラムはファベーラともバリアダとも呼ばれて都市の人口のほとんどは、ここに集中している。純粋のインディオでもスペイン系の人々でもなく、メスティーソがバリアダの住民の大部分を占め、その国の中間層を形成している。テグシガルパも例外ではなく、周囲の丘には木造のみすぼらしい住居が隙間なく並んで都市の景観を決定的なものにしている。未舗装の不似合に太い道が丘の峰方向に延び、そしてそれに直交する道路パターンはグリッドを思わせる。住居は峰方向から下に向かって連続する集合住居と、一戸建ての2つのタイプが混在している。一戸建てのものは道路に面してベッドの置いてある部屋、奥に台所がある。連続住居のプランは、最も低い部分に共同の水場と便所を持ち、中に通路をはさんで両側に4m四方程の部屋が6〜8室並んでいる。部屋の内部は、手前に台所、奥に寝室という配置でちょうど1戸建てのものとは逆になる。通路に向かって水勾配がとってあり、遠望するとバタフライ屋根に見える。

Tegucigalpa

その2　中南米地域の領域論的考察

Savanagrande

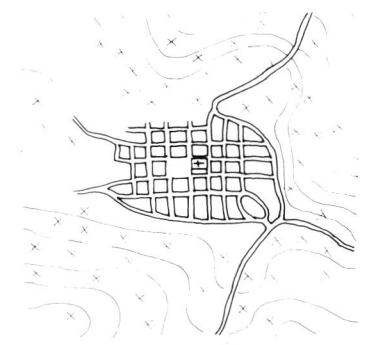

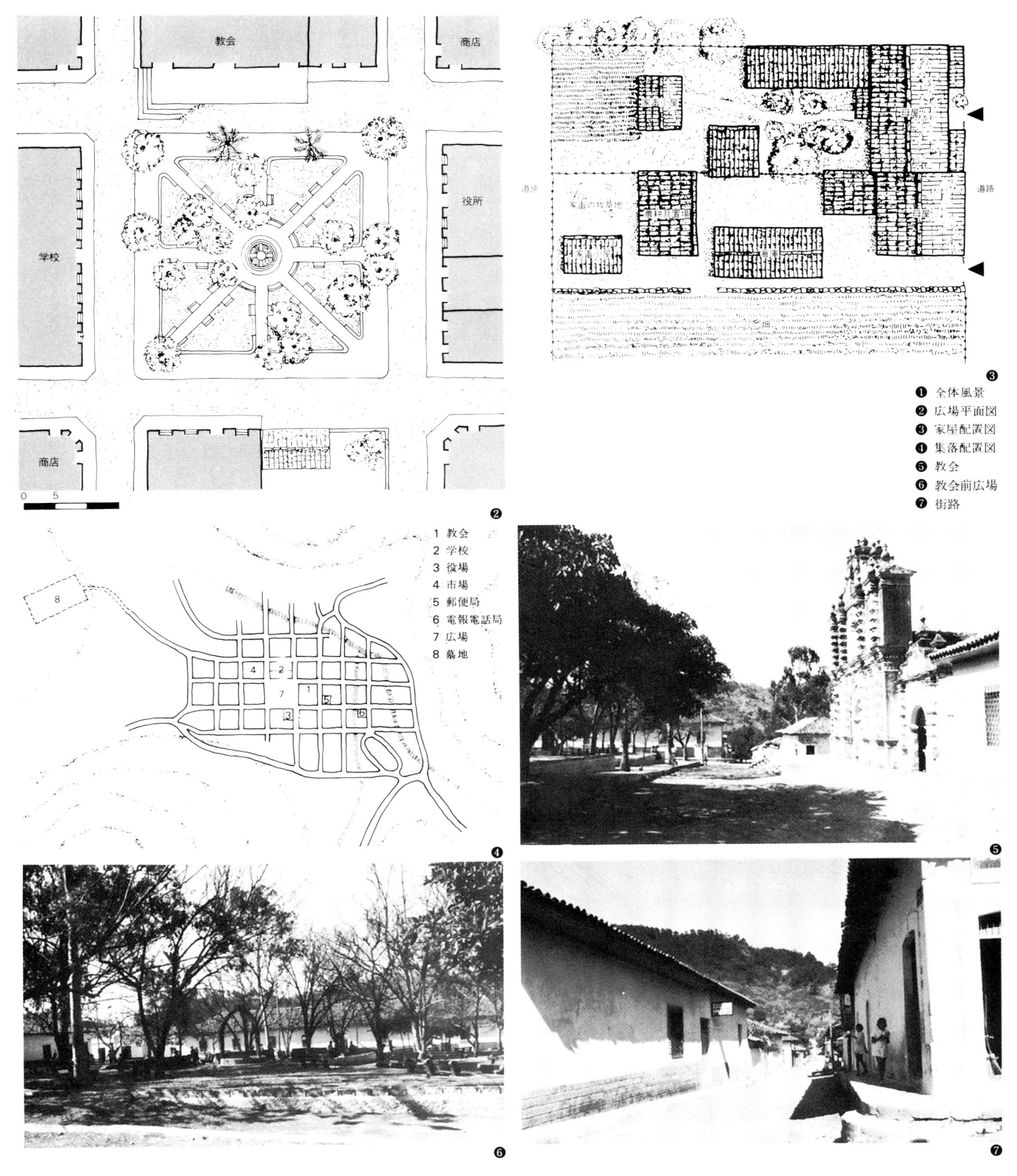

❶ 全体風景
❷ 広場平面図
❸ 家屋配置図
❹ 集落配置図
❺ 教会
❻ 教会前広場
❼ 街路

1 教会
2 学校
3 役場
4 市場
5 郵便局
6 電報電話局
7 広場
8 墓地

テグシガルパの南30km程のところにサバナグランデはある．灌木が両側に茂るパン・アメリカン・ハイウェイに沿って周囲を小高い丘に囲まれた比較的緑の豊かな街である．900戸程度の集落規模ではあるが，郡の政治・経済的な中枢機能を持っている．全体構成は，グリッド・プランであることには変わりはない．中心に細部までデザインされたファサードを持つ教会がある．教会前の広場は学校，役場といった公共的な施設に囲まれ，木陰に置かれたベンチに人々が集まって談笑するでもなく，ただ座っている．ペーブされた街路に面した住居は壁で囲われて容易に中をのぞくことができないが，基本的なパターンは他のグリッド・プランの街のものと変化はない．小麦とトウモロコシの栽培と牛の牧畜を主な収入源としたコロニアル様式の集落である．

Savanagrande

その2　中南米地域の領域論的考察

Mocolon

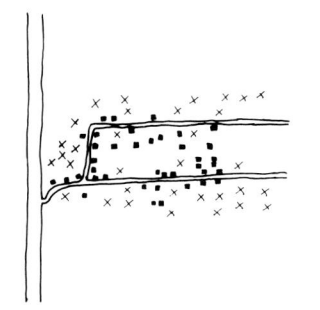

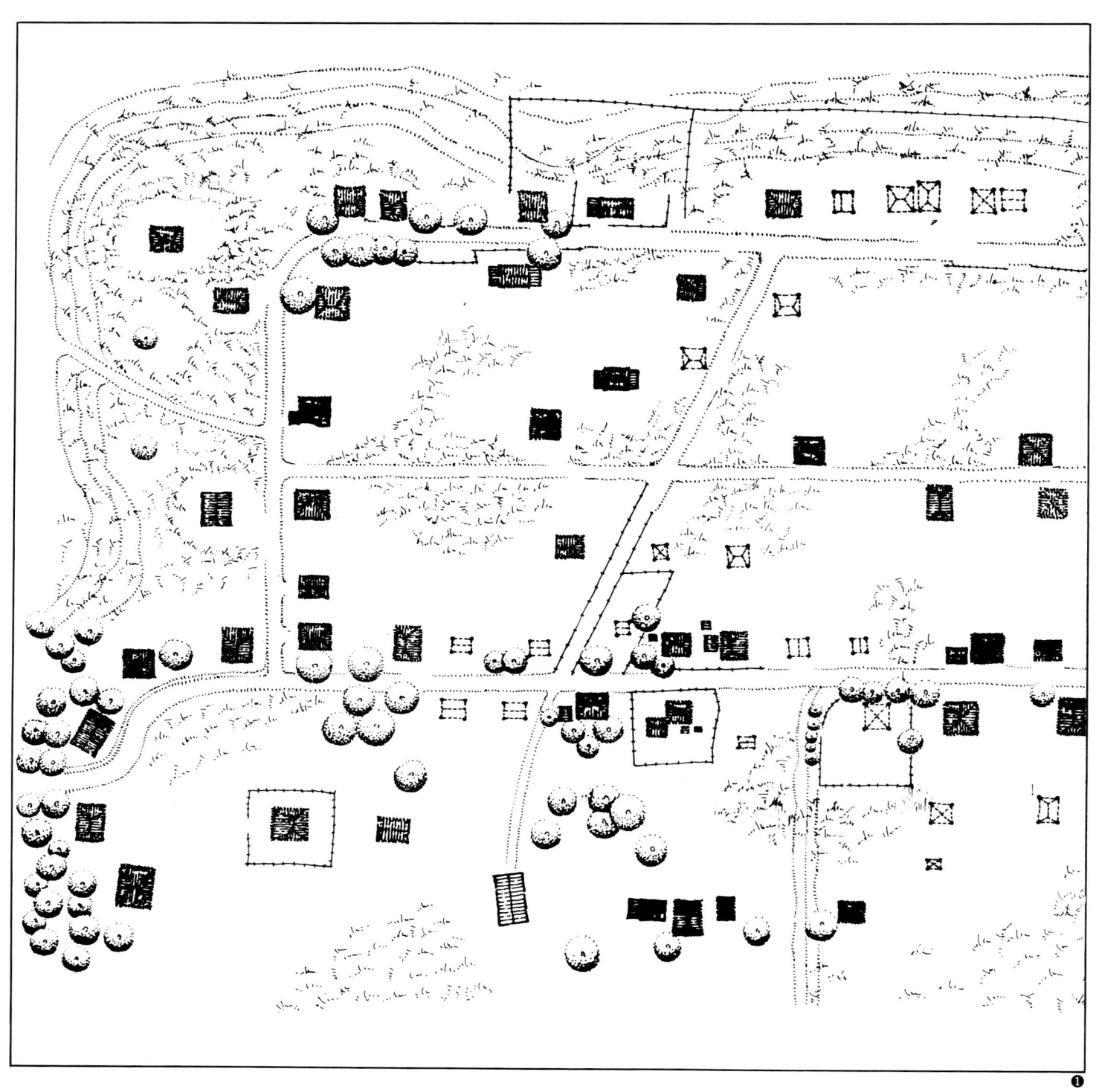

その2　中南米地域の領域論的考察 | 113

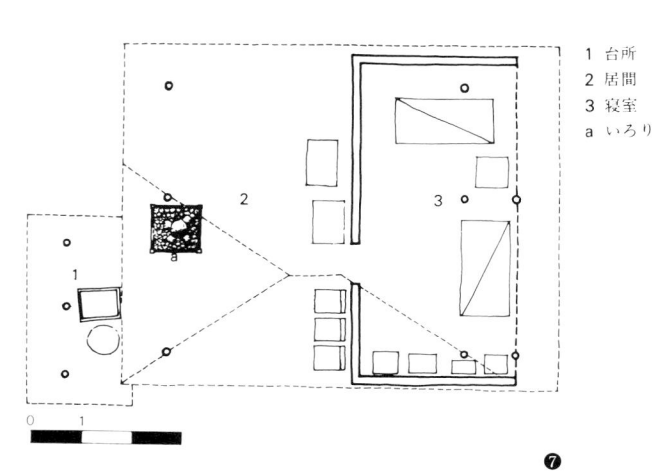

1 台所	
2 居間	
3 寝室	
a いろり	

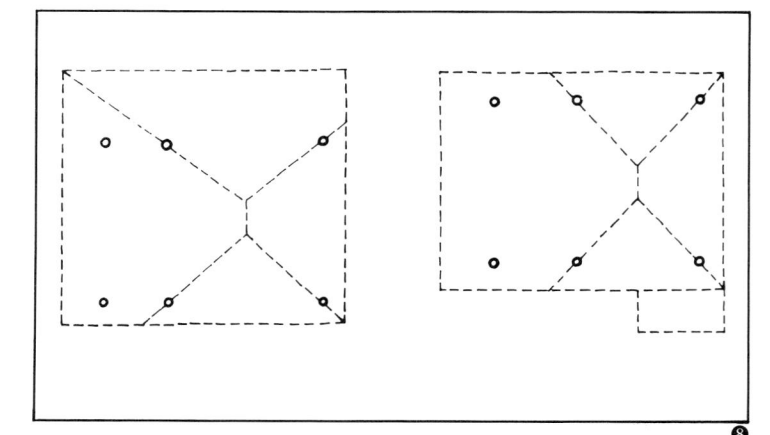

❶ 集落全体図　　　⓫ 住居A居間部分
❷ 集落風景　　　　⓬ 住居内の道具
❸〜❻ 住居　　　　⓭ 住居B配置図
❼ 住居A平面図　　⓮ 住居B平面図・立面図
❽ ２つの住居タイプ　⓯ 住居B
❾ 住居A　　　　　⓰ 住居Bの内部
❿ 住居の骨組構造

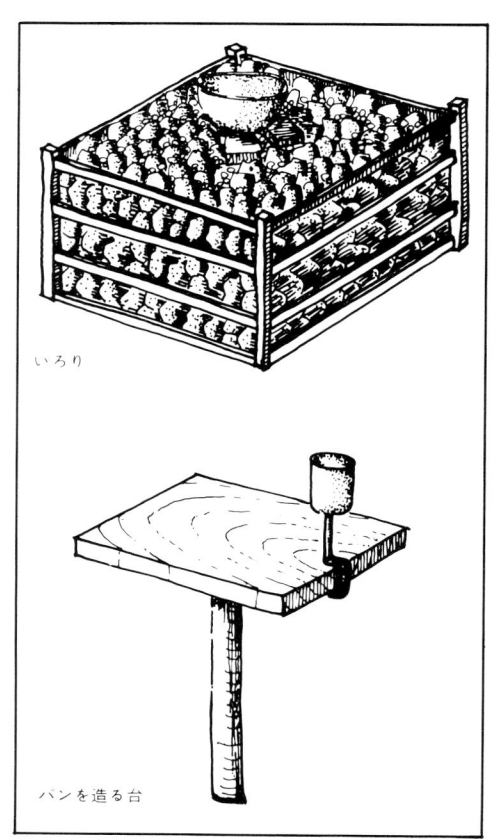

いろり

パンを造る台

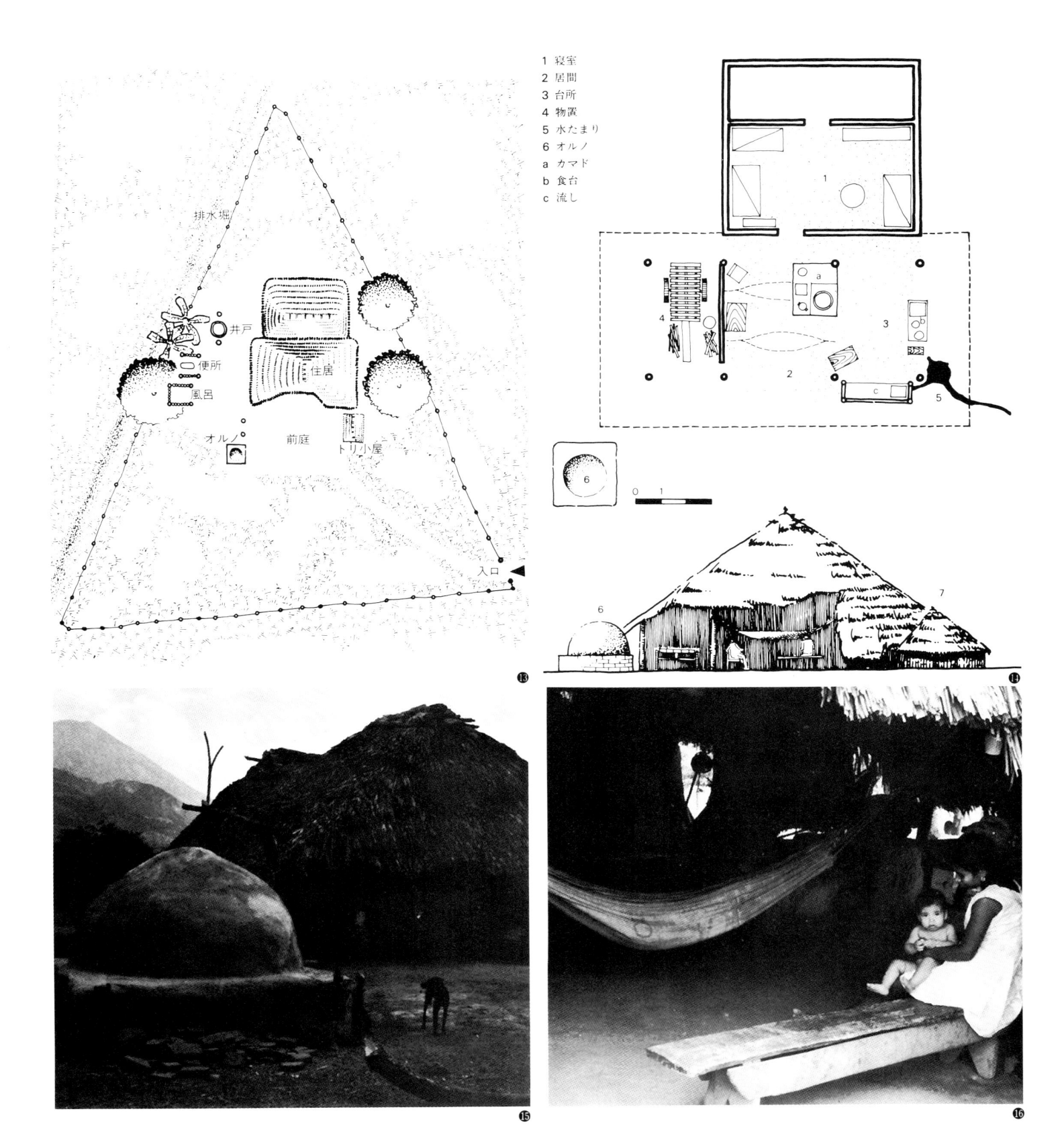

1 寝室
2 居間
3 台所
4 物置
5 水たまり
6 オルノ
a カマド
b 食台
c 流し

ニカラグアの諸産業は西部に集中し，ホンジュラスとの国境附近は農業地帯である．東部のカリブ海側は，熱帯雨林で耕地としては利用されていない．農業地帯では綿花，トウモロコシ，バナナ等のプランテーションが行なわれる．そのために造られているこの集落は，約50戸の住居が一定の間をとって配置されている．住居パターンは2タイプあり，開口部の方向によって区別することができる．これらの住居のわら葺屋根は，集落の背景になっている山と同様の形態を示す．1戸の家が15日間ほどで建設され，住居パターンや屋根構造が均一化されてしまっていることは，農作業におけると同様の共同作業を手段とするからであろう．この集落では，住居の屋根とは違ったカワラ屋根の教会と1個の共同井戸を公共施設としている．住居は草葺の屋根を大胆にかけ，軒を地面近くまでたらし，板材あるいはボール紙などを簡単に貼っただけの壁で寝室をつくり，プライバシーの場を確保する．他の部分は，台所と居間的な生活の場でほとんどの生活行為がなされ，この場は直接外部へ開かれている．住居Bは，寝室の棟と台所・居間的な場の棟に分け，2棟形式をとってそれぞれの広さを確保している．基本的には，住居Aと同一プランを示す．規格化された住居プランと屋根構造は，集落の均整のとれた内部秩序を如実に表現している．

Mocolon

その2 中南米地域の領域論的考察 | 115

Bislaiy

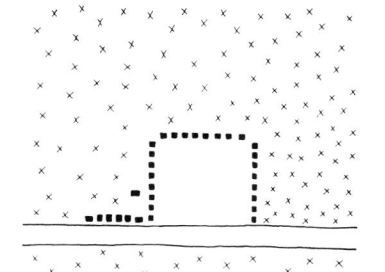

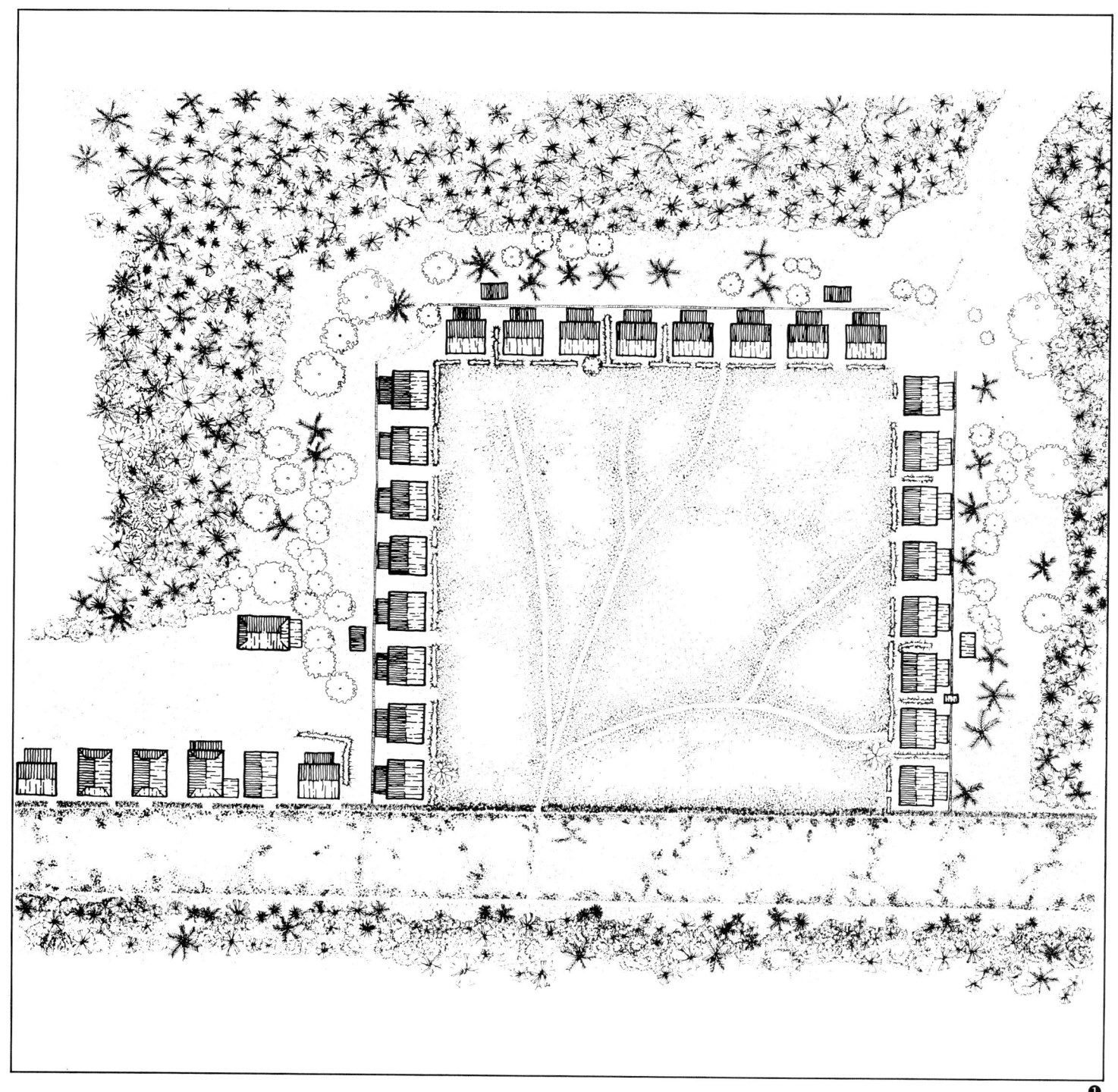

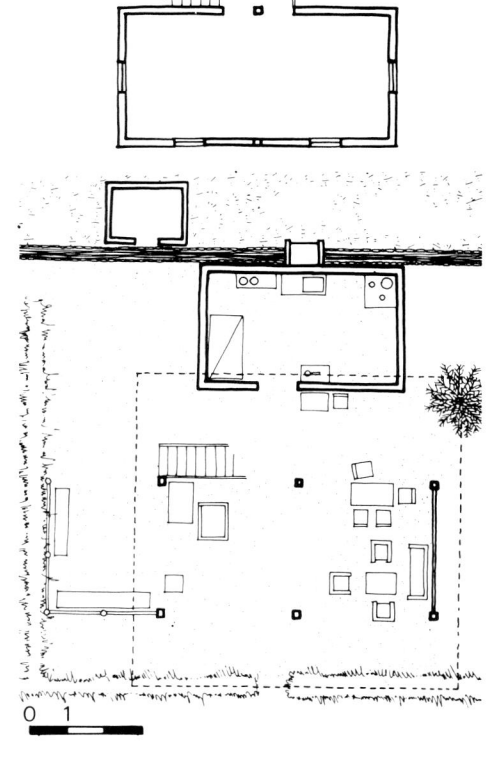

❶ 集落全体図
❷ 広場
❸ 住居A平面図
❹ 広場側の住居
❺ 裏側の住居

コスタリカの産業ルートは，首都サン・ホセを中心に太平洋側のプンタレナスとカリブ海側のリモンとの国際港を結ぶ南北を軸とする幹線によって形成されており，中南米諸国の中でも近代化の進んだ国である．北部のカリブ海浴岸は熱帯雨林で，その密林の中ではコーヒー，ココナツ，カカオ・バナナを主とするプランテーションが進んでいる．多くの村は，線型あるいは図示のようにコの字型のパターンをとり，線型は2列に配列される場合もある．コの字型は，あきの部分を広場とし，約120m四方の何も置かれていない広場に向かって各住戸が面している．住居の後方に共同トイレや洗濯場を対称形に配し，均整のとれた全体プランをしている．また幼児のための施設も置かれている．それぞれの住居は，1階をピロティとし応接セットや食卓を置き，ピロティと広場の間に植込が植えられ直接見えない様に配慮されている．この奥の台所には，厨房器具の他にミシン等が置かれ，家事室として使用されている．2階は2室設けられ，寝室として使用されている．広場の計画された取り方，住居の配列，材料，施工精度といい，近代化されている村であることは確かである．

Bislaiy

その2　中南米地域の領域論的考察

Aracataca

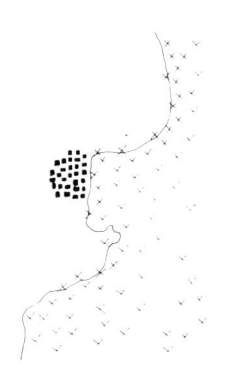

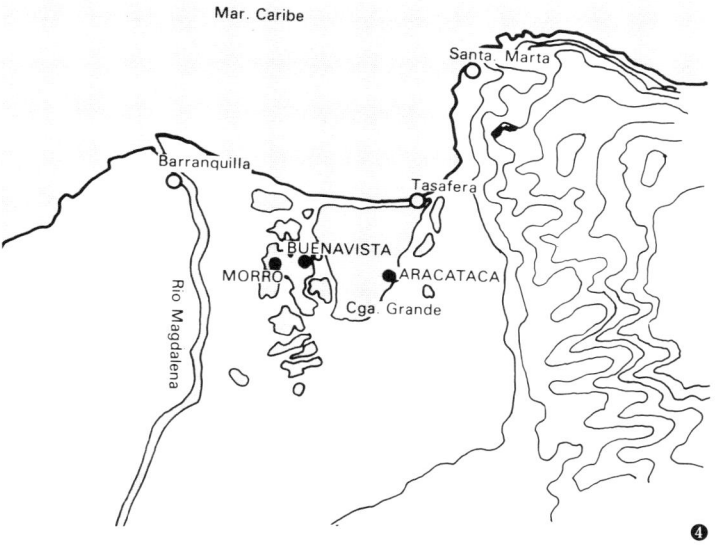

その2 中南米地域の領域論的考察 | 119

120

❶ 集落遠景
❷ 水上集落（モロ）
❸ 集落風景
❹ 位置図
❺❻ 集落風景
❼❽ 集落風景
❾❿ カヌーと住居
⓫ 広場
⓬ 小学校
⓭ 闘鶏場
⓮⓯ 住居
⓰ 住居A平面図
⓱ 住居と盛土
⓲ 住居B平面図
⓳⓴ 住居と縁

● 写真：鈴木悠

1 縁　3 寝室　5 便所　a 炉
2 居間　4 台所　6 船置場　b 流し

1 居間　3 台所　5 船つき場
2 寝室　4 便所　a 炉

Aracataca

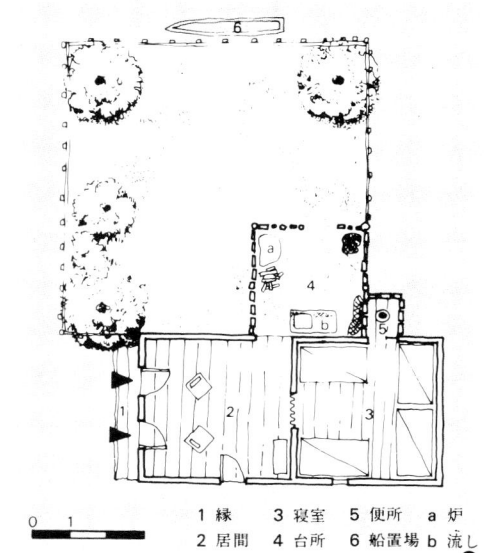

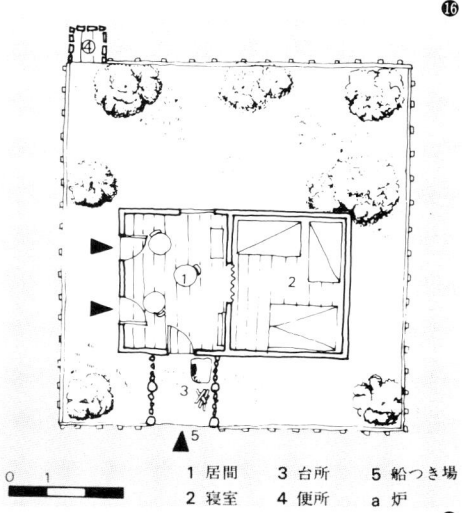

コロンビアのカリブ海側，商港バランキリャと保養都市サンタ・マルタの中間に，シエナガ・グランデという湖沼地帯がある．この湖沼上に，ブエナビスタ，モロそしてアラカタカの3つの水上集落がある．アラカタカを訪れるには，カリブ海と湖をわかつ砂州上の町タサフェラでチャーターしたモーター付カヌーで1時間半を必要とする．アラカタカは，灰色の水面に黒い藻が浮いているように姿を見せた．集落は，湖岸の湿地ジャングルを避けて湖上で完結する．住居は，水深の浅い所では土盛りを行い，方形の島を築いてその上に作業スペース，台所が置かれる．母屋は島の上に建てられる場合と，島に接して抗上住居として建てられる場合があり一定してない．深い所では抗を立て，その上に直接1棟の住居が設けられる．母屋と台所とを区別する意識はあるが，明確な規則性としては現われていない．住居は各戸独立し，それぞれが固有の住居領域を主張し，決して敷地が共有されることはない．集落中央の水が干上った部分に学校が置かれ，広場的な使用がなされる．闘鶏場の小屋もここに位置し，日曜日に開かれる闘鶏は住民の唯一の娯楽として熱気のこもったものとなる．住居間のあきが水路となり，カヌーが集落内の交通を支えている．一見自由度が高いようにみえる住居へのアプローチは，妻側に必ず取り付けられる2つの入口の規則性によって，制御をうける．自然条件により，水と距離という二重の外に対する防御性を与えられたこの水上集落では，各戸の独自性を確保することが，集落構成の支配的な要因となっている．集落内には教会もなく，その他の公共施設もない．人口900人，全員メスティーソである住民は，帆船を使った漁で生計を営む．

その2　中南米地域の領域論的考察

Pto. Valdivia

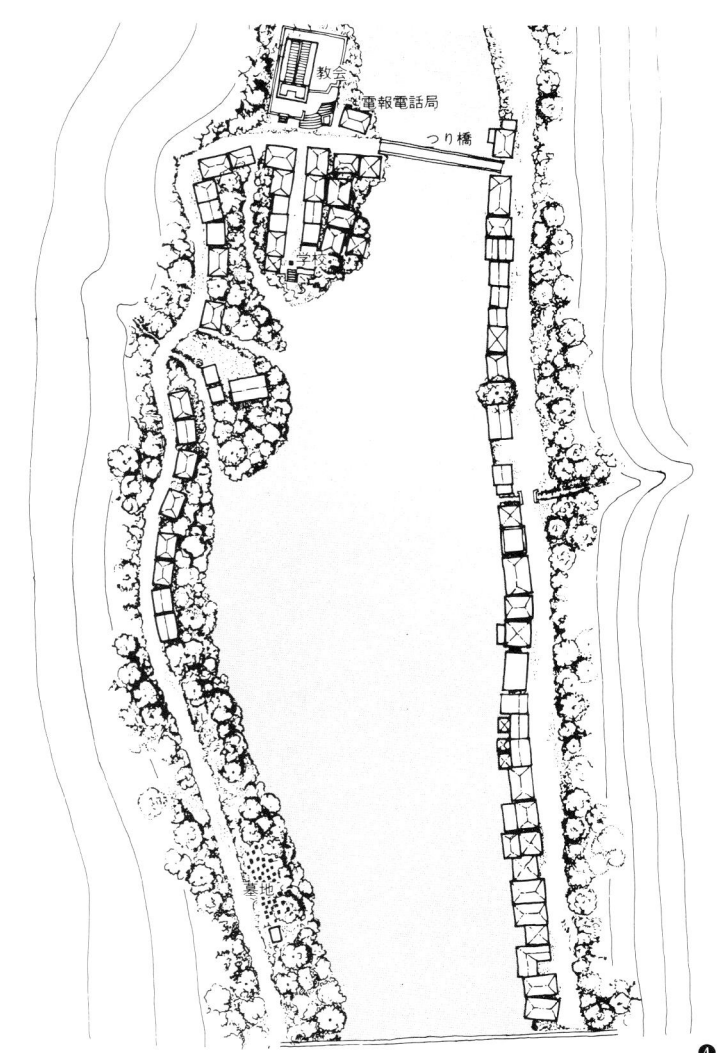

❶ 鉄橋からの集落風景
❷ 川沿いの住居群
❸ 教会
❹ 集落全体図
❺ 共同墓地
❻ 住居スケッチ

❶ 写真：鈴木悠

Pto. Valdivia

カリブ海側の熱帯サバンナの平原地帯を南下し，コロンビアを縦走する3本の山脈のひとつ中部山脈にさしかかる位置，カウカ河岸にプエルト・バルディビアがある．現在，河には鉄橋が架けられているが，昔は渡し場として栄えたことが集落のたたずまいの中にうかがえる．住居は河の両岸に沿ってリニヤーに並び，河が大きく屈曲した位置にできた州の上に，教会，学校などの集落のセンターを構成する施設が集まっている．河の両側には山が迫り，住居は河に半身をのり出すように建ち，河岸に立てた何本もの柱によって支えられる．河沿いの住居は，大部分が商店と宿泊所で，渡し場として栄えた往時の有様を，また現在の陸上交通の要衝としての性格を示している．しかしこの危険な住居の構築形式は，単に交通上の要衝という経済的な理由以上のものを要求する．河の増水のために幾度となく流されたというこの集落は，それでもこのように河に貼りつくように住居を建てる理由を持っていた．聖人信仰に端を発する河を聖域化する信仰を，全員メスティーソであるここの住民は持っている．この集落では，河により近く住むことが救いに通じるという信仰の方が，安全性よりも重んじられたのではないか．この事を考慮した時，川を軸に展開するこの集落の風景は了解される．墓地も河を見下す位置にあることも，この集落の特徴である．

その2　中南米地域の領域論的考察 | 123

Valdivia

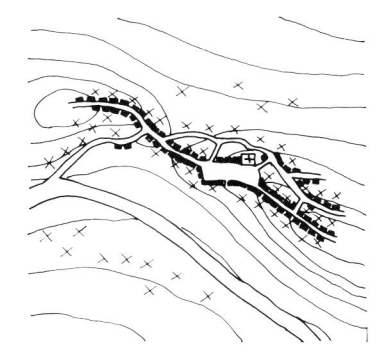

その2　中南米地域の領域論的考察

④

⑤

⑥ 十字架／学校／軍隊駐屯所／広場／教会／墓地

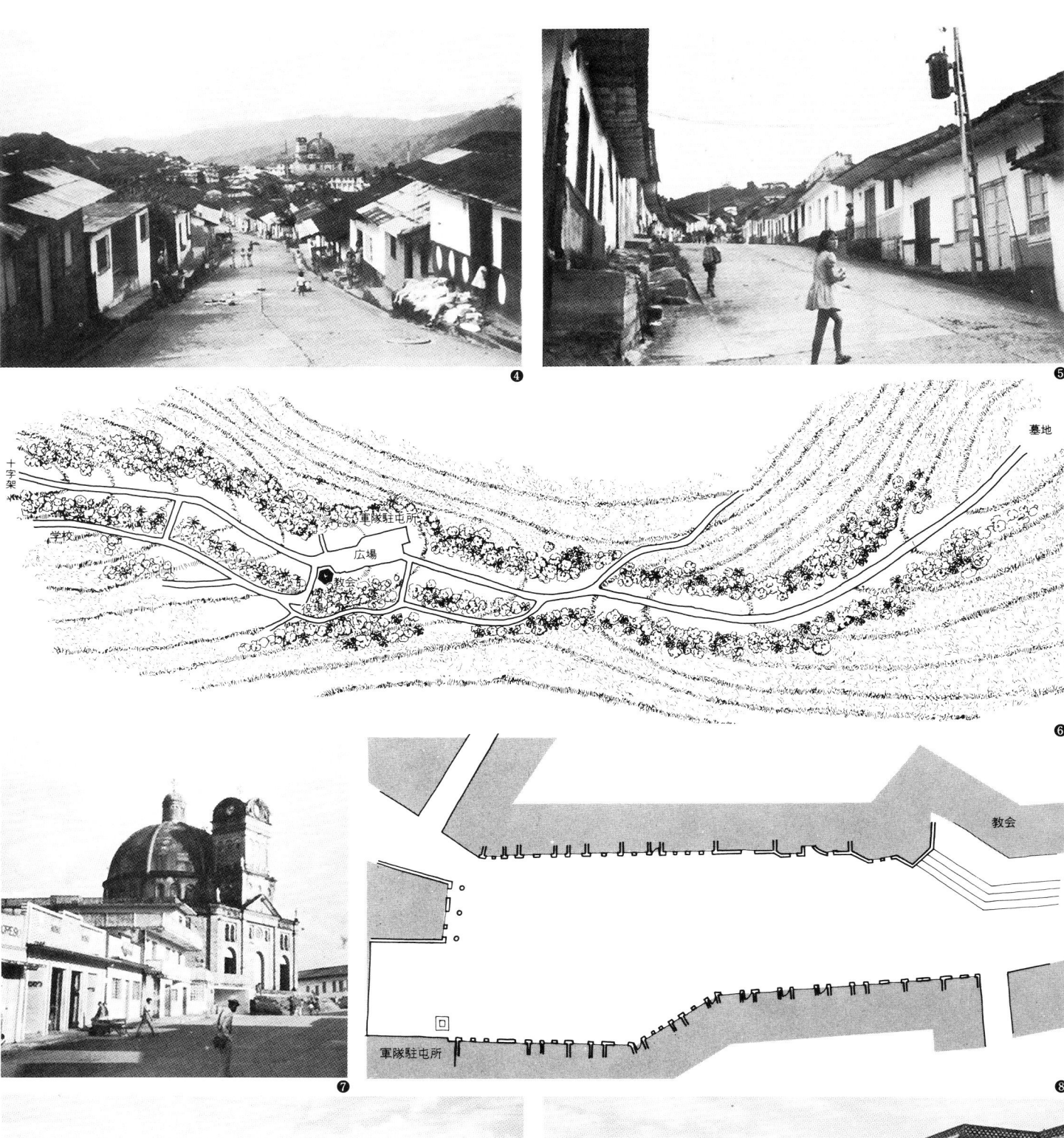

⑦

⑧ 教会／軍隊駐屯所

⑨

⑩

❶ 集落遠景
❷ 墓地からみた集落風景
❸ 十字架のある高台からの集落風景
❹❺ 街路
❻ 集落配置図
❼ 教会
❽ 広場平面図
❾❿ 広場
⓫ 共同墓地
⓬ 学校を見下ろす
⓭ 住居内部
⓮ 住居A平面図
⓯⓰ 住民と住居

❶〜⓭ 写真：鈴木悠

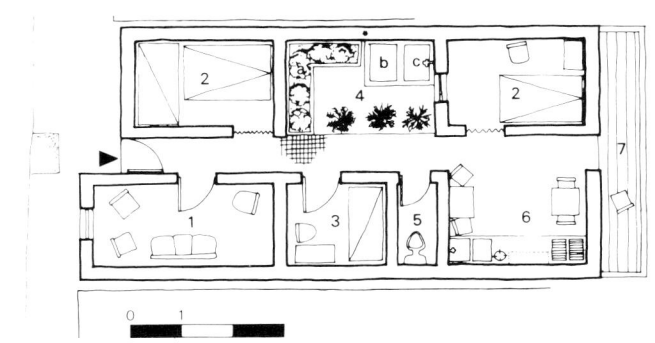

1 応接間　6 食堂・台所
2 寝室　　7 ベランダ
3 子供室　a 花棚
4 パティオ b 流し
5 便所　　c 水槽

Valdivia

中央山脈の北端部にバルディビアは位置する．稜線上の家並みと，集落中央の教会のドームは，雲をいただく山の頂きが水平線を決めるこの周囲の風景に焦点を与えている．集落は稜線に重ねられたメインの道を軸とする．集落の両端の２つの丘の頂きには，墓地と十字架が配置され，それらは稜線の鞍部の住居群を見おろしている．教会はこの集落の規模に比して不釣合に大きく，装飾性も高い．教会の前の広場は，ほぼ20×50mの矩形で四周は商店が立ち並ぶ．しかしこの広場は，コロネードも，スペイン式庭園も，モニュメントも持たず，道が自然に広がっていったという印象であり，それだけにコロニアルスタイルの広場より生活の臭いを感じさせる．道路は稜線上のメインの道と，それに並走して１本，この２本の道を連絡するように数本の道が取り付けられている．住居の大部分は，メインの道にリニヤーに取り付く．住居は道に接し，舞台造りのように建てられる．内部にパティオを持ち，裏はバルコニーになっている．この斜面へのひとつの解決法を示す住居形式は，コロンビアで広く見られる形式である．この特異な住居構築法は，自然地形中の不連続線であり，特異点である稜線をメガストラクチャーとするバルディビアの集落構成を技術的に保障している．稜線といういわば自然地形中の引力の場に引き寄せられたかのような構成をとるこの集落は，それゆえ高度のアイデンティティを示している．歴史的には，200年前からこの稜線上にすでに30戸の集落があり，現在の教会も135年前に建てられたという．全員メスティーソである住民は，周囲の山の斜面に放牧地を持ち，酪農で生計を営む9,000人の人口をもつこの地方の行政上のセンターでもある．

その２　中南米地域の領域論的考察 | 127

Barbosa

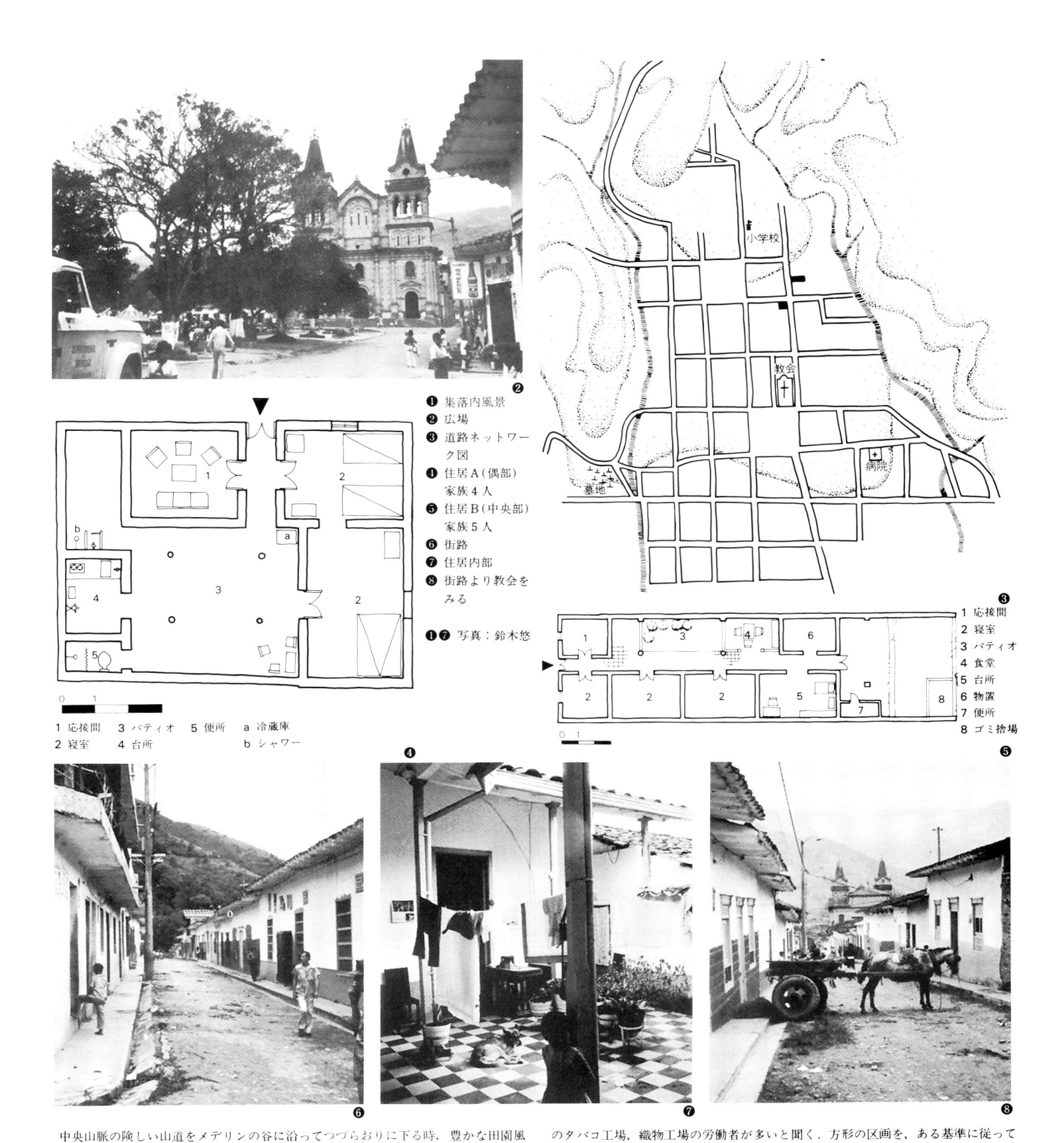

❶ 集落内風景
❷ 広場
❸ 道路ネットワーク図
❹ 住居A（偶部）家族4人
❺ 住居B（中央部）家族5人
❻ 街路
❼ 住居内部
❽ 街路より教会をみる

❶〜❼ 写真：鈴木悠

1 応接間　3 パティオ　5 便所　a 冷蔵庫
2 寝室　　4 台所　　　　　　b シャワー

1 応接間
2 寝室
3 パティオ
4 食堂
5 台所
6 物置
7 便所
8 ゴミ捨場

中央山脈の険しい山道をメデリンの谷に沿ってつづらおりに下る時，豊かな田園風景の谷の底に，バルボサは端正なグリッドの町割りを見せて遠望された．広場は2つあるが，集落の中央に位置する教会が置かれた広場がセンターの役割をもつ．その広場は，四周をコロネードを持つ商店，役所，軍隊駐屯所に囲まれ，露店も数多く立ち並び，町のすべての活動をひきうけている様なにぎわいがある．道はグリッド状に走り，町の周縁部では地形により変形を受けるが，全体としては典型的なコロニアル・スタイルの都市の風貌を持つ．コロンビア第1位の工業都市メデリンの影響下にあるため，人口2万のこの町も，住民は近くのタバコ工場，織物工場の労働者が多いと聞く．方形の区画を，ある基準に従って割られた敷地割りを持ち，住居は，その中にはめこまれている．このため住居プランは区画の隅部と中央部とでは，異なったプラン上の対応をみせる．（図参照）隅部の正方形の敷地が与えられ住居プランでは，パティオが交通スペースとして積極的な意味を持っている．中央部のそれは，奥行きの深いプランとなり中廊下型で，パティオは屋外の居間としての独立した部屋機能を持つ．町の構成から住居プランに至るまで，スペインが植民都市に対してこめた理念が，この町では今でも息づいていることを感じないわけにはいかない．

Barbosa

その2　中南米地域の領域論的考察

Guatica

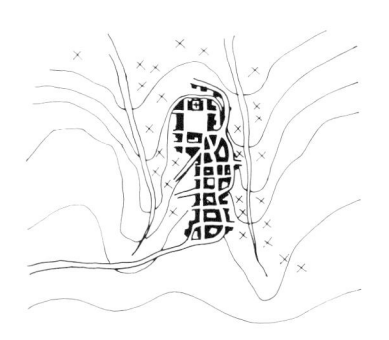

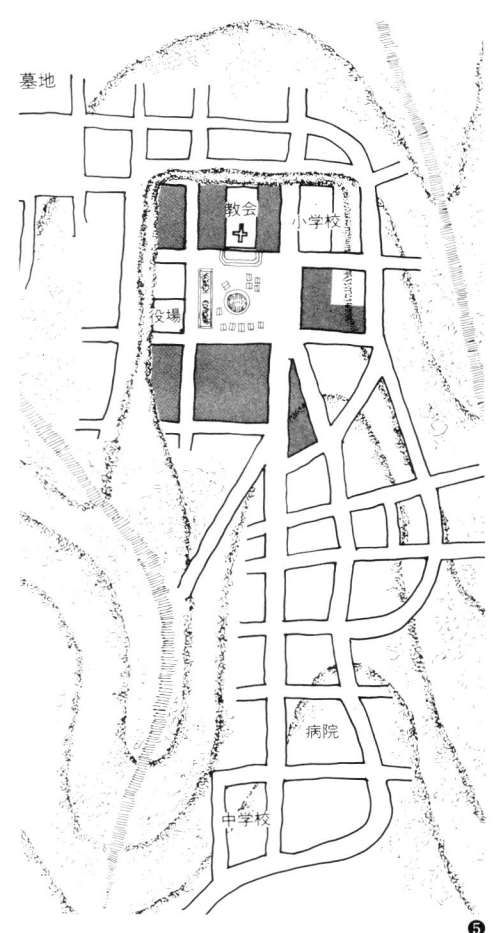

❶ 集落全景　❺ 集落配置図　アミ部分は商店
❷ 街路　　　❻❼ 住居裏側
❸ 教会
❹ 広場　　　❶ 写真：鈴木悠

コロンビア中央部，西部山脈の東側斜面にグァティカは位置する．周辺は西部山脈と，中部山脈の4,000m級の山の頂きが連なるコロンビアの屋根ともいえる地域である．集落は斜面に突き出した台地上に乗っている．台地の先端部の広場と，崖に接して建つ教会がこの集落のある風景を特徴づける．全体として集落はグリッド構成への意図が感じられるが，広場へのメインのアプローチ道路は，山稜線に従って屈曲しているため，内部に入り込むとグリッドのもつ明快性は失なわれ，迷路的な感じが強い．広場はペーブされ露店が並び市が開かれている．広場とそれをとり巻く役場，商店，教会は，崖に接して建ち，空中に張り出した建物は舞台造りのように束柱でささえられる．住居は道に接して建てられる．区画の中央部は裏庭として使われているが，所有も明らかでなく，積極的に利用されているという印象からは遠い．敷地に対する彼らの意識は，間口×奥行ではなく，間口だけなのかもしれない．集落は一応台地の20m程の崖で境界づけられているが，一部はスプロールして崖の下にも住居が散見される．しかしこの20mの落差をもつ崖の地形上の不連続な力は，教会の異様に垂直的なデザインと重なった時，その効果は倍加する．台地の下から見上げたなら，教会の尖塔は天に突き刺さるように錯覚されるだろう．

Guatica

その2　中南米地域の領域論的考察 | 131

Pubito

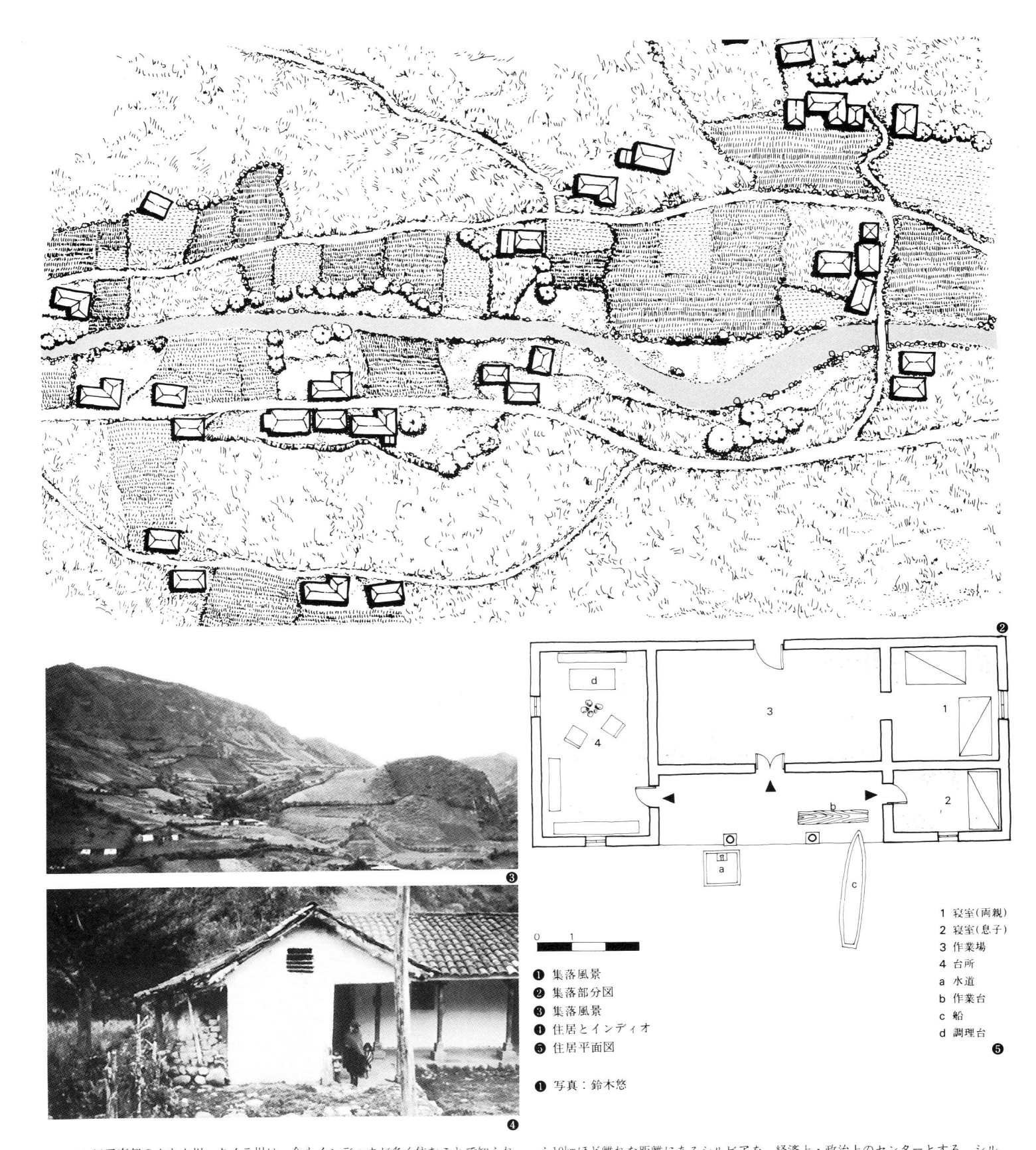

❶ 集落風景
❷ 集落部分図
❸ 集落風景
❹ 住居とインディオ
❺ 住居平面図

1 寝室（両親）
2 寝室（息子）
3 作業場
4 台所
a 水道
b 作業台
c 船
d 調理台

❶ 写真：鈴木悠

コロンビア南部のカウカ州、ウイラ州は、今もインディオが多く住むことで知られる地域である。インディオの集落プビトは、このカウカ州の州都ポパヤンから北に30kmの山中にある。両側に山の斜面が迫る谷あいに点在する集落は、低緯度とはいえ、高度2,500mの肌寒さも手伝い、寒々とした印象を与える。川辺のわずかな平担地と斜面を切り拓いた痩せた畑に、人口2,000人のこの集落のインディオが農耕を行なっている。住居は、100m程の間隔をおいて点在し、教会その他のセンター的な施設はない。インディオ達は、そのため集落から10kmほど離れた距離にあるシルビアを、経済上・政治上のセンターとする。シルビアでは週に1度インディオの市が立ち、ここでの交易により日用品は購入される。住居は作業スペースを中央に置き、寝室と台所を分離する構成をとる。炉は石を並べただけの簡単なものであるが、この台所でたく火の熱を屋根裏を通して住居全体に伝える生活の工夫も見い出される。インディオ達は紺色のポンチョのユニフォームを身につけている。このユニフォームに象徴される集落内部の均質性は、集落の位置の隔離性と共に彼らの防御的な姿勢を示している。

Pubito

San Andres

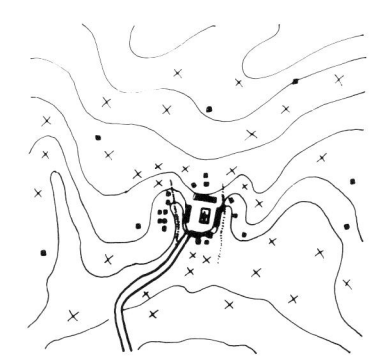

a ベッド
b 炉
c ハンモック
d バナナ畑

❶ 教会
❷ 教会内部
❸ 集落中心部図
❹ 集落内風景
❺ インディオの住居A　家族5人
❻ インディオの住居
❼ 住居内部

❶ 写真：鈴木悠

San Andres

サン・オーガスチン文化の名で知られるコロンビア古代土着文化の遺跡が、現在多く発掘されているマグダレナ河が源を発する地域にサン・アンドレスは位置する。近くには壁穴式の墓と目される遺跡群があり、文化史的にも重要な位置を占めている。集落を遠望した時、まず教会に目が引きつけられる。インディオの手によって建てられたという素朴で土着的なデザインと、小高い丘に設けられた広場の中央に位置する独特の配置は、30戸余りのこの集落の視覚的なまとまりを一手に引き受けている観がある。住居は広場を一重に取り囲んだ学校、商店、住居群を核に、同心円的に住居密度を拡散させながら点在して広がる。その円が、周囲の山に行きつくまで広がると、そこからは今は集落の中心部からスペイン人に締め出されたインディオ達の住居の領域である。インディオ達の住居までは中心部から近くても山道を2kmは歩かねばならない。その住居は1室住居で、彼らの耕やす畑の中央に配置される。インディオ同士の住居の間隔は、地縁的という言葉のスケールからは、はるかに隔った距離を保っている。サン・アンドレスの教会を中心とするスペイン人の住居領域と、周辺の離散的なインディオの住居領域との構図は、中南米の集落を概括する。プエブロ（集村）とランチョ（散村）という集落形式の関係の縮図でもある。

その2　中南米地域の領域論的考察

Juncal

❶

❶ 北の集落全景
❷ 北の集落全体図
❸ 北の集落内部
❹ 小広場から教会をのぞむ
❺ 住民と住居
❻ 南の集落全景
❼ 南の集落全体図
❽ 教会
❾ ミラ河谷の黒人集落
❿ 北の集落の調査住居 A
⓫ 住居 A 平面図
⓬⓭ 住居 A 内部
⓮〜⓰ 北の集落の住居

❶❸❺❾ 写真：鈴木悠

その2 中南米地域の領域論的考察

138

1 娘夫婦の部屋
a はしご
b 炉
c ツボ

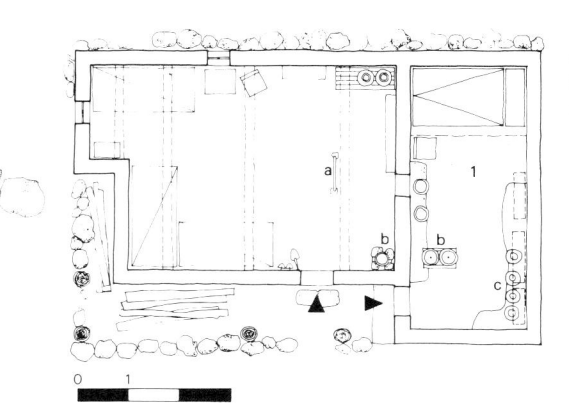

コロンビアからエクアドルに入ると，土壌が白っぽい火山灰となり，土地の貧しさが目立ち始める．トウルカンから次第に高度を下げた道は，ミラ河の谷を通る．不毛に近い山々の迫った河谷沿いに緑のラインが伸び，河にかかった鉄橋を中心に，土壁，草葺きの集落が3ヵ所ある．フンカルと呼ばれるこの地の村は，黒人集落である．中南米の黒人は17世紀以降，奴隷としてアフリカより連れてこられたものであるが，これらの黒人はしばしば逃亡し，キロンボと呼ばれる黒人のコミュニティを形成した．不毛の地に，極度の貧困の中で生活する彼らもその子孫であろう．私たちは，2つの集落を調査した．ひとつは60戸余りから成り，中央に小広場をもつ．周囲の住居は入口を広場に面しているが，広場といっても，石が片づけられているだけで，何ら施設を伴わない．瓦葺きの教会があるが，簡素で，十字架の表示もなく飾られていない．ここには，インディオが4家族いるが，黒人の住居が寄せ棟であるのに対し，彼らのそれは，片流れになって区別できる．住戸は境界をもたず，またその配列には棟に方向性がある以外は規則性がみられない．住居は木の軸組みに竹の下地をつけ，土を塗りつけたもので，屋根は草葺きである．調査した家は，2室で，6人家族と娘夫婦から成っていた．村のはずれに洗濯場と学校がある．生業は農業．鉄橋脇のもうひとつの集落は80戸余り．橋のたもとがバスの停留所になっているため，道路に沿って食堂，商店が多い．この河谷には，他に同様な黒人集落が2つある．

Juncal

Gatazo Chico

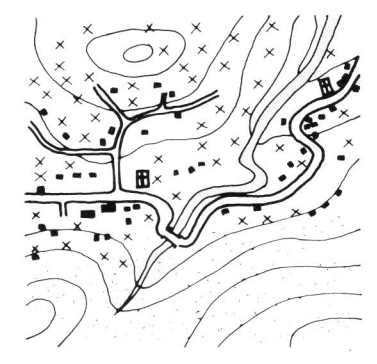

❶

❶ 集落全景　　　❼ 調査した住居B
❷ 北の集落全体図　❽ 北の集落の住居A平面図
❸ 南の集落全体図　❾ 南の集落の住居B平面図
❹ 散村形態
❺ 教会　　　　　❶ 写真：鈴木悠
❻ 住居

1 居間
2 台所
3 寝室
4 居間
5 食堂
6 みち
7 小麦畑

1 動物小屋

キトーから南，パンアメリカン・ハイウェイは海抜2,000m余りのなだらかな丘陵地帯を通る．この高原の都市化された部分には，白人，メスティーソが多いが，周辺の農耕地帯には，様々なインディオが住んでいる．リオバンバの南，20km余りの所で，ガタソ・チコと呼ばれる村を調査した．メイン道路から谷ひとつ越えた所にあるこの村は，緩斜面に住戸が点在し，典型的な山村形態をとっている．農地は住居の周辺にトウモロコシ畑があり，その外側に小麦畑があるのが一般的である．この他，玉ネギ，豆，ニンジンなどがつくられていた．各住居は，それぞれが道に対する取り付き道路をもち，また，土壁で住戸の周囲をかこったものもあり，全体として，個別的に閉じたものとなっている．キトーで会った文化人類学者は，インディオはプライバシーを守る観念が非常に強い，したがってこの様な散居形態を好むと説明していた．住居は，土壁，あるいは石積みの上に，わら屋根をのせたものと，最近でき始めた瓦葺きの2階建てのものとある．住居形式は一室型を基本とするが，台所，納屋，家畜小屋等を分棟化したものもみられる．村には宗派の異なる教会が2つあるが，いづれも畑の中に孤立してあるだけで，前に広場をもつとか，飾り立てるとかいうことはなされていない．他に役所，学校があり，村は約180家族から成るという．

Gatazo Chico

その2　中南米地域の領域論的考察

San Antonio

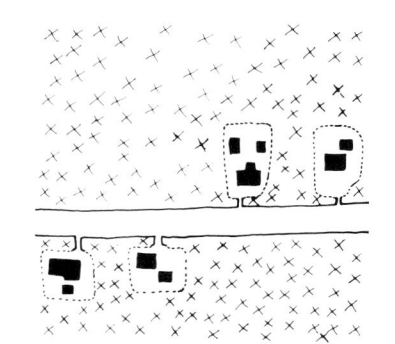

1 台所
2 寝室
3 夫婦寝室
a ハンモック

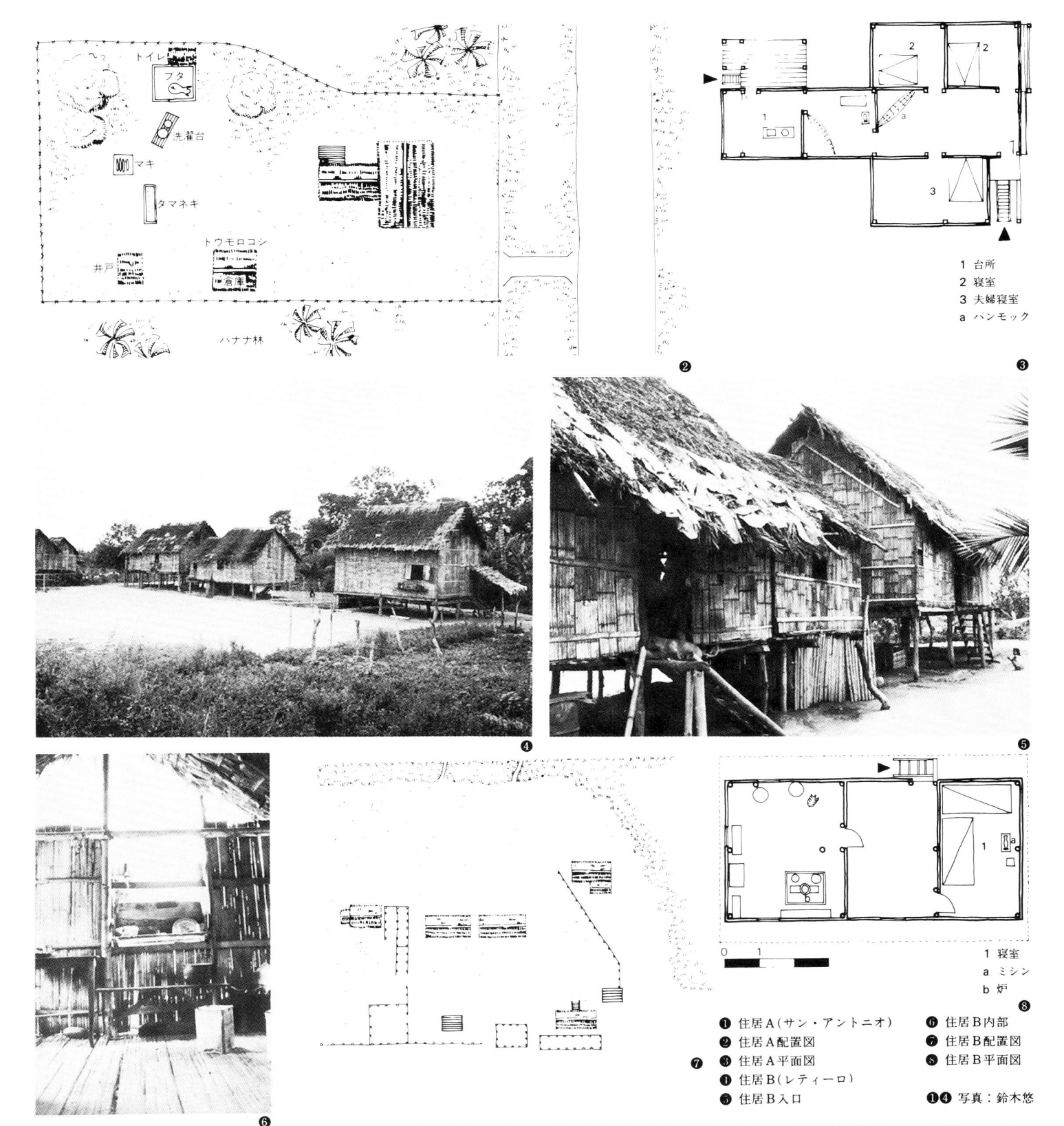

1 寝室
a ミシン
b 炉

❶ 住居A（サン・アントニオ）　❻ 住居B内部
❷ 住居A配置図　❼ 住居B配置図
❸ 住居A平面図　❽ 住居B平面図
❹ 住居B（レティーロ）
❺ 住居B入口　❶❹写真：鈴木悠

エクアドル・アンデスから海岸部ガヤス・デルタに降りると，風景は一変し，バナナ，ヤシの繁げる緑濃いサバンナの様相を示してくる．人種的にも，インディオにかわって，メスティーソが主流となり，黒人も混じってくる．この変化は，住居形式においても顕著である．多雨な湿地帯に立地するため，住居は高床形式となる．この高床は，農村部のみならず，都市部においても採用されている．農村部では，バナナ園などのプランテーションで働く小作人の住居と思われるものが道路沿いに点在し，まとまった集落を形成しているものはみられない．サン・アントニオと呼ばれる所で調査したこの住戸は，一帯でもっとも整ったものであるが，主屋，トウモロコシ倉庫が高床づくりで，階下はトリ小屋に利用されていた．住居の構造は，木製の軸組に，壁面として，竹を細かく縦割りにしたものを，竹の表面が室内に向く様にとり付けたもので，屋根は，ヤシ，または，バナナの葉で葺いてある．内部の間仕切りも竹の壁であるため，隣室がその隙間からうかがうことができる．床もまた竹で，隙間よりこぼれた食物を小動物が食べる仕組みになっている．3寝室と居間，食堂，台所からなるこの家は，夫婦の他に男4人，女8人の子供，計14人が住んでいる．この他，同様なつくりで，5軒が集合しているのをペルーとの国境近くで調査した．

San Antonio

その2　中南米地域の領域論的考察 | 143

Cerro Huslon

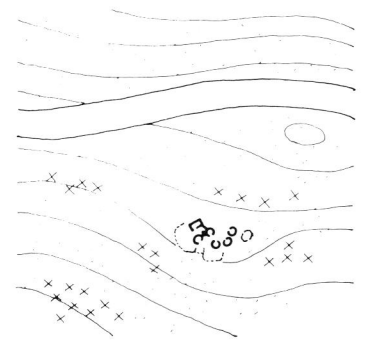

1 台所・食堂
2 主人の室
3 ニワトリ小屋
4 子供(少女)の室
5 子供(少年)の室
6 貯蔵庫
7 主婦の室

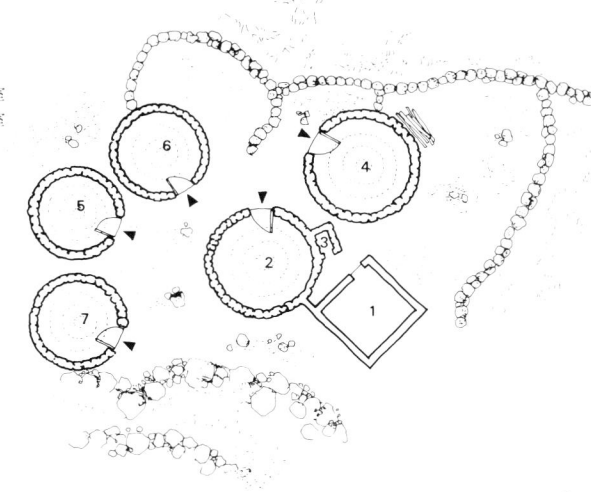

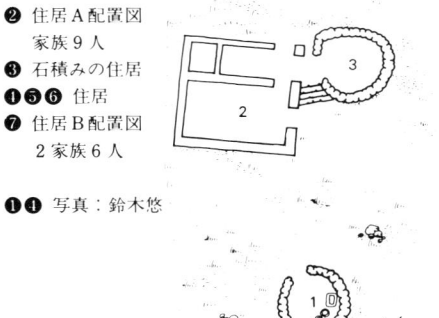

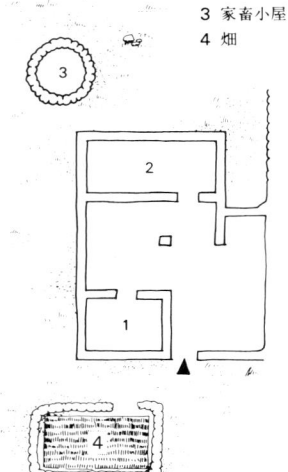

❶ インディオの住居
❷ 住居A配置図 家族9人
❸ 石積みの住居
❹❺❻ 住居
❼ 住居B配置図 2家族6人

❶❹ 写真：鈴木悠

1 台所
2 寝室
3 家畜小屋
4 畑

ペルー海岸部は砂漠で不毛地帯であるが，その中に東から西へ，アンデスに源をもつ50数本の河が流れている．この河谷はオアシスとなり，谷に沿って緑の帯が伸びている．そのひとつ，リマの北東300km余りの所にあるカスマ河沿いにアンデスに入り，コラスまでの行程を調査した．低地の谷合いには，メスティーソの日干し煉瓦，トタン葺きの貧弱な集落しかないが，コルディエラ・ネグロにわけ入り，高度が増すとインディオの住居があらわれてくる．インディオの住居は離散的に点在し，集村を形成しているものはない．セロ・ウスロンで石積みで円形の住居を調査した．このあたりは，海抜3,500mを越えている．住居は6棟からなり，その中で性別による住み分けが行なわれている．四角いのが台所，その隣から順に，主人，女の子供，動物の飼料，男の子供，妻と祖母の小屋が並んでいる．羊，牛を飼っているが，土地は自分の所有ではないという．小麦やイモ，トウモロコシを主とする農業も行なっている．同様の住居を，ウチュパ・カンチャでも観察した．2家族が近接して住むここでは，日干し煉瓦，石積みの住居がつくられ，台所，家畜の囲いが分棟化していた．

Cerro Huslon

その2　中南米地域の領域論的考察 | 145

Aucallama

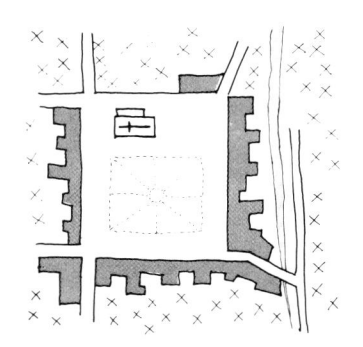

❶

❶ 広場を囲む住居
❷ 全体図
❸ 街路
❹～❼ 広場と住居

❶ 写真：鈴木悠

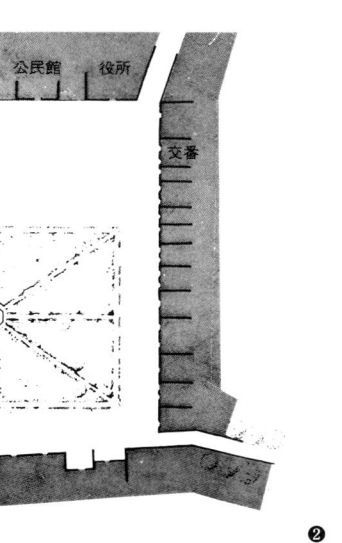

Aucallama

次のリマのバリアダ，およびここは，天野博物館長，天野芳太郎氏に案内していただいたものである．アウカリャマは，氏の研究地，チャンカイ谷にある1農村である．周囲を綿畑に囲まれた平担地に位置するこの集落は，グリッドプランの都市のプロトタイプとして興味深いものである．中南米に広く分布するグリッドプランは，スペイン人の征服者のつくったインディオ法に，都市のつくり方として制度化されている．アウカリャマは，80m角位の矩形の広場をもち，その一隅に教会がある．広場の四周に，ファサードを連続した住居が並ぶが，これが1列しかない．30戸余りの集落にしては不要に広い広場と，それを囲む住居の配列は，将来，この村が拡大したときの無限の可能性を先取りしたものといえる．グリッドプランは，こうした変化に対処できる計画法として新大陸に導入されたものである．教会の起源によると，この村は，16世紀にできたというが，成立時の姿を現在まで保存していると思われる．広場に面して，役所，公民館，警察，学校，幼稚園がある．住居は，日干し煉瓦造で，正面は漆喰が塗られ，ペンキで着色され，裏は，パティオで作業場となっている．

その2　中南米地域の領域論的考察 | 147

Pro. Salvador

148

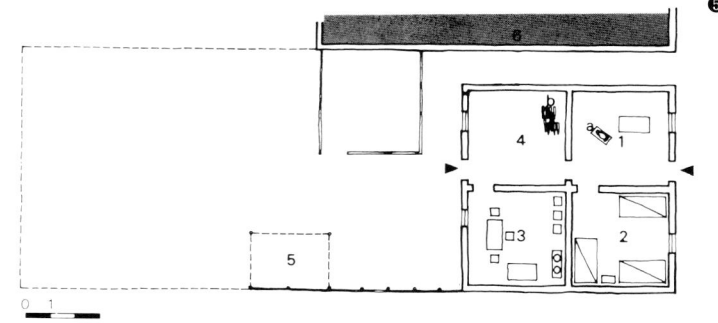

❶ リマのバリアダ
❷ 住居ブロック遠景
❸ 住居ブロックの一区画
❹ 国旗が残る住区
❺ メディオ・ムンドの住居A
❻ 住居A裏庭
❼ 住居A平面図

1 居間
2 寝室
3 台所
4 倉庫
5 牛小屋
6 隣家
a ミシン
b トウモロコシ

❶ 写真：鈴木悠

中南米は，世界で人口増加率のもっとも高い地域である．農村部の過剰人口は大都市に集中し，近郊に貧民窟を形成している．ペルーでは，こうしてできたスラムをバリアダと呼ぶ．リマの南方15kmの所でこの大規模なものをみた．砂漠に整然としたグリッド状の道ができ，その区画がさらに均等に区画割りされ，続々と住戸がつくられている．これらは，土地の不法占拠により成立した町である．占拠はまず土地に国旗をたて，官憲の力を国旗に対する侮辱として排除することに始まる．都市計画は暗黙の了解のもとに行なわれ，町がある程度大きくなると，学校，商店街などができ，バスが通うようになる．電気，水道なども，住民が勝手に加入者から孫引きするという．こうしたバリアダがペルーでは150ヵ所余りあるといわれている．住居は，日干し煉瓦，ブロック，石，コンクリート，木，草，トタン等，雑多なものが使用され雑然とした景観をなしている．各戸は裏庭をもち，作業場，家畜小屋となっている．この種の住居は，ペルーの海岸砂漠地帯に広く分布するもので，メディオ・ムンドで調査した住居は，敷地が10m×30mで，4室の住戸に家族6人が住んでいた．

Pro. Salvador

その2　中南米地域の領域論的考察

Agua Santa

❶ 集落全景
❷ 集落全体図
❸ 住居A平面図
❹ 砂漠と住居
❺ 住居Aの正面
❻ 住居Aの居間と住民
❼ 住居Aの台所・食堂
❽ 居間より寝室をみる

1 居間
2 寝室
3 台所
4 物置
5 鳥放し場
6 家畜放し場
7 餌箱

Agua Santa

アンデス山地を下山し，都市周辺や，海岸の砂漠地帯に生息したインディオの集落には，大別すると2つの傾向がある．ひとつはバリアダと呼ばれるスラム街であり，ペルー国内で現在150ヵ所程に及ぶと言われている．これらの貧民街は，急速に巨大化し，母体となる都市を完全に包み込んでしまうこともある．他方は，インディオ独自の生活様式と，それに見合った集落を形成したもので，自立性の高い共同体を目指している．バリアダ住区と比較すると，規模も小さく，住居および集落もしっかりした構造をとっている．アグア・サンタは，後者の集落として観察される．リマ市より90km程南下した海岸砂漠地帯の，酪農を主なる職とした集落である．集落は，8戸前後の住居から構成され，それに50頭程の乳牛と，羊，鶏等の家畜小屋から成っている．集落の付近に，ピスコ川を源にしたオアシスの街があり，住民は，これらの街に，生産物を売り生活している．

集落の境界を示す物は，観察されないが，8戸の住居は，集落の中心部にある窪地に沿って，環状に配列されている．窪地は，ピスコ川の分枝がもたらした湧水であり，この部分だけが周辺の不毛地に比して，サバンナ化されているのだ．湿気は，僅かであるが緑を示している．住居は，これらの窪地に背を向け配置されているのだが，湿地に接している部分は，母屋ではなく，木柵で囲まれた放牧場である．母屋は，鶏小屋と作業場を兼ねた囲み庭と平行し，設けられている．各室の構成は明快な配置を示し，個室（子供の寝室，夫婦寝室等）が，居間ゾーンと食堂，台所ゾーンとの中間地帯にある．つまり，玄関に面して，応接を兼ねた20㎡程の居間があり，つぎに4室に分割された各寝室がくる．寝室を通過すると，住居の最後が食堂と台所になっている．居間は集落のアプローチに面し設けられ，台所は生産的な場に直結する構造をとっていることがわかる．

Ocucoje

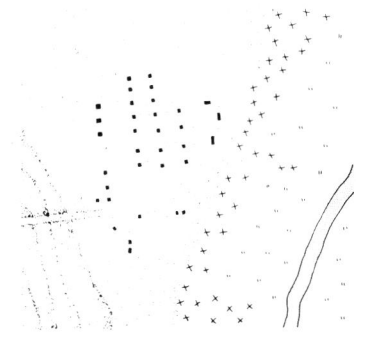

①

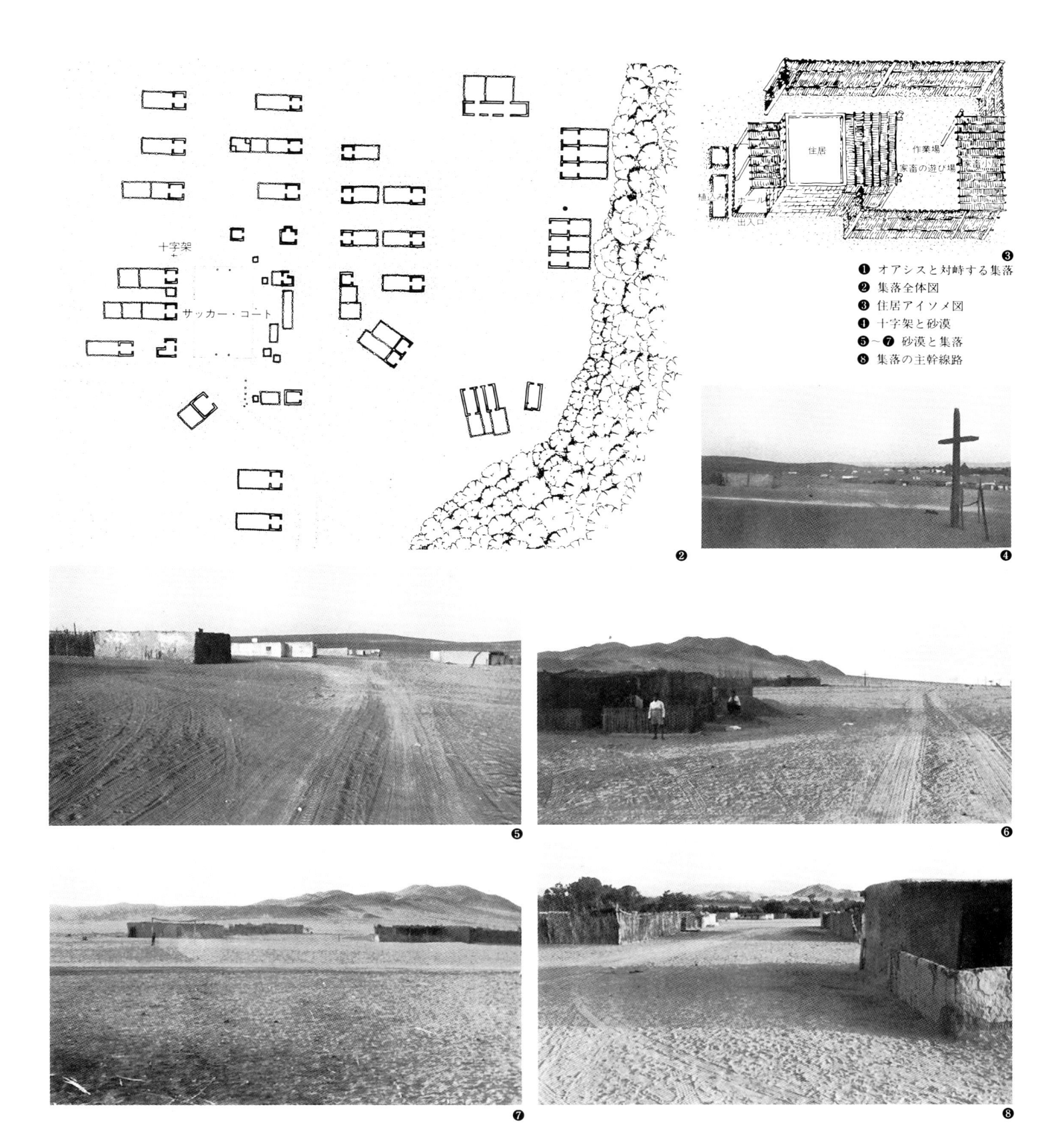

❶ オアシスと対峙する集落
❷ 集落全体図
❸ 住居アイソメ図
❹ 十字架と砂漠
❺〜❼ 砂漠と集落
❽ 集落の主幹線路

砂丘はイカ川に向かって，緩やかな傾斜を呈している．やがて傾斜地が平担地化される付近から，広大で豊かなオアシスが始まる．不毛な砂丘と緑のオアシスが対立した極端な風景である．これらのオアシスを背景に，数百戸の集落が長く続く．他の集落の多くが，オアシスの内部に集落を形成することを常とするのに反して，オクコへの集落は，緑のエッジ（端）に集落を形成している．緑の地でなく，砂漠側に形成した集落の厳しい配置が，オアシスの重要さを示している．彼等は，砂上に住居を形成することにより，生活の潤いを捨てた．これらの集落が示す厳しい配置に比して，内部構造は単純である．20〜30mもある極端に幅広い道路が，格子状に通っている．広い道路のある部分には，サッカーコートやバスケットコートなどが置かれ，砂上の広場となっているが，利用している者は少ない．これらの道路は集落を横断し，住居が終る場所で砂漠と一体化し，消えてしまう．住居は日干し煉瓦，竹，木板等，様々な材質で造られ小規模である．5m前後の方形の母屋と，家畜小屋から成り，道路に面して母屋が置かれ，その後に作業場と家畜小屋が続く．屋根がない壁のみの母屋が多く，たとえ造られていても，ヨシズ程度の開放的なものである．オアシスと対峙する集落の厳しい配置は，内部の構造を単純化させて成立している．

Ocucoje

その2 中南米地域の領域論的考察

Vira Blanca

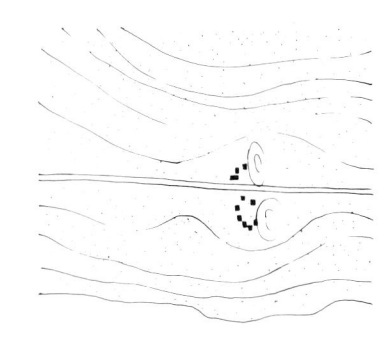

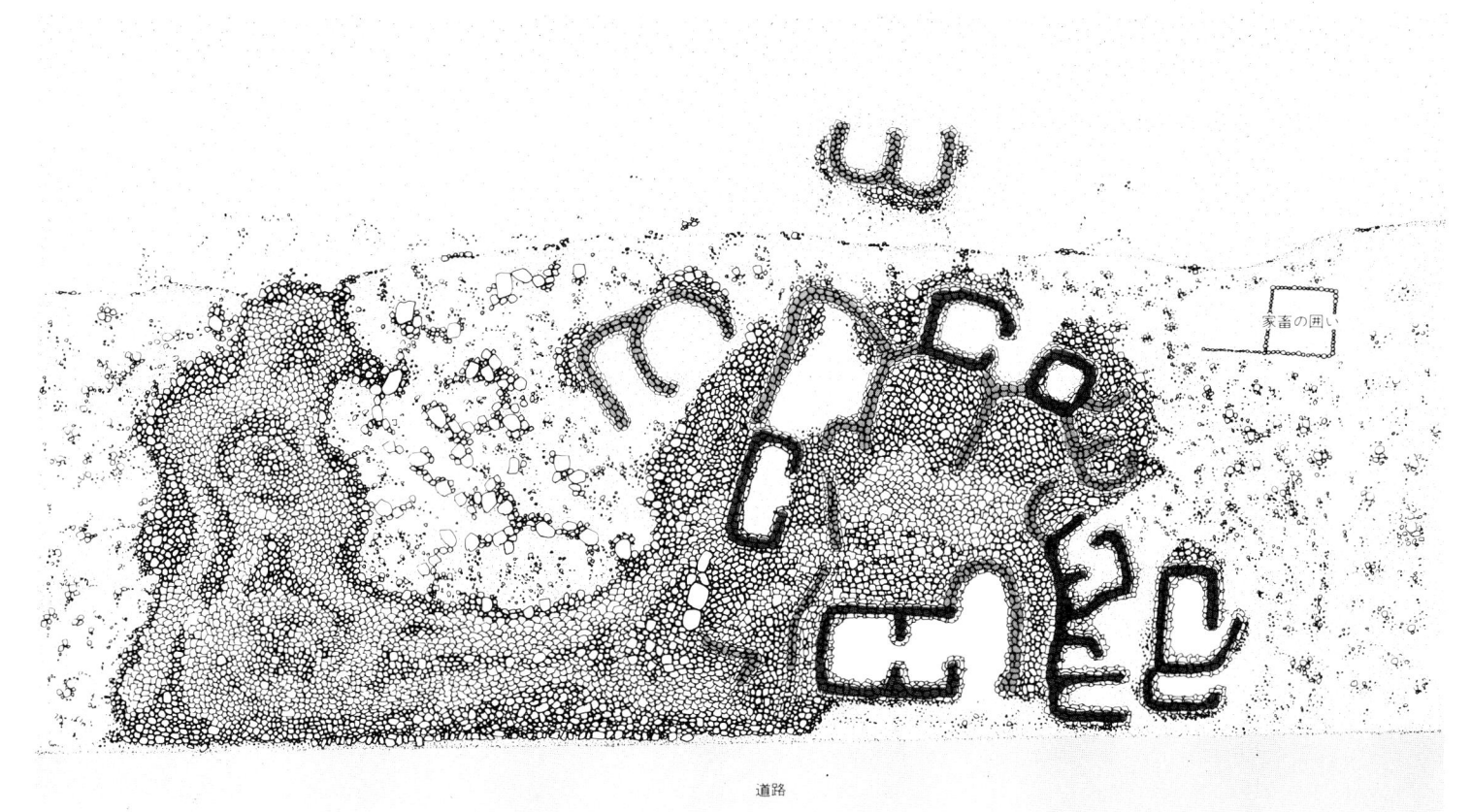

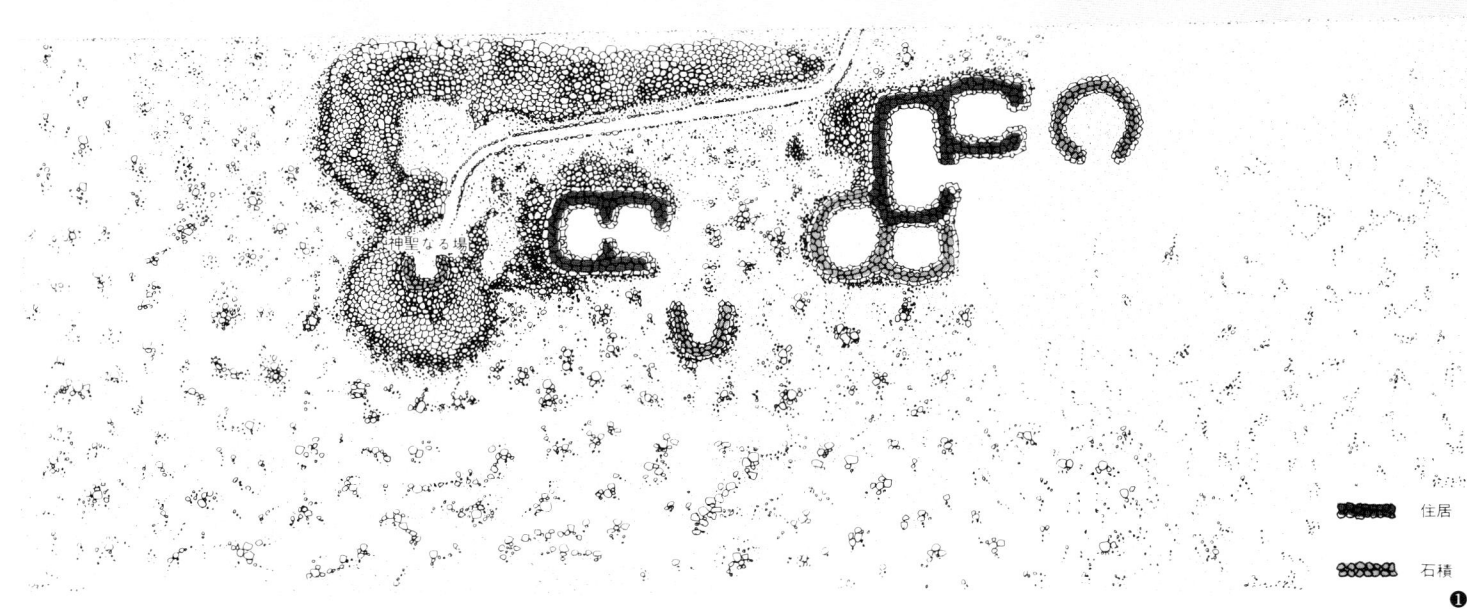

道路

神里なる場

家畜の囲い

住居

石積

❶

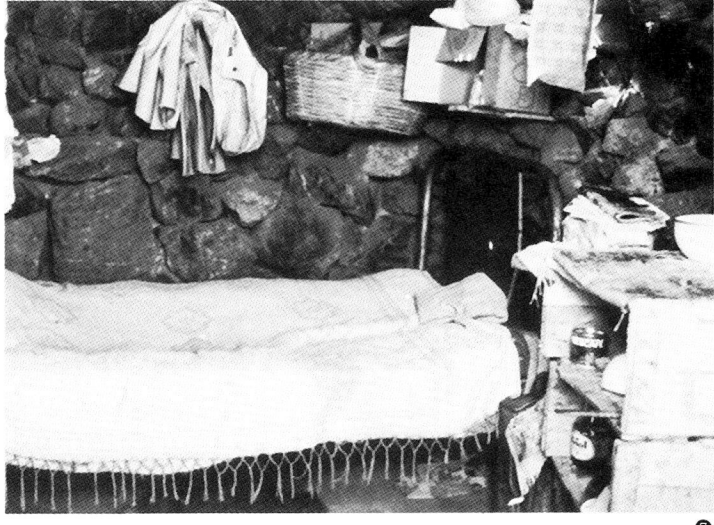

❶ 集落全体図　❺ 砂漠と住居
❷ 集落全景　　❻ 住居のファサード
❸ 石積みの住居　❼ 住居内部
❹ 砂漠と集落配置

砂漠の景観は、風上と風下によって異なる2つの面がある。風下における形状は、鋭く、急傾斜の砂丘となり、風上は穏やかで、緩傾斜の地形となる。ペルーを南下する海岸地帯の砂漠景観には、砂丘が道路直前までせまり、力学的均衡をはるかに越えて、砂の壁と化しているものがある。さらに直下に、寒流独特のうねりと、海霧を伴ない、まさに生物の生息を拒否するに充分な景観であった。そのせいか、オアシス以外の部分で、集落を発見することは少ない。
時おり発見する集落は、極端に粗雑な住居群か、独特な形状を示している。観察した住居群は、後者に入り、異質な形状で群居していた。集落は10戸前後からできており、半穴居住居である。住戸の床面を1m程堀り下げ、周囲に海岸の玉石を積み、壁とし、小さな開口部を取り付けたものである。1住戸の構成は、寝室的部屋、円形のオルノ、台所、家畜小屋が標準で、いづれも円形、または半球状の形態を示している。これらは壁の部分を接し連続する。住居は、寝室のみの一室住居とし築かれ、ベッドを始め、全ての日常用具が、床に積み重ねてある。つまり物置化された寝室住居である。住居群は2～3戸づつ道路を境にし、分かれて配置されているが、住居の壁以外、境界を示す境はみあたらない。あきは家畜の遊び場であり、共有の場として様々な用途に利用されている。

Vira Blanca

Ocoña

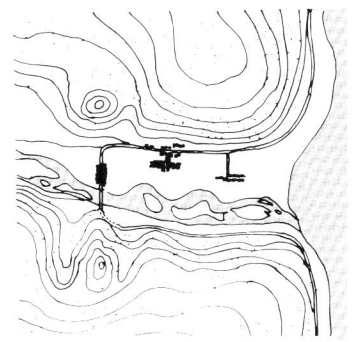

❶ オアシスと集落全景
❷ オコーニャの谷全体図
❸ 農耕地と集落

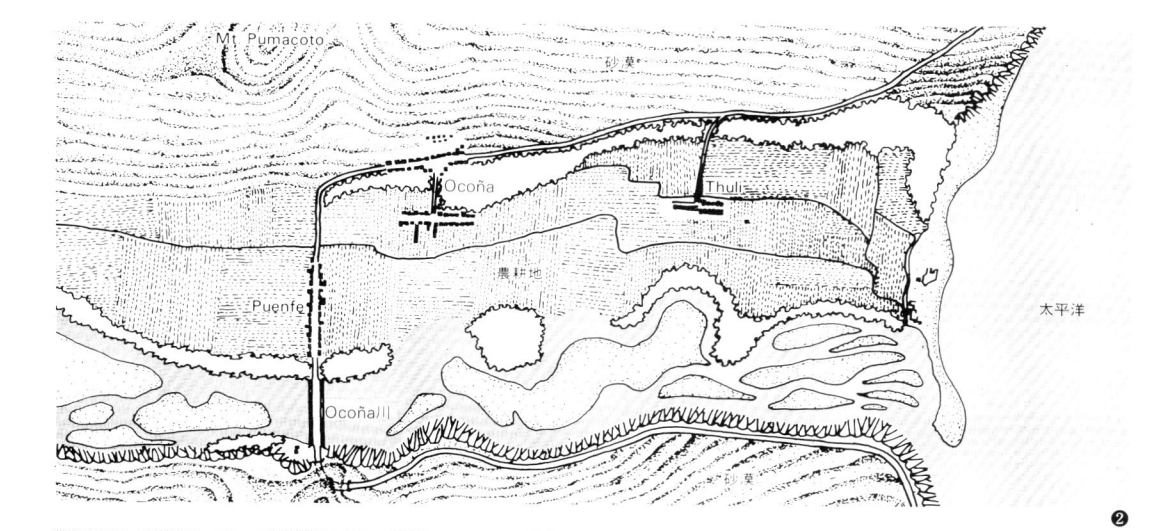

その2 中南米地域の領域論的考察 | 157

ocoña

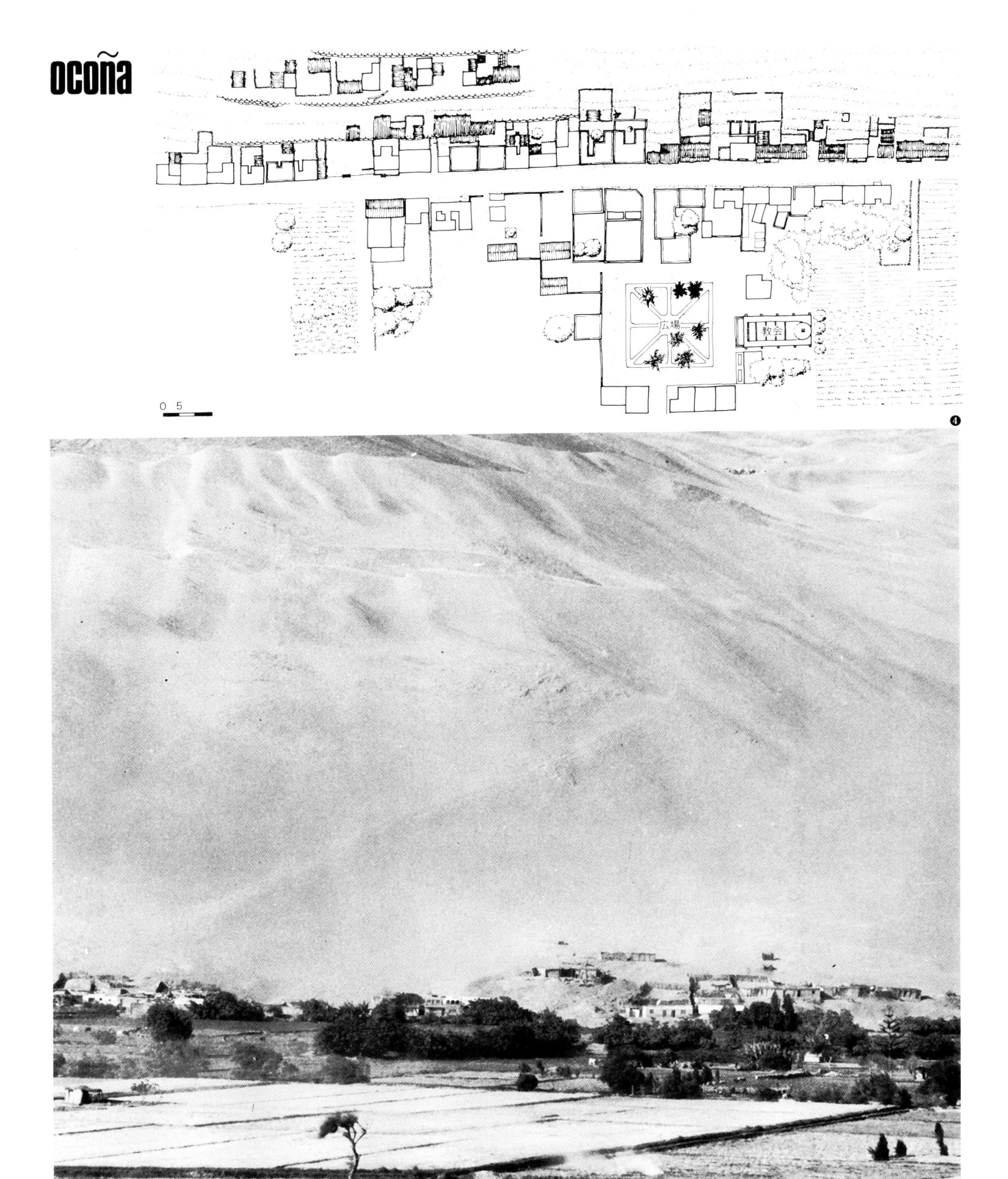

広場
教会

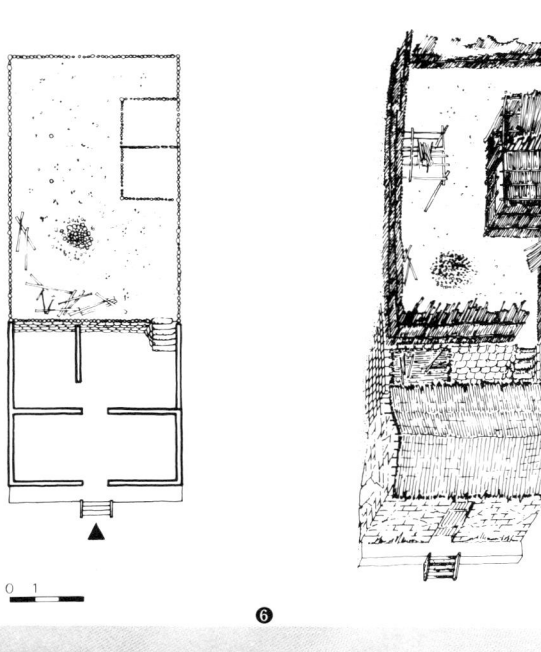

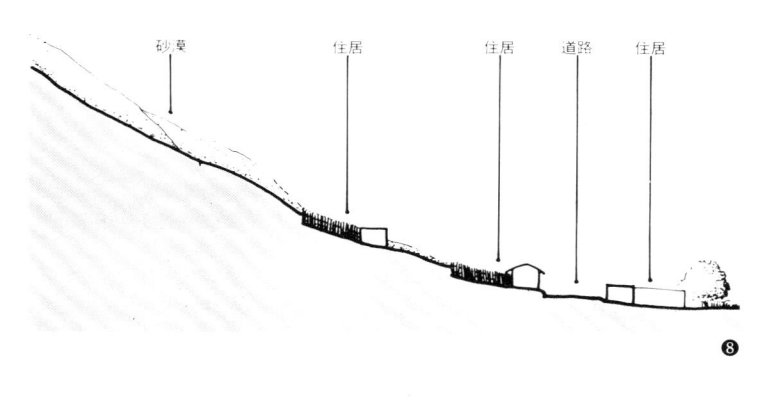

❶ 集落全体図（オコーニャ）
❺ オコーニャの集落
❻ 住居A平面図
❼ 住居Aアイソメ図
❽ 集落断面図
❾ 教会広場と主なる道路
❿ オアシスと教会広場
⓫ オコーニャの主幹線路

その2　中南米地域の領域論的考察 | 159

thuli

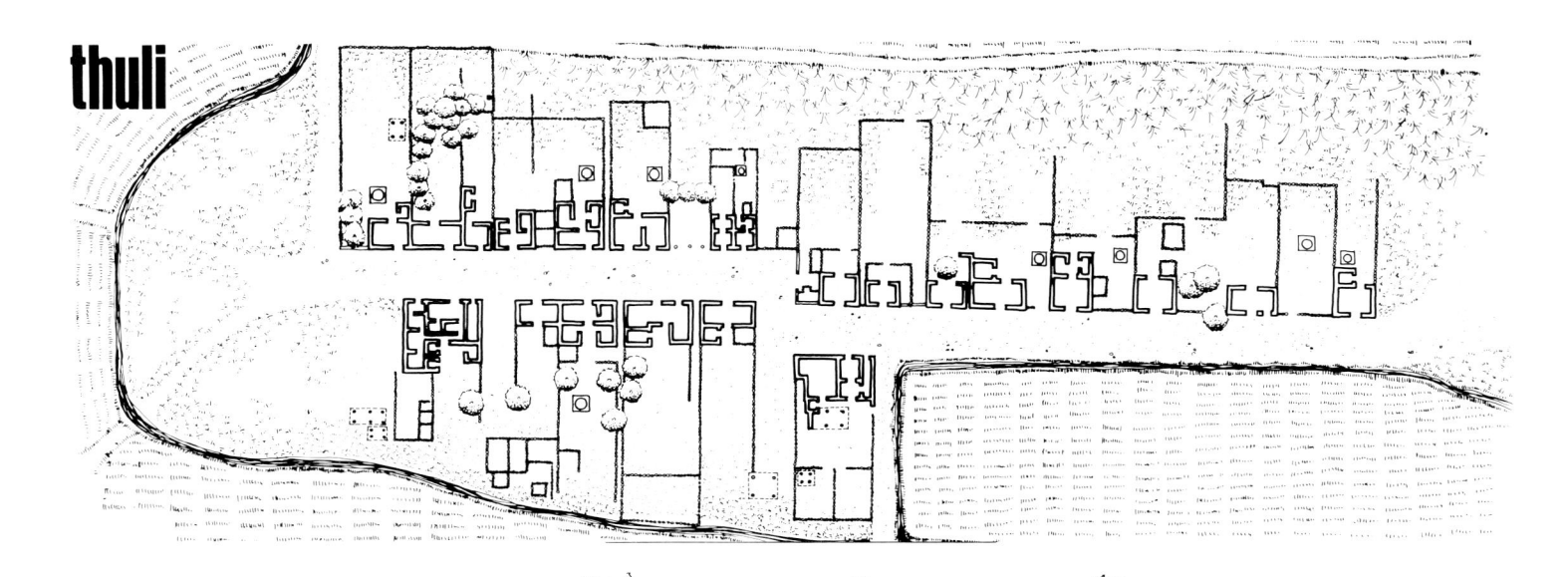

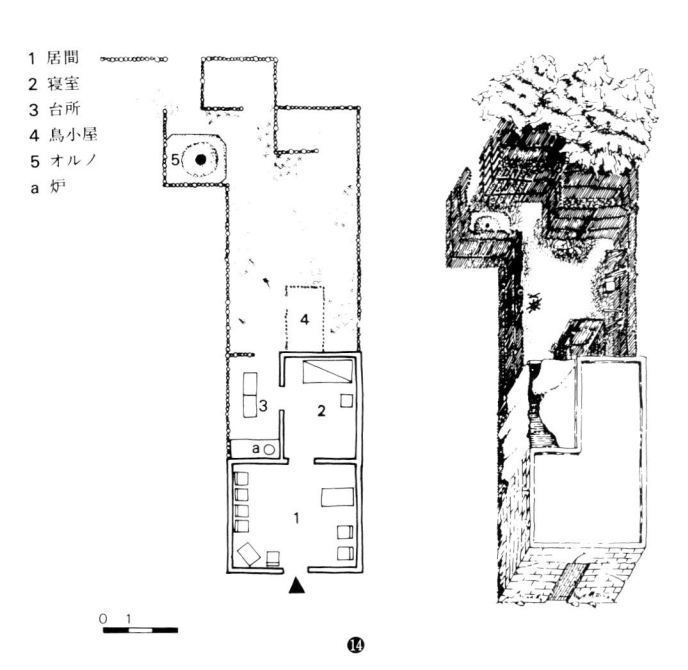

1 居間
2 寝室
3 台所
4 鳥小屋
5 オルノ
a 炉

⓮　⓯　⓰

⓬ 集落全体図(テゥリ)
⓭ テゥリの集落全景
⓮ 住居B平面図
⓯ 住居Bアイソメ図
⓰ 集落断面図
⓱ 集落へのアプローチ
⓲ 集落内部の通り
⓳ オアシスと人々
⓴ 集落内部の通り
㉑ オアシスと太平洋
㉒ 教会広場風景
㉓ 砂漠に向かう通り
㉔ 住居の出入口から通りを見る
㉕ 住居の囲み庭

⓱　⓲　⓳　⓴

その2　中南米地域の領域論的考察

ペルー北部トルヒイヨからチリのコピアポまで、1,400マイル、36万km²に及ぶ、海岸不毛地帯がある。ペルーのアタカマ砂漠地帯である。年間降雨量13mm以下、世界で最も降雨量の少ない地域である。これらの砂漠に50数本の河が流れ込み、肥沃なオアシスを形成している。オアシスは文化のみならず、全ての源であり、ペルーにおいては、国の主な産業、産物は、このオアシスを中心に動いている。リマより650km南下した点で、14本の河を渡った。いずれもオアシスとして稠密な集落を形成している。オコーニャの集落は、これらのオアシス集落の中で、最も眺望に優れ、整った景観を呈していた。集落は、太西洋に流れ込む河口周辺に発達し、周辺を豊かな緑地によって囲まれている。それらの緑地が延び、切り立つ砂壁で終っている。河は徐々に砂漠を浸蝕し、200mに及ぶ深い谷間を造っている。浸蝕され向き合った反対側の絶壁までは、千mを越える雄大な谷間である。この広大な谷間に、3つの集落が数百mの距離をおいて発達している。それぞれが独立し集合しているかに俯瞰されるのだが、内部では道路によって強く結ばれている。オコーニャの集落はこれらの中心に在る集落で、教会と広場を持ち、2つの集落の緩衝的役割をはたしている。集落の間を縁どるオアシスは、米、バナナ、砂糖キビ等の農地であり、オコーニャの谷に住む、1,800人の貴重な緑である。グリッド状に集落を区分する道路は、住居の配置を明快にしている。このグリッドの中に、母屋と家畜小屋、作業場に分かれた住居が、配置されている。母屋の裏に囲み型で配置された作業場、家畜小屋は、地形や、隣地との緩衝空間としての役割があり、様々な形状に変化する。時には、砂丘と接し砂防堤にもなる。つまりこれらの囲みは、自然地形との対応空間であり、集落を形成する上で住居集合の有効な緩衝装置なのである。

Ocoña

165 166

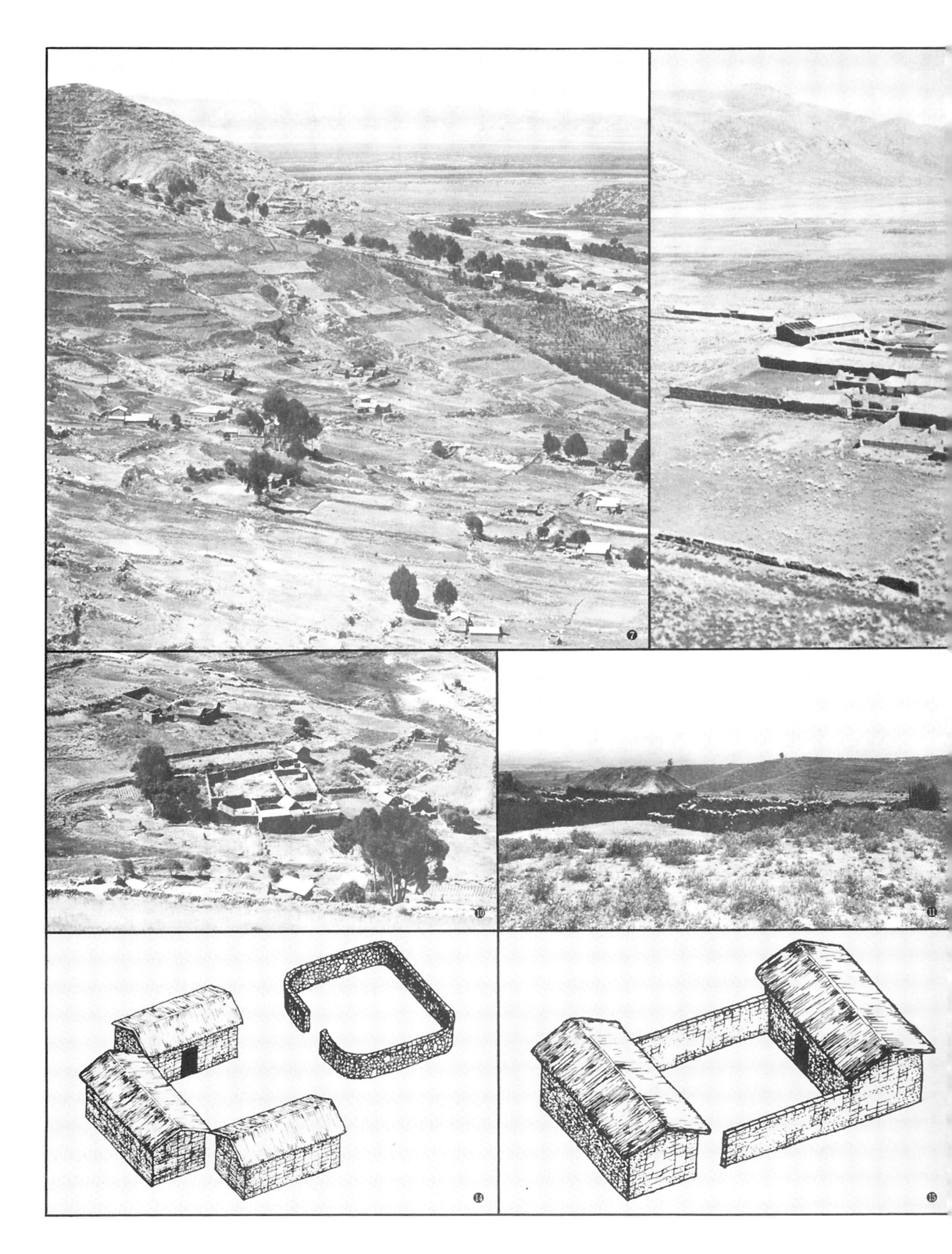

- ❼ 散村型集落（谷部の集落風景）
- ❽ 散村型集落（草原と領主の館）
- ❾ 散村型集落（斜面地の住居）
- ❿ 住居の分棟形式（A）
- ⓫ 住居の分棟形式（B）
- ⓬ 住居の分棟形式（C）
- ⓭ 住居の分棟形式（D）
- ⓮ 分棟形式アイソメトリック（A）
- ⓯ 分棟形式アイソメトリック（B）
- ⓰ 分棟形式アイソメトリック（C）
- ⓱ 分棟形式アイソメトリック（D）

Tayataya

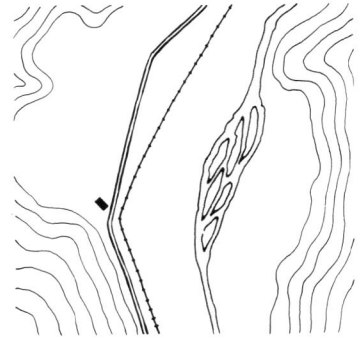

その2　中南米地域の領域論的考察

放牧場

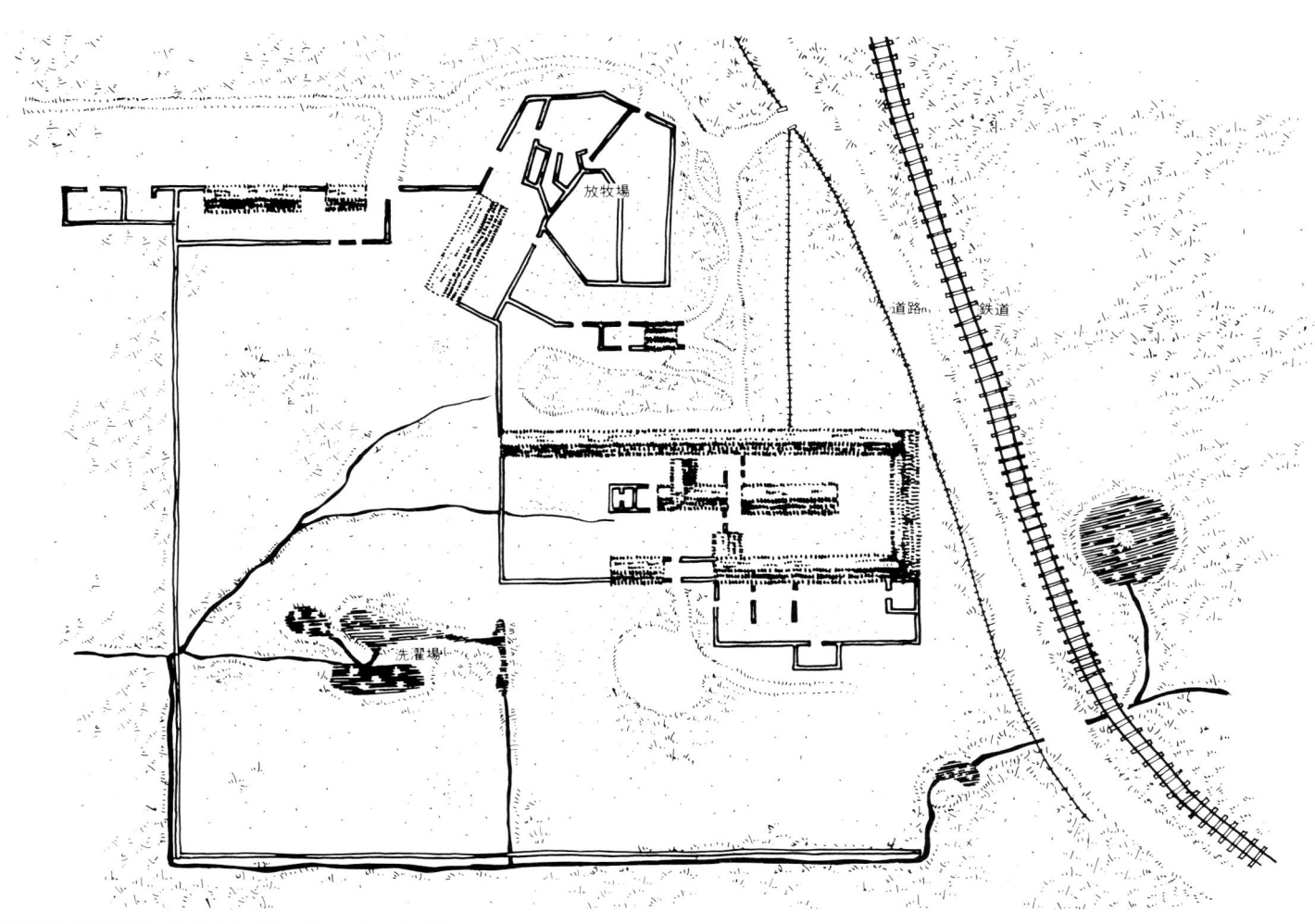

道路　鉄道

洗濯場

❷

❸

❹

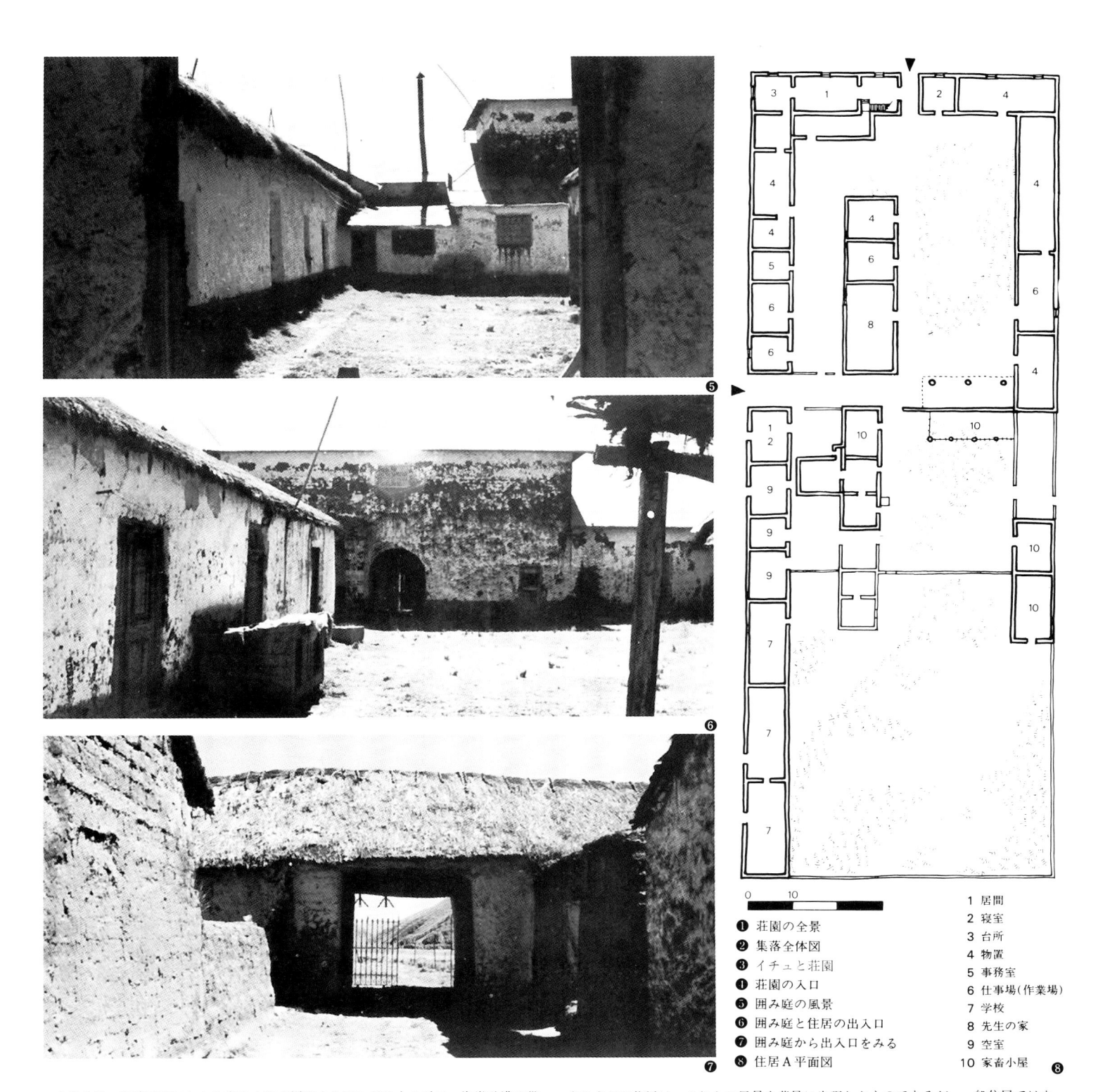

❶ 荘園の全景
❷ 集落全体図
❸ イチュと荘園
❹ 荘園の入口
❺ 囲み庭の風景
❻ 囲み庭と住居の出入口
❼ 囲み庭から出入口をみる
❽ 住居A平面図

1 居間
2 寝室
3 台所
4 物置
5 事務室
6 仕事場（作業場）
7 学校
8 先生の家
9 空室
10 家畜小屋

北緯5度，南緯60度にわたり南米大陸を縦断するアンデス大山脈は，海岸砂漠地帯から最上部の高原のアルティプラーノに至るまで，複雑な地形と景観を示す．これらの景観や気候と同調して，人々の生活様式や集落構造，及び住居形態も変化する．海抜4千m前後から風景は一変し，立木のない草原地帯に出る．アルティプラーノと呼ばれ，インディオの故郷である．彼等は，高原にはえる＜イチュ（草）＞を利用し，リャマ，アルパカ，グアナコ，羊等の動物を飼い放牧生活を営んでいる．高原の左右に峠があり，斜面は等高線状に耕やされている．耕地と重なり，インディオの日干し煉瓦で造くられた集落が観察される．集落の多くは点在しているが，部分的に数10戸が群居し，力強い風景となる．一戸の住居構成は，寝室，倉庫，台所，家畜小屋から成り，切り妻の屋根を持つ．屋根はイチュの茎で苫かれ，その上に粘土を載せ，二重に雨風を防ぐ．住居のひとつひとつのエレメントは，単純で美しい．住棟の配列には，数種のパターンが観察される．

タヤタヤの住居は，これらの風景を背景に出現したものであるが，一般住居ではなく，荘園である．インディオの8割が土地を所有してないか，自給不可能な立場にある．彼等は大地主の下で極端な低賃金で働く．途中ひとめで支配者の館とわかる，巨大な住居を見た．タヤタヤの住居も同種のもので，周辺の多くの住民と，広大な所有地によってささえられている．かってこの住居に12家族が住んでいた．現在は，周辺に独立して住み，4家族が住んでいる．50室から成る荘園は，コートハウス形式をとっており，中庭にもう一棟が置かれている．作業人の住居と，食料庫，家畜小屋および学校の先生の住居である．中庭を取り囲む住棟は，完全に機能分化され，配置されている．ひとつは毛皮工場に付属する部屋であり，動物小屋であり，事務所である．他方は，学校と支配者の住居である．学校は周囲の住居を対象として造られているのだろうが，利用率は非常に悪い．タヤタヤの荘園は，教育から生産機構，住居と一体化し，自給自足の体制をとっている．

Tayataya

Saman-azangaro

その2 中南米地域の領域論的考察 | 171

172

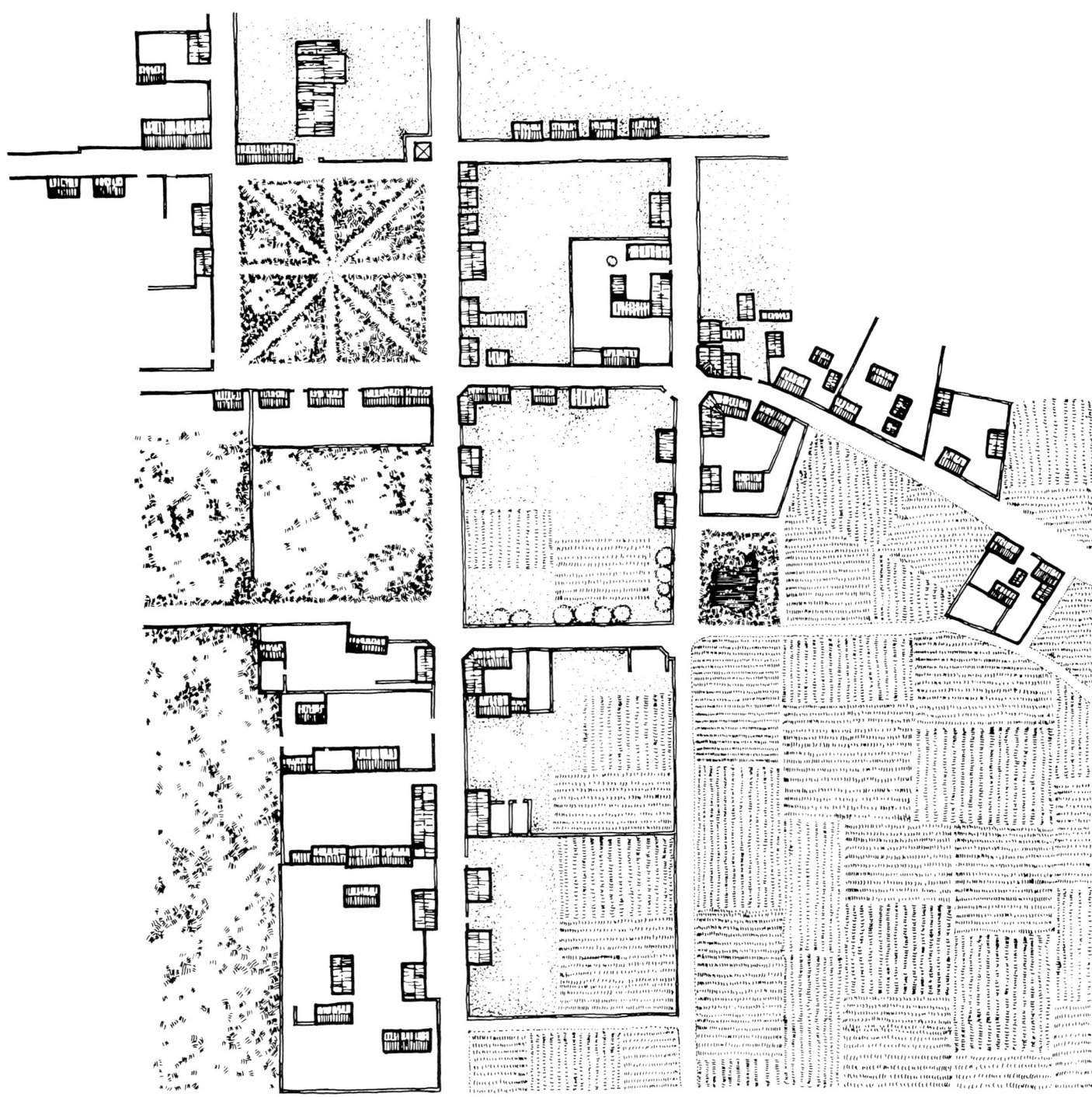

平面図凡例(上)
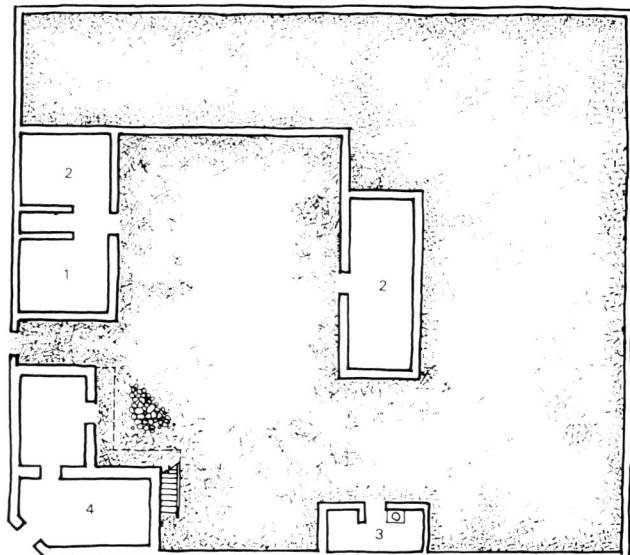1 客間
2 寝室
3 台所
4 商店

❶ 集落の全景
❷ 住居群の風景
❸ 広場と土の塔
❹ 教会へのアプローチ
❺ 教会内部
❻ 路地より教会の塔をみる
❼ 集落全体図
❽ 住居ファサード
❾ 住居A平面図
❿ あきと住居
⓫ 住居ファサード
⓬ 住居B平面図

平面図凡例(下)
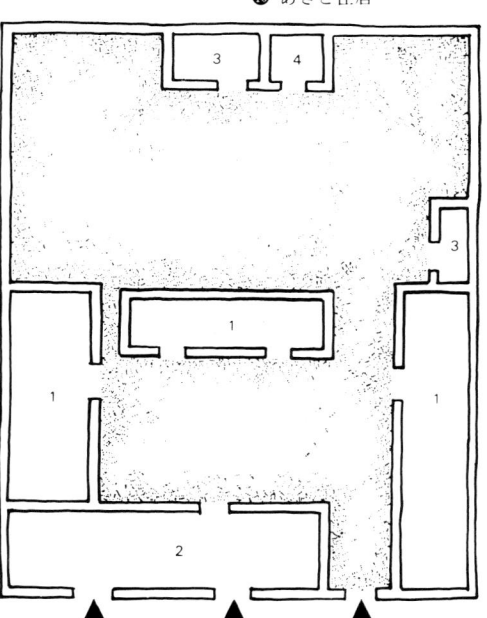1 住居
2 商店
3 家畜小屋
4 納屋

Saman・azangaro

チチカカ湖は古代インカの発生地である．現在も，ケチュア族，アイマラ族等のインディオが住民の大半をしめ，独自の文化を形成している．アツァンガロは，これらのチチカカ湖の西側に位置する集落である．特に集落の＜まとまり＞という点で，他に類をみない景観を呈している．平坦地であるが，集落を包む農地は，よく開墾され，集落の広がりと，農地の緑が，程よい割合で保たれている．自給自足を示す集落の風貌である．遠望の過程で知った印象は，集落内部の様々な事柄を反映している．集落の〈高み〉を造る塔をめざして内部に進入すると，道路は広場に突きあたる．飾り気のない広場であった．広場に面して，日干し煉瓦の住居と教会が建っている．塔は，これらの景観と独立した状態で，広場の隅に建っている．見事な土の塔であった．形状では，住居を極端に高く延長した形態であり，15m程の点で方形の屋根がかけられ，鐘塔となっている．住居と同質な材料と，さほど変らぬ形状は，インディオが育てた巨大な住居だ．だから，集落の中心に在り，遠望する景観の頂点として生きていた．住居は，周囲を高い土塀で囲み，内部に切妻形の屋根を持った棟を配置する．3～4棟ある．棟間のあきは，動物の遊び場であったり，作業場であるが，閉じた住居構造を示す集落にあっては，住居内部の家族増減に伴なうあきとして活用する．

その2 中南米地域の領域論的考察 | 173

Tranipata

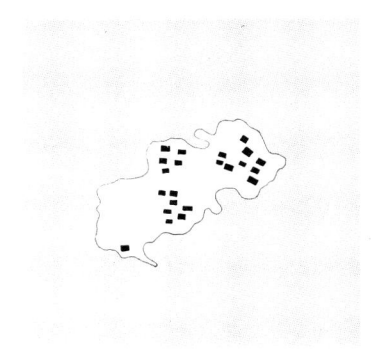

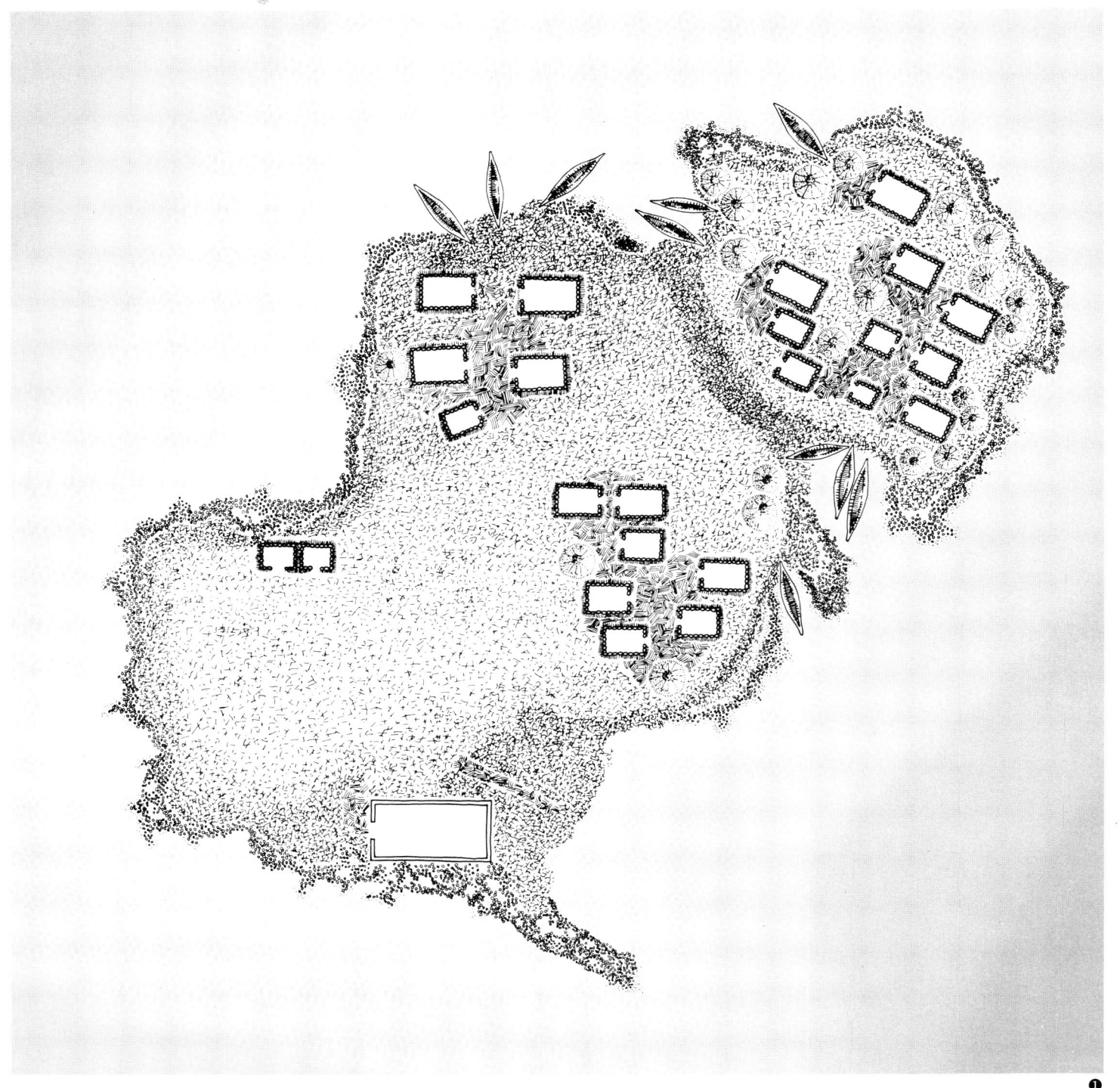

a 祭壇
b ゴザ
c テーブル

❶ 集落全体図
❷ 集落風景
❸ 住居A平面図
❶〜❼ 集落内部

インディオの婦人は，1人平均10人程の子供を生むが，青年に至る子供は3人程である．大部分の子供が胸をやられ死ぬ．チチカカ湖は海抜3,885mと，世界で最も高所にある湖である．この周辺に80万人のインディオが住むが，極度な貧困の中にある．プーノは，その代表的都市である．トラニパタの湖上集落は，このプーノ市より船で1時間程かかる地点に築いた，浮島の集落である．年間平均気温4.5度と，非常に寒いため，インディオは夏でも冬と変らぬ衣服をまとっている．湖には，TOTORAと呼ばれる水草が繁り，インディオの貴重な産物として利用されている．浮島も，これらのTOTORAを刈り取り，寄せ集めて幾重にも湖上に置き，浮かせたものであるし，住居もこれを乾燥させて編み，壁，屋根と化したものである．住民は，漁業を主体に生活をしているが，彼等の船もTOTORAで編まれたものである．日常品，生産物，住居，土地となる島までが，水草で造られているのだ．これらと同種の浮島は，チチカカ湖上に数ヵ所に渡り散在し住戸数80戸，約1,000人の住民が生活している．観察した浮島は，これらの中心的な浮島で，学校があった．他の浮島の子供がこの島に集まる．住居は5〜6戸が1群で，学校を中心に16戸，80人が住んでいる．インディオは，部屋を見せる事を極度にきらう．しかし島を尋ねる観光客の数は，日増しに多くなるという．

Tranipata

資料解説

図1——地形

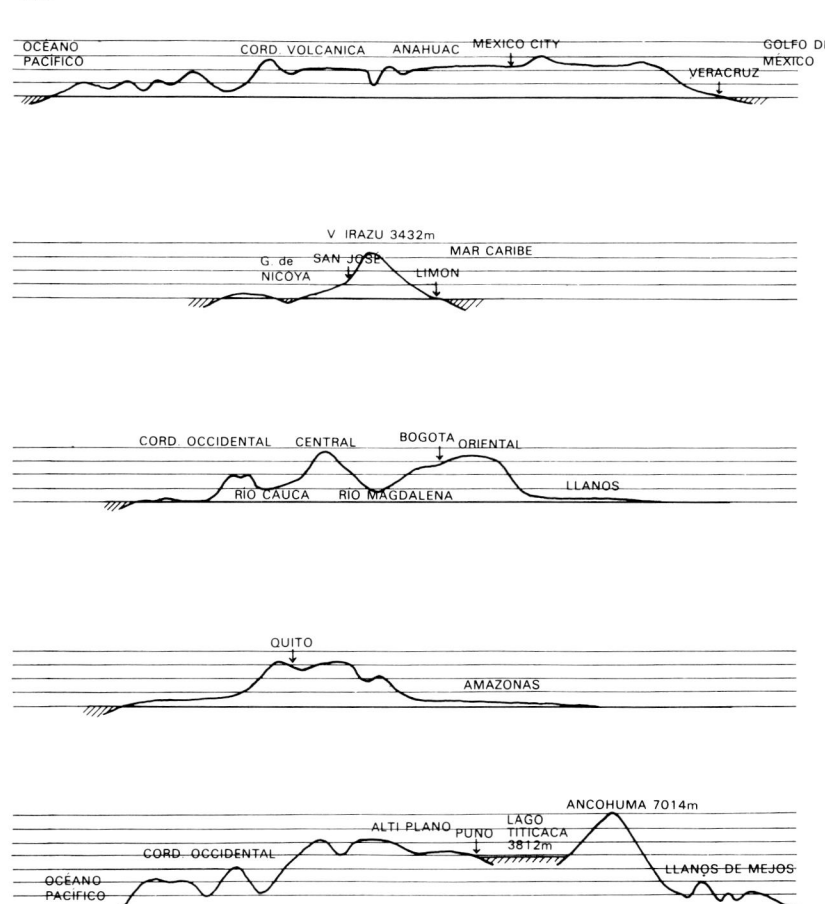

図2——地形断面

地理

1. 地形

メキシコ・中央アメリカとアンデス地域の地形の骨格を形ちづくっているのはコルディエラ山系の諸山脈である。メキシコの東・西シェラマドレより、中米の地峡地帯を通り、南米アンデスにつらなるこれら一連の山脈は、新世代の造山運動による世界最大の褶曲山脈である。これらの山脈は南北に走る幾条かの峰すじをもち、この峰すじに沿って火山帯が走っている。現在活動中の火山も多くある。峰すじの間は、高原・盆地となり、ここには高原の温厚な風土を求めて多くの都市がつくられている。

メキシコでは、メキシコ湾、太平洋の海岸沿いに、東・西シェラマドレが走り、その間にメキシコ高原、アナワク高原がある。この高原の南西端が南シェラマドレで、ここで高原は途切れ、テワンテペック地峡となっている。この地峡の東に、メキシコ湾をはさんでフロリダ半島に呼応した形で突き出ているのがユカタン半島である。海底の隆起により生じたこの半島は、多孔質の珊瑚石灰岩よりなり、平坦な低地となっている。

テワンテペック地峡からパナマ地峡までの約3000kmが中央アメリカである。小きざみな山脈群からなるこの細長い帯状の地域は、主に山脈が太平洋側に片寄って走っているため、西側に急な斜面を形成し、ニカラグア湖附近を除いて平野は極めて少ない。東斜面は緩やかではあるが、熱帯雨林気候の風土的な理由により未開のまま残されている。この山脈は、パナマ地峡を経て、南米アンデスにつらなってゆく。

コロンビアでアンデスは3条（東、中央、西）に分枝している。この間の峡谷を北に流れるのが、マグダレーナ河、カウカ河で、カリブ海への河口地帯に豊かな平野を形成している。コロンビアの東部は、リヤノスと呼ばれるアマゾンにつながる低地で広大な草原地帯となっている。コロンビア・アンデスの山間部は、ボゴタ附近を除いて平坦地が少なく、広い河谷に面する斜面、谷底の低地が生活の場となっている。

エクアドルでアンデスは東・西に2条となる。この2つの山脈はさらに細かく幾条かの小山脈に分かれ、そこには山間盆地が良く発達し、なだらかな丘陵地をなしている。エクアドル東部は、アマゾン河の源となるジャングル地帯で未開地である。一方、西部の海岸沿いは、グアヤキルを中心に平野が発達し、バナナを主とする農業地帯となっている。

全長9000kmにおよぶアンデスの最も発達した部分がペルーである。国土は東から西に、森林地帯、山岳地帯、海岸地帯に3分される。アンデスの東斜面の森林地帯は、ペルー・アマゾンにつながる大森林地帯で未開地である。山岳地帯は、国土の6割を占め、最高部は7000mに達する。ペルーからボリビアにかけての海抜4000m余りの高原は、アルティプラーノと呼ばれ、インディオの多く住む地域である。この中

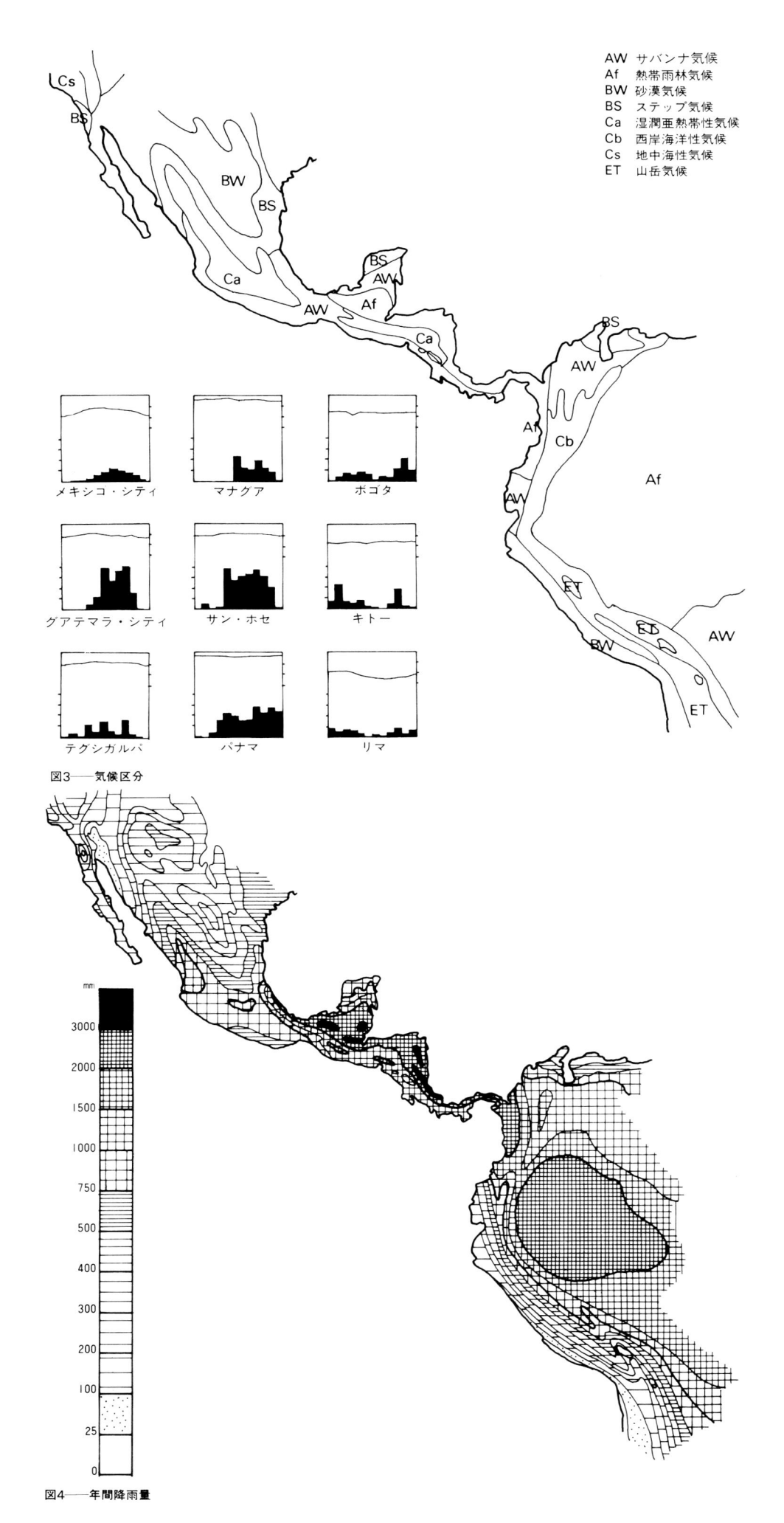

```
AW  サバンナ気候
Af  熱帯雨林気候
BW  砂漠気候
BS  ステップ気候
Ca  湿潤亜熱帯性気候
Cb  西岸海洋性気候
Cs  地中海性気候
ET  山岳気候
```

図3──気候区分

図4──年間降雨量

のチチカカ湖は，世界で最も高所にある湖である．
海岸地帯は，2000kmにおよぶ帯状の砂漠地帯で，チリのアタカマ砂漠につらなっている．この砂漠に，アンデスの雪どけ水を集めた河が50余り流れ，その周辺はオアシスとなっている．

2. 気候・植生

ほぼ，南・北回帰線の間に位置するこの地域は，緯度上では熱帯・亜熱帯圏に属する．しかし，海流，風向，標高，地形などの様々な要因により，その気候はバラエティに富んだものとなっている．

カリブ海からメキシコ湾にかけて暖流の南赤道海流が流れている．これに対し，太平洋側では，南・北から赤道に向ってフンボルト海流とカリフォルニア海流の2つの寒流が流れている．このため，等温線は西に高く東に低くなっている．また，この地域には赤道に向って南東貿易風と北東貿易風が吹き込んでいる．そしてこれらの貿易風はコルディエラ山系によりさえぎられる．そのため，山脈の東側に高温多湿な気候，西側に乾燥した気候，そして中間の山岳地帯には高山特有な山岳気候を生じる．この対照が最も著しいのはペルーで，森林地帯，山岳地帯，海岸地帯は，熱帯サバンナ気候，山岳気候，砂漠気候と全く異なる気候をもつ．中でも特異なのは海岸地帯の砂漠である．フンボルト海流による安定した低温の空気はアンデスの西斜面にぶつかり，この地域にしばしばガルーアと呼ばれる海霧を起こす．この霧が陽光をさえぎるため，低温多湿でありながら乾燥しているという独特な風土があらわれる．

中米のカリブ海側，およびパナマ地峡からコロンビア北西部にかけての地域は，年中多雨で高温多湿な熱帯雨林気候でジャングルとなっている．これに対し，太平洋側の低地，低山地帯は雨期と乾期の明瞭なサバンナ気候である．雨期は夏である．この地域はジャングルとはならず，冬の乾期に耐えうる灌木類，草原を主とする植相を示す．高山地帯は，本来はサバンナ気候となる所が，高度の影響で寒冷になり，山岳気候となった所で，温度の年変化は少ないが，日較差は極めて大きい．この地域も雨期は夏である．この外，メキシコ高原には，夏に半乾燥となるステップ気候帯がある．

植生は気候帯に呼応した分布を示すが，山岳地帯の多いこの地域では，作物の垂直分布が生活に直接関係する事柄として重要である．1000mまでの暑い地帯では，バナナ，ココ，砂糖キビ，タバコ，熱帯性の果物がつくられ，1000～2000mの温暖な地帯では，コーヒー，オレンジ，パイナップルなどが栽培されている．2000～3000mの寒冷な地帯では，小麦，大麦などがつくられ，3000mを越えると荒地の草原となり牧畜が行なわれる．5000mで万年雪があらわれ，6000mを越えると酸素が稀薄になるのと，作物の生育期間が90日を割るため，これ以上の高度の所に定住地がつくられることはない．

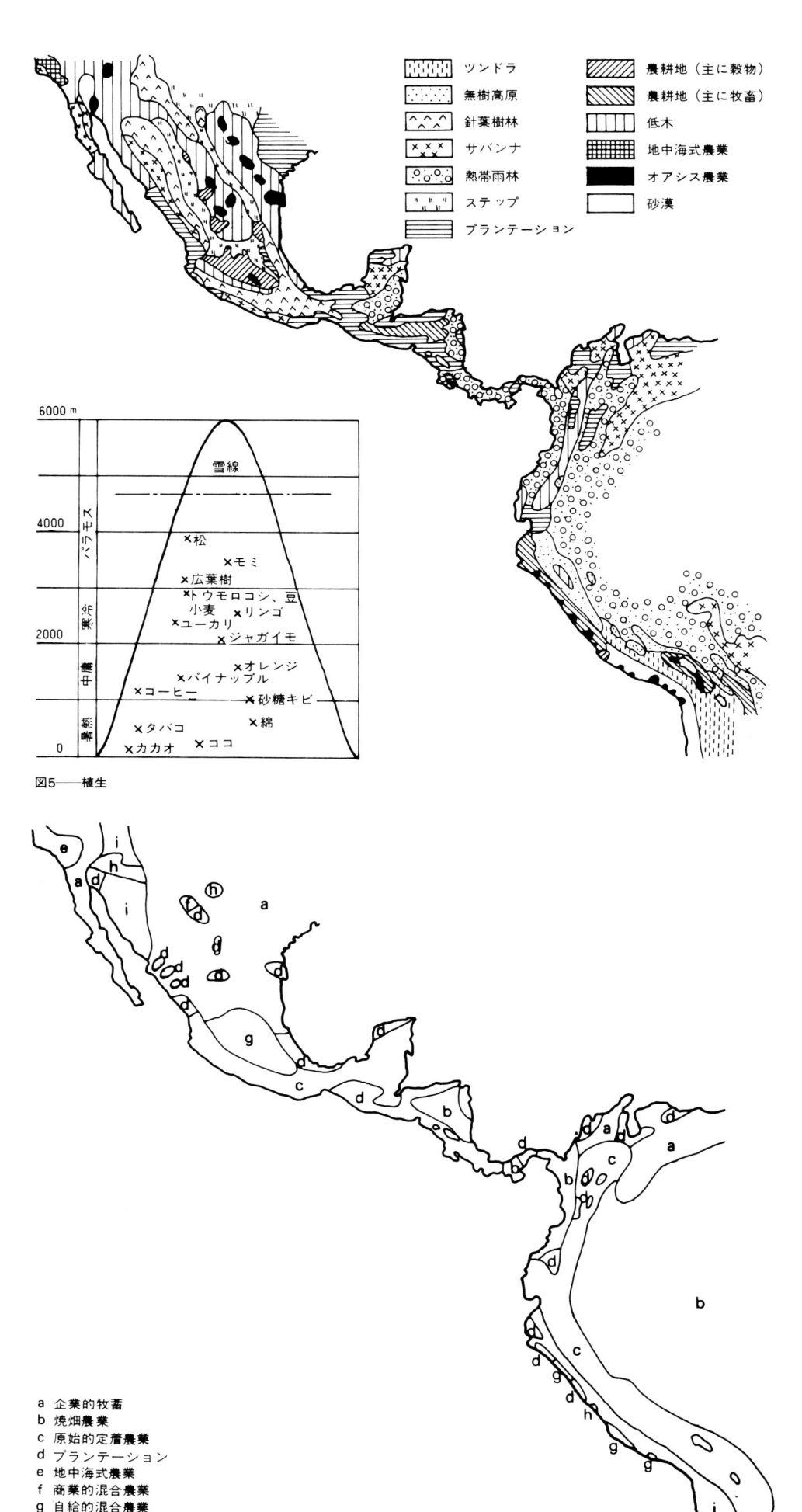

凡例:
- ツンドラ
- 無樹高原
- 針葉樹林
- サバンナ
- 熱帯雨林
- ステップ
- プランテーション
- 農耕地（主に穀物）
- 農耕地（主に牧畜）
- 低木
- 地中海式農業
- オアシス農業
- 砂漠

図5——植生

（植生の高度分布図）
- 雪線
- パラモス
- 寒帯: 松, モミ, 広葉樹
- トウモロコシ, 豆, 小麦, リンゴ, ユーカリ, ジャガイモ
- 中帯: オレンジ, パイナップル, コーヒー, 砂糖キビ
- 熱帯: タバコ, 綿, カカオ, ココ

a 企業的牧畜
b 焼畑農業
c 原始的定着農業
d プランテーション
e 地中海式農業
f 商業的混合農業
g 自給的混合農業
h 園芸農業
i 非農業地帯　　（ホイットルセニによる）

図6　農牧業

3. 政治・経済

この地域は，新大陸発見後，スペインの植民地となった．初期には，原住民の統治がエンコミエンダ制（スペイン人入植者が一定地域の支配権を与えられる制度）により行なわれながら，16世紀末より次第に王権による支配機構が整備され，スペイン本国にはインド審議会と通商院が，植民地には王権を代行する副王領が設けられた．17世紀には，農牧業の発展と共に大土地所有が行なわれ，ラティフンディオ（大農地）が住民支配の単位となった．この制度は現在も残存し，社会的に階級差，差別を生じている．18世紀，啓蒙専制君主の出現と自由貿易への憧憬，クリオーリョ（植民地生まれの白人）の力の増大と共に独立の気運が高まり，19世紀になってラテン・アメリカ諸国は相次いで独立を達成した．独立戦争で頭角を表わしたのがカウディーリョと呼ばれる軍人の頭目で，彼らが独立後の政治的指導者となった．こうしたカウディーリョ主義と呼ばれる一種のボス的支配は，その後のラテンアメリカの政治風土に独特なもので，独裁的，軍事的な指導者の輩出，クーデター，テロ，ゲリラの横行などの素地となっている．現在，メキシコ，中米，アンデス地域の国々は，立憲共和制であるが，コスタリカを除き軍部の力が強く，エクアドルのように実質的には軍事政権の国もある．これらの国は，独自のナショナリズムにたつ改良主義的な社会主義を目ざすものが多い．

　この地域の国々は，経済的には，発展途上国の中にあって比較的進んだ国となっている．しかし，少数の特権階級の支配が残存し，貧富の差が大きく，一般民衆の生活は極めて貧しい．この地域の経済の特徴の第1は，第1次産品に依存したモノカルチャー経済であることである．コーヒー，バナナ，綿花，鉱産物などが輸出の大半を占め，工業化の遅れが目につく．次に，この地域は外国資本に対する依存度が高く，自国内の資本の蓄積の不足が目につく．外資の導入に対しては，資源ナショナリズムの運動が起き，紛争の原因となるケースが多い．この地域の国々は経済協力体制として，ラテン・アメリカ自由貿易連合（LAFTA, 1958），中米共同市場（CACM, 1960），アンデス・グループ（1966）などを結成しているが，実効を上げるのは将来にまたれる．これらの国の将来性は，鉱物，森林などの資源が豊かなこと，可耕地率が高いことなどから充分期待をもてるものである．

4. 社会・文化

ラテン・アメリカの人種構成は，原住民のインディオ，入植者の白人，奴隷としてアフリカより連れてこられた黒人，これらがさまざまな度合いで混血し，複雑なものとなっている．白人とインディオの混血をメスティーソ，白人と黒人のをムラート，インディオと黒人のをサンボと呼んでいる．インディオの血の濃く残っている地方は，メキシコ，グアテマラ高原，アンデス山中，アマゾンなどで，白人の征服者に追われた

図7——人口密度分布

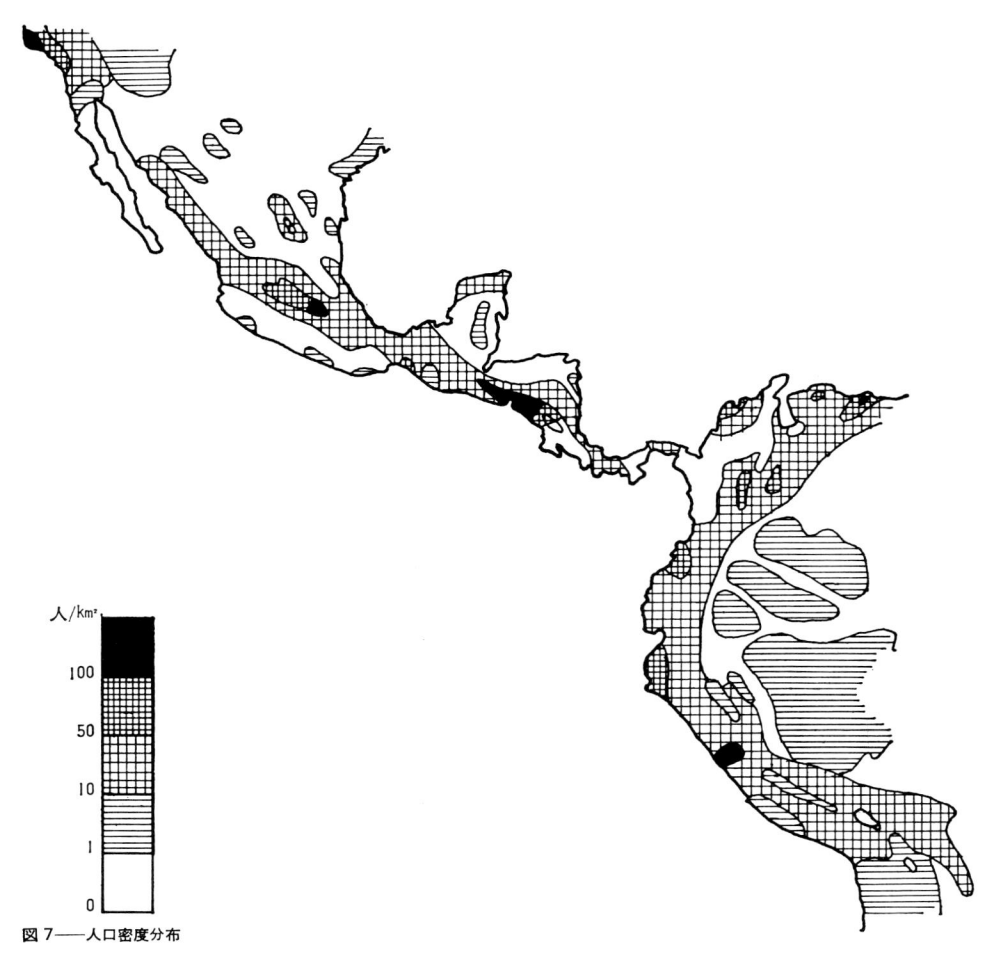

ため地形の利の悪い所に多い. これに対し白人は,平坦地の植民都市に多く,メスティーソもまた,これに従う. 黒人が特に多いのは環カリブ海地域で,歴史的に,この地で減少したインディオにかわる労働力として導入されたことによる.

現在も,これらの人種は,気候,風土などに対応した固有の居住領域をもち住み分けを行なっている. したがって,この地域の文化を考えるには,各人種に特有な文化を基調におかねばならない. インディオは,神殿文化,高度農耕文化を発達させてきたが,スペイン人の征服により,その支配階層は没落した. しかし,彼らの高い自律性をもつ村落共同体の組織は残存し,一般にランチョと呼ばれる伝統的な散村形態の集落をつくっている. これに対し白人は,エンコミエンダ制にもとづくアシエンダ(大土地所有農園)を経営し,本国の政治,経済,社会制度を導入し,支配の体系をつくっている. 彼らは,グリッドプランのいわゆるコロニアル・スタイルの集落(プエブロ)に住んでいる. 黒人の文化は,アフリカ西海岸のそれで,音楽(サンバ,ボサノバ,マンボなど),工芸,宗教,気質などに良くあらわれている. また,彼らは,しばしば逃亡奴隷となり,キロンボと呼ばれる自治組織の共同体をつくってきた.

ラテン・アメリカは平均3.0%と,世界で最も人口増加率の高い地域である. しかし,増加率は高いが,トータルな人口は2億8300万人(1970)とさほど多くなく,また,人口密度も14人/km²と世界平均の約半分である. 人口分布の特徴として,限られた地域への過度の集中があげられる. 都市人口増加率の高いこの地域では,大都市の周辺には必ずといってよいほど貧民窟がある. この住民は,農村より都市に働きに出た人達であるが,工業が未発達なため失業者となった人たちで,彼らは不法占拠によりスラムを建設する. ペルーでバリアダ,ブラジルではファベーラと呼ばれるこの寄生都市は,GNP増加率が人口増加率の半分しかないラテン・アメリカ諸国の大きな社会問題となっている.

国名	政体	独立年 母国名	GNP 100万ドル	1人当り GNP ドル	経済 成長率 %	面積 1000km²	可耕地 面積 %	人口 100万人	人口 密度 人/km²	人口 増加率 %	都市人 口比率 %	人種構成 %
メキシコ	立憲共和制	1821 スペイン	29,370	600	6.3	1,973	52	50.83	25.8	3.3	56.5	白人15,インディオ29,メスティーソ55,他1
グアテマラ	立憲共和制	1839* スペイン	1,645	328	6.2	109	23	5.35	49.0	2.9	31.0	白人6,インディオ64,混血30
ホンジュラス	立憲共和制	1838* スペイン	646	259	5.2	112	38	2.80	25.0	3.4	26.2	白人1,インディオ6,メスティーソ91,ニグロ2
ニカラグア	立憲共和制	1838* スペイン	728	380	4.3	128	13	1.90	15.0	3.2	42.1	白人17,インディオ5,メスティーソ69,ニグロ9
コスタリカ	立憲共和制	1838* スペイン	821	487	6.9	51	30	1.79	35.0	3.2	36.5	白人・混血97.6,インディオ0.3,ニグロ1.9,他0.2
パナマ	立憲共和制	1903 コロンビア	917	647	7.7	76	18	1.48	19.5	3.0	47.0	白人11,インディオ10,混血65,ニグロ13,他1
コロンビア	立憲共和制	1813 スペイン	6,181	302	6.2	1,138	17	21.77	19.0	3.2	59.6	白人20,インディオ1,メスティーソ58,ニグロ4,ムラート14,サンボ3
エクアドル	立憲共和制(国家革命政局)	1811 スペイン	1,644	279	6.8	271	21	6.30	23.1	3.4	39.1	白人10,インディオ39,メスティーソ41,ニグロ・ムラート10
ペルー	立憲共和制	1821 スペイン	5,124	389	3.8	1,285	16	14.01	10.5	3.1	50.9	白人13,インディオ49,メスティーソ37,他1
備考		*中米連合の解体	1969年	1969年	1968〜71			1971年				

図8——各国対照表

参考文献

『ラテン・アメリカ事典』:社団法人ラテン・アメリカ協会
『世界文化地理体系24 ラテン・アメリカ』:平凡社
『TIMES ATLAS OF THE WORLD』:TIMES
『Geography of Latin America, a regional analysis』
Kempton E. Webb : PRENTICE-HALL, INC.
『Latin America Geographical Perspective』
H. Blackmore, C. T. Smith : METHUEN & CO., LTD.

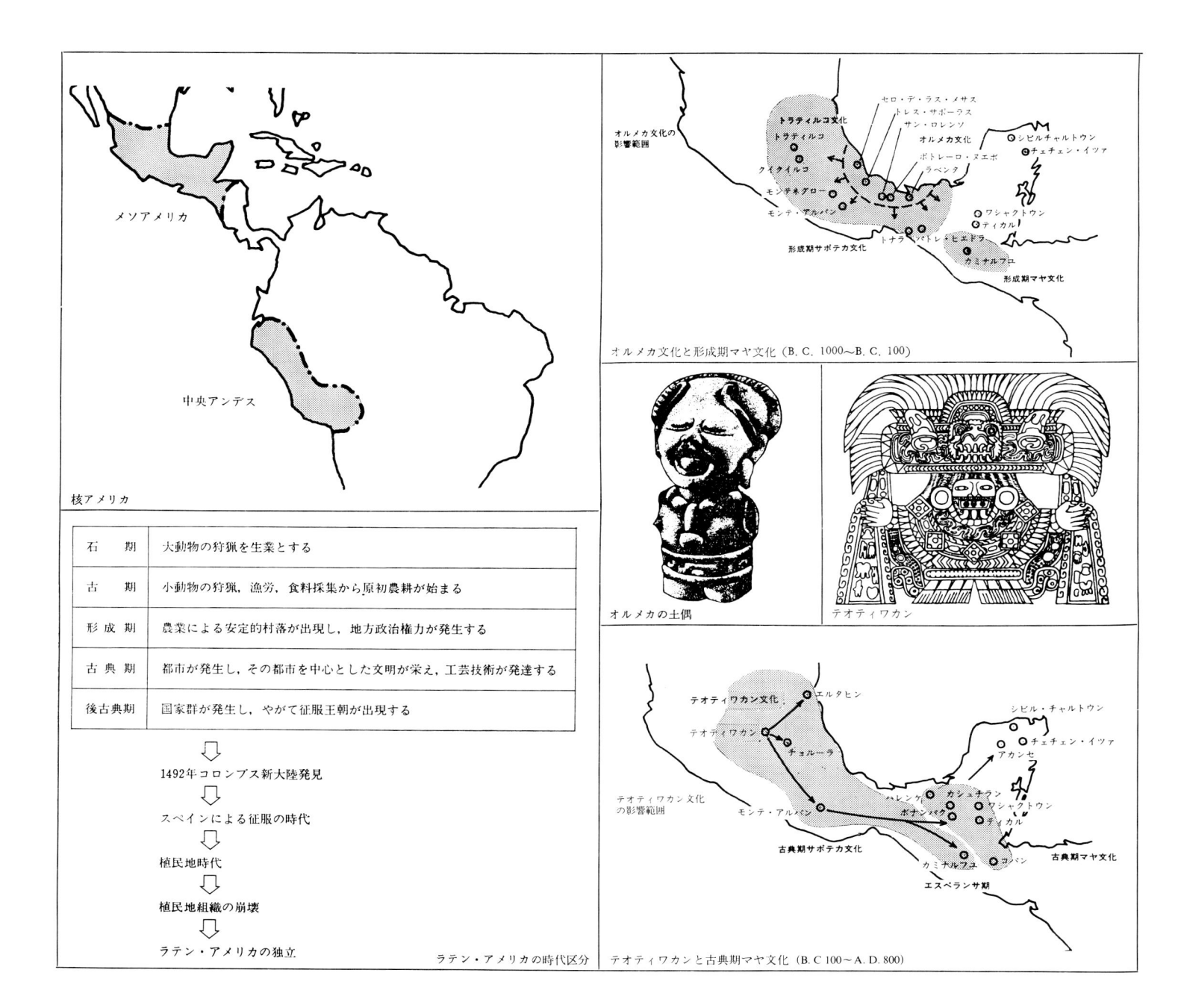

石　期	大動物の狩猟を生業とする
古　期	小動物の狩猟，漁労，食料採集から原初農耕が始まる
形成期	農業による安定的村落が出現し，地方政治権力が発生する
古典期	都市が発生し，その都市を中心とした文明が栄え，工芸技術が発達する
後古典期	国家群が発生し，やがて征服王朝が出現する

⇩
1492年コロンブス新大陸発見
⇩
スペインによる征服の時代
⇩
植民地時代
⇩
植民地組織の崩壊
⇩
ラテン・アメリカの独立

ラテン・アメリカの時代区分

オルメカ文化と形成期マヤ文化（B.C.1000～B.C.100）

オルメカの土偶　　テオティワカン

テオティワカンと古典期マヤ文化（B.C 100～A.D.800）

歴史

a　ラテン・アメリカ史の時代区分

アメリカ大陸の歴史はヨーロッパの侵略により大きく区別される．　新大陸発見後の歴史，植民地と独立の歴史に対して，15世紀よりまえはインディオの時代であった．　そのインディオの歴史は，ほとんど記録を持たず，考古学，人類学などの研究による再構成された歴史である．　その歴史の特徴は段階（STAGE）概念による時代区分であり，その〈段階〉とは文化の発展段階を示す．　同一時代における高文化に達した地域において，〈段階〉は時代区分に一致する．　また同一時代に地域的に様々な文化段階が存在している状態をも明示する．

遺跡，遺物の調査により〈段階〉が設定され，その相互比較により時代区分が決定され，ラテン・アメリカ史の時代区分に文化段階名がつけられた．

b　核アメリカ

約2万5千年前，地続きであったベーリング海峡を東北シベリアからアラスカに，旧石器時代後期の人間が渡りアメリカ大陸全土に広がった．　石期，古期の遺跡は全土に分布する．　やがてメソ・アメリカと中央アンデスの地域に，トウモロコシの出現と栽培化が始まり，定住的村落と神殿文化の基盤が形成された．この2地域を核アメリカと呼び，ラテン・アメリカの文明形成がなされた地域として，時代区分につながる．他の地域にもある程度の文明が形成されたが，核アメリカに較べて遅れた段階にあった．　この定住的村落の出現の時代は，B.C.10世紀頃まで続く．

● **メソ・アメリカ**

a　定住的村落から神殿文化——B.C.1000～B.C.100

B.C.800年頃メキシコ湾岸，現在のベラクルス州にメソ・アメリカ文明の母体ともいうべきオルメカ文化が出現する．　ジャガーの文様に代表され，文字，数学，天文学などの崩芽を持つオルメカ文化は，またラベンタなどの神殿を残している．　このオルメカ文化のスタイルはメソ・アメリカ各地に波及し，中央高原の農村トラティルコの文化，やがて造られるクイクイルコのピラミッド，モンテ・アルバンのピラミッドに代表される形成期サポテカ文化などに影響を与える．また，南のグアテマラ高地ではカミナルフユに神殿が築かれ，形成期マヤ文化の中心として高地マヤの文化スタイルが確立された．　ペテン低地，ユカタン半島にも大集落が出現していた．　この時代を通して社会階級が確立され，社会の構造は複雑さを増した．

b　地方的政治権力の発生から　都市文明——B.C.100～A.D.800

メキシコ中央高原のテオティワカンに巨大な神殿都市が構築され，数百年の間に建設されたピラミッドを中心として，6～8.5万人の人々が計画された都市に居住していた．　7世紀になるとテオティワカン文化の影響はメソ・アメリカのほぼ全域に及んだ．　だが9世紀になると北から侵入する征服者に突然亡ぼされた．モンテ・アルバンに代表されるサポテカ文化は古典期をむかえており，メキシコ湾岸ではエル・タヒンに神殿が残される．

形成期マヤ文化を代表するカミナルフユは2～3

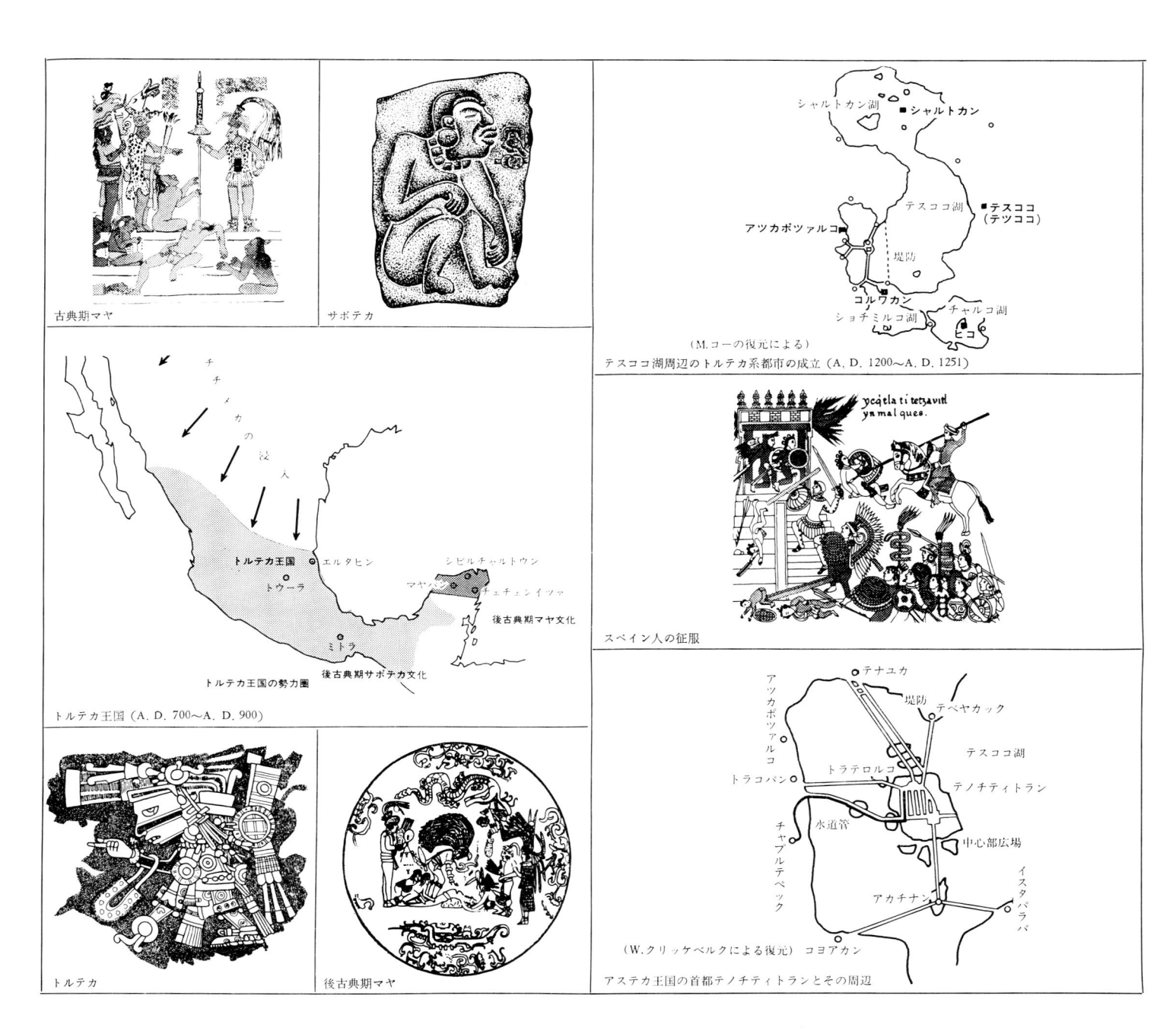

世紀頃衰退し，神殿の大部分は廃墟となり，次の古典期マヤの中心はペテン低地とウスマシンタ河流域に移り，低地マヤとなる． この熱帯雨林に栄えた古典期マヤはパレンケ，ボナンパク，ティカル，コパンなどの巨大な神殿を造り，9世紀には最盛期をむかえ，神聖文字と複雑な暦，そして特異な石のレリーフを残した． しかし，10世紀に入ると突如として衰退する．また，衰退したカミナルフユが5世紀になるとテオティワカン文化の強い影響を受けて復活するなど，古典期マヤ文化にもテオティワカンの影響が見られる．

c **狩猟民チチメカとトルテカ王国**——A.D. 700～A.D. 900

メキシコ中央高原は絶えず北方の狩猟民チチメカの侵入を受け，武力による農耕民の支配が行なわれた．だがテオティワカンなどによって築かれた都市文明の系譜はもはや崩れることなく，チチメカをも同化し，そのチチメカの多くの部族による都市の興亡が展開する． 10世紀になると，トゥーラを都とするトルテカ人の王国が出現する． トルテカ王国の繁栄は北部メキシコから南はユカタン半島北部にまで伝播した．また体系的な世界観がつくられ，精神文化の面でもすぐれた進歩を示す． そのトルテカ王国も内紛によって亡ぶ．トルテカ王の末路を悲しむ詩と，ユカタン半島の後古典期マヤ文化のチェチェンイッツァにトルテカ文化の影響が強く表われることから，中央高原を追われたトルテカの王が，ペテン低地を放棄しユカタン半島に栄えていたマヤを支配したと考えられている．そのチェチェンイッツァも13世紀の初めに亡び，やがてマヤパンを中心とする勢力がユカタン半島を支配した．

後古典期をむかえたサポテカ文化は中心がモンテ・アルバンからミトラに移る． またトルテカの都トゥーラは，王が追われて後も繁栄し12世紀半ばまで続く． そのトゥーラ陥落の後は，政治的，文化的な混乱の時代となる．

d **混乱の時代とアステカの統一**——A.D. 1200～A.D. 1521

トゥーラ滅亡後の混乱の時代に，メキシコ中央高原のテスココ湖の周囲に政治集団が成立し，13世紀には5つの勢力が確立され，再び高度な都市文明が築かれた．この都市を軸としてトルテカの末裔，文明化したチチメカ，その他先住民族が多くの都市国家をつくった．それらの都市は神殿都市よりはるかに世俗的な社会形態を持つ都市であった．

14世紀になると，この文化の中心地域にアステカというチチメカの一部族が流れてきた． アステカ族は14世紀半ばにテスココ湖上の小島にテノチティトランを築いた． その後，武力と政治同盟を利用し，1515年にはそれまでの真の実力者であるテスココの王をアステカの傀儡とすることによって，メキシコ中央高原第一の実力者となる． アステカの勢力範囲はメキシコ湾岸，太平洋岸からグアテマラに至るまで広がり，それらの地域には租税の徴収が行なわれた． 首都テノチティトランは美しい秩序ある街として繁栄するが，1520年スペイン人コルテスに発見され，翌年陥落する．

ユカタン半島では15世紀半ばにマヤパンが亡び，政治的な混乱状態にある内にスペイン人に征服された．

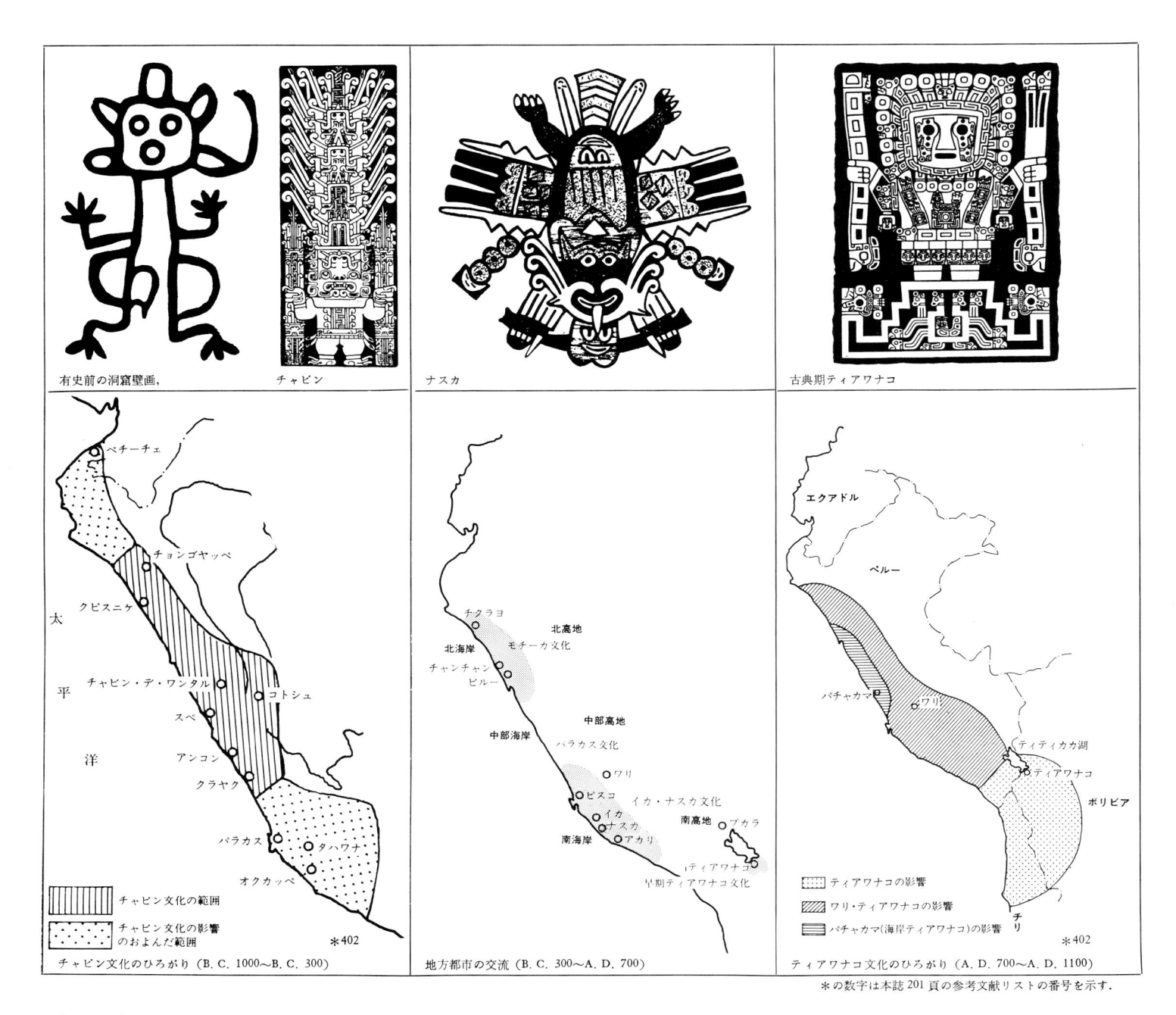

有史前の洞窟壁画，　　　　チャビン　　　　　　　　　　　　　ナスカ　　　　　　　　　　　　　　古典期ティアワナコ

チャビン文化のひろがり (B.C. 1000〜B.C. 300)　　地方都市の交流 (B.C. 300〜A.D. 700)　　ティアワナコ文化のひろがり (A.D. 700〜A.D. 1100)

＊の数字は本誌201頁の参考文献リストの番号を示す．

●中央アンデス

a　中央アンデスの時代区分

中央アンデスはペルーの北，中，南海岸と北，中，南高原に分けられ，各地域の文化段階の確定が時代区分につながる．　メソ・アメリカと同様に旧大陸と対応した時代区分が考えられたが，中央アンデスの歴史にはそれをはみ出た文化現象が出現していた．

神殿文化が形成された頃より三回にわたって統一的な文化が中央アンデスを覆い，文化〈水平〉層と呼ばれる段階が出現した．　チャビン文化層，ティワナコイデ文化層，そしてインカ帝国の統一による文化層である．　政治的あるいは軍事的な侵略をともなったのか不明であるが，中央アンデスはこの3回にわたって統一的な文化スタイルに覆れ，中央アンデスの歴史の特徴となっている．

b　チャビン文化層——B.C. 1000〜B.C. 300

中央アンデスでは，定着農業が確立されるまえからの神殿を中心とした文化の存在が判明している．　コトシュ等の調査により，神殿を中心として文化を形成し，トウモロコシ農耕の確立，リャマの牧畜などによる生産性の向上が行われていた．　B.C. 9世紀の始め，猫神のモチーフで代表されるチャビン文化がおこり，チャビン・デ・ワンタルを中心にして中央アンデス一帯にチャビン文化スタイルが伝波した．　それはスタイルの伝播のみにとどまらず，土器そのものや神殿の造作まで伴い，チャビン文化層と呼ばれる時代が形成された．　このチャビン文化も B.C. 4世紀の始め頃から衰退を始め，各地域に地方色豊かな文化の萌芽が準備される．

c　地方政治権力の発生——B.C. 300〜A.D. 700

チャビン文化層後の中央アンデスは文化的に低迷の時代となるが，各地での灌漑組織の充実と関連して地方色のある文化が形成される．　A.D. 4世紀頃モチーカに代表される文化が北海岸に，南海岸にはナスカに代表される文化が，そして南高地のチチカカ湖周辺には早期ティアワナコの文化が興隆した．　これらの文化は土器スタイルにおいて他から区別されるほか，モチーカ文化においては巨大なピラミッドを中心とした農業集落が，南海岸ではナスカの谷やピスコ，イカ，アカリなどの谷に密集した都市集落がつくられた．　また高原地方ではティアワナコ，プカラ，アワクーチョ地方のワリなどに，半地下式の石造建築を中心とした都市がつくられた．　またモチーカの金属工芸などの工芸も発達した．

d　ティアワナコイデ文化層——A.D. 700〜A.D. 1100

7世紀の始め高原のティアワナコは勢力を強め，古典ティアワナコ文化を形成し，その強い影響を受けた都市が中部高原に現われた．　そのうち，650年から700年の間に確立されたワリのティアワナコイデ文化は，やがて海岸地方にひろがり，750年を過ぎると北に向って拡大する．　ナスカの谷にはパチャカマと呼ばれる新しい文化センターがつくられ，また中部海岸にはパチャマックの神殿都市が出現し北海岸に大集落，都市がつくられる．　また北海岸においてはピラミッド中心の散居形態から都市的集中への変化が見られた．　この一連の文化波及をティアワナコイデ文化層と呼ぶが，9世紀に衰退に向かい，1000年頃には消滅する．

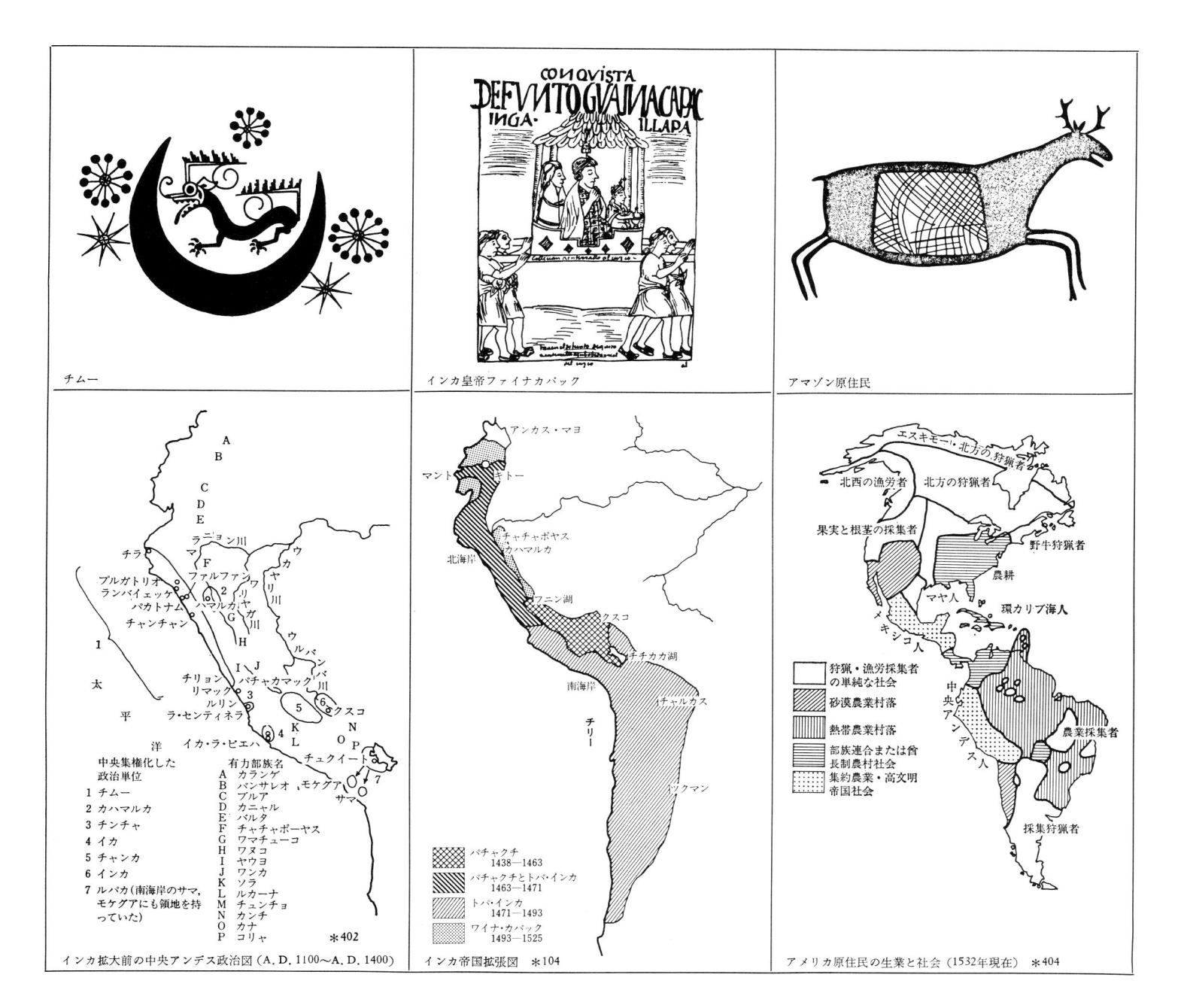

チムー　　　　　　　　　　　インカ皇帝ファイナカパック　　　　　アマゾン原住民

インカ拡大前の中央アンデス政治図（A.D.1100〜A.D.1400）　　　インカ帝国拡張図 *104　　　アメリカ原住民の生業と社会（1532年現在） *404

e　王国の時代——A.D.1100〜A.D.1400

12世紀にはいると，再び地方文化が確立され，13世紀の始め北海岸におこったチムーを始めとして，中部海岸のチャンカイ，南海岸のイカ，チンチャ，高原のカハマルカ，ルパカなどの王国がつくられた．これらの王国は政治的に独立しているだけでなく，それぞれ特色ある異なった土器，工芸品を持つ独自の文化を持っていた．また集落の構造についても高原と海岸では異なり，特に北海岸においては，大きな外壁のなかに内庭に面した部屋を持つ住居の密集した都市プランを持ち，高原においては，複数の広場を中心に直交する街路と，それに沿った住居の都市プランがあった．

f　征服王朝インカ——A.D.1400〜A.D.1533

中央アンデスの王国のうちチムーがまず軍事的な侵略を始めるが，南高原においてはインカが戦闘的であった．インカ8代の皇帝の時，隣国であるチャンカ王国を破り，15世紀前半に中央アンデス全域を征服した．征服は高原に政治，文化的な拠点を確保した後に，おこなわれたが，勢力関係によっては宗主権を認め貢献するにとどまった地域があるなど，征服の方法は変化に富んだ．北はエクアドル，南はチリのマウレ川に至る領土には，土地三分法，太陽信仰，軍事組織，諸儀式など複合した社会制度がしかれた．また文化も発展し，高原の都市パターンも受け継がれた．スペインの侵入により敗れたインカは山奥にのがれ，マチュ・ピチュを中心として，しばらく持続した．征服者の記録がインカの歴史を残している．

●新大陸

a　新大陸発見

1492年コロンブスが新大陸を発見すると，スペインの王たちは西方で得られなかったものを一挙に獲得した．だが新たに征服した土地の権利を確立するためにはローマ法王の承認が必要であった．法王こそ，中世ヨーロッパの公法で，キリスト教君主によって領有されない土地の割当権を認定した至上の権威であった．スペインは1493年法王庁から一連の教書を得，ポルトガルを退けたが，1494年ポルトガルにブラジル海岸を与えた，トルデリーシャスの分割協定を結んだ．

b　スペインの征服

カリブ海を征服したスペイン人は，金と香料を求めて新大陸の奥への探険と征服を開始する．コルテスのヌエバ・エスパーニャ（メキシコ）の征服，ピサロによるヌエバ・カスティリャ（ペルー）の征服に始まり，1520年から1550年の間に新大陸のあらゆる方向に足跡を残す．征服はコルテスのアズテック攻撃が600人，ピサロのインカ帝国攻撃には180人といった僅かの人数で行なわれ，冒険への熱情や征服を正当化するキリスト教の伝道の熱意以上に，財宝狩りが征服の原動力であった．また探険や富の搾取に必要な協力者としてインディオとの混血が最初から行なわれた．土地に関してもまず占領が行なわれ，利用と改良が後にまわされて，北のアングロサクソン・アメリカと対照をなしている．

インディオの歴史は30年間という僅かな間に，スペイン人により征服され，植民地時代となる．

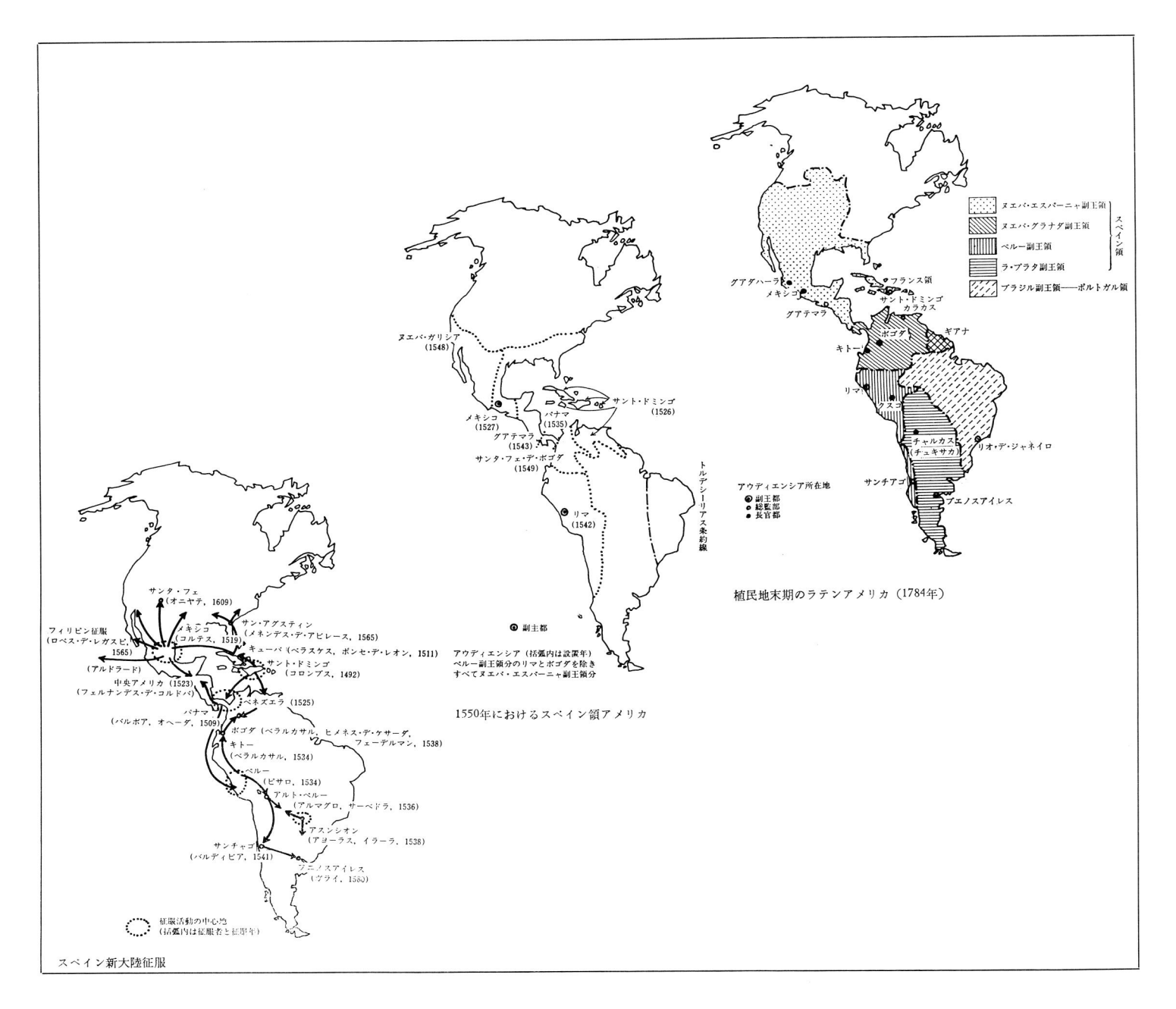

●植民地時代

a 植民地

征服の時代は約30年間で終り，スペインのカスティリヤ王家の個人財産として，ラテン・アメリカに植民地政策が行なわれる．その支配機構は本国の制度の発展に平行していた．イベリア半島において，イスラム教徒から奪回した土地を王より一時的に臣下に寄託するエンコミエンダ（寄託制）がとられた．またメキシコとペルー，後にコロンビア，アルゼンチンに副王がおかれ，アウデンシア（聴訴院）などの統治機構も設置されたが，それらの役職はスペイン本国の貴族や増大する宮庭の閑職の人々に占められた．

スペインはラテン・アメリカの資源を次々と破壊し持ち去ったが，そのための労働力として社会の最下層にあったインディオは酷使され，人口減少をひきおこし，新たな労働力として黒人奴隷の輸入が行なわれた．やがて住みついたスペイン人のなかから，搾取と破壊によって富をなしたクリオーリョ（新興貴族）が現われた．メキシコ・シティー，リマなどは彼らの浪費の場として豪華な都となった．

b 18世紀の改革と植民地組織の崩壊

1700年，スペイン王はフランスと血縁関係にあるブルボン王朝にかわり，当時海洋国として勃興しつつあったイギリスと敵対関係に入る．またインディオの見せかけのイベリア化に成功した植民地政策も，クリオーリョには報われないものであった．植民地時代を通じ60人の副王に対しクリオーリョ出身は僅か4人，602人の総督では14人しかなく，行政府や高位聖職においても本国から来る人々に地位を奪われていた．このクリオーリョは，軍人の地位と権威が上がると，植民地防衛の民兵に加わり，後のカウディーリョ（軍人首領）の登場となる．

ブルボン王朝はフランスに習って，中央集権的なインテンデンシア制を採用する．各地方を王と直接結びつけようとするこの行政組織が将来の行政区域の母胎となった．また植民地に産業基盤が整備されると，特定商人による貿易には限度があるために密貿易が盛んになり，それと共に植民地都市の自由貿易への欲求が高まった．

●ラテン・アメリカの独立

a 独立

宗主国本位の貿易規制とクリオーリョ階級の不満が独立の内的な要因であるが，外的な要因も大きい．1776年のアメリカ合衆国の独立の影響に始まり，1796年イギリスによるスペインの海上封鎖に発した植民地と第三国との貿易により，経済的な自立が始まる．ナポレオン戦争によるスペイン国王の幽閉は植民地の自治宣言をひきおこした．そして1814年ナポレオン戦争の終結に続くスペイン絶対主義の復活により，自治宣言は独立運動に発展し，1824年までにキューバとプエルト・リコを除いた植民地が独立した．

南米においてはベネズエラとブエノス・アイレスを拠点とした貴族層の自由主義者が，イギリスの援助のもとスペイン王党軍を打ち破り，中米においては既に特権を握っていたクリオーリョの保守派が，民衆的な独立運動を弾圧したが，1820年スペイン本国で自由主義的な憲法が採択されると，波及を恐れた保守派

移民による第2の征服　＊419

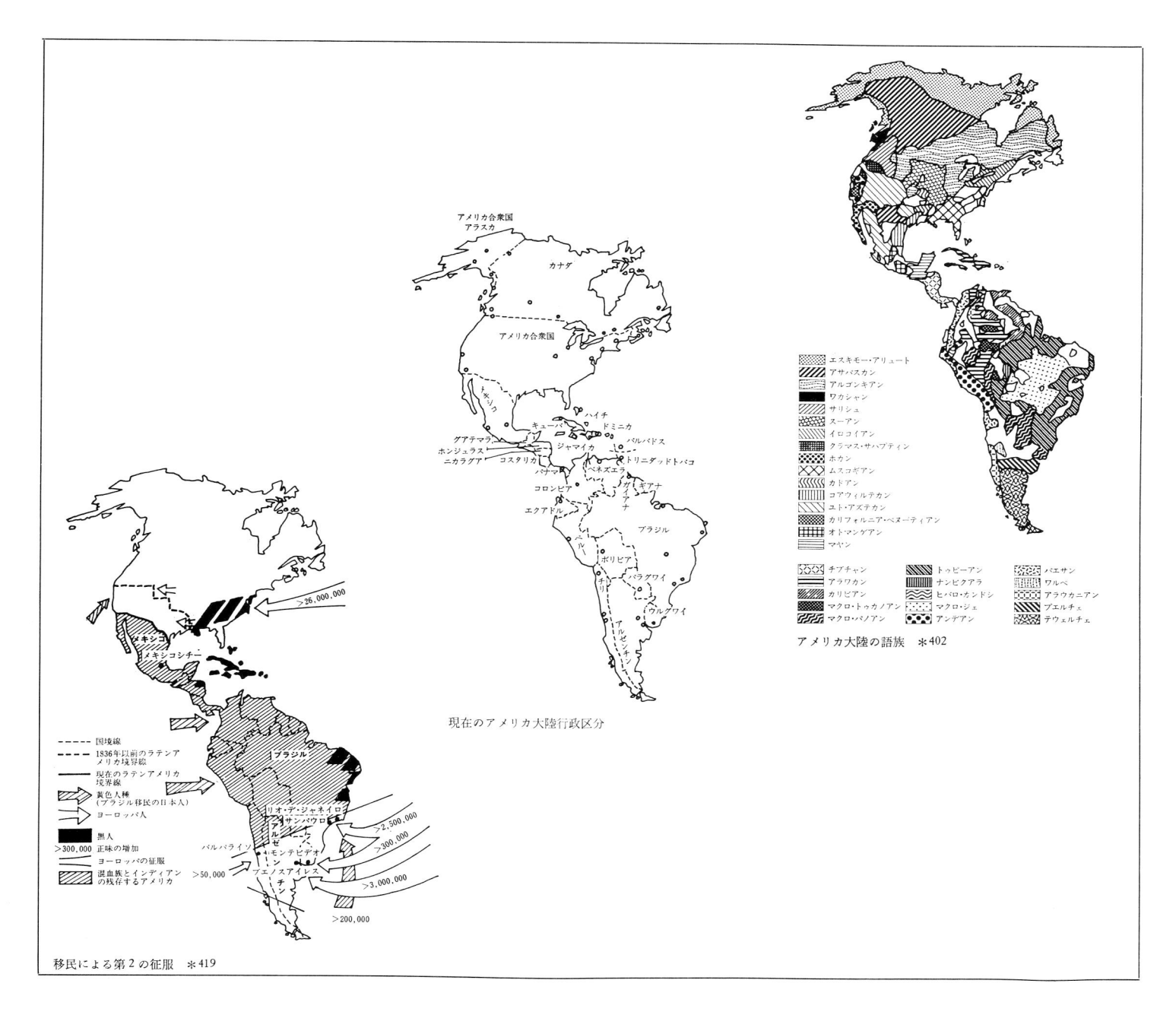

現在のアメリカ大陸行政区分

アメリカ大陸の語族　＊402

による独立が行なわれた．

b　分割の時代

独立が植民地時代に築かれた階層社会を変えることは稀であり，王権の追放によりスペイン官憲の特権がクリオーリョの特権に新たに加わったにすぎない．しかしカウディーリョによる支配は政治的混乱をおこし，教会，地主階級，特権商人と結んだ非合憲的な政権奪取とひんぱんな政権交替がおこなわれ，多くの国に分裂した．そのなかで，帝制を存続したブラジル，文民支配のチリが統一を守った．

またイギリスの海軍力とアメリカ合衆国のモンロー主義は，他のヨーロッパからの干渉をおさえたが，1836年テキサスを独立させ，1845年の米墨戦争によりメキシコ領土の半分近くを割譲させたアメリカ合衆国は，ラテン・アメリカに影響を与え始めた．

c　近代国家へ

産業革命の時代に財政難の新共和国への借款の代償として土地，鉱山などの利権がヨーロッパ諸国，特にイギリスに渡る．同時にヨーロッパからの移民が続いた．またこの時代に近代市民国家へと移行する傾向が始まるが，教会や軍部のもつ法的，経済的特権，また自給自足生活を続けるインディオの存在が妨げとなる．自由主義者による教会資産の解体も効果を上げず，逆に政治家と大地主による大土地所有が進行した．1880年以後の商工業者階級の台頭とともに，この病的な社会を持つ諸国にも比較的安定した時期がおとずれる．

●**現代のラテン・アメリカ**

a　アメリカ合衆国の進出とナショナリズム

1898年のキューバ独立を機に米国の干渉が始まる．1903年にはパナマをコロンビアから独立させ，1930年に改められるまで直接的な干渉が行なわれる．このアメリカ文化の浸透は第一次世界大戦後のヨーロッパの没落とともに，新たなナショナリズムを発生させた．台頭する中産階級は外国資本と直結した寡頭政治に不満を持ち，アルゼンチンのペロン政権などのナショナリスティックな政権を生んだ．第二次世界大戦は経済的な発展を刺激し，さらには中産階級を助長した．

1950年末までは伝統的なクーデターが政治の安定を乱してはいたが，革命の動きはなく，アメリカ合衆国の強い影響下にあった．

b　革命と反革命

1959年に始まったキューバ革命により政治抗争は激化する．革命勢力と軍部による反革命．一方アメリカ合衆国は社会経済改革の援助計画を進めるが，支配階級の抵抗と民主的改革勢力の衰退をまねいた．その後1968年までは軍事援助による革命勢力の鎮圧が行なわれた．1968年を過ぎるとボリビアに反米愛国的軍事政権が生まれ，各地に都市ゲリラが出現し，メキシコにも反政府運動がおこる．アメリカ合衆国は民主的改革勢力支援の立場から，ファシズム的軍部の支配まで容認するにいたる．

現代のラテン・アメリカにおいては，一方では反共的な軍部支配の下で経済発展を先行させる国々と，親左翼的な文民政権の下で社会改革を先行させる国々が揺れ動いている．だがインディオはやはり自給自足的な生活を送っている．

その2　中南米地域の領域論的考察

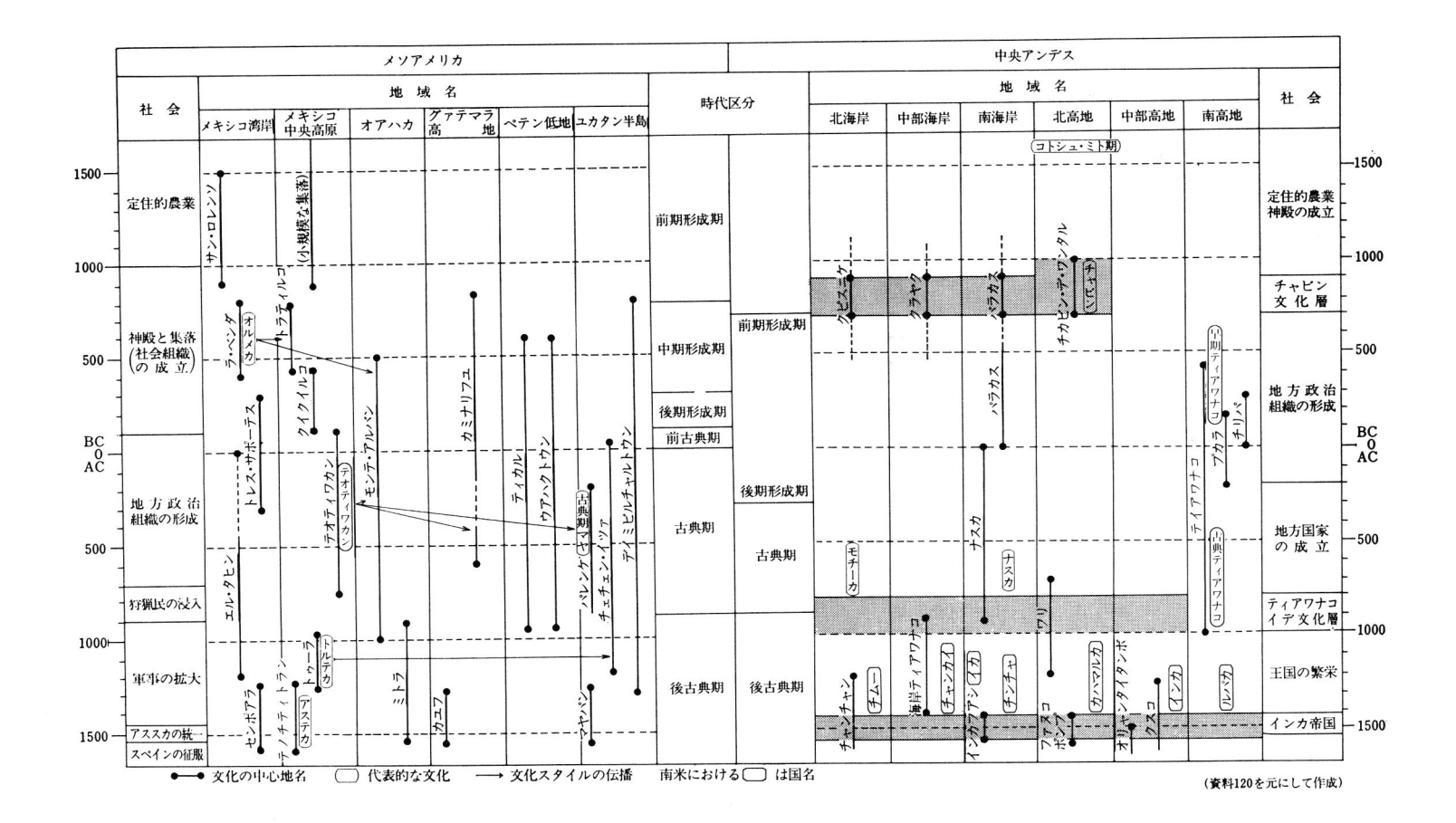

●核アメリカ文化年表

征服の時代

- 1492　Cristbal Colón サン・サルヴァドル島発見.
- 1494　トルデシーリャス条約により，スペイン・ポルトガルの海外領土勢力範囲が協定される.
- 1498　新大陸最初の植民地サント・ドミンゴ建設される.
- 1501　黒人奴隷はじめて西インド諸島にもたらされる.
- 1513　Vacso Nuñez de Balboa 太平洋を発見.
- 1521　Hernán Cortés アステカ王国征服.
- 1527　アウディエンシア，はじめてメキシコに置かれる.
- 1532　Francisco Pizarro インカ帝国征服.
- 1535　メキシコ副王設置.
- 1542　ペルー副王設置.
- 1543　インド法制定され，原住民に保護与えられる.
- 1545　ペルーでポトシ銀山発見される.
- 1546　メキシコでサカテカ銀山発見される.

植民地時代

- 1553　王立メキシコ大学創設される.
- 1571　メキシコに宗教裁判所設置される.
- 1578　ペルーに王立サン・マルコス大学創設される.
- 1613　支倉六右衛門使節団，メキシコを訪れる.
- 1630　オランダ人，ブラジル北東部を占領（～1654）.
- 1693　ブラジル中央高地で金山発見され黄金狂時代に入る.
- 1700　スペイン，ブルボン王朝となり，英国との関係悪化.
- 1739　ヌエバ・グラナダ副王設置される.
- 1767　イエズス会追放される.
- 1776　ラ・プラタ副王設置される.

独立の時代

- 1780　ペルー奥地でのインディオの反乱に続き各地で反乱.
- 1789　植民地の港に本国との間の自由貿易許可される.
- 1803　米国フランスよりルイジアナ植民地を購入.
    - ハイチ，ラテン・アメリカ最初の独立国となる.
- 1808　ポルトガル王室，ナポレオンの侵入によりブラジル避難
    - スペイン国王，ナポレオンに幽閉される.
- 1810　カラカス市会　総督を追放.
    - ブエノス・アイレス市会　副王を追放して自治に移る.
    - メキシコ，イダルゴ神父独立運動への第一声を発する.
- 1811　ベネズエラ，独立を宣言.
- 1816　アルゼンチン「ラ・プラタ諸州連合」形成される.
    - パラグアイ　鎖国政策をとる.
- 1818　チリ　独立を達成し中央集権体制をとる.（～1823）
- 1820　スペイン，自由主義的憲法を承認する.
- 1821　ベネズエラ，コロンビア，大コロンビア共和国形成.
    - 米国，スペインよりフロリダ購入.
    - 中米諸国，独立を宣言する.
    - メキシコ，独立宣言.
- 1822　ブラジル，独立してブラジル帝国となる.
    - エクアドル，解放後大コロンビアに挿入される.
- 1823　中米諸国中央連合を結成.
    - 「モンロー主義」宣言.
- 1824　アヤクチョの会戦により，南米スペイン系植民地の独立解放軍の決定的勝利となる.

揺れ動く政治

- 1826　パナマ会議開かれる.
    - 中米連合，グアテマラの優勢に反感を抱く諸勢力，内乱をひきおこす.
- 1828　中米連合，自由主義勢力がグアテマラを占領.
- 1830　大コロンビア共和国解体.
- 1835　ペルー，ボリビア連合国成立.
- 1836　テキサス，メキシコの直接統治に対し独立宣言をする.
- 1839　中米連合国，自由主義が敗れて，解体し中米5ヵ国が生まれる.
- 1845　米国，テサッサを合併する.
- 1846　アメリカ・メキシコ戦争勃発.
- 1847　ラテン・アメリカ諸国に関するアメリカ会議が開かれ，スペインによる南米西海岸諸国征服を阻止するための防衛手段討議される.
- 1848　メキシコ，米国に敗れ国土の半分を米国に割譲する.
- 1883　ペルー・ボリビア連合とチリの戦争により，ボリビア海岸線を失う.
- 1889　アルゼンチンへのヨーロッパ人移民の入国，年間20万人をこえる.

アメリカ合衆国の干渉

- 1898　米国，スペインに宣戦布告する.
- 1901　米国，パナマ運河の建設，管理の権利一切を握る.
- 1903　パナマ，コロンビアより独立.
    - 米国，パナマ運河地帯の永久租借権をとりつける.
- 1910　メキシコ革命勃発する.
- 1912　ニカラグア，内乱発生し米国海兵隊上陸，保護領化する．以後，米国海兵隊の中米上陸が続く.
- 1917　第一次世界大戦勃発する.
- 1920　アルゼンチン以下9ヶ国，国際連盟に加盟.
- 1930　ラテン・アメリカ諸国も深刻な経済恐怖にみまわれる.
- 1939　第二次世界大戦勃発する.
- 1941　パン・アメリカン・ハイウェイの3分2のが完成.

革命と反革命の時代

- 1952　グアテマラ　農地改革法制定され，ユナイテッド・フルーツ社の反対をひきおこす.
- 1954　第10回アメリカ諸国国際会議，国際共産主義の干渉に対する西半球の保全のための団結宣言される.
- 1959　キューバ Fidel Castro の率いる革命成功する.
- 1962　米国，「進歩のための同盟」政策に転換する.
    - 米国，キューバ海上封鎖で強硬決意を表明.
- 1967　Che Guevara 戦死する.
- 1968　ラテン・アメリカ諸国に都市ゲリラ出現.
- 1973　チリ，クーデターによりアジェンデ大統領自殺.
- 1974　アルゼンチン，ペロン大統領死去.

資料：『ラテン・アメリカ事典』

Map labels:

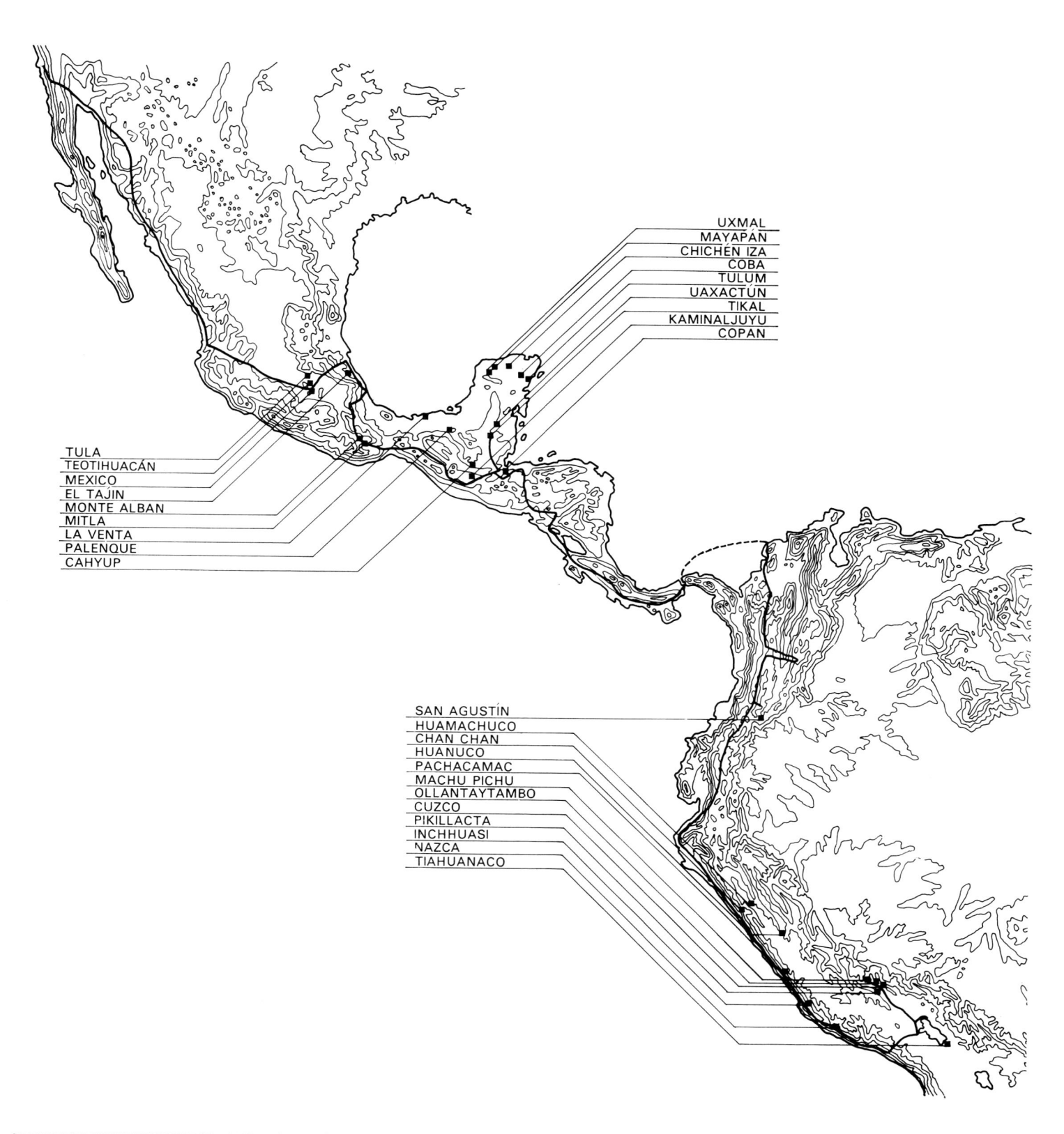

- UXMAL
- MAYAPAN
- CHICHEN IZA
- COBA
- TULUM
- UAXACTUN
- TIKAL
- KAMINALJUYU
- COPAN

- TULA
- TEOTIHUACÁN
- MEXICO
- EL TAJIN
- MONTE ALBAN
- MITLA
- LA VENTA
- PALENQUE
- CAHYUP

- SAN AGUSTÍN
- HUAMACHUCO
- CHAN CHAN
- HUANUCO
- PACHACAMAC
- MACHU PICHU
- OLLANTAYTAMBO
- CUZCO
- PIKILLACTA
- INCHHUASI
- NAZCA
- TIAHUANACO

遺跡

ここで遺跡を参考資料として記載するにしても，十分な紹介ができるとは思えない．第1に，私たちは歴史の研究家ではないから，第2に，ほんの一部の遺跡しか見ていないからである．ただ私たちの旅の印象では，総論〈なめらかな地形〉でも述べたように遺跡は生きているといった感じがあったから，偏狭な判断力を承知のうえで，また内容のほとんどは海外の研究者の成果の借り物であるが，あえて資料として提出したいと考えた．遺跡のほとんどは文化行政的な中心であるが，私たちの興味は，長期にわたって変らないと説明されている住居が，この中心にたいしてどう配列されたかにある．これについての知識はごく限られているが，説明の重点を住居と中心とのかかわりに置きたい．

いうまでもなく遺跡は現在発見されているだけでも多数ある．ここに掲げたのはほんの一部であるが，私たちの旅の経路上に分布する遺跡と，それらを見るときに欠かせない対比的な遺跡とを列挙した．私たちが訪れた遺跡は，Teotihuacan, Monte Albán, Mitla, Tikal, Copan, Pachacama, Cuzco, Machu Picchu であり，角坂は Palenque を以前に訪れている．目と鼻の先にある遺跡をなぜ訪れなかったか，今になれば残念だが，私たちの目的は現に人が住む集落の調査であり，旅は意外に厳しく，実際には遺跡を見る時間があるならもうひとつ集落をということになる．また知らないで通り過ぎた遺跡も数多い．私たちは知識なしで現場にのぞむことをよしとしているからである．帰ってきて学習してみると，例えば Chan-chan をなぜ見なかったのか，Ollantaytambo に注意すべきだったということになる．

私たちは遺跡を意識しつつも，現実の集落はこれを切断して考えている．離散型は中心がないと規定しているむきがあるが，遺跡が機能していた時代には明らかに中心があった．こうした幻想領域の話は本来ならずっと先に語るべきである．遺跡をめぐる史家の諸説は多岐に拡散している．従って以後の説明は，史的事実にはこだわらないというより仕方ない．

特に私たちの旅の経路上の文化は神秘であり，謎につつまれている．資料は写真と図面だけでよく，文章はほんの添えものと思ってほしい．参考文献120から知った知識がほとんどである．興味をもたれた方にはこの諸説を集約的に紹介している著書を一読することをおすすめする．

TEOTIHUCÁN 死者の通り 写真：鈴木悠

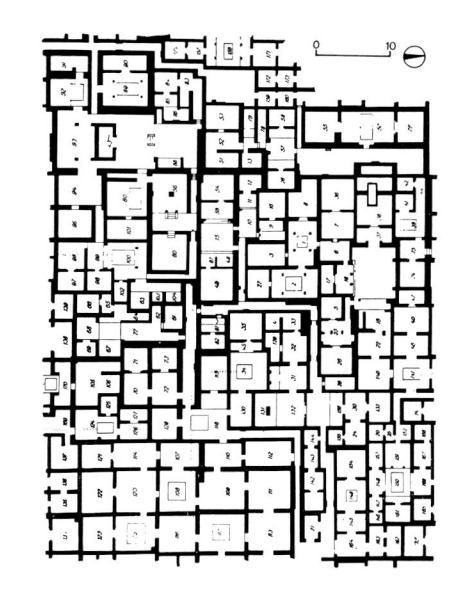

TEOTIHUACÁN 住居平面図 *120

TEOTIHUACÁN 月のピラミッド 写真：鈴木悠

TEOTIHUACÁN シタデル

TEETIHUACÁN ケツァアルコアトル 写真：鈴木悠

*の数字は本誌 201 頁参考文献リストの番号を示す

TEOTIHUACÁN　TULA　TAJIN

TEOTIHUACÁNは現在のメキシコシティの北 50kmの位置にある．標高 2240〜2300m で，メキシコ中央高地の谷の広さは 500km² である．年間雨量は 550mm．頻繁にかんばつがあるために，農耕には灌漑を必要とする．当時はもっと気候は湿潤であった．TEOTIHUACÁN は神の場所という意味であるが，これはアステカの命名で，アステカがこの地にやってきた時はすでに創設者たちは居なかった．

プランに見る通り，死者の通りと呼ばれる幅 45m の軸路があって，その北端部に高さ 42m の月のピラミッドがあり，中間に高さ 64m の太陽のピラミッド，南端東側に 400m 方形のケツァルコアトルのシタデルがある．死者の通りは，17度ふれた南北軸で，シタデルから月のピラミッドまで 2km 以上あり，その両側には道路幅と同じ長さのテラスが続く．死者の通りは月のピラミッド側が高く，南北 30m の高低差がある．

TEOTIHUACÁN は日本でも紹介されているので，詳細な説明は省く．ふたつのピラミッドが建設された時期は，最近の研究でも動いているが，紀元前1世紀あるいはもっと古いのではないかと言われている（Millon の新説）．没落は 7 世紀の終り頃始まって，750 年頃には都市は捨てられていた．マヤ等の他の古い都市が放棄される理由がわからないと同様にさだかでない．

TEOTIHUACÁN は，メキシコ谷の行政やマーケットあるいは儀式の中心であったろう．多くの都市の歴史が示すように，僧侶の出現，階級の構成，宗教建築の必要性という段階を経て，この巨大な中心が出現したことにはさしたる異論はなかろう．この遺跡の原形は，メキシコ湾岸のオルメカの文化が創設した諸都市，TRES ZAPOTES, SAN LORENZO, LA VENTA 等にあるといわれる．

この遺構を中心として，どのように人々は住んでいたのだろうか．将来の発掘によってその様子は次第に明確になると思われるが，現段階でもいくつかの区画が発掘されていて，ある程度推測できる．都市の中心は数世紀にわたって活動してきたので，時期によって都市の様相は異なる．紀元前の段階では，ほぼ5000人がこのまわりに住んでいたのではないかと推測される．当時人々は住区を組み，しかも移動性を示す．中心から北西に位置する Ostoyohualco の住区が発掘されている．道路パターンは全くわからないが，ふたつのプラサが宗教建築を結びつけていたという．ピラミッドが造られた頃，どの位の人口があっただろうか．2200ha の範囲に 85000 人が住んでいたとする論があるがこの数値だと ha 当り40人の密度である．Gamio (1922) や Palerm の研究にもとづいて，1家族 6人として 0.86ha がこの地の自給自足体制に必要であるとし，灌漑などを考えて30％ を増して 111.8 ha/100 家族の必要耕作面積をたてると，2200ha に

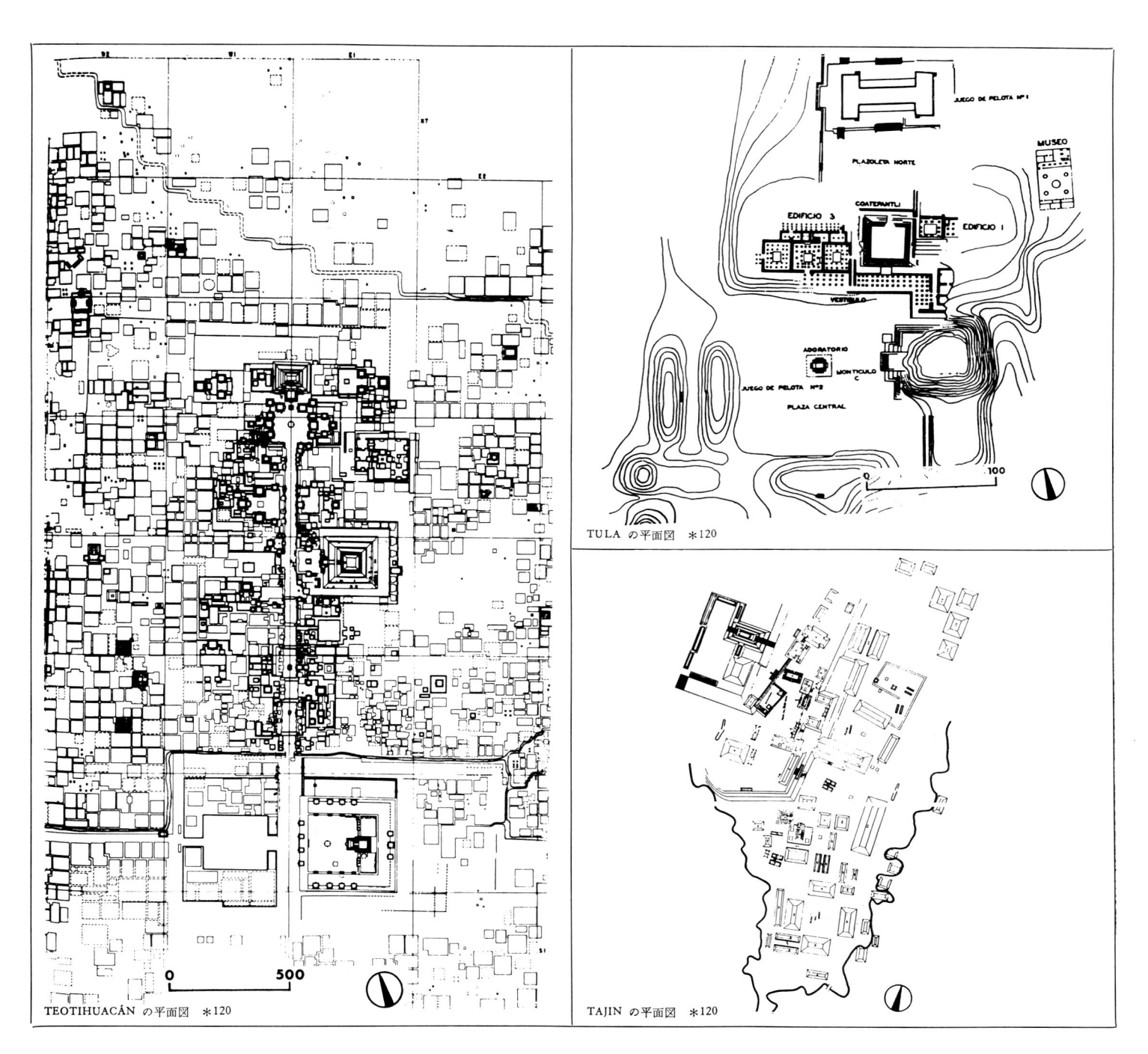

TEOTIHUACÁN の平面図 ＊120

TULA の平面図 ＊120

TAJIN の平面図 ＊120

51000人ほどの数値になる（23人/ha）． この数値ではピラミッドを建てるのは難しいので少ないと思われる（Hardoy）． ピラミッド等の建設のための人口を推定すると，そのエネルギーからして，17000人が常時働いていなくてはならず，そのために15万人の人口を算出した． 最近の Millon の計算では人口は30万人に達したという． メソポタミヤ等の古代都市の人口密度，270〜440人/ha を想起すれば，300人/ha がひとつのめやすになる． クラシック期の住区 Tramimilopa の発掘によると，これは他の住区とちがって高密度地区で（図参照），3000人/ha の室区画の数から算定された． この住区は太陽のピラミッドから東2500mの位置にある． 発掘面積は 3500m²，前庭，中庭をふくめて176室ある． 建物は石造か日乾しレンガで，通路幅員は 1.1m をこえず，60cm がふつう． 1室の広さは大きいので 4×4m，小さいのは 2×2m を欠く． この住区には職人か商人が住んでいたと考えられる．

これらの寸法，つまり過密状態はウルやモヘンジョダロにも見られる． Millon の30万人の説は，TEOTIHUACÁN の広さを2250haとし，他のファクターをかんがみて計算している． Hardoy は，センター 200ha，住区 375ha，空地を住区の30％と想定し，Cook等の15万人説から，218人/ha の数値を導いている． この場合市街地は 687.5ha になる． その他発掘された住区例えば Xolalpán は，より上流の階層の住区とみられ，発掘者 Linné は，僧侶や知識階層の住区と推測している． ここには一連のアパートが中央の長方形パティオに面して建っており，部屋やパティオは長方形プラン，中央パティオには祭壇がある． 密度は200人/ha．さらに上流の階層に属すと思われる住区がいくつか発掘されており，それらは Xolalpán とほぼ同形式である．構成要素は，パティオ，ポルチコ，部屋であり，住区のひとつ Zacula では，総面積 4000m² にたいして30のパティオがある． 中央のパティオは他のパティオより大きく神殿が附属している．

TEOTIHUACÁN がどのような都市であったかを現段階で十分に推測できないが，かなり吸引力のある儀式行政中心であったことだけは確かである． 人々は住区を組み，高密度に住んでいた． 現在中南米では，過去からひきつがれた都市を見ることはできない．それが研究を最も困難にしているのだろう． また旅の印象として，強力な中心に凝縮してゆく集落形態がイメージされないのもその理由による． TEOTIHUACÁN の後にくるトルテカの都市 TULA，更にその後の TENOCHTITLÁN がメキシコ中央高地を支配する．これらは当時は全て凝縮型の都市であった．

その2　中南米地域の領域論的考察

TIKAL 写真:鈴木悠

TIKAL TEMPLE I 写真:鈴木悠

TIKAL Central Acroporis

TIKAL North Acroporis

TIKAL Great Plaza

TIKAL

モングワ河に沿った道路から分岐して,ジャングルのなかを300kmほどゆくと,TIKALの遺跡がある. TIKALはまことに信じられない遺構である. ジャングルの樹冠面の高さは 30〜40m ほどで,Temple I のピラミッドは高さ 51m(プラサから43m). ピラミッドの頂きから見る風景は,見渡す限り緑の海.

これほど想像力をかきたてる建築は世界にも少ないだろう.

TIKAL には,B. C. 600 年あるいはそれ以前に人が住み,ふたつのピラミッド Temple Ⅰ及びⅡが対峙するグレイト・プラサの古い部分は B. C. 150 年頃,新しい部分で A. D. 700 年. ふたつのピラミッドはやはり A. D. 700 年頃建造された. アクロポリスは,プラサと同時につくりはじめられ,およそ千年にわたって完成されたといわれる.

ジャングル内にときどき空地があるが,これは伐採・焼き畑・栽培・休耕のサイクルをもつマヤ地域独特の伝統的農耕法が開いた土地である.

5人家族を支えるためには 1.35ha を要す. TIKAL のあるペテン域では 4〜7 年,ユカタンでは 15〜20 年休耕しなくてはならない (Coe) とすると,ミルパはこの 5 倍要することになる. 現在住居は小さな村をつくってジャングル内に散在しているが,かって TIKAL が栄えていた頃も,この状態に近かったことが知られている.

マヤの研究は膨大であるが,解明されていない部分も多い.

マヤを独立した小都市群の集合ととらえる従来の考え方にたいして,Coe は神権政治の支配者群によって治められる境界が不明確な領域の集合ととらえている.

TIKAL が活動していた頃の住居分布はどうであったろうか. 大多数の人々はセンターから離れた農耕地のそばに住み,支配者層がセンター附近に住んでいた. マヤの世界は明確に階級分化していたが,究極的にはふたつの階級である. 発掘によると,住居は現在の住居とほとんど大差ないことが報告されている. 4軒が1家族に対応し,広さは 40m² をこえなかった. 長方形プラン. 2,3戸が地面から多少高い前庭をかこんで建てられた. Bullard は50〜100戸で支えられていた小センターがあったと推測している. 小センターの支配域は 1km² ほど. とすると密度は 1〜2ha/家族となる. 英領ホンジュラスのベリス河近くの Barton Pamie の発掘によると,250戸/mile² つまり 1ha 当り 1戸が知られている. 小センターは儀式センターに附随し,後者は少なくとも 100km² を支配したといわれる. UAXACTUN のセンターゾーンを調査したカーネギー・インスティチュートの報告によると,1人/ha をわずか上まわる値になっている. TIKAL の周辺の発掘によると,センターを中心に

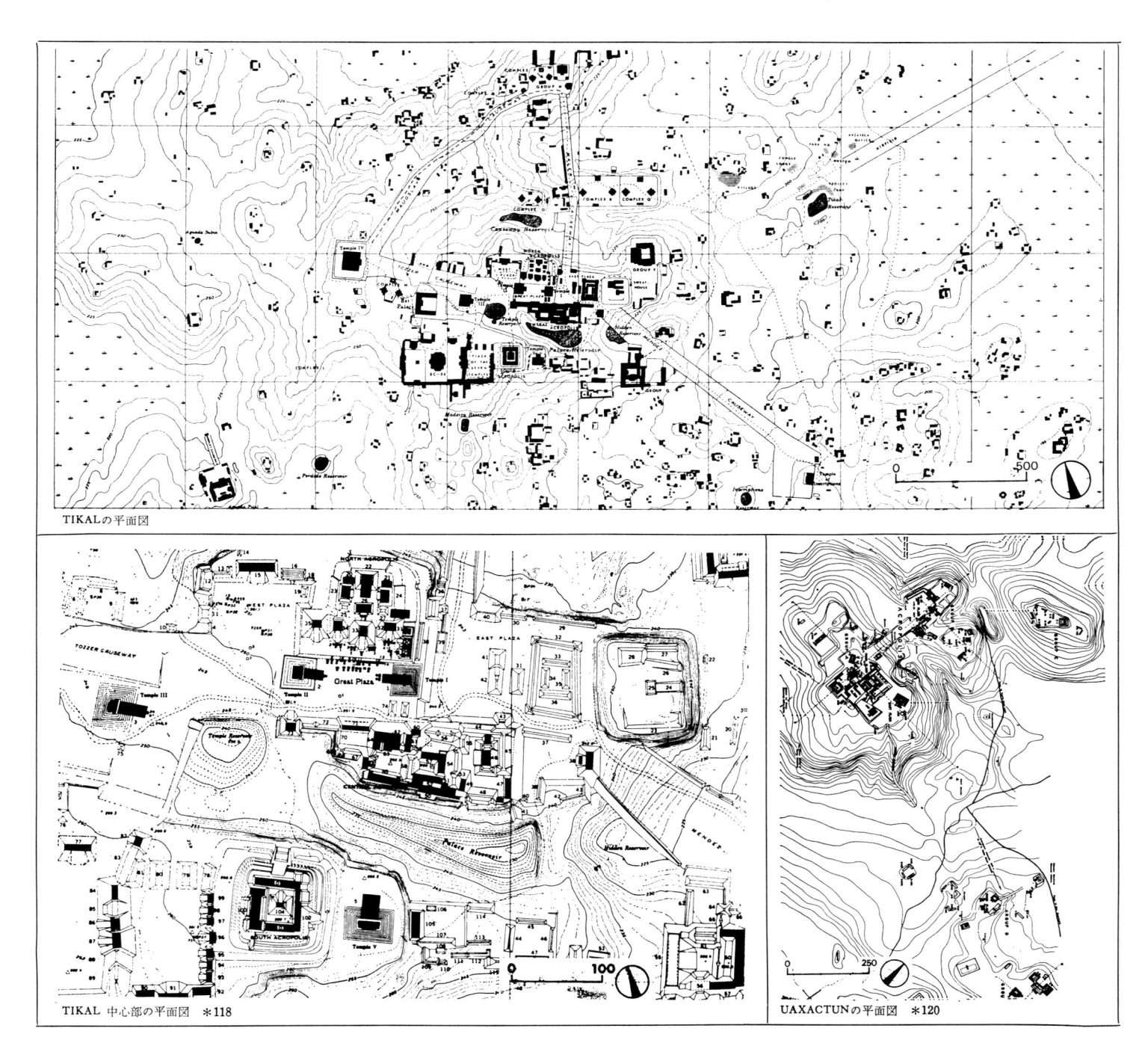

TIKALの平面図

TIKAL 中心部の平面図　*118

UAXACTUNの平面図　*120

　1辺1kmの4マスのグリッド（4km²）を組んで得た数値は，3.15人/ha（63戸），6.20人/ha（124戸），3.25人/ha（65戸）であった．但し1戸を5人として計算している．平均は4.8人/ha，1家族5人以下ではないという研究があり，Haviland の数値 5.6人/家族をとっても 6〜7人/ha を上まわることはない（Hardoy）．

　ミルパの休耕にともなう必要農耕面積と，上記人口密度とを比較してみると，UAXACTUN の1人/ha の値はよいとして，1家族/ha の値になると自給できない．TIKAL のセンター附近では農夫だけが住んでいたわけではないから密度が高くなっていたと考えられる．ジャングルのなかに小村が点在する現在の状態の密度は，比較にならないほど低い．上記の数値は，TIKAL ほど強大なセンターのまわりでも密度は極めて低く，いわゆる都市の概念とはおよそ異なったひとつの都市像を浮き彫りにする．

　グアテマラ高地は Coe によれば，2年間休耕しなくてはならないとされている．とすると 3〜4ha/家族の密度ということになるが，私たちの観察ではこれより密度は高い．家と家の距離はもっと近い．風景のうえでは住居的農地の間に均等に分散しているように見えるが，実際には漠然としたクラスター化がとられて住居間が接近するような配置がとられているのかもしれない．TIKALのあるペテン域では現在耕地のなかに家が単独に分散するとは限らないし，マクロに見れば明らかにクラスター化されている．

　マヤには死者を自分の家の床下に埋めるという習慣があった．上層階級だけが神殿のプラットホームの下に埋められた（Coe）．これは，マヤが協働したりする社会でありながら，かなり家族の独立性が高かったことを示す事実ではないかと思われる．

　儀式中心にたいして，3つのパターンが考えられるとする説には納得がゆく．すなわち，中心が凝集力を示す一般の求心型，中心にたいしてクラスターが離散配置するパターン，中心にたいして各個が離散配置するパターンの3種である．実際にはこれもスケールの問題が入ってくるが，儀式センター・サブセンターのシステムでみれば，TIKALはクラスターが離散するパターン，中心部分に着目する限りでは各戸が離散するパターンである．

　この巨大なセンターはどのようにつくられたのか．そのエネルギーはたいへんな量だが，ジャングルのなかの労働は見かけほど厳しくはなく，ペテンでは土地が比較的深く，共同体に納める量をふくめて年間の労働日数は2ヶ月間で足りるそうである．従って農夫たちは，余った時間を神殿の建設にあてたと考えられる．武力なしにそうした労働力を結集できたのは，やはり宗教の力であろう．

その2　中南米地域の領域論的考察 | 191

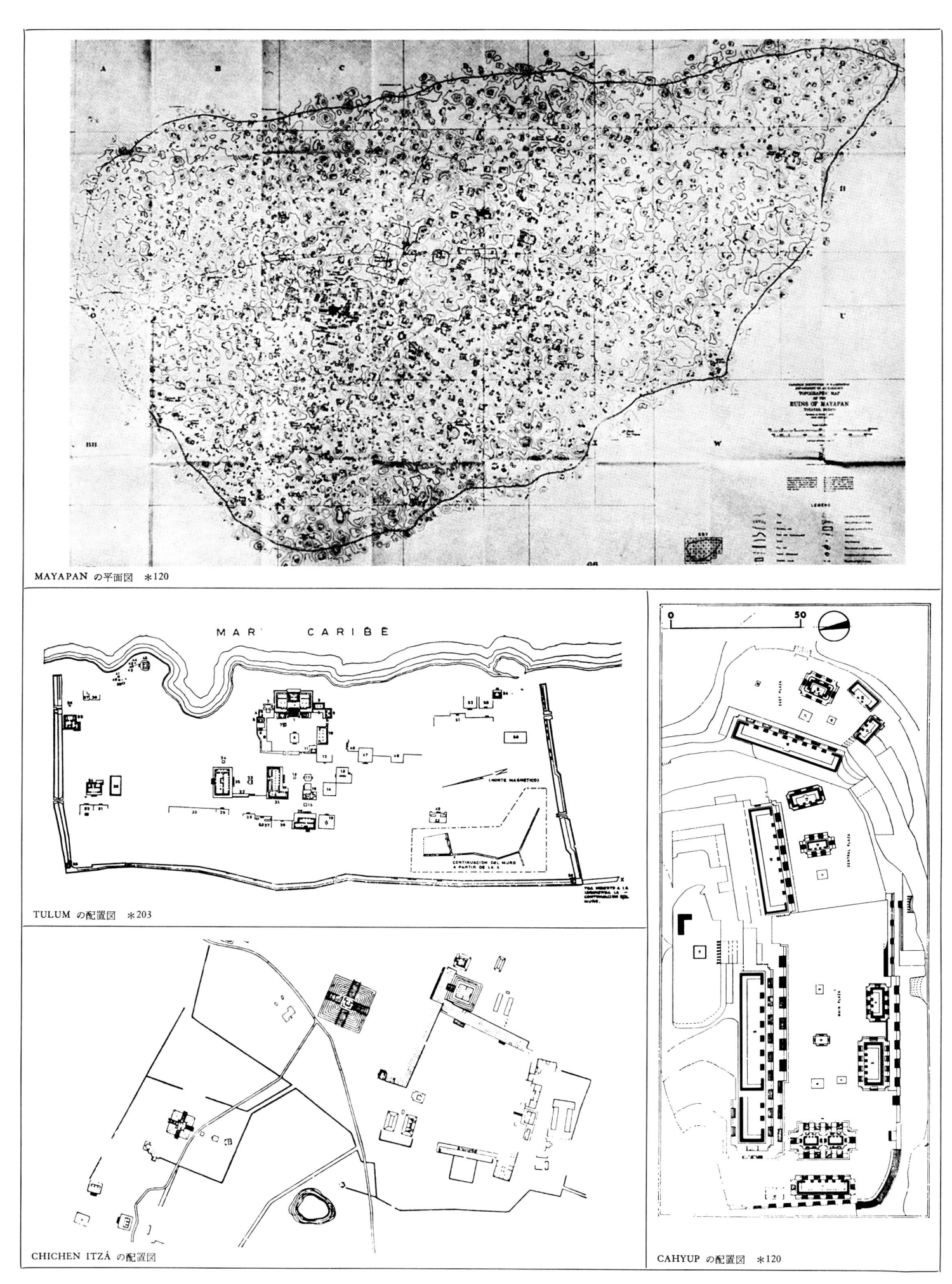

MAYAPAN の平面図 ＊120

TULUM の配置図 ＊203

CHICHEN ITZÁ の配置図

CAHYUP の配置図 ＊120

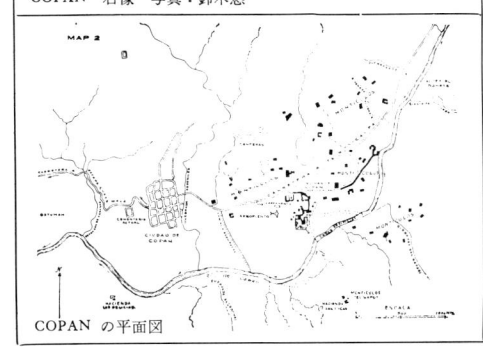

COPAN 復元図

COPAN 球技場 写真：鈴木悠

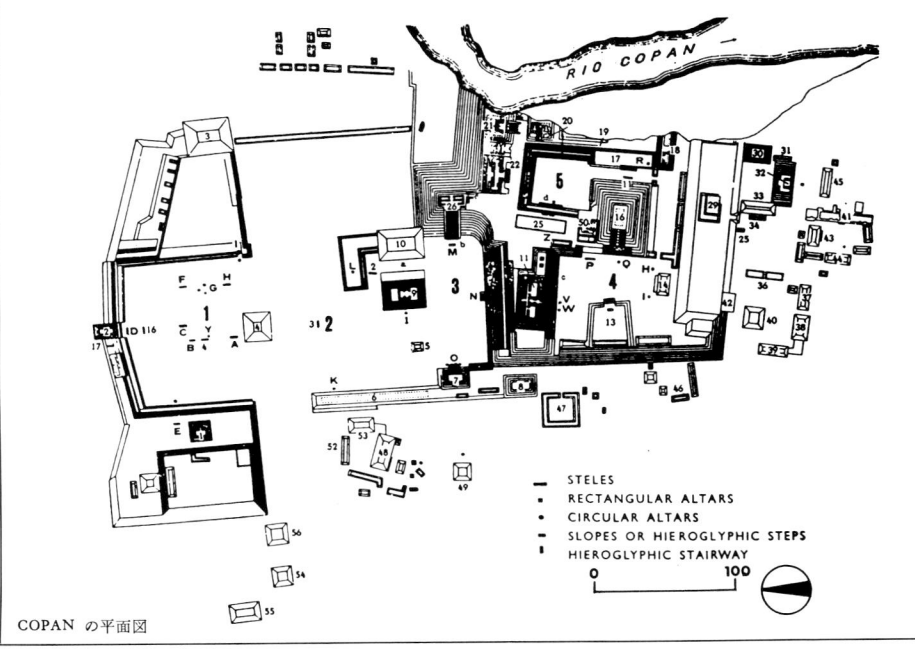

COPAN 石像 写真：鈴木悠

COPAN の平面図

COPAN の平面図

- STELES
- RECTANGULAR ALTARS
- CIRCULAR ALTARS
- SLOPES OR HIEROGLYPHIC STEPS
- HIEROGLYPHIC STAIRWAY

MAYAPAN　TULUM　CHICHEN ITZÁ
CAHYUP　COPAN

私たちが行けなかったユカタン半島の先端部，ユカタン地域には，魅惑的な遺跡が数多い． これらの遺跡を例示したのは，そのなかに MAYAPAN や TULUM のように城壁があり，境界が明快な都市があるからである． MAYAPAN は，高さ 2m 幅平均 4m 全長 9km の城壁で囲まれている． 内部は 4.2km²． 内部には2500個の遺構があり，そのほとんどが住居である． 共同のテラスをかこんで長方形プランの2または3の住居群があつまる． 井戸がまたグルーピングのひとつの核となる． 最頂期には 17500 人が住んだともいわれるが，遺構数から推定すると 8750 人ほどが住み，その密度は 20.8人/ha である． 最大6家族/ha は超えていない(Hardoy)． センターの近くでは密度は高くなる． 前頁での検討からすると，城壁内ではとても自給自足できない． 城壁の外に広い生産地があったであろう． TULUM は，城壁にかこまれた小都市である． 内部は直交系で配置された神殿，宮殿や城塞があり，城塞には住居もある． おそらく支配階級が城壁内に住んでいたと思われる． CHICHEN ITZA には城壁はない． グアテマラ高地でも，クラシック後期には，メキシコからの侵入にそなえて，儀式センターをアプローチが難しい場所につくり，そこを逃避の場所にもした． CAHYUP, MIXCO VIEJO, CHUTIXTIOX 等があり，人々は農業を営んで谷や丘に散っていた（これが私たちが見た離散型の典型的な風景であった）． CAHYUP はほとんど垂直の丘の上にあり，人々の住むレベルとは 200m の差があるという． こうした自然地形を活かした儀式・防衛の中心には僧侶や支配階級だけが住んでいたといわれる．

KAMINALJUYÚ と COPAN は，グアテマラ（高地）の中心であった． COPAN は現在ホンジュラスに属する． コパン河（モンタグワ河の支流）の谷の長さは 13km，幅は 2.5km 標高 620m，まわりの山々はこのレベルより約 300m 高い． 土地は肥沃であり，農耕に適す． この谷には16の遺構グループがあるといわれ，COPAN, RUINS はそれらの中心となる遺跡である． TIKAL のデモーニッシュな雰囲気にたいして，COPAN は静まりかえったたたずまいの廃墟で，ここをマヤの科学センターだと言う人がいるほどである (Thomspon, Morley)． そうしたたたずまいを誘起するのは，斉合的なサンクガーデンと周辺の地形であろう． このあたりには離散する農家はほとんどみられず，小さな村が点在する． 当時住居はクラスター化して遺構を中心に配列していたように思われる． マヤ文化の都市あるいは住居の集合形態は，やはり各地の社会経済構造に対応して，いくつかの類型をつくっていたのだろう．

MONTE ALBAN 俯瞰

MONTE ALBAN

MONTE ALBAN

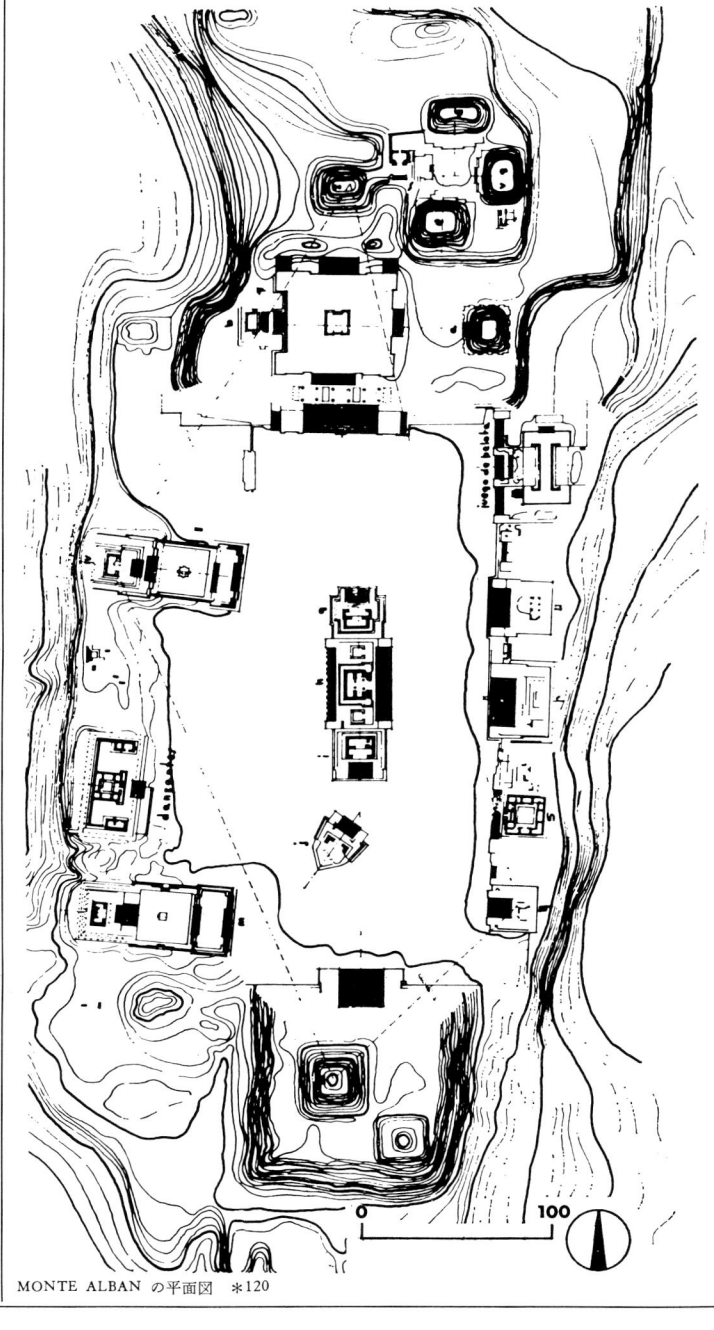

MONTE ALBAN の平面図 *120

MONTE ALBÁN MITLA MAYA

メソ・アメリカのクラシック期（A.D. 300～900）の頃を見ると，メキシコ中央高地では TEOTIHUACÁN が，メキシコ湾岸ではベラクルスの南にオルメカの LA VENTA，北にトトナカの EL TAJIN が，オハカ谷ではサポテカの MONTE ALBÁN が，マヤの文化圏ユカタンでは DZIBILCHALTÚN，ペテン・チャパスでは TIKAL と UAXACTUN，グアテマラ高地では COPAN と KAMINALJUYÚ といった都市が中心になって栄えていた（遺跡配置図参照）．諸文化活動は，司祭制度のもとに行なわれていたらしい．人々の大多数は農耕にたずさわり，センターの建設や戦いに参加した．職人や商人は中間階級で，都市は支配者階層に属していた．クラシック期には奴隷制があった．大多数の人々は畑のなかの小さな自給自足の村に住んで，今日の状態とさして変らなかったと多くの人々が報告している（Coe, Hardoy）．つまり極めて概括的に言って，スペイン侵入によってコロニアルシティが古い中心にとってかわったが，見方によれば都市と農村からみた構造にはさしたる変化が起きてはいない．

EL TAJIN は，かなり広い領域の中心であった．この都市は TEOTIHUACÁN と交流をもったと考えられている．また遺跡をみる限り，マヤの諸都市とも交流があった．12あるいは13世紀までに放棄されている．EL TAJIN の支配域には数多くのグループが散在していた．

オアハカ谷は，本書の各論で見る通り，メキシコでも肥沃な地域である．気候は熱帯に準ずるが生活は快適そうである．金や銅を産出した．山々はさして険しくなく，どちらかといえば温和な風景である．この地域はサポテカの文化域で，形成期から北東メキシコ，チャパス両域から文化を吸収できた．サポテカはアステカに対抗し，彼等の文化水準は高く，マヤだけが超えられたほどである．カレンダー，象形文字をもっていた．MONTE ALBÁN は長い間オアハカ谷の中心であった．オアハカ谷には紀元前から人が住んでいた．MONTE ALBÁN にも住んではいたが，当時の中心は別にあった．やがて中心は MONTE ALBÁN に移っていた．以後数世紀にわたって高い文化を誇った．現在のオアハカ市から 2.3 km 離れた丘の上にセンターは位置する．谷の平地より 400 m 高い．

遺跡は，300 m×200 m のプラザのまわりを遺構がとりかこむ．このプラザはメソ・アメリカで最も美しい広場であるといわれる．図面からもその美しさは説明できそうだ．しかしなんといっても，立地の良さは抜群である．メソ・アメリカ各地の遺跡の多くは平地にある．地形を活かした例は極く少なく，メキシコからの侵入の恐れがあったグアテマラやこの地域だけが，避難と防衛のために儀式センターの位置

194

MITLA 遺跡の上に築かれたキリスト教会

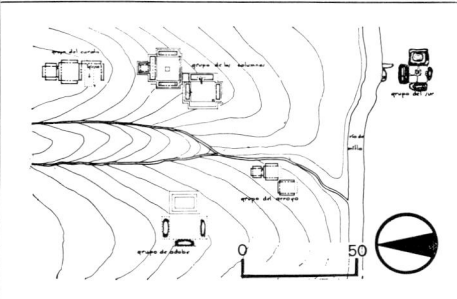

MITLA

MITLA

MITLA の平面図 ＊120

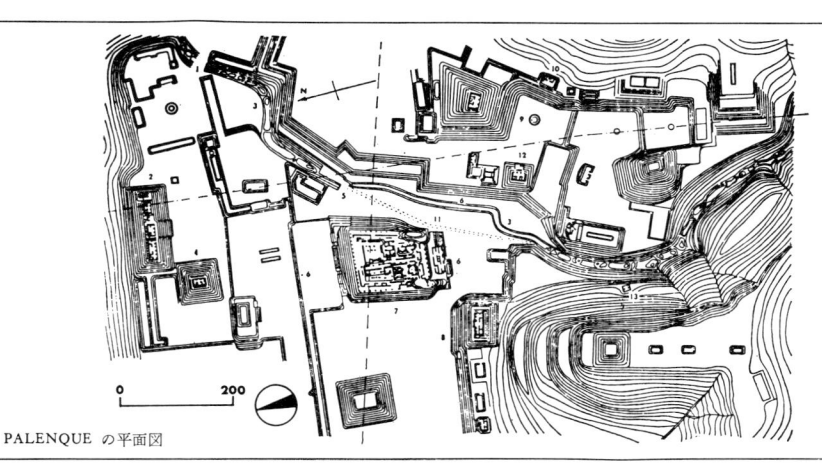

PALENQUE の平面図

PALENQUE の宮殿平面図

PALENQUE

PALENQUE の王宮

を選んだともいわれる．いずれにせよオアハカ谷を展望できる地点は儀式センターには絶好の立地であったろう．プラザに面して宮殿はひとつだけで，入口がひとつあってあとは壁でかこまれている．（オアハカ谷の集落の住居プランを連想させる）都市はこのプラザを中心にあらゆる方向にのびていた．住居地域は北にのびて，規則性なく散在していた（Hardoy）．都市から離れた場所の住居の集合形態については報告が見当らないが現在の集合形態はかなり古い時代から続いていたのではないかと推測される．

MITLA は，MONTE ALBAN 没落後の，宗教と都市のセンターであるといわれる．配置図から知られる通り，特異な組み立てである．現在の町は，遺構のひとつに重ねてつくられた教会を中心として，植民地時代に住居が集ってきた．MITLA の廃墟は 20 ha 以上にわたり，5つの構築物のグループがあきをおいて配置されている．そのうち2つは規則性のあるパターンで，プラザの1方向にピラミッド，残りの3方向は平家建の建物がのった基壇でかこまれる．他の3つのグループは，ふたつのコートヤードが連結される形式のもので，水平性の強い建物がこれをかこむ．この中庭に立ったとき，フランク・ロイド・ライトの建物にいるように錯覚した．遺跡といっても他の遺跡にみる圧倒されるような感じはなく，しごく穏やかで快適である．MITLA は，高僧の住む場所，聖なる都市であり，王や高僧の墓でもあった．11世紀から政治的な中心にもなった．5つのグループのあきの空間がどのように使われていたかはさだかでないが，高僧と神殿につかえる人々が住んでいたのであろうと推測されている．

TEOTIHUACÁN, MONTE ALBÁN, MITLA あるいは他の儀式，シビックセンター，いずれにも城壁がない．TIKAL に至っては，武器も発見されていない．MONTE ALBÁN は，北からの侵略によって滅びたとしても，没落のきざしはすでにあり，マヤをふくめていずれの強力な中心も，何故か没落し放棄されている．防禦にたいしてあまりにも無関心であり，なんら空間的な防備をしていない．そして突然放棄される．ここらあたりに，メソ・アメリカの文化の神秘性が象徴されているように思える．狩猟民族がいなかったことも防備なき中心の理由のひとつであろうが，そこに離散型集落のもつ配列の意味もあるように思える．中心が凝縮する都市パターンは別として，中心がありながら周辺に住居が散在したと推測される遺跡は多い．

PALENQUE は，チャパスの代表遺跡として挙げた．マヤの文化圏に属する．

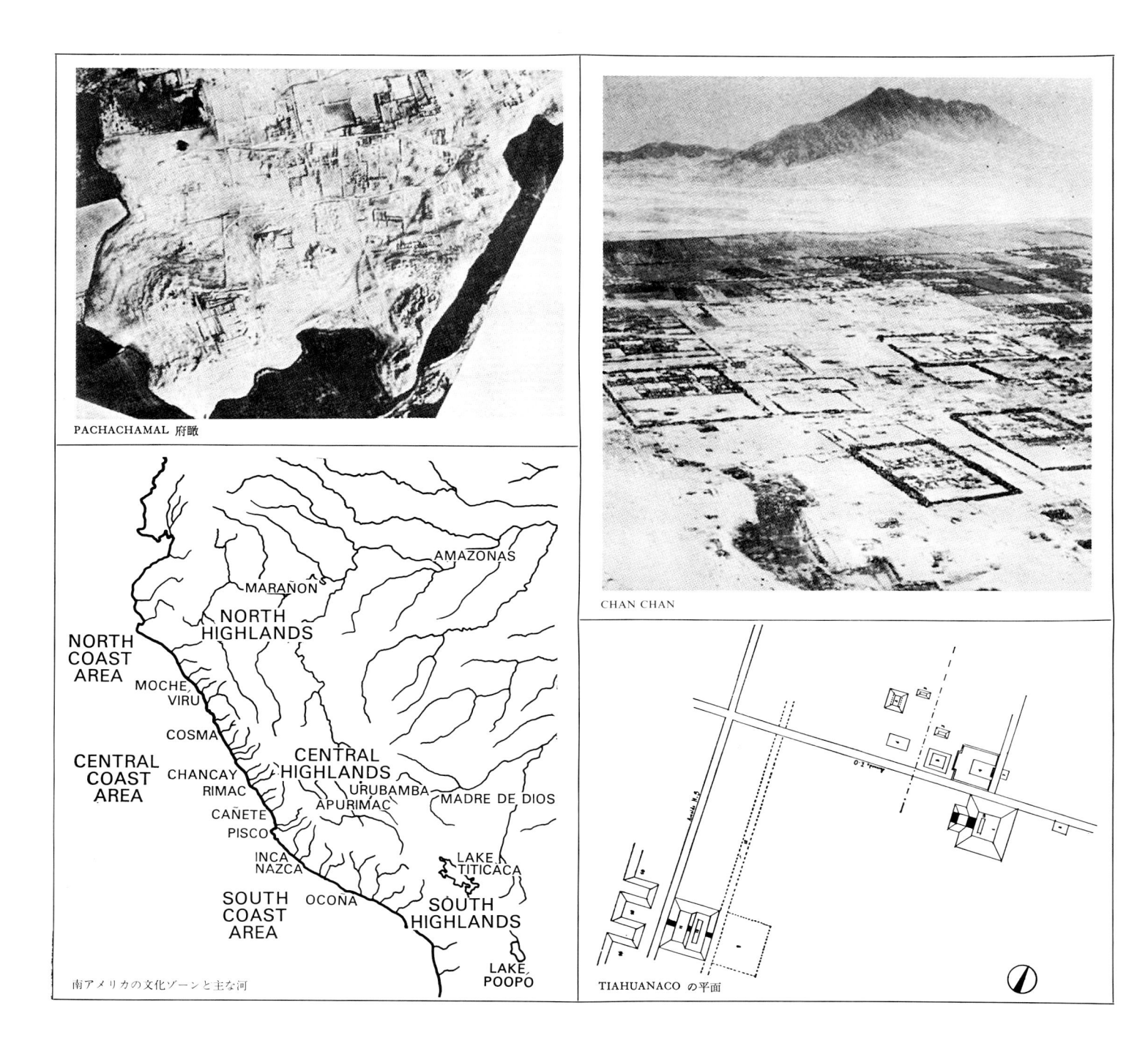

PACHACHAMAL 府瞰

CHAN CHAN

南アメリカの文化ゾーンと主な河

TIAHUANACO の平面

CHAN CHAN　TIAHUANACO

南アメリカの古代文化は，地理的にはペルーを軸とする．私たちがさして親しんでいるとは言い難いこの地の古い文化を知るには，時代的には Inca 帝国とそれ以前の時代と2分して考え，地理的には太平洋岸と山地に2分するのが最も容易な方法であろう．古代メキシコやマヤの文化と同様に，南アメリカの文化も複雑を極め，膨大な文化遺産の前にどう整理してよいのかとまどう．ここでは私たちが見てきた集落が，古い都市あるいは集落形態とどう共通し，どう異なるかに焦点をあわせたい．

太平洋岸でみた住居のほとんどは，本文で記したように2方向に連続可能な壁をもち，後に簡単に囲まれた庭をもつ平家建てのタイプである．このタイプの家が連続してある場合もあり，1戸1戸離れて建つ場合もある．この住居はコロニアル・シティの住居とプランの上では似ている．この標準タイプは古くからあったのか，あるいは輸入されたものなのか．これはグリッドプランがこの地にあったかという問と重なる．一方山間部，アルティプラーノの北端部でみた離散型の住居は伝統的なものか．これに対する解答は明快にだされる．

太平洋岸の地理的構造は極めて明快である．一帯は砂漠で，砂漠は直接海に落ちている．そこにアンデスから流れこむ50数本の川がオアシスをつくる．このオアシスに古い文化は栄えた．Inca 帝国以前の最も力あったといわれる Chimú 王国は，北部の Virú 谷を拠点にした．16世紀スペインの侵入まで，この谷の文化は5千年続いたといわれる．農耕が定着するまでは，海岸近くに住み，B.C. 2000年頃の住居跡の発掘で住居は半ば掘り下げた，3×4mほどの日乾しレンガ造であり，儀式センターらしい Praza を持っていたことが知られている．その後住居はクラスター化したが，住居形式は変らない．谷と谷との交流はあったが経済的には自足していたと考えられる．長方形プランの神殿や墓地，コミュニティセンターがあらわれて，支配階級が出現したことが知られる．建物は地上に建てられるようになり，規則性なく散在した．円形プランや不斉形プランも発見されている．Willey は神殿のまわりにクラスター化した村があったと言っている．Kotosh はこの期の神殿であるが，その近くに家はなく，人々は畑の近くに住んでいたといわれる．やがて Chavin 文化が現われて滲透し，灌漑や道路ができて，住居は部分的に集中型に変る．数十戸がランダムに配置される．防禦と宗教のためのセンターがはなれた丘に立つ．Cerro Bitin は B.C. 3～2世紀に建てられた砦で，2～5km の範囲で村（クラスター）にとりかこまれている．この頃から労働が集団的になる．やがて Virú 谷では，〈砦〉〈宗教・コミュニティセンター〉〈墓地〉〈村〉という構成がはっきりしてくる．村は互いに数 km 離れている．

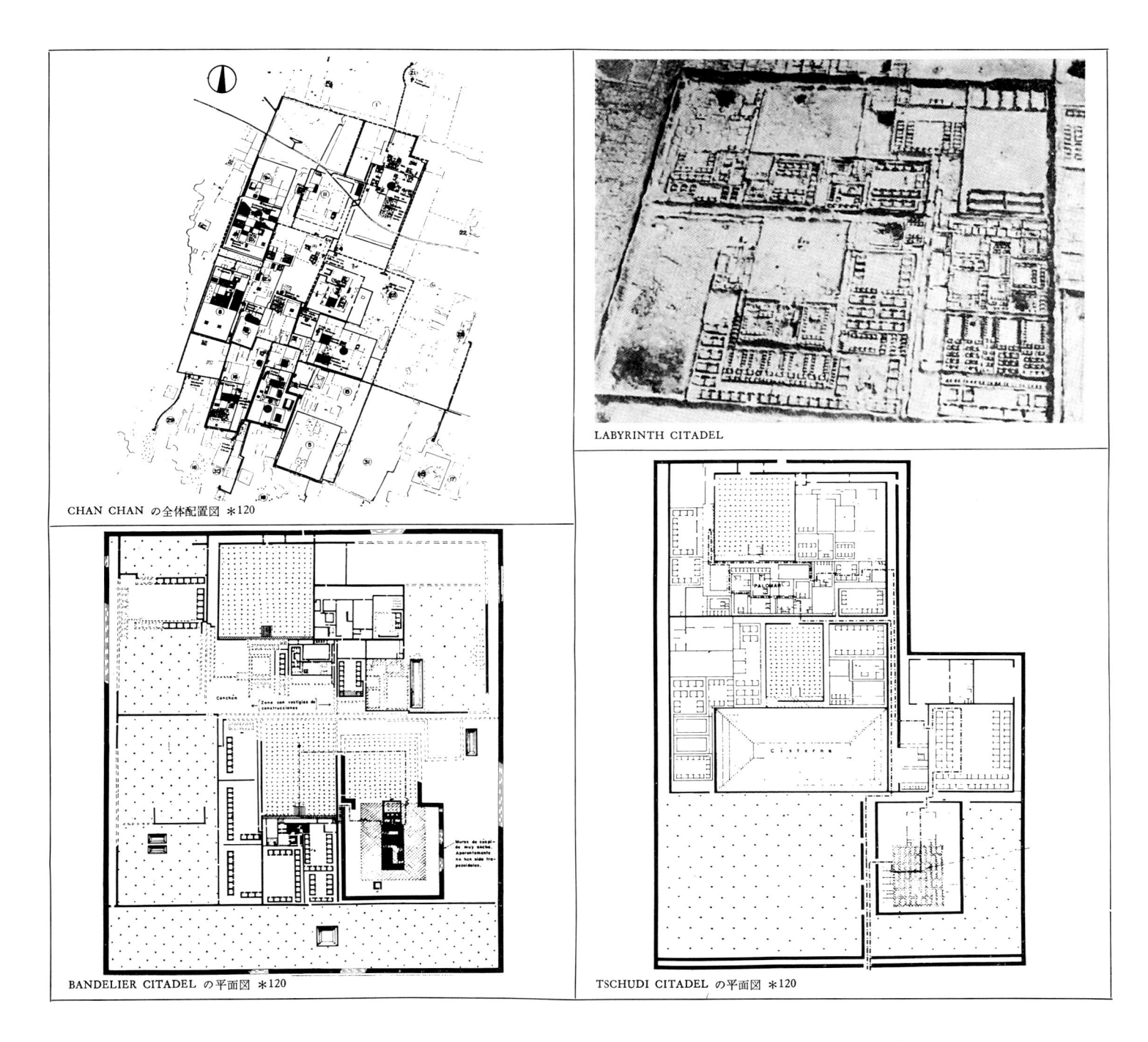

CHAN CHAN の全体配置図 ＊120

LABYRINTH CITADEL

BANDELIER CITADEL の平面図 ＊120

TSCHUDI CITADEL の平面図 ＊120

Mochicha 文化がおこり，日乾しレンガのピラミッドが建てられる． 広場をかこむ住居群があらわれる．南海岸では Nazca 文化が興隆し，PACHACAMAC 神殿が登場する． 一方アルティプラーノでは TIAHU-ANACO がチチカカ湖のほとりの遺跡としてあり，南米最初のコンプレックスであろうと考えられている．2軸直交のプランである． 主な建物は150～370 A.D.に建てられている． 生活は今日の状態とさして変らないといわれる． どのような都市であったかはさだかでないが，極く最近発掘されたばかりなのでいずれはっきりするであろう．

PACHACAMAC 神殿は，インディオのメッカと呼ばれる． LURIN 谷にありリマから数キロ南の砂漠にある． 様々な神殿の複合であり，インカの時代以前から太平洋岸の巡礼の拠点であった．

Moche 谷に Chimú 王国が盛んになったのは，14,5世紀のことである． CHAN CHAN はその首都である． この遺跡は，城壁にかこまれた Citadel と，Citadel 間のあきと，いくつかの神殿からなるが，神殿は都市のセンターとはいえず，従って，CHAN CHAN には強力な中心はないと Hardoy は結論している．このような Citadel は CHAN CHAN が最初はなく，PIKILLACTA（次頁）や VIRACOCHAPAMPA のインカの貯蔵庫が時代的には平行してみられる． CHAN CHAN の Citadel の城壁は，上が狭くなっているが十分歩け，場合によっては細い通路をはさんで3重になり，高さは8～10 m に及ぶ． 明確な入口がない場合もある． Citadel は直交系に配列しているがグリッド・プランではない． Citadel 間のあきには街路もない． あきにはプラザや倉庫をもった住居群があった．Citadel 内には直交系の道路があるが，主軸となる道路はない． ヴィスタも効かず，グリッド・プランもでてこない． 内部の構成要素は，プラザ，住居群，貯水池，神殿，倉庫に使われたらしい小室群，Chanchone（空地で庭や耕作地）であり，各 Citadel に共通している． 住居には部屋が複合したユニットと独立に小さく囲まれたユニットとがある． West や Day は階級差を示すと説明している． 城壁にたいしては，先に造ったという説と後から囲んだというふたつの説がある． その理由については多くの意見に分れる． 氏族説（Benett），支配者域説（Mason, Day），用途説（Miro Quesada, Horkheimer, West）等である． Citadel 内部の土地利用については計算されている． 比率は一定しない． 密度計算すると50～150人/haに分散する．

私たちが見た太平洋岸の住居には CHAN CHAN のような集合形態はなかった． 古い都市は中米と同様に消えてしまっている． 住居については現在見る形式の母胎が古くからあったことがわかる． またセンターの意味が，メキシコやマヤの文化圏とはかなりちがっているのも，留意すべきであろう．

その2　中南米地域の領域論的考察

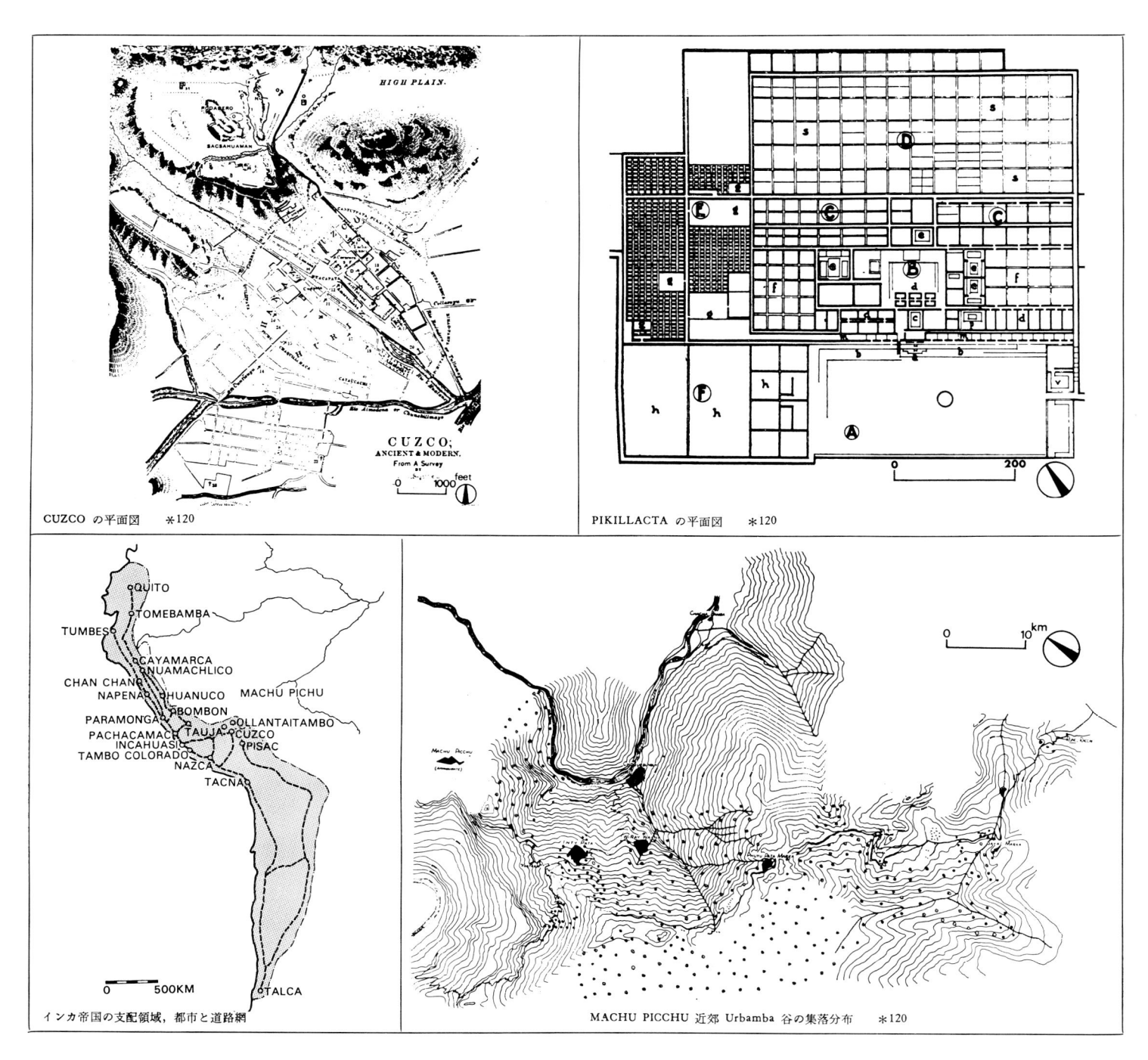

CUZCO の平面図 ＊120

PIKILLACTA の平面図 ＊120

インカ帝国の支配領域，都市と道路網

MACHU PICCHU 近郊 Urbamba 谷の集落分布 ＊120

CUZCO PIKILLACTA MACHU PICHU

インカについては優れた紹介が多いので，ここで改めて記載する必要はないが，都市あるいは住居集合を見定めてゆくに必要な部分だけに簡単に触れておく．

インカ帝国は基本的に土地共存制をしいていた．これが最も重要な点である．制度として allyu がある．allyu は基底となる社会の単位であり，集団の原理である．アンデス一帯にわたる生来の制度であったとされている．この制度の上にインカ帝国はつくられていた．土地ばかりでなく，動物，穀物を共同にわけ合う地縁的な集団で，全ての者がこれに属す．allyu の共同体は村だけでなく，大きな中心地，都市のスケールまであり，例えば首都のクスコでさえひとつの allyu であった．土地は共同体に属し，結婚すると 1tupu の広さの土地が与えられ，息子が生れれば更に 1tupu，娘が生れると 1/2tupu が与えられた．allyu はインカの発見ではなく，この制度を踏襲し組織化した．allyu をもとに巨大な管理体制がピラミッド状に組織され，その頂点に Inca つまり皇帝が立つ．与えられた土地から自分で消費する分と，納める分を生産した．そしてこの制度はいまもこの地の社会に滲みこんでいるという．

高地の農村は，統一したプランなく散在していた．村の配列は地形に対応していたが，共同作業は常に必要であった．共同の家畜のかこいが村はずれにできた．住居は平屋で，長方形プラン，窓がなく狭いドアがあるだけで，かべは石や日乾しレンガ，床は土間，屋根はわら葺きであった．内部は暗く，家具はなく，ベッド代りにリャマの毛皮をつかう．一隅にある炉で料理して，床にすわって食事する (Bandin)．壁のニッチには地方の神をまつる．収穫が近くなると農地に出向いて小屋をたて鳥や動物から稔りを守る．住居を建てるときには共同体のなかの親類の手助けをうける．村が計画されるようになると，共有の長方形の壁 cancha がたてられて，共同の裏庭をつくるようになった．このパターンは現在でも OLLANTAY TAMBO に見られる (Haqen)．

上記の住居の説明は，私たちがアルティプラーノで見た住居の数々とかなり一致する．分棟については説明資料を探せなかった．家畜のかこいは現在は各戸あるいはクラスターごとにある．共同の裏庭の説明は，前頁の太平洋岸の住居パターンがインカの時代にすでに出現してきていたことをよく説明する．従って，この住居パターンがコロニアル期に導入されたものでないことが，これではほぼ判明したと考えていだろう．

CUZCO はインカの伝説的な初代皇帝 Manco Capac が1200年頃に開いた都市であると伝えられる．中心部 Hoacapata とよばれるプラザで，このまわりに歴代の皇帝の宮殿がたてられていた．プラザを中心に，この地区が放射状に分割されていて，それぞれ機能的

MACHU PICCHU　写真：鈴木悠

MACHU PICCHU　住居部分　写真：鈴木悠

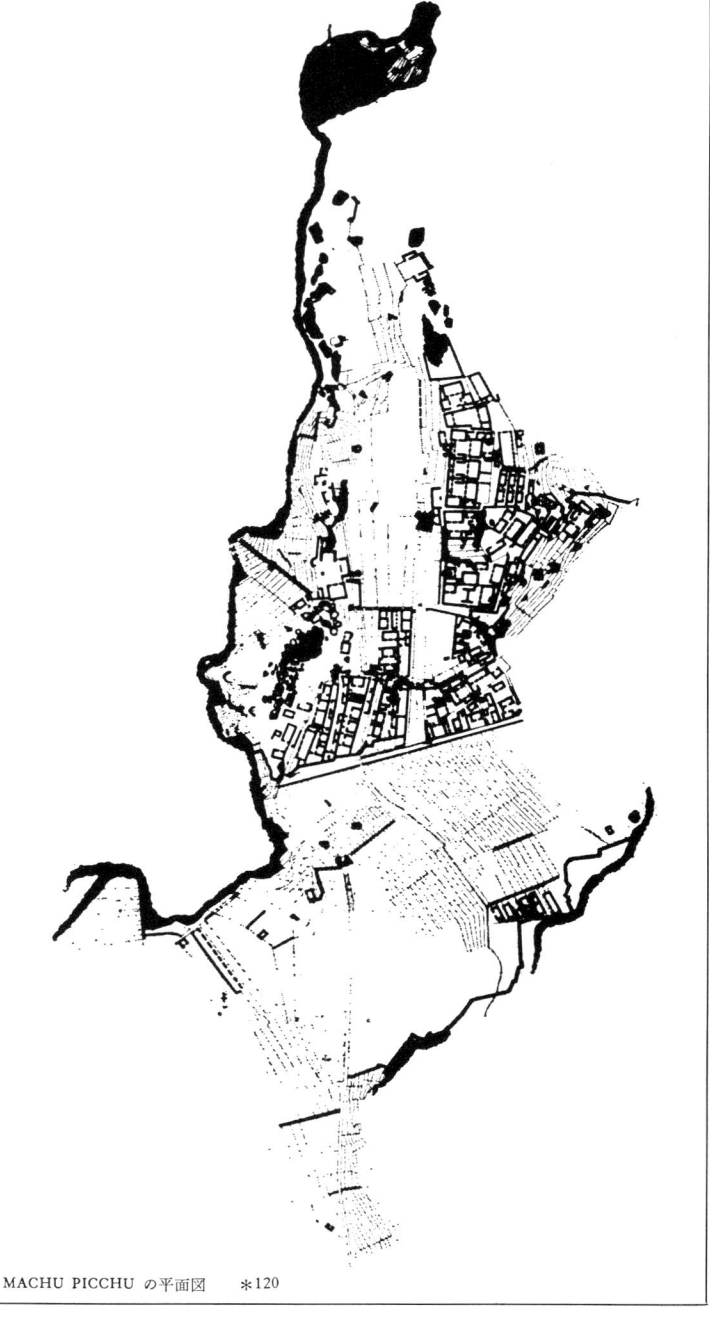

MACHU PICCHU の平面図　＊120

に用途が決められていた．プラザでは都市のふたつの軸が交わっている．近くの丘に城塞がある．これは襲撃に備えて避難と防御にあたる場所である，と推測されている．宮殿は高い周壁をめぐらして，入口がひとつだけあり，内部は中庭をかこんで部屋が並ぶ形式であったとされている．それが完全に口の字型プランであったかどうかは疑問が残る．インカのならわしとして各地に皇帝の別荘みたいな宮殿をたてたが，例えば INCAHUASI の宮殿（次頁）は，周壁があるが口の字型プランではない．私たちがアルティプラーノで見たプランテーションの形態が，遺構にみる食糧貯蔵庫や宮殿の形態と多少相関があるのではないかという気がしないでもない．

PIKILLACTA はクスコの南東 30km に位置するインカの農産物を貯蔵するセンターである．中心にプラザ（図のB）があって，それをとりまいて住居が配列する．一画に積荷をする場所（図のA）があり，乾いた床の貯蔵場（図のD）とサイロ（図のE）がある．完全な直交系のプランである．ここには数百人が住み，地方の行政中心でもあった．allyu の制度がこうした遺構を生みだしたのだろう．

INCAHUASI（次頁）は，インカが南海岸に築いた最も重要な拠点都市で，都市の構成要素は，宮殿，貯蔵庫（上方は穀物，下方は肉や飲物の区画），選ばれた女たちのブロック，兵士たちのゾーンであり，高い位置に監視所がある．

インカの特徴はほとんどの人々が農業人であったことで，都市人口は極くわずかであった．それ故か，都市の一般住居は説明されていない．

インカの道路は有名であるが，砂漠に走る道路の遺構は実に幻想的である．この道路で各都市を結び，生まれたときから鍛えられた伝令は走りつないで1日 240km の伝達力を誇ったといわれる．

MACHU PICCHU はあまりにも有名であるが，Urbamba 谷の周囲 30km² のなかに6つの村がある．住居は段々畑の上に建てられ，その多くは長方形プランである．宗教的活動は，川のほとりの CHACHA BAMBA に集っていた．MACHU PICCHU がどのような都市であったかはさだかでない．容易に接近できない地形を選んで築かれたこの都市の構成要素は，宮殿と支配層の住居，職人たちが住んでいたと思われる住居，神殿，プラザ，段々畑と農家である．全室数は 200 以下で，人口は 1000〜1200 人程度と推測されている．この都市は1572年以後に放棄されている．この遺跡はインカの都市の典型ではなかろう．都市として興味あるというより，その立地に驚くべきものがある．垂直に落ちる崖は 400m の高さがあり，周囲の山は壁のように MACHU PICCHU をかこむ．月の山のシンボリックな都市への組みこみ．それらのために，この遺跡は神秘性を帯びてくる．

その2　中南米地域の領域論的考察

INCAUASHI の倉庫と住居 ＊106

INCAUASHI の宮殿 ＊106

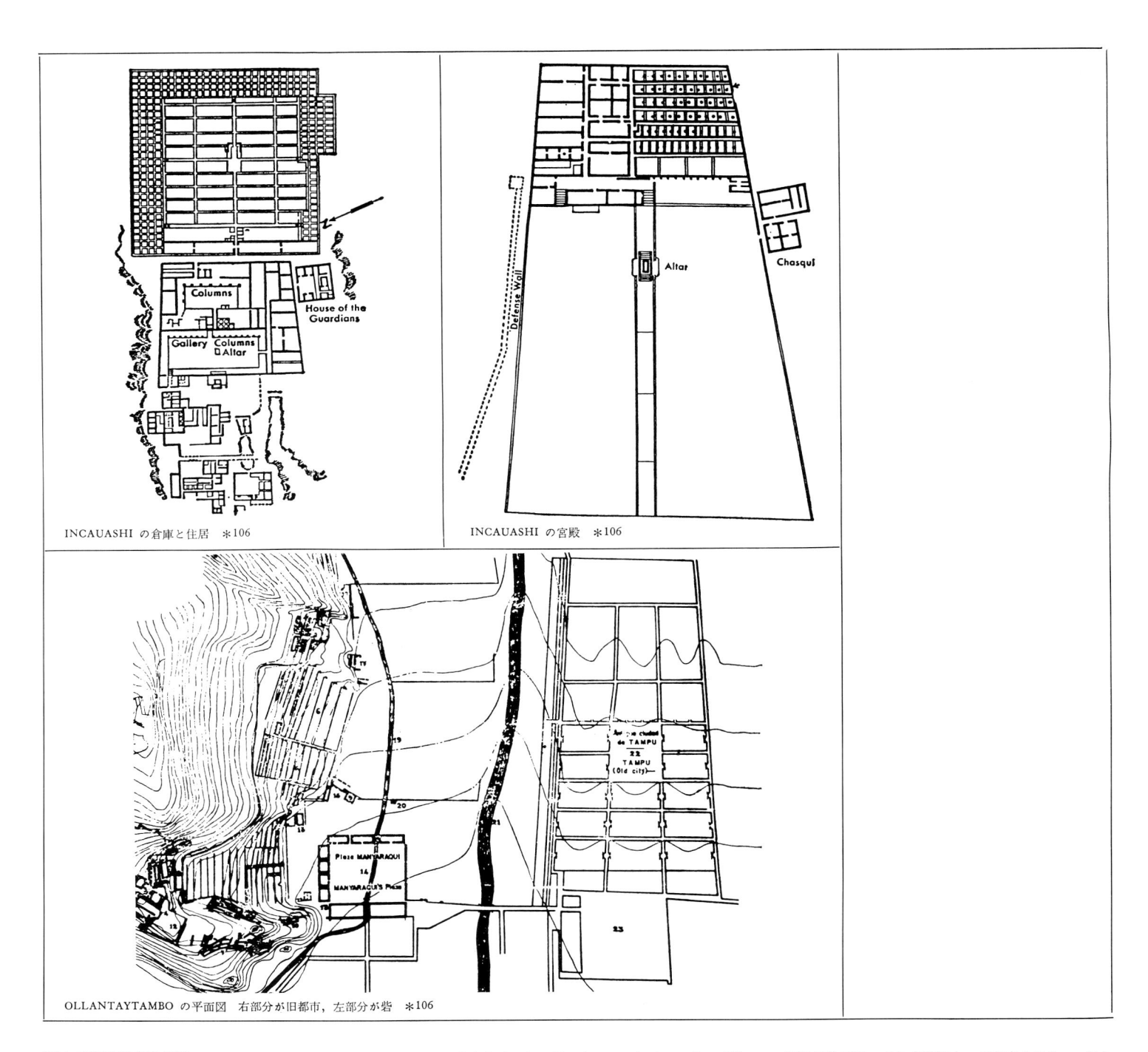

OLLANTAYTAMBO の平面図　右部分が旧都市，左部分が砦　＊106

OLLANTAYTAMBO

OLLANTAYTAMBO は，MACHU PICHU のある Urbamba 谷にある遺跡である．インカが，アマゾン側からの攻撃にそなえた砦であったとも，CUZCO の食糧の生産地の拠点であったともいわれる．15世紀後半に建設された．ここで注目すべきは旧市街のプランである．旧市街はインカのパターンであるが，ここではじめて格子状のプランが見られる．ひとつのブロックはふたつの単位にわけられて，入口はそれぞれ１カ所である．これは監視人か職人の住居であろうと推測されている．一般の住居は，クラスター化したり散在して段々畑の近くにあったといわれる．

本文でも，この参考資料のなかでも，コロニアル・シティについて触れてこなかったが，それはひとつの研究課題であろう．スペインは例えば CUZCO の例でみるように，植民都市を他の地につくろうとしたが，経済性その他を考えて結局旧都市のプラザを生かして，教会を建てたのだった．これはスペインが用いた手法であって，それ故に中南米を通じて現在旧都市が残されていないひとつの原因になっている．とすると，プラザを中心にし，直交系の都市パターンを土台にして，スペインはコロニアルスタイルの都市を築いていったことは明らかであろう．例えばチチカカ湖からクスコに向うまで，私たちは数々の教会中心型の都市に出会った．それらは土着のニュアンスがあるが，伝統をそのままうけついでいるとは思えなかった．やはり，宮殿が教会に置き変っただけでなく，住居そのものが変質し，配列もこれに影響されていると考えたい．グリッド・プランは中南米にはなかったといいきれるかどうかはよく判断のつかないところである．現に OLLANTAYTAMBO では，インカ独特の台形プランではあるが，グリッドの形はしている．しかしコロニアル・スタイルの都市はグリッド・プランだけで云々することはできず，プラザのつくり方，住区及び住居のつくり方等によって完成される．私たちが Chancay 河のオアシスで見た集落などは，古くからあったプラザ中心のクラスターとも考えられるし，スペインが導入した理念のうえに立った集落とも考えられる．そこではおそらく巧妙なふたつの理念の重ね合せがあったろう．そのために各論の集落のなかには奇妙なパターンがあらわれていると推測できる．従ってコロニアル・シティを文化的なハイブリッドとして，あらためて検討の場にのせるのもひとつの課題であろう．

以上歴史的な断片をとらえてきたが，私たちの集落を歴史的にはとらえない態度は変っていない．私たちにとって，歴史はあくまで参考資料である．

参考文献

101　Maya Hieloglyphic Writing
　　　J. Eric S. Thompson　University of Oklahoma Press : Norman
102　Handbook of Middle American Indians, Volume 7, 8 Ethnology　Evon Z. Vogt　University of Texas Press : Austin.
103　Prescott the Conquest of Mexico, the Conquest of Peru, and other Sections　Washington Square Press, Inc. New York.
104　Handbook of South American Indians, Volume 2, 4　Julian H. Steward　United States Government Printing Office, Washington.
105　Lost City of the Incas.
　　　Hiram Bingham　New York Atheneum
106　Realm of the Incas.
　　　Victor W. von Hagen　The New English Library Limited, London.
107　Maya History and Religion.
　　　J. Eric S. Thompson　University of Oklahoma Press : Norman.
108　Ancient Mesoamerica Selected-Readings.
　　　John A Graham　A Peek Publication.
109　The Sacred and the Profane, the Nature of Religion　Mircea Eliade.
110　Myth of the Eternal Return.
　　　Mircea Eliade.
111　Patterns in Comparative Religion.
　　　Mircea Eliade.
112　Images et Symboles.
　　　Mircea Eliade.
113　The Ghost-Dance Religion.
　　　James Mooney.
114　The Rise and Fall of Maya.
　　　J. Eric S. Thompson.
115　The First Americans.
　　　G. H. S. Bushnell　Libreria Abc Bookstore S. A. Lima Peru.
116　The Ancient Maya.
　　　Sylvanus G. Morley　Stanford University Press.
117　Maya Cities.
　　　Paut Rivet　Paul Elek London.
118　Tikal A Handbook of The Ancient Maya Ruins　William R. Coe. University of Pensylvania.
119　Copan Ruins
　　　Jesus Nnñer Chinchilla.
120　Pre-Colombian Cities.
　　　Jorge E. Hardoy.　Walker and Company, New York.
121　Geography of Latin America.
　　　Kempton E. Webb.　Prentice-Hall, Inc. Englewood Cliffs, N. J.
122　Latin America Perspectives.
　　　Harold Blackmore and Clifford T. Smith Methuen & Co. Ltd.
123　South America.
　　　E. W. Shanahan.　Methuen & Co. Ltd.
124　Ancient-Mexican.
　　　Henri Stterlin.　Macdonald, London.
125　The Maya.
　　　Michael D. Coe.　Pelican Book.
126　The Awakening Valley.
　　　John Collier Jr. and Aníbal Buitrón Otavalenian Institute of Anthropology.
127　The Jívaro.
　　　Michael J. Harner.　Doubleday Natural History Press. N. Y.
128　The Boruca of Costa Rica.
　　　Doris Z. Stone.　Kraus Reprint Corporation New York.
129　Central America.
　　　Mario Rod Gíguez.　Prentice-Hall Inc. Englewood Cliffs, N. J.
130　Cuzco and Machu Picchu.
　　　Victor W. von Hagen.　A. B. C. Pocket Guide.

201　Los Mapas de Cuauhtinchan y la Historia Tolteca Chichimeca 15 Bente Bittmann Simons.　Institutio Nacional de Antropologia e Historia Mexico.
202　De Los Orígines Del Estado en el Perú.
　　　Luis Guillermo Lumbreras.
203　Esas Pobres. Ruinas Mayas Maravillosas.
　　　Carlos A. Echánove Trujillo　B. Costa-Amic Editor, México, D. F.
204　Peru Una Nueva Geografía 1, 2.
　　　Emilio Romero.　Libreria Studium. Lima Peru.
205　América Central.
　　　Harold Lavine.　Time Life.
206　Geografía de America 6.
　　　Montaner y Simón, S. A.
207　Geografía fisica y Economica de Colombia.
　　　Jesus Arango Cano Coltural Colombia, Ltda. Bogota.
208　Nuestro Pais Geografía de Costa Rica.
　　　Imprenta Las Americas Ltda.
209　Natural de Historia General Del Perú.
　　　Eudoxio H. Ortega.　Historia Critica Lima Peru.
210　Historia de Honduras I, II.
　　　Medardo Mejia.　Editorial Andrade Honduras, C. A.
211　Nueva Historia de Costa Rica.
　　　Adela f de Saenz, Carlos Melendez Ch.　Imprenia Las Americas Ltda. San Jose.
212　Geografía Economica y Humana de Colombia
　　　Alberto Pardo Pardo.　Ediciones Tercer Mundo.
213　Atlas de Colombia.
　　　Litografia Arco, Bogofa.

301　Grundlegung zu einer vergleichenden kunstwissenschaft　Dagobert Frey.
302　Histoire du Mexique.
　　　Henry B. Parkes.　Payot, Paris.

401　新大陸自然文化史　上・下　大航海時代叢書Ⅲ
　　　アコスタ　増田義郎訳　岩波書店
402　太陽と月の神殿　沈黙の世界史12
　　　増田義郎　新潮社
403　イスパノアメリカ史
　　　M. ピコーン・サラス　G. アンドラーデ, 村江四郎訳　河出書房新社
404　泉　靖一著作集 4. アンデスの古代文化
　　　泉　靖一
405　探険と冒険 4.
　　　朝日新聞社編
406　ラテン・アメリカ史概説　上・下
　　　田中耕太郎　岩波書店
407　新世界のユートピア
　　　増田義郎　研究社
408　ポポル・ヴフ
　　　A. レシーノス　林屋永吉訳　中央公論社
409　マヤ文明（中公新書）
　　　石田英一郎　中央公論社
410　古代アステカ王国（中公新書）
　　　増田義郎　中央公論社
411　アステカ文明（文庫クセジュ）
　　　ジャック・スーステル　白水社
412　インカ帝国（岩波新書）
　　　泉　靖一　岩波書店
413　日本のラテン・アメリカ調査研究書概説
　　　井沢　実他　社団法人ラテン・アメリカ協会
414　ラテン・アメリカ事典
　　　社団法人ラテン・アメリカ協会
415　古代社会
　　　L. H. モルガン　角川書店
416　未開社会における犯罪と慣習
　　　マリノフスキー　新泉社
417　世界地理大系　ラテン・アメリカ
　　　平凡社
418　住まいの原型Ⅰ
　　　泉　靖一編　鹿島出版会
419　ラテン・アメリカ（文庫クセジュ）
　　　ピエール・ショーニュ　白水社

各論番号	集落名	住戸	広場	全体	各論番号	集落名	住戸	広場	全体
1	Mexcaltitan	●	●	●	22	Bislaiy	●		●
	Omitlan	●	●			Panama	○		
	Metquititlan		●		23	Aracataca	●		○
	Mogunerra	●				Nepomucene	●		
2	Zacualtipan	●	●			San Simon	●		●
3	Malila			●		Pte San Jorge	●		○
4	Oxcaco	●	○	●	24	Pto. Valdivia	●	○	●
5	Taravitas	●	○	●	25	Valdivia	●	●	●
	Viejon	●			26	Barbosa	●		●
	Lataraiya	○			27	Guatica		●	●
6	Rafael Pelles	●	●	●	28	Pubito	●		●
	CoyoL	○			29	San Andres	●		●
	Tehuantepec	●	●			San Juan	●	○	●
	Yama Cumaralla	○			30	Juncal	●		
7	Navenchauk		●	○		Machachi	●		
8	Aitoe Biase			●		Riobanba	●		
	Guatemala 1	○			31	Gatazo Chico	●	○	●
	Guatemala 2	○				Cajabanba	●		
9	Poloqua 1	●			32	San Antonio	●		
	Poloqua 2			●		Retiro	●		○
10	San Cristobal	●	●	●		Chiclin	●		
11	San Jorge	●	●	●	33	Uchupa Cancha	●		
12	Chimaltenango	●				Cerro Huslon	●		
13	Terra Blanca	●		●	34	Pro. Salvador	●		
	Franceses	○		○	35	Aucallama			●
	Quebrada Seca			○	34	Chilca	●		●
14	Caoa	●		○	36	Agua Santa	●		
	San Juan	●		●	37	Ocucoje	●		
	Chocon	●				Pasco	●		
	En Cuentros	○		○	38	Vira Blanca	●		
15	Santa Fe	●	●	●	39	Ocoña 1	●		
16	San Nicolas	●	●	●		Ocoña 2	●	●	●
17	Copan	●				Punta Chira	●		
18	San Jose	●				Arequipa			●
19	Tegucigalpa 1	●				Chiguata Rinconapa	●		
	Tegucigalpa 2	●				Laguna Salinos	●		
20	Savanagrande 1	●	●	●	40	Tayataya	●		●
	Savanagrande 2	●				Deustua	●		
21	Mocolon 1	●				Juliaca	●		
	Mocolon 2	●		●	41	Saman・azangaro	●	●	●
	Nandaime	●			42	Tranipata	●		●
	Naranjo	●		●					

●=調査したもの　○=観察程度のもの

●後記

今年始め，原と上原が予備調査から帰ってから，ほぼ1年が過ぎた．そして，2冊目の〈住居集合論〉ができあがったわけであるが，もうわれわれは次回の調査行についての考察を始めている．それは，過ぎ去った地中海とラテン・アメリカの記憶を持続するためでもある．

前回の〈住居集合論その1〉では，多くの人々から教示をたまわり，そして今回の調査行においても早くから増田義郎氏に示唆をいただき，また多くの人のお世話になった．

3月の初旬に日本を出た先発隊は，トヨタ自販の好意により，U.S. TOYOTAより借用したランドクルーザー2台を受けとり，メキシコ・シティーで全員集合した．そして調査行が始まったが，ラテン・アメリカのきびしさは，じわじわとやってきた．そんな時，現地においても多くの人々のお世話になった．各国の日本大使館では，厚いもてなしを受け，ホンジュラスの大使館では細事に渡って，お世話をうけた．

中米から南米に渡るにあたって，2つのグループに分れ，一方はそのままパン・アメリカン・ハイウェイを南へ下り，他方はリマより先を調査した．リマでは天野芳太郎氏に暖かい援助を受けた．

3ヶ月に渡る調査行を終って，疲労した体にもかかわらず，ラテン・アメリカの記憶はゆっくりと力づいてきた．やはり帰ってくることへの疑問，いつももの を持って帰ってくることへの疑問．解き放たれた状態への願望を持って編集を終った．鹿島出版会の平良敬一氏，直接編集を担当してくださった松井晴子氏にお礼を申し上げます．

●執筆担当

なめらかな地形図————原広司
土着と変容————佐藤潔人
閾論————山本理顕
ゾーニング論————入之内瑛・藤井明・角坂裕・山尾和広
集落リスト————山尾和広
　1, 30〜35————藤井明
　2〜8————角坂裕
　9, 11〜14, 21〜22————新妻博
　10, 15〜20————山本理顕
　23〜29————山尾和広
　36〜42————入之内瑛
資料解説
　地理————藤井明
　歴史————角坂裕
　遺跡————原広司
　後記————角坂裕

対　談

対談 『住居集合論』をふりかえって

原 広司×藤井 明

聞き手：今井公太郎＋太田浩史＋槻橋 修＋橋本憲一郎

集落調査をはじめたころ

今井 調査のはじまりのあたりからお話しくださるとありがたいのですが．

原 最初は調査になるかどうかも判然としないままに，起こってしまったのだけれども，年で言うと1972年ですね．そのときの社会状況は，1968年くらいから世界的に動き出した大きな文化的変革の運動があって，わたしの意識としては，そうした世界の状況の中で，近代建築というものに反乱しようとしていたんですね．一方で，今では当たり前のような概念になった，地域とか公害とか，そういう概念もようやく出てきて，それぞれにみんな，この状況のなかで，どうしたらいいのかということを考えていた．大学もまた，いったい何をやるべきかということをラディカルに問い直されていた状況だったわけで，そうしたなかでもう一度，近代建築を根本から見直してみる必要があるんじゃないかと．そういうことをみんなで話し合っていましたね．

そのときに，今考えると，いくつかの選択肢があったのではないかと思うんです．歴史を遡るなら西欧の建築そのものを遡ることもできたであろうし，そういうこととは無関係に，計画論それ自体を問うというやり方もあったと．そろそろ環境という概念が注目されていたこともあったし，そのころ武満徹さんや磯崎新さんと一緒に「エンバイラメント」という展覧会をやったこともあって，やはり自然という概念をちゃんと立て直すことが，最もラディカルなんじゃないかと．また，個人的には「均質空間論」なんていう文章をすでに書いているから[*1]，自然から切断された第二の自然みたいなものをつくり出す近代建築に対して，親自然的な建築というのをやはり見てみるべきじゃないか，もう一回，見直してみるべきじゃないか．そういうことを考えたんですね．

しかしそれを見るにはどうしたらいいのか．もちろん当時は，やがて批判に曝されるレヴィ＝ストロースに代表されるようなフランス構造主義みたいなものも入っていたわけですけど，それやこれらが一緒になって，まぁ見てみようということになったのかな．ちょっと遊びに行ってみるか，というような（笑）．それで出かけたというのが，ことのはじまりだと思うんですね．

槻橋 最初に行った研究室のメンバーで，話し合っているうちに行ってみることになったというわけですか．

原 そうですね．最初の集落調査では，クルマの専門家というべき人もいないわけだよ．だからクルマの運転にしても何にしても，不安要素は多かった．でも行ってみるか，という感じでしたね．話をしたのは研究室の内部の人たちですよ．大学騒乱の後だから，落ち着いて研究しているというわけでもなかったし，建築の設計の仕事もあまりない．集落の研究をやるのは，いろいろな意味で，トランキライザーというか，そういう働きを持っていたと思うんだよね．

太田 藤井先生の目には集落調査はどのように映っていましたか．

藤井 わたしは修士課程の2年で，東大闘争が終わったあとで，文化人類学や集落関係の本が出ていて，そういうのを読んでいました．ルドフスキーの『建築家なしの建築』はその前に出ていましたが，もちろん読んでいました．そうした本を見ながら，近代建築の美学とは異なる建築の世界が世の中にあるのではないかということを，漫然と考えていました．当時の建築は，1950年代の終わりにCIAMが潰れて，そのあとはミース・ファン・デル・ローエの一人勝ちになっていましたが，このままでは非常に味気ない世界になるのではないかという危機意識のようなものがありました．

そこでヨーロッパに実際の建築を見に行こう，ということになったわけです．最初は物見遊山的な旅で，エッフェル塔にも昇っているし，普通の観光コースとたいして変わらないところを巡っていました．そのうちフランスからスペインに入って，クエバスという奇妙な穴居住居を見て，そのころから集落の面白さに気づき始め，いつのまにか，ジブラルタル海峡を渡っていました．

槻橋 だんだん盛り上がっていったのですね．

[*1]：当初は「原広司による空間概念論のための草稿」（『SD』1972年9月号）として執筆された．のちに「文化としての空間－空間概念のためのノート・均質空間論」（『思想』1975年8・9月号）としてまとめられ，著書『空間——機能から様相へ』（岩波書店、1987年）に所収された．

一方にパルテノンがあって一方にガルダイヤがある

原 クエバスを見てかなり感動して，モロッコへ行

って初めて砂漠の集落が現れて，アトラスの山中に行ったらすごい集落が出てきて，そういうことを体験しているうちに山本理顕がね，「ル・コルビュジエが『困ったらガルダイヤへ行け』とどこかに書いていた」と話をするんですよ．

　それではそこへ行ってみるかということになって，はっきりとした目当てもないのだけれど，サハラ砂漠を走っていったら忽然と出てきたんだよね，ムザッブの谷が．そのときの感激というか，驚きといったらなかったですね．これは調査してみるべきではないかと確信を持ちました．その後，ムザッブの谷に対抗するような集落らしい集落が出てきたかというと，それは疑わしいと思うくらいムザッブは素晴らしかった．

　だけど，これはル・コルビュジエのボキャブラリーが全部揃っているわけで，彼がこれを根拠にしていろいろな建築をつくっているとすれば，やはり，ル・コルビュジエが見ていない集落を見るべきじゃないか（笑），そんな野望も感じはじめたんだよね．

藤井　その「困ったらガルダイヤに行け」というル・コルビュジエの言葉を著作で探したのですが，どうも見つからない（笑）．そこで，年表を調べてみるんですよ．すると，こっそりとガルダイヤに何度か行っている．おおっぴらには行っていない．

原　アルジェの計画をやっているわけだからね．行っている可能性は強いし，ル・コルビュジエはあまり語らなかったわけだな．ムザッブという自分のボキャブラリーに関して．

藤井　ル・コルビュジエとしても，知られるのがいやだったのでしょうね．

原　とくにインドのチャンディガールのころのル・コルビュジエは，ムザッブを見ると全部あります，っていう感じだものね（笑）．

槻橋　ムザッブに最初に行ったときのことで憶えていることは何ですか．

原　砂漠のなかに何か燐光を発しているものが見えるんだよ．それが集落なんだよね．ハエが集らないように建物に塗ったというブルーの色が光っている．それがひとつではなくて，同時に3つぐらい見えてくるものだから，それはすごく驚いたよね．これは違うんじゃないかと．それまでの学んできた建築的な素養というのがあるよね，ピラミッドか

原 広司

らはじまって，カテドラルが素晴らしいとか．それとは違う帰結というか，建築史の教科書に載っていない文化の流れがあることがわかったんだね．つまり，パルテノンが一方にあるなら，もう一方にはガルダイヤがあると．見てしまえば，そう言えるんだよね．

　ガルダイヤのような構築的な集落を一度見てしまえば，集落の見え方も変わってくるでしょう．わたしは行っていないけど，パプアニューギニアの川の上に浮かんでいるような集落なんか，掘っ立て小屋にしか見えないかもしれないですよね．でもガルダイヤを見ているから，そうは見えないね．一つひとつがきちんと構築的に建っているのがわかるわけだよね．

藤井　パプアの集落とは，カンバランバのことですね．

原　そうです．面白いことに，その後，中国の集落に研究室のメンバーが行くんだけど，わたし自身は行かなくても行ったような気になってくるんだよね（笑）．研究者としては問題でしょうけどね．でも，わかるんですよ．

藤井　エンパイアステートビルを実際に見たことがないのに，十分知っているような気がするのと同じですね．

原　同じかもしれないですね．集落のコンテキス

トというか，そういうものをつかんでしまっていますからね．

続いた理由は事故を起こさなかったから

今井　見る，ということでいうと，原先生らによる集落調査は「通過する者の目」として調査しようということですが，要するに2～3時間とかのごく短時間の間に一つの村，全体の調査を行うわけですよね．それでわかる範囲のことを記述するという方法をとられていますね．

原　それは非常に悩んだところでしたよね．だからわたしは研究なんてあまり言わないんですよ．だいたいわたしが最初に行ったのは，休暇をとって行ったんですから．研究としての意味をわかってもらうのも大変でね．亡くなった池辺陽先生は，よくわかってくれて「それはいいですね」という判断でしたね．だけどほかの先生たちは，なぜそんな危険なところに行くのかと．生産技術研究所というのは，最先端のことを研究するところなのに，なぜ集落を調べに行くのかと．非常に理解してもらいにくいところだったですよね．全体のコンテキストが見えてきたというのは，何回か調査を重ねていくうちにという感じかな．

　　槻橋とは一緒に行ったかな？

槻橋　イエメンに行きました．

原　太田とは？

太田　行ってないです．

原　ないけど，太田が見てきた集落について，何かわかったような感じになるんだよ．

太田　ガルダイヤ以降，集落調査を続けるにあたって，何かきっかけとなることがあったんですか．

原　つぎに何をやろうか，というときに理顕が佐藤潔人さんを連れてくるんです．佐藤さんは自動車マニアで，自動車についてはすべて任せられる人でした．わたしは自動車が心配で，実際そうなんだよね．調査旅行をやるとトラブルばかり起こって，大使館に行くと何も協力してくれないんです．

藤井　とくに中南米の大使館はひどかったですね．

原　そう，「とにかく早く帰ってください」という感じだったよね（笑）．

　　集落調査が続いたのは単純な理由でね．つぎのガルダイヤが出てきたかと聞かれれば，いろんな意味で出てくるわけですよ．集落という視野のなかで，わたしの言葉で言えば世界風景がだんだん見えてくる．だけども実情のところはもっと簡単で，続いた理由は事故を起こさなかったから．それに尽きる．それに貢献してくれたのが佐藤さんなんです．

　　中南米に行こうというときにトヨタのランドクルーザーを借りて，理顕と一緒にお膳立てをやってくれた．佐藤さんのクルマに関する知識と技術がなかったらどうなっていたか．「道に部品が飛んだ」と言うので全員が道に並んで探したら，小さいピンみたいなのが本当に飛んでいた．それを見つけて，彼が直したんですよ．非常に信頼できる人だったね．何度も助けられました．

槻橋　クルマでの移動はハードでしたか．

原　最初からすごくハードだったよ．一日のノルマは300kmにしていた．足りないとつぎの日はもっと走らなければいけなくなる（笑）．

槻橋　舗装された道ばかりじゃないですよね．

原　ないない．たとえばチュニジアかな．朝，起きて見たら，ソルトレイクのうえに1本，サーッと轍がある．道ができているんだよ．夜に着いたからわからなかったけど，その上を走ってしまっていたんですね．

そういう見方は建築史の研究室でも都市計画の研究室でも育たない

原　そうだ，みんなに聞きたいと思ったことがあって，さっき話に出たような，集落がある文脈の中で理解できるという感覚はわかる？　わたしは何度も出かけているし，藤井先生はわたしよりも多く行っているからわかると思うけど，そういう感覚はどうですか．

槻橋　わかるような気がします．というのは，いくつかの集落を調査して，同じような形をしているけれども，何かよくできているのとそうでないのがあることが見えてくるんです．ガルダイヤを見て，集落という枠組みが見えてくるというお話しがありました．それは構築性というべきなのか，世界風景と呼ぶべきなのかわかりませんが，集落の古典性，

集落性みたいなものがあるんだというところは，すごく共感できます．

太田　僕は実は集落調査に行ったのは，パプアニューギニアの1回だけなのですが，原研究室に入ると，たとえば集落には地形があって，住居の配列があって，さらに記号的なものがある．そういうレイヤーの積み重ねとして空間を見るという視点が，自然に身についたように思います．そういう目は，建築史の研究室でも，都市計画の研究室でも，なかなか育ちにくいような気がしますね．

藤井　パプアニューギニアは，他の地域を3回くらい調査する苦労がありましたね．まず命を守れるかという治安上の問題があるし，泊まるところも食べるものもない．

槻橋　カヌーで移動したんですか．

今井　ニューギニアには同行させていただいたのですけど，前半は高低差がほとんどない泥のセピック川をジャングルの中を蛇行しながら，カヌーで下って行きました．ワニもいました．集落から集落への移動はすべてカヌー．道はありませんから．幅が55センチほどのカヌーのなかで，お尻をぴったりと付けたまま，それが毎日何時間も延々と続きました．

太田　カヌーに屋根がなく，水も十分に飲めないのがつらかったですね．

今井　川面から光が反射して，すごく顔が焼けてしまうんです．代々ずっとこんなことをやってきたのか，大変なんだなと思いました．

風景を読んで行く方向を決めていく

原　ところで，円形の虹というのは見たことある？

藤井　カメルーンで見ました．

原　わたしはバンコックで見た．集落調査をしていて，そのときに見る虹はすごくきれいだね．最初に感激したのはアトラスで，何もないところをひた走りに走っていくようなときに，われわれの行く方向に架かってね．

太田　以前からお聞きしたかったのですけど，車に乗っている間は何か話をしているんですか．

原　しないよ，だいたい寝ていますね．運転する人と隣のナビゲーターは寝ませんが，後ろの席に座ったとたんに，わたしだってすぐに寝てしまう．最初のうちはわたしもものすごく怒ってね．「ものすごく苦労しながら準備して，わざわざこんなところに来たのに，寝ているとは何ごとだ」と（笑）．だけど，みんな疲れているしね．集落に着けばみんな元気になるのだけど．

集落を続けて見るときに面白いのは，次々と同じパターンが出てきて，「これが典型だな」とわかるときだね．そういうことを考えながら，つぎはここへ行こうと決断をしていくわけです．

槻橋　地図の読み方みたいなものですか．

原　地図ではない，風景の読み方みたいなものだね．何かここへいくと良いんじゃないかしら，そういう感じで，行く方向を決めていく．「だめだ，そのつぎ行こう」ということも当然あるけどね．でも相当な確率で当たるんじゃないかな．まあ，当たり外れは自分で決めているんだから，当然かもしれ

全行程地図

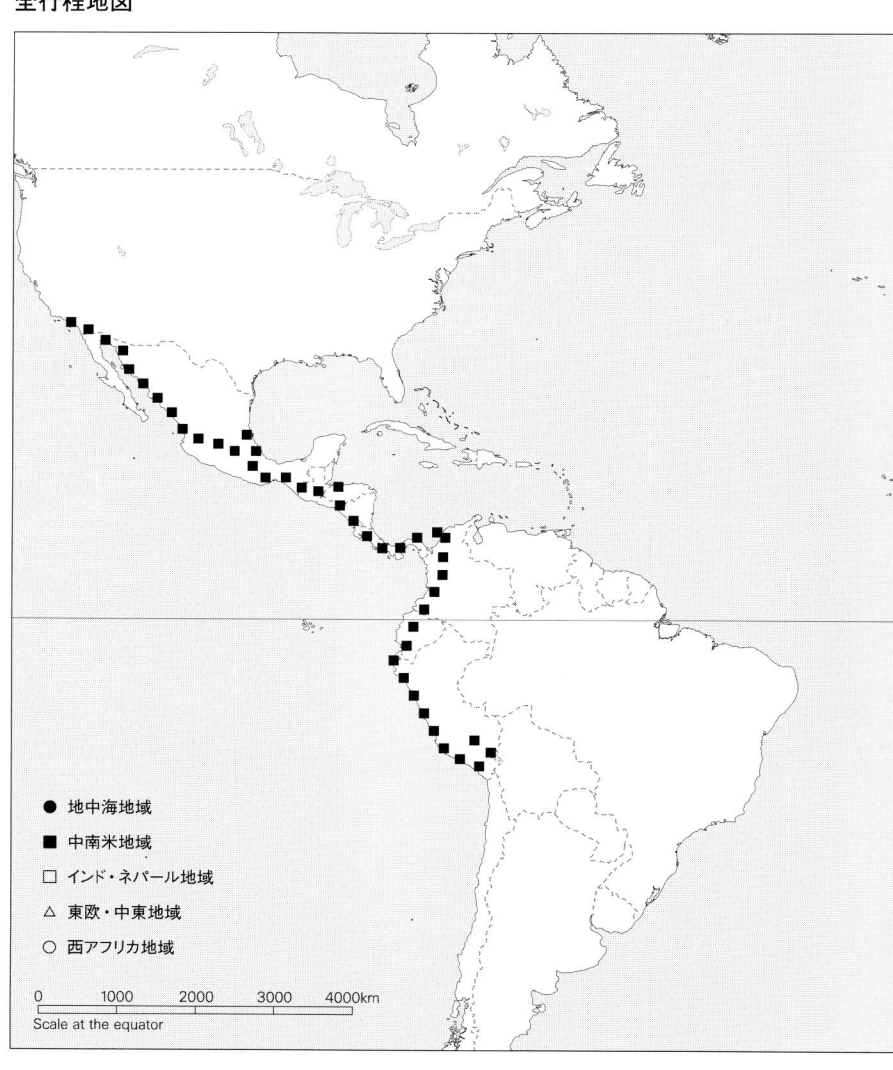

● 地中海地域
■ 中南米地域
□ インド・ネパール地域
△ 東欧・中東地域
○ 西アフリカ地域

0　1000　2000　3000　4000km
Scale at the equator

ないけど．

槻橋 最初の集落調査をした当時は，旅行者用のガイドブックなどなかったのではないですか．

藤井 ある程度はありましたよ．

原 あっても，その通りに行くというのは，わたしはあまり好きではなかったね．あらかじめ決められたルートがあって，「ここをこう行きましょう」と言われても，「いや，こっちにも道があるぞ，こちらを回ってみよう」などと言い出したりして．

女装して入ろうとしたマシャッドの町

太田 旅程のつくり方としては，何かを横断してみようとか，大きい狙いを決めるわけですよね．たとえばジブラルタル海峡を渡ってみようとか．

原 そういうのはありましたね．目標として，やはりジブラルタル海峡は見てみるべきだとか．

太田 予定を大づかみにつくっておくということですね．

原 それはだいたい守りますね．守れないときもありましたけど．たとえばインドのときは，アテネでクルマを受け取れなかったんだよね．

藤井 港湾ストで日本から送ったクルマを受け取れなかったんですよ．船は現地に来ていましたが．

原 急遽，予定を変えて，イラクへいったチームとか．

藤井 4つのチームに分かれました．

原 インドで集合しようということになりまして．

槻橋 それで会えるものなのでしょうか？

藤井 研究生をしていたサラユーさんの家に，みんなが集まった．

今井 イランとイラクに行かれたのはイラン革命のときだったとか．

原 イラン革命の2年前でした．

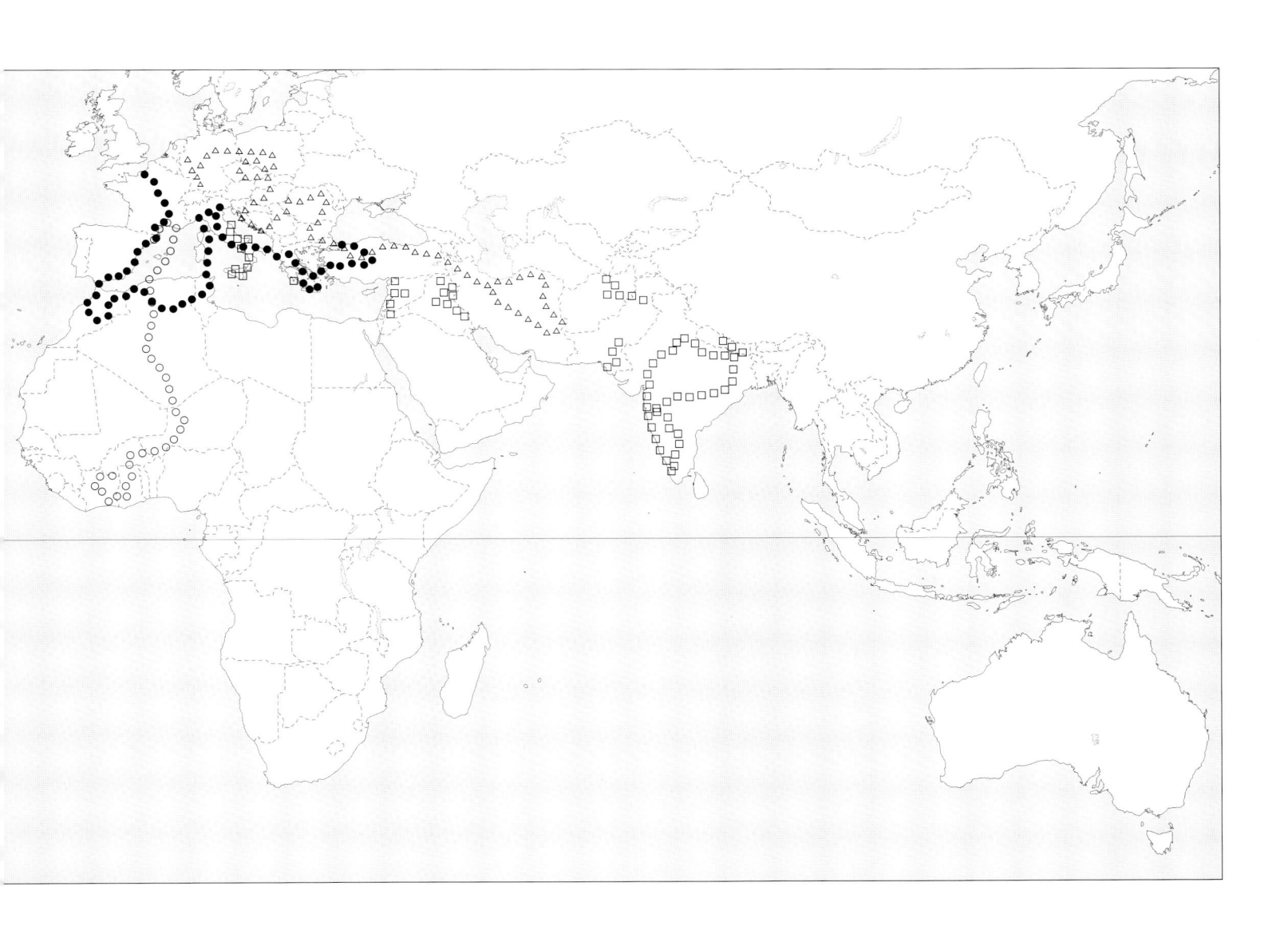

藤井　まだパーレビ国王がいました．
原　マシャッドで集会していたんですよ．マシャッドには入れなくて，わたしは女装して入ろうとしたんです．アッハマディアンというイランの文化庁の人と一緒にチャドルをかぶって．どうしてもひと目，見てみたいと思ったんだよね．中庭に入ったらすぐに見つかってしまって，ふたりともたたき出された（笑）．
橋本　死体に出会ったというお話も『集落への旅』で書かれていましたね．
原　あれはすごかったですね．アジアハイウェイだった．
藤井　ぐちゃっとクルマの中で潰れていたあれですか？
原　いや，3台ぐらい並行して前から車線いっぱいに走ってきて．早く見つけて，よけなくてはいけない．そのときに死体が道のあちらこちらにあるのに気がついたんですよ．
槻橋　轢かれているんですね．
原　それから，イランに入るときに坂を上っていったところもすごかったな．
藤井　クルド人を制圧するためにトルコの軍隊が出ていました．
原　目の前でクルマが坂道を落ちていくんだよね．
藤井　灰のような土に雨が降って，道はどろどろでした．
原　みんな待機しているわけ．それで短気を起こしたヤツが落ちていくんだね．わたしたちのクルマは佐藤さんが運転しているから，彼に任せて行こうとなったけれど．

わかりやすい集落と説明が要る集落

槻橋　調査に行くときは，見つけた村に，いきなり「ごめんください」という形で入るのですよね．入ってから，「ここはまずいな」と気づくことはなかったですか．
原　何度かあるよな．いろいろあったけれども，インディオの集落のオクスカコやトルコの山奥のシヴリヒサールには特に参ったな．
藤井　危ないところでは，子どもがすっと物陰に隠れますね．

原　子どもが出てくれば大丈夫なんだよ．イエメンも大変だったね．ポケットの中から何からすべてむしりとられた．略奪みたいでしたね．カメラまで盗られた．後で返しにきましたけど．子どもが，お母さんにそうしなさいと言われたと言って．

　でもイエメンはよかったね．あそこの風景は本当にすごいね．これで終わったな，と思ったもんね．あのときは藤井さんも一緒だったよな．
藤井　原先生の卒業旅行には，イエメンがいいんじゃないかなと思いましてね（笑）．
今井　そこにはガルダイヤが持っている複雑性，情報量のようなもの，ガルダイヤに匹敵するくらいのパワーがあると感じられたんですか．
原　そうだね．集落が，古典建築と全く対立するか，オーソドックスの系譜と対立するものかというと，そうではないと思うんだね．オーバーラップする部分があって，古典建築が持っている構築性なり計画性なりを兼ね備えているわけ．だから古典建築を評価する目で見ても，これはやっぱりすごいと言えるんです．中南米の離散型集落はすごいけれど，少し解釈しないとなかなか良さがわからない．説明が要るんですよ．「これはすごい」と言うためにね．そうしないと，ほとんど理解してもらえない．今でこそ，「ディスクリート」という説明概念を使えるようになっていますけどね．

　でもイエメンのアル・ハジャラのようなところは，もうぜんぜん説明は要らない．つまりさ，イタリア山岳都市の面白さはどういう人にもある程度わかるよね．普通の西欧的な建築史の文脈のなかで，そういうコンテキストにいる人にもわかる性格を持っているでしょう．ガルダイヤやアル・ハジャラはそれに通じるところがある．それに対して，離散型集落というのは，集落のコンテキストがあってはじめて「そうかな」とわかる．
今井　『住居集合論』を読むと，「離散型集落」のようなコンセプトを抽出してくるところが，読み物としてはむしろ面白いです．ガルダイヤやアル・ハジャラはそれ自体に魅力があって説明不要であるという話がでましたが，それに対して，説明しないと見失ってしまいそうな，いまだ説明されてはいない透明なものをいかに説明するかというところで，

藤井 明

クリエイティブに論を構築する余地があるわけですから．

原　そうだよな．わたしは，ル・コルビュジエが見てなかったものを見た，と密かに思っているんです．

古い住居集合はもう残っていない

槻橋　『住居集合論』では考察の部分があります．ガルダイヤで見た構築性を，集落固有の構築性として記述できないか．そんな意識があったのですか．
原　そうですね．だけど，インドについてはどう書いたらいいのか（笑）．そういう感じがあるよね．だからまだ語り切れていないよね．インドについてはそう思う．

確かに領域論のかたちで少し触れていますけど，それも完全には言えていません．何か人の住む領域みたいなのがあって，それが広場なのか畑なのか道なのかわからないところに集落がややもすれば現れる．そのよって立つ領域は，今でもなお区分できないんだよね．これをいったい何と言ったらいいのか，集落調査とはそれをやることだからね．

「離散型」なんていうのはうまく言えたんだよ．でもインドはわけがわからない．あれを何と言うべきなのか．言えるとまたひとつ新しい概念が出てくるんだろうね．

今井　『住居集合論』には，1冊ずつにキーワードがありますよね．「離散型集落」や「閾論」など．ひとつの集落調査をコンセプトで代弁するということで『住居集合論』はできています．5巻まで出て，その後も藤井先生の集落調査は続いています．6巻，7巻を出す可能性はいかがですか．

藤井　可能性はありますね．でも，わたしが再開したのは1990年で，今井君たちと一緒にインドネシアに行ったときですね．あのころはまだよかったのですが，今は住居集合として古いものはほとんど残っていませんね．ぽつんぽつんと古い住居が残っていますが，村としての体をなしていない．だから住居論としては書けるが，住居集合論というと自信がありませんね．

今井　僕が見たのはアジアだったこともあって，確かに一軒ずつの独立性が高かったですね．

藤井　アフリカでもカメルーンやマリにはまだいいのが残っている．でも，本当に山奥の奥まで行かないと見られない．

原　それと，我々が見た以上の新たな類型というか，違ったようなものは，もうないんじゃないですか．ある程度は見ちゃったというか（笑）．それのバリエーションはいろいろあるでしょうけれども．

中国の集落の可能性

藤井　もし，違うタイプがあるとすれば，客家（はっか）でしょうね．あれは変な住居ですね．集落なのに等質な空間を目指している．
原　客家ね．このあいだわたしが見たのは，太原市というところで，城の中に4万人が住んでいる．世界遺産になったと聞いて，それを見てきてね．これもまたすごいね．中国はすごいかもしれない．少しやったような気になっているけど，中国にはまだ何かがあるかもしれないですね．
藤井　喬家大院ですか．
原　いや，平遥古城という城壁内の都市だけれども，すごくきちんと残っている．例のごとく「家の中を見せて」と頼んでもなかなか見せてくれないんだけど，ガイドがいい人で自分の家に連れて行ってくれました．そこでふたつのことがわかった．ひ

とつは，つまりヤオトンなんですよ．本当に沈んでいるんではなくて地上に建っているんだけど，ちょうどクエバスの住居みたいにアーチ型のものがあって，その上に木造の反り返った屋根が載っているんですね．もうひとつはね，なにしろ奥の方へ，奥の方へと続いているんですよ．形式は四合院みたいなきちんとしているのではなく，門を入ると形式がくずれながら続いている．プランを見てもたくさんの種類がある．

藤井　あの地域の山にある集落は全部そうですね．

槻橋　中庭が続いている？

藤井　懸崖式のヤオトンですね．崖があってその前に庭がある．

原　だけど床全体は平らなんだよ．平らなところで横穴を掘るような感じで掘っている．

今井　崖のところから前へ前へと延びてきたということでしょうか．

藤井　崖がいっぱいになると，同じ形式でその前につくってしまうんです．

槻橋　穴居住居が生み出した構築性が，平地にも溢れてきてしまうという感じでしょうか．

今井　前は掘ってないんですね．土を盛っているんですか？

原　土を盛っているというか，煉瓦でつくっておいて，それを木造でカバーしている．

今井　なるほど，入れ子になっているんですね．

原　木造の部分は割としっかりしているんですよ．崖に対応するものは，煉瓦でつくられている．その立ち上げた壁のところに沿ってアーチを建てて，それで木造を架ける．何か変なのだけど，すごい構築力というか，それはもう気合いが入っていてね．ものすごいよ．屋根が反り返って，甍が重なって，その連なり方とかが，よくやるなという感じだよね．

　わたしは客家は見ていないけど，だから，あるとすれば中国だろうな．奥の方にいったら面白い集落がまだあるかもしれないね．

橋本　僕は，中国にひと月半，行っていました．おもに夜行列車で移動したのですが，一回寝て起きるとぜんぜん違うものが現れるという感じでしたね．楽しかったです．ご飯がおいしいというのもあるんですけど（笑）．

原　広いから難しいだろうね，歩いていくというのは．

『住居集合論』を現代にどう活かすか

太田　『住居集合論』の一番面白いところは，住居というよりもその配列ですね．その計画の背後の論理をあぶり出す，そこがほかにない考え方で，非常に不思議な学問領域という気がしているんです．これは実際の設計過程において，どのように応用されうるとお考えですか．この住居集合の形は集合住宅に展開できるんじゃないかとか，そういうことはあるのでしょうか．

原　あまりないですね．

藤井　集落は基本的に空間の普遍性を目的としていない社会ですよね．だから現代に適用するのはものすごく難しいような気がする．

太田　私もそのように感じます．今聞き手として同席しているほかのメンバーも同じだと思うんですけど，現代に翻案できない難しさを感じていて，都市とか，大学のキャンパスのマスタープランとか，そういったものになかなか集合論を展開できない感じもあって，それでいいような気もするし，でも何か翻案したいような思いもあるし，みんなもどかしさをどこかで抱えているようにも思います．住居集合を今問うことが都市批判になるのか，あるいは新しいコンパクトシティ論みたいなものにつながるのか，それは我々の世代の課題だなと強く思いますね．

藤井　パプアニューギニアにあるトロブリアンド島のルヤという集落の住棟は客家と同じ並び方ですね．だから活かそうと思えばできないことはないと思いますけどね．

原　現代の建築や都市論にどう結びつけるのかというのは，たとえばカテドラルを現代建築に応用できるかというのと同じでね，直接にはつながっていないと思います．でも理念的には，非常に抽象化したところでとらえた配列の概念は生きる可能性がありますよね．「ディスクリート」という概念とか．

　たとえば那覇の城西小学校では，沖縄の集落をそのままつくってみようとしたんですよね．瓦屋根を20も30もつくったりして．それとヤマトイ

ンターナショナルは，やはり集落を意識しているよね．けれどもそれは直接にというより，オーヴァーレイといった概念に翻訳してつくっています．だから集落を見ても，その読み方は千差万別で，時代とともに変わっていっていいわけ．そのときに問題になっている建築のさまざまな問題を，集落が長く続いている持続性，今でいうサステイナビリティを保証として，この概念は信頼できるのではないか──そんなふうに言うことは有効なのではないかと思うね．

100mのスケールでとらえる

原　設計に関してわたしが最も影響を受けたのは，今まであまり言ってないけれども，スケールだね．寸法．集落の全体図をフリーハンドで描いてみよう，ということをやると，だいたい100戸ぐらいになるんだよ，描ける限界が．そのスケールは100mから200mくらいになる．そのぐらいのスケールをとらえていくことは，集落調査はトレーニングになりますね．10m，20mといった寸法も出てくるけど，同時に100mくらいを単位にしたスケールのとらえ方ができるようになる．

槻橋　その100mとか100戸とかの集合のスケールのなかに，集落の構築性みたいなもの，固有性がありそうだということでしょうか．たとえばパルテノンが持っている構築性と空間のスケールの関係のようなものが，集落の構築性から見えてくるのか……．

原　あまり理論的には言えないんですよ，寸法論みたいなものは．だからわたしはあまり言っていないんです．どちらかといえば寸法を捨象したところに興味があって，小さいものも大きいものも，みな同じだという等価性から語ることが多いんです．だけど実際にある建物をつくってみると，実際にはあるひとつの寸法を伴って具体的なものが現れてくるわけじゃない．そういうところで，建築の設計の経験と同じようなものを，集落調査を通じて得ることができるんじゃないか．

今井　スケールで思い出したのは，『集落の教え100』の中に「小さめにつくりなさい」*2 という教えがあったと思うんです．すごく小さいけど，密度が濃くて，構築力がすごい．折りたたまれているみたいな感じですかね．

原　たとえば100mのスケールで，その中が空洞的ではなくて充実している．そういうものかもしれないね．

藤井　共同体として成立する最小限の大きさですね．個別に住居を考えるのでなくて，どうしても全体を見ざるをえない，そういうスケールでもあります．

槻橋　それはたとえば客家の共同体と個のあり方とか，ガルダイヤにおける全体と個のあり方とか，そういうものの違いが表れてくるスケールということですか．

藤井　個を集めて全体をつくっている仕組みが見えているスケールだと思いますね．ある程度，町が大きくなるとそういうものは見えなくなる．100戸ぐらいだとどこに井戸があって，どこに水場があってと全体像がわかるからね．

太田　『建築設計資料集成』のような本に載っているのは，基本的に均質空間用の寸法体系だと思うんですけど，実際にはたとえば棺桶のように小さい家があったり，地平線を眺めて暮らしているような高床の住居集合があったりと，寸法の体系というのはかなり可変性がありますよね．それは身体の論理ではなくて，気象条件や地形などによって寸法が決まっていく．それは空間を構想する前提として大きな問いかけを持っているような気がします．

*2：［76］縮小──「すべてのものは，拡大するより，縮小するほうが好ましい．すべてのものを，やや小さめにつくれ」という教え．また，これに関連して，［5］すべてのものにすべてがある．──「すべてのものにはすべてがあるのだから，どんな小さなものでも世界を表現できる」という教えもある．

ル・コルビュジエが採ったものは何か 〜第1巻：地中海

今井　（ここであらためて1巻ごとに振り返りたいのですが，）まず「住居集合論」という言葉はどこから付けられたのですか．

原　何となく「集落」ではないと思った．つまり歴史を見に行く意識はないわけだよ．それはソシュールとか，サルトルとか，レヴィ＝ストロースとか，当時そういう人たちの考え方を学習していましたが，共時的な見方なわけですよ．文化人類学みたいに，そこに住んでみるとかではないんですよ．ちょっと見に行くわけだから．そういうことから

すると，集落とは言わない方がいいんじゃないか．そこで，住居が何らかの格好で集まっていれば，都市であろうが，小さな集落であろうが，あるいはひとつだけでも住居集合ではないか．そのようなことから「住居集合論」の名称は考えたんですよね．

本の体裁としてはバラバラなものが入っています．第1巻は地中海周辺を巡る話だけど，それが地理学や歴史学からみて正しい範囲のとらえ方をしているかはわかりません．地中海周辺といえば，何となくこうだろうという程度であまり気にしてないというか，登場している集落はたまたま道筋にあって偶然そこに行ったにすぎないわけですから．そういうバラバラなものから形式を抽出して，それぞれの本に出しています．1巻では「閉じた領域」という概念を提示していますが，とくに1巻でなければならないことではない．でもみんな，それぞれ調査旅行をしていくうちにはっきりとしてくる概念があって，これは何なんだろうかということを考察しています．だから必然性はあります．

どうしてここへ行ったのかといえば，ル・コルビュジエが採ったものは何か．あるいはミースが否定したものが何か．それを知りたかったから，絶対この領域しかなかったんだよね．

風景は素晴らしいが集落がない　〜第2巻：中南米

槻橋　そのあとの中南米はいかがしょう？　2回目の調査対象として中南米を選んだ理由はあるのですか？

原　それはやっぱり必然性があるよ．ル・コルビュジエじゃないもの，誰も見ていないものを見に行こうということ．だったら中南米でしょうと．フランク・ロイド・ライトがマヤの文化を採り入れたことはあるかもしれないけども，とにかくヨーロッパでないところを見に行こうとしたということだね．ふたつの大陸を連結しているところを見てみようじゃないかというのもあった．パナマ運河を見たけど，ジブラルタル海峡ほどは感動もしなかったな．だから探していくプロセスとしては，それなりに必然性はあるんだよ．

だけど南米はつらかったな．なにしろ第1回目の集落調査では子どもが味方してくれて助けられたんだけど，2回目行ったらどこでも子どもを隠されちゃって．親が隠すんですよね．家に入れてしまう．あれには弱りました．あなたたちもまた行ったんだよね．

槻橋　ペルーとボリビアに行きました．

藤井　アルゼンチンとチリにも行きましたけど．同じ状況にあることを確かめに（笑）．

原　集落がぜんぜんない．集落の話を聞かない．

藤井　ボリビアは結構，面白いのがあります．でも，ものすごく閉鎖的です．

槻橋　アルゼンチンの旅は，ひたすら，ないことを確認する旅でした（笑）．初めての集落調査で旅程作成を担当していたので，調査中に相当落ち込みました．

原　すごいところだな．なぜないのかな．

藤井　チリはすばらしい風景です．でも人が住んでいない（笑）．

原　チリの人に尋ねると，ものすごいところがあると言うんだけど，きっと風景のことなんだな．集落がありそうな雰囲気がない．

槻橋　地形の持っている風景に対する表現力が強すぎるのかなとも思います．実際の印象も「すごい風景だな」という以前に「すごい地形だな」という感じなんですよね．そういうところが多かったですね．

なぜ集落がないのか，その意味を考える

太田　究極の離散型集落が，南米のどこかにあるんですよね？　フィルムがなくなって，今井さんがCGで合成してつくったという．

原　あれはグアテマラ．

太田　南米と中米ではぜんぜん違うんですか．

原　ぜんぜん違う．マヤにしても集落はある．だけどインカの方ではあまり見かけない．なぜなのかわからないけど．木が生えていなければ良い集落が出てくることが多いんだけど，あそこでは木がないのに集落が構築的ではないよね．スペインの侵略がものすごかったというのはわかるんだけれども．

そういうことで2巻目は相当参った．どうやって本をつくろうか，と思い悩みながら帰ってきた

んですよね．家も見せてもらえないし．けれども，だからこそ，非常に印象に残っているんですね．
藤井　食べ物はまずいし．
原　それと温度差ね．太平洋から大西洋まで，山越えして一日で行くから．
今井　でも理論内容は構築的ですよね．
原　理論は構築的ですよ．なぜ集落がないのか，その意味を発見しないと（笑）．
太田　アクティビティコンターや，場の考察が出てくるのは2巻からで，その系譜は僕らまで続いています．それは中南米だからそうなったんでしょうか．
原　建築がないところで，ときどき垣間見たグアテマラの風景．そういうものが，ただみすぼらしい住居が離れて建っているだけではないことをわからせてくれたんだよね．写真ではあまり残っていないんだけどね．なくしてしまって残っていないのが致命的なんだけど，すごくいいんですよ．日本にもあるような古い建物で，寂寥感があるというか．「見渡せば……」の俳句の世界みたいな（笑）．ものすごくしょぼいんだけど，花がそこに咲き乱れている．
今井　対象がないから，見ている側の内面が出てくるんでしょうね．
原　自分は何を見ているんだろうか，と絞り出すような感じ．
今井　見方そのものを見るみたいなことになってますよね．

飛行機から見た集落へ　～第3巻：東欧・中東

槻橋　3巻目の東欧・中東のときは，南米の反動みたいなものはあったのですか？
原　そりゃあもう（笑）．きちんとしたものを見なければ済まないという感じかな．そのときはイランやイラクにこんなすごいものが出てくるとは，何も知らなかったんです．パキスタンについては換気塔の林立する集落とか写真で見ていたから知っていたけど，イランの人工オアシスとか，イラクの家族島の集落とか知識がなかった．ところが，飛行機で飛んでいったときに上から見ていたら，小さい島が点々と見えたんだよ．それを仲間に話したら，離散型集落を見た後で，そういうことを思っているから幻を見たんだろう，と言われて（笑）．そんなことはないよ，と言い返したんだけど．
槻橋　ならば行ってみようということになった，と．
原　一日でバグダッドへ帰ってこなくちゃいけないスケジュールだったんだけど，まずはチグリス・ユーフラテス川の端の方へ行ってみようということで，はじめは南へ行ってみたんですよ．そしたら茶室が出てきた．ちゃんとセレモニーに呼ばれるんですよね．座席へ通されて，器が回ってきて手を洗うとか，たばこが出てきて吸うとかいろいろあって，それでお茶が出てくる．みんなでそういう儀式を

右から，太田浩史，今井公太郎，槻橋 修，橋本憲一郎

するんだよね．日本の茶室はここから来たのか，と思いました．

　そのつぎに北に行こうということになって，そうしたら出てきたんだよね．これは飛行機で見たやつだと．

槻橋　それが家族島の集落ですね．

原　そう．

藤井　あの湿地帯は，その後，フセインが水を抜いてしまいました．

原　それでどうだった？

藤井　干上がっていましたが，今はまた，水を入れて復元しつつあります．

原　復元してあるんだ．このあいだ「Google Earth」でも見てみたんだよ．いろんな集落を探してみて，あれだけはすぐ分かるんじゃないかと思ったんだけど，全然分からない．

藤井　完全に水が引いていましたからね．

原　そう．それはしょうがないね．戦争で全部だめになったのかなと思っていたけど．

集落はサステイナブル・アーキテクチュア

太田　僕は最後の東ヨーロッパの立面の考察が一番印象的なんですけど．原研究室に入ると，とにかく平面図ではなくてまず立面図を考えようというところから話が始まるみたいな（笑）考え方がありますね．そういう伝統のきっかけだったんでしょうか．

原　いや，そういう建築なんですよ．出てくるものがみんな．

藤井　当時は調査していると，すぐに警官が飛んで来ますからね．ゆっくり調査ができるのは立面だけという事情もある（笑）．

原　それはあるよね，確かに．みんなで一言もしゃべれない人の家に招待されて，楽しくご飯を食べていたら秘密警察が来たな．「すぐ出て行け」と．

橋本　まだ東ヨーロッパが厳しいときだったんですね．

原　厳しかった．どうせ調査に関して申請してもだめだからね．

　だけど，ドイツ騎士団がつくる許可都市，つまり地方領主に許可を得てつくった都市というのは，ひとつの広まったパターンだよな．もっと先のポーランドとか行くと，大きな都市だからしっかりした広場が出てくるんだけれども．山岳都市に対して小さなパターンが出てきて，コルキュラに至るまで同じパターンが出てくる．ノルウェーのベルゲンなんかにも出てきている．

太田　東ヨーロッパの集落調査には，都市論と接するヒントがあるように感じています．人口もドゥブロヴニクのように12万人と大きいものもありますし，この規模での集合の論理がもう一度問い直されてもよいようにも思います．

原　そのあたりのことを言うと，門内輝行もやった町並み調査が連動しているんだよね．記号論的な展開とオーバーラップしているんじゃないですか．人工オアシスには本当に感心したね．こんなにも上手くできているのかという．今でいうと環境論的だよな．

槻橋　中東ではデバイスというべき仕組みがすごく明確になりますよね．

原　そうですね．デバイスとしての建築，デバイスとしての集落という概念がはっきりしてくるよね．だからサステイナブル・アーキテクチュアの代表例ではないかと言いたい（笑）．

今井　デバイスは形態に表れるから，説明としては形態論的なことになるのでしょうか．

原　そうでしょうね．本当に建築がいいんだよ．集落がじつにきれいなんだ．しもきた克雪ドームをつくったときに，あれを思い出したんです．それでわかった．平均曲率一定という幾何学に則っているんだということが．あの方式はどんなプランにでも屋根をかけることができる．その屋根がまたきれいなんだな．日干しレンガでできているのが信じられないよな．あちこちに日干しレンガが置いてあったから間違いないのだけど，どうやってつくるのかはわからない．

藤井　積み方があるんですよ．一応，木の枠があって．

今井　"たが"がないと落ちてしまいますからね．

橋本　四角いものの上に丸いものが載っているということですね．

原　そう，それが基本形．

集落ごとに文法まで違う　〜第4巻：インド・ネパール

原　砂漠の集落ですごく感心したのは，標準語をしゃべっているということ．標準語をしゃべるというのは要するに，砂漠の集落がどこでも，ここは住居だ，ここお風呂だ，ここはキャラバンサライだ，ここはモスクだ，見れば全部わかるようになっているんです．すべて記号論的に成立している．

そのつぎのインドに行って，村に入っていくんだけど，何もわからないんだよな．

槻橋　全く対照的なんですね．

原　そうなんだよ．標準語ということでいえば，対照的なのは第5巻の西アフリカのサバンナの集落ですね．イランの砂漠の人工オアシスの集落群が文法も言語も同じなのに対し，西アフリカのサバンナの集落群は文法を共有しているけど話す言語が違っている．それぞれ方言をしゃべっているんです．それが対照的ですね．インドはさらに文法まで違う（笑）．村ごとに全部違うというか，文法がない感じなんだよね．やはりあるまとまった場所で，そういうことがわかるんだな．差異が明確だから．南米なんかは何もないように見えるけど，離散型ということで何かあるかもしれないと今も思っているんだよね．わたしが気がつかないことがきっとあるのではないかという．

ダリの絵は実在する風景だった　〜第5巻：西アフリカ

原　サバンナはもう一度行ったんだよな．サハラを縦断して．あれは楽しかったね．

藤井　あのときは，日本から送ったクルマをバルセロナで陸揚げし，それからマルセイユに行き，フェリーでアルジェに渡って．そしてサハラを縦断して，ニジェールのアガデスまで．

原　あれは調査旅行の中で一番おもしろかった．もうほとんどスポーツ．

槻橋　その間に村は？

藤井　村なんて何もない（笑）．スタックしたクルマをひたすら砂の中から掘り出すだけ．

原　それが面白いんだよ．砂漠の風景が本当に幻想的で，何回も書いたことがあるけど，ダリの絵には砂漠がめくられている絵があったり，岩が浮いている絵があったりするけど，本当にそう見えるんだよ．蜃気楼ではないけれども，砂の上を走っているのに海の上を走っているような感覚になる．ああいうすごい風景というのは印象に残るね．言ってみれば、10年をかけてすごい観光旅行をしたというか（笑）．

太田　藤井先生の印象に残っているのは？

藤井　やっぱりチリがすごい．地層がとぐろを巻いている（笑）．

槻橋　赤い谷を越えていくと，いきなり谷間全体が真っ白になったりするんですよね．あれにはびっくりしました．

橋本　僕も中国に行ってみるまでは，水墨画というのは様式美の世界だと思っていたんですけど，本当にああいう風景があるんですね．写実画なんだというのがわかって，本当に驚きました．

環境論としての住居集落論

槻橋　原先生はGoogle Earthでいくつかご覧になっているとおっしゃっていましたけど，藤井先生はご覧になられましたか．

藤井　太田君からトロブリアンド島のルヤを教えてもらって，その後しばらく探しているけど見つからないね．

太田　解像度もまだ高くないですね．メヒカルティタンがまだぼんやりとしか見えない．

槻橋　ティカルは見えましたよ．

太田　Google Earthで見えるのは，きっとその一面でしかないんです．あのサイトで見る配置と，実際に見て描いた配置図とを比べると，全然違っていたりする．それはひとつには地形という要素があるからでしょうね．

原　違っているのがバレるのは嫌だな（笑）．現実と違ってましたなんて．

太田　でも僕はそれで逆に安心したところもありますよ．実物を見ておいてよかったと．

橋本　たぶん今，若い人が『住居集合論』を見ると，あまり高尚な話ではなくて，こんなふうにも暮らせるんだということを一番の驚きとして感じるのではないかと思うんですね．あまりにも日本での標準的な暮らしに慣れてしまっていて，そうではないも

のが見えなくなっている．

原　正直言うとそうだな．　人間というのはどんなふうにでも生きられるんだな，という（笑）．　集落を見てくると思うものな．　こんなふうにだって，あんなふうにだって生きられるんだと．　だから，いろいろな建築をつくっても大丈夫なんだよ．

太田　さっきも話に出ましたが，集落というのは全部，今でいう環境建築なんですよね．　気候という外部条件に対してそれぞれ違う回答をしている．

原　それはまちがいないね．　環境論的なデバイスとしては，かなり高度なものだよ．　じつにうまくできていて，それをやりたいと思っても，現代ではなかなかできないよね．　勝てないんですよ，集落には．

2006年8月9日　於：アトリエ・ファイ建築研究所

文章構成：磯 達雄／フリックスタジオ
写真撮影：momoko japan

原 広司
1936年生まれ．　1959年，東京大学工学部建築学科卒業．1964年，東京大学数物系大学院建築学専攻博士課程修了．1982〜97年，東京大学生産技術研究所教授．　現在，東京大学名誉教授，原広司＋アトリエ・ファイ建築研究所所属．

藤井 明
1948年生まれ．　1971年，東京大学工学部建築学科卒業．1977年，東京大学大学院工学系研究科建築学専門課程博士課程修了・工学博士．　1997年より東京大学生産技術研究所教授．

今井公太郎
1967年生まれ．　1990年，京都大学工学部建築学科卒業．1994年，東京大学大学院工学系研究科博士課程建築学科退学．1994年〜，東京大学助手・東京大学キャンパス計画室勤務．　2003年〜，東京藝術大学先端芸術学科非常勤講師．　2006年〜，工学院大学建築学科／建築・都市デザイン学科非常勤講師．

太田浩史
1968年生まれ．　1991年，東京大学工学部建築学科卒業．1993年，東京大学工学系研究科修士課程修了．　1993〜1998年，東京大学生産技術研究所助手．　2000年，デザイン・ヌーブ共同設立．　2003年〜東京大学国際都市再生センター特任研究員．

槻橋 修
1968年生まれ．　1992年，京都大学工学部建築学科卒業．1998年，東京大学大学院博士課程単位取得退学．　東京大学生産技術研究所助手を経て，2003年より東北工業大学工学部建築学科講師．　2002年，ティーハウス建築設計事務所設立．

橋本憲一郎
1968年生まれ．　1992年，東京大学工学部建築学科卒業．1998年，橋本憲一郎建築設計事務所設立．　2003年より東京大学生産技術研究所助手．

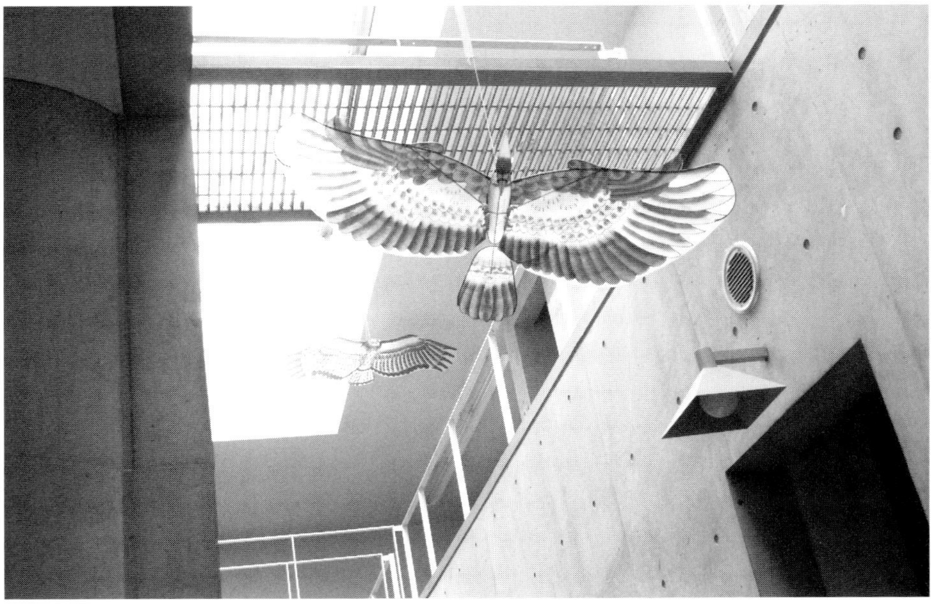

旅の記憶［I］
藤井 明

東京大学生産技術研究所・原広司研究室では1972年から79年にかけて，世界の伝統的な集落の調査を5回行ったが，その調査結果と考察をまとめたものがSD別冊（No.4, 6, 8, 10, 12）として刊行されている．本書は，その復刻版であるが，復刻に際して，誤字・脱字等の修正と地名の統一，若干の組み替えなどを行ったが，基本的には発刊当時の姿をそのまま遺すように努めている．復刻の意義などについては序文を参照してもらうことにして，ここでは，当時の事情を知る者の立場から，それぞれの旅がどのような動機で行われ，何を見て，どのように了解したのかについて，概説を行う．

座談会の冒頭で述べているように，旅の計画は唐突に持ち上がった．当時，研究室では"活動等高線"に関する研究と，それに併行して，後に『均質空間論』としてまとめられる空間概念に関する文献講読を行っていた．その頃はジョルダーノ・ブルーノの『無限，宇宙と諸世界について』を輪読していた記憶がある．いずれにしろ，昨今の大学の研究室とは比較にならないほどの贅沢な時間があり，むしろ，それを持て余していたのが実情である．

「ヨーロッパに行って，本場の建築を見てこよう」という発想のきっかけが何であったかは定かでないが，話がまとまると，すばやく旅程が立てられた．参考にしたのは，B.ルドフスキーの"Architecture without Architect"である．この小冊子は，1964年にニューヨークの近代美術館で開催されたバナキュラーな建築の写真展の記録であるが，そこに提示されていた156枚の写真は，形の持つメッセージ性の勁さを直裁に示すものとして日本の建築界にも衝撃を与えていた．モノクロで画質が必ずしも良くない写真集であるが，そこには建築のもつ記号性と躍動感が力強く表現されていた．それは，機能とか，効率とかを超越した奔放な造形美であった．この本の副題の"A Short Introduction to Non-Pedigreed Architecture"が端的に示しているように，それらは正統派の建築の美学とは異なる，異端の系譜に属する建築のダイナミズムを示していて，当時の建築の学生を魅了するのに充分であった．この写真集に触発され，旅程には，ミハス，マラケッシュ，アルベロベロ，メテオラ，サントリーニ，カッパドキアなどが組み込まれた．

時代的には大学闘争が一段落し，社会的な閉塞感が充満していた時代である．この時期に海外に出かけた若い建築家が数多くいるが，その理由として，64年に渡航が自由化されたことが大きい．当初は1ドルが360円の固定相場制であったが，71年のニクソンショックを経て300円近くまでレートが下落し，海外旅行が手の届く所まで来ていた．機は熟していたのである．

本場の建築を，ついでにバナキュラーなものも，という『何でも見てやろう』的な好奇心から始まった旅で，最初の国フランスでは，パリのデファンスの副都心計画を見たり，ルーアンの大聖堂で鐘の音に中世を感じたり，トゥルーズ・ミレーユでは集合住宅の建設現場に行き，ついでにキャンディリスの事務所に寄ったりと，目的意識の稀薄さを露呈していた．スペインに入り，ガウディやカタローニャ地方の豊かな農村風景を堪能した後に，穴居に対する好奇心からクエバス・デル・アルマンソーラを訪れた．この集落との出会いが，本格的な集落調査に移行する転換点になった．クエバス・デル・アルマンソーラでは，アンダルシアの陽光を燦々と浴びる上の町と，崖下に白く帯状に張り付いた穴居の群れが一望できる．この鮮やかすぎるコントラストを眼の当たりにして，人の居住形態はより高次の要因，すなわち，共同体の掟としての制度により決定されていることを認めざるを得なかった．

ひとたび，見方が定まると，そこから先は快調であった．アルハンブラをすっとばし，ひたすらジブラルタル海峡へと向かった．ヘラクレスの柱に想いを馳せながら，海を渡ると，そこには未知なる文化が待っていた．マグレブ諸国は，対比する眼を鍛えてくれた．西欧のキリスト教典型集落に比して，マグレブのメディナやクサールは，集落の構成において全く異なる原理の存在を教えてくれた．異質の空間構成を説明する道具として，"中心性"，"領域"，"境界"，"閾"という主要な概念が抽出されたが，これらの空間概念は，その後の調査でも折に触れて考察の対象になっている．

ムザブの谷の素晴らしさについては改めて述べるまでもないが，単にル・コルビュジエのデザインソースとしてではなく，オアシスにクサールを築くという行為の持つ崇高さを体感させてくれる場所として記憶に留めるべきである．谷には荘厳さの歴史が凝縮されている．

旅はさらにイタリア，ギリシャ，トルコと続いた．かつての文化の中心地を巡ることにより，B.ルドフスキーの美学がますます現実的なものとなった．

　ジブラルタル海峡を介して，西欧のキリスト教文化圏とマグレブのイスラム教文化圏の双方を観察できたのがこの調査の最大のポイントで，ルート選定の重要さを改めて認識した旅であった．

　2回目の調査では，初回のジブラルタル海峡に代わる地勢上の結節点としてパナマ地峡が選ばれた．パンアメリカン・ハイウェーはパナマとコロンビアの国境地帯でジャングルに阻まれ未開通である．この間は，船か飛行機で移動することになるが，この地峡を介して，南北アメリカを縦断するルートが選ばれた．

　この旅は必ずしも順調ではなかった．車のメカニカルなトラブルが頻発したのみならず，ユカタン半島のティカル遺跡からの帰途では，走行中にフロントガラスを銃撃され，危ない所であった．

　メキシコからパナマの行程では，1〜2日でひとつの国を通過するというハードなスケジュールが組まれた．肉体的にもきついが，何にも増して滅入ったのは，全く構築的な集落や住居が出てこないということである．古代文明の遺跡群の素晴らしさに比して，インディオの住まいはあまりにも貧弱なのである．精緻な建物を造る技術が存在しなかったわけではないだけに，このギャップの大きさは不可解であった．

　パナマ運河を越えてコロンビアに入ると，集落形態はより定番化した．白人やメスティーソが住む格子状の街路からなるコロニアルスタイルの町と，その間に点在する分棟形式のインディオの住居群が交互に現れる．前者が比較的平坦な場所に立地し，後者はその周辺の山肌に張り付いている．これはと触手の動く集落が出てくる気配はまったくなく，それにインディオ社会の閉鎖性が輪を掛けて，リマまで完走することが次第に目的化していった．

　ロスアンゼルスからリマまで18,000kmを走り終えて気付いたのは，これだけ限定された形式しかでてこないということは，そのように仕向けた力の存在にむしろ着目すべきではないのかということである．この点に着眼すると少しは視界が良好になる．コロニアルスタイルの町はインディアス法で説明できるし，元来，インディオは矩形の広場をもつ集落形式を有していたこともわかっている．問題なのは，インディオの居住地がなぜ山間部に散在しているのかという点である．主食のトウモロコシが輪作をきらい，広大なミルパを必要とすることも一因であろうが，生産形態だけで居住形態を説明するには多少無理がある．より社会的な要因が介在していると見るべきである．

　この疑問を解決するヒントになったのが，インディオの集落に入ると常に感じられる周囲の"眼"である．メキシコの木柵の村でもそうであったが，よりはっきりと状況を理解できたのがコロンビア・アンデスの寒村，サン・アンドレスである．この集落では中央に極めて土俗的な教会があり，その周囲を学校や商店が囲んでいる．コロニアルスタイルの原型と見なせる構成であるが，教会前の広場から周囲を囲む山々を見渡すと，丘の頂の要所々々に点々と望楼のようにインディオの住居が並んでいる．これは明らかに見張られていると直感した．インディオの集落では，どこかひとつの家で調査を断られると，その周辺のどの家に行っても我々の存在は既に知られていて，すべての家で断られてしまう．極めて素早い情報の伝達が行われていることがわかるが，それを可能にしているのは，相互に視認でき，声が届くという絶妙な住居配置である．集落の内部に相互に見張るという環視のネットワークが張り巡らされていて，それは部外者のみならず，住民自身の行動をも規制していると考えるとその仕組みと機能がわかりやすい．体感して初めてわかる不可視の環視網である．西欧やマグレブ諸国では，集落の境界部分に堅固な城壁や堀割を築き，閉じた領域を形成し，その内部の中心性を高めるという手法をとっている．凝集型の防衛形態である．これに対し，インディオの集落では中心性を消し，境界の定かでない場を用意している．両者は論理的には対偶の関係にあると考えられる．インディオは，生産の必要性から散在しているのではなく，意図的に分散することにより共同体の結束を高めているのである．離散型の防御態勢といえる．

　大きな建物を造る技術があるにもかかわらず，分棟形式により空間を細分化する手法も，意図的に行われていると考えると納得がゆく．この住居の配置に基づく共同体の在り方を語る言葉として"離散型集落"という概念が得られているが，これが中南米地域の調査における最大の収穫である．

　集落への旅は，さらに続く．

住居集合論 I［復刻版］

その1―地中海地域の領域論的考察
その2―中南米地域の領域論的考察

発行　2006年12月20日　第1刷 ©
編著者：　東京大学 生産技術研究所 原研究室
発行者：　鹿島光一
発行所：　鹿島出版会
　　　　　〒100-6006
　　　　　東京都千代田区霞が関3-2-5　霞が関ビル6階
　　　　　電話：03-5510-5400
　　　　　振替：00160-2-180883

印刷：　三美印刷
製本：　牧製本

無断転載を禁じます．　落丁・乱丁本はお取替えいたします．
本書の内容に関するご意見・ご感想は下記までお寄せください．

ISBN4-306-04475-0　C3052

e-mail：info@kajima-publishing.co.jp
URL：http://www.kajima-publishing.co.jp

住居集合論 II［復刻版］

『住居集合論』再版によせて　原 広司

旅の記憶［II］　藤井 明

その3｜東欧・中東地域の形態論的考察

Complexity
東方教会と修道院
配列と投影
カラー写真
　イェレニア・グーラ／コルチュラ／テッケキョイ／ドルヘスティ／ムシャバード／ホガタバード／クーニック／エムラーニ
行程地図・構造図
集落リスト
ゾーニング論
集落各論
　ミュンツェンベルク／コンコヴァ・ヴォワ／ルダ・マレニッツァ／ポズナニ／ヴロツワーフ／クラクーフ／ランツコローナ／イェレニア・グーラ／タボール／チェスキー・クルムロフ／チェスケ・ブデヨヴィツェ／トレボーン／スラボニツェ／テルチ／シュトランベルク／ビラ／セケシュフェールバール／ラティン／ボブルヤーナ／ティジェスノ／スプリット／オミシュ／コルチュラ／ドゥブロブニク／ヴランドゥク／トラブニク／ルンカ／ドルヘスティ／ブルガレーネ／リャスカ／カイキラス／シヴリヒサール／ヤブツケマール／テッケキョイ／アシカーレ／マクー／センセン／ムシャバード／ザファル・カンド／アルデカーン／ホガタバード／ノスラタバード／セティダーべ／クーニック／マヤバード／エムラーニ／ビダック／メヤンダレ／アリアバード／ガルメ・ルド・バール
資料解説
　地理／歴史／参考文献
後記

その4｜インド・ネパール集落の構造論的考察

調査と考察の経緯
文化と住居配列
文献にあらわれたインド集落とその類型化
閾論—②
インド集落における建築の民族学的考察
集落写真
　トギ／テカリ／アヴァランチ／グンラヴェディエリ／ナカガオン ナクサ／ダンパス／シナン／アブ・ソウバット／ニンガレ タクルム／レイ／チャローダ／ジュナパニ／カンケワール／マタンワリ／ブジャイニ／カルワ／ゴトゥワル／シリヤ／サンガ
行程地図・集落地図
集落リスト
集落各論
　〈インド〉ランジャン ガオン ガンパティ／レイ／ジュナパニ／チャローダ／レティベダ／カンケワール／シヴリ／マタンワリ／ブジャイニ／テカリ／ラスルプール／ナスノダ／カルワ／トギ／アムジャール／ゴトゥワル／シリヤ／バリトーデ／ケリヤット／アヴァランチ／ウデバリヤ／アマヴァルバリ／グンラヴェディエリ／〈ネパール〉ラルザディ／ドゥリケール／サンガ／バクタプール／ニンガレ タクルム／ナカガオン ナクサ／ダンパス／〈イラク〉オールドバクダッド／アティ・フィエ／カセ・アブ・シュリプ／シナン／アブ・ソウバット／ムサイウィラ／ヌマニア／〈シリア〉ランクス／ハリザ／サフィタ／マルーラ／〈ヨルダン〉アル・サルト／〈パキスタン〉タッタ／〈アフガニスタン〉マザリシャリフ／〈イタリア〉ヴァロ・ディ・ネラ／トレヴィ／カザルボーノ／メッツォジューソ／ラグーサ／テルモーリ／〈ギリシア〉ゲロルミン
資料解説
　地理／歴史／参考文献
後記

その5｜西アフリカ地域集落の領域論的考察

調査と考察の経緯
代表的な住居集合㉖例
建築的言語の共有構造
空間と時間のヒエロファニー
円形住居考
黒（ブラック）アフリカの住居集合に関する文献ノート
集落写真
　エル・ゴレア／アゼール／アカブーヌー／ボグー／ルグビン／ザバ／サオ／テナド
行程地図／集落構造図／集落リスト
集落各論
　〈アルジェリア〉クサール・エル・ブカーリ／エル・ゴレア／〈ニジェール〉アガデスI／アガデスII／アガデスIII／アゼール／アバラク／アカブーヌー／トゥシビック／ボルボル／トゥルアレI／トゥルアレII／〈オートボルタ〉ボグー／ルグビン／ザバ／カマンレレ／サオ／テナド／〈ガーナ〉スンブルング／デュコ／ニュー・コルフィデュア／アベテニム／ジュアベン（ゾンゴ）／〈コートジボワール〉キエロ／ポンボカ／カンペマ
資料解説
　地理／歴史／参考文献
後記